시편 명상

시편 명상

■

초판 1쇄 인쇄 / 2025년 1월 10일
초판 1쇄 발행 / 2025년 1월 16일

■

지은이 | 김 정 준
펴낸이 | 민 병 문
펴낸곳 | 새한기획 출판부

■

편집처 | 아침향기
편집주간 | 강신억

■

주소 | 04542 서울특별시 중구 수표로 67 천수빌딩 1106호
TEL | (02)2274-7809 / 070-4224-0090
FAX | (02)2279-0090
E-mail | 21saehan@naver.com

■

미국사무실 The Freshdailymanna
2640 Manhattan Ave. Montrose, CA 91020
☎ 818-970-7099
E.mail freshdailymanna@hotmail.com

■

출판등록번호 | 제 2-1264호
출판등록일 | 1991. 10. 21

값 44,000원

ISBN 979-11-88521-96-8 03230
Printed in Korea

〈개정판〉

시편 명상

김정준 지음

한국기독교 140년 최고의 걸작품
다음세대에 영적 유산으로 남길 책

Psalm Meditation

아침향기

일러두기

시편명상 개정판은 다음과 같은 원칙으로 진행했습니다.

1. 저자의 표현을 최대한 존중하되 현행 맞춤법으로 수정하였습니다.

2. 독자들의 편의를 위해 개역개정 성경을 기준으로 한자어를 수정하였습니다.

3. 저자는 〈여호와〉 표기를 〈야웨〉로 하였으므로 이 호칭은 그대로 따랐습니다.

머리말

시편은 우리 영혼의 책입니다.

그냥 읽고 넘어갈 책이 아니라 밤낮으로 묵상할 책입니다.

묵상할 책만이 아니라 노래할 책입니다.

혼자서도 부르고 여러 사람이 합창으로 부르고 또 아름다운 곡조를 붙여서 부를 노래입니다.

광막한 광야, 외로운 길손으로도 부르고 외로운 감방에 앉아 나와 하나님과 세상과 역사를 생각하면서 부를 노래입니다.

북을 치며 부르고 나팔소리 울리며 부르고 통기타를 치고 부를 노래입니다.

울면서도 부를 노래요, 땀을 흘리면서도 부를 노래입니다.

승리의 순간이나 실패의 순간에도 부를 노래입니다. 억울해도 부르고 천대를 받고서도 부를 수 있는 노래입니다.

부모에게서 버림받아도, 친구와 사랑하는 사람에게서 버림을 받아도 부를 노래입니다.

사방으로 우겨쌈을 당한 위기에서도 부를 노래요, 죽음을 눈 앞에 보고서도 부를 수 있는 노래입니다.

그러기에 칼빈은 시편을 "우리 영혼의 해부학이라"했습니다.

하나님의 위대하심과 은혜로우심, 만물에 가득찬 그의 영광, 인간 역사를 인도하시고 심판하시는 그 권위와 지혜를 노래한 책입니다.

내 억울한 사정을 들어주시는 하나님, 절망의 자리에서도 소망을 불어 넣어 주시는 하나님, 나 대신 싸워주시는 하나님, 나를 위하여 고난을 당하시는 하나님을 노래한 책입니다.

이 시편 한 편 한 편을 읽고 명상하는 일은 내 신앙을 북돋우는 일만이 아니라 내가 언제나 하나님과 함께 사는 삶을 스스로 가지는 것이라 생각되어 평소에 읽고 느낀 것을 여기 조그만 책으로 펴냅니다.

이 책을 통하여 우리 한국 교회의 믿음의 형제자매들이 그 말씀을 주야로 묵상함으로 독수리처럼 기운찬 영혼의 소유자가 되기를 바랍니다.

"내 영혼이 마른 땅 같이 주를 사모하나이다"(시편143:6).

시편 명상 개정판을 내면서

김 영 호 목사

(역사 신학 교수, 미주크리스찬아카데미 원장, 1982년 설립)

　만수 김정준 목사님 탄신 111주년, 서거 44주년을 맞이하면서 그의 시편 명상 개정판을 출간하게 됨을 감사하며 또한 후학 제자 여러분과 함께 기쁨을 나누게 되었습니다.

　시편 명상은 만수 김정준의 평생 과업이며 그 결산의 마지막 유작입니다.

　30대 촉망받는 젊은 목회자 만수에게 찾아온 폐결핵 말기의 무거운 질병은 그를 결국은 죽음 대기소 마산 국립수용소로 강제 입원하게 했습니다. 더이상의 그 어떤 치료도 불가능했습니다. 그러나 그곳에는 놀라운 역설의 섭리적 손길이 있었습니다.

　사도 바울이 세계선교의 과업을 시작하기 위해서는 아라비아 광야 3년의 연단이 요구되었던 것처럼 만수의 신학과 목회를 위해서는 특별한 연단과 신학적 천착의 과제 정립이 요구되었습니다.

　만수는 마산요양소에서 의사와 간호사들조차 거부하던 죽음 직전의 환우들의 대소변을 받아내는 일부터 시작하여 그들을 신자로 하는 목회를 시작했습니다. 수십 명의 장례식을 집례하기도 했습니다. 그 강단의 최고 교재는 시편이었습니다. 만수는 시편 말씀에서 기도를 배웠고 시편의 찬양으로 하나님을 만났고 시편 말씀으로 명상하여 그 영혼들을 섬겼습니다.

3년의 시간 동안 만수는 하늘의 음성을 들었고 시편을 평생의 연구 과제로 삼았습니다. 그는 마침내 시편 전권을 암송하는 은혜의 경지에 입문하게 되었습니다. 훗날 강단과 교단을 떠나 은퇴 시기에 〈시편명상〉을 집필하여 인생의 결산, 신학의 마지막 유업을 이루었고 한국교회를 위한 영적 자산을 남기었습니다. 시편명상은 그의 서재와 기도실에서 시작하여 평생 그의 가슴의 열정과 삶의 현장에서 다듬어져 마침내 생의 노래로 우리에게 남겨졌습니다.

이번에 편집자는 시편 명상 개정판을 정독하면서 얻은 몇 가지 교훈과 감동을 독자들과 나누고 싶습니다.

첫째 만수 김정준의 경건과 신학은 한국교회의 결산이며 열매라는 것입니다.

숭실학교 재학 중에 학비가 없어서 어느 날 고당 조만식 장로님을 찾아가 취직 부탁을 하였습니다. 고당은 선뜻 당신의 자제를 위한 입주 가정교사로 만수를 채용했습니다. 고당의 자제는 공부를 잘 하여 굳이 가정교사가 필요하지 않았습니다. 만수는 고당과 한 집에 살면서 고당의 인품과 넉넉한 사랑을 배웠음은 물론입니다.

훗날 캐나다 유학에서 박사 과정을 계속 하려했으나 후원자 캐나다측의 반대로 조기 귀국을 하였습니다. 몇 년후 함태영 부통령 은퇴 기념 세계일주 수행원으로 수고하였을 때 사례비로 받은 1천불을 종자돈으로 마침내 영국 에딘버러 유학을 갈 수 있었습니다. 한국교회 지도자들의 사랑과 인품의 덕분에 만수의 신학과 경건이 열매맺을 수 있었습니다.

시편 명상

둘째 시편명상에는 한국교회 연합의 과제와 방향이 제시되어 있습니다.

만수는 평양 숭실학교에서 선교사들로부터 학문을 배웠고 캐나다에서 신학을 연마하였습니다. 영국 에딘버러에서 박사과정을 마쳤습니다. 그럼에도 불구하고 만수는 서구신학의 추종에 머무르지 아니하고 한국교회의 경건과 학문의 전통을 세워갔습니다. 에딘버러 유학 중에 빈 강의실을 찾아 홀로 새벽기도를 하였는데 그 모습에 놀란 학교 직원이 심장마비를 일으켜 죽었다는 일화도 있습니다. 또한 연신 연합신학원장 중에 고신 출신의 제자에게 출신 교단의 안수를 권면한 것에서 좌우를 아우르며 통합과 조화를 모색한 지도자였습니다.

셋째 시편명상에는 한국교회를 향한 미래의 과제도 있습니다.

"의자를 치워라"(95편 강해)에서는 서구신학의 영향으로 한국교회의 경건이 약화되는 것에 안타까움을 표출하면서 교회의 의자를 치우고 차라리 무릎을 꿇으라고 합니다. 마지막 150편 강해에서는 "찬송따라 삼천리"라는 우리 민족의 복된 미래를 위한 이정표를 제시합니다. 만수의 경건과 민족 사랑은 "하늘에 가득찬 영광의 하나님(9장)" 찬송가에서 확인할 수 있으며 그의 유작 찬송 가사는 몇 년 전 토론토 박재훈 목사님의 작곡으로 발표되기도 했습니다. 아무쪼록 시편명상을 읽는 모든 독자들이 한국교회에 주어진 미래의 선교적 사명을 감당하는 길에서 동반자의 역할을 감당하기를 바라마지 않습니다.

2024년 추수감사절을 바라보면서

목차

제 1편
푸른 신앙

그는 시냇가에 심은 나무처럼
그 잎사귀가 마르지 아니하고
철마다 열매를 맺으리니 (3절).

이 첫째 편 시는 누가 언제 지었는지 알지 못한다. 그러나 한 가지 분명한 것은 이 시는 시편에 수록된 150편이나 되는 시를 한데 묶은 [시편]이란 책의 서론적인 "서시"(序詩)로 모든 시보다 후대에 제작된 것이 사실이고, 이 시는 또한 어느 한 경건한 사람의 개인 신앙고백이나 그 체험, 그 깨달음에서 기록된 자유시라기보다 시편 전체의 내용 골수를 관통하는 중심 사상을 밝히려는 의도적인 저작을 한 것이 사실이며 그렇기 때문에 이 시에서는 시편이란 책이 그것을 읽는 사람들에게 무엇을 줄 수 있는가를 암시해 주는 것이다.

그러므로 이 제 1편 시는 그 위치보다 그 내용이 중요하다. 많은 문장이 있어서가 아니라 짧은 몇 구절에 구약 신앙 내지 이스라엘 신앙의 전 역사를 한두 마디로 표현할 수 있는 고압착(固壓搾)된 진리가 진주처럼 빛난다.

이 시의 전체 구조는 행복이란 두 글자로 시작하여 멸망이란 두 글자로 끝마친다. 사람마다 원하는 두 글자와 사람마다 싫어하는 두 글자가 각각 처음과 마지막에 나왔다는 사실은 이 시 속에 인생의 가장 근본적인 문제가 다루어져 있음을 알려준다.

이스라엘 문학은 신을 노래하는 것만이 아니라 인간을 노래하고 있다. 행복만 노래하지 않고 동시에 불행도 노래하고 있다.

사람에게는 옛날이나 지금이나 꼭 마찬가지로 두 가지 길이 앞에 놓여 있다. 행복의 길과 멸망의 길, 사람들이 원하는 길은 전자이지 후자는 아니다. 그러나 실제 인생의 경험은 행복보다 불행을 더 많이 맛보게 된다. 행복을 구하기 위하여 노력했지만 결과적으로 불행해지고 만다. 행복의 봉우리를 향하여 출발했지만, 결국 다다른 곳은 불행의 늪지대에서 빠져나오지 못하고 있다. 이러한 모순된 일이 왜 생길까. 이것은 동서 고금을 막론하고 이 땅 위의 인간들이 겪고 또 겪는 경험이다. 이 모순을 피하고자 철학이 나왔고 문학이 생기고 교훈과 경계의 말, 선교와 강연이 쏟아져 나왔다. 그래도 여전히 우리가 사는 이 땅 위에는 불행과 행복의 숨바꼭질로 많은 사람이 울고 웃는다.

이스라엘 신앙도 이 문제에 대하여 침묵을 지키지 아니했다. 많은 시들이 이 문제를 취급했지만 이 시편 제 1편이 인생에게 공통된 문제로 되어있는 행복과 불행의 문제를 그의 독특한 신앙에서 취급하고 있다.

이 시는 괴로워하는 영혼의 호소도 아니요 악에 대한 고발이나 분노도 아니다. 그렇다고 해서 하나님이 주신 은혜를 감사하거나 그의 영광과 위엄을 찬송하는 것도 아니다. 그렇다고 해서 시편에서 많이 듣는 기원이나 간구의 내용도 아니다. 이 시는 전체 시편의 서시가 될 만큼 위엄을 가지고 친밀하게 그러나 의미심장하게 남을 가르치고 깨우치는 지혜자로서 교훈을 알리고 있다. "사람이 어떻게 해야만 사람다워질까" 함에 대한 해답을 조용히 풀어 주고 있다.

이 지혜자는 행복과 불행의 열쇠가 율법에 있다는 것을 말한다. 이것은 우리 한국 사람들에게는 너무도 생소한 개념이다. "율법"이라는 말은 어떤 종파의 종교적 규약 같아서 이 말 자체도 이해하기 어려운데, 이 말이 행과 불행에 관계한다는 얘기는 우리 한국 사람에게는 전혀 통하지 않는 얘기이다. 그러나 이 시인의 시대 사람들에게는 이 "율법"이란 말이 통했다. 이것을 우리들의 말로 표현한다면 "율법"은 야웨 하나님이 이스라엘 백성들에게 하나님을 어떻게 믿으며 사람을 어떻게 대할 것인가 함에 대한 하나님 자신의 의사를 문자화한 것이다. 우리가 이해하는 "십계명" 같은 것이지만, 십계명은 열 가지라는 수가 한정되어 있지만 "율법"은 수의 제한 없이 사람이 하나님에 대해서 알아야 할 일과 사람이 다른 사람에 대해서 윤리적으로 해야 할 의무를 여러 가지 각도에서 여러 가지 내용으로 알려준 것이다. 그러므로 "율법"이란 말은 우리의 성서라는 말과 같이 이해해도 무방하다. 이스라엘 백성에게는 이 율법이 여러 가지 말로 표시된다. 가령 시편 119편 저자는 율법을 노래한 시를 지었는데 그가 이해한 율법은 "법" "증거" "도" "율례" "계명" "판단" "길" "말씀" 등으로 다양하게 표시하고 있다. 그러나 우리 한국 사람은 이 "율법"이란 말을 "하나님의 말씀"이라고 이해해도 시편 기자의 하고자 하는 말의 뜻을 충분히 이해할 수 있다.

행복한 사람은 "하나님의 말씀"(율법)을 즐거워하며 주야로 묵상하는 사람이라고 했다. 그 이유는 하나님 말씀에서 기쁨을 찾고 이것을 자기 연인과 같이 밤낮으로 생각하고 그 말씀을 되새기며 사는 사람, 쉽게 말해서 성경에서 가르치는 진리대로 날마다의 삶을 살아가는 사람은 행복한 사람이란 뜻이다. 이런 사람은 시냇가에 심어진 나무와 같이 항상 잎사귀가 푸르르며 때를 따라 열매를 맺을 수 있다고 한다. 그래서 그가 하는 일은 하나도 막히지 아니하고 만사가 형통하게 된다는 것이다. 이것이 행복한 삶이다. 행복이란 물질적인 것이 아니다. 부유와 권력에서 행복을 찾는 사람도 있으나 그 부와 그 권력이 떠나가면 행복의 파랑새도 날아가고 만다. 그러나 하나님의 말씀을 다른 시인이 노래하듯 (시 19:10) 금과 같이 귀중하게 여기고 꿀과 같이 달다고 생각하는 사람은 하나님과 함께 사는 사람이기 때문에 그에게는 부족한 것이 없다. 불만이 있을 수 없다. 항상 기쁨이 넘치고 감사가 솟아난다.

그렇지만 이런 하나님 말씀에서 오는 행복을 모르는 사람은 바람에 날리는 겨와 같이(시 1:4) 안정되지 못하고 알찬 생활을 할 수 없다는 것이다. 그러나 하나님의 말씀에 따라 사는 사람은 악인이 아무리 꾀어도 그 꾀에 넘어갈 수 없고 죄를 짓는 길에서 아무리 영화와 부를 누린다고 해도 그 길로 갈 수 없으며, 자기의 힘과 재간을 자랑하는 사람이 아무리 자기와 같이 자랑스런 인생을 살아가자고 유혹해도 넘어가지 아니한다. 하나님의 말씀은 그에게 의로운 길을 알려주고 그 길로 갈 수 있는 힘과 용기를 주시기 때문에 그의 하는 일은 의롭고 선할 수밖에 없다. 이 사람이 곧 "푸른 신앙"을 가진 사람이다. 하나님의 말씀에서 오는 생명수에서 그 인생이 항상 푸를 수 있기 때문이다.

제 2편
하나님의 웃음

하늘에 계신 분이 웃으신다.
주께서 그들을 비웃으시리로다(4절).

하나님이 코메디언인가? 하나님이 어떻게 웃으시는
가? 형상도 모양도 없으신 하나님이 웃는다는 말, 이거야 정말 웃기는
일이 아닐까.

"하나님이 성내신다. 진노하신다"는 표현과는 대조가 되는 하나님의
웃음은 기뻐서 웃는 웃음은 아니다. 사람이 해서는 아니 될 어처구니
없는 일을 하기 때문에 그 어리석음을 지적하는 냉소(冷笑)의 웃음이다.
이러한 냉소의 이유를 우리는 알아야 한다. 왜냐하면, 하나님의 냉소는
하나님의 진노와 직결되어 있기 때문이다. 그의 진노의 채찍을 들기 전
인간의 하는 일이 못마땅하여 하나님은 조롱의 웃음을 웃으신다는 것
이다. 이러한 하나님의 웃음을 이해하기 위하여 우리는 시편 2편의 성
격을 이해해야 한다.

이 시는 이스라엘 왕도(王道)와 관련된 것이다. 나라와 백성을 다스
리는 왕이 어떤 사람이 되어야 하고, 그의 주권은 어떤 성격의 것이 되
어야 함을 알리는 시이다. 그러나 인간이 가지는 권력의 성격만이 아니
라 이 시는 치자의 도(道) 즉 왕도를 말하는 것을 방편으로 하여 만왕의
왕이신 하나님 자신의 주권이 어떤 것이며 무엇을 요구하는가를 알
려 주고 있다. 그렇기 때문에 이 시는 지상의 나라를 다스리는 주권자

가 어떻게 정치를 해야 하는가 하는 정치론 또는 정책론을 말하지 아니하고 나라를 다스리고 백성을 거느리는 그 사람, 왕과 그의 수하에 있는 관리들이 무엇을 먼저 생각해야 할 것인가를 알려주고 있다. 이런 시를 "제왕시"라고 궁켈은 명명했지만, 실상 이 "제왕시"(帝王詩)란 말은 적당하지 않다. 이 시의 내용에서 말하자면 "왕도시"(王道詩)라고 함이 우리 한국 사람의 이해에는 더 적절한 것 같다. 왕의 사고, 왕의 관심, 왕이 받을 교훈, 왕의 할 일이 무엇인가를 알리려 하는 시이다.

왕은 누구에게서나 "어찌하여 그런 일을 했느냐"는 질문받기를 거절한다. 이것은 이 땅 위에 있는 어떤 종류의 지배자도 어떤 종류의 통치자와 주권자도 다 원하지 않는 일이다. 왕, 또는 통치자는 백성들에게 "왜?"란 질문을 할 수 있지만 자기 자신은 사람들에게서 그런 질문받기를 거절한다. 왕이나 통치자가 하는 말이 곧 법률이 되고 그의 행동이 곧 법적인 것이 된다. 사람들에게서 자기 말이나 행동에 "왜?"를 질문받는 것을 거부할 뿐만 아니라 이렇게 묻는 자는 반동분자 또는 반체제분자, 반란을 도모한 자로 또는 불순분자로 취급하여 체포하고 감금하고 심지어는 죽이기까지 한다. 이것은 왕, 또는 어떤 이름의 통치자이든지 자기의 주권을 무시하고 그것을 침해한 죄라고 생각하기 때문이다. 이런 불순분자를 처치하는 법조문이 없거나 그 처단의 신속을 기하기 위하여서는 이 통치자들이 임시법 또는 조치법을 만들기도 한다. 그래서 왕과 그런 통치자는 독재자로 둔갑해 버려 일반 백성에게는 공포의 대상자가 되고 진실한 사람, 양심적인 사람, 의를 추구하는 사람은 무참한 핍박을 받게 된다.

이 시는 이러한 세상 주권자, 통치자들의 교만과 포악, 그리고 자기들의 계획과 모의를 진리인 양 내세우는 그 허구와 불의에 대하여 정당한 비판을 하고 있다. 그것은 이 시인이 참 주권이 누구에게 있는가 알기 때문이다. 이 시는 "어찌하여"라는 의문 부사를 앞세우고 이 지상 왕들의 하는 일을 따지고 있다. 모든 언어를 발표하기 전 "왜"(lamma)로 시작하는 이 시는 인간의 권위가 아무리 크고 높다 해도 이런 것들을 누르고 압박할 수 있는 육중한 하나님의 권위를 이 의문부사 "왜?"로써 표시하고 있다. 지상의 왕과 그 신하들이 어떤 계획을 했으며 무슨 모의를 했든지 "왜?"라는 하나님의 질문에 대답해야 함을 알려준다. 하나님의 "왜?"는 인간사를 비판하는 화살이다.

하나님의 질문의 내용은 그들의 정치가 잘못되었다거나 그들의 윤리 행동이 잘못되었다는 것이 아니다. 이런 것도 정의의 하나님으로부터 심문을 받아야 하지만 이것보다도 우선적인 문제가 되는 것은 그들이 어찌하여 야웨 하나님의 주권에 대하여 도전하고 이것을 자기들의 주권 아래로 격하시킬 계획을 했느냐 함이다. "우리가 그 기반(羈絆)에서 벗어나자" "그 통치에서 벗어나자"는 말로써 야웨의 주권에서 이탈할 것을 이 땅 위에 있는 통치자들이 모의하고 있다고 했다. 이것은 마치 앗수르나 애굽, 바벨론 등 대 제국에 대하여 그 조공 국가들이 반역 행동을 하듯 만왕의 왕, 만주(萬主)의 주이신 하나님의 주권에서 이 지상 왕들이 벗어나고자 하는 공동성명과 행동일치를 꾸미고 있음을 말한다.

이것은 자기들 위에 하나님이 있을 수 없음을 말한다. 이 지상의 권위 위에 군림해야 한다는 것이다. 여기서 야웨 하나님은 멸시와 모독을 당한 것이다. 하나님은 이 세계와 만물을 만드시고 인간과 그 역사의 주인이시기 때문에 하나님 자신의 주권이 그의 피조물인 인간으로 인하여 침해당하는 것을 용납할 수 없다. 이러한 지상 왕들의 오만 불손에 대하여 하나님은 웃으실 수밖에 없다. 할아버지 수염을 뽑는 것 같은 철없는 짓이지만 이 일은 할아버지 경우와 같이 결코 웃어버리고 넘어갈 문제가 아니다. 왕들과 통치자들에게는 순진성이 없고 오직 악의와 거만이 노골적으로 나타났기 때문에 하나님은 그들을 냉소하고 그들에게 대한 진노를 발할 수밖에 없다.

그의 웃음은 변하여 5절에 있는 대로 분노와 진노로 바뀌어졌다. 그들의 무지를 책하고 그들의 교만을 나무람하신다. 그들이 눈을 똑바로

뜨고 쳐다볼 권위가 어디에 있는가를 알려준다. 하나님이 자기 아들로서 자기의 전권을 위임받은 왕이 계심을 알린다. 신약성서 기자들은 그런 왕을 예수 그리스도로 믿는다고 시인했지만 이 시인은 그런 왕이 역사적으로 누구라는 것은 밝히지 아니한다. 이 시인의 생각은 당시 이스라엘의 어느 왕이라고 믿기보다 장차 오실 메시야를 생각하고 있다. 이분의 권위 앞에 땅의 모든 왕과 통치자들은 굴복할 것을 요구한다. 철장으로 질그릇 부수듯 이 땅 위의 왕국과 그 왕들을 부술 수 있는 권위를 가지신 분으로 알고 있다. 지상의 왕들은 자기들 권위 위에 이런 무서운 권위가 있음을 깨달으라고 권고한다.

"너희는 지혜를 얻으며… 교훈을 받으라"고 경고한다. 이것은 곧 야웨 하나님을 경외하는 일이다. 두렵고 떨리는 마음으로 그를 섬기는 일이라 했다(11절). 이 하나님의 권위에 무릎을 꿇고 심지어 "그 발에 입 맞추라"(12절)고, 절대적인 복종과 애정을 표시하라고 했다. 만일 이대로 하지 않으면 그 통치자들은 망할 수밖에 없다고 했다.

이리하여 이 시인은 "하나님의 웃음"에서 인간의 최고 권위가 몰락되고 패망하는 것을 말하고 있다. 그의 웃음은 자기를 절대화시키는 모든 것을 거부한다. 자기 위에 더 크고 무서운 권위가 있다는 사실을 부정하는 자를 미워하신다. 자기가 하는 말이 곧 법이라 하는 자를 물리치신다. 그러나 "하나님을 의지하는 자는 복을 받는다"는 말로써 이 시를 끝마치고 있다. 이 세상의 왕과 통치자들은 겸손하게 자기 자신을 하나님의 권위 아래 복종시키고, 그에게 모든 것을 맡길 수 있는 신뢰감을 가져야만 한다. 그의 의지하는 바가 자기 군대나 외교력이나 물질적인 부나 훌륭한 참모진의 지혜라 할 때 그는 하나님의 웃음을 살 수밖에 없다. 역사의 해변, 빈 조개껍질 같이 뒹굴며 영원한 하나님의 웃음을 사고 있는 통치자들이 이 땅 위에는 얼마나 많은가.

"주여 저들에게 하나님을 의지하는 마음을 주시어 하나님의 축복을 받는 통치자들이 되게 하시옵소서." 아멘.

제 3편
자고 깨고

Psalm Meditation

내가 자리에 들어 자고
또 깨는 일은
오직 야웨
당신이 나를 붙드심이로다(5절).

       자고 깨는 일은 평범한 일이다. 누구나 하는 일이기에 별로 신기한 일이 아니다. 자리에 들면 자게 되고 또 자게 되면 깨어나기 마련이다. 이 평범한 일이 시(詩)의 소재가 될 수 없다.

    그러나 내가 "자고 깨고!"하는 일을 결코 평범한 일로 묵살해 버릴 수 없다. 이것을 공동번역처럼 "자나 깨나"로 번역하면 이 시인이 하고자 하는 뜻이 잘 나타나지 않는 것 같다. "자나 깨나!"는 "날마다"란 뜻이 강하게 드러나는 것 같다. 그러나 내가 "자고 깨고!"라고 하면 "날마다"를 생각하기 전에 "자는 그 순간도 깨는 그 순간도 내게는 의미가 깊다"는 삶에 대한 감격이 들어있다. 다시 말하자면 자는 것도 내가 건강해서가 아니고 깨는 것도 내 육체적 조건이 그렇게 되어서가 아니라는 것이다. 그러면 누구의 덕분인가. 여기 이 질문에 이 시인이 자기가 얻은 평범한 사건에서 얻은 감격을 노래하는 것이다. 그러나 이 시인의 감격은 보통 사람은 깨달을 수 없다. 그저 날마다 지켜 주시는 것은 하나님의 은혜다 하는 심정까지도 상당히 영적 체험을 한 사람의 고백이

24

시편 명상

다. 그러나 밤이 되어 그 밤을 무사히 넘길 수 있을까 할 만큼 자기 생명에 대한 자신이 없다는 것을 실감한 사람, 그리고 그러한 불안의 밤이었지만 하룻밤을 무사히 지나고 또 다시 새 아침을 맞이했을 때 그 감격은 그러한 위험한 순간들, 즉 자기 육체의 생명의 마지막 순간을 의식하면서 밤을 보내고 아침을 맞이하는 사람들은 이 시인이 말하는 "자고 깨고"의 감격을 금할 수 없다.

내가 폐병 요양소에서 불안한 밤과 낮을 보내고 있었을 때 실제로 같은 환자들이 그렇게 불안한 밤을 맞이하다가 밤에 가버리고 그 다음날 아침에는 싸늘한 시체로 누워있는 것을 본 나 같은 사람은 "자고 깨고"하는 이 평범한 일이 내게 있어서는 생사를 걸고 싸워야 하는 장엄한 일이었기에 그것을 결코 평범한 어휘 속에 맡겨 두고 싶지 않다. 더욱이 내가 심장병으로 두 번이나 죽었던 1975년의 경험을 회상하면 "자고 깨고"하는 일에도 하나님의 전적인 사랑과 은총이 돌봐주셔야만 내가 자고 깨고 하는 일을 날마다 똑같이 할 수 있다고 느껴보았다.

이 3편의 시인이 어떤 생의 위기에 처해 보았는지 우리는 알지 못한다. 그러나 이 시를 시편 속에 편집한 어떤 사람이 이 시를 다윗이 경험했던 한 위기의 밤과 아침에 연결시키고 있는 것은 이 시를 이해함에 가장 좋은 배경 설명이 되는 것 같다. 사실 다윗은 사무엘하 15장 이하에 있는 대로 그의 아들 압살롬의 반역으로 황급히 왕궁과 수도 예루살렘에서 피란갔을 때 그는 "머리를 가리우고 맨발로 울며 갔다"고 할 만큼(삼하 15:30) 생명의 위기에 직면했던 것이다. 이렇게 왕궁을 나온 다윗은 그날 밤을 요단강 건너 바후림에서 보냈다. 밤 사이에 추격병이 따라와서 찾았지만 다윗은 그 수난의 밤을 무사히 넘기게 되어 새 아침을 맞이했다.

이런 위험한 순간들이 지나가고 밤을 지나 아침을 맞이한 다윗이 이 3편과 같은 시를 지을 수 있었다는 것은 충분히 이해된다. 비록 정확하게 다윗이 작자라고 할 근거는 없지만 이 시 내용 전체를 보아 다윗이 아니라고 해도 다윗과 같은 위험한 밤을 보내고 아침을 맞은 사람이 하나님의 도우심과 돌보심을 감사해서 이런 시를 지었다고 생각된다.

그래서 궁겔은 이 시를 "탄식시"(歎息詩)라 명명했지만 나는 이런 종류의 시를 차라리 "고난시"라 부르는 것이 낫다고 생각한다. 이 시 전체에 흐르고 있는 고난의 모습이 너무도 뚜렷하기 때문이다. 그의 고난은 "대적이 많고" 이 시인을 "치는 자"가 많기 때문에 그를 둘러싸고 있는 주위 환경은 문자 그대로 위기 투성이다. 그가 보내는 순간들은 모두가 그의 생명을 앗아가기 위해 노리고 있는 순간들임을 알고 있다.

완전히 그는 "하나님께 도움을 얻지 못한"상태에 빠졌다. 6절 말씀대로 그의 주위는 천만 사람의 노리는 창 끝이 번쩍인 것 같다. 그러나 이 시인은 그 위험한 환경과 순간속에서도 자기 자신을 지켜주고 보호해 주시는 사랑과 능력의 하나님의 손이 있는 것을 노래하고 있다. 이 시에 넘치는 것은 위기에 대한 간증이 아니고 그 모든 위기에서도 보호하고 지켜 주신 하나님의 구원에 대한 간증으로 차 있다. 이런 의미에서 이 시의 문학 형태는 "탄식시" 또는 "고난시"라기보다는 "의지의 시"(依支詩)이다.

이 시가 강조하고 있는 사상은 시인의 위기와 불안을 탄식하는 내용보다 생명의 위기가 순간순간 닥쳐오는 그 환경 속에서도 하나님의 보호와 구원의 손길이 그의 목숨을 털끝만큼도 해치지 않도록 버티고 지키심에 대한 신뢰감을 강하게 표시하고 있다. 이 의지신앙이 강했기 때문에 그는 다음과 같은 노래를 한다.

"주는 나의 방패, 나의 영광, 나의 머리를 들어주시는 분, 천만 사람이 나를 둘러싸고 치려한다고 해도 나는 두려워하지 않는다."

이러한 강한 의지신앙은 그의 위기에서 그를 완전하게 지켜주었다고 생각된다. "내가 자고 깨고 하는 것은 야웨가 나를 붙드심이다"고 고백하고 있다.

하나님이 그 능력의 손으로 우리를 붙들어 주시면 우리는 어떤 위험한 순간이라도 무사히 보낼 수 있다. 참된 안전은 물량적인 것에서나 군사적인 방비에서 오지 않고 야웨 하나님의 돌보심에서 온다는 이 사상은 이스라엘 신앙 중 가장 자랑스러운 것이다. 이 신앙은 이스라엘의 "고대 거룩한 전쟁" 제도에서 온 것이라고 폰 라트는 말한다. 하나님이 위기에 처한 이스라엘을 위해서 친히 싸워 주시기 때문에 이스라엘은 안전한 구원을 얻을 수 있다는 것이다. 이스라엘의 신앙은 이 "거룩한 전쟁"사상에 나타난 의지신앙으로 점철되어 있다. 출애굽 당시 홍해가에서 이 신앙으로 그 위기를 극복했다(출 14:13).

이 3편 시인도 전쟁의 위기에서 자기 목숨이 건짐 받은 것을 회상하는 인상을 준다(특히 1, 6절). 그러나 하나님을 의지하는 그 부동의 신앙으로 무사히 자고 깨는 안전한 축복을 받고 있다.

내가 자고 깨고 하는 이 평범한 사실에서 우리는 나를 지키고 돌보시는 하나님을 간증할 수 있어야 한다.

주가 주시는 기쁨

주께서 내게 주신 기쁨은
그들의 곡식과 새 포도주가 풍성할 때보다
더하나이다(7절).

　　　　　　우리가 가질 수 있는 기쁨은 여러 가지이지만 우선 많은 사람들이 물질에서 오는 기쁨을 말한다. 자기가 노력해서 얻은 보수나 뜻하지 않게 횡재를 하여 물질을 가지게 될 때 사람들은 기뻐한다. 손에 잡힌 그 돈으로 옷도 가구도 땅도 사고, 여행도 하고, 필요한 모든 것을 구하여 생을 즐긴다. 자본주의의 목표는 모든 사람들에게 물질적 부요에서 오는 기쁨을 주려는 것임에 틀림없다. 기쁨이 있는 곳에 사는 보람이 있다고 생각하며 고생 후에 낙이 올 것이니 (苦盡甘來) 오늘의 수고와 수모를 참고 견딘다. 어쩌면 사람들이 사는 목적도 이런 물질적인 부요를 갖고 싶어하는 것일지도 모른다. 사실 사람마다 자기가 갖고 싶은 것을 가지지 못했기 때문에 불평과 불만을 하고 싸움이 벌어져 소란하고 복잡하고 평화가 없는 세상이 되어가고 있다. 그러나 이스라엘 시인은 이런 평범한 사고와는 달리 물질보다 더 큰 기쁨이 있다고 한다. 곡식과 포도주를 창고에 가득하게 채우고 기뻐하는 것 이상으로 주 하나님이 주신 기쁨은 더 크다고 했다. 물질적 기쁨보다 영적인 기쁨이 더 크다고 한다. 다른 시인은 "사람이 부를 이루어 그 집의 영광이 더해

가더라도 너는 두려워할 것 없다"고 했다. 그 이유는 그가 한번 죽으면 그 모든 부와 영광이 그를 따라가지 못하기 때문이라고 했다(시 49:16, 17). 아무리 곡식을 창고에 많이 쌓아두고 안락한 삶을 노래한다고 해도 그가 죽으면 그 모든 물질이 아무 소용이 없다고 한 것이 예수님의 교훈이다 (눅 12:13 이하).

4편 시인이 생각한 물질적 부는 "곡식"과 "포도주"이다. 이 말들은 팔레스틴 지방 추수 절기와 관련되어 있다. 그러므로 추수할 때의 즐거움은 전리품을 나눌 때의 기쁨과 같으며(사 9:3), 나라가 망한다는 것은 땅에서 얻는 기쁨과 즐거움을 잃어버리는 것이라고 말하기도 한다(렘 48: 33). 다윗이 그의 도피생활 중 마하나임에 이르렀을 때에 암몬 사람들이 다윗과 그 동료들을 땅에서 난 "밀과 보리와 밀가루와 볶은 곡식과 콩과 팥과 녹두와 꿀과 버터와 치즈"를 가져와 대접한 것을 말하고 있다 (삼하 17:28, 29). 이런 기쁨은 땅에서 인간들이 그 물질에서 얻는 기쁨이다.

그러나 이 시인은 이보다 더 큰 기쁨이 하나님으로부터 온다고 확신하고 있다. 여기 시인은 그러한 기쁨이 구체적으로 무엇이라는 것을 말하지 아니한다. 그러나 이 시 자체의 내용은 그 기쁨이 어떤 것인가를 짐작케 한다.

이 시도 3편 시인처럼 수난을 경험한 사람이다. 그래서 이 시를 "탄식시"형으로 이해하지만, 실상 이 시의 내용에서 판단한다면 "의지시" (依支詩)라 함이 타당하다. 왜냐하면 여기는 시인이 경험한 고난과 그 탄식이 주제가 되어 있지 않고 시인을 돌보시는 하나님께 대한 강하고 확고한 신뢰심을 보여주고 있기 때문이다.

그는 현재 고난을 신음한다기보다 과거에 경험한 고난을 회고하고 있다. "고난 중에서 나를 잘 대접하셨사오니"(1절) 함은 과거의 고난 언급보다 그 어려움에서도 자기를 버리지 아니하시고 돌아보심을 감사하고 있다. 비록 2절에 시인의 영광을 수욕으로 만드는 괴로움이 있다고 해도 그것 때문에 고민하지 않는다. 그는 과거에 도와주신 하나님의 긍휼의 손길을 생각하고 현재의 모욕적인 경험에서도 태연자약하게 자기를 수치스럽게 하는 사람들을 꾸짖고 있다. "너희는 언제까지 헛된 일을 하고 남을 해치는 일만 하겠느냐"(3절). 이들에게서 받는 수난이 심했다면 13편 시인과 같이 "언제까지나 이 괴로움을 당해야 합니까!" 하고 계속 하나님께 호소했을 것이지만, 여기 이 시인은 그러한 안타까운 호소를 하지 않는다. 그를 괴롭히는 자를 오히려 비웃고 있다. 시인 자신과 하나님과의 관계를 분명히 알고 있다. 하나님이 이 시인을 특별히 선택했기 때문에 아무러한 대적도 그를 해칠 수 없다고 확신한다. 그렇기 때문에 "내가 하나님을 찾고 부를 때에 하나님은 응답해 주신다"고 자신 있게 말하고 있다(3절).

자기를 수치스럽게 하는 사람에게 경고한다. 남을 해치는 일 대신 "하나님을 무서워하여 떨며 죄를 짓지 말고 잠잠하라"고 한다(4절).

이렇게 자기를 괴롭히는 사람에게 경고와 경계를 할 수 있는 이 시인은 이 시를 그의 수난의 현장에서 지었다고 하기보다는 그를 괴롭히는 사람들을 생각하며 하나님의 전에 나와 예배를 드리며 하나님이 자기의 문제를 해결해 주실 것을 확신하고 있다. 그래서 이 시를 억울하게 수난당하는 시인이 성소에서 드리는 기도라는 시 형태 속에다 포함시킨 것도 (E.A. Leslie) 타당하다고 하겠다. 많은 시편의 시들이 고난의 삶의 현장에서 불려진 노래라기보다는 성소, 예배 때 신심과 구원의 확신을 기도로 표시한 노래이다. 이 시가 최초에는 개인 경건으로 저작되었는지는 몰라도 현재대로는 다분히 제의적인 성격을 갖추어 지은 이스라엘 공동예배의 산물인 것 같다. 그렇기 때문에 4절에 "의의 제사를 드리고 여호와를 의지하라"고 권고하고 있다. 그렇다고 해서 이 시인을 제사장 중의 한 사람이라 생각한 바이저(Weiser)의 주장이 반드시 옳다고 할 수 없다. 제사장이 아니라도 야웨 하나님의 구원을 확신하는 경건한 시인이면 누구나 자기 동료나 그를 괴롭히는 사람들에게 "의로운 제사 또는 정당한 제사 또는 바른 마음으로 제사를 드리라"(공동번역)고 권고할 수 있다.

그러나 어떤 제사가 정당하고 의로운 제사인가. 그것은 시인이 말한 대로 야웨 하나님을 의지하는 정신이 나타난 제사를 말한다. 제사행위나 그 제물이 문제가 아니라, 그 제사를 드리는 사람의 경건과 신앙 태도가 더 중요하다. 어떤 고난과 수욕 속에도 하나님을 든든히 믿고 의지하는 마음 자세가 우선적인 것이다. 이러한 의뢰심을 가진 사람이면 "우리에게 선을 보일 자가 누군가" 즉 "우리가 사는 세상에는 거짓되고 악한 일로 가득 찼습니다"고 할 만큼 정의와 진실이 수난 받는 때라도 하나님은 그 얼굴을 태양처럼 악의 질서로 어두운 세상을 밝게 해 주실 것을 확신하고 있다. 정의의 하나님이 그 얼굴빛을 해처럼 비추는 이상 그를 의지하는 사람은 평안히 눕고 잘 수 있고 또한 모든 불안을 물리치고 안전하게 살아갈 수 있다.

이것이 참 평안이다. 이것이 곡식과 포도주의 풍성과 같은 물질적 부요가 주는 기쁨보다 더 큰 기쁨이다. 이 기쁨을 예수님은 "내가 주는 평안은 세상이 주는 평안과는 다르다"고 하셨다(요 14:27).

기쁨을 깨달은 바울은 그래서 "주 안에서 항상 기뻐하라. 내가 다시 말하노니 기뻐하라"(빌 4:4)고 하셨다.

제 5편
은혜의 방패

야웨!
당신은 의인에게 복을 베푸시고
은혜의 방패로써 그를 지키시나이다 (12절).

우리는 은혜란 말을 너무 흔하게 쓰고 있다. 자주 만나는 사람에게 실례를 할 수 있음과 같이 우리가 자주 사용하는 은혜란 말을 오용할까 두렵다. 어떤 신학자는 싸구려 은혜야말로 교회의 치명적인 원수라고 말했다. 싸구려 은혜란 무엇인가. 그것은 마치 보따리 장수의 상품처럼 시장에서 팔리는 은혜요, 성례전, 사죄, 종교, 위안을 헐값으로 넘기고 있는 은혜요, 질문도 하지 않고 한계도 긋지 않은 채 소나기처럼 축복을 내리는, 관대한 교회의 보물 창고에 무진장하게 비장되어 있는 것 같은 은혜, 개념으로서의 은혜, 말하자면 계산이 다 되어 있기 때문에 모든 것을 거저 가질 수 있는 것처럼 생각하는 은혜를 말한다 (한신 학보 23호 1977.11.26).

사실 우리들 교회와 크리스천의 공동체 안에는 은혜를 너무 쉽게 말하기 때문에 은혜를 모독하고 있다. 이렇게 조심스럽게 이 말을 써야 함은, 이 말 속에 하나님 아들이 십자가에 달려 돌아간 비극적인 사건이 있고, 이 사건을 통하여 하나님이 우리 인간에게 보여주신 사랑의 극치가 있기 때문이다.

그러나 여기 시인이 말하는 은혜는 예수의 십자가 사건과 관련된 하나님의 사랑을 말함이 아니다. 이 말의 원어는 "라초온"으로 "선택하다" 또는 "너그럽게 대접하다"는 뜻을 가진 말이다.

그러므로 "은혜의 방패"란 말은 하나님이 우리 인간을 너그럽게 대하시고 그를 영접해 주시는 사랑을 어떤 힘이라도 끊을 수 없다는 것이다. 이 뜻을 가장 잘 표현한 성경 구절이 로마서 8장 38-39절이다.

"내가 확신하노니 사망이나 생명이나 어떤 피조물이라도 우리 주 예수 그리스도 안에 있는 하나님의 사랑에서 끊을 수 없다."

이것은 은혜의 방패를 가진 사람의 든든함이다. 이 시인이 말하는 "은혜의 방패"에는 바울의 이해에서와 같이 "예수 그리스도"로 말미암는 중보적 역할이 없이 하나님이 직접 나서서 우리 인간들을 모든 환란과 역경, 모든 절망적인 상황과 위기에서 직접 보호하신다는 것이다. 하나님이 오심으로 우리를 보호하시는 사랑을 말한다.

여기 이 시인의 사정을 그 시 내용에서 보면 그러한 자신 있고 용기 있는 삶을 살 수 있는 이유를 알 수 있다. 어느 일간신문 사설에서 "자신력을 회복하는 것이 인간의 의무라"고 외쳤다. 그렇다. 자신을 갖지 못하고 우왕좌왕하고 이 사람 저 사람의 주장에 이리저리 흔들리는 주체 의식이 없는 것이 문제이다. 그러나 어떻게 인간이 자신력을 키우고 회복시킬 수 있는가! 자신을 가지고 사는 삶을 누군들 싫어하겠는가.

"회복시킨다"는 말 자체도 잘못되었다. 인간에게 자신력이 샘솟듯 솟아날 수 있는 원천이 있는 것이 아니다. 자신을 키워야 하고 길러야 한다. 이것은 밖에서부터 다른 인간이 주어서 얻는 것이 아니다. 자기 속에서 길러야 한다.

사람이 자기를 믿고 의지한다는 것은 불교적인 사고에서는 최고의 윤리이다. 내가 곧 부처님이 되어야 한다. 그러나 기독교에서는 인간 자신 속에 강철 같은 자신력이 본래적인 것으로 주어지지는 아니했다고 믿는다. 다만 이 인간을 만드신 하나님이 이 힘을 내적으로 공급해 줄 때 우리 인간은 세상에서 무서운 것이 아무것도 없는 강하고 담대한 사람이 된다. 모세의 후계자 여호수아는 그에게 민족의 지도자로 세워 주신 하나님으로부터 강하고 담대한 힘을 얻는 일에 관심을 기울였다. 그래서 그 힘을 받아서 그 백성을 가나안 복지로 인도해 냈다. 이것은 수양과 덕행의 결과가 아니고 첫째는 실수와 약점을 가진 인간이지만 야웨 하나님이 그와 함께 동행하는 것을 믿었고 또한 그보다 앞에 서서 가시고 그의 모든 적을 친히 물리쳐 주시는 그 하나님을 절대적으로 신뢰함에서 용기와 담력이 생겨 전진을 한 것이다.

이 5편 시인은 자기 자신을 하나님께 내맡기는 의지심을 가진 사람이었다. 그를 모든 대적과 위험에서 지켜 무사하게 살아갈 수 있게 한 은혜의 방패를 앞세우고 있다. 은혜의 방패를 가지는 사람은 이 시편 2-3절에 있는 대로 아침부터 하나님을 믿고 의지하는 기도의 생활로 그의 삶을 시작한다. "아침에 내가 주께 기도하고 바란다"는 이 말이 곧 "은혜의 방패"를 얻는 길이다. 그 날 하루의 모든 유혹과 실수와 위험과 위기에서 건짐을 받는 하나님의 보호가 이 기도에서부터 시작한다.

이렇게 하나님의 가호하는 것을 의식하는 삶은 죄와 악을 미워할 수 있어야 하고, 행악자와 거짓말하는 자를 판별하고 멀리할 줄 알아야 하며 또한 피 흘리기를 즐기는 잔인하고 포악한 사람을 싫어할 줄 알아야 한다. 즉 "아니오" 할 일과 사람에 대하여 "아니오"를 분명히 할 수 있어야 함을 말한다. 그뿐 아니라 그는 하나님의 인자를 믿고 의지하여 항상 하나님 앞에 예배를 하는 사람이 되어야 한다. 우리의 예배와 삶이 하나가 되어야 하고 우리의 신앙과 윤리가 일치해야 한다. 교회당에서 가지는 삶에 대한 진지한 태도가 교회당 밖에서 계속되어야 한다. 이 둘이 분리될 때 우리는 교회당 안에서만 "은혜의 방패"를 가지게 된다. 그러나 우리에게 참으로 "은혜의 방패"가 필요한 곳은 교회당 밖, 일상 생활, 온갖 악과 위험과 더불어 씨름을 하는 세상 안이다. 불신자들과 더불어 교제하고 살아가는 속세에서 "은혜의 방패"가 필요하다. 하나님의 지켜 주시는 손은 우리 영혼을 유혹하고 짓밟는 위험이 있는 장소이다. 우리는 이 시인과 같이 하나님을 피난처로 생각할 줄 알아야 한다.

"오직 주님께 피하는 자는 다 기뻐하며 주의 보호를 받아 영영 기뻐하며, 주님을 사랑하는 사람은 주님을 기쁘게 할 것이라"(11절)했다.

이러한 기쁨과 즐거움, 이런 안전과 만족은 "은혜의 방패"를 가진 사람에게 주어진다고 노래했다. "은혜의 방패"는 무엇을 원하고 소유하는 데 있는 것이 아니다. 하나님의 능력의 팔에다 내 자신을 맡기는 것이다. 이렇게 작고 약한 나, 어리석고 못난 나를 그의 능력의 팔에 맡기고 그 품에 안길 때 "하나님이 내 편이 되셔서 사람이 나를 어떻게 할 수 없다"(시 118:6) 고 노래할 수 있다.

제 6편
떨리는 영혼

야웨! 나의 뼈가 떨립니다
나를 고치소서

나의 영혼도 매우 떨리나이다
오 야웨! 어느 때까지니이까! (2, 3절)

　　　　　"영혼"이란 말처럼 애매한 말이 없다고 생각하는 사람
이 많이 있다. 그래서 이런 애매한 것이 인간에게 있을 수 없다고 하여
영혼의 존재를 거부하는 사람도 있다. 기독교 신앙에서는 이 말처럼 우
리 인간 자신을 압박하고 감동 주는 말이 없건만 구태여 있다고 한다면
영혼이란 말보다 "정신" 또는 "마음" 등과 함께 인간이 겉으로 볼 수
없는 인간의 어떤 내부적인 요소로 생각한다.

　그러나 우리 성서에서 이 말이 차지하고 있는 위치는 매우 중요하
다. 우리 인간이 가지는 "신앙"이란 것은 밖으로 나타나 보이는 외부적
이고 육체적인 인간의 행동과 관련되었음은 사실이나, 이 신앙이 외부
의 사건으로 나타나기 위해서는 그것은 우선 인간의 내부적인 인격의
깊이에 있는 영혼의 사건이 되어야 함을 부정할 수 없다. 누가복음 기
자는 사람이 자기 자신과 대화할 수 있는 독백을 그의 영혼을 상대하고
말한 것으로 기록했다.

"그리고 내 영혼에게 말하리라. 영혼아, 여러 해 동안 쓰기에 넉넉한 좋은 물건들을 많이 쌓아 두었으니… 너 어리석은 사람아, 바로 오늘 밤에 네 영혼을 도로 찾을 것이다. 그러면 네가 장만한 것이 누구의 것이 되겠느냐."(눅12:19,20).

우리가 믿는 종교적인 현상은 우리 인간 내부에 있는 영혼에서 되어지는 일임을 우리는 알고 있다. 그러나 영혼이란 말이 구약성서에서는 "네페쉬"란 말로 표현된다. 야웨문서(J문서) 기록자는 사람의 창조 과정을 설명함에 있어서 "네페쉬"를 말했지만, 여기서는 (창2:7) "영혼"이란 개념이 나타나지 아니한다. 여기서는 오히려 "사람"이라고 이해함이 타당하다. 구약성서에는 "영혼"(네페쉬)이란 말을 "인간" 또는 "사람"으로 번역해도 통하는 곳이 많다. 그러나 반드시 그런 것만은 아니다. 가령 욥기 19장 2절에 "너희가 얼마나 오랫동안 나의 네페쉬를 괴롭게 하려느냐" 이 경우에 "네페쉬"를 "사람"이라 할 수 없고 인간 속에 있다고 믿는 "영혼"이라고 할 때 의미가 통한다. 물론 "나의 네페쉬"란 말을 "나를"이라고 하여 친구들이 욥이란 인간을 왜 괴롭히느냐로 읽을 수 있다.

그러나 우리의 종교적인 현상에는 나라는 인간이 하나님과 접촉할 수 있는 인간 지성소가 이 영혼이라 생각할 수 있고, 하나님 자신이 우리 인간을 접촉하는 곳이 우리 육체나 마음이라고 하기보다는 우리 인간의 인격 가장 깊은 내면적인 곳을 이 영혼이라 할 수 있다. 이리하여 우리가 신앙을 가진다는 것은 우리 영혼이 하나님과 사귐을 가지는 현상 전부를 말하는 것이다.

그래서 기도는 영혼의 호흡이요, 하나님의 말씀을 듣는 것은 우리 영혼의 귀요, 하나님을 본다는 것도 우리 영혼의 눈이 하는 일이요, 우리가 하나님의 영을 접하는 영적 접촉도 우리 영혼의 촉수를 통해서 하는 것이다.

이렇게 영혼에 대한 생각을 좀 지루하게 한 이유는 이 시편 6편 시인이 자기가 당면한 현실적 고통을 육체의 문제로나 정신의 문제로 보지 아니하고 자기 "영혼"의 문제로 생각하고 있기 때문이다. 공동번역이 3절의 "영혼"은 "마음"으로 4절의 "영혼"은 "목숨"으로 번역한 것은 이 시인의 영적 고민을 심각한 것으로 이해함에 도움이 되지 못한다. 여기 시인이 가진 고민은 그의 "영혼이 심히 떨리는 것"이다. 영혼이 떨린다는 것은 그 인간 전부가 그 기초에서부터 흔들리어 그의 존재 자체까지도 의심스럽게 된 어떤 극한 상태에 빠진 것을 말한다. 사람을 대할 외부적인 인격의 파산만이 아니라, 하나님을 접하는 내부적인 인간 자체의 파괴가 임박한 것을 고백하고 있다.

루터는 이 시를 시편에 나온 일곱 개 "참회시"의 하나라고 하지만 (6, 32, 38, 51, 102, 130, 143편) 이 시의 내용은 죄를 참회하는 문제보다 그의 존재 자체에 대한 회의를 느낄 만큼 심각한 고난을 체험하고 있는 사람이다.

그래서 궁켈은 이 시를 대표적인 "탄식시"라고 했다. 사실 이 시는 궁켈이 주장하는 "탄식시"가 가진 내부 구조를 갖추고 있는 전형적인 탄식시 하겠지만, 이 시의 신학적인 문제는 고난 당하는 한 인간의 고난 상태를 말해주는 것이 아니라, 그가 죽음에 직면한 고난 속에서도 어떻게 절망하지 아니하고 신앙으로 버티고 나아갈 수 있었는가를 보여주는 의지신앙을 보여주고 있다.

그가 당하고 있는 고난은 육체적인 것이기도 하다.

"내가 수척하였습니다"(2절).

"사망 중" "음부" "탄식함으로 피곤하고" "내 눈이 쇠하고"하는 등의 표현은 그의 견딜 수 없는 육체적인 고통을 알려주는 것이다. 그러나 그의 고통은 정신적인 것이기도 하다. "밤마다 눈물로 내 침상을 띄우고 내 요를 그 눈물로 적신다"는 표현이나 (6절) 하나님이 자기의 "울음 소리를 들었다" (8절) 하는 구절들은 그의 마음과 정신의 비통함을 표현한 것이다. 그러나 그의 고통은 육체적, 정신적인 것으로 끝나지 아니하고 "내 영혼이 심히 떨린다"고 하는 말이나 "나의 영혼을 건지소서"라고 간절히 빌고 있는 것에서 그의 영적 고통을 알 수 있다. 그의 이러한 삼중주(三重奏)의 고통이 어디에서 온 것일까.

이 시인이 "행악하는 너희는 다 나를 떠나라" 하는 말은 불의를 행하고 악을 행하는 어떤 개인 또는 그룹의 사람들 때문에 받는 고통이며, 또한 내 모든 원수가 부끄러움을 당하기를 빌고 있는 말은 (10절) 그를 괴롭히는 사람 또는 단체가 이 시인의 원수가 되어 있음을 짐작케 한다. 우리는 그의 시 자체에서 그 원수의 정체를 규정할 수 없다. 그러나 그의 고통은 이 원수나 행악자들로 말미암은 인간적인 사건으로 보지 아니한다. 오히려 자기가 믿고 의지하는 하나님이 자기를 이런 궁지, 극한 상태로 몰아넣은 것이라 단정하고 "야웨, 당신의 분내심으로 나를 책망하지 마시고 당신의 진노하심으로 나를 벌하지 마옵소서" (1절) 하고 기도하고 있다. 인간이 이 땅 위에서 받는 고통과 비극을 다만 약한 인간에게서만 오는 것으로 생각하지 말라는 것이다. 사실 그렇다고 해도 하나님이 그 배후에서 경건한 자를 깨우치고 다시 새롭게 만들기 위한 섭리가 있음을 알라고 한다. 그리해야만, 떨리는 영혼을 가진 경건한 사람은 그를 괴롭히는 원수를 "심히 떨고 부끄럽게 할 수 있다"고 확신하는 것이다.

제 7편

의로우신 재판장

하나님은 의로우신 재판장이시라
매일 분노하신다(11절).

　　　"하나님은 재판장"이라 하는 이 말은 "하나님은 아버지이다" 하는 말과 거리가 있는 것 같다. 더욱이 하나님은 "의로우신 재판장이라 할 때 "하나님은 사랑이시다"함과는 대조가 되는 말이다.

　하나님을 재판장이라 표현하는 근거는 하나님이 사람들의 말과 행동을 그대로 넘기지 않으시고 그것 하나 하나의 잘잘못을 판단하심을 말한다. 이것은 한 개인의 삶만이 아니라 한 나라, 한 민족의 삶의 옳고 그른 것을 판단하신다는 뜻이 포함되어 있다. 이것은 인간의 행동은 아무리 그것을 비밀리에 해도 그것을 판가름하시는 분이 하나님이시고 아무리 세상이 다 옳다는 일을 해도 그 일은 최종적으로 하나님의 법정에서 시비가 판가름 되어야 함을 말한다. 따라서 이와는 정반대로 세상 법정이 아무리 죄를 주어도 그 최후 판가름은 하나님이 하신다는 것이다.

　이렇게 하나님이 재판장이라는 이 사상은 이스라엘의 역사관과 그 이해에 기본적인 것이다. 즉 역사를 주관하시는 분이나 이 역사의 방향을 잡아 주시는 분은 하나님이시라는 것이다. 인간 역사에서 만일 하나님의 공정하고 의로운 재판이 없다면 사람의 사회는 불법투성이의 죄악의 역사를 만들 것이고, 세계사를 심판하시는 하나님이 계시지 않는다고 생각하면 우리들이 살고 있는 이 세계의 국제 윤리는 문란해서 힘이 센 자가 이기고 또 그 힘이 정의라고 하게 될 것이다.

그러나 시편 7편 시인은 하나님은 의로우신 재판장이란 사상으로 그의 시를 엮어나가고 있다. 얼른 보기에 이 시는 하나님의 공정한 심판에 관심을 가졌기 때문에 시문학으로서 갖추어야 할 정서적인 면이 결핍되었으리라 생각하기 쉽다. 그러나 실상은 그렇지 않다. 이 시편 시인은 자기 시 첫머리에서부터 불의가 가득 찬 세상에 살면서도 공정한 판가름을 하시는 하나님이 살아 계시는 것을 믿고, 그 하나님께 자기의 사정을 호소하고 있다.

"야웨, 내 하나님이여, 내가 당신께 피하오니 나를 쫓는 모든 사람에게서 건지소서."

이렇게 자기를 건져 주시기를 호소하고 있다. 이러한 호소가 1-5절 안에 기록되었는데 이 시인의 사정은 마치 사자 앞에 있는 들짐승 한 마리와 같이 절망적인 상태임을 고백하고 있다. "나를 찢고 뜯을까 한다"(2절)는 표현은 이 시인이 맹수 같이 잔인한 어떤 인간들의 환경에 빠져 있는 상태이다. 그러나 이러한 절망적 위기는 시인 자신이 어떤 잘못이나 악을 행하여 다른 사람을 해롭게 했거나 그들에게 손해를 주었기 때문이 아니라고 한다. 자기에게는 아무런 죄나 잘못이 없다고 한다. 자기의 당한 고초는 무죄한 사람이 의롭지 못한 상대방 때문에 억울하게 생긴 것이라 한다. 그는 담대하게 자기의 무죄와 결백을 주장하고 있다. 만일 그런 곤욕을 치를 만한 실수나 잘못이 있으면, 자기는 불평불만을 하지 않겠다고 한다. 자기 손에는 죄악이 없었고 화친을 맺은 사람에게 배신을 했거나 원수의 것을 까닭없이 약탈했거나 불법한 일은 일체 하지 않았다고 주장한다. 만일 그런 일이 조금이라도 있다면, 원수가 자기 생명을 짓밟고 자기 영광을 먼지에 굴러 떨어지게 해도 아무 대꾸도 반항도 하지 않겠다고 한다. 이것은 자기의 결백에 대한 강한 증거를 스스로 고백하고 있는 것이다. 그러나 그의 원수들은 이러한 결백과 무죄에 관심없이 그를 핍박하고 그의 생명을 위협하고 있다는 것을 하나님께 호소하고 있다.

사실 우리가 사는 세상에는 자신이 결백하면서도 친구를 잘못 두어, 또는 자기의 진심을 곡해했거나, 또는 정치하는 사람이 불법과 무법을 감행하는 자였거나 하여 억울하게 고생을 당하고 생명의 위협을 순간순간 당하는 사람이 많다. 실제로 많은 선하고 의로운 사람들 가운데 이러한 애매하고 억울한 수난을 받아 그 생명을 잃어버린 사람도 많다.

이러한 불공정하고 불의한 세상에 이 억울하고 딱한 사정을 들어 주시고 이것을 바로잡아 주시는 하나님이 안 계시다면 우리 인간들의 삶은 얼마나 암흑이겠는가.

그러나 다행히도 공정하신 하나님이 의로운 재판을 하시어 역사상 모든 억울한 사람들 편에서 그들의 호소를 들어주시고 그들을 또한 죽음의 위기에서 끌어내어 주신다. 그래서 인간의 정의는 권력이나 금력에 따라 좌우되고, 세상 법정의 재판도 뇌물로써 부당하게 처리되지만, 하나님의 정의는 그런 것을 용납하지 않으신다. 그는 의로운 재판장으로서 어떤 것이 옳고 그른가를 판단해서 이 세상에 정의와 공정을 살려주신다.

이 시인은 비록 억울하게 당하는 죽음의 현장에서 신음하고 있다고 해도 정의의 하나님께 자기의 사정을 호소하는 강렬한 신앙을 보여주고 있다.

그는 하나님이 이 부당한 사실에 분노를 가져주시기를 바라며, 대적들의 무분별하고 부당한 노를 막아주시고 하나님 자신이 심판하시도록 깨어나시라고 애원하고 있다 (6절). 이 세상 만민을 다스리시는 분은 하나님이신 것을 알려 주시고 하나님만이 공정하신 재판을 행하시니 시인 자신이 가진 성실과 의를 정오의 햇빛 같이 밝히 드러나게 해 달라는 간구를 하고 있다.

"악인의 악을 끊고 의인을 세우소서"(9절) 함은 이 세상에는 의로운 재판이 시행되지 아니하고 불의와 악이 지배하고 있기 때문이라고 한다. 하나님은 사람의 마음을 살피시고 그 중심을 보시는 분이다. 그렇기 때문에 시인 자신이 악의 세력에도 굴하지 않고 정의와 진실을 강조할 수 있으며 "정직한 자를 구원하신 하나님"을 믿는 그 일이 원수의 창칼을 피할 수 있는 방패라고 말한다. 진실한 사람은 하나님이 그 방패가 되시어 억울한 고난에서 건져주신다. 하나님의 정직은 인간의 부정을 용납하시지 못하기 때문이다. 이것이 곧 하나님은 "의로우신 재판장"이라 부르고 믿는 이유이다. 이 하나님은 죄인과 악인들의 불의를 용납하지 않고 날마다 그들을 심판하신다. 그 칼을 갈고 화살을 준비하여 불의한 사람들을 넘어뜨리려 하신다고 이 시인은 믿고 있다. 다른 사람을 모함하기 위하여 판 함정에 그들 자신이 빠지고 만다고 그는 믿는다. 이것은 정의의 하나님이 이 땅 위에서 공의를 시행하시기 때문이다. 그러므로 정의를 지키는 수난 자는 다만 하나님의 공정한 재판을 감사하고 그의 이름을 찬양할 것 밖에 없다.

달과 별과 인간

주님의 손가락으로 만드신 주의 하늘과
주께서 베풀어 두신 달과 별들을 내가 보오니
사람이 무엇이기에 이처럼 그를 생각해 주시며
인간들이 무엇이기에 이토록 돌보시나이까! (3, 4절)

　　　　이스라엘 시에는 자연을 노래한 시가 많지 않다. 이 시
인들은 자연 만물의 자연성을 주장하기보다 자연 만물의 소속성, 피조
성을 강조하고 있다. 하늘, 땅, 달, 별들은 저절로 생겨난 것이 아니다.
창조주 하나님이 손수 지었다 한다. 이것은 역사적 사실로 받아들일 일
이 아니다. 다만 신앙고백으로 받아들일 일이다. 이러한 대자연이 저절
로 생겨났다는 것도 이치에 닿지 않는다.

　이스라엘 신앙은 한 번도 이 자연 만물의 유래에 대하여 의심을 가
지지 아니했다. 그들에게 과학성이 없었다거나 그들이 미개했기 때문
이라고만 할 수 없다. 다만 이런 만물의 기원론은 하나님의 창조와 관
련된 것으로 믿었다. 그가 손수 손가락으로 만들고 그가 친히 우주 만
물이 운행하는 법칙을 이미 베풀어 두셨다고 믿었다. 사람들이 말하는
과학이란 이러한 하나님의 피조물을 재료로 사용하고 이 하나님이 만
물 속에 설정해 주신 원칙을 똑바로 이용하고 응용하지 않으면 과학적
지식이나 기술이 발전될 수 없는 것이다.

그래서 이 8편 시인은 인간의 일보다 자연을, 사회문제보다 자연질서를, 역사의 문제보다 우주 만물의 기원과 그 질서의 문제에 대하여 그의 신앙적인 소신을 이 짧은 시에서 밝히고 있다.

여기 자연에 관한 그의 신앙은 우선 이 자연을 만드신 창조주에 대한 노래로 시작하여 그같은 감탄으로 끝마친다.

"야웨 우리 주여! 이 땅에서 당신의 이름이 얼마나 아름답습니까!" (1,9절)

하늘과 땅과 달과 별과 사람, 그리고 모든 들짐승과 나는 새와 물고기들을 만드신 하나님의 이름 "야웨"가 얼마나 아름다운 이름이냐고 감탄하고 있다.

이름은 보기 위한 것이 아니라 부르는 것이다. 사람들의 이름은 이스라엘의 성명철학에 있어서 그 사람의 운명과 성격을 지배한다고 생각했기 때문에 이름이 좋아야 하지만 하나님의 이름은 다만 아름다워야 한다.

그 아름다움이 성음학(聲音學)에서 말하는 소리의 아름다움이 아니라 그 이름을 부르고 듣는 순간 사람들이 느끼는 감명과 계시가 아름다움을 말한다. 부르고 또 불러도 싫증이 나지 않는 어머니란 말처럼 이 시인은 "야웨"란 이름에 혹하고 있다. 사랑하는 사람의 이름을 부르는 일에만도 그 사람의 체온을 느끼듯이 야웨란 이름에 이 시인은 감동을 받고 있다.

그 까닭은 야웨 하나님의 하신 일이 너무 크고 또 너무도 고맙기 때문이다. 젖먹이와 같은 철없는 어린이에게도 야웨란 이름이 힘을 주어 그를 해치려는 자를 물리쳐 주고 이 이름을 한번 들음으로 원수와 악을 꾸미는 사람들이 질겁을 하고 물러선다고 했다. 마치 옛날 징기스칸이란 이름을 듣기만 해도 울던 어린이들이 그 울음을 뚝 그치듯이 야웨의 이름 그 자체만으로도 위대한 능력을 나타낼 수 있고 만물을 굴복시킬 수 있다. 그래서 사도 바울은 예수 그리스도의 이름도 그 자체가 얼마나 크고 아름다우냐를 노래했다.

"하나님이 그를 지극히 높여 모든 이름 위에 뛰어난 이름을 주사 하늘에 있는 것들과 땅에 있는 자들과 땅 아래 있는 자들로 모든 무릎을 예수의 이름에 꿇게 했다"(빌 2:9-10).

이 시인은 이렇게 크고 아름다운 이름이 무엇 때문이냐 하는 물음을 3절 이하에서 설명하고 있다. 즉 이 이름의 주인공 야웨 하나님은 하늘 달, 별, 사람들을 비롯하여 모든 만물을 만드셨기 때문이라고 한다. 창세기 1장과 2장에 나타난 이스라엘의 창조신앙이 여기 노래로 표시되었다.

그런데 이 창조의 노래의 초점이 어디 있느냐, 하늘인가 땅인가. 달이나 별이냐. 창조설화가 "사람"에 그 창조의 초점을 둠과 같이 이 시인도 사람에다 하나님의 창조사업의 중심을 두고 있다. 만물 때문에 사람을 만드는 것이 아니라, 사람 때문에 이 모든 만물을 손수 만드셨다고 한다. 창세기 1장에 나타난 제사 문서는 만물을 다 만든 다음 사람을, 2장 이하에 나타난 야웨 문서는 사람을 먼저 지으시고 모든 만물을 창조했다. 그 순서는 다르나 사람을 중심한 창조의 대업이다. 이렇게 사람이 위대하고 신비하고 아름다운 하나님의 창조의 초점이 되었다는 사실에 이 시인은 감탄하고 있다.

"사람이 무엇이기에 이처럼 생각하시고 인간이 무엇이기에 이토록 돌보시나이까"

이렇게 감격한 그는 한 걸음 더 들어가서 인간과 만물의 질서와 위치를 5절에 분명히 밝히고 있다. 만물이 사람의 존경과 예배의 대상이 아니라 만물은 다만 사람을 위해 있는 존재요, 이 모든 만물 중에서 사람을 가장 귀하게 만드셨다는 것을 고백한다. 다 같은 피조물이지만 사람은 하나님보다 (원문은 "천사"로도 읽을 수 있다) 조금 낮게 지으셨지만 다른 만물보다는 높게 지으셨다. "영화와 존귀로 관을 씌우셨다"고 했다.

우리가 쓰는 "만물의 영장"이란 말의 근거가 여기 있다. "사람의 제일되는 목적이 무엇이냐" 하는 [요리문답]에 "하나님께 영광을 돌리는 일"이라고 답함과 같이 인간이 높고 귀하다는 것은 인간 그 자신에게 영광이나 존귀를 주셨다거나 그런 것을 항상 소유하고 살아야 한다는 것이 아니다. 하나님의 작은 분신으로 하나님께 영광과 존귀를 돌리는 일을 해야 함을 말한다. 죄와 허물을 짓는 인간은 이 "영광과 존귀"의 책임을 하지 못한다. 인간은 창조주가 요구하시는 영광과 존귀의 사실을 같은 사람들에게는 물론, 다른 피조물들에게도 보여야 할 책임이 있다. 이것이 인간이 인간되는 바른 길이다. 이 영광 대신 수치를, 존귀함 대신 비천함을 보이는 인간은 하나님의 창조의 뜻을 어기는 사람이다. 그리고 이렇게 영화와 존귀를 하나님께 돌리는 삶을 사는 사람에게는 만물을 다스릴 지배권을 주신다고 했다. 모든 만물을 그 발 아래 두셨다고 함은 사람을 위하여 만물이 지어졌다는 구체적인 설명이다. 사람은 자기의 목적을 위하여 만물을 자기 의사대로 쓸 수 있다. 그래서 과학과 기술의 문명을 이루었다. 그러나 이 과학과 기술이 하나님이 만드신 대자연을 공해 물질로 오염시킬 때 인간은 영화와 존귀로 관을 씌우심을 받은 인간의 사명을 바르게 못하는 것이다. 만물을 다스린다는 특권은 만물을 못쓰게 만들라는 말이 아니다. 이 자연을 돌보고 지킬 의무도 있음을 알아야 한다.

궁핍한 자와 수난자

궁핍하더라도 영영
잊어버림을 당하지 아니함이여
수난 자의 기대는
영원히 실망하지 아니하리로다(18절).

제9편 시는 10편 시와 그 언어, 형식, 관심된 주제 등에 있어서 서로 유사한 점이 많다. 그래서 70인 번역과 제롬의 성경에는 이 9편과 10편이 한 편의 시로 되어 있다. 또한 히브리 원문 시는 히브리 자모의 글자를 첫 말에 두는 "알파벳 시형"이란 특수 형태를 가진 것으로 두 시가 연결되기 때문에 본래 이 두 시는 하나의 연속된 시였다는 것을 추측할 수 있다.

그러나 형식이나 언어의 문제보다 더 중요한 것은 이 시가 가지고 있는 사상의 문제이다. 9편이나 10편은 똑같이 이 세상의 권력자들이 자기들의 심판주 하나님이 계신 것을 고의적으로 부정하면서 가난하고 약한 사람들을 압박하고 괴롭히는 악의 질서에 대한 고발임을 볼 수 있다.

이 9편은 철저하게 약자 편, 피압박 자의 편, 수난 자의 편에 서서 이들을 변호하고 이들을 부당하게 괴롭히는 사람들을 하나님의 정의의 심판대에 고발하고 있다. 이 시인 자신이 그러한 수난 자의 한 사람임을 알려주기 때문에 그의 호소와 고발은 생생한 감동력과 공감성을 불러일으킨다.

"주께서 나의 의와 송사를 변호하셨으며 보좌에 앉으사 의롭게 심판하셨나이다"(4절).

이것은 억울하게 수난당한 자신의 변호사도 또한 그의 억울한 재판을 바로잡아 주실 분도 오직 하나님이라는 것을 고백하고 있다. 그의 재판은 일시적 임기응변적이 아니고 이 역사 안에 그의 공정하신 법질서가 있고 그의 정의에 따라서 모든 불의를 심판하신다고 한다.

"여호와께서 영원히 앉으심이여, 심판을 위하여 보좌를 준비하셨도다"(7절).

사람들은 하나님의 공의의 법질서가 없는 것 같이 생각하고 자기 스스로 법을 만들고 자기가 이로울 대로 사람들을 괴롭히지만, 하나님이 이미 이 세상에 세우고 계신 정의의 법정은 이런 불법한 재판들을 시정하신다는 확신을 말하고 있다.

"공의로 세계를 심판하심이여 정직으로 만민에게 판결을 내리시리로다"(8절).

하나님의 공의는 누구에게나 적용되는 불편부당의 척도이다. 권력과 부를 가졌다고 해서 이 공의에서 제외될 수 없다. 하나님의 정직은 인간의 속임수를 용납하시지 않는다. 허위와 거짓은 인간 자신들에게는 통용되지만 이것은 하나님의 심판의 대상이 된다.

이 시편 시인은 자기를 핍박하고 있는 불의한 사람들과 그 집단을 보고 있다. 그들은 시인을 압박하고 (9절) 미워하는 (13절) 원수요 (6절) 악인들이다 (16, 17절). 이러한 압박자들은 어떤 개인이라기보다 하나님을 믿지도 알지도 못하는 어떤 이방 나라인 것 같다 (5, 15, 19, 20절). 10편은 이것이 무신론적인 권력자임을 더 명백히 보여주고 있다.

"여호와는 살피지 않는다 하며 그들의 생각에는 하나님은 없다 한다"
고 했다 (10:4).

그런데 이러한 무신론적인 권력자들로 말미암아 수난을 당하는 이스라엘의 경건한 사람의 고통을 이 시가 알려주고 있다. 이 시인 자신이 이러한 수난을 받는 사람으로 표시되었다. 그가 자기 수난의 사정을 "사망의 문"에 처한 것으로 표시하고 여기서 건져 주심을 간구하고 있다(9:13). 그는 자기의 "고통"을 살펴달라고 애원하고 있다 (13절).

그러나 이 시인의 소신은 궁핍하더라도 영원히 잊어버림을 당하지 않고, 수난을 받지만 자기의 소망과 기대는 영원히 실망 할 수 없다"고 한다. 이 시의 중심 메시지가 여기 놓여 있다. 시편 시인들은 궁핍한 자"(엡욘)와 "수난 자"(아니임)를 나란히 쓰기를 좋아한다(시 35:10; 140:13; 72:12). 우리 말 번역에는 대체로 "가난한 자"로 번역되어 있으나, 궁핍하고 가난하다는 이중의 의미보다 궁핍하고 수난을 당한다고 함이 이 시인과 같이 자기의 신앙 때문에 받고 있는 현실적인 상대에 적합할 것 같다. 야웨 하나님께 충성을 다하며 의롭게 살려는 사람은 물질적 축복을 받지 못하고 그의 삶은 궁핍할 뿐 아니라 그의 진실과 양심적인 삶 때문에 남다른 고통을 받아야 한다. 이 "궁핍한 자"란 말은 "의인"(시 4:1;8:6) 이란 말과도 나란히 나온다.

이것은 비록 물질적인 축복은 받지 못하여 가난하지만 그의 삶은 의롭다는 것이다. 이러한 의인은 항상 부한 사람이나 권력자, 특히 불경건한 자, 하나님을 거부하고 반역하는 사람들에게서 수난을 당하는 사람으로 알려져 있다. 세상 사람들의 생각은 궁핍하면 사람들의 주목도 끌지 못하고 사람들의 기억에서 사라지게 되어 있다. 그러나 의로운 일을 하기 때문에, 진실한 삶과 양심적인 삶을 살아 가기 때문에 궁핍한 삶을 살아야 하는 사람은 세상이 그를 잊어버려도 의로운 자와 정직한 자를 도우시는 하나님은 그를 잊어버리시지 않고 항상 기억하신다.

또한 의롭기 때문에 수난을 당하는 자를 세상 사람은 가까이 교제하기를 싫어하고 그를 업신여기고 멸시하지만 하나님은 그를 돌보신다. 사람들은 이 수난 자에게는 이제 절망밖에 없다고 말하지만 하나님은 그의 기대와 소망을 꺾어버리지 아니하신다. 그의 소망은 의로운 자를 돌보시고 수난 자의 고통을 기억해 주시는 하나님께 있기 때문이다. 그가 아무리 수난을 받아도 수난 당하는 사람이 승리 하는 것이다. 그를 핍박하는 자는 하나님의 심판을 받고야 말기 때문에 악인의 승리는 영원한 것이 되지 못하고 오히려 수난 당하는 자를 승리하게 하신다.

하나님이 기억하시고 하나님께 소망을 둔 궁핍한 자와 수난 자는 "주의 이름을 아는 자"며 "주를 찾는 자"이다. 그 이름을 아는 자는 주를 의지하며 그를 찾는 자는 버림을 당하지 아니한다. "여호와를 찾는 자는 산다"고 했다(암 5:4, 14). 이렇게 주의 이름을 알고 주를 찾고 의지하는 사람은 그 수난 중에서도 찬송을 할 수 있고 (14절) 주의 구원을 기뻐할 수 있다. 그렇기 때문에 이 9편 시인은 그의 시를 "감사의 말"로 시작하고 있다. 궁핍한 자와 수난 당하는 사람에게 무슨 감사가 있을 것인가 함은 정의의 재판을 하시는 하나님을 모르거나 그를 거부하는 사람의 말이다. 그러나 이 시인은 전심으로 여호와께 감사하며 주의 모든 기사를 전파하라 했다. 수난 자가 오히려 하나님의 위대한 역사를 사람들에게 전한다고 했다. 나의 궁핍함과 수난이 하나님을 찬송할 기회가 된다는 말은 얼마나 아름다운 신앙인가.

제 10편

악인의 횡포 아래서

어찌하여 악인이 하나님을 멸시하여
"주는 따지지 않는다 말하나이까

악인의 팔을 꺾으소서
악인의 악을 찾아 멸하소서
그 악이 다시 나타나지 않도록 (13, 15절).

　　　　　　이 시인이 사는 세계는 악인이 그 기세를 펼치는 세계
이며, 그가 살던 시대는 악인이 횡포하는 시대임을 알려준다.

　인간의 악이 어디서 왔으며 왜 악인이 생겨서 선한 사람을 괴롭히는
가. 악의 문제는 역사의 수수께끼이다. 사람이 사는 곳에는 어디나 악
이 잡초처럼 무성하고 더욱이 사람들이 선하고 의롭게 살려고 하는 시
대에는 악이 더욱 횡포를 부린다. 이런 시대에 사는 사람은 어떻게 할
것인가. 악의 세력과 타협하여 악인이 하자는 대로 할 것인가.

　이 10편 시인은 악이 횡포하는 시대에 어떻게 해야 할 것인가를
심각히 생각한 사람이다. 그는 제 나름대로 어떤 태도를 가지고 있다.
이것이 모든 사람들에게 통할는지는 의문이 되어도 우리는 그의 취한
길이 신앙인으로서는 할 수 있었던 바람직한 일의 하나라고 생각된다.

　먼저 그는 자기를 괴롭히는 악에 대하여 항거하기 앞서 하나님께 자

기의 괴로움을 호소하고 있다. 악을 규탄하기 전에 하나님께 자기가 당면한 악의 현실을 고발하고 있다. 그 고발에는 악과 악인을 저주하는 말을 앞세우지 아니한다. 그 악이 없어져야 한다든가 그 악을 물리쳐 달라고 간구하는 일을 먼저 하지 아니한다. 그보다 그의 관심은 하나님이시다. 그는 비록 악이 횡포하는 시대에도 하나님은 살아 계시고 의롭고 선한 인간들이 그 악 때문에 수난 받고 고민하고 슬퍼하고 있는 것을 알고 계신다는 것을 먼저 생각한다. 자기의 생각에 그 악의 횡포가 견딜 수 없다면 하나님 자신은 얼마나 더 이 악의 현실을 안타깝게 생각 하실 것인가.

그래서 이 시인이 부르짖은 첫 마디는 "야웨, 어찌하여 멀리 서 계시며 어찌하여 이 고난의 때에 숨으시나이까." (1절)하여 하나님의 무관심과 침묵을 거두시고 악의 횡포로 인하여 괴롭받는 자신을 위하여 무언가 좀 행동해 주시기를 간구하고 있다.

여기서 우리의 생각과는 다름을 보아야 한다. 우리는 악 그 자체에 대하여 직격탄을 쏘기를 원하지만, 이 시인은 하나님이 자기를 위하여 무엇을 해 주시기를 간구하고 있다. 이것은 악의 역사가 비록 인간이 만든 것이지만 그 역사를 지배하시는 이는 하나님이라는 차원 높은 역사관을 가진 태도이다.

이렇게 하나님의 행동을 애원한 다음 이 악인이란 어떤 자인가를 자기가 당하고 있는 수난의 경험에서 보고 느낀 대로 솔직한 고백을 하고 있다. 악인은 수난당하고 있는 사람을 더욱 더 괴롭히기 위하여 악한 지혜를 짜내고 있음을 말한다. 7편 시인이 악인을 설명하듯 "악인은 죄악을 낳음이여 잔인한 일을 배어 거짓을 낳는다"고 한다(7:14). 악인은 그 하고파 하는 일의 욕심을 자랑한다고 했다 (10:3). 그는 자기 자신의 악한 계획이 언제나 성공할 것을 자랑하고 있다. "나는 요동치 아니하며 나는 때때로 곤란을 당하지 않는다"고 교만하게 말하고 있다. 자기의 악한 생각을 정지시키거나 그의 악행에 대하여 보복할 사람이 없다고 생각한다. 자기의 하는 일은 마치 견고한 성과 같아서 요동하지도 함락되지도 않는다고 자신한다. 악인은 이렇게 자기와 자기의 음모만을 자랑한다. 그렇기 때문에 그는 저주하는 말과 남을 넘어지게 하는 흉계와 남의 순진성과 진실을 짓밟아버리는 잔인하고도 포학한 일만 하며, 그의 혀에는 거짓과 폭언만이 가득 찼다고 한다. 그는 항상 비밀리에 음모를 꾸미기 때문에 선하고 어진 사람은 항상 불의의 습격을 당한다고 한다. 마치 숲 속에 숨어 있는 사자가 돌연히 짐승들을 습격하듯 이 악인은 항상 의로운 사람을 불의에 습격을 하여 피해를 입게 한다고 했다 (10:8-9). 마치 사냥꾼이 그물을 쳐두어 짐승을 잡듯이 의로운 사람을 잡는다고 했다.

이러한 음흉하고 잔악한 계획을 하기 때문에 "무죄한 자가 죽으며"(8절) "도움받을 곳이 없는 의로운 사람들이 넘어진다"고 했다(10절).

이렇게 악을 자행하고 횡포를 일삼는 까닭은 무엇보다도 그들이 하나님을 무시하고 거부하기 때문이라 한다. 악인의 횡포는 그 자신의 인간성 때문이기도 하지만 근본적인 문제는 그 마음에 하나님에 대한 생각을 전혀 하고 있지 못하기 때문이라는 것을 이 시인은 여러 가지로 설명하고 있다.

"야웨는 감찰하지 않는다." 이것은 하나님이 악인을 벌한다는 말을 정면으로 거부하는 것이다. 그 마음의 생각에는 "하나님이 없다"는 무신론적인 사상으로 차 있기 때문이다(4절). 비록 하나님이 계셔서 악인을 심판한다고 해도 하나님은 인간이 사는 곳과는 너무도 높은 곳에 멀리 떨어져 있기 때문에 악인이 아무리 횡포를 해도 "하나님은 시력이 나빠서"(5절) 볼 수 없다고 한다. 이것은 하나님의 초자연성을 조롱하는 말이다. 또 하나님이 설령 악인들을 벌하신다고 해도 하나님은 기억력이 나빠서 악인들이 어떤 악을 했는지 곧 잊어버린다고 (11절) 한다. 이는 하나님의 지혜를 비웃는 말이다. 동시에 악인들은 하나님이 기억을 하시지 못할 만큼 악을 행해도 절대로 그 보응을 받지 않는다는 뜻으로 하나님의 정의를 비난하는 말이다. 또 하나님은 그 얼굴을 가리시기 때문에 악인들이 하는 횡포와 잔인을 보려고 해도 볼 수 없다고 한다 (4절). 이는 하나님의 무소부재하신 임재를 거부하는 것이다. 이렇게 하나님께 대한 근본적으로 그릇된 생각을 가짐은 결국 "악인이 하나님을 배반하고 멸시함이라"(3절)했다.

여기에 악인의 정체가 드러났다. 의인을 학대하고 죽이는 그 윤리적인 면보다도 하나님의 존재와 그 초월성, 그 현존성, 그 지혜를 무시하고 반역함이 악인이 악인되는 기본적인 사실이라고 말한다.

이 시인은 "하나님을 멸시함과 하나님이 감찰하지 아니한다는 이 거만을 물리쳐 달라"고 애원하고 있다 (13절).

이렇게 악인이 횡포하는 때는 "하나님이 일어나시어 손을 드시고"(12절) 도와 주시기를 빌 것 밖에 없다. 하나님이 왕이시고, 악인의 팔을 꺾으실 분은 오직 하나님 한 분만임을 믿기 때문이다.

제 11편
야웨가 사랑하는 일

야웨는 의로우시다.
의로운 일을 사랑하신다.
바르게 사는 사람이
야웨 얼굴을 뵈오리로다(7절).

이 짧막한 시는 "내가 야웨께 피하였거늘 너희가 내 영혼에게 새 같이 네 산으로 도망하라 함은 어찌함인가"(1절)로 시작하여 시인 자신의 강한 의지심을 나타내고 있다. 원어의 시는 "야웨에게"란 말이 시인 자신을 표시하는 "내가" 보다 앞에 나왔다. 이것은 내가 있고 야웨가 있는 것이 아니라 야웨가 계시니 내가 있다는 절대적인 의존감과 종속감을 표시하고 있다. 이것은 이 시의 성격이 어떤 사정 아래서도 하나님만을 의지한다는 내용을 보여주는 "의지의 시"라 할 수 있다(궁켈은 그렇게 보고 있다). 그러나 이 시인이 하나님을 의지하는 근거가 뭐냐고 묻는다면 그것은 우리가 생각하는 제목과 같이 "야웨 하나님이 의로우시고 그의 의를 사랑하시는 일이다."

이 시는 형식상 시인 자신과 친구들과의 대화 형태로 시작했다가 (1-3절) 그 친구의 권고를 뿌리치고 시인 자신의 소신을 당당하게 밝히는 것으로 (4-7절) 되어 있다.

이 시인은 다른 고난시나 의지시의 경우와 같이 남이 겪지 못하는 어떤 경험 속에 있는 사람이다. 이 시편은 그의 개인적인 생활의 궁핍이나 병이나 어떤 상심한 일 때문이 아니고 그가 살고 있는 시대와 사회가 전부 비뚤어지고 부정과 부패, 부조리와 모순으로 가득 찼기 때문에 누구에게서나 어디에 가나 바른 질서, 바른 관계, 공정과 공의가 완전히 사라져 버린 것 같은 암흑의 시대와 사회에서 쓰여진 것 같다. 이 것을 이 시인은 "터가 무너졌다"고 했다. 이 터는 사회의 기초가 되는 원리 원칙을 말한다. 본래 이 말은 "시트"란 동사에서 온 말로서 어떤 상태를 정상적으로 만드는 기본적인 동작을 뜻한다.

한 사회를 이루는 구성 요소는 그 사회를 이끌고 나아가는 도덕과 법질서이다. 사람의 양심적 판단과 모든 사람들이 공평하게 살 수 있는 공정한 법이 한 공동체를 정상적으로 움직여 나아가게 한다. 그러나 사람들의 양심이 비뚤어졌다거나 그 사회 질서를 유지하는 법이 공정하지 못할 때 그 사회에는 혼란과 무질서가 올 수밖에 없다. 이것은 곧 그 사회의 기초가 무너진 것이다.

이 시인은 자기 시대 사회를 "기초가 무너진 사회"로 보고 있다. 법도 양심도 없는 사회, 다만 권력자와 그 권력에 아부하는 자만이 살 수 있는 사회가 된 것을 말한다. 그렇기 때문에 2절에 있는 것과 같은 무시무시한 불안으로 가득찬 사회가 되었다. 즉 악인이 활을 당기고 화살을 시위에 먹이고 어두운 곳에서 마음이 바른 자를 쏘아 죽이려 하는 악인의 횡포가 벌어지는 사회다. 여기 "악인"이 주동 역할을 하고 "마음이 정직한 자"는 그 피해자가 되어 있다.

10편에서도 본 바이지만 (8, 9절)이 시인도 악인을 사냥꾼으로 표시했다. 짐승을 잡듯이 사람을 잡는 악인이다. 인간의 존엄성이나 그의 인격, 그의 인권을 짓밟고 그의 자유를 박탈하고 자기의 이익과 편리의 대상으로 대적하고 조금이라도 이 뜻에 순응하지 아니하고 반대하면 죽여버리는 일을 양심의 가책이나 법적 절차도 거치지 아니하고 해치우는 무법하고 불법한 일을 해버린다. 어느 누구라도 이러한 무법자를 만족시키거나 제지할 수 없다. 그리하여 이 악인은 독재자가 되어 사람을 죽이는 일을 쉽게 하고 있다. 이런 무법자와 독재자에게 희생당하는 사람은 다만 마음이 정직한 사람이다.

마음이 정직하다는 뜻은 바른 것은 바르다 하고 그른 것은 그르다고 하는 직선 노선으로 사는 사람이다. 조금이라도 비뚤어진 길을 걷지 아니하는 곧은 사람이다. 타협이나 맹종을 하는 사람이 아니다. 무법자의 악과 불법을 규탄하고 그들의 비행을 공개할 뿐 아니라 그들이 은밀히 꾸미고 있는 음모도 밝혀내고 그들의 허세와 거짓과 위선의 탈을 벗겨 주는 정직한 일을 하는 사람이다. 그러나 무법한 독재자인 이 악인은 자기의 하는 일에 대한 비판을 가장 싫어한다. 이 도수가 좀 지나면 비판만이 아니라 자기가 하는 일에 대한 말을 일체 못하게 하고 또 다른 사람이 그런 말을 하는 것을 듣는 것이나 그런 내용의 성명서를 읽는 것까지도 금지한다.

이런 사회가 되면, 시인의 말대로 "터가 무너진 것이다." 사회의 기초는 무너졌다. 도덕도 양심도 법도 질서도 무시당하고 만다. 다만 악을 행하는 그 무법자의 말이나 그 지시가 법이 되어 버린다. 그리하여 기존 법은 폐기되고 새로운 법이 공포된다.

이 시인의 친구는 이렇게 터가 무너진 사회에서 정의를 지킨다거나 외친다거나 그것을 따라간다는 것이 무슨 소용이 있느냐 하는 허무주의에 빠지고 될 대로 되라는 소극주의 또는 좌절감에 빠져 버린다.

"터가 무너졌는데 의를 지킨다는 것이 무슨 소용이 있는가"(3절).

시편 명상

그래도 친구를 생각하는 마음에 이런 무질서한 사회를 떠나서 멀리 피난 가라고 한다. 마치 한국 사정이 암담하니 미국이나 캐나다, 또는 다른 나라로 이민을 가서 살라는 충고를 하는 사람과 같다고 할 것이다. "새 같이 산으로 날아가라"는 것은 이런 불법과 무법의 꼬락서니들을 보지 않을 수 있는 깊은 산 속으로 들어가 버리는 것이 좋지 않으냐고 충고하는 것이다. 이런 심리로 우리나라 조선 역사 중 많은 사람들이 벼슬을 집어 던지고 낙향하여 하늘과 나무 밑에서 자연을 사랑하며 자기 혼자 만이 깨끗하게 살고 있었다. 신라 시대 최치원 선생이 그의 호 그대로 고운(孤雲)과 같이 경상도 가야산 숲에서 여생을 마치고 만 것과 같을 것이다.

　　그러나 이 11편의 시인은 그러한 소극적인 태도를 택하지 아니한다. 그는 비록 무법천지의 세상이나 자기가 믿는 하나님은 성전에 계시고 또 인간의 모든 행사를 살피고 그 잘잘못을 판단하신다. 특히 하나님은 악인의 횡포보다 의인의 지조와 인내와 강한 의지심을 살피고 계신다. 악인들의 일이란 하나님의 진노의 손의 불과 유황과 태우는 바람으로 멸해질 것이지만 하나님은 의로우시고 다만 의를 사랑하고 계시는 것을 믿는 사람 편에 서서 그를 건지시고 그에게 새 길을 열어 주신다. 어떤 악독한 사회에서도 믿는 사람은 하나님이 의를 사랑하시는 것을 믿고 살아야 한다.

제 12편
경건한 자의 탄식

야웨여 도우소서
경건한 자가 없어졌습니다.
진실한 사람을 찾아볼 수 없습니다(1절).

이 시인이 "경건한 자"가 없어짐에 대하여 탄식하고 있음에 주목하자. 지도자가 없음을 탄식함이 아니다. 부한 자가 없는 것을 탄식함이 아니다. 재간있고 아름다운 사람이 없어진 것을 탄식함이 아니다. 특히 아브라함과 같이 의로운 사람이 열 사람도 없다고 탄식함도 아니다. 예레미야처럼 공의를 행하며 진리를 구하는 사람이 한 사람도 없다고(렘 5:1) 탄식함도 아니다.

이 시인의 관심은 경건한 사람이다. 여기서 말하는 경건한 사람이란 무엇을 말하는가. 이 말의 원어 "핫시드"란 말은 "헷세드", "사랑", "인자", "계약적인 사람", "친절한 사랑" 등을 하는 행동을 말한다. 이 "헷세드"는 신약에서 "아가페"와 같이 하나님의 사랑을 표시하는 독특한 말이다. 이 말은 영어의 "love"란 말로서는 그 함축된 의미를 다 표현할 수 없다고 한다. 이 사랑은 하나님과 이스라엘의 계약관계에서 맺은 사랑을 말하는 것으로 이해되고 있다. 이 말에서 온 "핫시드"란 말은 하나님과의 계약을 충실히 지키는 사람들을 말한다.

신약성서에 나타난 바리새파 사람들은 본래 율법을 충실히 지키는 일로 남달리 구별된 사람들인데 이 바리새파 사람들의 기원이 구약과 신약 중간기에 유대인 사회에 일어났던 한 종교적 집단이었던 "핫시드"라 자칭하는 사람들에게서 연유했다고 한다. 이렇게 보면 이 시편 12편이 구약과 신약의 중간기에 저작된 것이냐 하는 생각도 하게 된다. 그러나 이 시의 저작 연대를 "핫시드"란 말 때문에 주전 3세기나 또는 2세기로 끌어내릴 필요는 없다. 이 "핫시드"는 율법에 충성한다는 것보다 야웨 자신에 대하여 충성을 다하는 사람이다. 그 이유는 이 1절에 "핫시드"와 "에무나"(진실한 사람)가 나란히 평행으로 나와 있기 때문이다.

호세아도 그 시대 사람들의 죄를 말할 때 "이 땅에는 진실 (에메드)도 없고 인애 (헷세드)도 없고 하나님을 아는 지식도 없고 오직 저주와 속임과 살인과 도둑질과 간음뿐이요 포악하여 피가 피를 뒤대임이라"(호 4:1, 2)하여 그 시대의 암흑상을 탄식했다. 주전 2~3세기가 아니었어도 이미 그 백성들 속에 "사랑"과 "진실"이 없어진 것을 탄식하고 있다. 호세아보다 한 100년 늦게 나타난 미가도 그의 시대가 이러한 암흑시대였음을 통탄하고 있다:

"착한 사람은(핫시드) 세상에서 자취를 감추었고 경건하고 정직한 사람은(야사르) 인간들 가운데서 찾을 수 없구나. 사람들이 모두 피흘리기를 즐기고 숨어서 그 형제를 잡으며 두 손으로 악을 부지런히 행한다"(미 7:2, 3).

12편 시는 그 저작된 연대적 시대는 정확히 알려져 있지 않다고 해도 이 시가 나타나게 된 역사적 사정은 이런 예언자들이 보여주듯 악이 성행하여 야웨 하나님을 사랑하고 그에게 충성과 진실을 맹세하는 사람이 거의 없어졌다고 할 수 있는 어느 암흑시대임을 알려 준다. 이 시인의 말들은 인간의 어두운 면을 알려줌이 많다. "거짓말", "아첨하는 입술", "두 마음", "자랑하는 혀", "혀로 이긴다", "입술은 우리 것이다", "우리를 주관할 자 누구냐" 하는 교만하고 거짓되고 간사하고 행함보다 말을 앞세우는 양심이 무딘 사람들을 곳곳마다 볼 수 있는 상태 (8절 하반)를 말한다.

이러한 "비루하고 악한 사람들"(8절) 때문에 하나님을 사랑하고자 하고 그의 말씀에 따라 진실하게 살려는 사람은 "가련한 자"가 되고 "눌리고 궁핍하고 탄식을 일삼는 사람"들이 되어 있음을 말하고 있다(5절).

이런 악인들의 생각을 분석하면 첫째, 야웨 하나님과의 사랑의 관계를 맺는다든가 그 계약관계 때문에 건실하게 살려는 생활 태도를 미워한다. 하나님을 사랑하는 대신 세상과 물질을 사랑함에 우선권을 두고 진실하게 살려고 함보다는 임기응변적으로 거짓을 행하고 말하는 것을 삶의 방편으로 한다. 사람이 혼자 있어도 그 마음 속에 양심이 있고 하늘에 있는 별을 쳐다보고서 이 세상을 만드신 창조주께 대한 경외심을 가져야만 인간 구실을 할 수 있는데, 하나님께 대한 경외심이나 양심적인 일을 생각하는 것을 꺼리거나 피하는 사람은 자기 자신이 법이되고 자기를 절대화하고 이 세상이 도덕적 질서와 윤리적 규율에 의하여 움직이는 것을 싫어한다. 그의 사는 태도는 만사에 자기 이익을 취하여 편리한 방법을 쓴다. 거짓을 말하고 양심의 가책이 없고, 불법한 일도 아첨하는 말로서 자기 이익을 취하고, 약속도 책임도 지킬 의무를 느끼지 않는 이중적인 인간이 되어 있다. 이렇게 해서 출세하고, 돈 벌고, 지위를 차지하고 세력을 얻고 영화를 누리게 되므로 그들은 자기의 거짓된 입술을 자랑하고 아첨하는 그 간사한 이중적 인격을 스스로 사랑하는 사람이다.

이 시인이 살던 시대는 이렇게 부도덕하고 비양심적인 방법으로 사는 사람이 너무 많아, 그는 자기와 같이 경건을 생각하며 하나님과의 관계를 소중히 여기고, 자기와 같이 진실하고 정직한 마음으로 사람을 대하고 일을 처리하는 사람은 한 사람도 없는 것을 탄식하고 있다.

이것은 무서운 고독이다. 빈들이나 외딴 섬에 혼자 살게 된 고독이 아니라 많은 군중 속에서 스스로 자신을 발견하는 고독이다. 의로운 외로움과 외로움의 의로움 때문에 스스로 내적 갈등을 느끼며 고민하는 사람이다. 이것이 "좁은 문"으로 들어가는 삶이다. 길도 넓지 않거니와 그리로 들어가는 사람은 적다. 모든 사람들은 넓고 큰 길로 행하기를 즐긴다. 그 길이 비록 멸망으로 인도 되는 길이라도 우선 가기 좋고 신나는 길이라 그리로만 몰려서 가고 있다.

그러나 이 시인은 경건의 길과 진실의 길을 걷는 사람은 고독한 나그네라 한다. 이것을 하나님께 호소한다. 자기 혼자서 간다는 것이 너무 힘들고 외롭기 때문에 "야웨여, 도우소서"라고 호소한다. 자기 혼자라도 이 진실의 길, 이 경건의 길을 용감하게 갈 수 있기를 간구하고 있다. 그는 확신하고 있다. 이렇게 양심적인 진리의 외로운 길을 걸어가는 사람은 비록 가련하고 눌리고 궁핍하고 탄식해도 하나님께서 함께 동행해 주시고, 또 그를 안전지대로 이끌어 주실 것을 확신하고 있다.

그것은 다만 6절에 있는 대로 "하나님의 말씀으로 일곱 번 단련받는 은처럼" 시련을 이기고 야웨가 지켜 주시는 길을 영원히 갈 수 있다고 믿기 때문이다.

제 13편
어느 때까지니이까

야웨여 어느 때까지니이까
나를 영원히 잊으시나이까
언제까지 나를 외면하시렵니까(1절)

       이 시는 시편에서 볼 수 있는 대표적인 고난시의 하나
다. 이 시 첫절을 읽으면, 우리 자신이 어떤 빠져나올 수 없는 함정이나
위기에 처해진 것 같은 느낌을 금할 수 없다. 언제까지입니까? 하는 말
을 화살처럼 하나님을 향하여 쏘아댄다. 이 말이 이 시 앞 부분에 네 번
이나 쏟아져 나온다. 전체 6절밖에 안 되는 이 시에 이 말이 많이 쓰여
졌을 뿐만 아니라, 시의 분위기를 무겁게 누르고 있다. "어느 때까지입
니까?" "아드 아나아"(How long?), 이 한 마디는 수난당한 한 인간의
깊이에서 분수처럼 터져오르는 탄식과 애원의 분수 물줄기요 구원과
도움을 요청하는 솟아오르는 물줄기다. 여기 한 인간의 절망이 담겨져
있고, 한 인간의 괴로움과 억울함이 북받쳐 올라오는 광경이 있다. 여
기 자기를 괴롭히는 원수에 대한 미움의 폭발로도 보이고 의지할 데 없
는 한 인간이 절망을 뛰어넘어 보려는 영혼의 도약이 있는 것 같다. 이
것은 결코 감정의 폭발만이 아니라 인간 전체가 그 밑바닥에서 용수철
처럼 튀어 오르는 삶의 몸부림이다. 여기 한 인간의 실존이 무너지는
폭음으로도 들리지만 하나님의 은혜의 소낙비를 퍼부을 벽력소리로도

들린다.

"아드 아나아, 아드 아나아!" 언제까지입니까? 언제까지입니까?

이 시인의 생각은 수난 당하는 자신의 아픔에로 향하지 않고, 또 그렇다고 해서 그를 괴롭히는 원수들에게로 생각을 돌리지 아니한다. 그는 나와 세상을 잊어버린 듯한 하나님의 존재와 하나님의 반응과 그 도움에 먼저 신경을 쓰고 있다. 궁켈은 이 시를 대표적인 "탄식시"라 말했지만 사실 이 시의 내용이 한 인간의 수난상을 탄식하고 비판하고 그것 때문에 오는 자신의 괴로움과 슬픔의 넋두리를 하고 있는 것은 아니다. 원수가 아무리 그를 절망의 골짜기로 몰아넣었다고 해도 아직도 그의 숨결을 모으고 그의 맥박이 뛰는 힘을 다하여 야웨 하나님을 생각하는 일에 먼저 관심하는 놀라운 신앙심, 자랑스런 의지신앙을 보여주고 있다. 그가 하나님께 호소하는 것은 "내 원수가 왜 나를 괴롭힙니까?" 하는 원수를 상대한 비판이 아니고 "언제까지 당신은 나를 잊으시렵니까?" 하여 하나님의 기억을 자극시키고 있다. 그는 자기 수난이 마치 하나님이 그를 잊어버리고 있는 사이에 원수가 몰래 기어들어와 해치고 있는 것 같이 생각한다.

이것은 결코 하나님의 무관심이나 하나님이 그의 보호의 손길을 허술하게 했다는 과오를 따지는 것은 아니다. "언제까지입니까?" 하는 첫 마디로서 하나님과 자기와의 단절 상태로 말미암아 생긴 이 수난상은 이 이상 더 계속될 수 없고, 하나님이 즉시 간섭하심으로 그 수난의 시간은 없어질 것을 말하고 있다. 비록 원수로 말미암아 받은 수난이지만, 자기의 하나님으로 말미암아 이 수난은 이제 더 이상 계속될 수 없다는 신념을 노래하고 있다. 그러므로 이 첫번째 "아드 아나아"는 시간의 개념이 아니라 하나님이 수난당하고 있는 시인에게 자신의 능력을 발휘할 사건으로 이해하고 있다. "언제까지입니까?" 하는 물음은 "이

제 하나님이 구원의 역사를 일으킬 차례입니다"고 고백하는 말이다. "영원히 나를 잊으시렵니까?"는 하나님의 망각에 대한 고발이 아니고 "이제 나는 하나님의 기억의 손길에 사로 잡혔습니다"는 고백이다. "나를 언제까지 외면하시렵니까?" 함은 "이제 당장 나는 당신의 손아귀에 잡혔습니다" 하는 고백에 불과하다.

그러므로 "언제까지입니까?"는 수신자의 탄식 표현이 (궁켈) 아니라 경건한 시인의 의지심의 표현이다. 하나님과 자신과의 관계성의 확실성과 그 비단절성(非斷絶性)을 원수들에게 알리는 말이다. 이 말을 소극적인 표현으로, 절망의 낱말로 이해하면, 하나님과 시인 사이를 가로막는 벽이 되어버리지만, 이 말을 수난 자의 인간 영혼 깊이에서 터져 나온 신뢰심의 표현이라고 하면 이 말은 비수처럼 번뜩이어 하나님과 시인 사이를 막고 있는 일체의 장벽을 순간적으로 무너뜨리는 것이다.

아! 하나님 앞에서 "오 하나님, 언제까지입니까?"를 외칠 수 있는 영혼이야말로 하나님의 참 구원을 이해할 수 있다. 이 구원의 확신을 가지는 사람만이 "언제입니까?" 하는 회의의 표현을 통하여 확신을 말할 수 있는 높은 차원의 영혼의 대화를 하나님과 더불어 할 수 있는 것이다.

이 지경으로 하나님과 자신의 깊은 관계를 믿고 있는 사람은 하나님께 진정한 기도를 할 수 있고, 그 기도야 말로 효과가 백발 백중이다.

"야웨, 내 하나님이여, 나를 생각하사 응답하시고 내 눈을 밝히소서" (3절). 하나님은 시인이 "나를 생각하사" 하기 이전에 이미 이 수난 자를 생각하고 계셨고, "내 눈을 밝히소서"란 말이 입 밖으로 나오기 전에 이미 하나님은 그의 눈을 열어주셨다. 하나님이 만일 이렇게 시인 자신이 말하기 이전에 그를 생각해 주시고 그의 눈을 열어 주시지 아니했다면 그는 1절과 2절에 나오는 탄식형 표현을 통한 신뢰심 발표를 할 수 없었을 것이다. 그는 이미 그 원수들의 압제에 넘어졌고, 그는 그의 하나님을 원망했고, 하나님을 반역하고 말았을 것이다. 사망의 잠을 자고 말았을 것이다(3절). 하나님께 대한 호소와 구원 간청의 심정이 생기게 된 것은 이미 하나님이 그를 생각했고 그가 마땅히 보아야 할 것을 볼 수 있는 눈을 열어 주신 것이다.

하나님의 선수(先手)가 그를 지키시고 행동하실 때, 아무리 악하고 잔인한 원수라도 내가 이 경건한 자를 이겼다고 할 수 없다. 이 시인은 요동될 수도 없고, 또한 그의 대적들이 기뻐할 수도 없다. 이런 강한 신뢰심으로 사는 경건한 사람에게는 하나님 자신이 그 원수와 더불어 싸워 주시고 하나님이 그에게 승리를 주신다. 그렇기 때문에 역대기 기자는 이러한 전통있는 의지신앙을 여호사밧 왕과 그 백성에게 외치고 있다:

"너희는 너희 하나님 여호와를 신뢰하라. 그리하면 견고히 서리라"(대하 20:20). 그리고 "이 전쟁에는 너희가 싸울 것이 없나니 ~~ 너희와 함께 한 여호와가 구원하는 것을 보라"(대하 20:17).

이 시인도 신뢰의 고백으로 이 시를 마치고 있다.
"나는 오직 주의 사랑을 의지하였사오니 나의 마음은 주의 구원을 기뻐하리이다"(5절).
1, 2절의 탄식은 5절에 구원을 얻고 6절에는 다만 시인을 후대한 하나님을 찬양하고 있다.

어리석은 자 (53편과 내용이 같음)

어리석은 사람들은
마음 속으로
하나님이 없다 합니다 (1절).

누가 어리석은 사람인가. 일반적으로 상식이 부족하여 사람들 앞에서 자기 체면이나 분수를 지키지 못하는 사람, 또는 자기 할 일은 하지 아니하고 남의 일에만 관심하는 사람, 또는 받을 바 정당한 보수를 받지 못하고도 고된 일을 하는 사람처럼 수지를 맞출 줄 모르는 사람, 손해만 보는 사람 등으로 생각한다. 권력을 가진 사람 편에 서서 혜택을 받지 아니하고 권력의 부정과 부패를 지적하다가 벌을 받는 사람, 시세 대로 영리하게 살아가지 못하고 정의니 양심이니 말하며 외롭게 가난하게 괴롭게 불편하게 살아가는 사람도 이 세상 지혜에서는 어리석은 사람이라 한다.

그러나 이 14편 시인이 말하는 어리석은 사람이란 종교적인 성격의 것이다. 무신론을 주장하는 사람, 무신론을 밑받침하는 사상을 가지고 살아가는 사람을 단적으로 어리석은 사람이라 한다. 이런 주장이 타당성이 있을까. 오히려 세상 사람의 지혜로는 신이 있다고 하는 사람을 어리석다고 한다. 포이에르 바하가 공산주의 철학의 밑받침으로 주장한 것이 무신론적인 주장이다. 신이 있다고 믿는 사람은 자기의 생각을 객관화시켜 이를 신이라 하는 것이지 실상 신이란 존재하지 않는다고 했다. 사실 이 땅 위에는 무신론자들의 무리가 신이 있다는 것을 믿는 사람들과 대결하여 무신론의 문명, 무신론의 사회, 무신론의 정치, 무신론의 세계를 만들기 위하여 온갖 노력을 기울이고 있는 실정이다. 사실 소련 정권 당국을 비롯하여 그 백성들, 이들과 공산주의 사상을 신처럼 받들어 섬기고 있는 많은 나라들과 그 백성들이 무신론의 투사요 그 심복으로 맹활동을 하고 있음을 할 수 있다.

이 무신론의 영향은 오늘의 기독교가 당면한 가장 큰 대적의 하나이다. 하나님이 계신 것을 믿는 사람들의 삶과 그것을 믿지 않는 사람들의 삶이 서로 다르지 않으면 사실 신이 계시다고 믿는 크리스천들이 나을 것이 없다. 만일 크리스천이라 자처하면서도 "신이 없다"고 선언하고 또 그렇게 살고 있는 사람들보다 인간에 대한 태도가 바르지도 착하지도 진실하지도 못하다면 기독교 신앙이란 한갓 겉치장이요, 문화인의 사치성에 불과한 것이다. 그러므로 신이 있느냐 없느냐 하는 신앙, 불신앙의 문제는 그가 자신과 다른 사람을 대하는 태도에 따라 판단될 것이다. 이렇게 인간의 윤리적인 면에서 볼 때 하나님이 계심을 믿는 사람이 얼마나 조심하고 참되게 살아야 하는지를 항상 의식하고 깨달아야 한다.

이 14편 시인은 (53편 시는 신의 이름을 "야웨"라 하지 않고 "하나님"으로 고정시킴이 특징) 자기 백성의 무신론에 대한 공격을 하는 것보다는 비이스라엘적인 사람을 상대하고 이 노래를 쓴 것 같다. 4절에 "그들이 내 백성을 떡먹듯이……"함에서 이 시인이 고발하는 대상이 이방인인 것 같다. 사실 히브리 사람은 "하나님이 계시지 않는다"는 무신론을 주장하는 사람은 없다. "하나님이 감찰하지 않는다" "하나님이 살피지 아니하신다" 등의 표현은 자주 보나 "하나님이 안 계신다"고 하는 이스라엘 사람은 없다. 구약성서는 철저하게 이 점에 대한 증거를 해 준다.

여기 시인이 말하는 무신론자는 비이스라엘 사람이지만 그들은 하나님을 믿는 이스라엘 백성을 멸시하고 괴롭히는 사람 같다 (4절). 이 시인은 무신론을 주장한 어리석은 이 사람의 정신적인 문제보다 그 윤리적 행동에 관심하고 있음을 주목할 수 있다. "그들은 썩는 일, 추한 일을 행하고 선을 행하지 않는다"고 했다. 여기 부패와 주장이 무엇인가를 말하지 않는다. 이 비행을 3절에도 반복하고 있다. "함께 더러운 자가 되고 선을 행하는 자가 없다"고 했다. 여기 "하나도 없다"는 말을 여러 번 반복하고 있는데, 이것은 수량적인 의미보다 하나님이 없다고 하는 어리석은 사람들에게서는 선을 행하는 사람을 볼 수 없다는 것이다. 선이란 사람과 사람 사이에 지켜져야 할 최고의 윤리가치이지만 하나님의 존재를 인정하지 않는 사람의 선이란 자기가 관련되고 자기의 이익이 결탁된 선일 수밖에 없다. 선의 동기가 인간적이기 때문에 그 선한 행동은 어디까지나 사람의 표준에서 판단되는 것이다. 인간을 초월한 하나님의 목적과 그 표준에서 평가할 선은 되지 못한다.

그러므로 결과적으로 하나님의 존재를 부정하고 하나님과 그 자신의 삶의 동기와 이유 그리고 그 내용과 관련을 짓지 못하면, 다만 추잡하고 부패한 일 밖에 할 수 없다는 것이다. 이런 부패와 추잡한 비윤리성은 무신론을 주장하는 사람 누구에게나 마찬가지라 한다. 그러기에 선을 행하는 사람은 한 사람도 없다는 말을 할 수 있다. 그것은 그들이 "하나님을 찾는 일을"(2절)하지 않고 또 할 수 없기 때문이다. 또한 "하나님을 부르지 아니하기"(5절) 때문이다. 하나님과 관련된 사고와 행동을 어리석은 사람들은 할 수 없기 때문이다.

그러나 하나님 앞에서 (5절에 나온 "거기서는" 하나님이 임재하는 세계와 또한 그의 임재하심을 믿는 세계에서"란 뜻이다) 그들은 다만 두려워하고 떨 수밖에 없다. 하나님은 그들 부정한 사람을 묵과하시지 않고, 그의 역사 계획과 그 간섭을 인정하지 않는 어리석은 자들은 하나님의 심판대 앞에 설 수밖에 없기 때문이다. 하나님이 계시는 세계는 의로운 세계이다. 하나님이 없다는 사람은 하나님의 정의의 심판을 받을 수밖에 없다. 그의 심판은 어떻게 나타나는가. 6절에 있는 대로 무신론을 주장하는 어리석은 사람들이 아무리 신앙인을 괴롭힌다고 해도 이 수난 자들의 하는 일을 결코 부끄럽게 하시지 않으심이 하나님의 사랑이다.

여기 "가난한 자"란 말은 "무신론자로 말미암아 수난을 받는 자"로 읽을 수 있다. 그 원문은 종종 서로 통용되는 의미를 가졌다. 권력을 가진 사람들에게서 수난을 당하니까 그들의 삶이 궁핍할 수밖에 없다. 그러나 하나님은 자기를 믿고 의지하는 가난한 자와 수난 자를 돌보시어 그를 영화롭게 한다. "하나님께 피한다"(6절)는 말은 하나님은 자기를 믿고 의지하는 사람들이 어떤 위기에서도 피할 수 있는 유일한 피난처가 된다는 뜻이다(여기 7절 말은 포로 귀환과 관련되었다고 볼 수 있다).

제 15편
신앙과 윤리

야웨여 누가 당신의 장막에 유하며
누가 당신의 거룩한 산에 머물 수 있사오리이까.
바르게 살고 의롭게 행하고
그 마음에 진실을 말하는 사람입니다 (1, 2절).

       신앙과 윤리, 종교와 도덕, 예배와 삶, 교회 안의 경건과 교회 밖의 행실, 이 두 가지의 대립은 종교가 시작한 이래 어느 사회에서도 항상 문제가 되어 온 것이다. 대개의 경우는 이 두 개의 명제를 일치시켜 하나의 조화된 삶을 살기보다는 일방적으로 치우치게 된다. 신앙적인 일에 기울어지고 보면 윤리적인 일에는 등한히 하게 되고, 종교행사에만 정열을 쏟다 보면 사람들 앞에서 덕행이 모자라서 사람들의 비난을 받게 되며, 예배를 잘 드린다고 생각하는 사람은 일상 생활의 삶을 되는 대로 살아도 되는 줄 알고 기도와 독경(讀經)과 명상에 치우치다 보면 교회 밖 세속 사회에서 신앙의 빛과 증거를 흐리게 하는 사람들을 볼 수 있다.

    새벽기도회에 날마다 나가서 열심히 기도하는 한 부인이 교회당 앞에 있는 어느 집 울타리에 열린 호박이 먹음직하다고 해서 그것을 따다가 아침 반찬을 할 수 있겠는가. 예배는 예배행위를 드린 그 사람 자신이 하나님과 사람 앞에 올바른 삶을 가져 사람이란 이렇게 살아야 한다는 것을 모범적으로 보여주도록 되어야 한다. 주일날에 아름다운 옷을 입고 교회당에 가고 감사헌금, 십일조헌금을 바치고 정성스럽게 기도를 드린다. 기쁜 마음으로 찬송을 부르고 교회당에서 만나는 믿는 형제들에게 친절과 예의와 사랑을 보여 믿는 사람이 얼마나 착하고 의로운 사람이냐 하는 것을 보여야 한다. 그러나 이러한 진실되고 의로운 모습이 교회당 밖에서, 날마다 사람들과 더불어 사는 사회생활에서 그의 일터, 그의 직장, 그의 생활터전에서 이웃과 더불어 사는 날마다의 삶에서도 나타나야 한다. 우리 신앙은 절대로 예배당 안에만 국한될 수 없고, 우리의 믿는 행위는 믿는 사람들끼리만 아름다울 수 없다. 일반 불신자들 사이에서 자랑할 수 있는 신앙의 증거를 나타내어야 한다. 그렇지 못하면 우리의 신앙은 허위요 우리의 믿음은 가식이다. 하나님 앞에서만 잘 보이고 사람들의 관계에서는 비판과 미움과 원망을 사면 그 신앙은 윤리를 무시한 신앙이다. 성서의 종교는 그 처음부터 신앙과 윤리가 불가분의 관계를 가지도록 가르치고 있다. 십계명 정신이 그렇고 예언자들의 설교가 그랬다.

이 15편 시인은 이스라엘 신앙의 특성이 일부 지나친 종교 지상주의, 구체적으로 예배 지상주의자들에 의하여 이지러짐에 대한 가르침을 주고 있다.

"야웨 하나님의 장막에 거할 사람, 야웨 하나님의 거룩한 산에 머물 수 있는 사람"이 어떤 사람이냐는 질문으로 이 시가 시작한다. 이 질문은 사람들에게 묻지 않고 야웨 하나님에게 묻고 있다. 이것은 하나님이 어떻게 생각하는가를 물어보는 것이 아니고 하나님은 이미 어떤 사람이 성소에서 예배를 바로 드리는 사람인가를 일러주었기 때문에 하나님의 계시에 대한 찬성과 동의를 표시하는 질문이다. 이사야를 통하여 말씀하신 내용은 이렇다.

"너희의 무수한 제물이 내게 무엇이 유익하냐… 너희가 내 앞에 보이러 오니 그것을 누가 너희에게 요구하였느냐… 너희가 손을 펼 때에 내가 눈을 가리우고 너희가 많이 기도할지라도 내가 듣지 아니하리라. 이는 너희의 손에 피가 가득함이라. … 선행을 배우며 공의를 구하며 학대 받는 자를 도와주라…"(사 1:10-17)

15편 시인도 예배드리는 자의 윤리에 대하여 대체로 이사야의 교훈과 공통점을 보여준다. 이 시가 "예언자의 교훈을 본받았다"고 한 궁켈의 말은 정당하다. 이 시가 주장하는 바 신앙과 윤리의 관계성은 아모스(암 5:21 이하), 호세아(6:6), 미가(6:6~8이하), 예레미야(7:21 이하) 등의 예언에서 볼 수 있기 때문이다.

이 시인이 주장하는 윤리는 다음과 같은 것들이다.

첫째, 정직하게 행한다는 것. 여기서 "정직"은 "야살"(곧게 산다)이란 말과는 달리 "타밈"이다. 이것은 언행이 흠잡을 데 없이 완전함을 말한다. 교회당에 충실히 다니기는 하지만 그 말에는 실수가 있어 사람들의 마음을 아프게 하거나 다른 사람을 멸시할 때 그를 어떻게 신앙인이라 할 것인가. 더욱이 그의 행동이 거칠고 난폭하고 잔인할 때 그의 신앙이 어디 있는지 알 수 없다. 오히려 그의 흠잡힐 생활로 하나님께 욕을 돌리는 일이 된다.

다음에 공의를 "행하라"했다. 이것은 어디서 어떤 사람이 보아도 공정하고 타당한 행동을 말한다. 즉 편파성이 없고, 사리사욕에 기울어지지 아니한 삶이다. 자기를 중심한 이기적인 언행을 신앙인은 삼가야 한다.

다음, "진실을 마음으로부터 말할 수 있는 일이다." 이 진실은 거짓됨이나 가식이 없는 것이다. 체면을 앞세우고 이익을 앞세울 수 없다. 마음에서 우러나오는 진실이다. 이는 우리의 진실이란 때로 마음에 없는 진실을 가장할 수 있기 때문이다. 신앙인이 말 따로, 행동 따로 이중적인 삶을 살 수 없다.

다음, "혀로 참소하지 아니하고." 이것은 남을 모함하지 아니한다는 것이다. 상대방의 인격을 무시하고 그를 여지없이 짓밟아버리는 일을 하지 말아야 한다. "친구를 해치지 않는다"는 말도 이 시인이 말했는데 이는 친구와의 신의를 저버리고 자기 혼자만의 이익을 추구해서는 안 된다는 말이다. 이 점은 친구만이 아니라 자기 이웃에게 대해서도 마찬가지이다. 이것이 "이웃을 비방하지 말라"는 뜻이다. 그 밖에 맹세한 것은 자기가 손해를 보아도 지킬 만큼 신의가 있어야 하고 돈이 있다고 해서 고리 대금업자 노릇을 하지 말고 차라리 그 돈으로 어려운 사람을 돕는 일에 쓰도록 해야 한다. 특히 사법권을 가진 사람은 뇌물을 받고 죄인을 석방하거나 무죄한 자로 하여금 옥고를 치루게 하는 일을 하지 말아야 한다. 참 예배를 드리는 사람은 신앙 원리에서 떠난 사람을 상대하지 말고 그 대신 야웨를 두려워하는 사람을 항상 존경하는 태도를 취해야 한다.

이 모든 윤리적인 구체적 사항들을 명심하고 사람과 하나님 앞에 흠 잡힐 일을 하지 않는 사람이야 말로 참으로 예배와 생활을 일치시킨 사람이요 이런 사람이야 말로 영원한 나라를 상속받을 수 있는 흔들리지 않는 삶을 사는 사람이다.

제 16편
나의 기업

야웨는 나의 분깃, 나의 잔
내 몫을 지켜주시는 분

내게 허락해 주신 것은 아름다운 것.
나의 기업은 참으로 아름답습니다 (5, 6절).

이 시는 신약 기자들, 특히 사도행전 기자가 초대교회의 부활신앙 근거를 이 시편 10절에서 나온 것으로 이해할 만큼 구약에서 부활신앙을 알려주는 대표적인 시라 할 수 있다. 물론 이 시를 주석하는 학자들 가운데 부활신앙을 볼 수 없다는 사람, 볼 수 있다는 사람, 본다고 해도 바알 신앙에서 신년축제 같은 때에 곡식들이 추수를 마친 뒤에 죽었다가 봄이 되어 씨를 뿌리면 다시 살아나는 것 같은 바벨론 신화적 역사 해석의 하나라 하는 사람도 없지 않다.

그러나 이 시는 기독교에서 말하는 부활신앙 그것을 말하려고 제작된 것은 아니다. 다만 여기 저자가 주장하고 있는 하나님과의 밀접한 생명의 관계를 노래한 이 시 내용에는, 죽음에서 다시 살아나게 할 수 있는 능력이 살아 계신 하나님께 있다는 것을 믿는다는 주장이 나타났다. 그러므로 부활이란 자연 현상을 초월한 하나님의 초자연적 역사를 말하는 것이므로, 이 시는 기독교회에서 믿고 있는 부활신앙의 근거를

시편 명상

충분히 제공한다고 할 수 있다.

이 시에서 부활신앙을 긍정적으로 볼 수 있는 이유는 이 시 속에 하나님의 생명이 충일하게 있음을 볼 수 있기 때문이다. 하나님이 가지신 생명력은 인간의 육체적 죽음으로 제한받는 것이 아니며, 하나님의 생명은 인간 육체의 죽음 그것을 넘어설 수 있는 통제력을 가졌기 때문에 우리 인간의 "영혼을 음부에 버리지 아니하시고 하나님의 거룩한 사람을 죽음 속에 썩어지게 하시지 않는다"는 부활신앙을(10절) 노래할 수 있다.

이 시인의 관심은 하나님과의 관계성 문제이다. 이 관계성을 "나의 분깃, 나의 잔, 나의 기업" 등의 표현으로 설명하고 있다. 이 모든 말들은 가족제도와 관련된 유산을 의미한다. 아버지가 자식에게 물려주는 유산, 이것은 아버지의 소유권과 지배권을 자식에게 넘겨주어 부자의 관계성을 구체적으로 표시함이다. 아들은 아버지를 소유하고 또 그 아버지는 아들을 소유하는 관계로 서로 불가분의 관계를 말한다.

여기 16편 시인은 하나님과 자신의 끊을 수 없는 생명의 관계를 노래하고 있다. 여기 계약이나 약속이란 말이 나오지 아니 하지만 시인 자신은 하나님과의 생명 관계가 맺어져 있음에 대하여 무한한 행복을 느끼고 찬송하고 있다. 이 관계를 표시하는 말들은 다양하고 감명적이다.

"당신은 나의 주시다." 이것은 야웨 하나님이 시인을 소유하신 분이란 뜻이다. 완전한 예속이다. 여기 "주"라는 말 "아도나이"는 소유권을 행사할 수 있고 그 소속된 사람은 종과 같이 절대 복종할 수 있음을 말한다. 이렇게 주 하나님께 예속된 일을 가장 훌륭한 복이라 했다.

"당신 밖에 나의 복이 없다"는 말은 물질적인 복이라기 보다 선한 모든 일이 형통하게 되는 것을 말한다.

자기가 믿는 하나님께 대하여 "당신만이 나의 주님, 당신만이 나의 복입니다" 할 수 있는 이 신앙은 하나님과 자신의 관계가 밀접하다는 것을 표현한 것이다.

그러므로 이 하나님 앞에서 거룩하게 구별된 "성도"들은 "존귀한 자"라기보다는 (현재 번역대로) 하나님의 융숭한 대접을 받는 사람이라 하겠다. 이러한 대접을 받으므로 그는 항상 기쁜 생활을 할 수 있다.

이렇게 행복하고 기쁜 생활을 할 수 있는 성도는 그 하나님께 대한 배신을 하지 말아야 한다. 여기 십계명의 교훈을 이 시인은 생각하고 있다. "내 앞에서 다른 신을 두지 말라" "아무 우상이라도 섬기지 말라" "내 이름을 망령되게 하지 말라" 하는 계명이 이 시에 반영되어 있다. 즉 하나님과 생명적인 관계를 가진 사람은 오직 이 하나님 한 분에게만 충성을 다해야 한다. "다른 신들을 따라 갈 수 없다" (4절). 이방신에 예배를 드리고 예물을 바치는 그런 일은 그가 하나님에게서 받는 행복도 선함도 다 없어지게 할 뿐이며, 이 삶은 오직 괴로움을 당할 수밖에 없다. 이방 신들에게 바치는 "피의 예물"을 드릴 수 없고 그 신들의 이름을 감히 입에 담을 수 없다. 오직 한 분이신 야웨 하나님께 대한 충성에 금이 가게 하며 그 사랑과 축복에 배신하는 일이 되기 때문이다. 예배의 대상이 하나님 한 분으로 고정되었으면 일체 이교적인 풍습이나 그런 경건 행위는 용납할 수 없다는 것이다.

이 시인은 하나님을 자기 분깃으로 생각함을 만족하게 여기고 있다. 이 시인은 성전에서 하나님께 봉사하는 레위 사람의 전승을 소중히 여긴 사람 같기도 하다.

"너는 이스라엘 자손의 땅의 기업도 없겠고 그들 중에 아무 분깃도 없을 것이다. 그러나 내가 이스라엘 자손 중에서 너의 분깃이 되고 너의 기업이 되리라" (민 18:20).

시편 명상

옛날 이스라엘 열두 지파가 가나안 땅을 허락 받고 그 땅을 서로 나눌 때에 레위 지파만은 하나님을 섬기는 이 거룩한 직책을 받았으므로 땅의 일부를 분배 받지 아니했다. 그들은 땅보다 하나님 자신을 기업으로 받았다. 이 얼마나 감당할 수 없는 소유인가!

세상 사람들은 물건을 가지는 일, 더 많이 가지는 일을 원한다. 그러나 참 신앙인은 그 물질을 주시기도 하고 빼앗기도 하실 하나님 자신을 내 소유, 내 분깃, 내 기업으로 받는다는 것은 물질 이상의 축복이라고 했다.

우리가 자식들에게 물질을 유산하려 함보다 하나님을 알고 믿는 신앙 그 자체를 물려주어 대대로 하나님이 그의 소유, 그의 분깃, 그의 기업이 되게 한다는 것을 깨닫게 해야 한다. 그래서 이 시인은 땅과 물질을 갖지 못함에 대해서 불평이나 불만을 하지 아니하고 오히려 이것이 얼마나 아름다운 것인가를 찬양하고 있다. 이 귀한 교훈을 얻게 된 자신의 행복을 노래하고 있다.

그의 할 일은 "야웨 하나님을 자나 깨나 그 앞에 모시는 일이다"(8절).

이 하나님이 그의 우편에 계셔서 그가 필요할 때면 언제나 그를 도와주시는 분이시므로 그는 항상 흔들리지 아니하는 튼튼한 삶을 살 수 있다고 믿는다. 이렇게 흔들리지 않는 삶은 그의 육신이 죽어도 계속된다고 믿는다. 생명 그 자체인 하나님을 항상 모시고 있기 때문에 죽음이 하나님과 자기를 갈라 놓을 수 없다는 것이다. 기독교의 부활이란 하나님과의 영속하는 생명의 관계를 유지하는 것이다. 이 부활신앙을 가진 시인은 영원히 즐거워할 수 있다고 말했다(11절).

제17편
눈동자처럼

나를 눈동자 같이 지켜주시고
주의 날개 그늘 아래 숨겨주소서

나를 짓밟는 악인들과 나를 둘러싼 원수들에게서 (8, 9절).

이 시를 지은 시인은 악인들과 원수들로 사면초가의 위험을 경험하고 있는 것 같다. 과거 어느 때의 수난과 위험을 말하기보다는 지금 당장 그의 생명의 위험을 눈앞에 두고 있는 긴급한 사태에 빠진 사람인 것 같다. 그의 수난은 그의 죄나 실수 때문이 아니라 그의 경건과 의로운 생활 때문인 것 같다.

그는 "정직한 사람", "거짓이 없는 사람", "하나님이 그의 마음을 시험하고 감찰해 보았으나 아무러한 흠을 찾을 수 없는 순진한 사람"인 것 같다(1절, 3절). 그는 범죄하지 않으려고 노력하는 사람이다 (4절). 그는 하나님이 보여주신 길을 굳게 지키며 그 길에서 탈선하지 않기 위하여 애쓰는 사람이다(5절). 그는 자기의 정의를 지키며 하나님의 얼굴만 쳐다보는 경건한 사람이라 할 수 있다.

그러나 이러한 그의 무죄, 정직, 진실, 경건하고 의로운 삶을 살려는 노력에도 불구하고 그는 현재 견딜 수 없는 수난 중에 신음하고 있다. 그의 원수는 포악한 자요(4절), 짓밟는 자요(9절), 그를 에워싸고 감금하고 위협하는 자요 (9절), 넘어뜨리려 하는 자요(11절), 움킨 것을 찢으려는 사자 같고, 은밀한 곳에 숨어서 해치려는 젊은 사자 같은 자이다 (12 절).

이 시인의 수난 상태는 어떤 도움이 임하지 아니하면 순식간에 원수들에 의하여 그 생명이 희생당할 것 같다. 그러나 시인 자신에게는 자기를 보호할 아무러한 힘이 없다. 그렇다고 해서 누가 돌연히 나타나서 그를 구원해 줄 수도 없다. 그는 완전히 절망적이다. 그의 할 일은 다만 그가 믿고 의지하는 하나님 한 분에게 자기 사정을 호소하는 길 밖에 없다. 그래서 그의 시 첫 구절은 구원을 간청하는 기도이다.

"야웨여, 의로우신 분이시여, 들어주소서. 내 부르짖음에 귀를 기울이소서. 거짓말이 아닙니다. 내 기도를 들어주소서"

순간적으로 그의 목숨이 위태롭게 된 현실에서 그는 야웨 하나님께 애원하고 있다. 과거 이스라엘 백성의 오랜 역사 속에서 그 하나님은 항상 죽음에 직면한 경건한 사람들의 기도에 응답하셨다.

홍해 앞에서 절망한 모세의 기도를 들어주셨고, 산헤립의 군대가 예루살렘을 포위했을 때 히스기야의 기도를 들어주셨다. 야웨가 베푸신 구원은 항상 인간의 가능성이 다 두절될 때 일어났다. "구하라 주실 것이요"라고 한 예수님의 교훈의 진실성을 이스라엘의 긴 신앙사가 증명하고 있다.

이 17편 시인도 이러한 신앙전통을 물려받은 경건한 사람이다. 그는 자기 기도의 확신을 가지고 있다.

"하나님이여 당신이 응답하실 것이기에 내가 불러아뢰옵니다 귀를 기울여 내 말을 들으소서"(6절).

하나님의 구원을 기대하는 사람은 하나님이 자기의 호소를 들어 주실 것을 확신해야 한다. 의심하는 영혼에는 구원이 올 수 없다. 믿고 의심하지 않는 간구에 하나님은 응답하신다. 위기에 처해도 하나님에게 피난처를 구하는 사람은 하나님이 건져 주신다.

"주께 피하는 자들을 그 일어나 치는 자들에게서 오른손으로 구원하시는 주여 주의 기이한 사랑을 나타내소서"(7절).

하나님은 그 오른손으로 그를 구원하시고 사람이 생각할 수 없는 사랑을 베풀어 구원해 주신다(7절).

그렇기 때문에 시인이 할 수 있는 기도는 하나님이 직접 일어나시어 자기의 원수를 쳐 물리치는 일을 해달라는 직접적인 기도일 수밖에 없다.

"야웨여 일어나소서 그를(나를 넘어뜨리는 원수를) 대항하여 넘어뜨려 주소서 주의 칼로써 내 영혼을 악인에게서 구원하소서"(13절).

이 시는 하나님의 구원에 대한 간절한 애원이 표시되었다. "내 말을 들으소서" "부르짖음에 주의하소서" "귀를 기울이소서" "지키소서" "감추소서" "벗어나게 하소서" "넘어뜨리소서" "내 영혼을 구원하소서" 등.

이 모든 구원을 애원하는 표현 중에 가장 아름다운 말로 가장 감동 깊이 표현한 것은 8절이다.

"나를 눈동자처럼 지켜 주시고 당신의 날개 아래 숨겨주소서."

눈동자가 얼마나 귀한 것인가. 사람들은 이것을 지켜야 한다. 공동번역이 당신의 눈동자처럼 했지만 원문에는 "당신의"가 없다. 이 말을 보충하지 않아도 하나님이 수난 자를 보살펴 주심을 알 수 있다. 시인 자신이 자기의 눈동자를 보호함과 같이 자기를 보호해 달라는 애원이다. "당신의 날개 아래 숨겨달라"는 애원은 앞에 나온 눈동자처럼 지켜달라는 것과 평행을 이루어 하나님이 보호하시지 않으면 그의 생명은 위험하다는 것을 고백한 것이다.

이렇게 간절한 보호를 구하는 시인 자신은 그러한 보호를 받을 만하게 자신의 경건한 삶에 관심을 두는 사람인 것 같다. 그의 생활을 악인처럼 해서는 하나님의 지키심과 그 날개 아래 숨겨 달라는 말을 감히 할 수 없다. 그러나 이 시인은 위에서도 본 바와 같이 자기 신앙을 지키고 하나님의 길을 굳게 지키며 그 자신 죄인의 길을 걷지 않고자 최대의 노력을 하는 사람임을 보여준다.

하나님이 그를 살피고 시험해도 그에게는 범죄하지 않겠다는 깨끗한 생활에 대한 결심과 거짓되지 않는 입술을 가지고 그는 의로운 삶에서 하나님을 보고자 하는 결심을 하고 있는 사람이다. 그는 하나님의 얼굴을 쳐다본다는 것을 항상 관심하고 있다. 욥은 수난 중에서도 하나님의 얼굴을 친히 볼 수 있는 것이 고난을 극복하는 길이라 했다(욥 42:5).

이 시인도 "주의 형상을 보는 것만으로 만족하리라"했다 (15절). 어떤 수난 중에서라도 하나님과의 영적인 교제를 단절시킬 수 없다는 것이다. 그는 하나님의 얼굴을 쳐다볼 수 없는 것은 곧 죽음과 멸망으로 이해한 것 같다. 눈동자처럼 지켜 주기를 애원하는 것도 단순한 보호를 위한 상징적인 표현만이 아니라 그의 눈으로 하나님의 얼굴을 똑똑히 볼 수 있게 되기를 원하는 영적 교제에 대한 간구라 할 수 있다. 악인들은 그의 불의로 "재물로 자기 배를 채우고 그 자녀들로 만족하고 그 가진 소유는 자식들에게 물려주지만"(14절), 이 경건한 시인은 어떤 수난 속에서도 야웨 하나님을 보는 것을 소망으로 하며 이것을 자기 만족으로 삼고 있다.

제 18편
나의 등불

오 야웨 나의 하나님이여
당신은 나의 등불을 밝히시며
내 어둠을 밝히시리이다(28절).

시편 18편은 사무엘하 22장에 나온 시와 같은 시이
다. 어느 시가 원시이며 어느 것이 인용된 것인지 판가름하기 어려우
나, 대체로 학자들은 이 18편 시를 원시로 보고 사무엘서를 편집한 사
람이 이 시를 다윗의 역사와 관련시켜 그의 역사서에 수록한 것으로 이
해한다. 그러므로 이 시는 그 저작 연대가 상당히 고대의 것으로 본다.
대체로 다윗과 같은 시대가 아닌가도 생각한다. 최초의 시가 이렇게 길
었다고는 생각하기 어려우나, 이 노래가 다윗의 승리의 노래로 불리워
져 오는 동안에 여러 사람들의 손에 의하여 첨가되고 다듬어진 것이 현
재의 시라 할 수 있다.

이 시는 형식상으로는 찬송시이나 그 속에는 감사시 (49절), 고난시(4
절), 율법시(21절 이하) 등도 볼 수 있는 복합시라 할 수 있다.

이 시의 주제는 야웨 하나님의 구원을 찬송한 것이다. 그 찬양은 다
양하고 그 감격은 심오하다. 이 시인은 구원하시는 하나님에 대한 생각
을 깊이 한 사람이다. 시인 자신과 하나님과의 관계를 여러 가지 말로
표시하고 있다. "나의 힘" "나의 반석" "나의 요새" "나를 건지시는 자"

"나의 하나님" "내가 피할 바위" "나의 방패" "나의 구원의 뿔" "나의 산성" 등 열 가지 다른 표현으로 자신과 하나님과의 관계를 말하고 있다. 시편은 물론, 성경 전체 중에서 하나님께 대한 자신의 찬송 언어를 이처럼 다양하게 보여주는 사람은 오직 이 시인만이다.

이 하나님이 이 시인을 위해서 해 주신 일과 해 주시리라고 기대하고 있는 것도 여러 가지 다양한 표현으로 보여주고 있다.

"내 소리를 들으신다"(6절), "나를 건져 내셨고 (16, 17절), "나의 의지가 되셨고"(18절), "나를 넓은 곳으로 인도하셨고 (19절), "구원하시고, 상 주시고"(20절), "좋은 것으로 갚아주셨고"(20, 24절), "주의 구원하는 방패를 내게 주시며 주의 오른손이 나를 붙들고"(35절), "내 걸음을 넓게 하시고 실족하지 않게 하셨고"(36절), "내게 싸울 수 있는 능력을 주셨고"(39절), "원수들에게 나를 위하여 복수하셨고"(47절), 그 "원수들에게서 구조하시고"(48절), "인자를 베푸신다"(50절)고 했다.

이런 말을 읽으면, 야웨 하나님은 다만 이 시인을 위하여 존재하시는 분 같다. 야웨가 그의 전부를 차지할 뿐 아니라 야웨가 없으면 그 자신이 존재할 수 없다는 신념에 가득 차 있다. 그래서 그는 "야웨 외에 누가 내 하나님이랴! 우리 하나님 외에 누가 나의 반석이 될 수 있으랴!" (31절) 하면서 하나님께 대한 감격의 노래를 부르고 있다. 이 시인은 이 하나님의 위대하고 무서운 존재를 여러 가지 상징적 표현으로 설명하고 있다. 그의 진노하심을 "그 코에서 연기가 나오고 입에서는 불이 나와 사르며 그 불은 숯불 같이 된다"고 했다 (8절).

이 하나님은 인간 세계만이 아니라 자연 세계를 한 손에 쥐고 다스리신다고 다음과 같이 노래한다.

"구름을 타고 날으심이여 바람을 날개로 하여 높이 날아다니신다."

이런 노래는 이 자연 속에 하나님이 자신을 나타내시는 현현 (Theophany)의 사실을 말해 준다. "흑암을 그 숨는 곳으로 삼는" 하나님의 신비, 사람의 눈으로 볼 수 없는 신비의 포장 속에 가리운 하나님이시지만, 그는 광채로 나타나시며 (12절) 뇌성을 통하여 자신의 위엄을 보이시고 우박과 불길을 통하여 자신의 능력을 보여 주신다. 이 위엄과 능력 앞에서 어떤 대적도 흩어지며 세상의 터가 흔들리도록 하나님의 위엄이 인간 역사를 심판하신다고 했다 (13-16절).

이 하나님의 역사 간섭은 위엄만이 아니고 자비함도 보여주신다. 그는 엄하심과 자비하심을 교차시키는 가운데 인간을 깨우치고 자기의 공의를 세워 나가신다.

"경건한 자에게는 (핫시드) 당신의 사랑을 보여 주시고, 흠이 없는 사람에게는 당신의 완전하심을 보여 주시고, 깨끗한 자에게는 당신의 깨끗함을, 속이는 자에게는 당신의 징계를 보여 주십니다. 진실로 당신은 수난당한 사람을 건져 주시고 교만한 눈을 비천하게 만드십니다"(25-27절).

여기 하나님이 인간의 역사를 어떻게 간섭하시는가를 자세히 보여 준다. 하나님은 인간 자신의 생각과 행동에 따라 그 적당한 보응을 하신다. 사람들에게 사랑을 베푸는 사람에게는 하나님도 그 사랑을, 흠없이 살려는 사람은 완전한 삶이 어떤 것인가를 보여 주신다. 그리고 양심대로 깨끗하게 살고자 하는 사람에게는 어떻게 그런 깨끗한 삶을 살 수 있는가를 알려 주신다. 그러나 하나님의 뜻을 거슬러 거짓된 삶을 살려는 사람에게는 하나님이 그들을 징계로써 대해 주신다고 했다.

이러한 하나님께 대하여 이 시인이 어떻게 했는가. 하나님의 구원이 선물일 수도 있으나 이 구원의 선물을 받을 수 있는 인간 자신의 의무가 따라야 한다. 선을 행하든가 하나님께 매달리는 신앙심을 보이든가 무언가 인간 자신의 태도가 바로 있어야 한다.

이 점에 대하여 시인은 자신의 일을 다음과 같이 말한다.

"내가 환난 중에서 야웨께 아룁니다. 나의 하나님께 부르짖습니다"(6절).

특히 이 시인은 하나님의 율법을 지키려는 노력을 한 사람임을 보여준다.

"내가 여호와의 도를 지키며 그 모든 규례를 내 앞에 두고 살며 그 율례를 버리지 않고 살아갑니다"(21, 22절).

이것은 시인 자신이 삶을 깨끗하게 가지려고(20절) 하나님을 떠나지 아니하고 (21절) 죄악의 길에서 멀리 떨어져 그 유혹에 넘어가지 않도록 힘쓰며 (28절) 전쟁 마당에서도 자기 군사력이나 담력(膽力)을 의지하지 않고, 오직 "하나님의 도우심만 의지하며"(29절) 이 하나님이 그의 발을 암사슴의 발처럼 빠르게 하여 위험이 없는 곳으로 세우심을 믿고 의지하고 있다(33절). 그래서 이 시인은 승리할 수 있음을 노래하며 감사하고 있다 (39, 42, 48절).

그의 인생 행로가 아무리 어둡고 캄캄해도 하나님이 그의 등불이 되어 어둠을 쫓아 주심을 확신하고 있다. 구원과 승리, 그것은 야웨를 자기 등불로 하는 사람의 것이다.

제 19편
자연과 율법

하늘은 하나님의 영광을 드러내고
창공은 그 솜씨를 일러줍니다(1절).

야웨의 율법은 완전하여
영혼을 소생시켜준다(7절).

이 시의 주제는 자연(1-6절)과 율법으로 구별되어 있
다. 하나는 자연을 통해 나타난 하나님의 영광, 다른 한 부분은 율법을
통하여 나타나는 하나님의 존귀함을 나타내고 있다. 첫째 부분은 찬송
시 형태이고, 둘째 부분은 율법시 형태이다. 첫째 부분에서는 하나님의
창조의 신비와 그 아름다움에 대한 노래요, 둘째 부분은 하나님의 율법
을 통한 그의 계시의 완전성과 고귀성과 필요성에 대한 노력이다. 자연
은 하나님을 섬기고 인간을 복되게 하는 존재요 율법은 인간을 깨우치
고 가르치는 말씀의 총체다. 히브리 시인들이 가진 자연관에는 자연을
예배의 대상으로 삼는 범신론적 사상이 없고 자연은 어디까지나 피조
물의 하나로 인간을 위한 존재이지만, 이것은 인간과 더불어 하나님의
영광을 위한 존재이다.

이렇게 두 개의 제목으로 갈라지는 이 시는 본래 두 개의 시였다가
편집자에 의하여 하나로 연결되었다고 주석가들이 말하나, 히브리 신

앙에서 본다면 이 둘은 한 사람의 시상(詩想) 속에 담겨질 수 있을 만큼 서로 불가분의 관계를 가지고 있다. 창조신앙과 율법신앙, 이것은 그 기원을 똑같이 하나님 자신에게서 찾는다. 이 둘은 인간에게 하나님 자신을 제시하는 가장 기본적인 요소들이다.

이 시인이 말하는 자연은 8편이나 104편 시인과 같이 자연의 다양성을 언급하지 아니한다. 이 시인은 다만 "하늘" "창공" "해" 그리고 이 세 마디의 관계성에서 만들어지는 시간의 분간인 밤과 낮을 말함에 그친다. 그리고 이 "밤"과 "낮"이 대화하는 신비의 언어. 이 언어를 들으며 창공을 달리는 "해"의 웅장하고 아름다운 모습을 노래하고 있다. 그리고 하늘 아래 있는 모든 만물은 "그 온기에서 피하여 그 혜택을 받지 않는 것은 아무것도 없다"고 한다. 그래서 이 첫째 부분 "자연시"에는 해가 주동적인 역할을 하고 있다. "하늘의 장막은 해를 위하여 만들어 졌고, 해는 신랑 같고 해는 용사 같다"고 했다. 하늘과 창공은 다만 해를 위하여 창조된 것 같이 말하고 있다.

그러나 이 시인은 태양신 숭배자는 아니다. 태양을 노래하기는 해도 그 피조성을 잊지 않고 있다. 이스라엘 주변 나라들이 아무리 굉장하게 태양을 섬기는 제사를 지내도 이 시인은 모든 만물에 온기를 주고 생명이 자랄 수 있는 힘을 준다고 해서 태양이 중요한 것이 아니라, 이렇게 위대한 태양도 하나님의 피조물로서 하나님이 정해 주신 궤도와 그 법칙대로 움직이는 그 순종하는 모습에서 태양의 위대함이 있음을 찬양하고 있다. 이 시가 본래는 이스라엘 주변 여러 태양 숭배의 나라, 특히 고대 바벨론의 태양신 숭배의 노래였다는 흔적이 있었다고 해도 이것이 이스라엘 시인의 손에 들어와서는 그 범신론적 사상 또는 자연숭배의 사상은 완전히 제거되어 버리고 태양을 한 개의 피조물의 위치로 회복시키고 그 자체가 자연계의 중심을 이루고 있다는 자연현상에 대한 설명보다 그것이 어떻게 창조주 하나님의 사자로 하나님의 영광을 위한 존재가 되었는가를 알려주고 있다. 이렇게 자연계를 해석함은 이스라엘의 창조신앙과 거기 소속된 영광의 신학이 만든 놀랄 만한 신앙의 선언이다.

"하늘은 하나님의 영광을 드러내고", 광대무변한 하늘에 달려있는 해와 달, 그리고 수많은 별들을 하나님의 영광을 드러내는 사자들로 보았다는 이 신앙은 이스라엘 신앙의 고유성이다. 이 구절의 뜻을 다시 다르게 표현하는 "창공은 그 솜씨를 일러줍니다"함은 창조주의 영광이 두려움과 떨림으로 쳐다볼 존재만이 아니고 하나님의 손이 손수 만드신 예술품이라 한다. 예술품은 작가의 정신을 나타낸다. 창공과 거기 있는 일월성신 모든 천체가 하나님의 손으로 만드신 예술품이라 함은 이 모든 천체들이 다만 하나님을 알려주는 것들임을 말한다. 우리 하나님은 이렇게 놀랍고 신비한 일을 하신다는 것이다. 자연 만물에서 하나님을 볼 수 있고 하나님의 음성을 듣는 것이 이스라엘 신앙이다.

다음 이 시에 나타난 율법은 어떤 것인가. 이 율법은 "증거" "교훈" "계명" "규례" "도" 등으로 다양하게 표시했다. 이 모든 말들은 하나님이 우리 인간에게 필요한 말씀을 알려주는 것이다.

"증거"는 하나님을 알게 되는 증거요 하나님이 우리 인간을 위하여 사랑과 구원을 베푸시는 것을 증거하는 것이요 우리는 그의 자녀요 그의 백성이 되었다는 증거를 보여주는 것이다. 그러므로 이러한 "증거"는 확실하기 때문에 이것이 사람에게 지혜를 가지게 한다. "교훈"은 하나님의 지시의 내용이다. 이 지시는 기쁨을 준다. 하나님의 "계명"은 인간이 하나님에 대해서와 사람에 대해서 지켜야 할 말씀을 조목조목 밝힌 것이다. 이 계명은 우리 삶의 방향과 목적지와 그 과정을 환하게 알려 준다. 마치 어두운 밤길을 등불로 밝혀 가야 할 곳을 가게 하듯이 인생의 좌표를 하나님의 말씀에서 찾는다는 것이다. 그리고 "하나님의 도"는 히브리 원문으로는 "하나님을 두려워하는 경외심"(*irath*)이다. 이 경외심은 제한된 우리의 삶을 영원으로 잇대어 주고 하나님의 "규례"(원어는 미스파트: "판단")는 진실하고 의롭다고 한다. 그래서 이런 율법이야말로 인간들에게는 순금덩이나 꿀송이보다 더 사모할 대상이 된다. 가장 값있는 일과 가장 귀한 것은 야웨 하나님의 율법에 의지한 삶을 가지는 것이다. 이 율법으로 자기 허물을 깨닫고 이 세상 살아가는 길잡이를 찾고 죄를 짓지 않고 올바르게 살 수 있는 힘을 얻게 된다.

자연과 율법, 이 둘은 하나님이 우리 인간으로 하여금 참된 인간이 되게 하는 길을 알려주는 것이다. 우리 입으로 하는 말이나 우리 마음으로 할 묵상은 하나님의 영광을 드러내는 자연을 생각하고 하나님께서 인간이 알아야 할 것과 행해야 할 것과 걸어가야 할 길을 가르쳐 주는 율법을 밤낮으로 묵상함을 권고하고 있다. 자연과 율법을 통해서도 야웨는 우리의 반석이요 우리의 구속자이심을 알리고자 함이 이 시의 마지막 교훈이다. 시인은, 사람은 하나님의 만드신 자연과 그의 말씀에서 야웨와 생명의 교제를 할 수 있음을 가르친다.

제 20편
우리의 깃발을 날리리라

우리는 그대의 승리를 기뻐하고
하나님의 이름을 적은
우리의 깃발을 날리리라 (5절)

이 시는 성전에서 드리는 예배의식에서 이스라엘의 왕을(9절) 위하여 기도하는 내용을 가졌다. 시편 21편이 전쟁에 출전해서 승리를 얻고 돌아와 하나님께 감사를 드리는 기도 내용이라면, 이 20편은 전쟁에 나가기 전에 모여 그 전쟁에서 왕과 그의 백성이 승전하고 돌아올 수 있게 하기 위하여 제사장과 백성들이 일심전력으로 기도하는 내용이다.

이런 의미에서 이 시는 그 시가 저작된 "삶의 자리"(Sitz im Leben)가 왕과 그의 군사들이 출전하기 직전 성전에서 드리는 예배의식 때 부르는 찬송가로 저작된 것을 알 수 있다. 그래서 이 시의 전반부(1-5절)는 왕을 위한 기도이며, 후반부(6~9절)는 구원의 확신을 회중들이 노래한 내용이다.

이스라엘 백성이 블레셋과 대적해 싸울 때에 그 백성들은 그 전쟁의 승리를 위하여 사무엘에게 와서 "당신은 우리를 위하여 우리 하나님께 쉬지 말고 부르짖어 우리를 블레셋 사람의 손에서 구원하시게 하소서"(삼상 7:9) 하고 간청했다. 그래서 사무엘은 그들을 위하여 기도해준다.

사울이 블레셋과 싸우게 될 때도 이런 승리 기원의 기도를 올렸고 (삼상 13:9 이하) 유다 왕 아사가 구스 사람과 전쟁을 하게 될 때에 왕 자신이 친히 하나님 전에 나아가 승리 기원의 기도를 드린 일이 있다.

"여호와여, 강한 자와 약한 자 사이에 주밖에 도와줄 이가 없사오니 우리 하나님 여호와여 우리를 도우소서. 우리가 주를 의지하오며 주의 이름을 의탁하오며 이 많은 무리를 치러 왔나이다. 여호와여, 주는 우리 하나님이시니, 원컨대 사람으로 주를 이기지 못하게 하옵소서"(대하 14:11).

이러한 구체적인 사실들을 참고할 때에 이 시는 이러한 종류의 출전기도(出戰祈禱)라 할 수 있다. 이 시의 전체 내용은 "하나님의 이름으로 우리의 깃발을 날리리라"(5절)는 한 구절 속에 요약되었다고 할 수 있다. 승리의 깃발을 원수들 앞에서 휘날린다. 그 깃발에는 "하나님의 이름"이란 두 글자가 적혀 있다. 적과 더불어 싸워 이기고 적군의 진지에다 승리의 깃발을 휘날릴 수 있다는 것은 가장 통쾌한 일이다. 이 시인은 전쟁에 나가는 왕이 하나님의 도우심으로 적군을 물리치고 승리의 깃발을 휘날릴 수 있음을 그의 기도 속에서 보게 한다. 이것은 승리에 대한 확신이라기보다 하나님이 그들을 위하여 싸워 주실 것이라는 확신이 더 크다.

"너희는 가만히 있기만 하라. 너희는 오늘 여호와가 너희를 위하여 싸우시는 것을 보리라"고 한 출애굽의 승리가 (출 14:13)이 시인에게 확신을 주었다 할 수 있다.

이제 그 승리의 확신을 시 자체에서 살피면 여호와가 응답해 주시리라 하는 기도의 응답 약속이 이 시의 첫 머리에 나왔다는 것에 주목해야 한다. 우리 말 번역에는 "환난 날"이란 인간의 사정이 먼저 나왔지만, 하나님의 응답을 전면에 내세울 만큼 이스라엘 시인은 하나님의 구원을 확실히 믿고 있다. 인간이 당면하는 고난이 어떤 종류의 것이든 상관이 없다. 인간을 고난에서 구원하시려는 하나님의 구원의지만 확실하면 승리는 우리의 것이라는 태도이다.

이러한 확신을 가졌기 때문에 "야곱의 하나님의 이름이 너를 높이 드시리라"는 말로 그 기도의 응답이 구체적으로 무엇인가를 밝혀 주고 있다. 여기 "야곱의 하나님"을 말한 것은 이스라엘의 오랜 신앙 전통에서 야곱의 고난 경험이 얼마나 험악했던가를 상기시키는 동시에 그러한 야곱의 시련을 이기게 하신 하나님이 오늘 그 백성의 고난을 넉넉히 이기게 할 수 있다는 확신을 제공하는 근거가 된다. 특히 그 "이름"을 말한 것은 이미 9편 10절에서 본 대로 "주의 이름을 아는 자를 버리지 아니한다"는 말 대로 야웨의 이름을 의지하는 것이 곧 구원에 이르는 첩경임을 말한다. 하나님 이름 그것이 곧 이스라엘의 방패가 되신다. 야웨의 이름이 그를 의지하고 구하는 사람을 안전한 곳으로 인도하신다는 신앙이다.

여기 전쟁에 나가는 왕이 하나님께 소제와 번제를 드려 하나님의 긍휼하심을 구하고 있음을 보여 준다(3절). 이 제사행위는 한 나라의 삶과 죽음을 앞둔 왕의 치성(致誠)의 표시이다. 그러므로 이 제사행위가 형식적일 수 없다. 예배자 자신의 개인 축복이나 그의 부귀영화, 생명을 간구한 것이 아니고, 한 민족을 대표한 왕의 제사행위이다. 그러므로 이 행위는 하나님이 즐겨 받으신다.

"성소에서 너를 도와주시고 시온에서 너를 붙드신다"는 말은 예루살렘 성전에 거하시는 하나님이 왕의 어려움을 친히 돌보실 것을 말함이다. 그렇기 때문에 그의 마음의 소원은 허락될 것이고 그의 계획은 성취되고 그로 하여금 승리를 안고 돌아올 수 있게 하신 것이다. 그는 그 승리의 개가를 부르고 하나님의 성호를 적은 승리의 깃발을 날릴 수 있다.

이러한 승리는 왕과 그 백성들에게 무엇을 가르칠 수 있는가.

그것은 구원의 확신이다. 하나님은 자기의 기름부음을 받은 왕을 구원하신다. 그의 기름부음을 받은 사람은 하나님의 사명을 백성들 앞에서 또 백성들을 위해서 감당하기 때문이다. 왕 자신의 권세나 그의 영화를 위한 구원은 아니다. 어디까지나 하나님의 백성의 안녕 질서와 행복과 그들의 선한 삶을 살 수 있게 하나님은 왕에게 구원을 베푸신다. 이스라엘 시인이나 예언자나 역사가들은 왕의 권위 그것의 소중함을 생각지 아니하고 그 왕이 백성을 대표하는 의미에서 왕을 존경했다. 왕을 위한 기도도 왕 자신을 위해서가 아니라 그 왕이 그나마 하나님이 맡겨 주신 사명을 백성을 위하여 잘 감당하게 하기 위하여 하나님의 긍휼과 자비와 그의 도우심을 구했다. 그것은 그들의 자랑은 다만 하나님 한 분 밖에 없었기 때문이다.

많은 왕들은 그들의 병거 혹은 말을 의지하여 (고대 전쟁에서는 절대적인 것) 싸움에 이길 수 있다고 하나, "우리는 야웨, 우리 하나님의 이름으로 자랑하겠다"(7절) 함은 다만 야웨만이 이스라엘에게 승리와 구원을 주시기 때문임을 믿는다는 것이다.

세상의 군사력, 물질적인 부요를 의지하는 나라들은 멸망하지만, 야웨 하나님을 의지하는 자는 일어서고 승리한다고 믿었다. 그러기에 "야웨를 하나님으로 삼는 나라는 복이 있도다(시 33:12).

제 21편
의지하는 축복

의지하는 왕에게
지존하신 분의 사랑을 베풀어
흔들리지 않게 하십니다 (7절).

이 시는 앞에서 말한 바와 같이 전쟁에 나갔던 왕이 승리하고 돌아왔을 때 하나님의 성소에서 감사예배를 드릴 때 부르는 노래이다. 여기도 노래의 주인공은 한 나라를 다스리는 왕이고 그가 노래하는 감격은 전쟁에서 개선한 것이다.

이 승리는 왕 개인의 승리만이 아니고 그의 백성과 그들의 하나님의 승리라 할 수 있다. 이러한 승리를 노래한 시는 시편 이외에도 구약성서 여러 곳에서 찾을 수 있다. 애굽의 바로의 추격병을 기적으로 물리친 홍해 바닷가의 승리를 출애굽기 15장에서 볼 수 있고, 또한 가나안왕 야빈의 군대를 이긴 드보라의 개선 노래는 사사기 5장에서 볼 수 있다. 이러한 승리의 노래가 이스라엘에게만 있었던 것은 아니다. 그들의 주변 여러 나라, 고대 문학이 이런 승리의 노래를 많이 가지고 있다. 출애굽기 15장 시의 승리의 노래는 앗시리아의 "전승가(戰勝歌)와 유사한 점이 많다는 주석가도 있다(Kirkpatrick).

그런데 바이저는 이 시가 전승가가 아니고 3절을 보아서는 왕의 대관식 예배에 부른 노래라고 한다. 만일 이 시가 승리의 노래였다면 이 시에 감사의 언어가 있었을 것인데 그런 감사 표시가 전혀 나오지 않는다고 한다. 그리고 이 시의 후반부(8-13절)는 왕이 앞으로 전쟁에 나가 적군을 물리칠 것을 노래했기 때문에 전쟁에서 승리하고 돌아온 시가 아니라 전쟁 마당으로 승리하기 위하여 나아갈 때 부르기 위한 시라고 한다.

그러나 이 시의 전체의 분위기는 감사의 심정이다. 1절에 연발되고 있는 기쁨의 표시, 2절에 왕의 소원을 들어주심에 대한 감사란 말이 없어도 감사의 정신이 차고 넘친다. 그리고 이 시의 둘째 부분은 앞으로 왕이 적을 무찌르고 승리할 것을 말했으나 이것은 승리한 왕이 또다시 다른 전쟁을 해야 하고, 또 그 전쟁에도 승리해야 되기 때문에 미래의 승리를 약속하는 내용이 될 수 있다.

그러므로 이 시는 이스라엘이 전쟁에서 승리하고 돌아왔을 때, 왕과 백성들이 성소에 모여 예배드릴 때 부른 감사 찬송이요 또한 앞으로의 승리를 기원하는 노래라고 할 수 있다. 여기 시인이 "왕의 소원을 이룬 것" "그의 구함이 거절당하지 않은 것" "그의 생명을 보살펴 주신 일" 그를 전쟁에서 무사히 돌아오게 함으로 "존귀와 위엄을 그에게 입히시고" "그를 영접하시어 순금관을 씌우시고" "영원토록 지극한 복을 받게 했다"는 사실 모두가 전쟁에 나가서 승리하고 돌아온 감격을 노래한 것이다. 여기 하나님의 놀라우신 돌보심과 그 무한한 사랑에 대한 감격을 볼 수 있다.

그렇기 때문에 이 시의 중심으로 "의지하는 왕에게 지존하신 분의 사랑을 베풀어 흔들리지 않게 하신다"는 말을 할 수 있다. 이것은 하나님의 긍휼과 사랑만이 이 승리를 가져온 것이 아니라, 오히려 왕의 편에서 본다면, 그가 그 위험 중에서도 하나님만 믿고 의지한 신앙적인 태도로 말미암아 이 승리를 얻게 되었다고 말한다. 이것은 이스라엘의 거룩한 전쟁이란 신앙전승에서 언제나 강조하고 있는 인간의 절대적인 의뢰심이 받는 축복이다.

"왕이 여호와를 의지하오니"(7절) 함이 그의 승리를 가져온 원인이 됨을 말한다. 이 신앙태도는 현재에 사는 모든 수난 자들에게도 적용된다. 우리가 어떤 종류의 고난과 위험을 당하느냐가 문제가 아니고 우리가 그 고난의 현장에서 생명의 위협을 순간순간 느끼면서도 얼마나 진실하게 또 변하지 않고 굳건한 마음으로 하나님을 의지하느냐 하는 신앙적인 반성을 시킨다. 이러한 신앙적인 태도가 확실할 때 언제나 승리의 노래를 부를 수 있다. 이 21편 시인이 그의 시 후반부에다 장차 받을 수 있는 승리의 모습을 설명하고 있다. 하나님을 의지하는 왕은 그의 원수가 누구며 그를 해치고 미워하는 자들이 누구인가를 바로 알 수 있다.

여기 "모든 원수를 찾아냄이여… 왕을 미워하는 자를 찾아내리로다"(8절)고 했는데 이 찾아낸다는 말 "마차아"는 잃어버린 것을 찾는다거나 모르던 것을 우연히 찾게 된다는 뜻만 아니라 적군을 무찌르게 되는 결과를 표시하는 말도 된다(창44:16; 민32:23). 또 하나님이 찾아내어 화근을 없이 해 주신다는 뜻으로 쓰인다.

이 시인은 자기 자신이 대적을 따라다니며 찾아낸다는 생각보다는 하나님이 적을 발견할 수 있게 해 주시고 그 찾아낸 적을 하나님이 친히 무찔러 주신다는 뜻으로 이 말을 사용했다. 이것은 왕의 승리의 확실성을 표시한 말이다. 하나님을 의지하기 때문에 거룩한 전쟁의 사상 대로 이스라엘이 싸우는 것이 아니라 하나님이 직접 그들을 위하여 싸워 주신다는 것이다(출14:13 참고). 이러한 하나님의 보장을 9절에는 더 자세히 말해주고 있다.

"여호와께서 진노하사 그들을 삼키시리니 불이 그들을 소멸하리로다"고 했다. 이것은 하나님을 의지하는 사람의 싸움은 자신의 싸움이 아니라 하나님의 싸움이기 때문에 하나님 자신이 그의 원수와 대적자를 파멸시키신다는 것이다. 이러한 승리는 이스라엘의 신앙사에서 여러 경우에서 그 실례를 보여준다. 모세의 싸움, 다윗의 싸움, 엘리야의 싸움, 이사야가 가르치는 교훈, 어디서나 똑같이 하나님 자신이 그의 진노로써 사건을 처리하셨다. 그 결과 인간에게는 승리의 기쁨을 가져왔다. 그렇기 때문에 대적이 아무리 승리를 위한 계교를 꾸며도 성공할 수 없다고 함이 이 시인의 신앙이다(11절). 그들의 자손이 일어나 그 선조의 패망과 원수를 갚으려 해도 그 자손들도 승리를 얻을 수 없음을 말한다(10절). 여호와를 의지하는 사람은 언제나 승리함을 보장하고 있다. 그렇기 때문에 시인이 할 수 있는 일은 하나님의 능력에 대한 찬송뿐이다.

"우리가 당신의 권능을 노래하고 찬송하게 하소서"(13절).

"노래"는 기쁨을 나타내는 노래요 "찬양"은 악기에 맞추어 크게 찬송함을 말한다. "오 야웨, 힘차게 일어나소서." 이 시 마지막에 야웨 하나님께 일어나시도록 간구함은 인간이 가질 수 있는 승리는 다만 하나님만이 주시기 때문이다. "싸울 힘을 주시옵소서" 간구함보다는 "야웨여 일어나소서, 당신이 힘을 나타내소서"함이 그를 의지하는 신앙인의 기도가 되어야 한다.

엘리 엘리 라마 사박다니

내 하나님이여 내 하나님이여
어찌 나를 버리셨나이까 (1절)

     예수님이 십자가에서 견딜 수 없는 고난을 당했을 때 몇 마디 말씀하시지 않았지만 그 중에서 가장 심각하고 처참한 부르짖음은 시편 22편 첫 절에 나온 "엘리 엘리 라마 사박다니"였다. 히브리 원문은 "엘리이 엘리이 라마 아잡다니이"이다. "사박다니이"와 "아잡다니이"의 차이는 복음서 기자가 "히브리어"로 표시하지 않고 예수님 당시 유대 사람이 사용하던 아람어로 표시함에서 온 것이다.

 이 네 마디의 말이 가진 내용을 인간이 표현할 수 있는 감정의 깊이에서 인간의 육체와 혼이 한꺼번에 하늘 아버지를 향하여 쏟아져 나올 만큼 처절하고 비참하게 표현하려면 우리나라 창(唱)을 부르는 사람들의 통절한 울부짖음으로 표시해야 할 것이다. 이 네 마디 말의 어미(語尾) "이"는 일인칭 단수 소유격을 표시하는 뜻을 가졌지만 그 발음은 애절함의 극지를 표시해 준다. "엘리이 엘리이 라마 아잡다니이." 이 구절 다음에 계속되는 "어찌하여 나를 버리셨나이까, 나를 멀리하여 돕지 아니하시나이까, 내 신음하는 소리를 듣지 아니하시나이까" 하는 1절 전부를 자세히 살피면 이 "이"가 연속되어 있음을 본다. "엘리이 엘리이라마 아잡다니이 라호크 미슈티이 딥브레 쇠아가티이."

이 시는 이 첫절을 보아서 그 내용이 어떤 시인가를 짐작할 수 있다. 어찌하여 노래를 시작하자마자, "나의 하나님이여 나의 하나님이여, 어찌하여 나를 버리셨나이까?"하고 하나님께 대들고 있는가. 이것은 감정적인 폭발이 아닌가. 원한에 사무친 울부짖음이요, 억울해서 견딜 수 없는 호소의 극치가 아닌가.

이 시인이 무슨 참변을 당했기에, 무슨 비통한 경험을 하고 있기에 어떤 절망 속에 빠졌기에 이런 애원을 털어놓게 되었는가? 우리가 십자가에 달리신 예수님을 생각하면 그의 억울함과 그의 절망과 그의 비통함을 짐작할 수 있을 것 같다.

예수님과 같이 깨끗한 삶을 살고 의롭고 진실한 삶을 살았고, 남을 돕고 사랑하고 침식을 잊으실 정도로 가난하고 병들고 버림받은 인간들을 위하여 모든 것을 다 주신 분이신데, 그 결과로 이러한 처참한 죽음을 받으시게 되었으니 과연 예수님이야말로 십자가 상에서 "엘리 엘리 라마 사박다니"를 부르짖을 수 있었다고 생각이 된다.

그런데 22편 시인은 어떤 고난과 비애와 절망, 어떤 억울함과 푸대접을 받았기에 이런 울부짖음을 했는가? 이 시를 읽는 사람은 누구나 이런 질문을 하지 않을 수 없다.

이런 문제의 해답을 위해서 아무래도 이 시의 내용을 들여다보지 않을 수 없다. 시의 첫 구절에 나타난 이 비애의 문을 겨우 열고 그 속에 고난의 발자국들을 찾아보면 이 울부짖음의 성격과 내용과 그 이유를 알 수 있다. 이것을 살피기 전에 이 시 자체에 대한 얘기를 간단히 살피기로 하자.

이 시는 전체 31절로 되었지만 그 내용은 첫째 부분 (1-21절), 둘째 부분(22-31절)으로 나누어진다. 우리가 생각하는 제목과 관련된 비극적인 고난시의 내용은 주로 첫째 부분에 나와 있고 둘째 부분은 그런 비극에서 건짐을 받은 기쁨과 만족을 노래하고 있는 찬양시이다. 우리가 여기서 주로 관심할 것은 고난시 부분에 대한 것이다.

많은 주석가들은 이 시를 "고난시" 또는 "탄식시"라 보고 있다. 궁켈은 이 시가 "탄식시"의 전형적인 표본을 보여 준다고 한다. 이 시 첫머리에 나온 호소가 시인의 수난상을 전제한 것이요 이 시의 전반부 내용에 그의 수난상을 시간적으로 자세히 볼 수 있게 구체적으로 설명하고 있다. 그러나 위에서도 언급했듯이 고난을 말했다는 그 형식으로 시 형태를 구분한다면, "탄식시" 또는 "고난시"라 할 수 있지만 그 고난의 현실에서 그가 모색하고 그가 바라고 그가 구하고 있는 것은 고난의 해결을 간청하는 기원보다 그의 수난의 현실을 하나님께 솔직히 고백하고 그 하나님이 더 고난을 주시든지 그 고난을 없이 해 주시든지 하나님의 뜻에 맡겨버리는 의지의 신앙, 괴롬을 당하여 절망적인 상태임에도 불구하고 하나님을 원망하지 아니하고 자신은 수난을 당하여 육체도 볼품없고 그의 삶이 멸시와 천대의 대상이 되었지만, 이것을 송두리째 하나님께 내맡기는 의지의 신앙을 보여주는 것이 이 시의 정신이요 이 시인이 내세우는 신앙적 자랑이다.

이것은 곧 이 시는 탄식시가 아니라 의지시라는 것을 강하게 알려주고 있다. 우리는 시편에 나타난 많은 "탄식시"라고 불리우는 시를 그 내용, 그 신학적인 특색에서 살필 때 "탄식시"란 말은 그 시의 문학 형식, 주로 거기 사용된 언어나 표현 등을 중심하여 시를 구분한 것이지 이런 문학적인 형식으로 표현된 그 시의 정신은 철저하게 하나님을 의지하는 의지심을 보여주는 시들이기 때문에 "탄식시"란 말은 부적당한 명명이다. 이런 시는 "의지시"라 불러야 한다. 궁켈은 "의지" 부분이

"탄식시"의 한 구성 분자라 했으나 실상 이런 시들을 살피면 "탄식" 그 것이 "의지시"의 한 구성분자인 것을 알 수 있다.

이 22편 시는 가장 아름다운 "의지시"이다. "엘리이 엘리이 라마 아 잡다니이"란 말의 표현은 탄식의 소리이나, 그 정신은 모든 인간적인 구원의 손길은 다 끊어지고 오직 하나님에게만 자기 문제를 호소할 수 있으니 하나님이 자기 고난의 문제를 어떻게 해서든지 당신의 뜻대로 해결시켜 주실 것을 믿고, "나의 하나님, 나의 하나님, 어찌하여 나를 버리십니까"가 "나의 하나님 나의 하나님 당신만은 나를 버리지 않으 시는 분인 줄 내가 아오니 이 가련한 자를 당신께 맡깁니다" 하는 의지 심의 고백이라 하겠다. 이 의지심은 그 밑에 계속해서 설명되어 있다. 그의 조상들이 의지심을 가졌기에 구원함을 받았다는 역사적 사실이 있으니 (4-5절) 자기도 그렇게 의지할 것밖에 없다고 고백하고 있다. 그 러기에 10-11절 내용은 자기의 출생 이전, 출생 이후, 자기의 전 존재 가 하나님의 손에 맡겨진 바 된 것을 고백하고 있다.

그러므로 이 시는 자기의 의지심으로 구원받을 것을 믿고 후반부에 서는 구원받을 것을 미리 기대하고 다만 하나님을 찬송하고 있다.

제 23편
내 잔이 넘치옵니다

Psalm Meditation

당신이 원수 앞에서
나를 위하여 한 상 차려주시고
기름을 내 머리에 발라주시니
내 잔이 넘치옵니다(5절).

　　　　　　　　이스라엘 신앙인들이 지은 많은 신앙시 중에서 이 시
처럼 사람들의 마음을 사로잡고 모든 사람이 즐겨 부를 수 있는 "나의
노래"가 되어 있는 것은 없을 것이다. 이 노래는 이미 이스라엘이란 민
족성을 초월하여 만민들의 노래가 되어버렸다. 양치는 목장에서 부르
던 이 노래는 이제 공장과 농장, 교실과 운동장, 교회와 가정, 노인의 모
임이나 젊은이의 모임, 어느 곳에서나 한 목소리로 부를 수 있는 노래
가 되어버렸다.

　"여호와는 나의 목자시니 내게 부족함이 없으리라."

　이 두 구절에 모든 것을 다 소유한 만족감이 용솟음친다. 하나님은
목자요 우리 인간은 그의 양떼들, 양과 목자의 관계는 목가적인 상징이
지만 인간의 삶과 죽음의 문제를 내포한 실존의 관계성을 알려준다. 양
떼는 목자로 인해 살아가고 목자는 양떼로 인해 보람을 느낀다. 목자
없는 양떼를 생각해 보라. 그 양떼들은 순간적으로 주림과 목마름, 사

104

나운 짐승들의 위험과 도둑들의 약탈 앞에 불안한 순간들을 보내어야 한다. 그러나 또한 양떼 없는 목자를 생각해 보라. 그는 대화를 잃고 친구를 잃고 사명감을 잃고 병사들을 잃어버린 장군처럼, 학생을 잃은 선생, 자식을 잃어버린 부모, 교인들을 잃어버린 교역자처럼 자기의 삶의 보람을 잃어버린 고독한 사람이 되고 만다. 그러기에 목자와 양떼의 관계는 항상 아름다움만을 지닌다. 찬송과 노래가 저절로 나온다.

이 23편 시인은 하나님과 자신의 관계를 목자와 양과의 관계에서 찾아보고 스스로 감격하여 이 노래를 지은 것 같다. 이 시는 인생이 즐길 수 있는 푸른 풀밭을 마련해 준다. 이 시에는 인간들이 찾는 진리와 참의 시냇물이 잔잔히 흐르고 있다. 푸른 풀밭과 잔잔한 시내라는 아름다운 자연과 더불어 그 자연의 품에 안기어 자연의 젖줄을 빨고 그 자연의 어머니 품에 안기어 있는 노래하는 인간을 볼 수 있다. 그에게는 아무것도 부족한 것이 없다.

비록 굶주리고 목말라도 내 필요를 아시고 때를 따라 공급해 줄 인간의 목자가 지키고 있으니 아무 염려할 것 없는 것을 느낀다. 그러나 이 시인은 인간의 육체의 안전과 만족을 노래하지 아니한다. 인간의 목자인 하나님은 때를 따라 우리 육체가 먹고 마실 것을 흡족히 주시는 분이요. 우리가 거할 곳, 우리가 쉴 곳, 우리가 즐길 수 있는 곳을 마련해 주시는 분만이 아니다. 이 하나님은 우리 마음의 목자요. 우리 영혼의 목자이시다. 우리 마음이 굶주리고 목마를 때 우리 마음의 양식과 물을 주시고, 우리 영혼이 굶주리고 목마를 때 내 영혼이 먹고 마실 진리의 양식을 주시고 생명수의 샘물을 주신다. 이것을 이 시인은 "내 영혼을 소생시키시고 그 이름을 위하여 의로운 길로 나를 이끄신다"고 노래한다.

야웨 하나님은 우리 영혼의 목자가 되시어 우리의 지친 영혼에 생기를 주시는 분이다. 우리는 인간들의 삶에서 갈등과 긴장, 때로는 손해, 때로는 멸시, 때로는 불만, 때로는 억울한 일로 우리 영혼들은 상처를 입고, 우리 영혼의 호흡은 거칠어지고, 우리 영혼의 맥박은 거칠어지거나 부정의 맥박이 뛴다. 그러므로 우리들의 영혼은 죽음으로 이끌려가고 있다. 그러나 야웨 하나님은 우리 영혼을 그의 생수로, 그의 생명 말씀으로 소생시키신다. 누구 때문에 또 무엇 때문에, 그것은 다만 야웨 하나님의 이름 때문이지 우리 인간들 때문이 아니다. 다만 그 이름을 알려서 자기를 알리고 자기의 뜻을 계시하시는 그 야웨 하나님 이름 때문에, 호렙산 가시덤불 속에서 그 이름을 알리신 그 역사의 하나님 이름 때문에, 그 이름으로 우리의 모든 간구를 들어주시는 그 고마운 이름, 예수 그리스도 때문에 우리 영혼은 소생돼야 되기에 우리 목자이신 하나님은 우리 영혼을 소생시키신다.

그러나 왜 소생시키시는가. 그의 능력을 자랑하시기 위함인가. 아니다. 우리 인간이란 뭇 양떼들로 하여금 의로운 길로 걸어가게 함이다. 인간의 목자이신 야웨가 우리에게 푸른 풀밭과 잔잔한 시냇가와 같이 우리에게 안전과 만족을 주심은 다만 누워 쉬라는 것도 자연을 즐기라는 것도 아니다. 다만 우리의 삶이 의로운 길로 걸어가는 삶이 되게 하기 위하여 우리는 의로운 길을 걸어야 하는 연약한 양떼들이다.

왜 사망의 음침한 골짜기를 지나야 하는가. 푸른 풀밭, 잔잔한 냇가에서 즐길 수 있다는 이 시의 처음 구절과 이 "사망의 음침한 골짜기"와는 너무도 대조적이 아닌가.

그러나 양떼들은 이러한 위험한 곳을 지나가야 한다. 이런 사망의 골짜기를 지나야만 생명의 초장과 물가가 나타난다. 하나님이 우리를 헬리콥터에 태워서 고스란히 푸른 풀밭과 잔잔한 냇가와 같은 안전지대와 만족한 동산으로 옮겨주시지는 않는다. 이런 곳으로 들어가는 때는 사망의 음침한 골짜기를 통과해야 한다.

　이것이 의의 길로 인도함이다. 의로운 자의 길은 결코 처음부터 푸른 동산이 아니다. 첫 발자국이 잔잔한 시냇가가 아니다. 의로운 곳이란 사망의 음침한 골짜기를 지나야 한다. 어리고 철없는 연약한 양떼들이 어떻게 지나갈 수 있는가. 여기 목자되신 하나님의 인도가 필요하다. 그래서 내가 비록 사망의 음침한 골짜기를 지날지라도 해 받을 염려가 없다. 그것은 하나님의 지팡이와 막대기가 나를 보호하시기 때문이다.

　의로운 길을 걸어가는 사람은 매 순간이 위험의 순간이다. 그러나 야웨 하나님이 목자가 되시어 인도하시기 때문에 그 위험한 매 순간도 보호와 안위의 순간으로 바꾸어진다는 확신이다. 이것이 "야웨는 나의 목자, 내게 부족함이 없다"는 노래의 증거가 된다.

　이렇게 주의 인도, 주의 보호, 주의 위로를 받는 양떼들은 이 양떼를 해치려는 원수들이 아무리 날뛰고 들끓어도 염려할 필요없다. 오히려 목자이신 하나님이 우리를 해치려는 원수들 앞에 큰 상을 차려서 우리를 흡족하게 대접하시고 우리 머리에 기름을 발라 귀하고 아름답게 꾸며 주시니 우리가 받을 잔이 넘치지 않을 수 없다.

　"내 잔이 넘치옵니다."

　이 감격은 다만 하나님을 목자로 모시고 사망의 골짜기를 지남과 같은 의의 길을 지나 푸른 동산과 잔잔한 물가로 가는 사람의 부르짖는 감격이다. 이러한 아름다운 신앙을 어디서 체험할 수 있는가. 그것은 하나님의 집에서, 우리가 다니는 교회에서, 하나님의 이름을 모신 곳에서 체험할 수 있다. 왜냐하면 이런 곳에서 우리가 받아야 할 하나님의 선하심과 인자하심을 평생 허락 받을 수 있기 때문이다.

영광의 왕

영광의 왕이 들어가시리로다
영광의 왕이 누구시냐

영광의 왕은 만군의 야웨
그분이시다 (9, 10절).

이 시는 세 부분으로 나눌 수 있고 각 부분의 주제도 다르고 또 내용도 서로 다르다고 할 수 있다.

첫째 부분 (1-2절)은 만물의 주인이신 야웨, 둘째 부분(3-6절)은 15편과 같이 성전 예배에 들어가는 성도들이 부를 찬송, 그리고 세째 부분(7-10절)은 영광의 왕이신 하나님께 대한 찬양을 내용으로 했다. 이 각 부분의 노래들이 본래 따로 존재했는지는 알 수 없다. 이 모두가 성전에 예배를 드리러 올라가는 때 예배 인도자와 회중이 교창식으로 부를 수 있는 찬송가로 지어진 것이라 하겠다. 이런 내용과 시 형식은 결코 개인 경건을 위한 찬송이라 하기 어렵고 예배 공동체의 노래라 할 수 있다.

이 노래의 주제는 "만물에 충만하신 하나님", 또는 "예배정신", "영원한 문"들이라 할 수 있으나 이런 주제를 한 데 묶은 말로 "영광의 왕"이라 할 수 있다.

우리 하나님은 영광을 받으실 하나님이시다. 19편에서 본 바 대로 하늘은 이 하나님의 영광을 드러낼 목적으로 창조되었고 또 존재한다. 이 시편은 하나님이 만드신 땅과 거기 충만한 것들은 무엇 때문에 창조되었고 또 존재하느냐를 노래한다. 그것은 다만 "영광의 하나님" 또는 "하나님의 영광"을 드러내기 위함이다. 이 시의 첫째 부분의 "땅과 거기 충만한 것"이나 "세계와 거기 충만한 것"이란 말은 같은 말로서 하나님의 피조물의 세계 전부를 통칭한 것이다. 여기 첫 부분에 이 피조물의 세계가 누구에게 속한 것인가 함을 밝히지만 그 존재의 목적은 다만 하나님의 영광을 위한 것임을 말한다. 우리 인간도 마찬가지로 하나님의 것이지만, 우리의 존재 목적은 하나님의 영광을 드러내기 위함이다.

하나님의 영광을 드러낸다는 말은 구체적으로 무엇을 말하는가. 그것은 하나님과 피조물과의 구별을 분명히 함이 무엇보다 중요하다. 피조물의 어느 하나라도 그것이 아름답거나 위대하거나 신비하다고 해서 피조물의 위치를 떠나 창조주의 위치로 승격할 수 없다는 것이다.

피조물은 어디까지나 창조주에 속하는 소유물이지 창조주를 피조물 자신의 소속물로 생각할 수 없다. 우리 인간과 만물이 그에게 소속했다고 함은 그가 우리를 지배할 권위와 능력을 가지셨고, 우리는 다만 그의 지배를 정당한 것으로 알고 그에게 복종해야 한다.

우리가 하나님께 영광을 돌린다는 것은 이렇게 우리의 소속을 분명히 함이다. 우리가 절대로 하나님이 될 수도 없고 그의 위치나 지위를 대신할 수 없다. 또 한 가지는 하나님의 영광이란 말의 뜻은 하나님과 만물과의 올바른 질서를 밝히는 것만 아니라 우리의 관심과 사명이 하나님을 기쁘시게 하는 것이 되어야 함을 말한다. 하나님을 하나님의 위치에다 모시는 것만 중요한 것이 아니라 우리의 생각, 행동, 우리의 삶 전체가 하나님을 증거하기 위하여 무엇을 하느냐 하는 우리의 도덕적 윤리적 사명을 분명히 해야 한다.

"하늘이 하나님의 영광을 드러낸다"(시 19:1) 할 때 하늘이란 대우주는 그 속에 해, 달, 별 등 각종 피조물을 가지고 그것들이 각각 자기 사명을 감당하게 한다. 태양은 태양의 직책, 달과 별은 각각 창조주로부터 받은 바 그 사명을 다할 때 하늘은 하나님의 영광을 드러낸다. 이렇게 자연 만물은 각자 꽃 피고 잎 피고 열매 맺는 일을 함으로써 조물주에게서 받은 직책을 감당한다.

우리가 "영광의 왕"이신 하나님을 섬긴다는 것은 우리 각자에게 하나님이 맡겨주신 사명을 바로 감당하는 일을 함이다. 각 사람의 얼굴이 다른 것 같이 우리 모두가 하나님으로부터 받은 사명은 다르다. 그 사명의 종류가 문제가 아니고 우리가 얼마나 이 사명을 이행하기 위하여 성심성의를 다하는가를 하나님이 물으신다.

24편 시인이 예배의식의 노래에서 영광의 왕을 노래한 것은 이 시 둘째 부분에서 예배자의 생활과 윤리를 문제삼고 있듯이 신자된 인간의 올바른 삶을 가지게 함이다. 결코 우리는 예배의 장소에서 삶을 보내도록 함이 아니고 예배가 성전 밖에서 가지는 우리의 대인관계, 우리의 사귐과 사업에 어떤 영향을 주느냐 함을 문제 삼는다. 이 시인의 말대로 "손이 깨끗해야 하고 마음이 청결해야 하고 허망한 데 뜻을 두지 아니하고 거짓 맹세를 하지 않는 삶"을 살아야 한다(4절). 이것이 하나님께로부터 복 받는 삶이요 또 사람들 앞에서 의로운 삶을 사는 길이다.

하나님께 영광을 돌린다는 것이 이렇게 바른 생활을 지향한 것이기 때문에 우리 인간들은 그 영광을 계시하시는 하나님의 성소를 출입하는 특권을 얻게 되었다. 이 시의 제3부(7-10절)는 우리 예배의 장소인 성전이 하나님의 영광이 거하는 곳임을 반복해서 알려주고 있다. 이 시는 영광의 하나님이 현존하시는 성전 예배의 신비와 그 중심을 알리고 있다. 이 시의 형식은 성전문과의 대화 형식으로 되었다.

"문들아 너희 머리를 들지어다." 마치 성전문을 살아있는 대상으로 생각한 표현방법이다. 이 문은 살아 계신 야웨 하나님이 출입하시는 문이요 또한 그 안에 좌정하시는 하나님을 만나게 하는 위치이며, 그 현존을 성전 어떤 것보다도 먼저 예배자들에게 알리는 것이다. 예배를 드리는 사람에게는 이 문이 열려져야만 하나님이 현존하시는 성전 안으로 들어가게 할 수 있다. 이 문을 통과하는 것은 현존하시는 하나님의 옷자락을 스치는 것이다. 하나님의 생명력이 충만한 장소로 생각하게 한다.

그렇기 때문에 이 문이 스스로 열리어 하나님을 대면케 하는 길을 연다고 생각한다. 그러기에 이 시에는 "문들아"라는 말이 네 번이나 사용 되었다. 그 네 번 중 두 번은 "스아림"이요 두 번은 "핏득해"이다. 전자는 성전 출입문, 후자는 "출입구"(door way)를 말한다. "성전문"은 예배자들과 함께 성전 안으로 인도하여 그 안에 계신 하나님을 가장 먼저 접하게 하는 곳이다.

이 문이 열리어 "영광의 왕"을 모셔들인다. 그 영광의 왕은 전쟁에 능하신 "만군의 야웨 하나님이시라"했다. 이 대화 전체는 성전 안이 하나님의 영광으로 가득 찬 것을 말한다.

이것은 예배가 무엇인가를 가르치는 말도 된다. 예배는 하나님의 영광에 인간이 접하는 것이다. 예배를 드리고 나오는 사람은 하나님의 영광을 그 몸과 마음에 가지고 나온다. 그 영광이 우리들의 작은 섬광이 되어 가는 곳마다 그 영광을 드러내기 위함이다.

제 25편
앙망하는 눈

내 눈이 쉬지 않고
야웨를 쳐다봅니다.
내 발을 그물에서 벗어나게 하심은
당신 야웨만입니다 (15절).

이 시는 히브리어 알파벳 글자를 차례대로 매 문장의
첫 글자에 나오도록 기교적으로 지은 시이다. 어떤 시는 그 자모가 빠
지기도 하고 중복되기도 하나 이 25 편은 그러한 결점이 없이 완벽하
게 규격에 맞추어진 시라 하겠다. 그 형식에 이런 특별한 고려를 했다
고 해서 그 내용과 사상이 무질서하고 중복된 것도 아니다. 그 형식에
맞게 한 구절 한 구절이 알차게 꾸며졌다. 전체의 주제는 경건한 시인
이 대적 때문에 자기 신앙에 흔들림을 가지지 않으려고 애쓰는 진실한
신앙생활에 대한 것이다. 이 시인은 현재 어떤 수난 속에서 신음하고
있는 사람이다. 그래서 많은 주석가들은 이 시를 "탄식시"라 한다. 그러
나 그 내용 전체로 보아서 탄식의 내용보다 야웨 하나님을 믿고 의지하
고 바라보고 기다리는 아름다운 신앙을 보여준다. 그러므로 이 시의 문
학 형태를 말한다면 "의지시 형태"의 시이다. 이 시의 시작(2절) 과 15
절이 그렇고 이 시 마지막 20-21절이 역시 의지의 신앙을 보여 주고
있다. 그러나 이 시의 광채는 15절 말씀이다.

"내 눈은 쉬지 않고 야웨를 쳐다봅니다. 내 발을 걸리지 않게 하심은 당신 여호와만입니다."

이 시는 "야웨여"하는 호소로 시작하여 "하나님이여"하는 기도로 끝마치고 있다. 이 시에는 시인 자신의 사정을 계속해서 말하는 제 1인칭 문장이 연달아 나오고 있다. 비록 12-14절까지에는 제 1인칭이 나오지 않고 제 3인칭 문장이 나오지만, 이것은 시인 자신을 잊어버린 내용이 아니고 시인의 기도와 호소를 듣는 하나님께 대한 생각을 하기 때문에 제 1인칭이 나오지 아니했다. 시 전체는 하나님과 시인 자신의 개인적인 관계성을 강조하고 있음을 볼 수 있다.

이렇게 자신을 많이 말하는 이 시인은 자기를 어떤 사람으로 말하고 있는가. 그의 현실은 수난의 현실이다.

"주님 나는 외롭고 괴롭습니다"(16절).

고독과 고통이 물결처럼 자신을 친다. "일신에 수화상침(水火相侵)하니 살동 말동하여라"의 심정이다. 그는 고통의 해변, 고독의 해변을 거닌다. 그 파도에 밀리어 엎치락 뒤치락하는 모습이다. 이 고난상을 다시 다르게 표시한다.

"내 마음에 근심이 많습니다"(17절). "나의 곤고와 환난을 보시옵소서"(18절).

이런 고난이 누구로 말미암아 온 것인가.

그는 "내 원수를 보소서, 그들의 수가 많고 나를 심히 미워합니다"(19절)로서 그의 고난의 원인을 설명한다. 그러나 그 원수가 어떤 사람이며, 또 그들이 그에게 무엇을 어떻게 했는지 고난의 이유와 정체는 말하지 아니한다. 다만 이 원수들이 자기를 누르고 압제하여 승리할까 겁을 내고 있다(2절). 그는 이 원수들로 말미암아 수치를 당할까 염려하고 있다 (3, 20절).

이런 고난에서 이 시인이 하나님께 호소하고 간구하는 내용은 다양하다.

"내가 주께 의지하나이다"(2절). "나를 부끄럽지 않게 하소서" "수치를 받지 말게 하소서" "내게 돌이키소서" "나를 긍휼히 여기소서" "나를 고난에서 끌어내소서" "내 영혼을 지키소서" "나를 구원하소서 내가 주께 피하오니 수치를 당하지 말게 하소서" "내가 바랍니다" "나를 보호하소서."

진실로 기도와 호소의 연발이다. 이렇게 하나님께 간구하는 시인은 자기의 고난이 다만 원수의 모함이나 악의 때문만이 아니라 생각한다. 자기가 이런 괴롭힘을 당하고 있음은 자기 자신이 하나님 앞에 저지른 죄 때문이 아닌가 하여 참회의 심정으로 가득 차 있다. 하나님께 구원과 도움을 요청하는 사람은 그의 고난이 다른 사람 때문이라는 것을 앞세우지 말아야 한다. 이로써 자기의 의를 자랑하기 쉽고, 자기의 무죄함을 지나치게 강조하며 하나님 앞에 교만의 죄를 범하기 쉽다. 이 시인은 이것을 알고 자기의 죄를 말한다. 비록 원수가 많고 그들에게서 오는 환난이지만 자기의 죄를 용서해 달라고 빈다. 자기 죄가 크고 무겁다 했다. (11절).

"여호와여 내 젊은 시절의 죄와 허물을 기억하지 마시고 주의 인자하심을 따라 주께서 나를 기억하시되 주의 선하심으로 하옵소서"(7절). "내 모든 죄를 사하소서"(18절).

그는 자기의 죄를 고백하고 용서를 구할 뿐만 아니라 그런 죄를 짓지 않도록 가르쳐 주시고 인도해 주시기를 빌고 있다.

"당신의 길을 가르쳐 주시고 당신이 원하시는 길을 가르쳐 주소서. 당신의 진리로 나를 지도하시고 내게 교훈을 베풀어 주소서"(4, 5절).

시인이 이러한 교훈과 지시와 지도를 하나님께 구하는 이유가 있다.

그것은 하나님은 인간을 바르게 교육하고 지시하시기 때문이다. 이 시의 8절 이하는 지혜문학의 영향을 받은 것 같다. 시인은 교육자로서의 하나님을 잘 이해하고 있다.

"여호와는 선하시고 정직하시니 그의 도로써 죄인을 가르치십니다." 하나님의 교훈은 우선 죄를 지은 인간들에게 주심을 말한다(8절). 다음 공의의 길, 즉 인생이 걸어가야 할 바른 길을 온유한 자에게 가르치신다고 했다(9절). "온유한 자"는 "겸손한 자" 또는 "수난 자"로 읽을 수도 있다. 그리고 야웨가 가르치시는 길은 "인자와 진리"라고 했다. 하나님은 자기를 경외하는 자에게 그가 마땅히 가야 할 길을 가르치신다. 하나님은 누구보다도 그를 경외하는 자에게 가까이 하시고 그에게 땅을 상속시키는 축복을 주신다. 그것은 야웨를 경외하는 사람이 하나님의 언약과 증거를 지키는 사람이기 때문이다.

이 시인은 자기의 기도와 호소를 들으시는 하나님이 어떤 분이며 무엇을 원하시는지를 잘 알고 있다. 그러므로 그는 그의 수난에서 자기를 건져달라는 가장 위급한 문제를 처음부터 간구하지 아니했다. 그는 자기 하나님이 어떤 분인줄 알기 때문에 이 시의 첫 머리를 의지심으로 시작하여 그 신뢰심으로 끝마치고 있다.

"내가 주께 피한다" "내가 주를 바란다" 함은 모두 야웨 하나님께 대한 기대와 소망을 품고 그를 의지하는 믿음을 보여주는 말이다. "믿는 자에게는 이 모든 것을 더하신다"는 산상보훈 말씀과 같이 이렇게 의지하는 마음 때문에 수난에서 벗어나는 길이 열릴 것을 확신하고 있다.

이렇게 한 개인의 신앙심이 그의 수난에서 벗어나는 길을 열어 준다고 할 때, 하나님의 백성 이스라엘이 그 의지의 신앙을 가진다면 그들을 구원해 주시지 않겠느냐 함으로 이 시를 끝마치고 있다.

제 26편
나를 판단하소서

오! 야웨
나를 판단하소서
내가 흠없이 살아가오며
야웨, 당신을 의지하옵기에
나는 흔들리지 않습니다 (1절).

이 시의 첫 구절에 이 시의 내용이 다 압축되어 있다.
야웨 하나님을 부르는 말로 시작한 이 시인은 결코 평온상태에 있는 사
람 같지 않다. 무언가 마음에 견딜 수 없는 고민에 사로잡혀 그의 목숨
을 다하여 부르짖은 첫 소리가 "오, 야웨"이다. 이 말은 "탄식시"처음에
의레 나오는 말이라 시인이 고투에서 견디다 못해 하나님을 찾아 호소
하는 것으로 이해한다. 그러나 이 시를 탄식시로 보는 것은 잘못이다.
이 시는 고난 중에 있는 시인이 하나님께 자기 사정을 호소하고 어려움
에서 건짐을 받고자 하며 또 그 구원은 하나님만이 주실 수 있음을 나타
낸 야웨 의지를 밝히는 말이다. 그러므로 이 말은 탄식시 표현이 아니
라 의지시(依支時) 표현이다.

그러나 우리는 이 말에서 시인의 위험해진 순간을 본다. 그 다음 말
즉, "나를 판단하소서" 함은 이 고난의 순간이 비록 닥치기는 했으나
시인이 어떻게 불평하거나 불만하거나 누구를 원망하여 자기의 정당

한 태도를 상실하거나 세상이 자기를 몰라주고 괴롭힘에 대하여 욕설과 난동으로서 대할 수 있겠느냐를 마음으로 다짐하며, 하나님이 자기 마음과 행동이 옳고 그른지 판단해 달라고 요청하고 있다. 하나님은 의로우신 분이기 때문에 자기가 수난당하는 것이 당연하다고 할 만큼 잘못을 저지른 사람인지, 잘못이 없는 데도 세상은 자기를 알지 못하여 괴롭히고 있는 것인지, 사람은 판가름을 못하지만 하나님만은 할 수 있으니 그 판가름을 해달라는 것이다. 어떻게 보면 시인이 자기의 결백과 무죄를 크게 자랑하는 교만한 태도 같지만 세상에는 옳은 일, 선한 일을 하고도 고통을 당하는 사람이 많으니 이 판가름은 하나님밖에 하실 분이 없다. 하나님이 이 때에 침묵을 지키거나 모르는 체하시지 말고 시시비비를 가려달라는 애원을 함이다. "나의 무죄함을 밝혀주소서"하는 애원이다.

그러나 과연 이런 애원을 할 수 있을 만큼 시인이 무죄한 사람인가 하는 질문을 할 수 있다. 만일 그의 말대로 무죄하다면 당당하게 하나님께 말할 수 있는 애원이지만, 그렇지 않고 그에게 어떤 실수나 죄가 있다고 하면 오히려 스스로 결백을 주장하는 이 교만 때문에 그는 하나님의 심판을 받아야 한다.

그런데 이 시인은 그렇게 애원할 수 있는 것 같다. 이 시가 본래 무죄한 자의 기도로 알려졌고, 시 내용을 살펴볼 때 그는 스스로 흠이 없는 삶을 살려고 노력한 사람이다. 그래서 1절에 "내가 흠없이(완전함: 개역개정) 살아가오며"란 말을 할 수 있었던 것 같다. "흠없이"란 원어 "툼미"는 "나의 무흠성" 또는 "나의 결백성"이란 뜻이다. 이 말의 어간 "탐"이란 말은 어디까지나 상대적인 말이다. 하나님과 같이 절대적인 완전성을 말함이 아니라, 같은 시대 같은 조건 아래 살고 있는 다른 사람에 비하여 흠이 없는 사람이란 뜻이다. 욥에 대하여 "그는 순전하고" 한 말과 같은 말이다(욥 1:1; 2:3).

이 시인이 어떤 역사적 상황에서 산 사람인지 이 시 자체로서는 짐작게 하는 것이 아무 것도 없다. 그가 살던 시대에서는 진실하고 양심적인 삶을 살아가는 사람이라고 이해할 수 있다. 그렇다면 그는 사람들에게 존경과 사랑을 받아야 한다. 하지만 악이 지배하는 세상에서는 항상 선하게 사는 사람이 핍박을 받아야 하고 불의한 방법으로 살아가는 세상에서는 의롭게 살고자 하는 사람이 항상 수난을 당한다. 이 시인이 살던 시대를 암시해 주는 다음과 같은 구절들을 볼 수 있다.

허망한 사람들 = 사기꾼들"(4절), "간사한 자=음흉한 자(4절). "행악자=므레임"(5절). "악한 자 =르솨임"(5절), "죄인=핫타임"(9절) "살인자=안 쉐다밈"(9절), "그 손에 사악(짐암= 10절)이 있고, 그 오른손에 뇌물이 가득한 자"(10절).

그러므로 이 시인의 주변에 있는 사람들이 어떤 종류의 사람인가를 알 수 있다. 이런 사람들에게 "정직하게 산다. 의리를 지킨다. 선을 행한다. 사람을 돕는다. 의롭게 산다" 하는 등의 윤리적인 삶의 문제는 이 사람들의 노여움과 미움만 살 것밖에 없다. 이 사람들과 사귀고 이런 사람들과 의사소통하며 같은 패가 되어서 살지 않으면 자연히 그들의 공격의 화살을 받고 모함과 살해를 받을 수밖에 없다 (대학을 갓나온 청년이 상납금으로 출세하고, 뇌물을 받음으로 개인 재산을 늘릴 수 있고, 직장생활에서 미움과 소외를 당하여 직장을 떠날 수밖에 없는 사회에서는 이 시인의 고민과 고통을 이해할 수 있다). 이 시인은 이렇게 부정과 부패가 판치는 세상에서도 자기의 의로운 길을 굳건히 지켜 나가는 사람인 것 같다. 그는 이상에 열거한 각종 비행의 사람들 사이에서 그런 사람들과 "자리를 같이 하지 아니하며"(비록 고독을 뼈저리게 느낄 수 밖에 없어도) 그런 사람들과 동행하지 아니한다"(4절). 오히려 이런 사람들의 "집단을 미워하며" "같이 앉지 않는다"고 했다(5절).

이런 삶은 완전히 구별된 삶이다. 시세에 영합하고 사람들이 다 가는 넓은 길로 가는 사람이 아니라 의로운 길을 외롭게 가는 삶이다.

그렇기 때문에 그는 성전에서 드리는 예배에서 손을 씻는 일을 하며 (6절), 그의 결백한 삶을 하나님 앞에서만 다짐하고, 자신이 그렇게 의롭게 살 수 있는 힘을 받도록 하나님께 간구하고 있다. 그가 성전을 사랑한다는 이유도 자기의 선한 양심의 고통과 자기의 의로운 오솔길의 고통을 성전에 계시는 하나님만이 알아주시기 때문이다.

"여호와여 내가 주의 계신 집과 주의 영광이 거하는 곳을 사랑하오니"(8절).

이 고백은 하나님의 전을 사모하는 이스라엘 신앙의 아름다운 전승이다. 이러한 사랑은 84편 시인이 "만군의 야웨여 주의 장막이 어찌 그리 사랑스럽습니까!"하는 말로서 성전이 그의 삶의 중심부임을 노래했다. 이 시인은 이 성전에서 자기의 억울한 심정을 토로하고 하나님의 자비의 손길에 맡겨 악인들의 횡포에서 구원해 주시기를 기다리고 있다 (11절).

자기를 모함하고 해치는 자들이 아무리 날뛰어도 자기는 흔들리지 아니하고 튼튼할 수 있음을 확신하고 있다. 이것은 이 시인의 자랑인 의지 신앙 때문이다. 탄식할 사정이 하나님을 의지하므로 찬송으로 바꾸어진 것이다.

제 27편
강하고 담대하라

야웨를 기다려라.
마음을 강하게 하고 용기를 내라
야웨를 기다려라(14절).

"강하고 담대하라"는 이 말은 신명기 저자에게서 볼 수 있는 특색있는 신앙 권고이다.

"너는 마음을 강하게 하고 담대하라. 그들을 두려워하지 말라. 그들 앞에서 떨지 말라"(신 31:6, 7, 23 ; 수 1:6, 7, 9, 18 ; 10:25 ; 3:28).

이 권고는 여호수아에게 자주 들려준 말이다. 이 권고는 그 전후 관계에서 볼 때 "야웨 하나님이 함께 하신다"는 임마누엘 사상이 함께 나와 있다. 또한 "두려워하지 말라. 놀라지 말라"도 함께 나온다(수 1:9).

여호수아에게 이 권고가 강조되었다는 것은 여호수아가 이스라엘 백성을 인도하여 가나안 복지로 들어가게 될 때 그의 앞 길에 너무도 많은 장애와 위험이 예상되었기 때문에 그에게 용기를 주기 위하여 이 권고가 주어졌다. 한 인간이 하나님으로부터 받은 사명을 감당하려 할 때 자신이 너무 약하여 어떻게 그 일을 감당할지 알 수 없어 당황하게 될 때 하나님은 그에게 주변 정세에 겁내지 말고 용감하게 자기 갈 길을 전진하라 하여 이런 권고를 주셨다.

이 시인은 옛날부터 전해 내려온 이 아름다운 신앙 전승을 기억할 뿐만 아니라 자기의 현실 삶에 적용시키고 있다. 강하고 담대해야 할 이유가 있다. 그것은 야웨 하나님이 함께 계시고 우리에게 닥치는 모든 위험에서 건져 주시며 원수의 손에서 구원해 주시기 때문이다.

야웨를 기다린다는 것은 가만히 앉아있는 정지 상태만이 아니다. 인간이 기다리는 동안 하나님은 그의 능력있는 활동을 하시는 것이다. 이스라엘의 고대 신앙 형태 중에 조용히 기다리는 것을 강한 신앙으로 이해했다. 홍해가에서 절망한 이스라엘 백성들에게 모세는 다음과 같이 전한다.

"너희는 두려워하지 말고 가만히 서서 여호와께서 너희를 위하여 행하시는 구원을 보라… 여호와께서 너희를 위하여 싸우시리라"(출 14:13, 14)

이렇게 "가만히 서서" 기다리는 중에 하나님의 권능이 나타났다. 홍해는 갈라지고 이스라엘 백성은 바다를 육지처럼 건너고 그들을 추격하던 애굽 병사들은 그 바다 속에 전사하고 말았다. 이것이 기다리는 신앙의 결과이다. 이 기적적인 구원을 보고 모세는 노래했다.

"여호와는 나의 힘이요 나의 노래요 나의 구원이시다 … 여호와여 신 중에 주와 같은 자가 누구니이까 … 기이한 일을 행하는 자가 누구니이까"(출 15:2, 11).

조용하게 기다리는 일이 신앙적인 행동이라 함을 이사야도 보여 주고 있다. 시리아와 이스라엘이 동맹하고 연합군을 구성하여 예루살렘을 공격 했을 때, 그 당시의 왕 아하스는 군사는 군사로 대결해 보려고 성을 지키는 일에 전심전력을 다했지만 조용히 하나님의 능력을 기다림으로 구원을 받는다는 고대 선조들의 신앙을 깨달은 이사야는 왕에게 이렇게 말했다 :

"그들은 두 부지깽이 그루터기에 불과하니, 두려워하지 말고 낙심하지 마소서… 왕은 삼가고 조용하십시오"(사 7:4).

27편 시인은 이러한 선조들의 신앙을 잘 안 사람이다. 여호와만 바라보고 조용히 기다리기만 하라고 했다.

이러한 권고는 누구에게 한 것인가. 시인이 다른 사람에게 한 것인가 아니면 자기 자신에게 한 것인가.

이 14절에 나타난 의지신앙은 27편 시인 자신의 것이 아니고 후대에 첨가한 것이라고 학자들은 생각한다. 문장으로 살피면 지금까지 27편 전체에 제 1인칭의 시를 기록한 내용과는 달리 14절은 제 2 인칭으로 되어 갑자기 시인 자신이 다른 사람에게 신앙적 권고를 하는 것 같다.

이렇게 이 시 자체의 저작 문제를 따지면 이 14절만이 문제가 아니고 1-6절과 7-13절이 각각 다른 사람의 손으로 기록된 것이라 할 가능성이 있다. 그것은 그 주제와 용어에 있어서 전자는 하나님께 대한 절대적인 의지심을 표시한 것이요, 둘째 부분은 그 시인이 견디기 어려운 어떤 수난 속에서 신음하고 있는 고난상을 보여주고 있기 때문이다.

그러나 우리는 이렇게 주제가 서로 다르다고 해서 저자가 따로 있다고 속단을 내릴 필요가 없다. 사실 주제가 다르다는 것은 문학형식상의 문제이지, 이 시의 내용 메시지와 그 신학적인 문제에 있어서는 두 주제가 서로 불가분의 관계를 가졌다. 고난이 있기에 하나님을 의지하는 마음을 가진다. 또한 의지하는 신앙이 있기 때문에 어떤 고난을 받아도 염려할 것 없다. 이 시를 종래 학자들과 같이 탄식시라고 보니까 주제가 다른 것이 문제되지만 의지시라고 보면 두 개의 주제는 서로 보충적이요, 서로 분리해서 생각할 수 없다. 이렇게 의지시로서 이 시 전체를 본다면, 14절의 문제도 후대의 첨가라고 해야만 해석이 되는 것이 아니라 이 시의 결론으로서 잘 부합되고 있다. 제1부에서 의지신앙을 논했기에 이 시 마지막에 다시 의지신앙으로 돌아와 "여호와를 기다리라" 함은 너무도 잘 이 시의 내용에 부합된 결론이다. "마음을 강하게 하고 용기를 내라!" 함은 제1부에 나타난 아름다운 의지신앙을 이 시인이 가지고 있기 때문이다.

"야웨는 나의 빛, 나의 구원이시니/ 내가 누구를 두려워하리이까.
야웨는 내 생명의 능력이시니/ 내가 누구를 무서워하리이까"

여기 요지부동의 튼튼한 신앙을 자랑하고 있다. 어떤 위험과 고난에서도 두려움과 무서움을 가리지 아니함은 하나님의 구원과 도움을 믿기 때문이다. 여기 하나님을 믿는 사람이 표현할 수 있는 최대의 강한 신앙이 있다.

"야웨 하나님이 내 편이시면 이 세상 아무도, 아무것도 두려워할 것이 없다"는 것이다(시 118:6: 롬 8:31). 이 말은 의지 신앙을 표현하는 대표적인 말이다. 이 신앙을 27편 시인은 전쟁 용어로 표시하고 있다.

"군대가 나를 대적하여 진 칠지라도 내 마음이 두려워하지 아니하며 전쟁이 일어나 나를 치려 할지라도 내가 오히려 안전하리라"(3절).

참 안보(安保)는 하나님을 의지하는 마음에서 온다고 했다. 여기 신앙인이 주장할 안보관이 있다. 군사력의 증대만으로 나라의 안보를 생각하는 지도자는 얼마나 어리석은가. 물질의 힘만을 의지하고 유비무환(有備無患)이라 하는 정치가는 얼마나 근시안적인가. "환난 날에 나를 그 초막 속에 숨겨 주시는" 하나님의 힘을 믿고 의지하는 사람이 참 안전을 얻은 사람이다. 그러니까 "야웨를 기다리며 마음을 강하게 하고 용기를 내라" 할 수 있다.

제 28편
하나님이 침묵하시면

Psalm Meditation

야웨 나의 반석이시여 내가 부르짖습니다.

귀를 막지 마소서

당신이 잠잠하시면

내가 무덤으로 내려가는 자와 같을까 하나이다(1절).

"하나님이 침묵을 지키신다면", "하나님이 말씀하지 않으신다면", "하나님이 밝혀주지 않으신다면", "하나님이 외면하신다면", "하나님이 시시비비를 가려주지 않으신다면".

이런 종류의 가정이 용납된다면 세상에는 억울한 일이 너무 많아 울고 괴로워하는 사람이 많을 것이다. 하나님이 침묵하신다는 것은 세상의 무법한 질서를 묵과하신다는 뜻이 된다. 하나님이 잠잠하신다는 것은 아무리 불의가 판을 치는 세상이라 해도 그 횡포와 불법을 그대로 내버려 둔다는 것이다. 하나님이 말씀하시지 않는다는 것은 인간의 의사에 세상을 내맡겨 온갖 인간 모순, 사회 모순을 그대로 두신다는 뜻이다. 하나님이 침묵을 지키신다는 것은 그의 심판하는 기능을 정지시키고 그의 공의의 선언을 보류하시고 그의 역사 간섭을 단념하신다는 뜻이다.

이렇게 하나님이 침묵하시는 세상이 되면 세상에서 양심분자처럼 어리석은 사람이 없을 것이고, 성실하고 진실한 사람처럼 바보가 없을

124

시편 명상

것이며 세상에서 악의 권력과 그 질서를 용인하고 마는 것이 된다. 그래서 많은 억울한 사람이 매를 맞고 갇히고 손해보고, 핍박을 받아도 보호받을 곳 없고 약탈을 당해도 호소할 곳이 없게 될 것이다. 이리하여 사람들이 사는 세상은 문자 그대로 암흑 세계가 되고 말 것이다. 옛날 이사야의 예언이 적중하고 말 것이다.

"악을 선하다 하며, 선을 악하다 하며 흑암으로 광명을 삼으며, 광명으로 흑암을 삼으며 쓴 것으로 단 것을 삼으며 단 것으로 쓴 것을 삼는 그들은 화가 있으리라"(사 5:20).

28편 시인은 이러한 화 받을 일이 자기가 사는 세상에는 있을 수 없다 하여 하나님께 호소한 것이다.

"야웨 나의 반석이여 내가 부르짖습니다.

귀를 막지 마소서

당신이 잠잠하시면 내가 무덤에 내려가는 자 같습니다."(1절)

이 시인은 하나님의 침묵은 곧 자기에게는 죽음이나 마찬가지라 생각하고 있다. 여기 "무덤의" 원어 "보올"은 죽은 사람이 내려가는 "지옥"과 같은 곳이다.

"그러나 이제 네가 음부(陰府)(개역개정은 스올) "보올" 곧 구덩이의 맨 밑에 떨어짐을 당하리라"(사 14:15).

"보올"은 스올과 같이 어둡고 죽음만이 있는 곳이다. 이 시인은 자기를 죽음의 장소로 내려보내지 말기를 애원하고 있다. 이런 절망적인 상태는 하나님이 침묵을 지키면 올 수밖에 없다고 확신하고 있다. 그래서 그런 비참한 운명이 되지 않도록 하나님께 호소하고 있다.

이 시인은 1-5절 안에 자기 자신의 수난상을 호소하고 있다. 특히 이 사람은 자신이 악인과 같이 대접받고 있음에 대하여 큰 고민을 말하고 있다.

"악인(르쇄임)과 행악자(포알레 아웬)와 함께 나를 끌어내지 마소서."(3절)

남을 해치기를 즐기는 사람과 거짓과 음모를 꾸미며 자신의 이익만 도모하는 이런 악한 자들과 자기를 같은 사람으로 취급하지 말아달라는 것이다. 세상은 이미 자기를 그렇게 취급했다고 해도 하나님만은 자기를 그렇게 악인과 같은 놈으로 돌리지 말아달라고 애원하고 있다.

이 악인들의 사악한 면은 그들의 말과 행동이 다른 이중적인 인격을 가진 것이라 한다. 입으로는 평화를 말하지만 그 마음에는 상대방을 넘어뜨리는 계교를 꾸미는 자라고 했다(3절). 공산주의자들이 평화를 선전하지만 실상은 그 선전으로 상대방의 긴장을 일시나마 풀게 하고 자기들은 그 시간을 이용하여 전쟁 준비에 광분하는 것과 같은 것이 이 시인의 경우와 비슷하다. 이런 이중적인 인간들을 상대해 봐야 선한 사람은 항상 실패를 보기 마련이다. 더 험악한 궁지에 몰릴 수밖에 없다. 그렇기 때문에 이런 악한 자를 상대하는 길은 하나님 자신이 이 악인들에게 그들의 악에 따라 갚아주는 길밖에 없다. 그래서 이 시인은 "그들이 하는 일과 그들의 행위가 악한 대로 갚으시며 그들의 손이 지은 대로 그들에게 갚아 그 마땅히 받을 것으로 그들에게 갚으소서"(4절)라고 기도하고 있다.

하나님의 공의는 무죄한 자의 고통을 없이 해주시고 악을 행하고도 무사한 그 사람들을 벌하는 것이다. 이 사상은 이스라엘 사람들이 옛날부터 가지고 있었던 응보사상이다. 욥기는 이 사상을 극복하려는 시도를 했지만 많은 시편 시인들은 이 전통적인 사상을 그대로 자기 신앙에 반영시키고 있다. 의로운 사람은 그 의로 복을 받고 악인은 그 악의 보응으로 벌을 받게 된다는 것이다. 이 28편 시인도 그런 사상에서 행악자가 벌을 받아야 할 것을 하나님께 구하고 있다. 우리는 이 사상대로 되어 있지 아니하는 모순들을 많이 보지만 깊은 철학적인 사고를 하지 않는 일반적인 시인은 대체로 이 응보사상을 당연한 것으로 받아들이고 있고, 또 그렇게 하는 것을 잘못이라 탓할 수 없다.

하나님의 정의 행사는 악을 행한 자가 그 악업의 보응을 받아 멸망하는 것이라 생각했다. 5절에 "여호와께서 그들을 파괴하고 건설하지 아니하리라"고 한 것은 이러한 하나님의 벌을 말한 것이다. 악인들이 근본적으로 잘못되게 된 이유는 그들 마음 속에 있는 이기심이나 잔인성이나 허위성 때문만이 아니고, 그들 마음과 생각에 하나님께 대한 관심이 없는 불경건함과 비신앙 때문인 것이다. 자기들의 악행을 심판하실 하나님이 계시다는 것을 그들이 알아야 하고 또한 하나님은 자기의 손으로 만물을 지으실 뿐만 아니라 인간의 역사, 개인의 생활까지 간섭하고 계신다는 것을 알아야 하는데, 악인들은 그 생각을 못한다.

"그들은 여호와께서 행하시는 일과 손으로 지으신 것을 생각지 아니한다"고 했다(5 절). 이러한 무신론적인 생각, 신에 대한 무감각과 항거하는 태도가 이 사람들을 악인으로 만드는 근본적인 이유가 된 것이다.

그러나 이 시인은 이러한 사회 모순에 대한 고민과 자기 자신의 수난을 자기의 의지 신앙으로 훌륭히 극복하고 있음을 6-9절에서 밝히고 있다. "내 마음이 그를 의지하여 도움을 얻도다"(7절).

이런 구원에 대한 확신은 야웨가 그의 "힘" 그의 "방패", "구원의 산성이 되시고"(7,8절) 그의 애원을 들으시고 그를 먹이시는 자(양을 치는 목자처럼-9절)가 되시고 그의 하는 일에 복 주실 것을 믿고 있기 때문이다. 그래서 그는 찬송하며 기뻐하고 있다.

제 29편
우렁찬 그 목소리

야웨의 목소리는 힘차고
야웨의 목소리는 위엄있다(4절).

야웨의 목소리가 불칼이 되고
야웨의 목소리가 광야를 뒤흔든다.
가데스 광야에 통증을 준다 (7, 8절).

      하나님은 침묵을 지키시지 않는다. 하나님은 말씀만 하시지 않는다. 소리를 지르신다. 그 소리는 힘이 있고, 그 소리는 위엄이 있다. 그 소리는 천둥소리로 그 소리는 번갯불로 타고, 그 소리는 레바논 백향목을 꺾으시고 그 나무들을 송아지처럼 뛰게 하신다. 그 소리는 광야를 뒤흔들고 가데스 광야를 뒤흔들어 통증을 느끼게 하고, 그 소리에 놀라 암사슴은 낙태를 하고 그 소리는 불길되어 수풀을 살라버려 벌거숭이로 만드신다.

  이 시인은 야웨로부터 발하는 우렁찬 소리에 놀라서 시각과 청각의 차별이 없어지고 만 듯하다. 그 소리를 천둥소리로 들었다가 순간적으로 그 소리를 번갯불로 보아버린다. 야웨의 목소리는 너무 우렁차기에 시인 자신의 방향감각을 잃어버린 듯하다. 그는 북쪽으로 눈을 돌려 눈 덮인 헬몬산에서 백향목이 꺾어지는 것을 보았다가 금시에 남쪽으로 눈을 돌려 시내반도 가데스 광야의 진통을 보고 있다. 이 시인은 그 소리에 놀라서 감정도 혼동된 듯, 금시에 그 우렁찬 목소리에 놀라서 춤추는 나무들을 보고 기뻐했는가 하면 순간적으로 벌거벗은 광야의 수치를 보고 진통하기 시작한다. 그 소리에 놀라서 아름다운 암사슴이 조산하는 변을 보는가 했더니 그 우렁찬 목소리에 맞추어 껑충껑충 뛰는 송아지를 본다.

"힘"이니 "위엄"이니 하는 인간의 말은 야웨의 목소리의 전체를 설명 하기에는 너무도 나약하고 볼품없는 언어들 같다. 그러기에 이 시에는 "벌레 같은 인간"(시 22:6)의 자취는 찾아볼 수 없고 "풀의 생명 같이 짧은 생명의 기간을 가지고 들의 꽃과 같은 잠깐 있다가 사라지는 영화를 가진다"는 인생 (시 103:15)의 모습은 찾을 길이 없다. 사람은 다만 "티끌로 돌아가게 하신다"(시 90:3)는 말씀처럼 이 우렁찬 야웨의 목소리를 듣는 대자연 안에서는 한줌 흙이나 먼지에 불과한 듯하다. 우렁찬 목소리를 내시는 야웨 앞에서 부들부들 떠는 자연은 그 미약한 존재나마 보여주지만 사람이란 그림자도 얼씬 못하게 만들어 버린 이 시인의 시상은 참으로 놀라운 착상이라 하지 않을 수 없다. 8편 시인처럼, "인간을 하나님보다는 조금 못하게 창조하셨지만 그에게 영화와 존귀로 면류관을 씌웠다"는 (8:5) 만물의 영장이 된 자신감이나, "어찌하여 저희 인생을 이처럼 돌보시나이까?" 하는 감격도 없다. 우렁찬 그 목소리 앞에 인간은 그 존재의 그림자조차 찾아볼 수 없게 해버린 이 시는 참으로 창조주 하나님께 바치는 영광과 능력의 시라 할 수 있다.

"너희 신의 자식이라 말하는 인간들아
야웨께 다만 야웨께
영광과 능력을 바치고 또 바치라.

그 이름의 영광을 야웨께로

머리를 조아리며

그 거룩한 위엄을 예배하라"(1~2절)

이 시인이 우렁찬 야웨의 목소리를 노래하는 첫 부분에 그 목소리의 주인공 야웨에 대한 예배만이 인간의 할 일이라는 서두를 꺼낸다. "머리를 조아리며 예배한다"는 한 마디 말이 이 시의 열쇠를 쥐고 있다. 하나님의 영광과 위엄 앞에 대자연도 떨고 굴복하거늘, 하물며 가장 미미한 피조물인 인간이 이 위대한 창조주 앞에 꿇어 엎드려 예배를 드리지 않을 수 있을 것인가. 이 시에서는 자연을 신으로 섬긴다는 사고는 용납될 수 없다. 여기 이스라엘의 토착신앙을 본다. 그 둘레 모든 나라에서는 자연의 위력 앞에 무릎을 꿇고 그것들을 예배했지만, 유독 이스라엘만은 그 범신론적 사고에서 이탈되어 창조주와 피조물을 분간할 줄 알았고, 피조물과 창조주의 관계성에 정확히 선을 그었다.

이 시는 자연에 나타나신 하나님을 알리는 시로서 하나님의 관련을 신앙 고백화하고 있다. 하나님의 성소에서 드리는 예배에서 자연을 통해서 나타나신 하나님의 영광을 찬양하고 있다. 대자연이 그 우렁찬 소리에 전율을 느끼는 모습을 볼 수 있지만, 대자연계가 춤추며 떨며 자연 그것을 성소로 하여 하나님의 영광과 위엄을 찬송하고 있음을 볼 수 있다. 이것은 삼라만상의 대합창이다. 천둥소리와 번갯불이 멜로디를 엮어 나가고 레바논과 그 백향목, 모든 숲의 나무들이 춤을 추고 암사슴이 뛰며 들판이 거룩한 기쁨에 벌거벗은 몸이 되어 그 감격과 환희를 노래하고 있다.

이 시는 동양적인 자연관을 초월했다. 자연 그것과 인간이 융합하는 것을 말하지 아니한다. 인간이 자연을 지배했다는 과학과 기술의 찬가

시편 명상

도 여기서는 볼 수 없다. 들판이나 암사슴이나 수풀이나 백향목이나 레바논이나 번개와 뇌성이 그 다양한 감정과 반응 속에 우뚝 솟은 창조주 하나님의 영광과 위엄을 테마로 한 대합창의 부름을 들을 수 있다. 가데스 들판이 진통하고 있다는 표현은 그 함축된 의미가 매우 크다. 광야는 본래 잔잔한 침묵의 상징이다. 그러나 하나님의 영광과 위엄에 한번 접할 때 그것은 그 밑바닥부터 흔들릴 수밖에 없다. 이스라엘 백성들이 그렇게 오랫동안 유했다는 이 가데스 광야도 야웨의 영광과 위엄에 접하여 속에서 진통을 느낄 정도로 흔들리고 있다고 했다. 이 진통을 표시한 원어 "훌"은 여자가 해산할 때 느끼는 진통을 표시한 말이다 (사 26:17; 45:10). 광야는 야웨의 목소리로 말미암아 하나님의 위대함을 알리는 해산의 수고를 한다.

우렁찬 야웨의 목소리를 노래한 이 시에서 우리는 사람들의 소리가 무엇을 할 수 있느냐 함을 생각한다. 영웅들의 목소리는 사람들을 호령한다. 그러나 그들이 이 대자연처럼 하나님의 영광과 위엄을 알리지 못한다. 그들의 목소리로 오히려 하나님의 목소리를 방해하는 이 세상 영웅들도 많이 본다. 철학자의 목소리가 인간들을 가르친다. 그러나 그들에게서 하나님의 영광과 위엄을 알리는 목소리를 찾기는 힘들다. 설교자들의 우렁찬 목소리를 듣는다. 그러나 그 목소리는 하나님의 영광과 위엄을 알리는 이 시인의 목소리와 조화가 되어야 한다.

인간은 이 우렁찬 하나님의 목소리 앞에 자신의 머리를 조아리며 하나님을 경배하는 지혜를 배워야 한다. 영원히 세계와 우주의 왕이신 야웨를 섬기는 사람은 복을 받는다는 말로 이 시를 끝마치고 있다.

용궁에서 나온 자

야웨여, 당신이 나를 스올에서 끌어내어

지하에 묻히게 하지 않으시고

나를 살리셨나이다 (3절).

　　　　　이 시는 죽음의 현장에서 풀려나와 다시 살게 된 것을 감사하는 시이다. 내가 이 시를 "용궁에서 나온 자"의 시라고 부르는 개인적인 이유가 있다.

　1954년 9월 내가 캐나다에서 유학을 하고 고국을 향하여 태평양을 지나올 때 태평양도 태평치 않을 심한 폭풍을 만났다. 내가 탄 배의 기관이 고장나서 물결치는 대로 떠내려가고 있다가 지나가던 같은 회사 배에 의하여 끌려서 오게 되었다. 이렇게 끌려오는 동안 두 번이나 또 다른 태풍을 만나 끌고 오던 쇠 밧줄이 끊어져 절망적인 상태에서 신음하고 있었다. 이때 파도에 흔들리는 배 안에서 내가 힘을 얻은 것은 이 30편 3절 말씀이었다. "나를 무덤 속에 내려가지 않게 하기 위하여 스올에서 끌어내어 달라"는 이 시인의 기도를 읽고 용기를 내었다. 모든 사람들이 태평양 바다에 수장되었으리라 슬픈 추측을 하고 있었을 때 내가 무사히 귀국하자 사람들은 나를 "용궁에서 나온 자"라고 불렀다.

　그 일이 있은 후 나는 이 시를 "용궁에서 나온 자"의 기도라고 부른다. 이 시인의 경우는 물론 바다의 위험을 만난 것이 아니다. 학자들은

132

2절 마지막 구절을 보아 "큰 병 중에서 신음하는 고통 중에 있었다"고 생각한다. 그가 어떤 병에서 신음했는지 이 시는 아무것도 알려주지 않는다. 그러나 그가 당면한 현실은 죽음 직전에서 신음한 것 같다. "스올에서 끌어내소서" "나를 살리소서" "무덤으로 내려가지 않게 하소서" "저녁에 울음이 있다" 또는 "내가 무덤에 내려갈 때" 등의 구절들은 이 시인의 임종이 다가온 상태를 암시해 준다. 특히 "저녁에 울음이 있다"는 구절은 이 병자가 그 날 밤을 새지 못하고 그 밤중에 죽을 가능성이 있다는 위급한 사정을 상상케 한다. 또한 "나의 슬픔이 변하여 춤이 되게 한다" "내 베옷을 벗기고 기쁨으로 띠를 띤다"는 등의 표현도 죽음에 직면한 상태를 알려주는 것 같다.

그러나 이러한 생명의 위험에서 이 시인은 고침 받을 것을 애원하고 있으며 실상 그의 소원대로 고침을 받은 것을 감사하는 노래를 한다.

이 노래는 문학형태로 보아 "감사시"이다. "민족 감사시"라기보다 "개인 감사시"이다. 베스터만이 주장하는 바와 같이 "감사시"라는 것과 "찬양시"가 따로 있을 필요가 없는 것 같다. 여기 이 시는 죽을 위험에서 건져냄에 대한 감사요 동시에 그렇게 건져 주신 하나님께 대한 찬양을 드리는 노래이다. "거룩한 그 이름에 감사하라"(4절)함이 감사의 표시이지만 바로 그 앞에 나온 구절 "여호와를 찬송하라"함은 권고이다. 감사와 찬송이 교체되어 있다. 이 시의 마지막 절(12절)도 감사와 찬송의 연합이다.

"이는 잠잠치 아니하고 주를 찬송케 하심이니,
여호와 나의 하나님이여 내가 주께 영원히 감사하리이다."

하나님의 구원에 감격한 영혼은 감사와 찬송을 구별할 수 없다. 우리 인간이 하나님께 감사하는 그 마음이 찬송으로 표현되며, 그의 영광과 위엄과 그의 놀라운 기적을 찬송하는 일은 곧 감사의 심정에서만 나올 수 있다.

이 시인은 자기의 육체가 병에서 고침 받은 일이 감사와 찬송의 이유가 되고, 그의 육체의 생명이 죽음의 현장에서 새 생명을 얻게 되었다고 감사와 찬송을 드리는 것은 아니다. 이러한 감사와 찬송이라면 이것은 평범한 영혼이 할 일이다. 무엇을 나를 위해서 해 주셨으니까 감사하고 찬송한다는 것이 된다. 이것은 감사와 찬송을 우리 인간의 이기적인 생각으로 더럽히는 일이 된다.

이 시인은 "주를 높인다"는 말을 맨처음에 하였다. "아로밈카 야웨"(오 야웨여 내가 당신을 찬양하옵니다)는 이 시의 정신을 무엇으로 시작하여 무엇으로 끝마칠 것인가를 분명히 밝혀준다. 이 시의 마지막 구절에 "야웨 엘로하이르올람 오데카아"(야웨 나의 하나님이여, 영원히 당신을 찬양하오리다)함도 그의 찬송과 감사의 동기가 하나님 자신 때문이란 것을 밝혀주고 있다.

이 짤막한 시에 "야웨"란 말이 10회나 사용되었고 "나의 하나님"이 두 번, "당신"이란 말로 하나님을 표시한 것이 13회나 사용되었다는 것은 이 시인이 자기의 육체의 병고침 때문에 감사하고 자기의 생명을 죽음에서 면제 해주었으니까 찬송한다는 것을 보여주지 않는다. 그의 감사와 찬송은 다만 하나님의 하시는 일, 하나님이 저를 "끌어내시고" "살려", "무덤에 내려가지 않게 하고" "은혜로 굳게 세우신다" 등 하나님 자신의 하시는 일 때문에 감사와 찬송이 나옴을 말한다. 하나님의 간섭은 인간의 상상밖의 일을 하신다. 사람들은 슬퍼할 수밖에 없다고 하지만, 하나님은 그에게 기쁨을 주셨다. 사람들은 베옷을 입을 수밖에 없다고 하지만 하나님은 그에게 기쁨의 옷을 입혀 주신다. 기쁨의 띠를 띤다는 것은 춤추며 기뻐할 수 있게 옷을 입혀 주신다고 함이다.

특히 사람들은 그 밤이 그의 마지막 밤이 되고 울음으로 그 밤을 보

시편 명상

내리라 생각했지만 밝은 날 아침 새 아침의 태양과 함께 그에게 눈물을 거두어 가시고 웃음을 주셨다. 진실로 "노염은 잠깐이지만 그 은총은 평생이라"(5절)고 한대로 인간이 일시적으로 슬픔을 당하고 고통을 당하지만 하나님이 주시는 은총은 날 때부터 죽을 때까지 항상 계속되고 또 죽은 다음의 삶도 다만 하나님의 은혜가 허락하는 축복이다.

시인은 이렇게 하나님의 은혜의 손에 붙잡혀 있기 때문에 그의 대적이 아무리 그의 멸망을 기원한다고 해도 그는 생명의 축복을 받는다. 그렇기 때문에 그의 대적은 실망하고 "그로 인하여 기뻐할 수 없다"(1절). 하나님은 그에게 생명의 교제를 하게 하신다. 그에게는 만사가 뜻대로 되는 형통함이 따른다(6절). 그에게는 흔들림이 없다. 한때 뜻하지 않은 어려움을 당했을 때는 "하나님이 그 얼굴을 가리시고"(7절) 그와의 관계를 단절시키지 아니했나 의심했지만, 그는 하나님을 찾지 않을 수 없었다. 이스라엘 시인들이 보여주는 신앙의 강점은 하나님을 찾고 부르짖는 것이다. 만일 자기가 죽어버린다면 시체가 주를 찬송할 수도 없고 진리를 선포할 수 없으니 하나님을 찬송하기 위하여, 진리 선포를 위하여 목숨을 연장시켜 달라고 구했다고 한다.

이는 모든 병자들이 병고침과 생명의 연장을 구하는 것과는 근본적으로 다르다. 118편 시인이 "내가 죽지 않고 살아서 하나님의 하시는 일을 선포하겠다"고 함과 같다(118:17).

이는 건방진 생각 같다. "하나님, 나를 죽일테면 죽여보십시오. 그렇게 되면 주를 찬송하는 사람이 없어지고 진리를 선포하는 한 종이 없어지니 하나님만이 손해입니다."하는 생각이다. 새 생명, 새 건강을 원하는 진정한 이유가 여기 이 시인과 같아야 병고침의 축복을 받는다고 생각된다.

제31편
내 영혼을 당신 손에

오 야웨, 진실의 하나님이여
당신 손에 내 영혼을 맡깁니다.
당신이 나를 건지옵니다 (5절).

　　　　이 구절은 예수님이 십자가에서 운명하실 때 외우신 이후 교회사상(敎會史上) 많은 신도들이 이 구절을 외우며 그들의 마지막 숨을 거두었다. 첫 순교자 스데반도 돌에 맞아 죽으면서 이 구절을 외우며 하나님 나라로 옮기며 그의 숨을 거두었다.

　서기 814년 1월 28일 동방 제국의 침략군을 물리치고 프랑스 제국에 평화를 회복한 영웅이요 후에 황제가 된 샬레망 대제가 임종할 때 역시 이 시 31편 5절을 외우며 파란 많았던 그의 일생을 마쳤다.

　1170년 12월 29일 영국에서 국가와 교회와의 싸움이 한창이었을 때 캔터베리 성당에서 헨리 2세가 보낸 병사들이 교회로 달려들어 저녁 예배를 드리려 성당 안 좁은 낭하를 지나가던 토마스 벡의 목을 쳤다. 토마스는 그의 목이 잘리우는 순간 "내 영혼을 당신 손에 맡기나이다"하고 죽었다.

　헝가리 종교개혁자 요한 후스의 정죄가 국회에 의하여 확정이 되자 그의 화형식은 즉시 집행이 되었다. 십자가에 몸이 묶이고 화염이 그의 몸을 불살랐을 때, 그는 연기에 목이 메인 소리로 시편 31편 5절, "내 영혼을 당신 손에 맡깁니다"를 외우면서 그 불꽃 속에서 사라졌다. 프로테스탄트의 거장 마르틴 루터와 멜랑히톤 두 사람도 각각 (1546년 2월 18일 루터 사망, 1560년 4월 19일 멜랑히톤 사망)이 31편 5절을 외우면서 조용히 하늘 나라를 향해 눈을 감고 떠났다.

스코틀랜드의 종교개혁의 선구자 존 위스할트는 그의 개혁사업에 성공 못하고 그 대업을 그의 제자 존 녹스에게 넘겨주고 그는 1546년 3월 1일 가톨릭 교회 당국에 의하여 이단으로 단죄 받고 윈 성곽 밑에서 화형 당했다. 이 마지막 광경을 녹스는 이렇게 기록했다.

"그는 조용히 무릎을 꿇었다가 다시 일어나서 '오 세계의 구주시여, 나를 긍휼히 여기소서. 하늘의 아버지, 당신의 손에 내 영혼을 맡깁니다.' 이 시편 31편 5절 말씀을 세 번 반복한 다음 그는 일어나서 화형 집행자에게 가까이 와서 그에게 입맞추면서 이렇게 말했다. '형제여 이것이 내가 자네를 용서하는 표일세. 자 이제 자네의 일을 시작하게.' 이리하여 그의 목숨은 연기 속에서 사라졌다."

이렇게 시 31편 5절은 많은 성도의 마지막을 장식해 준 아름다운 구절이다. 이 31편 시인 역시 그 자신으로서는 견딜 수 없는 수난에 둘러싸인 사람이다. 이 시는 탄식시 중의 대표적인 것이라 한다. 그러나 여기 나타난 다음과 같은 고통의 부르짖음에서 우리는 그의 놀라운 하나님께 의지 하는 신앙을 보게 된다. 여기 소개된 구절들은 괴로워하는 영혼의 고백만이 아니라, 그 괴로워하는 영혼이 하나님께 모든 것을 내맡기고 그의 뜻이 이뤄지기만 비는 아름다운 신앙심의 발로라 할 수 있다. 그는 원수들이 쳐 놓은 비밀 그물에 걸려 신음하고 있다(4절). "나의 고난" "나의 환란" 등이(7절) 그의 수난을 솔직히 말해주며, "내 고통" "내 근심"(9절), "내 생명은 슬픔으로 보낸다" "나의 연수는 탄식으로 보낸다" "내 기운이 쇠하고 내 뼈가 쇠하였다"(10절) "욕을 당한다" "내가 마치 죽은 사람처럼 사람들 기억에서 잊혀 버려졌고 깨진 그릇처럼 버림을 당했다"(12 절) "무리의 비방을 들으며" "사방에 두려움으로 둘러싸였고"(13절) "원수나 핍박하는 자의 손에 있고"(15절) 이러한 수난상을 보는 "친구가 놀라고 만나는 사람마다 피해 간다"고 했다(11절). 그의 "눈과 혼과 몸이 쇠했다"(9절)고 할 만큼 육체적 고통도 당하는 사람이다. 원수들이 "그의 생명을 빼앗기로 결정했다"(13절). 그는 어느 순간에 변을 당할런지 알 수 없는 불안한 삶을 살고 있다.

이러한 수난 중에서도 그의 하나님을 믿고 의지하는 마음은 놀랍다. 그는 하나님께 피해야만 살 길이 있다고 믿었다(1절). 하나님께 피한다는 것은 하나님에게서만 모든 위험을 물리칠 수 있는 안전이 있음을 믿는 증거다. 야웨를 의지하는 곳에 참 안정이 있다. 그것은 야웨 하나님이 원수보다도 강함을 믿기 때문이다. 이 하나님만이 의지할 데도 도망칠 곳도 없는 이 시인의 발을 넓은 곳에, 즉 안전하고 자유스러운 곳에 두게 한다는 뜻이다. 원수는 그를 해치고 친구와 아는 사람들은 그를 피해가지만 하나님은 그의 고난을 다 아셨고 환란 중에 있는 그의 영혼의 고통을 친히 다 아시고 계신다고 했다. 원수의 손에서 그를 건져 주시는 하나님이 계심을 믿고 연속적으로 그는 애원하고 있다.

"나를 부끄럽게 마소서" "나를 건지소서" "속히 건지소서"(2절). 견고한 바위와 구원의 보장이 되어 주시고 그를 보호하는 산성과 성채가 되어줄 것을 기다리고 있다(3절). 그를 원수의 그물에서 구해주기를 빌며, 그를 긍휼히 여기시고 (9절) 그를 핍박하던 자와 원수의 손에서 건져 주시기를 간구하고 있다(15절).

"심지어 자기에게 대해서 가슴 아픈 말을 하고 욕설을 퍼붓는 그 입이 차라리 말 못하는 자가 되게 해달라"고 구하고 있다 (18절). 하나님은 자기를 두려워하는 자를 위하여 크신 은혜를 쌓아 두신 것을 믿고 있으며, 하나님을 바라는 자에게 주실 측량할 수 없는 은혜가 있음을 믿고 있다. 원수는 비밀히 그물을 쳐서 그를 잡으려 하지만 (4절) 하나님은 그를 위하여 은밀한 안전지대에 숨겨 주시고 그를 해치려는 모든 인간들의 모략과 흉계에서 벗어나게 하심을 믿고 있다. 그 원수들과는 말을 해도 실수하여 흠이 잡히지 않도록 돌보신다고 했다(20절). 한때 자기는 "이제 절망이다. 하나님도 나를 돌보시지 않는다"하고 낙망했지만(22절) 이것은 그 자신의 어리석음이었음을 고백하고 있다.

그의 중심에는 야웨만을 의지하는 마음으로 가득 차 있다. "나는 야웨를 의지하나이다"(6절). "하나님의 인자를 기뻐하고 즐거워한다"(7절)고 고백하며 "주만 의지하고 야웨는 내 하나님이라"고백하고 있다(14절). 이런 의지 신앙의 고백은 "내 시대가 (어떤 번역은 "내 운명이") 주의 손에 있다"(15절)고 외치고 있다. 이 시인이 그렇게까지 대담하게 "내 영혼을 당신 손에 맡긴다"는 것은 야웨 하나님의 손이 보통 손이 아니기 때문이다. 그의 운명을 맡아 주실 능력의 손이기 때문이다. 그러므로 이 시를 찬송으로 끝마치지 않을 수 없다. 그리고 그와 같은 시대에 살고 있는 사람에게 큰 소리로 외칠 말은 두 마디이다.

"야웨를 사랑하고"(23절) 어떤 고난 중에서도 절망하지 말고 야웨를 기다리며, "강한 마음과 용기를 내라" 함이다.

제 32편
가장 큰 축복

복이 있는 사람은
거스리는 죄 사함받고
그의 죄 덮어지게 된 사람
야웨가 따질 필요 없이
마음에 거짓이 없는 사람 (1, 2절).

　　　　　종교의 문제는 인간의 죄를 어떻게 처리하느냐 함에 있다. 아무리 사람들이 믿는 신이 훌륭하고 능력 있어도 그가 인간이 저지른 죄에 대하여 용서해 주는 의사도 능력도 없으면 그 신은 사람이 믿을 만한 신이 못된다. 동시에 사람이 아무리 신앙이 돈독하고 그의 종교적 열성이 아름다워도 그 자신이 저지른 죄의 문제를 처리할 수 없다면 그의 신앙은 위선이요, 그의 종교는 형식적인 것밖에 되지 아니한다.

　인간의 죄의 문제는 인간의 존재와 그 운명의 문제와 직결되어 있다. 사람이 죄를 짓고 사는 삶을 산다면 그의 존재는 이 세상에서 없어도 좋고 사람이 죄를 마음대로 짓고도 금생과 내세에 축복을 받는다면 인간이 사는 공동체는 아무리 태양이 날마다 떠도 어두운 세상이 될 수밖에 없다. 이런 암흑의 세상에 사는 인간의 운명은 절망과 죽음밖에 없다. 그런데 죄가 뭐냐 하는 문제는 인간이 창조되어 이 땅에 태어날 때부터 인간 주변에서 인간을 괴롭히고 인간을 비극으로 몰아넣는 제일 큰 요소가 되어 있다. 이 죄가 어떤 형태로 표현되고 어떤 성격의 것인가 함에는 설명이 다를 수 있으나 죄란 것이 인간의 존재 밑바닥에서부터 붙어 다닌다는 사실은 구약성서에 나온 창조설화가 곧 범죄와 타락 설화로 이어진 것을 보아도 알 수 있다.

태초에 사람이 창조되고 그들을 위하여 아름다운 동산이 마련되었다. 그러나 이 동산에서 즐기던 행복은 곧 안개처럼 사라졌다. 그것은 인간 자신이 스스로 유혹을 받아 하나님의 명령을 거역한 것이다. "하지 말라"고 한 하나님의 명령에 거역하여 자기가 하고 싶은 대로 해버린 것이다. 이것이 사람이 범한 최초의 사건이다. 창조주의 의사를 거스리는 반역적인 성격을 가진 것이 죄의 가장 최초의 형태이다. 이런 죄를 구약성서에서는 "페사"라고 한다.

그러나 한번 이렇게 하나님의 뜻을 거스리는 반역적인 죄를 범하게 되면 거기에 멈추지 않고 이 죄는 발전하여 또 하나 다른 죄를 범한다. 즉 거짓을 행하게 된다. 자기가 하고서도 자기가 하지 않고 딴 사람이 했다고 한다. 아담과 하와가 금지의 선악과를 따먹은 다음, 그 죄를 추궁했을 때 하와는 뱀에게 아담은 그 아내에게로 각각 그 죄의 책임을 회피하는 거짓을 행했다. 이런 거짓을 행한 결과 사람은 그 창조의 목적에 위반된 곁길로 나오게 되었다. 최초의 인간들은 그 창조의 근본 목적에서 이탈되고 말았다. 그의 삶의 목표는 하나님께 영광을 돌리는 것이었지만 그 목표에서 벗어나 결국 에덴 동산에서 축출당할 수밖에 없었다. 이것이 인간의 범죄와 타락의 설화 속에 나타난 죄의 실재였다.

우리가 생각하는 32편 시는 이러한 인간의 죄의 문제를 다루는 시이다. 이 시는 특히 어거스틴이 즐겨 읽던 시였다. 루터는 이 시를 51편, 130편, 143편과 함께 바울 사도의 시편이라 했고, 또 이 시는 시편 중에 있는 일곱 편의 참회시의 하나라고 했다.

이 시의 구조는 참회와 경고 두 가지 성격을 보여준다. 즉 전반부 (1-7절)는 시인이 자기 자신의 내면적 경험을 솔직하게 토로하고 죄를 고백함으로 오는 기쁨과 축복을 노래했고, 후반부(8-11절)에서는 자기의 과거 경험에 비추어 다른 사람들에게 범죄의 길에서 떠나기를 바라는 마음에서 가르치고 경계하는 내용이다. 문학형태상으로 보면 전반부는 감사시 형태이며 후반부는 일종의 지혜시 형태이다.

그런데 자기의 죄를 참회하는 것이 너무나 괴롭고 싫은 일이지만, 한 번 이 고역을 진실하게 치르고 나면 무한한 축복을 누리게 됨을 말하고 있다. 그래서 이 시의 주제로서 가장 큰 행복을 논하고 있다. 세상에서 사람에게 주는 행복이 여러 가지이지만 사람이 받을 수 있는 최대의 축복은 그의 죄와 허물이 용서함을 받는 것이다.

이 시는 인간의 참회의 과정을 잘 설명해 준다. 첫째, 사람은 누구나 자기의 죄를 고백하지 않으려고 한다. 다른 사람에게 말하기를 꺼린다. 이것이 자기의 수치가 되고 지금까지 가져온 자기 체면이 손상되고 신용을 잃게 되고 사람들에게 위선자로 지탄을 받아 소외당하고 모든 사회적인 관계성이 단절되어 깊은 절망과 암흑 속에 빠지고 말기 때문이다. 이 시인도 이러한 손해를 염려하여 자기의 죄를 고백하지 않으려고 했다 (3, 4절).

"나는 나만 알고 있는 죄를 고백하지 않으려고 했습니다. 그러나 나는 이것을 감추려는 일 때문에 양심의 가책을 받아 견딜 수 없었습니다. 나는 온 종일 신음했고 이 괴롬은 결국 내 뼈에까지도 아픔을 주었습니다. 이 통증은 내 육체에서 온 것이 아니라 하나님의 손이 내 영혼과 육체를 누름에서 오는 고통으로 깨달았습니다. 마치 여름 가뭄 때에 풀포기들이 그 수분이 말라 시들어버리듯 나라는 인간은 그 존재의 밑바닥부터 시들어가고 있는 고통을 느꼈습니다."

여기 한 인간이 자기의 내면 생활, 특히 양심에 어긋나는 죄를 짓고 고민하는 모습을 잘 묘사하고 있다. 죄를 지은 사람들은 누구나 이런 고민을 하게 된다. 그러나 많은 사람들은 그 고민을 눌러버리고 그 아픔에 마비증을 일으키고 양심의 가책에 둔감해 버린다. 한 죄에서 또 다른 죄를 지음으로 그 양심의 기능을 죽여버린다. 하나님의 심판의 손을 보지 않는다. 더욱이 그 죄의 결과로 받을 벌에 대한 생각조차 단념해 버린다. 그래서 화인(火印) 맞은 양심이 되어버리고 죄와 허물로 점철된 삶을 살게 된다.

그러나 이 시인은 그렇게 할 수 없었다. 어거스틴이 자기의 죄를 보고 견딜 수 없는 고통을 느끼듯이 이 시인도 죄 그 자체보다 그의 죄를 하나님께 고백하지 않는 죄를 더 아프게 생각하여 결국 하나님께 고백하기로 했다는 것을 5절에 말하고 있다.

"나는 내 죄를 야웨께 자복하기로 했고, 내 잘못을 야웨에게 숨기지 않고 고백했더니 허물과 죄를 용서해 주셨습니다."

이런 고백을 하고 하나님으로부터 죄의 용서, 허물의 용서, 자기의 어두운 삶의 구석구석을 은총과 자비로 덮어주시고 가리워 주시니 이처럼 더 큰 축복이 없다고 이 시의 첫 귀절을 시작하고 있다.

이런 축복을 경험한 사람이기에, 그는 다른 사람을 가르치고 다른 사람을 바른 길로 인도할 수 있는 훈계와 경계를 줄 수 있다고 했다 (8절).

여기 이 시인도 자기의 죄와 허물을 용서해 주시는 하나님을 의지하는 사람에게 하나님의 사랑 (헷세드)이 온다고 노래했다. 이런 축복을 받는 의인들은 다만 기뻐하고 즐거워할 수밖에 없다고 이 노래를 끝마쳤다.

제 33편
이상적인 나라

야웨를 하나님으로 삼는 나라.
야웨의 기업으로 뽑힌 백성이
복을 받을 것이다 (12절).

이 시는 고난에 관한 표현이 한 마디도 없는 찬송과 기쁨, 감사와 즐거움이 전편에 넘쳐흐르는 시이다. 야웨 하나님께 대한 찬양과 감사가 주제가 되어 전편의 내용을 이끌어 나가고 있다. 그 찬송은 하나님의 놀라우신 역사와 그와 인간과의 관계성의 아름다움이요, 감사는 이 하나님이 인간을 위해 하신 여러 가지 고마운 일들에 대한 것이다. 여기 시인의 노래는 어떤 특수한 사건을 노래함보다 하나님께 대한 일반적인 명상을 보여주는 것 같다. 이 시인은 이스라엘 신앙사 어느 시대, 어느 지도자들에게서도 볼 수 있는 이스라엘 신앙의 핵심적인 진리를 노래로 표시하고 있다.

이 시인이 이해한 하나님은 어떤 분인가. 그는 우선 창조의 하나님이시다.

"야웨의 말씀으로 하늘이 지어졌고 그 별들이 그의 입김으로 이루었도다. 바닷물을 무더기로 모으시기도 하며 깊은 곳간에 두시도다 온 땅은 야웨를 두려워하며 세상 만민들은 그를 섬긴다" (6-8절).

여기 이 시인이 말하는 창조는 "하늘" "별"(원어는 "그 군대들") "바닷물" "땅" 그리고 "세계에 살고 있는 인간들이다. 이 모든 피조물은 천상, 천하, 땅, 물, 그리고 그 지하(깊음이란 말에서) 등을 언급하여 사람이 쳐다보고 바라보고 생각할 수 있는 피조물 전체의 세계다. 이 모든 것들의 창조된 방법을 그의 말씀과 그의 입기운이라 함에서 이 시인은 창조설화 전승을 다 알고 있는 사람 같다. 즉 제 1장에 나타난 제사 문서 기자가 주장하는 말씀과 제 2장 이하에 나타난 야비스트 문서 기자의 "그 기운(루아하)"을 창조의 방법으로 생각했다. 이런 자연계의 창조과 정보다 더 중요한 것으로 창조주와 피조물의 관계를 분명히 하고 있음도 이스라엘의 전통적인 신앙을 이어받고 있음을 보여준다. 즉 온 땅은 야웨를 두려워하는 관계이다. 이 땅들은 피조물로서 야웨 하나님을 무서워하고 복종하는 관계이지 땅과 그 안에 있는 만물들이 창조주처럼 예배의 대상은 될 수 없음을 말한다. 그리고 이 세계에 살고 있는 모든 백성들은 야웨를 두려워할 의무가 있음을 말한 것도 "야웨를 경외함이 지혜의 근본이라" 한 이스라엘의 지혜를 이 시인이 그대로 받아들이고 있는 것이다.

이 시인은 또한 야웨를 인간의 역사와 관련해서 이해하고 있다. 야웨는 역사의 주인이시다. 그가 말씀하면 사건이 일어나고 그가 한마디 명령하시면 모든 것이 설 자리에 서는 질서를 유지하게 된다(9절). 이 역사 간섭의 사상은 제 2이사야의 역사관과도 같다. "내가 말하면 정녕 이루고 내가 계획한 일은 반드시 행하리라"(사 46:11) 역사의 주인은 하나님이시다. 인간은 다만 그의 역사계획에 순종할 따름이다. 하나님은 이스라엘 역사만 간섭하지 않고 모든 세계 만방의 역사를 간섭하신다. 이 모든 나라와 민족들도 하나님의 역사 의지와 그 계획 의지와 그 계획에 어긋나는 일을 하면 하나님의 징계를 받을 수밖에 없다. 한 나라의 주권이 그 나라의 지도자에게만 있다고 생각하면 잘못이다. 각 나라를 다스리는 사람의 주권은 하나님으로부터 받았다고 생각해야 한다. 이 말은 이 주권자들의 정치가 하나님의 공의와 그의 모든 윤리적 요구에 부합해야 한다는 것이다. 이 하나님의 주권을 무시할 때 그 나라는 하나님의 심판과 징계를 받지 않을 수 없다. 그러기에 이 시인은 다음과 같이 말한다.

"야웨는 모든 나라들의 계획을 꺾으시며 모든 민족들의 계교를 부수신다 "(10절).

그러나 하나님의 역사 계획과 역사 의지는 아무도 꺾을 수 없고 폐기시킬 수도 없다.

"야웨의 계획은 영원히 계속되며 그의 생각은 대대에 이르리로다"(11절).

하나님은 한 나라의 계획이나 땅 위 만민들의 역사를 임기응변으로 일시적인 계획을 세우지 아니하신다. 그는 시간과 역사를 지배하시는 분이기 때문에 그의 계획과 묘사는 영원한 것이다. 한번 작정되어진 하나님의 계획을 사람이 마음대로 변경할 수 없다는 것이다. 이것이 곧 그의 역사 간섭의 원리이다. 이러한 하나님을 신으로 모시는 나라는 복이 있고, 이런 하나님의 기업으로 뽑힌 백성은 복이 있다고 했다 (12절).

이 구절이 이 시의 열쇠가 되어 있음은 인간이 이 땅 위에 세우는 나라의 본질이 하나님을 두려워하고, 그의 역사 계획을 위해서만 존재하는 나라를 만들고, 그러한 하나님의 계획을 대대로 이어주는 일을 선조의 유업처럼 지키려는 태도를 가진 백성이 복이 있기 때문이다.

우리나라가 "하나님이 보우하사 우리나라 만세"라는 애국가를 부르지만 이 애국가의 참 뜻은 이 시편 시인이 말하고 있는 역사관에 부합

되게 이해함에 있다. 우리나라는 성서에서 말하는 유일신 하나님을 국가적으로 고백한 일이 없다. 우리가 민간신앙으로 알고 있는 하나님 신앙은 지금까지 무속종교의 신으로만 이해해 왔다. 그러나 기독교가 들어와서 우리의 하나님을 성서의 하나님으로 고쳐 성서가 가르치신 그 하나님이 우리나라 역사를 그 최초부터 지배하고 계셨다는 것을 믿고 고백해야 한다. 바울이 아덴시 사람들에게 "너희들이 알지 못하는 신"이라 한 그 신은 예수 그리스도를 통하여 자기를 계시하시고 그의 십자가와 부활 사건으로 인류를 구속하시는 복음의 하나님이라 함을 알린 것과 같이 한국 교회는 우리 민족이 태고때부터 막연하게 믿어온 그 하나님이 기독교의 하나님이었다는 것을 깨우쳐야 한다. 이러한 선교적인 작업이 동반되지 않고서는 "하나님이 보우하사 우리나라 만세"라는 애국가의 참 뜻을 이해할 수 없다.

이 시인은 이 만민의 하나님이 "하늘에서 (인간의 세계보다 초월하신 분의 위치에서) 모든 인간들을 살펴보시며 이 땅 위 모든 인간들의 동정을 내려다보신다"고 했다 (13, 14절). 특히 이 하나님은 자기를 경외하는 자, 그의 사랑을 바라고 기다리는 사람들을 살피시고 그들을 죽음에서 건져주신다고 했다 (19절).

이 시인은 이상과 같이 하나님 한 분에 대한 생각을 집중하고 이 하나님과 우리 인간과의 관계를 설명하여 누가 참으로 축복을 받은 나라이며 민족인가를 밝혀주었다.

그러면 이 하나님께 대하여 인간들이 무엇을 할 것인가.

그것은 "야웨를 바라고 기대하며, 그를 의지할 것이라" 했다 (20, 21절).

그리하면 우리에게 도움과 즐거움이 올 뿐 아니라 하나님이 그의 사랑을 항상 베푸신다고 했다. 참으로 이 하나님을 신으로 모신 백성은 복받은 사람들이다.

제 34편
두려움에서 두려움으로

내가 야웨를 찾았더니 / 내게 응답하시고
모든 두려움에서 나를 건지셨도다(4절).

너희 성도들아 / 야웨를 두려워하라.
두려워하는 자에게는 / 아무 것도 부족함이 없으리라(9절).

        이 시는 히브리어 알파벳 순서대로 두 자모를 첫 말에
둔 히브리 정형시의 특색을 잘 살리고 있다. 고난에서 부르짖는 호소나
하나님께 구원을 간청하는 기도나 현재에 당면한 어떤 수난에 견딜 수
없는 괴로운 숨결 등을 들을 수 없는 서술적인 시다. 조용히 자기의 과
거 경험 또는 다른 사람의 경험들을 친히 보고 진리를 터득한 사람으로
자기의 소신을 다른 사람에게 설명하고 있는 문체이다.
   여기에는 "야웨여"하고 부르짖는 기도가 없다. 그의 생각의 대상은
그와 같은 시대에 살고 있었던 사람에게 향하고 있다. 교육자 또는 지
혜자의 자세로 다른 사람을 교훈하고 있는 문장이다. 그래서 "나는 한
다" "그들은 한다" "너희는 하라" "야웨는 하신다"는 서술 문장으로 이
시가 이루어졌다.
   그런데 이 시인의 가르치려고 하는 주제는 "두려움에서 두려움으
로"라 할 수 있다.

두려움 없는 삶은 인간의 공통된 욕구의 하나이다. 원시인들이 가졌던 자연현상에 대한 두려움은 오늘과 같이 과학기술의 발달로 대부분이 극복되었다고 하겠지만 아직도 인간은 자연의 무서움에서 완전히 해방되지 못했다. 지진의 두려움, 홍수의 두려움, 해일의 두려움, 불의 두려움, 기근과 역병 등 천재지변으로부터 오는 무서움을 인간은 완전히 극복하지 못했다. 해마다 우리가 사는 지구 위에 발생하는 이러한 자연의 횡포에 인간이 속수무책으로 희생 당하고 있다.

인간이 무서워할 것은 자연만이 아니다. 전쟁으로 말미암는 공포는 인간 역사에 항상 도사리고 있다. 사람들이 인위적으로 만드는 공포감이기는 하지만 전쟁의 공포에서 우리는 해방되지 못했다. 그뿐만 아니라 우리들이 사는 사회에는 우리들의 육체와 삶을 두렵게 하는 많은 요소들이 있다. 자기 이익만을 추구하는 자본주의의 공포, 다른 사람을 지배하고야 말겠다는 공산주의의 공포, 자기가 신인 양 자기만을 법제화 시키고 제도화 시키는 독재정치가들은 모두가 인간의 자유를 위협하고 박탈하고 인간의 기본 권리를 위협하고 박탈하는 무서운 죄악을 범하고 있다.

오늘 우리들의 삶은 온갖 종류의 두려움을 가지고 살아 간다. 이 모든 두려움에서 건져줄 자가 누구인가 오늘 현대인들은 생각하지 않을 수 없다. 그런데 우리 시인은 이 문제를 특별히 관찰한 사람 같다.

"내 모든 두려움에서 나는 건짐을 받았다"(4절).

이 고백은 참으로 놀랄 만한 고백이 아닐 수 없다. 이 세상에서 누가 참으로 인간이 당면한 모든 두려움에서 우리를 해방시켜 줄 것인가. 우리들의 경험만이 아니라 인간 역사의 경험에서 인간이 공포로부터 자유를 얻는 일은 거의 불가능하다. 이 시인은 이러한 인간들의 경험과는 반대로 모든 두려움에서 놓임을 받은 자기의 경험을 담대히 말하고 있다. 어떻게 또 무엇으로 이 담대함을 가질 수 있었느냐. 그는 간단히 대답한다. 자기의 신앙에서 가능했다고 한다. 그의 신앙은 야웨 하나님으로 말미암아 모든 두려움에서 놓임 받을 수 있었다고 한다.

그는 "내가 야웨를 찾았더니 내게 응답하셨고, (그 응답이) 곧 모든 두려움에서 건져주심"이라고 말한다.

이 시인은 전통적인 이스라엘 신앙을 이어받고 그 신앙에 입각하여 두려움 없는 삶을 살 수 있다고 한다. 전통적 이스라엘 신앙은 무엇인가. 그것은 하나님이 "두려워하지 말라" "겁내지 말라"고 하는 부탁대로 하나님의 능력과 그 보호만 믿고 두려움을 극복하는 것이다. 특히 고대 이스라엘의 거룩한 전쟁 제도에 나타난 신앙형태는 하나님의 능력과 그가 함께 하심을 믿고 모든 두려움을 버리는 것이다. 이런 담력을 가질 수 있는 근거는 "야웨 하나님이… 을 네 손에 붙였다. 네게 주셨다"는 형식의 문장으로 이스라엘이 두려워하는 것을 하나님이 물리쳐버리고 그들 위에 승리를 가지게 한다는 약속을 주셨기 때문이다.

출애굽을 한 이스라엘이 여리고를 포위하고 싸울 때도 이 약속을 주셨고(수 6:2) 아이 성을 공격할 때도 이 약속을 주셨으며(수8:1) 시스라를 치던 바락과 드보라에게도 (삿4:7) 기드온에게도(삿7:9) 골리앗과 싸우는 소년 다윗에게도(삼상 17:46) 이 약속을 주셨다. 이것이 이스라엘이 자랑하는 임마누엘 신앙이다. 이 신앙을 가진 이스라엘 백성들에게 항상 "두려워하지 말라" 하는 격려를 해 주셨다. 바로의 추격병에 쫓기는 모세와 그 백성에게 홍해 가에서 이 권고를 하셨고(출 14:13) 적군과 더불어 싸울 이스라엘 군대에게 (신20:3), 여호수아에게(수8:1; 10:8) 시리아와 에브라임 동맹군대를 맞아 싸울 아하스 왕과 그 백성에게 (사 7:4) 이 권고를 했다.

34편 시인은 이러한 전통적인 민족 신앙에서 자신도 그러한 경험을 할 수 있었음을 말하고 있다. 그래서 이 시인이 믿는 하나님은 "모든 고난 중에서 건져주시고"(17, 19절), "모든 환란에서 구해주시고"(6절), "주의 천사를 보내어 둘러싸 보호해 주시고"(7절), "그 모든 뼈를 보호하여 하나도 꺾이지 않게 하시며"(20절), "그 원수들의 자취를 이 땅에서 없이 해 주신다고 했다"(16절).

이리하여 모든 두려움에서 건짐을 받을 수 있다. 이것은 시인이 가진 야웨 경외심과 하나님을 두려워하는 마음 때문이라 함을 9절 이하에 거듭 말하고 있다. 여기 세상의 모든 것을 두려워함에서 해방되어 하나님만을 두려워함으로 옮겨간 신앙을 볼 수 있다. 이 놀라운 변화를 교훈 조로 설명하고 있다.

"너희 성도들아 야웨를 두려워하라 야웨를 두려워하는 자에게는 아무 것도 부족함이 없도다 젊은 사자(그 강하고 날센 힘으로도)가 주릴지라도 야웨를 두려워하는 사람은 모든 좋은 것으로 만족할 수 있다."(9,10절).

특히 이 시인은 이 중대한 교훈을 늙은이보다 젊은이가 받아야 한다고 "너희 젊은이들아 와서 내 말을 들으라 내가 야웨를 두려워하는 이치를 가르쳐 주겠다"(11절),

강하고 담대한 용기를 하나님을 두려워함에서 가지라 한다. 하나님을 두려워한다는 것이 무어냐. 그것은 오직 하나님만 믿고 의지하는 마음이다. 이것은 하인리히 오트가 말하는 원시적인 감정이 아니라, 우리의 똑똑한 이성과 맑고 건전한 감정, 굳은 의지로 야웨 하나님을 믿고 의지하는 마음이다.

제35편
내 품으로 돌아온 기도

그들이 병 들었을 때에 / 나는 굵은 베 옷을 입으며
금식하여 내 영혼의 고루를 했습니다.
그러나 내 기도가 / 내 품으로 돌아왔습니다(13절).

어제의 친구가 오늘엔 원수가 된다는 우리 나라 속담과 같이 이 시인은 자기의 가까운 친구가 자기를 가장 모함하고 자기의 수난을 고소하게 생각할 뿐만 아니라 폭력까지 써서 자기를 못살게 굴고 있다고 말한다. 이 시는 22편과 69편 시와 같이 매우 견딜 수 없는 수난 가운데 신음하고 있는 것임을 보여준다. 문자 그대로 탄식이 있고 비탄이 있고 괴로움에서 부르짖는 요소가 있다. 이러한 핍박 중에서도 이 시인은 자기 친구를 생각하는 순정을 볼 수 있다. 그러나 그 순정과 사랑도 친구의 악의로 무색하게 된다. 그는 친구가 병들었을 때 베옷을 입고 금식하며 기도했다.

그 친구들은 자기의 진실한 기도도 아랑곳없이 오히려 자기를 해치는 자가 되었으니, 친구들을 위한 그 기도는 자기 품으로 돌아와 버렸다고 탄식하고 있다. 이것은 친구를 위해 드릴 기도가 자기의 기도가 되어버렸으니 자기의 기도 덕분으로 하나님에게 어떤 보상을 받았다는 자랑이 아니라, 자기의 금식 기도도 몰라주는 친구의 무정함과 냉정

함을 여기서 알리고 있다. 자기를 해치고 모함하는 자를 위한 기도의 행위가 매우 돋보인다. 대개의 경우 친구가 우리를 모함하는 원수 편에 가담했을 때, 우리는 그를 위해서 기도할 생각보다 그를 미워하고 저주하는 마음이 앞선다. 그와 교제를 끊고 그 친구를 잊어버리기로 작정하거나 또는 그 친구가 자기의 선에 대하여 악으로 보응 하는 것을 하나님이 보시고 벌을 내려 주시기를 기도할 수 있다.

그러나 이 시인은 그러한 친구를 위하여 금식기도까지 했다는 것. 그리고 14절에는 그 배신하는 친구를 자기 골육의 형제처럼 대해 주었고, 그 친구가 슬픈 일을 당했을 때 이 시인은 자신의 어머니의 죽음을 슬퍼하듯 애도의 정을 표했다고 한다. 여기 친구를 위한 아름다운 사랑을 볼 수 있다. 여기 친구를 위한 너그러운 마음씨를 본다.

이 시에는 이러한 관대한 마음과는 대조가 되는 시인의 기도를 볼 수 있다. 자기를 해치는 자에 대한 불행과 패망을 비는 기도가 나온다. 그러나 이 13-14절에는 친구를 위해 금식하며 그 영혼의 고투를 경험한 것을 쓴다. 이 두 가지 모순된 일이 어떻게 가능했을까 하는 의문과 또한 우리가 나를 무고히 해치는 편에 가담한 친구를 위하여 계속 기도해야 하느냐 아니면 그들이 마음을 돌리고 그 악에서 돌아오기를 기도해야 하느냐 하는 두 가지 문제를 볼 수 있다. 이 둘을 이 시인에게서 어떻게 조화시킬 수 있을까. 금식까지 하면서 친구를 위하여 기도한 시인이 어떻게 그 친구가 수치를 당하고 낭패를 당하도록 기도했을까?

우리는 이 시인의 기본적인 태도는 그 괴롭히는 친구들을 위하여 동정적으로 기도한 것이라 볼 수도 있다. 그러나 그 기도의 노력에도 불구하고 계속 악의로 대항할 때 이 시인은 하나님께 자기 사정을 말하지 않을 수 없고, 그 탈선한 길로 나가버린 친구들이 하나님의 정의의 매를 맞기를 빌지 않을 수 없을 것이다. 이 시인의 고난과 탄식은 친구를 위하여 너그러운 기도는 해야 하지만 그 악의 친구들로 말미암아 괴로움을 받음이 날로 더해가므로 이 괴로운 사정을 하나님께 호소함을 볼 수 있다. 그 친구들의 악의에 대항하여 자신이 칼을 들고 싸우기를 바라지 않고, 하나님께서 친히 싸워 주시기를 바라고 있다.

"야웨여 나와 다투는 자와 다투시고 나와 싸우는 자와 싸워주소서. 방패와 손 방패를 잡으시고 일어나 나를 도우소서. 창을 빼사 나를 쫓는 자의 길을 막으시고 또 내 영혼에게 나는 네 구원이라 이르소서. 내 생명을 찾는 자들이 부끄러워 수치를 당하게 하시며 나를 상해하려 하는 자들이 물러가 낭패를 당하게 하소서. 그들을 바람 앞에 겨와 같게 하시고 야웨의 천사가 그들을 몰아내게 하소서. 그들의 길을 어둡고 미끄럽게 하시며 야웨의 천사가 그들을 뒤쫓게 하소서. 그들이 까닭 없이 나를 잡으려고 그들의 그물을 웅덩이에 숨기며 까닭 없이 내 생명을 해하려고 함정을 팠사오니 멸망이 순식간에 그에게 닥치게 하시며 그가 숨긴 그물에 자기가 잡히게 하시며 멸망 중에 떨어지게 하소서"(1-8절).

여기 시인의 과격한 기도가 나타나 있다. 문자 그대로 그를 해치는 자들의 멸망을 기원하고 있다. 그러나 이 친구들의 악의에 넘치는 핍박과 고통은 시인에게는 견딜 수 없는 것 같다. 시인이 수난 당하는 것을 기뻐하며, 그를 비웃으며 때리고 찢고, 까닭 없이 원수가 되어 있고 까닭 없이 그를 미워하고 있다. 남을 해치지 않고 평화스럽게 사는 시인을 거짓말로 모함하며 입을 크게 벌리고 시인을 조롱하고 패망을 기대하며 흉한 날이 오기를 바라고 있다는 것을 말한다 (15-21절). 시인은 이 원수들의 조롱과 비판과 모함과 폭행과 저주에 견딜 수 없는 고통을 느끼고 있다. 그는 이 친구를 위하여 금식기도까지 했는데.

"야웨여 주께서 이를 보셨사오니 잠잠하지 마옵소서 주여 제발 멀리서 이 괴롬을 못본 척 하지 말아주소서. 나의 하나님, 나의 주여, 재빨리 일어나셔서 공정하게 판단하시고 내 호소를 받아주소서.

야웨 나의 하나님이여 당신만이 공정한 재판을 하시는 분입니다. 시비를 가려주소서. 그들이 나로 두고 기뻐하지 못하게 하소서. 아, 소원대로 되어 시원하구나, 하지 못하게 하소서. 오히려 내가 까닭 없이 당하는 것을 기뻐하는 자들이 낭패를 당하게 하시며 오히려 수치와 욕을 당하게 하소서"(22-26절).

이렇게 간절한 호소를 하고 있는 시인은 하나님밖에 자기의 고통을 알아줄 사람이 없음을 고백한다. 원수가 아무리 자기를 괴롭혀도 "내 영혼이 야웨에게서 기쁨을 찾고 그의 구원하심을 기뻐하리로다"(9절)고 하나님만 의지하는 신앙을 보여주고 있다.

"주여 어느 때까지 보고만 계시렵니까? 내 영혼을 저 멸망자에게서 구원하시며 내 유일한 것을 사자들에게서 건지소서"(17절).

이 애원은 야웨의 구원에 대한 확신을 알려준다. 이 확신에서 그는 오히려 하나님을 찬송한다.

"야웨 같은 분이 또 어디 있사옵니까. 유일무이하신 하나님은 수난 당하는 자를 압박자에게서 건지시고 가난하고 궁핍한 자를 노략하는 자에게서 건지신다"고 말한다 (10절).

"나의 혀가 주의 의를 말하며 종일토록 주를 찬송하리이다"(28절)하는 구절로 이 시를 끝마치고 있다. 이 시인은 진실로 감사와 찬송을 그 수난 속에서도 잊지 않고 있다 (18절).

제 36편
당신의 날개 그늘

하나님이여
당신의 사랑이 어찌 그리 보배로우신지요
사람들이 당신의 날개 그늘 아래에서
안전하나이다(7절).

이 시는 어두움과 밝음이 교차된 인생의 실패를 보여주는 것 같다. 처음 부분(1-4절)은 악인들이 설치는 어두운 현실을, 둘째 부분(5-10절)은 하나님의 사랑에 감격한 밝은 현실을 대조적으로 보여주고 있다. 전자의 주인공은 악인이며, 후자의 주인공은 의로운 사람, 주를 아는 자, 마음이 정직한 자이다. 악인의 자랑은 교만이요(11절) 의인의 자랑은 넘치는 하나님의 사랑을 받는 것이다.

여기 36편 시인은 전반부에서 지혜자와 같이 악인의 잘못된 것을 경고하고 둘째 부분에서는 하나님 은혜에 감격한 사람으로 무엇이 사람들에게 만족한 일인가를 알려주고 있다. 시인은 자신의 얘기를 하지 않고 그 자신 많은 경험을 가진 자로서 다른 사람을 가르치고 있다. 주석가들 중에는 이 전반부와 후반부는 그 언어나 사상이나 주제가 서로 다르기 때문에 각각 독립된 다른 시가 편집자의 손에 의하여 여기서 합쳐져 하나의 시가 되었다고 하나 반드시 그렇게 생각할 필요가 없다. 이 시는 일반적인 삶의 현실을 말하고 그것으로 사람들을 가르치려는 의도를 보여주기 때문에 시인 자신이 그 시대 사람을 가르칠 수 있는 지혜자의 한 사람인 것 같다. 그의 교훈의 중심은 무엇이 가장 보배로운 삶인가 함을 알리는 것이다.

"하나님이여 당신의 사랑이 어찌 그리 보배로우신지요"(7절).

이는 가치론에 관한 것이다. 우리 삶에서 무엇을 가장 귀한 것으로 생각할 것인지에 대한 질문에 대답하고 있다. 사람들은 제각기 자기 자신의 가치론을 가지고 있다. 제각기 자신의 소중한 것을 찾고 그것을 오래오래 간수하려 한다. 예수님이 복음을 설명하실 때도 값비싼 진주 또는 밭에 감추인 보화에 비하여 이 보화를 구하기 위해서는 모든 것을 희생시킨다고 했다(마 13:44-46).

우리의 보배가 있는 곳에 우리의 마음도 있을 수밖에 없다. 사람들은 그가 소중히 여기는 자기 보화에 대해서는 이것을 우선적으로 생각하고 항상 소유하기를 원하고 또 그것을 가진 것을 인간 삶의 보람이라 생각한다. 추사(秋史)의 글씨 한 장을 가진 사람이 사람들에게 자랑하는 것을 보았다. 사람은 어떤 보화를 가졌거나 그것을 자랑하려고 한다. 그 보배로 자신이 그 보배만큼 값진 인생이라고 착각할 수도 있다.

이 시편 시인이 우리에게 소개하는 보배는 이 세상의 어떤 물질이라 하지 않고 "하나님의 헷세드", 그 계약의 사랑, 우리가 쓰는 사랑이란 말이 포함한 좋은 것보다 더 좋은 것을 말하는 "헷세드"를 보배라고 소개한다. 하나님의 사랑을 표시하는 이 "헷세드"는 단순한 개념이 아니다. 사랑도 아니다. 어떤 이념도 아니다. 그것은 사건이다. 인간의 사건이 아니라 하나님의 사건이다. 하나님 자신을 위한 사건이 아니라 인간을 위한 사건이다. 인간도 할 수 있는 사건이 아니라 하나님만이 할 수 있는 사건이다. 인간의 가능성이 절망 되었을 때 새로운 가능성과 희망을 동시에 보여주는 하나님의 사건이다.

성서는 이러한 하나님의 사건을 "헷세드"라 했다. 가령 출애굽 사건 같은 것, 이스라엘의 힘과 지혜로서는 어찌할 수 없었던 어려움을 하나님이 해결해 주신 사건이다. 대체로 이런 사건은 하나님의 마음을 움직여 그 마음 속에 사랑이 차고 넘쳐서 하신 사랑의 행위이다. 출애굽 사건은 이스라엘 백성을 사랑한 하나님의 헷세드이다. 하나님이 이스라엘을 위하여 행하신 구원행위는 모두가 하나님의 사랑의 행위이다. 이스라엘을 선택한 일 자체가 하나님의 사랑이었다고 고백한다(신 7:6-7). 이스라엘과 더불어 맺으신 계약도 사랑에 기초한 계약이었다. 그러기에 헷세드를 "계약적 사랑"이라고 해석한다.

이스라엘 백성을 광야 40년 동안 지켜 인도하신 일도 하나님의 사랑이라 했다. 부모가 그 자식을 품에 안음과 같은 사랑이라 했다(신 1:31). 가나안 복지에 들어감도 나라를 세움도 그 나라 역사를 이끌어 주심도 하나님의 사랑이라 생각했다. 호세아는 누구보다도 이 헷세드에 감격하여 이렇게 표현하였다.

"에브라임이여 내가 어찌 너를 놓겠느냐 이스라엘이여 내가 어찌 너를 버리겠느냐. 내 마음 속에 너를 긍휼히 여기는 마음이 불일 듯 일어나 내가 견딜 수 없구나!"(호 11:8).

이렇게 이스라엘의 전 역사를 하나님의 헷세드에서 볼 수 있다. 이 시인은 이러한 사실을 실감한 사람으로 "하나님의 헷세드(사랑)는 얼마나 보배로우냐!" "얼마나 값비싼 것이냐!" 하는 감탄을 하여 사람들은 이 사랑의 날개 아래 피할 때에 참으로 안전함을 얻게 된다고 했다. 이 시인은 이런 안전을 알게 하기 위해서 우리 인간들이 살고 있는 이 세상이 얼마나 위험한가를 이 시 처음에 말하고 있다. 주 하나님의 사랑의 날개 아래로 피해야 할 이유를 말한 1절에서 4절까지는 다음과 같이 풀어서 읽을 수 있다.

"악인들은 그 마음 속에 하나님을 두려워하는 마음을 가지지 아니 했으므로, 자기 마음대로 악행을 한다. 자기를 심판하는 하나님이 계시지 않는다고 생각하기 때문에 그는 악행을 마음대로 한다. 그러기 때문에 그는 교만하게 자기가 어떤 악을 저질러도 그것이 죄라고 할 수 없으며 설령 죄라고 해도 그것을 죄로 규정지을 사람이 없다는 것이다. 자기는 권력을 쥐고 하는 일이기 때문에 사람들이 자기 하는 일을 비판할 수도 없거니와 자기를 미워할 수도 없다고 한다.

자기를 말로나 글로나 행동으로 거스르는 자는 곧 자기의 채찍이나 벌을 받을 수밖에 없기 때문이다. 그러므로 이 악인의 말은 곧 법조문이 되어 사람을 구속할 수 있으나 그 말은 죄악을 펴는 일이요 사람들 앞에 공공연하게 거짓을 감행하고 이것을 참이라 우겨댄다. 그에게는 이미 바른 일을 할 수 있는 지혜도 멎었고 선행을 할 기능도 사라지고 말았다. 그는 자리에 누워도 죄악을 도모하고 그의 삶 자체가 악의 창조밖에 되지 못한다"

이 시인은 이러한 악인이 사는 세상에서 오직 안전한 길은 하나님의 사랑의 날개 아래 피하는 일이라 했다. 거기서 그는 안전을 누리며 하나님이 주시는 살진 것으로 만족할 수 있으며 복이 샘솟듯하는 생명의 물줄기를 쉴 사이 없이 마실 수 있게 된다. 이는 곧 사람의 생명의 원천이 하나님에게 있음을 말한다. 이 생명 강수를 먹고 사는 사람은 악인이 설치는 어둠의 세계에서도 빛을 입고 사는 환한 생활을 할 수 있다. 이렇게 광명, 만족, 생명, 희열, 안전이 하나님의 사랑의 날개 아래 있으니, "하나님의 사랑은 어찌나 보배로운가!"를 노래하지 않을 수 없다.

제 37편
성실을 먹고 살라

야웨를 의뢰하라 / 선을 행하라.
땅에 머무는 동안 / 그의 성실을 먹을 거리로 삼을지어다.

야웨에게서 기쁨을 찾으라.
그가 네 소원을 이루어 주시리로다(3-4절).

       이스라엘 신앙의 고민은 이 땅에서 악인이 잘되고 의인이 고통받는 이 모순된 사실을 어떻게 이해하느냐 함이었다. 이스라엘 사람들은 옛날부터 응보사상을 믿고 있었다. 의를 행하면 복을 받고 악을 행하면 벌을 받는다는 것, 사람은 그 행한 대로 하나님의 보응을 받는다는 것을 진리로 믿어 왔다. 그래서 자식들에게와 젊은 사람들에게 가르치는 이스라엘의 가훈과 사회 교훈은 악을 행하지 말고 선을 행하라는 것이었다. 그러나 이 교훈은 실제 생활에 있어서는 많은 모순을 드러냈다. 사람들이 살고 있는 이 땅에는 이 교훈과 진리와는 정반대의 사실이 너무도 많았다. 오히려 악한 사람이 잘되고 행복하고, 의로운 사람과 선한 사람은 가난하게 살아야 되는 것이 현실이었다. 이 현실적인 모순을 누구도 적당히 설명해 주지 못했다. 그래서 많은 사람들은 고민했다. 하나님에 대한 의심도 가졌다. 또 어떤 사람은 마음으로 불평을 했다. 가령 예레미야도 그 시대 사람들이 가졌던 이러한 의심을 하나님께 물어보고 있다.

"야웨여 내가 당신께 따집니다. 당신은 의로우신 분이 아니십니까? 그런데 내가 감히 묻자옵니다. 악한 사람의 길은 만사가 순조롭고 패역한 자가 평안히 살고 있으니 어인 일입니까?"(렘 12:1)

이런 의심과 불평은 하박국 예언자도 말하고 있고(하박국 1:2-4) 시편 73편 시인도 이 37편 시인과 똑같이 이 문제 때문에 번민하고 있다. 그런데 73편 시인은 37편 시인보다 이 문제에 대하여 더 깊은 고민을 가지고 몸부림치다가 결국 하나님의 성전에서 기도하는 중에 그 해결책을 보았다고 한다(73:16, 17). 그러나 그 해결책은 여전히 응보사상에 입각한 것이다. 지금 잘 사는 악인은 반드시 하나님의 벌을 받을 것이고, 현재 고생하는 의인은 결국 하나님의 오른손이 붙잡아 주고 또 그를 영접하여 복을 주신다는 것을 믿는다고 했다.

이와 대조가 되게 73편 시인은 이러한 사회 모순에 대하여 37편 시인이 터득한 것과 같은 진리는 이미 일찍부터 깨달은 사람으로 번민하고 불평할 필요없이 다만 의인은 악인이 잘되건 못되건 그런 외부적인 일에 너무 신경을 쓰지 말고, 자기 할 일만 착실하게, 성실하게 하면 그것으로 이 문제의 해결은 스스로 지어진 것이라 한다. 그는 이러한 사회 모순에 대하여 불평하고 원망하는 일을 하지 말라는 권고로써 이 시를 시작하고 있다.

"악한 자가 잘된다고 불평하지 말며 불의한 자가 잘 산다고 부러워하지 말라." 여기 불평과 원망의 태도는 의로운 사람이 취할 태도가 아니라 단정하고 있다. 그 이유는 그러한 불평불만, 원망은 죄를 짓는 일이요 오히려 악을 스스로 범하는 일이기 때문이라 했다(8절). 그러면 어떻게 할 것인가. 모순과 부조리가 가득한 세상에서 불평 한마디도 못하고 그저 팔자니 운명이니 하고 비뚤어진 현실을 받아들이라는 말인가. 그렇다면 정의의 외침이나 잘못된 현실을 혁신하는 일 또는 개혁하는 일은 비신앙적인 행동일 것인가.

그러나 이 시인은 결코 그러한 인간의 자유의사를 금지하거나 선에 대한 의욕을 죽이고 소극적으로 세상 흐름에 자기를 맡기는 타협주의 자나 영합주의 또는 무조건 맹종하는 현실주의자가 되라고 하지는 아니한다. 이 시인은 인간이 만든 이러한 부조리에 대해서 하나님 자신이 불평하는 인간 보다 더 관심하고 계시고 그의 역사 계획에서 이런 부조리를 다 아시고 그 처리를 하실 것이니 사람은 불평이나 원망하는 것만이 반드시 그의 할 일이 아니라는 것이다. 오히려 이런 부조리를 볼 때 그 일에 대한 분개심이나 그 악한 사람에 대한 생각보다도 이것을 보는 자신의 문제를 우선적으로 생각할 줄 알아야 한다고 가르친다.

이 시는 강하게 지혜문학의 영향을 받은 시라 할 수 있다. 여기에는 호소나 탄원이나 애원이 없고 오직 "이렇게 해라" "이렇게 해야 된다" "이렇게 함이 바른 길이라" 하는 식의 문장으로 진리와 윤리에 대한 지혜로운 의견을 밝혀 주고 있다. 이 시도 히브리 자모로 시작한 말로 시를 엮어 나간 기교적인 알파벳 시이다. 이런 시는 9편, 25편, 34편에서 보듯이 다분히 교훈적이며 서술적인 문장으로 다른 사람을 가르치는 형식의 시이다.

여기 이 시인은 응보사상의 현실적 모순으로 고민하는 의인과 그와 뜻을 같이 하는 착한 사람들이 어떻게 해야 할 것인가를 가르친다. 우리가 서두에 인용한 3, 4절은 그 교훈의 핵심적인 것이다. 여기 "의지 신앙"을 제일 먼저 권고하고 있음에 주목해야 한다. 시편 시인들은 억울한 수난을 당해도 의지의 신앙을 권고하고 원수나 병으로 인하여 생명의 위기를 당해도 의지의 신앙으로 그 해결책을 삼았다. 여기 인생의 모순과 부조리를 보아도 의지의 신앙을 말하고 있음은 히브리 사람들의 신앙과 경건이 얼마나 이 "의지심"과 깊이 관련되어 있는가를 보여준다. 하나님이 이 모순된 문제를 해결해 주신다는 것을 믿게 함이다.

그 다음 이 시인이 둘째로 권고하는 것은 선을 행하라는 것이다. 대체로 이런 인간 모순에서는 선을 행한들 무슨 소용이 있느냐 하는 회의를 가지기 쉽기 때문이다. 선을 행하는 수난 자보다는 악을 행하는 부자와 권력자가 더 낫지 않으냐 함에 대한 반박이다. 세상 사람이 아무리 악으로 기울어진다고 해도 하나님을 의지하는 사람은 자기 주변 사람들을 보지 말고 인간의 본분으로서 해야 할 선행을 단념하지 말고 계속하라고 한다. 사실 많은 사람들이 의롭지 못한 악한 방법으로 살아가기 때문에 쉽게 선행을 단념해 버리게 되고 따라서 인간이 사는 사회는 더 어두워지고 더욱 모순된 일이 생기고 불의와 악이 행패를 하게 된다.

선을 행하는 것은 어떤 사정 아래서도 단념하지 말아야 한다. 형편이 좋을 때만 선을 행하는 선은 선이 아니다. 남이 다 선에서 떠나가도 나 한 사람만은 선을 행하다가 죽어도 좋다는 생각으로 선에서 물러서지 말아야 한다. 이것은 우리가 이 땅에서 진실을 음식처럼 먹고 사는 일이다. 시인이 "성실을 먹고 살라"고 했다. 선을 끝까지 단념하지 않는다는 것은 우리 성실성의 문제이다. 이익과 손해에 좌우되고 대접과 멸시에 좌우되는 선은 선이 아니다. 끝까지 성실한 삶을 살아가는 것이 곧 선행이요, 또 이것만이 사회 모순을 내 스스로 극복하는 길이다. 가난하고 핍박 중에 있어도 성실을 먹고 사는 사람에게 하나님이 만족을 주시고 우리에게 기쁨을 주신다. "지성이면 감천"이란 말과 같이 하나님께 통하는 길은 오직 "성실"이기 때문이다.

제 38편
죄와 벌

내 몸에 성한 곳이 없음은
당신의 진노로 말미암음입니다.
내 죄 때문에
내 뼈에 평안이 없나이다 (3절).

　　　　이 시는 어거스틴이 그의 죄를 깨닫고 스스로 고민하고 있었을 때 즐겨 외우던 시였는데, 그 후부터 교회에서는 이 시는 참회시의 하나로 많은 신도에게 사랑을 받고 있는 시이다. 이 시의 첫 구절은 같은 종류의 시 6편 1절과 거의 같은 내용으로 죄책감에서 오는 고통으로 신음하고 있는 영혼의 모습을 보여주고 있다. "야웨여, 당신의 노하심으로 나를 꾸짖지 마옵소서. 화나신다고 나를 벌하지 마소서."

　이 시는 "개인 탄식시"의 형태를 가지고 있으나 시인의 수난의 이유는 주로 심한 병에 걸린 것 때문이라 할 수 있다. 그 병이 어떤 병인지 이름을 붙일 수 없으나 (어떤 주석가는 나병이라 하지만) 그의 육체가 중병에 앓아 누웠다는 사실은 다음 구절들로써 알 수 있다.

　"내 몸에 성한 곳이 없다"(4,7절), "내 뼈에 평안이 없다"(3절), "내 상처가 썩어 악취가 나온다"(5절), "내가 아프고 구부러졌다"(6절), 허리에 열기가 가득하다"(7절), "심장이 뛰고 기운이 없어졌다"(10절), "내 눈도 흐려졌다"(10절), "내가 넘어지게 되었다"(17절).

이런 표현들로 보아 이 시인은 거의 사경에 이르는 중병에 걸린 것 같다. 그러나 이러한 육체적 고통만이 아니라 그의 중태함을 기뻐하고 이를 그들의 비판의 기회로 삼고 있는 원수들이 있음도 그의 고난이 아닐 수 없다.

"내 생명을 노리는 자가 올무를 놓고 나를 해하려는 자가 악담을 하여 온종일 사악한 일을 꾸미고 있다"(12절). 또한 "내 원수가 드세게 위세를 부리며, 아무 까닭 없이 나를 미워하는 자가 많다"(19절).

특히 이 시인을 괴롭히는 일은 이 시인이 "선을 행한다고 해서 나를 적대시하고 있다"는 것이다 (20절).

이렇게 이 시인은 육체의 중병으로, 원수들의 모함과 살의로 심한 고통을 받고 있다. 그렇다고 해서 그의 친구와 그를 사랑하는 이 그리고 친척들까지도 그를 가까이하고 위로하는 것도 아니다. 이들도 그를 멀리하고 돌보지 않았다.

"내가 사랑하는 자와 내 친구들이 내 상처를 멀리하고 내 친척들도 멀리 섰나이다"(11절).

이 시인은 완전히 고독한 사람이다. 그를 위하여 관심을 기울이거나 따뜻한 말을 건네주고, 그를 생각해 주는 사람은 한 사람 없어, 그는 이제 완전히 혼자 버려진 사람으로 자기의 육체의 중병과 그를 둘러싼 냉대와 모함과 저주 속에서 어둡고 지루하고 괴로운 나날을 보낼 수밖에 없다. 이 시인은 참으로 육체나 정신이 지칠 대로 지쳐 거리에 버려진 쓰레기 같은 존재가 되었다.

그러나 그는 이 비참한 상태에서 절망하지 아니한다.

그는 이 모든 수난의 현실을 신앙으로 받아들인다. 누구를 원망하거나 분노하거나 불평하지 아니한다. 그는 조용히 자기의 수난을 자기 자신의 것으로 받아들인다. 누가 밖에서 자기를 괴롭히는 것이 아니라, 자기의 실수와 죄가 결국 이러한 수난을 가져오게 했다고 생각한다. 내 죄 때문이다. 내 악 때문이다. 내 실수가 커서 이 고통이 왔다. 이 고통은 결국 하나님이 내게 주신 것이다. 그가 나의 죄를 책망하신 것이다. 그의 정의의 손이 나의 불의를 누르기 때문에 받는 고통이다. 그의 진실이 나의 비진실을 책망해서 온 벌이다. 주의 경계의 손이 나를 눌러 이 아픔을 갖게 했다.

"당신의 화살이 나를 쏘고 당신의 손이 나를 마구 짓눌렀나이다"(2절).

욥도 자기의 고통을 하나님의 화살에 맞아 생긴 고통이라 했다.

"전능하신 이의 화살이 내 몸에 박혀 내 영은 독을 마신 것입니다. 하나님의 공포가 습격하여 나를 때려눕혔습니다"(욥기6:4). "사람이 회개하지 아니하면 하나님은 그 칼을 갈고 활을 당기어 쏜다. 그의 쏘는 화살은 불화살이다"(시7:12,13).

이런 표현들은 모두 하나님이 인간의 죄를 덮어두시지 않고 그 책임을 따진다는 것이다. 이 시인이 자기 고통을 하나님의 징벌의 화살이라 생각하는 이 죄책감을 우리는 높이 평가해야 한다.

그의 몸에 성한 곳이 없도록 하나님이 그를 치셨고, 그 뼛속까지 고통을 느끼도록 하나님의 벌이 임했다고 고백한다. 그는 이렇게 하나님의 침략과 공격을 좀더 다양하게 표현한다.

"내 죄악이 내 머리에 넘쳐서 무거운 짐 같으니 내가 감당할 수 없나이다"(4절).

하나님의 징벌의 침입을 홍수에다 비유하고 있다. 영적 고통을 홍수의 범람과 같이 불가항력적이라 함을 다른 시인도 표현하고 있다 (시 124: 4,5). 이것은 하나님의 벌하심에서 자기 전 존재가 피해를 벗어날 수 없음을 말한다. 또 하나님의 벌은 머리에 무겁게 인 짐과 같다고 한다. 가인이 하나님의 벌을 받고 "내 죄벌이 너무 무거워 견딜 수 없다"고 한 말씀과도 같다(창 4:13).

이렇게 하나님의 벌을 실감하고 고민하는 이 시인은 자기의 고민을 하나님 앞에 호소하지 않을 수 없었다. "죄와 벌"로 인한 양심적인 한 인간의 울부짖음을 볼 수 있다.

"내 죄악을 아뢰고 내 죄를 슬퍼함이니이다"고 했다(18절).

"내가 피곤하고 심히 상하였으매 마음이 불안하여 신음하나이다 주여 나의 모든 소원이 주 앞에 있사오며 나의 탄식이 주 앞에 감추이지 아니하나이다"(8, 9절).

그는 하나님으로부터 받는 고통이라 생각하기 때문에 이 괴로움을 해결하는 길은 하나님께 호소하는 길 밖에 없다고 생각했다. "피곤, 상처, 불안, 신음, 탄식" 이 모든 용어들은 죄로 말미암은 자기의 실존임을 고백하고 있다. 오직 그는 주 앞에 호소할 수밖에 없다. 그것은 하나님이 주신 벌이며, 하나님이 이를 거두어 버릴 수 있기 때문이다.

"야웨, 오 당신만 기다립니다. 오 나의 하나님이여 응답하시옵소서"(15절).

이 견딜 수 없는 고통에서 풀려나는 길은 병을 고치는 것이나, 원수의 모함과 그 살인적 저주에서 벗어나는 것보다 우선 하나님의 긍휼을 받는 것이다. 그의 용서와 돌보심만이 그를 수난에서 풀 수 있다. 그래서 그는 애원한다.

"야웨여 나를 버리지 마소서 나의 하나님이여 나를 멀리하지 마소서. 속히 나를 도우소서 주 나의 구원이시여"(21, 22절).

하나님의 신속한 구원을 받는 길만이 그를 수난에서 벗어나게 하는 길이라 믿었다.

손뼘만한 생명

알게 하소서, 오 야웨!
내 목숨의 끝을.
내 날이란 무엇입니까.
지나가버리는 것인 줄 아옵니다.

내 날이란 손뼘만한 것
내 인생이란 주 앞에서는
없는 것이나 다름 없습니다.
사람마다 튼튼하다는 것이
헛된 것이 아닙니까.(4, 5절)

죽음을 눈 앞에 둔 사람, 그의 말이 헛소리로 될 수도 있고 또는 참으로 진짜 알찬 소리를 할 수 있다. 자신의 생명의 종말을 두려워하는 사람과, 그 종말의 의미를 모르는 사람, 그리고 그 육체의 생명이 끝난 다음 또 하나 타계가 있는 것을 모르는 사람은 그 임종 때에 하는 말이 그의 일생 중 가장 추한 말이 되고 가장 무가치한 말이 된다. 그가 비록 일생을 아무리 성공적으로 호화스럽게 자랑할 만큼 잘 살았다고 해도 그 죽는 임종 순간의 말과 태도에 따라 그 사람의 일생이 판단되기 때문이다. 그래서 칼빈의 전기를 쓴 두메르그는 칼빈의 임종 순간의 아름다움을 보고 "사람은 그 임종을 보아서 그가 어떻게 일생을 살았는가 알 수 있다"고 했다.

이 시인은 그의 임종을 보는 듯한 생명의 위기를 바라보며 인생의 허무를 뼈저리게 느끼는 동시에 하루를 살든 이틀을 살든 하나님의 긍휼의 손길에 붙잡혀, 건강을 회복시켜 달라고 기도하고 있다. 그의 이 애원은 다만 자기 목숨을 연장시키려는 육체의 생명 위주만이 아니다. 자기의 병고는 다만 자기의 죄 때문이라 한다.

"당신의 채찍을 내게서 거두어가소서. 당신이 나를 치시면 나는 죽을 수밖에 없습니다"(11절).

이 시인도 38편 시인과 같이 자기의 육체적인 병은 누구 때문이 아니라 자기 죄 때문이라는 참회의 심정에 젖어 있다. 가령 2절과 9절에 나타난 침묵의 결심은 38편 13,14절과 유사하고, 7절에 "하나님밖에 소망이 없다는 고백"은 38편 15절, 그리고 악인들 앞에서 죄를 지을까 조심한다는 생각은 (1절) 38편 16절과 유사하고 하나님의 진노로 인하여 병고를 당하고 있다고 함은(10,11절) 38편 1-3절, 그리고 11절 말씀과 서로 공통된다. 무엇보다도 시의 테마가 "질병과 죽음의 위기"를 다루고 있음에 공통되나 38편에는 그의 임종의 사실을 39편보다 더 강하게 느끼면서도 하나님의 징계에 더 큰 관심을 두어 "죄와 벌"의 상관관계를 설명하려고 하나, 39편은 비록 죽음의 위기를 논하면서도 죄와 벌의 문제보다도 인생의 허무성에 대하여 더 큰 관심을 가진 것 같다. 물론 하나님 없는 사람처럼 허무한 인생을 노래하고 절망하고 자포자기하는 소극적인 인생관을 가진 것은 아니다. "내가 무엇을 바라리요. 나의 소망은 주께 있다"(7절)할 만큼 병과 죽음, 허무한 인생에서 절망을 넘어선 희망을 보여주고 있다. 그러나 이 희망의 교훈은 이 시인과 같이 참으로 인생의 허무한 것을 느낄 줄 알아야 그 소망이 확실한 것이 된다는 것이다. 인생 그것이 이 땅위에서 영구하다고 생각하는 일 자체가 이 시인에게 있어서는 비신앙적이라 생각된다. 사람에게는 병고와 그 죽음에 시달릴 수밖에 없는 허무성이 있지만, 이렇게 인생의 허무성을 솔직히 시인해야만 참으로 하나님에게만 희망이 있다는 것을 깨달을 수 있다고 주장한다.

"알게 하소서"란 말을 4절 처음에 두었다는 데 의미가 있다. 인간이 마땅히 알아야 할 일을 고백한다. 알아야 할 것은 "내 목숨의 끝"이 있고 이 생명이 영구적이 될 수 없다는 한계성이다.

사람이 아무리 인위적으로 자기 생명을 연장시키려고 해도 그것은 불가능하다. 예수님이 말씀하신 대로, "염려함으로 그 목숨을 더 연장할 수 없다"(마 6:27). 사람은 날 때부터 이 한계성을 가지고 있다. 다른 시인은 "우리의 연수가 70이요 건강하면 80이라 할 수 있지만(시 90:10) 그 자랑은 수고와 슬픔뿐"이라 했다. 이 시인의 말대로, "내 날이란 무엇입니까?" 그것은 지나가버리는 입김 같은 것에 불과하다. 주의 목전에서는 인생의 일생이란 밤의 한 순간 같은 것이라 했다(시 90: 24), "인생은 그 날이 풀과 같다"고 했다 (시 103:15). 이 시인은 "나의 날의 길이가 손 한 뼘만 하다"고 했다(5절).

"사람은 헛것 같고 그의 날은 지나가는 그림자 같다"(시 144:4)고 한 말과 이 시인의 말은 상통한다. 이 땅에 살아있는 인생이란 영원하신 주 앞에서는 – 천 년도 지나간 하루 같다고 한 말대로(시 90:4) 없는 것이나 마찬가지다. 인생이 존재한다 하는 그 자체가 주의 앞에서는 우스꽝스러운 것이다. 그러므로 이 땅 위의 사람들의 하는 일이란

"그림자 같고 헛된 일에 불과하며, 비록 재물을 축적했다고 해서 자랑할 것은 없다. 그것은 그 재물도 그 목숨이 끊어지면 아무 소용이 없는 것이 되고 말기 때문이다"(6절)

이것은 예수님이 어리석은 부자를 두고 하신 말씀 그대로이다(눅 12: 20-21). 사람이 치부하여 그 집의 영광이 더한다고 해도 조금도 부러울 것도 두려울 것도 없다고 한다. 그가 한번 죽으면, 아무것도 가지고 지하로 내려갈 수 없다고 했다(시 49:16, 17).

이렇게 시편 시인들은 인생이 허무하다는 것을 심각히 깨달은 사람들이다. 이것은 결코 인생을 부정하고 그 의의를 무시하는 허무주의 생각 때문이 아니라 사람이 쳐다볼 수 있는 영원한 것이 무엇이며, 누구에게서 그것을 찾을 수 있느냐를 가르치려고 함이다. 전도서에 그렇게 "세상만사가 헛되다"고 반복하고 있으면서도, 그는 하나님이 인간들에게 무엇 때문에 이 허무한 세상에 살아야 할 것인지를 가르치고 계신다고 했다. 그것은 어느 때에나 하나님은 아름다움을 창조하시고 이는 인간이 처한 비극적인 상황에서라도 하나님은 미(美)를 창조하시며 또한 사람들 마음 속에 영원을 사모하는 마음을 주셨다고 했다(전 3:11).

이 시인이 인생의 허무를 말함도 인생이 절망 중에서도 소망을 둘수 있는 영원하신 하나님과의 영적인 사귐을 알게 함임을 가르친다. 인생이 허무하다고 해도 그것을 자연의 현상이라고 하면 그것은 하나님의 경륜을 모르는 사람이다. 이 시인은 "주께서 이를 행하신다"(9절), 주님이 행하시는 일이니, 이 세상에서 어떤 억울하고 비통한 일을 당해도 또 죽음에 직면해서도 인간은 하나님께만 소망을 두고 호소할 것밖에 없다.

"주여 나의 기도를 들으소서, 내 부르짖음에 잠잠하지 마소서. 나는 주님의 세계의 식객이요 유숙하는 객이니, 나를 불쌍히 여겨 내가 죽어 없어지기 전에 내 건강을 회복시켜 주소서"라고 간절히 빌 것 밖에 없다고 했다. 허무한 인생 속에서 보람을 찾는다고 했다(12-13절).

제 40편
은총무한

야웨 나의 하나님이여
당신은 큰 일들을 하셨습니다.
우리를 위하여 기적을 행하신 일
우리를 돌보신 일
일일이 들어 말해보고자 하나
다 나타낼 수 없고 셀 수도 없습니다(5절).

        참으로 하나님을 바로 알고 또 이 하나님의 긍휼과 사랑의 부스러기를 먹고 살아가고 존재하는 사람이라면 그는 은총무한을 외치지 않을 수 없다.

   나는 환갑 때까지 살 수 있다고 장담을 못할 만큼 중병에 시달리던 사람이었다. 그러나 내가 환갑을 맞이한 날 아침 기도에 "은총무한"이란 말이 생각나서 잘 쓰지 못하는 붓글씨지만 화선지 전지를 절반으로 끊어 펴고 "은총무한, 은혜무궁"이란 글을 썼다. 내 자신을 돌이켜 볼 때 내가 이 날까지 살아서 하나님의 일을 하는 자로 부름 받았다는 것이 감격이 아닐 수 없었다. 한 마디로 말해서 "은총무한"이었다.

   나는 이 40편 시인에게서 그와 같은 감격을 찾을 수 있다고 본다. 이 시는 "감사시"의 하나이지만, 그 감사의 내용을 살펴보면 "나를 기가 막힐 웅덩이와 수렁에서 끌어올리시고 내 발을 반석 위에 두사 내 걸음을 견고하게 하셨도다"(2절).

이 구절의 뜻은 시인이 도저히 빠져나올 수 없는 위험 중에서 빠져나올 뿐만 아니라 지금은 조금도 흔들리지 않는 반석 위에 서 있기 때문에 어떤 생명의 위험도 접근할 수 없는 항구적인 안정을 찾았다는 감격이다. 여기 "기가 막힐 웅덩이"란 말은 칼빈의 이해대로는 "사나운 물결이 입을 벌리고 있는 격류의 계곡"이란 뜻이다. 한번 빠지기만 하면 시체도 건질 수 없는 위험한 웅덩이다. 그리고 여기 수렁이란 말도 단순히 움푹 패인 곳이 아니라 사람이 발을 디디기만 하면 그 몸이 그 속에 빠져들어가는 늪지대이다. 그러니 이 시인이 말하는 "웅덩이"(보올)나 "수렁"(팃트)은 다시 살아날 수 없는 절망적인 함정, 죽음과 직통하고 있는 수난의 현실을 상징하여 표시한 것이다.

이런 곳에서 건짐을 받은 시인은 "은총무한"이란 감격을 가지지 않을 수 없다. 그는 입으로 새 노래를 하나님께 부르지 않을 수 없다고 했다(3절). 여기 "새 노래"란 말에서 시인의 감격이 특수함을 암시한다. 늘 부르는 노래가 아니다. 하나님의 구원의 은총을 특별히 언급한 구원의 노래이다. 그의 건짐받은 사실을 누구에게나 자랑하며 또 잊어버리지 않고 항상 기억해야 할 새 노래이다(시 33:3). 이런 생명의 위험에서 건짐을 받게 된 시인은 최고의 찬송을 드려야 한다. 그의 구원의 사실이 크면 클수록 우리가 부를 노래는 더욱 새로워야 한다.

이 "새 노래"도 이 시인 자신이 지어 부른다고 하지 아니함에 주목해야 한다. 그를 구원하신 그 하나님 자신이 그 새 노래를 시인의 입에 두셨다고 한다.

죽음에서 건짐을 받은 시인은 그가 받은 구원을 정확하게 표현할 노래도 짓지 못할 뿐 아니라 그 노래가 있다고 해도 그 자신이 부를 수 없다는 것이다. 구원도 노래도 그것을 부르는 입도 하나님이 주신 것이다. 그러므로 여기 시인의 존재란 무엇이냐, 그것은 감격을 한다지만 그 감격도 하나님이 주신 것이고 그가 노래를 부른다지만, 그 노래도 하나님이 그에게 주신 것이므로, 그는 다만 "은총무한"의 심정밖에 없다. 그러기 때문에 그는 5절에서 "은총무한"을 노래하지 않을 수 없다. 시인이 말하는 "새 노래"란 이런 내용의 것이다.

"야웨, 나의 하나님이여, 당신은 큰 일을 하셨습니다."

여기 "큰 일"이란 말 "랍보트"는 사람이 할 수 없는 위대한 일이란 뜻도 되지만, 숫자적으로 생각해도 그 일이 너무도 크고 많아서 헤아릴 수 없음을 말한다. 하나님이 이 시인을 위해서 하신 일은 "크고 또 많다"는 것이다. 이 감격을 다시 부연하고 반복하여 노래한다.

"우리를 위하여 기적을 행하신 일, 우리를 돌보신 일, 일일이 들어 말해보고자 해도 다 나타낼 수 없고, 셀 수도 없습니다."

이것이 "은총무한"을 말하는 새 노래이다. 참으로 하나님의 은혜에 감격한 사람은 그 은혜를 숫자적으로 표현할 수 없다. 우리 찬송가에는 "세상 모든 풍파 너를 흔들어 ~~받은 복을 너 세어보아라. 받은 복을 네가 알리라"가 있다 (찬송가 429장),

그러나 이 시인은 그 축복을 셀 수 없다는 것이다. 그의 기적(니플로트)이란 말은 구약에서 하나님이 애굽에 있는 이스라엘 백성을 구해내시기 위하여 여러 가지 초자연적인 일을 하셨던 일과 관련하여 쓰이기 시작하여 (출 3:20) 하나님이 이스라엘을 위하여 행하신 구원의 행동을 말하는 대표적인 말이 되어 있다. 인간은 도저히 할 수 없는 일이다. 하나님의 놀라운 구원행동을 표시하는 말이다. 시인은 자기를 죽음의 자리에서 건져 주신 일이 곧 기적이라고 믿었다.

사실, 하나님을 믿는 사람은 항상 그 몸에 하나님의 기적을 가지고 다니는 사람이다. 그의 삶 자체가 하나님의 기적적인 은사로 인하여 움직여가는 것을 고백하는 사람이다. 이 기적을 자신에게서 발견 못하는 사람은 아직 신앙의 깊은 경지에 들어가지 못했다. 이 기적을 반드시 병이 낫는다거나 어떤 위험에서 자기 목숨이 건짐을 받았다는 육체적 또는 물질적인 것으로만 생각하면 우리가 이해하는 기적은 너무 우리 자신의 편리, 유익, 만족 중심이다. 사실 우리가 하나님을 믿을 수 있는 이 사실, 악마의 자식이 될 수밖에 없는 우리가 하나님의 자녀가 되었다는 사실 자체가 기적이 아닐 수 없다.

십자가를 통한 하나님의 구원의 은총이 어떻게 내게까지 왔는가 감격하는 것은 곧 우리가 기적으로 믿고 살아감을 말한다. 이렇게 생각할 때, 우리는 "은총무한"을 말하지 않을 수 없다.

이러한 셀 수 없는 은총을 노래하는 사람은 그 삶 자체를 어떻게 할 것인가. 은총을 무한정으로 내려주시니 되는 대로 살아도 좋다는 것은 아니다. 은총을 받은 자의 의무가 있다. 그가 무엇을 잘 했기 때문에 은총을 받았다고 생각지 아니한다. 그렇게 생각한다면 그것은 인간의 행위가 하나님의 은총을 유발시키는 원인이 된다. 그렇게 되면 믿음보다도 행위가 중요하다는 도덕주의에 빠진다. 그렇게 내가 한 일 때문에 받는 축복이라면, 그것은 은총이 아니라 보상이다. 내가 한 일에 대한 정당한 보상이다.

그러나 은총은 보상이 아니다. 어디까지나 받는 자에게 원인이 있지 아니하고 주시는 분의 자유의사에서 온다. 그렇기 때문에 죄로 멸망할 수밖에 없는 인간이지만 그 은혜는 거져 온다. 햇빛과 비를 의인과 악인에게 내리듯 은총은 인간 밖에서 오는 것이다.

일단 이러한 은총을 받은 사람은 언제까지나 그 값없이 받는 은총을 또 받을 생각은 말아야 한다. 그 은총의 계속은 처음 받은 은총에 욕돌리지 않는 자신의 의무에 있다. 그 의무란 항상 자기의 죄를 고백할 줄 알아야 한다. 이 시인의 "죄가 내 머리털보다 많다"(12절)는 똑똑한 의식으로 죄책감을 느끼고 살아야 한다. 그 다음은 하나님의 은총이 죄의 용서를 받고 있는 자신에게 내려지기를 빌어야 한다. 이 시인처럼 "야웨여, 은총을 베푸소서, 나를 구원하소서"(13절) 하며 자신의 영혼을 지켜 (14절) 하나님의 구원을 받기를 간구해야 한다. 은총을 무료로 받은 사람만이 은총을 계속 보내달라는 기도를 한다. 이것은 이 간구를 통하여 은총을 베푸신 하나님과 끊임없는 생명의 교제를 하기 때문이다.

이 은총무한의 감사를 하는 사람은 그 은혜를 베푸신 하나님을 전할 수 있어야 한다.

"내 중심에 주의 의를 숨기지 아니하고 주의 성실과 구원을 선포하였다"(10절)는 선교적인 책임을 가져야 한다.

"내가 주의 인자와 진리를 많은 회중 가운데에서 감추지 아니하였나이다"함도 이 시인이 이러한 선교적인 책임을 감당한 것을 말한다.

"은총무한"의 새 노래를 부르는 사람은 그 은혜의 주인공이신 하나님의 구원, 성실, 인자, 진리를 선포하는 사람이다. 이것이 복음을 전하는 사람이다. 이 시인이 "내가 많은 회중 가운데에서 의의 기쁜 소식을 전하였나이다"(9절)함은 예수 그리스도를 통하여 복음을 받은 우리의 의무를 알리는 것이다.

제 41편
앓는 자의 친구

궁지에 빠진 자를 보살피는 자에게
축복이 있으리라
불행한 날
야웨께서 그를 건지시리로다(1절).

        이 시는 문학형식으로는 감사시도 되고 또 탄식시도 되는 복합성을 지녔으나, 이 시의 주제는 병자에 대한 동정이 얼마나 하나님의 축복을 받는 일인가를 알려주고 있다. 물론 이 시에는 시인 자신이 무슨 병에 걸렸는지 밝히는 바 없고 22편이나 38편 시인처럼 그 병든 육체의 비참상이나 통증을 설명해 주는 구절도 없다. 다만 "병중" "병상" "고친다" "악한 병" "다시 일어나지 못한다" 등의 구절들이 나올 따름이다 (3, 4, 8절). 여기에 가까운 친구로부터 버림받은 비통한 사실이 있기는 하지만 이런 쓰라린 경험도 이 시인이 앓고 있는 병 때문인 것을 알 수 있다.

    확실히 그의 삶과는 떨어질 수 없는 관계를 가졌다. 누구나 이것을 피하지만 원하지 않는 질병은 곧잘 드나든다. 물론 병을 앓지 않고 이것 때문에 일생의 귀중한 시간이나 정력이나 금전을 소비하지 아니하는 행복된 사람도 있기는 하지만 대부분의 사람들은 병을 가지고 병을 앓고 병과 더불어 신음하고 고생한다.

 그러나 병이란 반드시 불행하거나 괴로운 것만은 아니다. 병은 인간을 고독하게 만들고 인간을 실망시키고 인간을 정지시키고 우울하게 만들고 여러 가지 손해를 주기는 하지만, 병을 잘 앓고 난 사람은 일생에 자랑할 수 있는 교훈을 이 병의 경험을 통하여 얻게 된다. 나는 이것을 "삶에 이르는 병"이라 부른다. 사람들은 대체로 죽음에 이르는 병이라 하지만 병을 잘 앓는 사람에게 이 병은 확실히 그에게 새로운 삶, 멋진 삶, 보람 있는 삶을 살게 한다. 예수님도 나사로의 병을 "이 병은 죽을 병이 아니라, 하나님의 영광을 위함"이라 (요한 11:4)하셨다. 하나님의 영광을 나타내는 새로운 삶을 살게 하는 병이 될 수 있고 또 그런 새 삶을 병을 통하여 얻은 사람이 우리들 주변에는 적지 않다. 다른 시편 시인도 자기의 병을 통하여 "죽을 것이 아니라 하나님의 하시는 일을 선포하게 함이라"(시 118:17)고 했다.

 병을 불행이라 생각할 필요가 없다. 유대 땅의 많은 사람들은 그들을 괴롭히는 병이 아니었다면, 나사렛 예수의 사랑의 손길도 못 잡았을 것이고, 그를 통하여 전해진 하나님 나라의 복음도 들을 수 없었을 것이고, 참된 인간의 모습도 진리도 해방도 근원도 몰랐을 것이다. 그러니 병은 축복일 수 있고, 황금보다 더 귀한 보배일 수도 있다. 모든 앓는 자여, 그대의 병 때문에 실망하지 말라. 병 때문에 우울할 것도 없다. 병의 광맥을 파헤쳐라. 거기서 금광과 은광, 다이아몬드 광맥을 독차지할 수 있으리라.

 이 41편 시인은 자기 주위에 있는 앓는 자를 푸대접하고 그를 멸시하고 멀리 하는 사람에 대한 교훈을 한 사람이다. 그는 병 그 자체의 의미보다도 우리 인간이 병든 사람을 어떻게 할 것인가를 알려 준다.

"궁지에 빠진 자를 돌보는 자에게 축복이 있으리라."

이렇게 축복의 선언으로 이 시를 시작하고 있다. 이 궁지에 빠진 자를 "병자"로 볼 수 있느냐 하는 의심이 생기지만 이 시의 내용에서 볼 때, 병으로 어려움에 처한 사람이라 할 수 있다. 이 말의 원어 "딸"이란 말은 보통 "가난한 자" "궁핍한 자"로 번역되지만, 물질적인 결핍보다도 이 본문에서는 건강을 가지지 못하여 궁한 입장에 처한 사람이라 할 수 있다. 칠십인 번역이 "딱한 사람" 또는 "궁핍한 사람"(엡윤)이란 말을 보충해서 읽는다고 주석가들이 대체로 그 말을 첨가해서 읽으나, 이 시가 물질적인 빈곤을 경험한 사람에 대한 시를 쓴 것이 아니고 병자에 대한 노래를 불렀기 때문에 그런 말을 보충할 필요가 없다.

문제는 곤궁이니 궁핍이니 하는 말보다 병으로 딱한 사정에 놓인 사람에게 대한 인간적인 동정심을 보이는 문제를 관심하고 있다. 인간은 병든 사람에게 무관심하고 심지어는 싫어하고 피하고 어서 죽었으면 좋겠다는 저주까지 하지만, 하나님은 언제나 이런 딱한 병자들을 따뜻하게 대접하심을 이 시인은 강조하여, 자기 병 때문에 사람들에게서 실망할 일을 당해도 슬퍼하거나 괴로워하지 말고 하나님의 긍휼과 돌보심을 즐기고 힘을 내라고 권고하고 있다.

이 시인은 하나님이 앓는 사람 대함을 "그를 지키사 살게 하시리니"(2절), "그를 병상에서 붙드시고 그가 누워 있을 때마다 그의 병을 고쳐 주시나이다"(3절)고 했다.

장기간의 병을 앓고 있는 결핵환자로 요양소 생활을 내가 체험한 대로 인간은 병에 약할 뿐만 아니라 병자에 대하여 약하고 병을 이길 저항력도 약하지만 병을 앓고 있는 사람에 대한 사랑에도 약하다. 병균을 피하고 무서워할 뿐 아니라 앓는 사람을 피하고 무서워하기도 한다. 결핵병과 같은 장기병을 앓아 누워있는 사람에게 의약과 간호가 절대적으로 필요하지만, 병자를 돌보는 따뜻한 인간애가 더 필요함을 보았다. 앓고 있는 사람이 그 가까운 친척이나 친구들, 사랑하는 사람과 가족에게서 귀찮은 존재가 되었음을 느낄 때 그의 병은 아무리 경하다고 해도 치유할 가능성이 적다. 아무리 좋은 약, 좋은 환경을 제공한다고 해도 환자가 그 마음에 자기 주변 사람으로부터 소외당하고 미움과 싫은 존재가 되었다는 것을 느낄 때 그의 병은 치유의 길보다 악화의 길이 빠르다. 그래서 많은 앓는 사람들이 병을 고칠 수 있음에도 불구하고 죽어간다. 내가 마산 국립요양소에서 거의 한 달에 한 사람씩 장례식을 치러야 한 경험에서(요양소 교회를 설립하고 병자로서 목회를 한 경험) 볼 때 그 죽음의 대부분이 사람들에게서 받아야 할 사랑의 결핍에서 죽어간다고 생각되었다.

이렇게 인간에게서 오는 사랑의 결핍을 깨달은 사람은 이 시인이 노래한 바와 같이 하나님은 우리 병상을 지키시고 우리의 앓고 있는 자리를 고쳐 펴주신다고 생각하게 되어 이 하나님께 매달려 39편 시인처럼 또 "나의 건강을 회복하소서"라고 간구할 때 그는 속으로 새 힘을 얻고 그의 병을 치료할 힘을 얻게 된다. 병은 참으로 육체의 문제만이 아니라 마음의 문제라는 것은 그가 병석에서 신앙으로 살아갈 때 더 절실히 느끼게 된다.

이 시인은 "악한 병이 그에게 들었으니 이제 그가 눕고 다시 일어나지 못하리라"(8절)고 악담하는 친구가 되지 말라는 권고를 한다. 이 시인은 "내가 신뢰하여 내 떡을 나눠 먹던 나의 가까운 친구도 나를 대적하여 그의 발꿈치를 들었나이다"(9절)는 구절처럼 냉혹한 사람이 되지 말고, 앓는 자를 돌보는 사람이 되어야 함을 가르친다. 진실로 병자에게 보여주는 작은 친절이 그 앓는 사람에게는 큰 용기를 준다.

시편 명상

제 42편
하나님께 목이 말라

암사슴이 시냇물을 찾듯이 / 내 영혼이 당신을 찾아 애태웁니다.

오 하나님 / 내 영혼의 하나님 / 살아 계시는 하나님 그리워 목이 탑니다(1, 2절)

하나님을 연인처럼 사모하는 마음, 이 얼마나 아름다운 인간의 모습인가. 사람은 무엇을 간절히 사모하여 애태울 때 비록 그가 순간적 환락을 찾아 육체를 찾아 헤맨다고 해도 그것은 -- 비록 추한 아름다움이라 할 수 있지만-- 아름다운 인간의 모습임에 틀림없다. 남의 재산이나 금품을 빼앗는 일에 애태우고, 남의 명예를 훼손시키기에 밤잠을 못 자고 흉계를 꾸미고 또 다른 사람의 목숨을 빼앗기 위해 온 정열을 바쳐 음모를 꾸미는 사람이 가진 애태움보다 솔직한 자기의 육욕을 풀어보고자 육체를 그리워함은 얼마나 아름다운가.

그러나 육체도 물질도 영예와 지위 권력이나 장수, 부와 행복을 갈구하는 그 마음보다 하나님을 사모하고 하나님에게 목이 말라 간절히 사모하는 그 마음이야말로 얼마나 아름다운가!

여기 이 42편 시인의 노래가 없었더라면 우리는 참 아름다운 것을 모를 뻔했다. 처음으로 그리스도 교회가 세워졌을 때, 모진 박해 속에서도 이 아름다운 영혼의 갈증 때문에 그들의 고단하고 괴롭받는 인간들이 새 힘을 얻고 어둡고 지루한 하루를 웃으며 살아갈 수 있었다고 한다. 특히 이교의 세력이 강했던 로마에서 이 새로운 종교를 믿던 사람들은 밝은 태양 아래 살 수 없어 지하로 동굴로 숨어서 살았다. 자식들은 부모와 갈라져야 했고, 종들은 주인들에게서 쫓겨나야 했고, 사람들은 이웃의 눈길을 피하여 그들의 신앙을 비밀히 간직해야 했고, 각종 천업을 하던 사람들은 이 신앙 때문에 그들의 생활 방도를 잃어버리고 거리로 방황하면서도 그들 중심에 간절히 사모하는 한 임을 가지고 다녔다. 그들은 시편 42편 1절을 생각하고 암사슴이 시냇물 찾듯이 하나님을 사모하는 사람들이라 하여 "사슴"표를 지니고 다녔다고 한다.

사슴은 얼마나 연약한 동물인가. 그렇지만 이것이 목이 말라 시냇물을 찾아 헤매는 모습을 수난받는 크리스천들의 심볼로 삼았다는 것은 "생선"을 심볼로 삼았다는 것보다 훨씬 자연스럽다. "고기" 심볼에는 교리적인 냄새가 풍기나 "사슴" 심볼에는 간절히 애타며 괴로워하는 영혼을 알려주어 훨씬 더 친근미를 가진다.

신에게 목이 말라 애태우는 이 광경은 우리 신자들이 가질 수 있는 가장 아름다운 자세이다. 목이 마른 사슴, 그것도 암사슴, 새끼를 배었거나 새끼를 데리고 다니는 암사슴의 경우, 그 애태움이 더 심각하다 할 수 있다. 더욱이 팔레스타인의 기후를 생각할 때, 아무데서나 물을 구할 수 있는 한국 사정과는 다르다. 일년 중 가뭄의 시절에 (4월~10월) 비가 내리지 않을 때 모든 "와디"(시내)들은 말라 건천이 되어 버린다. 언덕을 넘고 넘어도, 들판을 건너고 또 건너도 시냇물을 찾기 힘들다. 찾다 지쳐버리면 목을 길게 뻗은 채 쓰러진다. 간절한 욕망을 남기고, 목이 말라 시냇물로 향한 아름다운 의지를 뻗은 다리처럼 내뻗고.

이 42편 시인이 하나님을 사모하는 심정을 이 암사슴으로 표현한 것은 그의 시상이 가장 원만하게 나타난 것이라 할 수 있다. 이야말로 팔레스타인 사정을 잘 아는 독자들에게는 감동을 주는 표현이라 하겠다. 이 시인이 이렇게 하나님께 목말라 함은 자기 경험에서 나온 것인가, 단순히 상상이었던가.

이 시편 전체에 흐르고 있는 배경으로 보아 시인 자신은 말할 수 없는 신앙적인 수난을 당하고 있는 사람인 것 같다. 그는 정상적인 예배 공동체에서 축출되어 그 자신은 원하지 않는 먼 곳으로, 그것도 야웨 하나님의 이름을 부를 수도 그 이름을 찾아 성소에 모일 수도 없는 이방 지역에 던져진 사람 같다.

"내가 전에는 성일을 지키는 무리와 동행하여 기쁨과 찬송의 소리를 발하며 그들을 하나님의 집으로 인도하였더니"(4절).

그는 분명히 과거 어느 한 때 예루살렘 성소에서 그 예배 공동체에서 어떤 지도적인 역할을 해오던 사람이었던 것을 회상하고 있다. 그러나 현재는 그러한 종교적인 환경에서는 완전히 차단된 사람인 것 같다. 마치 현재 하나님 예배가 말살되고 있는 북한 땅으로 사로잡혀간 어느 교회 지도자의 경우를 연상할 수 있다. 6·25 때 잡혀가 끌려 다니던 송창근 박사님 같은 많은 목사들의 경우를 상상할 수 있다.

"이제 이 일을 기억하고 내 마음이 상하는도다"(4절)에서는 자유로운 신앙생활을 할 수 없는 현재의 핍박을 가슴 아프게 생각하고 있음을 볼 수 있다. 이런 고통을 겪고 있는 시인은 단순히 예배드릴 성전이 없다든가, 그가 예배를 인도하고 성도들과 함께 종교적 축제나 그 행렬에 참여하지 못하게 된 것 때문이 아니다. 실지로 그에게서, 그의 생활에서 신앙 자체를 말살해 버리려 하고, 그의 영혼에서 하나님의 이름까지도 없애버리려는 부당한 핍박을 당하기 때문이라 볼 수 있다. 그것은 3절과 10절에 표시되었다.

"네 하나님이 어디 있느냐.

사람들이 종일 빈정대오니

밤낮으로 눈물로 보냅니다"(3절).

"네 하나님이 어디 있느냐.

날마다 원수들이 빈정대는 소리는

비수로 내 뼈를 찌르는 것 같습니다"(10절)

　이것은 시인의 원수들이 철저한 무신론으로 하나님의 존재를 부인하는 동시에, 이 하나님을 믿는 자기를 모욕하고 자기의 가장 소중히 여기는 것을 짓밟는 것 같고, 사랑하는 자식을 자기 앞에서 죽이는 것 같은 가슴을 저미는 일이라 생각한다. 다만 살아 계시는 하나님을 사모하는 마음 때문에 당하는 이 고통을 그는 한동안 어떻게 해결할 바를 알지 못한다. 그는 말할 수 없는 불안 속에 싸여 있다. 그러나 하나님을 목 마르게 사모하는 그 일 자체가 이미 문제의 해결을 얻은 것이나 다름없다.

"내 영혼아 네가 어찌하여

그렇게 낙심하는가.

어찌하여 그렇게 혼자서 불안해하는가.

너는 하나님을 기다리라.

내 체면을 세워주시는 당신이오니

오히려 내 하나님을 찬양하리라"(5, 11절)

　이 시인은 하나님을 찾지 못해 고민했지만 이제 이 하나님을 목이 타게 찾은 그것이 하나님을 찾는 일이 되어 오히려 찬송을 부른다.

　"하나님을 목이 타게 구하는 이여, 그대는 이 세상에서 가장 아름다움을 소유하고 노래하는 자이다."

제 43편
오히려 찬송

내 영혼아! 네가 어찌하여
그렇게 낙심하는가.
어찌하여 그렇게 불안해 하는가.
너는 하나님을 기다리라.
내 체면을 세워주시는 당신이시오니
오히려 내 하나님 당신을 찬양하리로다(5절).

이 시는 42편과 연결된 하나의 시라 할 수 있다. 대부분의 주석가들이 그렇게 이해하고 있다. 두 시는 저작된 역사적 배경이나, 그 주제, 그 언어 감정, 그 사상 등이 서로 공통된 시이다. 그래서 43편을 42편 시의 보조라고도 생각한다. 특히 우리가 생각하는 텍스트는 42편의 5절과 11절에 두 번이나 나와 있다. 42, 43 두 편에 같은 구절이 세 번이나 반복되었다는 것은 이 시인의 신앙의 특성을 알려준다 할수 있다. 이 구절에는 "내 영혼"이라고 번역되는 말 "납쉬"(*napshi*)란 말이 세 번이나 나왔다; 영어 번역은(독일어 번역도 마찬가지지만) 대체로 "O, my soul" "아, 내 영혼이여!"하여 시인 자신이 자기 영혼과 대화하는 형태로 이해되고 있다. 이 "납쉬"란 말은 많은 경우에 "나" 자신과 일치하게 이해될 수 있다. 공동번역에서는 "몸"이란 번역을 많이 쓰고 있다(시 6: 8; 16:10 ; 23:3 ; 31:15 등). 그러나 여기에 "납쉬"(내 영혼)은 "내가"

로 되어 있다. "어찌하여 내가 이토록 낙심하는가?" 원문에 있는 "납쉬"를 생략해 버렸다. 이 시는 하나님께 호소하는 시로 "하나님이여" (42: 1, 6 등과 같이) 시작하고 있기 때문에, 하나님께 향한 그의 눈을 자기 영혼에게 돌려 "내 영혼아!"로 부른다는 것이 하나님에 대한 관심을 흔들어지게 하는 것 같다.

그러나 이 시인은 하나님 앞에 "당장 구해 주소서" "속히 구하소서" (시 38:22) 또는 "지체하지 마소서"(시 40:17)와 같은 긴급한 상태에서 호소하는 시는 아니다. 이 시는 수난의 현장, 포로로 잡혀 간 현장에서 조용히 하나님의 구원을 애원하고 있다. 그는 하나님 앞에서 명상 하는 말로 "내 영혼아 !" 하고 자기 자신 속으로 깊이 파고 들어갈 수 있다고 생각된다. 그리고 시인이 자신의 영혼과 더불어 속삭이는 대화의 형식을 갖추며 그가 말하고자 하는 내용이 매우 인상적이다.

이 시인은 "오히려 찬송을 한다"는 신앙의 자랑을 하고 있다. 원문에 "오히려"란 말이 따로 나와 있지 않으나 이 시인은 모든 역경과 수난에서 불안하고 절망할 수밖에 없음에도 불구하고 자기는 찬송할 수 있는 여유를 가진다고 했다. 칼 바르트가 기독교 신앙 설명에서 "… 때문에"(on account of)보다 "그럼에도 불구하고"(in spite of)를 높이 평가한 것도 이 시인의 신앙이해를 바르게 설명했다 할 수 있다. 이 시인은 자기 원수들에게서 오는 신앙적 조롱이, 그로 하여금 눈물로 세월을 보내게 했고 그의 뼛속을 찌르는 것 같은 통증을 주는 고통이었지만 그럼에도 불구하고 오히려 하나님을 찬양할 수 있다는 것을 시인 자신에게 타이르고 있다. 신앙이란 우리 이성이 정당하다고 인정할 만한 증거를 주었기 때문에 생기는 것이 아니고 하나님의 능력과 그 자비를 받기 때문에 사람이 불가능한 일도 가능하다고 믿는 마음이다. 하나님은 우리 앞에서 숨은 것 같다.

이 시인이 "어찌하여 나를 버리셨나이까?"하고 하나님께 항변하고 있는 것은 하나님의 침묵 때문이다. 하나님의 긍휼이 단절된 것 같다. 그의 구원의 손길은 자기에게서 멀어진 것을 실감하고 있다. 그럼에도 불구하고 하나님께 대한 신뢰를 버리지 아니하고 자기 사정을 하나님께 호소하는 이 시인의 신앙은 놀랄만하다. 그는 하나님이 판단하시기를 바란다. 이 시의 첫 구절 "나를 판단하소서"는 자기의 억울한 사정을 호소할 데 없는 시인이 그 자신의 사정을 하나님께 맡기고 시시비비를 가려달라는 애원만이 아니라 자기의 의지는 오직 하나님밖에 없다는 신뢰의 표현도 된다.

여기 그가 현재 수난받고 있는 곳이 하나님을 섬기는 곳이 아니고 하나님이 부정되는 곳인 것 같다. "경건치 아니한 나라"에서 자신이 수난당하고 있음을 알린다. 이 구절의 원문의 뜻은 "하나님의 헷세드(사랑)를 가지지 않는 나라 또는 민족"을 의미한다. 이 시인이 42편 기자와 같은 사람이란 전제에서 생각하면 이 사람은 이교도의 지역에 감금을 당하고 있는 사람이다. 이 시인의 괴로움은 그들이 "네 하나님이 어디 있느냐?"하는 조롱을 하기 때문이다. 이는 단순한 무신론의 의미만이 아니고, 그 하나님을 믿는 시인 자신의 생의 의미와 그 자랑을 송두리째 부정하는 것이다. 이 "불경건한 나라"를 "비인도적인 무자비한 나라"라고 칼빈은 번역한다. 이렇게 이해하면 시인이 이방인들에게 육체적 학대를 당한 것을 상상케 한다.

그러나 이 시인에게는 육체의 고통은 그다지 큰 문제가 아니다. 그의 신앙과 자기 하나님께 대하여 빈정대는 조롱을 견딜 수 있다고 생각한 사람이다. 그렇기 때문에 "내 육체의 고통을 없이 해달라"는 기도 보다 자기의 신앙을 비방하는 그 일에 대하여 변호해 달라고 애원하고 있다. 이 애원은 "당신은 내게 힘을 주시는 하나님"이란 고백을 함으로 하나님과 자신의 생명적인 관계를 말하고 있다. 아무리 원수들이 자기를 조롱해도 그것을 견딜 수 있는 힘을 주시는 분이 자기 하나님이라 한다. 그렇기 때문에 자기는 이 하나님에게서 버려진 사람도 아니고, 또한 원수가 빈정대는 괴로움 때문에 슬프게 다닐 사람이 아님을 고백한다. 이는 시인이 중심에 가지고 있는 하나님 의지신앙이다.

이 2절에서 "어찌하여?"라는 탄식시의 독특한 의문 부사가 두 번이 나왔다고 해도 이것은 궁켈의 주장대로 탄식의 사정을 표시함만이 아니고 내가 보기에는 오히려 하나님께 대한 강한 의지심의 표현이라 할 수 있다.

3절에 하나님의 "빛과 진리"를 보내 달라는 것은 이런 빛이 없는 세상을 밝혀 달라는 뜻만이 아니라, 자기의 삶이 암흑 사회에서 어둠에 막혀 가야 할 곳을 가지 못하니 자기의 갈 길을 비추어 주는 광명을 달라는 애원도 된다. 이 애원은 그의 힘이 되신 하나님이 그의 광명이 되어 그를 어떤 흑암 속에서도 자기의 갈 길을 갈 수 있다는 적극적인 삶의 고백이다. 더욱이 하나님을 "진리"라 고백한 것은 그를 괴롭히는 자들이 아무리 "간사하고 불의한 일"을 해도(1절) 자기는 하나님이 알려주시는 진리로 인하여 진실되고 의로운 길을 걸어갈 수 있다고 장담하고 있는 것이다. 이런 빛과 진리를 자기 것으로 할 수 있기 때문에 기쁨의 하나님과 사귈 수 있어 수금을 연주하며 하나님을 찬송할 수 있다고 한다(4절). 여기 이 시인이 "오히려 찬송할 수 있다"는 심정을 보여준다. 5절은 그 찬송의 내용이다. 자신을 달래고 하나님을 의지하고 힘을 내라는 노래이다. 아무리 이방 지역에서 체면과 영광이 손상되었다고 해도 하나님이 우리를 영화롭게 하신다는 것을 고백하고 있다. "오 나의 영혼이여, 왜 낙심하느냐. 왜 불안해 하느냐."이런 일이 있을 수 없다.

제 44편
날마다, 날마다, 날마다

우리가 날마다
하나님을 자랑하였나이다(8절).
우리가 날마다
모욕당하고 있습니다(15절).
우리가 날마다
죽임을 당하나이다(22절).

　　이 시인은 "콜 하욤"(날마다)를 잘 쓰는 사람이다. 이
"날마다"란 말 속에 자기 수난을 말하면서도 이 "날마다" 속에 자기
신앙을 빛내고 있다. 날마다 태양이 빛나듯 날마다 그의 영혼은 아름답
고 강한 신앙으로 빛나고 또 이 "날마다" 속에 자기의 견딜 수 없는
육체적 정신적 고통을 감수하고 있다. 그에게는 "날마다" 절망이요, 또
한 "날마다" 소망에 부풀어 있다. 날마다 고독 속에 우울한 날을 보내나,
또한 "날마다" 용기 속에 한 발자국도 후퇴하지 않는다. 날마다 도살장으
로 끌려가는 양 같지만, 날마다 개선장군처럼 노래를 부른다. 모욕당하는
일과 죽임을 날마다 맛보지만 그에게는 또한 날마다 자랑할 일이 있다.

　이 "날마다"가 주는 모순과 신비 속에 이 시인은 가장 슬픈 노래를
부르는가 하지만 또한 가장 기쁜 노래도 부른다. 도대체 이 시인은 어
떤 사람이었던가.

이 시는 시편 안에서 가장 후대에 지어진 시로 알려져 있다. 대체로 마카비 전쟁 시대의 산물이라 함에 학자들이 의견일치를 보고 있다. 유대 나라가 희랍의 지배를 받고 있었을 때, 특히 안티오커스 에피파네스 (BC. 175-164)가 중동지역을 다스릴 때 유대인들은 그의 강력한 희랍주의와 충돌하지 않을 수 없었다. 유대의 신앙과 지성을 대표한 제사장 계통이 안티오커스의 분열 정책에 따라 내분이 있기는 했으나 안티오커스의 노골적인 독재에 대한 민중들의 항거도 대단했다. 안티오커스는 예루살렘에서 유대인의 모든 전통을 몰아내어 버리고 헬레니즘 도성으로 만들고 제우스 신상을 섬기게 했다. 이로 인하여 유대인의 종교를 철저히 탄압하게 되어 율법을 사랑하는 경건한 유대인들을 강하게 자극시켜 민족자결주의 및 선조의 율법을 사수한다는 하스몬 일가의 제사장 가족 중 마타티아스와 그의 아들 다섯이 안티오커스와 정면 충돌하게 되어 유대 땅은 전쟁 상태로 돌입했다. 주전 167년 그 아들의 한 사람 마카비 (아람어로 "망치"의 뜻)가 항거운동 지휘자로 나서서 164년에는 예루살렘에서 모든 이방적 요소를 철저히 제거하고 유대인들의 영혼의 고향으로 다시 만들었다. 주전 164년 말에 대민족 축제를 지켜 그들의 승리를 축하했다. 이것이 오늘날도 유대인들이 지키는 "하누카" 명절의 유래다.(요10:22)

이 시는 이러한 마카비 전쟁 때의 수난상을 알리는 한 시인의 작품이라 한다. 여기에 나온 대적과 원수들은 유대인의 신앙전통을 말살하려던 헬레니즘 주권자와 그들의 추종자들이라 할 수 있다. 이런 상황에서 어떻게 자기들의 선조의 신앙에 충성을 다하려 했는가를 이 시에서 볼 수 있다. 1-2절에서는 하나님이 그들 선조들에게 구원 역사를 행하신 것을 기억하고 그가 모든 대적을 물리치시고 그 선조들을 번성케 했다는 고사를 말하고 있다. 그렇게 승리의 기쁨을 가질 수 있었던 것은 그들의 수효나 전쟁 무기나 그 기술이 아니고 오직 그들을 긍휼히 여기신 하나님의 "팔과 손"이 구원을 베푼 때문이라 고백하고 있다. 하나님을 의지하고 대적을 물리칠 수 있었고 주의 이름으로 그 원수들을 짓밟을 수 있었다고 한다 (3-5절). 그러므로 이 시인이 승리할 수 있는 무기도 자기의 활이나 칼이 아니라 다만 하나님을 의지하는 신앙 뿐이라고 확신하고 있다. 그러므로 이 시인이 할 수 있는 일은 다만 "날마다"구원하시는 하나님을 자랑하고 그 이름을 찬송하고 감사할 것 밖에 없다고 한다(7-8절).

이 시의 제 1부에서는 철저하게 구원의 확신을 노래하고 하나님 의지 신앙이 승리를 가져온다는 것을 노래했으나, 제 2부에서는 이러한 결론으로 자신만만하게 의지신앙과 구원확신을 노래하게 되기까지 이 시인과 그 수난의 민족이 당했던 고난상을 소상히 알리고 있다. 사상의 순서로 보아서는 제 2부(9-26절)가 먼저 나올 수 있다. 그러나 이 시인의 노래는 그들의 예배공동체에 의지 신앙, 구원 확신, 하나님 자랑의 노래가 시의 목적이요, 또 이것을 성전에서 부른 공중예배 찬송의 의도라 할 수 있다.

이 제 2부에서는 희랍의 이교도와 그들의 종교탄압 정책과 더불어 싸우던 마카비 전쟁 당시 의로운 신앙인들의 깊은 고민과 육체적 고통, 삶의 위협을 생생하게 볼 수 있다.

하나님은 그들을 버린 것 같고(2절) 그들의 군대와는 동행하지 않는다는 실망으로 슬퍼하고 (9절) 자기 민족을 짐승들의 밥으로 내던졌다는 탄식 (11-12절), 날마다 원수들의 모욕과 수치와 조롱으로 그들을 낙심케했고 (13절), 하나님의 선민 이스라엘을 "만민 중에서 택하셨다"(호 3:2)는 그 영광은 이제 사라지고 만민들 중에서 하나님과 그의 선민들이 창피를 당하게 만들었기 때문에 (14절) 그들은 날마다 모욕을 당하는 하루를 보내야 하고, 얼굴을 가리우고 걸어야 할 수치를 당하게 했다고 불평을 말한다. 그러나 이 모든 슬픔, 탄식, 절망, 수치, 모욕과 조롱 중에서도 그들은 야웨 하나님을 잊어버리거나 그의 언약을 잊어버리지는 아니했다고 한다. 철저하게 선조의 신앙 전통을 고수하려고 이 모든 수치와 곤욕을 치렀다고 고백한다. 그들은 어떤 패망과 수치에 빠진다 해도 하나님을 신뢰하는 그 마음은 변치도 않았고, 그 신뢰의 길에서 한 발자국도 후퇴하지 아니했으며 주의 율법과 계명이 가라고 지시해 준 길에서 한 걸음도 후퇴하지 아니했다고 고백한다 (17-18절).

참으로 얼마나 놀라운 신앙인가! 그들의 수난은 극에서 극으로 달려 자기들은 맹수의 굴 속에 빠진 것 같아 죽음의 그늘이 시시각각으로 다가오고 하루하루가 곧 죽음의 날이요 날마다 죽어가는 날이 되고 만 위험과 절망이었지만 "우리는 하나님의 이름을 잊지도 아니했고, 하나님이 아시는 대로(21절) 희랍인들이 예루살렘 성소에 세운 제우스 신도 섬기지 아니했다"고 그들의 용감한 신앙투쟁을 말하고 있다 (20-21절).

이 투쟁은 곧 날마다 죽는 일이었지만 그들은 신앙의 길을 고수했다고 한다. 이런 수난 속에서도 신앙을 지킬 수 있었던 힘은 다만 하나님께 도움을 청하는 기도와 간구밖에 없었다고 한다 (23-26절).

이런 강한 신앙 자세를 볼 때, 우리들의 "날마다"의 삶은 무엇으로 어떻게 우리 신앙을 자랑하는지 살펴보아야 한다.

제 45편
정의의 왕

왕은 정의를 사랑하고
악을 미워하십니다.
그러므로 하나님, 당신의 하나님은
다른 사람에게보다
당신에게 즐거운 기름을 부으십니다(7절).

　　　　　　이 시는 시편 중에서 유례가 없는 오직 하나인 비종교
적인 시다. 이것은 세속시의 하나다. 그것은 하나님께 대한 노래, 하나
님 자신 또는 하나님이 하신 일을 노래한 시가 아니라 이스라엘 왕을
노래한 시이다. 특히 왕의 결혼에 관한 노래이다. 실상 어느 개인의 신앙
경험에서 저작된 시라기보다 궁중에 있었던 시인, 구약학자들이 말하
는 제의 시인이 왕의 결혼식 예배 때에 부르기 위하여 일부러 지은 시
라 할 수 있다.

　그렇다고 해도 이것을 세속시라 할 수 없지 않은가 하는 의문이 생긴
다. 사실 엄격한 의미에서는 속가(俗歌)라고 할 수 없다. 이스라엘 사회
에 있어서는 종교적인 것과 세속적인 것이 엄격히 구별되어 있지 않다.
세속사(世俗事)도 하나님이 간섭하는 일이다. 더욱이 그 나라의 왕과 그
의 생활에 관한 것은 종교적인 성격을 띤다. 이것은 왕이 선택되는 일

이나 왕의 대관식이나 왕의 전쟁행위, 왕의 정사(政事) 모두가 하나님과 관련 없이는 생각할 수 없기 때문이다. 그렇다고 해서 바벨론이나 기타 고대 중동 여러 나라의 경우와 같이 왕과 신을 일치시켜, 왕의 하는 일은 곧 그 나라 신이 하는 일이라 생각하고, 왕의 결혼식이나 대관식 같은 것도 그들의 예배공동체에서 한 해에 한 번씩 하여 신이 그 나라에 임재하는 것을 상징화시키는 신화적인 의미에서 왕과 하나님이 관련된 것은 아니다. 이스라엘에서는 이런 바벨론적인 사고와 그 습관을 철저히 배격하고 있다. 이스라엘에서는 철저하게 하나님은 왕의 지배자가 되시고, 왕은 하나님의 주권 아래 복종하는 사람이다. 왕과 하나님은 엄격히 구별되어 있고 그래서 이 시 7절에 "하나님 곧 당신의 하나님"이라 구별했으며 왕은 이 하나님에게서 존귀와 영광의 대접을 받는다. 왕 자신이 하나님의 영광을 대신할 수 없다. 그렇게 하는 일은 곧 하나님의 징계를 받는다(행 12:23; 롬 1:21 이하 참조).

이 시인이 45편에서 왕의 노래를 하면서 왕을 최고로 모시고 높이는 언어를 사용하나 그도 하나님의 주권 아래 있는 사람임을 밝힌다. 왕이 가질 수 있는 온갖 행복, 기쁨, 만족, 화려함, 자랑스런 축복, 남이 가지지 못하는 권위 등을 말하기는 하지만, 이 왕을 공평과 정의의 정치를 해야 한다는 왕도사상, 왕의 윤리적 의무를 분명히 밝혀둔다.

"왕의 홀은 공평의 홀, 왕은 정의를 사랑하고 악을 미워한다"고 했다. 왕은 또한 진실과 겸손과 정의의 행사를 해야 함을 말했다 (4절).

초기 이스라엘 생활에는 왕이 필요가 없었다. 그러나 그들이 가나안 땅에 정착하여 그 삶이 정돈되어 갈 때 자기들의 생존권을 보호하고 그 소유를 지키기 위하여 부득이, 그들 선조가 물려준 제도가 아니지만, 그들의 주체적이요 토착적 생존의 필요에서 왕제도를 가지게 되었다. 그러나 이 제도에는 본래부터 두 가지 엄연한 사실이 관련되었다.

시편 명상

첫째, 그 왕제도는 백성들의 고안이 아니라 하나님이 주신 것이라 생각했다. 따라서 왕은 자기의 권력을 행사함에 그 목적이 있지 않고 하나님의 선민인 거룩한 백성을 어떻게 바르게 다스려야 하는가 하는 의무가 주어졌다.

둘째로 이렇게 하나님으로부터 받은 주권을 행사하는 원리는 공평과 정의였다. 백성들을 바르게 다스리고 사람 된 도리를 바르게 함과 (개인윤리) 그들이 모여 사는 집단인 국가는 정의의 원리에 의하여 다스려져야 한다는 (사회윤리) 원칙을 부여받았다. 그래서 왕이 자기에게 주권을 맡겨 주신 하나님께 대하여 불충하거나 자기의 주권을 하나님보다 위에 올릴 때, 그 왕은 죄를 짓는 왕으로 배척을 받았고, 동시에 그의 정치 원리가 개인윤리의 기본인 공정을 무시하거나 사회윤리의 원칙인 정의를 무시할 때도 그는 역시 하나님 앞에 범죄한 왕으로 배척을 받을 수밖에 없었다.

사울의 배척, 다윗의 범죄, 솔로몬의 죄, 르호보암과 여로보암의 죄, 역대 왕들의 죄는 모두 이 두 개의 왕도사상을 위배하였기 때문이었다. 이것은 신명기 역사가 그의 역사 기술에서 계속해서 보여준 일이다. 구약에 나타난 메시야 사상은 실상 이상적인 왕도를 말한 것이다. 이사야의 메시야 예언이나 예레미야의 메시야 예언 속에 이 공평과 정의 그리고 하나님께 대한 충성스러운 관계가 골자로 되어 있음은 결코 이상한 일이 아니다(사 9:6-7; 사 1:3-5; 렘 23: 5).

이 시인이 왕의 결혼식과 같은 즐거운 행사를 고도의 세련된 문체로 아름답고 감명깊은 노래를 기록하면서도 이러한 기쁨을 누리고 그 백성들에게도 긍지와 자랑을 느끼게 할 왕의 임무는 이런 결혼식과 같은 일을 거행함으로 축하를 받고 즐기는 것만이 아니라, 그가 백성들을 위하는 정치는 공정과 정의의 원리에서 어긋나지 말아야 하고, 그의 위엄을 입은 옷으로나 그의 무력으로 보여줄 것이 아니라 진실과 겸손과 정의로 보여야 한다 함에서 참으로 이 시인이 이스라엘 신앙에서 굳혀진 이상적인 왕도사상을 그대로 그의 노래 속에서 외치고 있음을 볼 수 있다. 왕은 진실해야 한다. 만민이 그의 말과 행동을 귀감으로 살아야 하기 때문이다. 왕은 겸손해야 한다. 그것은 그에게 주어진 축복과 권위, 영화와 위험, 그의 권력과 부가 다른 사람 위에 뛰어나 있기 때문이다. 또한 왕은 무엇보다 정의의 실천자가 되어야 한다. 그는 만백성을 다스린다. 어느 한 사람에게도 불공평하다거나 불법을 행한다는 말을 듣지 말아야 하기 때문이다. 그의 정치가 정의에서 어긋나면 많은 선한 사람과 의로운 사람이 수난을 당해야 하고 나라의 질서를 바로잡을 수 없기 때문이다.

그런데 이러한 이스라엘 왕도사상을 생각할 때, 이 역사상에 나타난 많은 위정자들이 얼마나 이 원리를 실행하고 있는지 살펴보라. 얼마나 자신과 백성 앞에 비진실한 주권자가 많은가! 나라의 법도 백성의 필요보다 자신의 권력 유지의 필요로 바꾸는 주권자들이 얼마나 많은가! 더욱이 정의를 실천함에 있어서는 더욱 더한 것을 본다. 주권자의 불법과 불의에 대해서는 어느 누구에게도 비판받거나 공격받기 싫다 하여 얼마나 언론을 탄압하고 바른 말하는 사람과 바르게 살려는 사람을 얼마나 핍박하고 있는가!

공평과 정의, 나라를 다스리는 사람이나 다스림을 받는 백성이 이 원리에 매달려 사는 사람이 되어야만 그 나라와 백성은 복을 받는다.

제 46편
우리의 피난처

하나님은 우리의 피난처 / 우리의 힘이시니
큰 어려움을 당할 때 / 도움이 되신다 (1절).

마르틴 루터가 이 구절을 노래하며 거대한 가톨릭 전통에 도전하여 복음의 자유를 세웠다. 그는 이 46편에서 초인간적인 용기를 얻었다. 그가 한때 여러 가지 일로 절망에 빠졌을 때 그의 친구 멜랑히톤에게 "친구여 시편을 노래하자" 하면서 46편을 노래로 지었다. "내 주는 강한 성이요"라고 지은 이 찬송에는 이 개혁자의 성격이 잘 나타났고 그의 진실한 경건과 그의 기쁨에 넘치는 확신, 그의 단순성, 그의 힘, 동시에 그의 과격성, 그의 조잡성 등을 이 시에서 볼 수 있다. 그가 "비록 보름스에 있는 기왓장처럼 악마가 많다고 해도 나는 가리라"한 그 용기가 이 시에 그대로 나타나 있다. 그의 저서와 논문을 모두 취소하라는 엄명이 내렸을 때 "나는 절대로 취소할 수 없습니다. 내 양심에 거슬리는 일을 한다는 것은 지혜로운 일도 아니며 바른 일이라 할 수 없습니다. 여기 내가 있습니다. 오, 하나님 나를 도와주십시오"라는 용감한 말을 할 수 있었던 것도 이 46편 시에서 얻은 용기라 할 수 있다.

영국 공화정치 시대 가톨릭 신앙에서 이탈하여 프로테스탄트 신앙으로 나라를 다스리던 섭정관 올리버 크롬웰은 1656년 9월 17일 국회에서 한 연설 중에 이런 말을 했다.

"만일 여러분의 마음을 굳게 하였으면 시편 46편 루터의 찬송을 부르십시오. 이 시는 우리 신자들이 읽어야 할 참 적절한 시입니다. 신자가 이 시에다 그 마음을 열고 읽으면 하나님이 그에게 분명히 알려주실 것입니다. 하나님은 우리의 힘과 피난처가 되시며 아주 어려울 때 도움이 되십니다. 법황과 스페인 사람, 그리고 악마와 모든 그의 부하들이 우리를 대항해 달려들어도 우리는 우리 주님의 이름을 의지하여 그들을 무찌를 수 있을 것입니다. 만군의 하나님이 우리와 함께 하십니다. 야곱의 하나님이 우리의 피난처가 되십니다."

이 시는 시편으로 읽어서 감동을 주는 것에 못지 않게 루터의 "찬송가"도 많은 크리스천들에게 힘과 용기를 준다. 교회사상 많은 신도들이 개인적 민족적 싸움에서 이 찬송을 부름으로 승리를 할 수 있었다. 특히 교회를 핍박하고 신앙을 박해하는 권력가들과 세속 세력을 대항해서 영적 투쟁을 하는 많은 크리스천들에게 이 시편은 애용되어 왔다.

신앙으로 겁없는 생활을 하는 진실한 성도들은 이 시로써 그 영혼을 무장하여 악마의 세력과 더불어 싸우게 된다. 우리는 이 시를 지은 사람이 누군지 모른다. 이스라엘 역사상 이런 승리의 노래를 부를 경우가 많았던 것을 알 수 있다. 다윗의 개인 생활에서 이런 시가 얼마든지 나올 수 있었고, 특히 이사야 같은 사람도 이 시를 지을 수 있는 경험을 한 사람이라고 본다. 그러나 어느 누구 개인의 이름과 이 시를 결부시킴보다는 하나님을 힘으로 생각하고 큰 어려움 당했을 때 그를 도움이라 믿는 사람들은 누구나 이 시를 지을 수 있다고 할 수 있다. 그러므로 중요한 것은 이 시의 작자 문제가 아니라 이 시가 주는 용기와 힘과 안전이다.

하나님을 힘주시는 분으로 믿고, 우리가 인생의 어려운 고비를 크게 당할 때마다 적절한 도움을 주시는 분이라 믿는다는 사상은 하나님의 능력만 믿는 것이 아니라 하나님의 사랑을 믿는 것이다. 이것은 하나님과 우리와의 생명적인 관계에서 고백될 수 있는 일이다. 이 첫 구절을 우리 개역성경에는 "환난 중에 만날 큰 도움"이라 했는데 이는 원문이 무엇을 강조하고 있는가를 흐리게 하고 있다. "큰"은 도움에 붙을 형용사가 아니고 "환난"에 붙을 형용사다. "큰 환난" "큰 어려움" 즉 인간의 힘으로는 해결 못할 감당키 어려운 수난을 표시하고자 한다. 하나님은 어떤 어려움이라도 해결해 주시기 때문에 "큰 도움, 작은 도움"의 구별이 있을 수 없다. 이 "크다"는 형용사가 "어려움에 붙어야 할 이유는 우리 인간으로서 감당하기 어렵거나 해결하기 어려운 "큰 어려움"을 이 시인은 말하고자 하기 때문이다. 그리고 "환난 중에 만날"이란 구절은 우리가 만나는 "환난이" 전혀 상상 밖의 것, 전혀 생각지 못한 돌연한 고통을 의미한다. 이런 표현은 모두 우리 인간이 만날 어려움이 전혀 예상도 하지 못한 상상 밖의 큰 어려움임을 나타낸다. 이렇게 크고 상상 못했던 불가항력적인 고난을 도와주시는 하나님이시니 우리의 감격은 더 깊고 간절하지 않을 수 없다.

이런 힘과 도움과 피난처를 가진 우리들이기 때문에 다음 2절에 나타난 "겁없는 삶"이 실감나지 않을 수 없다. 2절에 나타날 어려움은 가상이기는 하지만 모두 상상 밖의 어려움 또 인간은 감히 감당할 엄두도 낼 수 없는 것임을 잘 설명해 준다. 땅이 변하든지 산이 흔들려 바다 가운데 빠진다는 것, 산이 흔들린다는 것 등, 자연의 이변은 인간의 힘으로는 손쓸 수 없는 어려움들이다. 비록 이런 일을 만난다고 해도 하나님을 힘으로 믿고 이 하나님께 피난할 자세를 가진 사람은 이런 어려움도 능히 극복할 수 있으니, 두려움 없는 삶을 산다는 노래를 하지 않을 수 없다.

이 시의 제 2부(4-7절)는 1-3절까지에서 볼 수 있는 부동의 신앙, 두려움 없는 신앙, 즉 하나님을 의지하는 신앙의 힘과 그 안전을 직접 알려주지 않고 예루살렘 성전 예배와 관계된 겁이 없는 신앙을 알려준다. 그래서 이 시를 그 양식사의 입장에서 연구한 사람은 이 시가 이스라엘의 의지신앙을 예배의식 절차 속에서 재현시키기 위해 지어진 "제의시"라고 한다 (한스 슈미드, E.로란드, 크라우스 등). 심지어 로란드는 해마다 시온에서 드리는 "여호와 하나님의 대관식 축제"에서 민족의 의지심을 각성시키고 심화시키는 노래라고 한다. 야웨 하나님을 왕으로 생각하는 사상에서 그가 그 백성 이스라엘을 모든 환난과 적에게서 건지신다는 구원 신탁을 알리는 것이라 한다.

그러나 이 시 제 3부(8-11절)에는 제 1부의 의지신앙, 겁없는 신앙 사상이 다시 반복되어 이 시 전체 테마가 "하나님은 피난처"란 사상을 새로운 각도에서 강조하고 있다. 제 2부가 "야웨는 왕이다"고 하는 사상과는 대조가 되게 야웨는 이스라엘을 위하여 싸우시는 "거룩한 전쟁"이란 신앙사상에서 설명하고 있다. "전쟁을 쉬게 하는 일"(9절), 이스라엘로 하여금 "가만히 있기만 하라"는 것 (10절) 그리고 임마누엘 사상, 하나님이 우리와 함께 하신다"(11절)는 구절 등은 "거룩한 전쟁" 사상을 보여주고 있다.

하나님이 어떻게 우리의 피난처가 되느냐.

그것은 이 제 3부에서 밝혀주는 대로 첫째, 전쟁의 주도권은 야웨가 잡고 계시며, 둘째, 인간은 가만히 있어도 하나님이 싸워주시며, 세째는 하나님이 우리와 함께 하시어 모든 어려움을 물리쳐 주시기 때문인 것이다. 이 신앙이 바울로 하여금 "하나님이 우리를 위하시면 누가 우리를 대적하리요"(롬 8:31)라고 장담하게 했다.

제 47편

통기타를 쳐라

하나님을 찬송하라
찬송하라 찬송하라
우리 왕께 찬송하라(6절).

이 시는 후기 유대교에서 신년축제에 부른 특수한 시편
으로 애용되었다는 사실이 조금도 이상하지 않을 만큼 하나님의 권위
와 사랑과 그에게 소속된 행복감을 노래하고 있다. 특히 야웨 하나님이
만왕의 왕, 만민의 왕이라는 하나님의 왕권사상이 주도적인 테마가 되
어 있으므로 궁켈은 "대관식 시'의 하나로 보며 여기 나타난 하나님의
주권 사상은 현실적인 의미만이 아니라 야웨 하나님이 세계 만방 땅 끝
까지 다스리셨다는 종말적인 야웨 통치사상도 암시하고 있다고 하겠
다. 이스라엘 주변 나라들은 왕의 신적 주권을 찬양했지만 이스라엘에
서는 야웨 하나님의 왕을 찬양했으니 이스라엘은 철저하게 신정 정치
사상이 그 역사 시작에서부터 있어 왔다는 것을 볼 수 있다. 이것은 이
스라엘 왕을 다른 나라와 같이 세웠지만, 그의 하는 일이 모두 신으로
서 하는 일이란 생각을 하지 않고 그는 다만 하나님의 사자로 하나님이
그 백성을 위하여 맡겨둔 일을 하는 하나님의 대리자란 위치를 분명히
했다. 그렇기 때문에 왕을 신이라 노래한 것은 없고 하나님을 왕이라
노래하고 찬미한 시는 많이 볼 수 있다.

이 47편은 야웨 하나님을 이스라엘의 왕이라 함에 그치지 아니하고 만민을 다스리시는 왕이라 함을 노래하고 있다. 이 시인의 찬양은 아주 단순한 언어를 사용하면서도 그가 할 수 있는 최대의 정열을 쏟아 노래하고 있다. 이 정열을 알려주는 표현은 "손뼉을 치면서 즐거운 소리를 외치라"(1절) "나팔 소리"(5절) "찬양하라"는 말이 다섯 번이나 거듭되어 있다. 이 "찬양하라"(잠므루우)는 목소리로 찬미하는 것이 아니라 현악기를 반주로 사용하면서 부르는 찬송이다. 이 시인이 "잠므루우, 잠므루우"를 연발하고 있는 것은 그의 찬양이 얼마나 정열적인가 알 수 있다.

해석상의 문제로 이 시에 나타난 왕권사상을 이스라엘 역사에 나타난 어떤 왕과 결부시키려는 시도를 본다. 가령 여기 암시된 역사적 사정은 이사야 시대(주전 701년) 앗수르 왕 산헤립의 침공 때 기적적으로 승리하게 된 사건에서 야웨 하나님이 권능을 발휘하신 일과 관련된 시라고도 한다. 또 한편, 이 시를 총괄적으로 해석하여 메시야가 강림하실 때 모든 세상 왕들이 굴복할 것을 노래한 시라고도 생각한다.

또는 이 시를 제의적인 해석을 하여, 바벨론이나 가나안에서 신년축제 때마다 그들의 신이 세상과 그 땅의 주권자로 새롭게 부임하는 여러 가지 의식을 행할 때 부르는 노래를 모방하여 이스라엘에서는 신년축제란 것이 따로 없기 때문에 해마다 드리는 계약의 축제에서 부른 찬송이라 한다(Weiser). 같은 제의적 해석에서도 크라우스는 "계약의 축제"보다는 시온산 축제 – 다윗이 시온을 수도로 정하고 법궤를 옮겨오며 야웨 하나님의 왕권을 찬양한 노래라고 한다. 이 여러 해석이 각각 가능하다고 하겠으나 모두가 추측에 불과하고 역사적 사실임을 밝힐 수 없다. 다만 한 가지 뚜렷한 것은 야웨 하나님의 왕권 – 세상 만민, 모든 나라의 주권자 위에 계시는 주권자로 모든 인간들의 찬양을 받으시기 합당하신 분이라 하는 사상을 정열적으로 밝히고 있다.

이 시는 사실 설명의 문장보다 권고형의 문장으로 시작하여 전체를 끌고 간다. 분명히 성전에서 국가의 공식적인 제의를 위하여 시를 지은 제의 예언자의 작품이라 하겠다. "만민들아 외칠지어다" (1절) 하고서 그 찬양의 대상이 되는 하나님에 대한 신탁을 들려 준다. 즉 하나님은 "지존하신 분" (엘욘, 2절) 또는 "크게 높임을 받으신다" (므오드 니알라, 9절 마지막), "엄위하신 분" (노라아, 두려움의 대상:2절) "온 땅 위에 군림하신 큰 임금" (2절), "하나님은 이 나라들을 다스리신다" (8절), "거룩한 보좌에 앉으신 분" (8절) "모든 방패는 여호와의 것" (이 말은 "땅 의 방패는 여호와께 속한다(9절)" ("이 땅 위의 모든 전쟁을 없이 할 수 있는 힘은 오직 야웨께 있다"는 뜻이 다)에서 나타나는 그런 하나님이다.

이런 표현으로 하나님이 계신 곳(거룩한 보좌), 그의 위치(높이 쳐다 볼 분), 그의 소유(땅의 모든 방패와 그 백성들), 그의 위엄(만민이 두려워 함), 그의 통치권 (만민을 다스림) 등을 말하고 있다. 이 하나님께 대한 칭호는 "큰 임금" (2절) "온 땅의 왕" (7절), 그의 즐거워하시는 일은 그를 찬양하는 환호 소리 (5절), 그 찬송에 나팔 소리 들리는 것을 즐기신다(5절),

이 하나님이 선민 이스라엘을 위해 "만민"(암밈)과 "열방"(르움밈)을 굴복시키는 통치권을 주셨다(3절). 이것은 하나님의 역사 계획이 이스라엘 중심으로 한 것이라고 하는 하나님의 편파심을 말할 수 있다. 그러나 구약에서 하나님은 이스라엘을 만민 중에서 택하였고, 이 백성에게 특별히 함께 하겠다는 약속과 또 실제로 함께 한 사실들을 본다. 이 하나님의 말을 잘 듣고 언약을 지키면 이들을 열국 중에서 "제사장 나라"가 되게 하고 "거룩한 백성"이 되게 하리라 약속하셨다(출 19:5).

특히 이 시가 만일 산헤립의 군대를 물리친 그 승리를 찬양하는 노래라 생각한다면, 이 3절 말대로 확실히 만민과 열국을 이스라엘의 발 아래 굴복시켰다. 그러나 44편 시인이 이런 승리보다 패전과 수치를 당하여 "당신이 어찌하여 당신의 백성을 헐값(무료)으로 파셨나이까?" (12절), 당신이 우리를 미워하는 자들로 우리를 탈취하게 하셨다"(10절) 는 고백은 이스라엘의 통치가 결코 영구적이 아님을 나타낸다. 출애굽기 19장 5절 말씀과 같이 그러한 통치권을 발휘할 수 있는 길은 그들이 야웨 하나님의 말씀과 그 계명을 충실히 지킴에 있다. 만민을 아브라함의 하나님의 백성이 되게 할 (9절) 수 있음은 특권이 아니다. 하나님은 돌로도 아브라함의 자손이 되게 할 수 있기 때문이다(눅 3:8).

이 시인은 하나님이 어떤 분이며, 무엇을 하시며 무엇을 좋아하신다는 것을 밝혔다. 이제 이스라엘이 할 일이 무엇이냐.

그것은 "찬양하고 찬양하라. 하나님을 찬양하라. 우리 왕을 찬양하라" 한 대로 만민의 하나님께 찬양을 드리는 일이다. 손뼉을 치며 나팔을 불며(5절) "지혜의 시로 (7절) 찬양할 것을 권고하고 있다. "지혜의 시" 란 말은 "마스킬의 시"이다. 마스킬은 시편 제목으로 13회 나온 말인데 그 해석은 "교훈" 또는 "명상적" 또는 "재치있게"라는 뜻으로 해석한다. 야웨 하나님을 찬양하기 위하여 특별한 의미와 형식을 갖춘 노래로 찬양하라는 뜻으로 해석할 수 있다.

손뼉을 치며 줄 있는 악기로 음악에 맞추어 하나님을 찬양하라고 함은 오늘 교회 청년들이 손뼉을 치며 통기타를 치며 찬송하는 것을 연상케 한다. 이것은 지극히 성서적이다. 찬양의 방법 문제보다 찬양의 대상이 확실한가, 그 대상의 권위에 굴복하고 그 사랑에 감격한 찬송을 하는가 가 문제이다.

제 48편
시온의 찬가

하나님은 크셔라.
거룩한 산, 우리 하나님의 도성에서
크게 찬양 받으실 분,

아름다운 높은 터
온 세계의 즐거움이여,
큰 왕의 도성 곧 북방에 있는
시온 산이여 (1, 2절).

　　　　　이 시는 이스라엘의 "서울의 찬가"이다. 수도 예루살
렘은 이스라엘의 신앙과 생활의 중심지이다. 그 이름의 뜻은 "평화의
기초"라 하지만 이 도성처럼 전쟁과 수난으로 거듭되는 역사를 겪은
곳도 별로 없을 것이다. 팔레스타인 6일 전쟁 전까지는 이슬람 신도들
의 성지의 하나로 순례자의 찬송과 기도로 메워진 곳이었으나, 이스라
엘 사람들이 오늘도 그 통곡의 벽을 보듯이 이스라엘 사람들의 삶과 영
혼을 갈기 갈기 찢기게 한 눈물과 한숨의 수도요 원한과 복수의 도성이
었다. 이스라엘 선조 아브라함이 살렘 왕 멜기세덱에게서 축복을 받은
것이 이스라엘과 예루살렘이 관계한 최초의 역사라 할 수 있다(창 14:18
이하). 만민을 축복한 아브라함이 축복받은 이 곳, 아브라함이 그의 아들

이삭을 제물로 바친 모리아 산이 바로 이 예루살렘인데, 지금도 예루살렘에 금으로 판각된 코란경이 있는 "모스크" 안에 들어가보면, 그 아들을 잡아드리려던 희생의 돌을 볼 수 있는 이스라엘 신앙의 기초가 "여호와 이레"(야웨 하나님은 우리 쓸 것을 준비하신다)라는 말대로 닦여진 곳이다.

그러나 예루살렘이 이스라엘 신앙의 중심지로 되기 시작한 다윗의 시대 이전에는 이방인들에 의하여 지켜진 도성이요 또한 여부스 사람들의 신이 섬겨지던 우상의 장소였다. 다윗이 이 도성을 여부스 족에게서 빼앗아 "시온"이란 이름으로 고쳐 부르고 여기를 하나님의 백성 이스라엘의 정치, 문화, 종교의 중심지로 만들어, 구약의 대부분의 기록들은 이 도시와 관련된 역사를 보여주며, 예언자들이 눈물을 흘린 곳도, 하나님을 배신한 왕들의 부패한 권력이 선민 이스라엘을 괴롭히던 곳도, 이 도성이었다.

역사의 슬픈 일, 기쁜 일이 이 도성의 희비애락이었다. 이 도성이 수치를 당하면 그 민족이 수치를 당했다는 사실은 애가서 시인이 울며 부르짖은 노래이다.

"아, 그렇듯 붐비던 도성이
이렇게 쓸쓸해지다니.
아, 시온이 이렇게도 처량하게 되다니,
야웨께 거스리기만 하던 시온,
정녕 죄를 받았구나,
수도 시온의 영화는 어디로 갔는가"(애 1:1, 4, 5)

예루살렘의 슬픔과 기쁨은 파도처럼 역사의 해변에 출렁이고 있다. 영고성쇠(榮枯盛衰) 하는 인간의 권력과 영화가 갈매기처럼 파도를 타고 날다가 가버리고, 역사의 모순과 인간의 원한이 텅 빈 조개껍질처럼 무상한 해변에서 뒹굴고 있는 곳이 이 아름다운 도성 시온이리라. 그러나 인간이 섬길 산 신이 계시며 만민들이 쳐다볼 구원의 횃불이 인간 문화의 산봉우리에 높이 들린 곳도 이 예루살렘이요 인간이 그 목숨이 다하는 순간까지 "할렐루야 노래"를 부를 곳도 이 시온이다. 새 사회 새 역사를 만들기 위한 혁명의 깃발을 휘날린 곳도 이 도성이요. 인간의 간악하고 무자비한 권력욕과 지배욕이 성곽처럼 버티고 있는 곳도 이 도성이라 할 수 있다.

진실로 구약성서 속에는 예루살렘에 대한 기쁜 노래와 슬픈 노래로 가득 차 있다. 하나님이 인간으로서 죽음으로 자신을 계시하여 모든 인간들로 하여금 영광의 별빛을 쳐다보게 한 곳도 이 시온성이다.

우리는 시편 48편이 그러한 애환의 노래 한 편을 알려주고 있음을 발견한다. 그러나 이 시는 고통과 비극의 노래가 아니고 기쁨과 힘, 감사와 찬양의 노래이다. "시온의 찬가"이다. "서울의 찬가" 구절들 "종이 울리네/꽃이 피네… 아름다운 서울에서/서울에서 살렵니다"

이 노래를 "시온"으로 바꾸어 부를 수 있다. 그러나 "시온의 찬가"는 단순히 도성이 아름다워 살기 좋다는 것이 아니다. 이 도성의 아름다움도 하나님으로부터 오는 것, 이 도성이 만민의 피난처와 같이 안전과 보호를 약속해 줌도 전능의 하나님 때문이고, 이 성이 어떤 적군이 치고 들어와도 흔들릴 수 없이 튼튼히 설 수 있음도 하나님의 보호로 말미암음이요, 이 성의 자랑은 여기 거하시는 주의 이름이요, 이 성을 만백성으로 하여금 쳐다보게 함은 하나님의 정의를 보여주는 도성이기 때문이고, 이 성에 기쁜 노래가 넘치고 즐거운 소리가 들림도 하나님이 이 도성에서 공정한 판단을 하기 때문이고, 여기 찬란한 자랑은 하나님의 영광이 빛나기 때문이라 했다.

이 도성이 이스라엘 백성 중에 있지 못함은, 여기 왕궁이 있기 때문도 아니고 여기 난공불락(難攻不落)의 성곽이 있기 때문이 아니다.

다만 여호와 하나님을 섬기고 예배하는 거룩한 제의와 축제가 있기 때문이라 한다. "하나님, 우리가 당신의 전에서 당신의 사랑을 기억합니다"(9절)하는 말은 이 성에 있는 하나님의 성전에서 드리는 예배 때에 하나님이 그 백성 이스라엘을 구원하시고 돌보아주신 사랑을 기억할 수 있음을 찬양하고 있다. 이 예배에서 하나님의 놀라운 이름을 찬양하는 기쁨을 나누고 있다 (11절). 여기서 예배를 드릴 때 가지는 행진은, 그 성전 안에서만의 행진이 아니고 그들의 일생을 이끌어 주시는 하나님의 자비한 인도하심이라 노래하고 있다.

이 성의 아름다움, 이 성의 견고성과 안전, 이 성에서 누리는 즐거움과 기쁨, 이 모두는 하나님이 이 도성과 함께 하시기 때문이라는 것을 노래하고 있다. 특히 이 시인은 이 도성이 적군의 손에서 건짐받은 어떤 구원 사건을 생생하게 기억하고 있는 것 같다. 4절 이하는 이 도성을 침입해 원수들이 떼를 지어 몰려왔지만 이 성을 멀리서 보자마자 혼비백산하여 들어오지 못하고 도망갔다고 한다. 그들이 이 도성에서 느낀 그 공포가 심하여 "해산하는 여인의 고통처럼" 비명을 질렀고 그들의 흐트러짐이 마치 "동풍에 밀려가는 다시스의 배" 같다고 한다. 이는 도성 그 자체의 위엄보다도 이 성에 건재하고 날선 검처럼 휘두르는 "하나님의 정의"(10절) 때문이라 한다.

한 나라의 수도의 미와 견고는 물리학적인 것이 아니라 정의의 하나님이 함께 하심에 있다.

제 49편
죽고야 마는 짐승 같다

사람이 존귀하다 한들
깨닫지 못할 때는
죽고야 마는 짐승 같다(20절).

이스라엘 시인은 자기의 종교 감정을 문자로 발산한 무의미한 예술인은 아니었다. 그들은 비록 종교적인 생각에 관심이 깊고 신앙적인 환희와 그 용기를 노래했지만, 그의 종교는 그의 일상생활에서 이탈한 것이 아니고 그의 신앙은 그와 그의 동시대 사람들이 살고 있는 삶 그 자체와 깊은 관련을 맺고 있음을 알 수 있다. 그에게 하나님이 소중함과 마찬가지로 인간도 그의 시에서 뺄 수 없었다. 그는 하늘을 노래하고 땅을 노래했다. 그는 흘러가 버리는 시간을 노래했는가 하면 영원을 노래하는 것도 잊지 않았다. 그는 하나님을 사모하는 마음을 노래한 동시에 있다가 없어지는 물질에 대한 욕심도 노래했다. 영원한 세계에 속한 영화와 존귀를 노래했는가 하면 이 땅위에서 인간들이 유혹을 가지고 있는 지상의 권력과 거기 따라오는 명예와 영광을 노래했다.

옛날이나 지금이나 물질적인 삶, 잘 먹고 잘 입고 호화스럽게 편하게 사는 삶이 인간들이 바라는 소망의 하나다. 이스라엘 시인들은 가난하지만 영적인 것으로 행복한 삶을 노래하고 진리와 정의를 추구하기 때문에 수난을 받는 삶을 노래한 동시에 변하고 무상한 인간의 육체생활도 노래했다.

이 모든 노래의 소재들은 한마디로 말해서 인간들의 삶 그 자체였다. 그 삶은 하나님을 가까이 하는 삶과 이 세상 물질을 가까이 하는 삶, 이렇게 크게는 둘로 나누어지는 것이다. 후자의 경우에는 부와 가난이란 문제가 인간의 삶 가운데 언제나 따라다녔다. 부를 가지면 즐거워하고 가난하면 육체적 정신적 고통을 당하게 마련이었다. 그렇기 때문에 사람들에게는 "치부한다"(16절)는 것에 대한 유혹이 크고 또한 치부한다는 것은 다른 사람의 선망의 대상이 되기도 하지만, 미움과 질투의 대상이 되었다.

49편 시인은 인간이 가지는 "재물"(하일)에서 오는 유혹을 물리치고, 재물을 가진 자들의 부의 횡포를 어떻게 이해할 것이냐를 심히 고민한 사람인 것 같다. 이 시인은 한때 부의 권세 아래서 압박을 받아 "죽음의 장소"에 처한 것 같은 괴로움을 경험한 사람인 것 같다 (14절). 그는 한때 금력이 주는 공포에서 떨고 있었던 사람 같다(6절). 그러나 이 시를 기록할 때는 재물에서 오는 유혹도 물리쳤고, 금력이 아무리 인간을 억압하고 공포를 준다고 해도 이런 물질적인 권세에 굴하지 아니할 담대한 지혜를 얻은 사람인 것 같다. 어느 의미로 보아 재물이 저지르는 인간의 비극과 고통을 달관한 지혜인이 되어 있음을 본다. 그래서 궁켈은 이 시를 "지혜시"라고 불렀고 일종의 "교훈시"라고 말한다.

사실 그의 시는 만백성 만민이 들어야 할 "지혜"(호크마)와 "비유"(마살=잠언)와 "오묘한 말"(후드=수수께끼)이라 스스로 밝혀주고 있다(3, 4절). 이스라엘의 지혜문학은 생활철학이다. 어떻게 이 세상을 사람답게 살아갈 수 있을까 함을 가르치는 생활요령이요 그 지침이다. 이 시인은 "재물"의 문제에 관하여 자기 나름대로 한 철학을 가지고 있는 것 같다. 잠언서에 "노력없이 얻은 재물은 달아난다"(잠 13:11, 이것은 "불의한 재물은 내게 있어서 뜬 구름과 같다"는 동양의 지혜와 같은 사상이다). 이 시인은 재물 그 자체가 나쁘다 하지 않는다. 이것을 의지하는 사람이 어리석다고 한다(6절). 재물을 가지는 것이 잘못이 아니라 그것이 영구히 자기의 것이라 생각하는 것이 어리석다고 한다. 이 시인이 강조하는 점은 바로 이 허무성이다. 시인은 사람의 생명과 사람의 재물을 비교하고 있다. 재물은 결코 사람의 목숨보다 귀할 수 없다.

"자기의 재물을 의지하고
자기 부유함을 자랑하는 자는
형제의 목숨을 속량할 수 없다.
댓가를 지불한다고 해서
하나님이 죽은 목숨을 살리시지 않는다"(6-8절).

이 시인은 악한 자들이 재물로써 횡포를 하며 그의 금력으로 사람을 곤경에 빠지게 해도 조금도 두려워할 필요가 없다고 한다. 그것은 아무리 재물이 많다고 해도 그것으로 죽은 사람의 목숨을 도로 살려낼 수 없기 때문이다. 그 이유는 사람의 목숨은 한계가 있고 영원히 살아갈 수 없기 때문이다(9절). 아무리 재물이 많고 그 재물로 온갖 악한 짓을 한다 해도 그는 영원히 살 수 없기 때문에 재물이 많아도 한 번 죽으면 그만이라는 것이다. 여기 생명과 재물을 대조시켜 사람의 생명의 한계성을 깨닫지 못하고 재물만 의지하는 일은 어리석은 일이라 한다. 하나님이 이 땅 위 인간들에게 세우신 법도는 "지혜로운 사람도 죽고 어리석고 우둔한 자도 다 죽고야 만다"는 것이다 (10절). 아무리 재물이 많아도 한 번 죽으면 그 재물은 다른 사람의 것이 된다 (10절). 이것을 17절에는 "사람이 죽을 때 그 재물을 지하로 가져가는 사람은 없다"함에서 일시적인 재물만 믿고 의지함이 얼마나 어리석은가를 다시 강조한다. 비록 이 세상에서 재물의 힘으로 얻은 영광이 있다 해도 그가 한 번 죽으면 그 영광도 지하로 함께 내려가지 못한다. 그러므로 이 세상 영화를 얻기에 골몰하는 것도 어리석은 짓인 줄 알아야 한다고 가르친다. 사람은 이런 이치를 모르고 죽는 순간까지 그 재물에 대한 애착심을 가지고 있다. 비록 자기 재물, 땅이나 집 같은 부동산을 자기 앞으로 등기를 해도 한 번 사람이 죽으면 그런 것들이 지하에까지 따라가는 것이 아니다. 죽은 자들이 거할 곳은 무덤 뿐이요 이 무덤에서 대대로 머물 수밖에 없다 (11절 - 옛날 번역대로도 의미가 통하지만 주석가들은 이렇게 고쳐 읽는다).

죽을 운명에 처해 있으며 그의 재물도 가져갈 수 없고 또한 영구히 무덤 속에 거할 수밖에 없는데도 재물을 의지하고 사는 사람은 짐승과 같은 존재이다(12절). 아무리 건강하게 날뛰어도 결국 죽고 마는 짐승 같은 존재가 사람이다. 이런 운명은 재물을 의지하는 사람만이 아니라 제 잘난 맛으로 살아가는 사람, 자신만만하게 자기 자신에게 만족하고 있는 사람의 경우도 마찬가지이다. 그들 역시도 죽고 말 짐승 같은 존재이다. 이 시인은 이 말을 12절과 20절에 두 번 반복하고 있다.

그렇기 때문에 하나님을 의지하고 사는 사람은 사람이 치부하여 잘 살고 영화를 누려도 부러워할 것도 두려울 필요도 없다. 아무리 칭찬과 축하의 꽃다발 속에 생을 보낸다 해도 부러워할 것 없다. 우리가 죽어도 영접해 주시고 영원한 죽음에서 영원한 생명으로 옮겨 주시는 하나님을 의지하는 것이 가장 지혜로운 일이다.

시편 명상

제 50편

내가 어디 너와 같으냐

네가 이렇게 행하여도
내가 잠잠하였더니
네가 나를 너와 같다고 하느냐
내가 너를 책망하리라
네 죄를 네 눈 앞에 드러내리라 (21절).

하나님과 사람은 같지 않다. 제 2 이사야는 "내 생각은 너희 생각과 다르며 내 길은 너희 길과는 다르다"(사55:8) 고 분명히 말했고 "너희가 나를 누구에 비기며 누구와 짝하며 누구와 비교하여 서로 같다 하겠느냐?"(사 46:5) 하여 하나님과는 아무도 비교할 수 없음을 강조했다. 하나님이 사람과 같을 수 있느냐 하겠지만 인간 역사의 시작부터 하나님과 자기가 스스로 같을 수 있다고 생각한 죄로부터 인간은 타락하기 시작했고, 하나님과 같이 되어 높은 보좌에 올라가보자는 생각이 바벨탑을 만드는 동기였다는 것을 창세기는 알려주고 있다. 인간은 이렇게 하나님과 같이 되어 보려는 노력을 한 것만이 아니라, 하나님의 권위를 무시하고 그의 지배를 벗어나고자 하며 (시 2편) 하나님은 없다 하며 (시 10:4) 하나님은 인간의 하는 일을 살필 능력도 없다 하며 (10:13) 하나님의 하시는 일을 전혀 무시하는 (시 28:5) 오만을 범하고 있다.

성서의 진리는 항상 하나님은 하나님이시고 인간은 인간이라는 구별을 분명히 해준다. 이스라엘 주변 나라들은 하나님이 만드신 피조물을 하나님으로 섬기는 일을 당연하게 생각하고 있었지만, 이스라엘 사람은 이를 철저히 배격하고 하나님은 인간과도 다르며, 더욱이 그는 피조물의 세계를 지배하시지 그것들이 신의 위치로 올라앉는 것을 용납하지 아니하신다고 믿었다. 이것이 제 2계명, 제 3계명의 정신이다.

이 50편 기자도 이러한 이스라엘 신앙의 전통에 굳게 서서, 하나님은 인간과는 다르다는 것을 강조하는 노래를 부르며 "내가 어디 너와 같으냐." 하는 노래를 모든 인간으로 하여금 부르게 하고 있다. 이 시의 구조 자체가 "내가 어디 너와 같으냐."는 주제 아래 짜여진 것 같다.

첫째 부분에서는 (1-6절) 이렇게 우리 인간과는 다른 하나님이신 것을 그의 현현 - 옛날 모세에게 (출 3:19), 엘리야에게 (왕상 19장), 이사야에게 (이사야 6장), 에스겔에게 (에스겔 1장) 나타나신 것을 통하여 알려 주고 있다.

둘째 부분에서는 (7~15절) 하나님을 인간과 같이 생각하는 사고를 시정시키고 있다. 즉 바벨론이나 가나안 사람들은 그들의 신들이 사람을 대접하듯 아첨하고 뇌물을 바치면 인간의 모든 잘못을 덮어주고 용서하는 신으로 생각하였지만 이스라엘의 하나님은 그것을 용납하지 않으심을 밝히고 있다. 하나님은 사람이 제물을 바치는 일로써 인간의 죄를 용서하시는 신이 아니다. 사람은 그가 받는 물질의 다수로 공의나 정의를 숨길 수 있지만 야웨 하나님은 인간이 드리는 제물 여하에 그의 정의의 법칙을 함부로 바꾸시는 분이 아니라 함을 똑똑히 알리고 있다.

셋째 본문에서 (16-23절) 하나님을 인간과 같다고 생각하는 악인들에 대하여 책망하고 그들에 대한 벌을 선언하고 있다.

이렇게 전체 시는 "내가 어디 너와 같으냐." 하는 주제로 하나님이 어떤 분인가를 알리는 "예언자적 시'라 할 수 있다. 이 시의 문장은 대체로 하나님 자신이 예배공동체에게 직접 말씀하시는 하나님의 일인칭 문장으로 전편의 시가 이루어졌다. 탄식시나 찬송시에서는 인간이 하나님께 호소하고 간구하고 애원하는 인간의 일인칭 문장이지만, 이것은 예언자들의 문장과 같이 하나님이 그 말씀을 직접 들려주는 형식으로 되어 있다. 이렇게 함으로써 "내가 어디 너와 같으냐?"하는 하나님의 초월성과 아무도 항거할 수 없는 하나님의 권위가 이 독특한 문장에 나타나 있다.

이제 인간과 다르다는 것이 어떻게 나타나느냐. 그는 온 세상 만민, 동에서부터 서에 이르기까지 모든 인간을 부르시고 그들에게 자기의 명령을 들려주시는 분이다(1,2절). 그가 인간에게 나타내시는 모습은 조용하시지 않다. 세상을 놀라게 할 만한 큰 위엄으로 나타나셨다. "그는 삼키는 불을 앞세우고, 돌개바람을 거느리고 오신다"는 표현을 했다(3절). 그런데 왜 동과 서에서 만민들을 부르시고 또 왜 그렇게 무서운 모습으로 나타나시는가. 그것은 만민을 심판하시고 특히 하나님의 백성 이스라엘, 그의 언약의 백성을 불러 모으셔서 그들의 행한 일을 심판하시려 오신다고 했다(4, 5절). 무슨 자격으로 이러한 심판을 하시는가. 그는 다만 만민과 이스라엘을 판단하시는 재판장(쏘페트)이시니까, 그리고 그의 재판의 원칙은 다만 정의(체데크)이기 때문이다(6절).

정의의 재판장으로 인간에게 오시는 하나님 앞에 인간은 다만 그의 심판을 받을 수밖에 없으니, 감히 어떻게 인간이 하나님을 인간 자신과 같다고 할 수 있겠는가! 다음으로 그는 인간의 물질로 자기의 공의를 바꾸시는 분이 아니다. 사람들이 그가 바치는 물질로 하나님의 환심을 사려는 태도는 하나님이 원하지 않으신다. 교회의 목사들이 신도들에게 헌금을 많이 내야 은혜를 받는다고 외치는 일을 요즘에 와서 흔하게 본다. 하나님이 1천원짜리보다 5천원짜리 지폐를, 5천원짜리 지폐보다 1만원짜리 지폐를 더 좋아하신다고 외치는 교역자의 말이 얼마나 우리 시인의 생각에서 탈선했는가. 더욱이 교회 신도가 목사에게 철을 따라 대접하고 양복을 사주고 구두를 사주며 그의 생활비를 교회 예산의 중심부로 삼아야 한다는 말을 겁없이 하는 주의 종은 확실히 교회 헌금 정신도 모르고, 성서 전체에서 가르치고 있는 감사의 정신을 모르는 사람이다. 그것은 제물을 많이 드려야 복을 주는 우상으로 하나님을 타락시키는 죄임을 깨달아야 할 것이다. "내가 어디 너와 같으냐.""세계와 거기 충만한 것이 하나님의 것이라"하셨는데 (12절) 제사행위나 제물보다 감사 정신이 더 중요하다고 가르치신다 (14절).

다른 시인은 "소와 살진 소를 드림보다 노래로 하나님을 찬양하는 것을 더 기뻐하신다"고 했다(시 69:30~31).

하나님을 인간 자신과 같이 생각하는 악인들은 도덕적 판단을 가지지 못한다. 왜냐? 그것은 자기가 신의 자리에 앉아있기 때문에 도둑과 짝을 하고 음탕한 자들과 어울리고 악한 말, 거짓말을 거침 없이 하고 친형제간이라도 욕설을 퍼붓는 일을 한다. 그러나 하나님이 이런 인간들을 어찌 책망하지 않으며, 이들의 죄를 저들 눈 앞에 낱낱이 드러내지 않겠는가. (21절). "내가 어디 너와 같으냐." 이것을 바로 깨닫지 못하면 "너를 찢겠다"고 했다(22절).

제 51편
정한 마음 창조

하나님이여
내 안에 정한 마음을 창조하시고
내 속에 당신의 거룩한 정신을
일깨워주소서(10절).

인간이 하나님께 구할 수 있는 가장 큰 은혜는 죄사함을 얻는 것이다. 하나님은 우리 인간들의 필요한 모든 것을 주시는 자비로우신 분이다. 우리는 하나님이 그 자신을 부정하거나 그에게 욕을 돌리고자 하는 일 이외 인간이 구하는 것은 무슨 간구나 들어 주시는 하나님이심을 믿는다. 그러나 우리가 하나님으로부터 받을 수 있는 가장 큰 축복은 우리의 지은 죄를 사함 받는 것이고, 죄를 지어 하나님을 아프게 할 수 있는 가능성을 제거하는 일과 하나님의 뜻을 따라 살 수 있고 말할 수 있는 가능성을 우리 마음과 정신에 가지는 일이다.

죄사함을 받는 것은 축복이다. 그러나 다시 죄를 짓지 않는 "정한 마음"을 새롭게 지음 받는다는 것은 더 큰 축복이다. 용서를 비는 마음을 간구하는 버릇이 생기면 하나님의 용서가 형식적인 것이 되어버릴 수 있고 용서받은 감격과 용서받는 횟수가 거듭될수록 무디어져 하나님의 사죄의 은총을 헛되게 하기 쉽다. 그러나 하나님께 정결한 마음을 새로 지어 주시기를 비는 마음은 그러한 습관화된 용서의 간구와 하나님의 은혜를 헛되게 하는 일을 할 수 없다. 정한 마음으로 창조함을 받을 때 용서의 간구보다 하나님이 기뻐하시는 일을 어떻게 더욱 할 수 있는가를 간구하게 된다.

51편 시는 유명한 참회시이다. 이 시의 주제는 "죄의 용서"이다. 이는 이스라엘 종교의 중심부에 자리잡은 신앙의 내용이며, 동시에 예수님을 통하여 이루어지는 하나님의 구속의 복음의 진수다. 죄사함 받는 은총을 부정하면 기독교는 성립하지 아니한다. 그러므로 "죄사함"은 개인 크리스천과 교회가 언제나 겸손히 하나님 앞에 나아가 모든 간구를 하기 전 가장 먼저 구해야 할 하나님의 은혜이다.

이 시인도 그의 "죄사함"을 위하여 하나님의 은혜가 얼마나 중요한가를 세 가지 다른 말로 표현하고 있다. "당신의 인자", "사랑"(헷세드), "긍휼"(하난), "자비(라함)" 등이 그것이다. 하나님께 "정한 마음의 창조"를 간구하는 사람은 우선 자기가 저지른 죄로 말미암아 더럽혀진 그의 마음을 정하게 만들어야 한다. 내가 내 마음을 정하게 할 수 없다. 마치 굴뚝이 자신을 청결케 할 수 없고 청소부가 이 일을 해 주어야 그것이 깨끗해지듯, 우리 마음을 정결케 함은 오직 하나님만 할 수 있다. 그러기에 이 시인은 "당신이 내 죄과를 지우소서" "말갛게 씻기소서" "깨끗이 제하소서" 하는 간구를 하나님께 호소한다 (2절). 이렇게 우리 마음을 깨끗하게 하는 길은 다만 하나님의 자비, 긍휼, 그 사랑밖에 없다. 우리 마음이 깨끗해진 것은 빨래의 경우처럼 눈으로 볼 수 없다. 다만 재판장이 어느 죄인에게 당신은 죄가 없소 하듯이 하나님이 사죄의 선언을 해 주어야 한다. 이러한 선언은 개인적인 것이라기 보다 공동체적인 성격을 띠고 있다. 다시 말하면 하나님께 드리는 예배 시간에 선언되어야 한다. 그래서 이 시인은 "우슬초로 나를 정결하게 하소서" "나를 씻기소서"하는 종교 의식적인 성격의 깨끗함을 원하고 있다. "우슬초"는

시편 명상

제사법에 나병이나 부정한 사람을 깨끗하게 해서 회복을 선언할 때 뿌리는 특수한 "정화수"이다. 팔레스타인 성곽들 위에 자라는 흔한 풀의 이름이다. 그러나 부정한 자를 깨끗하다 할 때 이 풀의 묶음에 짐승의 피를 찍어 제단에 뿌리는 법이다(출 12:22;레 14:4이하 : 민 19: 6이하, 18절 이하 히 9:19). 특히 "나를 씻기소서" 함은 예수님이 제자들의 발을 씻기신 일을 연상하면 그 구체적인 방법을 알게 된다. 이 시인은 자신의 더러움이 씻겨지는 길은 하나님 자신이 친히 제의적인 행동을 해 주셔야 한다고 할 만큼 인간 자신이 할 일이 아니고 하나님의 일임을 알려주고 있다.

왜 하나님은 이렇게까지 깨끗함을 요구하시는가? 그것은 "당신은 중심에 진실을 원하시오니"(6절) 한 대로 하나님은 인간이 자기 앞에 비진실한 마음과 태도를 가짐을 원하지 않으시기 때문이다. 죄의 일부를 숨길 수 없다. 우리 인간의 속마음 모두를 아시는 하나님 앞에서는 죄를 범한 그대로 적나라하게 자기의 추함을 고백해야 한다. 아나니아 부부가 재물의 일부를 내어놓고 그것이 전부라 했다. 그는 하나님이 원하시는 진실을 몰랐다(행 5:1-11). 이러한 하나님의 진실을 안다는 것은 곧 인간이 마땅히 알아야 할 지혜를 갖는 것이다. 이 하나님 앞에 비진실한 것은 또 하나 다른 죄를 범한다. 하나님을 두려워할 줄 아는 마음, 이것이 지혜의 근본이다(잠 1:7). 그러기에 이 시인은 이 지혜를 영혼 깊이에서부터 깨닫게 해 달라는 간구를 하고 있다.

이렇게 하나님 앞에 진실을 가진다는 것은 곧 자기의 지은 죄를 숨기지 않고 낱낱이 고백하는 것이다. 정결한 마음을 창조 받기 위하여 하나님의 은혜를 구해야 한다. 그러나 그 은혜는 내가 하나님 앞에 솔직하지 않고서는 받을 수 없다. 자기의 죄를 고백한다는 것은 수치스런 일이요 괴로운 일이다. 그러나 이 과정을 거치지 않고서는 하나님의 새 마음 창조의 축복을 받을 수 없다. 이 시인은 이것을 잘 알았기에 자기 죄를 솔직히 고백한다. 그는 죄를 표시하는 말도 은혜의 경우와 같이 세 가지로 표시한다. "페샤아"(거스리는 죄) "아온"(실수한 잘못) 그리고 "핫타아"(삶의 목표를 잃어버린 행동) 등이다. 이렇게 하나님 앞에서 될 수밖에 없는 모든 가능성을 다 열거하는 철저한 고백이다. 그러나 죄의 명칭만이 문제가 아니다. 자기란 인간 자신의 근본이 죄로 인하여 형성되었고, 그렇게 만들어진 인간이 땅 위에 나타나는 일도 죄로 나타났고 자기가 지금까지 살아온 것이 모두 죄라는 것을 고백한다.

"내가 죄악 중에서 출생하였음이여 어머니가 죄 중에서 나를 잉태하였나이다"(5절).

칼빈은 이 구절에서 우리 인간이 가진 원죄를 설명한다. 그러나 교리적 의미보다는 실질적으로 인간은 근본죄를 범할 요소를 지니고 있음을 말한다. 결코 그 어머니의 교리적 비행을 말함은 아니다. 인간은 날 때부터 죄악의 씨앗을 가지고 있다는 것까지 고백함은 현재 자기 죄가 자기 책임이 아니라 창조주의 책임이라 함도 아니다. 다만 인간은 철저하게 하나님께 반역하고 잘못을 저지를 가능성이 있으니 이런 가능성을 극복할 수 있는 정한 마음을 창조해 주기를 간구하고 있다.

이 시는 사죄의 은총을 노래함보다 우리 인간이 운명적으로 지고 있는 죄악의 경향성을 하나님이 창조해 주시는 새 마음으로 극복할 수 있기를 간구함을 보여준다. 예수의 속죄 은총은 이러한 인간들의 요구를 하나님이 들어주신 것이다. 그래서 그리스도 안에서 새로운 피조물이 된다(고후 5:17).

제 52편
푸른 감람나무

나는 하나님의 집에 있는
푸른 감람나무 같음이여
하나님의 사랑만을
길이 길이 믿고 살렵니다(8절).

궁켈은 이 시의 문학형태를 결정하기 어려운 "탄식시에 가까운 것"이라 했다. 그러나 이 시는 대표적인 "의지시"다. 여기 재물을 의지하는 일과 하나님을 의지하는 일이 어떻게 차이가 있는가를 알려준다. 재물을 의지하는 사람은 망하고 하나님을 의지하는 사람은 하나님 집의 뜰에서 자라나는 감람나무처럼 싱싱하여 사철 푸르름과 열매를 자랑할 수 있음을 대조시키고 있다.

여기 하나님을 의지하는 사람을 "푸른 감람나무"에 비유한 것은 시인의 상상력을 충분히 발휘한 아름답고 인상적인 표현이라 하지 않을 수 없다. 하나님의 율법을 묵상하고 그 법대로 살려는 사람은 "시냇가에 심은 나무처럼 그 잎사귀가 사시 푸르고 철따라 열매 맺는다"(시 1:3)고 했는데 여기 이 시인도 자연물을 통하여 하나님의 진리를 깨달은 사람이다. 이것은 자연이 사람보다 훨씬 깨끗하고 순진하고 그 자체에서 하나님의 체취를 느낄 수 있고, 하나님의 사랑과 그 역사하심을 볼 수 있기 때문이다. 창조의 원리에서 자연은 사람을 위해 있는 존재요 사람의 지배를 받게 되었으나 인간은 무화과나무 잎으로 자기 수치를 가리기 시작한 때부터 인간이 가진 순박성과 깨끗함은 사라지고 말았다. 자연을 앞세우고 인간은 그 뒤에 숨어 버렸다. "아담아, 네가 어디 있느냐?" 하신 하나님의 첫 질문을 받았을 때 인간은 이미 그 자연만도 못해서 나무 사이에 자신을 숨기고 있었다. 그리하여 인간은 자연을 지배하는 것이 아니라, 그 죄악으로 말미암아 자연의 지배를 받아 망하게 된 사실을 홍수설화에서 알려주고 있다. 흙으로 빚어져 만들어진 인간이지만 그는 죽어서 그 흙 속으로 묻힐 수밖에 없는 운명이 되고 말았다.

이 시인은 이러한 허무한 인간, 자연의 미물만도 못하면서 창조 당시 하나님이 주신 특권만 내세우고 창조주 하나님을 무서워하는 마음도 생각하는 마음도 없는 오만한 인간의 운명을 이 짧은 시에서 묘사하고 있다.

시인은 이 사람을 "간사한 자"라 했다(2절). 이 간사한 자란 어떤 사람이냐. 여기 사용된 원어는 "하깁볼"(the Mighty man)인데 "악명 높은 영웅"(공동번역)은 좀 과장된 표현이고 "세도가"(勢道家-최민순 역)는 너무 직설적인 표현이다. 본래 "게벨"(남자)이란 말에서 파생된 "게볼"은 무언가 자기가 남다르게 가진 것이 있어서 사람들 앞에 거만하고 횡포를 부리는 사람이다.

아이성 사람들을 "게볼"이라 했는데 그 사람들이 다 강함을 자랑했다고 한다(수 10:2), 원시인 중 네피림이라 불리우는 "게볼"이 있었는데 "그들은 다 용사라고 한다"(창 6:4). 어린 다윗의 물매에 맞아 쓰러진 골리앗이 "게볼"이었다. 여기 이 말의 참 뜻이 있다. 골리앗 같이 힘이 장사며, 그 힘을 믿고 다른 사람도, 그들의 신도 모욕하는 거만한 사람이다.

이 52편 시인이 실지로 어떤 사람을 가르켜 이 말을 사용했는지 알수 없으나 그의 시에서 추측컨대 하나님을 보지 않는 자요 재물의 풍부함만을 의지하는 자며(7절), 자기의 목적을 달성하기 위하여 악한 계획을 치밀히 짜고 그것을 자랑하는 사람이요(1절), 그 악으로 스스로의 지반을 든든하게 하여 아무도 흔들어 넘어뜨릴 수 없는 구조적인 악을 구축한 사람이요(7절). 그는 독살스런 혀를 가졌고(2절) 남을 속이는 간사한 일만 하고, 착한 일은 생각하지도 못하는 대신 악만 감행하는 사람이다(3절). 특히 그의 악은 그의 말에서 더 심함을 찾을 수 있다. 남을 해치는 말은 골라가며 해서 듣는 사람으로 하여금 함정에 빠지도록 만드는 사람이다.

이런 사람은 물질적인 부로써 권력을 가진 자이다. 그는 말과 명령으로 선한 사람과 의로운 사람을 해치며 사람을 모함하며 함정에 넣어자기 세력만을 구축하고 있는 하늘 무서운 줄 모르는 악인이다. 신약에야고보서가 혀의 악함을 말한 그대로의 사람인 것 같다.

"혀는 곧 불이요 불의의 세계라. 혀는 우리 지체 중에서 온 몸을 더럽히고 삶의 수레바퀴를 불사르나니, 그 사르는 것이 지옥불에서 나느니라"(약 3:6).

그런데 이런 거만하고 악에 가득찬 사람의 운명이 어떻게 될 것인가. 시인은 담대히 그의 종국을 선언하고 있다.

"그런즉 하나님이 영원히 너를 멸하심이여 너를 붙잡아 네 장막에서 뽑아 내며 살아 있는 땅에서 네 뿌리를 빼시리로다"(5절).

아무리 남을 해치는 권력과 제도를 가졌다 해도 사람은 그를 대항하여 넘어뜨릴 수 없지만, 하나님만은 정의의 채찍을 드시어 그를 영원히이 땅에서 멸하시리라고 했다.

이 시인은 사람의 사는 일생이 자기가 가진 재물로 횡포를 부리고 살 수 없다는 것이다. 더욱이 그 재물로써, 다른 사람을 괴롭히고 궁지에 몰아넣는 일은 할 수 없다는 것을 경고하고 있다. 이것은 세상의 지혜이다. 살아가는 생활철학이다. 인간의 삶은 물질의 힘으로 모든 것이 해결되는 것이 아니다. 오히려 하나님의 사랑을 의지한다는 것이 가장 귀하다는 것을 가르치고 있다. "하나님을 자기 힘으로 삼지 아니한다"는 것은 사람이 마땅히 알아야 할 것을 알지 못함을 말한다. 49편 시인이 말한 바와 같이 재물을 의지하고 사는 것이 허무한 줄 모르면 그는 죽고야 마는 짐승 같은 허무의 존재에 불과하다. 치부하여 그 영광이 더해 가는 사람을 부러워할 필요가 없다. 그가 죽을 때 그 재물과 영광을 지하로 가져갈 수 없기 때문이다. 그러므로 이 시인은 하나님의 사랑을 의지함을 권고한다. 하나님의 사랑이란 무엇인가. 이 말 "헷세드"는 하나님의 계약사랑이라 한번 사람을 돌보시고 구원하시기로 작정하신 그 사랑은 변하지 않으시고 성실하게 그 사랑을 계속 베풀어주는 것이다. 이 사랑을 의지한다는 것은 로마서에서 바울이 말한 대로 하나님의 사랑에서 떠날 수 없는 자신인 것을 깨닫는 것이다. 어떤 일을 당해도 우리는 하나님의 사랑에서 끊어질 수 없다. 그 사랑을 알리고 또 실재로 그 사랑의 증거로써 예수 그리스도를 우리에게 주셨다. 우리가 예수를 믿는다는 것은 하나님의 사랑을 믿고 의지하는 것이다. 어떤 가뭄 속에서도 싱싱하게 자라가는 하나님 성전에 있는 감람나무처럼 하나님의 사랑을 의지하는 사람이 믿는 사람이다.

"어려운 일 당해도 나의 믿음 적으나 의지하는 내 주를 더욱 의지합니다."

제 54편
나를 도우시는 분

하지만 하나님은 나를 돕는 분
주님은 나를 돕는 이들과 함께 계시니이다(4절).

　　　　　　여러 시편에 붙어있는 제목은 그 시를 지은 사람의 글
이라기 보다는 후대 편집자가 붙인 것임을 다 안다. 그렇기 때문에 그
시의 내용에 그 제목이 타당하다고 인정할 만한 것이 간혹 있으나 (가령
51편, 3편 등) 대체로는 그 시를 이해하기 쉽게 하기 위한 편리한 안내 역
할을 한다고 볼 수 있다.

　그러나 이 54편의 제목은 시편에서 발견되는 어떤 제목보다도 가장
그 내용에 부합한 제목이라 할 수 있으므로 이 시는 과연 이 편자의 말
대로 다윗이 사울의 칼을 피해서 십(Ziphite) 광야 수풀 속에 숨었을 때
지었을 것이라는 가능성을 인정할 수 있다. 그러나 다만 가능성을 인정
하는 것이지 과연 그런 사정에서 다윗이 지었다는 확인을 할 수는 없
다. 시편 주석가들은 후대 편집자가 붙인 그 제목을 그 시 작자의 것이
라 함과 또 제목에 있는 작자명을 실제 작가로 인정한다는 것은 그 시
를 이해함에 반드시 필요한 것은 아니라고 본다. 다만 그 시의 편집자
가 그렇게 이해하고 붙인 제목으로 그 시를 이해함에 도움을 삼는 것은
당연하다. 이스라엘의 시문학 역사에서 그 개개의 시를 지을 가능성은

반드시 다윗 한 사람에게만 있었던 것이 아니고, 다윗 이후 많은 이스라엘 신앙인들, 특히 성소에서 봉사하던 제의 예언자들은 그들의 공동 예배를 위하여 전문적으로 시를 지은 사람들이었기 때문에 그런 시를 얼마든지 지을 수 있었던 것이다.

이 54편은 비교적 짧은 시의 하나이지만, 그 제목의 설명에도(삼상 23:19-23) 있듯이 다윗과 같이 생명의 위협을 느끼고 있었던 사람이 지은 시라 하겠다. 특히 이 시 3절에 나온 "낯선 자들이 일어나 나를 친다" 함은 다윗을 죽이려던 사울과 내통하고 있는 이방인 십 사람들이라 할 수 있다. 왜냐하면 그들은 일부러 사울에게 찾아가서 다윗이 어디에 어떻게 숨어 있다는 것과 자기들도 그 수색작전에 힘이 되어 주겠다는 약속을 하고 있다. "그러하온즉 왕은 내려오소서, 그 (다윗)를 왕의 손에 넘겨주는 것이 우리의 의무입니다"(삼상 23:20).

이 시인이 3절에서 말하는 "낯선 자들"과 "포악자"는 사울에게 첩자 노릇을 한 십 사람들과 그의 목숨을 노리던 사울과 그의 일당이라 할 수 있다. "포악자"는 "압박자들"이라 할 수 있다. 그러나 이런 사정은 다윗과 사울 사이에만 있었던 것이 아니다. 예레미야 같은 사람이 그를 해치려는 원수들에게 압박을 받아 수풀 속은 아니지만 진흙만이 가득한 구덩이에 줄로 달아 내려 죽임을 당할 뻔한 사정에서도 이런 시가 나타날 수 있다. "이 사람을 죽이소서"하고 왕께 고발하여 죽이기로 계획한 시드기야 왕의 신하들에 의해 진흙 구덩이에 던지움을 받았을 때 예레미야도 이 시인처럼 하나님께 호소할 수 있었을 것이다

"하나님이여 당신의 이름으로 나를 구원하시고
당신의 힘을 보이시어 나의 시비를 가려주소서
하나님이여 내 기도를 들으시며 내 입으로 아뢰는

말씀에 귀를 기울이소서"(1, 2절).

그러나 이런 간구와 호소는 반드시 예레미야만이 할 수 있었던 것이 아니라 하나님께 충성을 다하려던 신앙인으로서 그 신앙이 억압되고 부정당하는 사회에 사는 사람들이면 누구나 드릴 수 있는 호소요 간구이다. 공산주의가 지배하는 사회에서 그리스도교 신앙에 충실하려는 사람들은 이런 호소를 할 수 있을 것이다. 북한의 많은 성도들은 공산주의의 악랄하고 잔인한 압박 아래서 이런 호소를 하다가 희생당한 사람이 많을 것이다. "내 생명을 수색한다"(3절)는 문자 그대로 무신론자들과 반신론자들의 손에 수색당하여 쓰러진 성도들이 많을 것이다. 왜냐하면 이런 압박과 핍박은 "하나님을 자기 앞에 두지 아니하는 사람들"이 하는 것이기 때문이었다(3절). 하나님이란 존재를 부정하고 그를 두려워하지 않고 자기의 악한 생각대로만 행동하는 악인들이다.

이렇게 사방을 원수들에게 둘러싸였고 순간 순간이 그의 목숨을 노리고 있는 순간이라는 것을 알게 된 시인이 살 길이란 위에 계신 하나님으로부터 오는 도움밖에 없다. 이것은 기적이다. 죽음에 직면하여 절망적이지만 그래도 하나님의 구원의 손길을 기다림은 당연한 일이다.

이 시인이 4절 시작을 "보라"로 번역되는 "힌네"란 말로 시작했다는 것은 사방이 꽉 막혀있는 이 절망의 자리에서 한 줄기 구원의 빛이 갑자기 비치는 것 같다.

"보라"함보다 "하오나"로 번역함은 지금까지 이 시인이 당면한 고난과 위험, 절망과 죽음의 현실을 전적으로 부정하는 용기의 외침이다. 역사를 갑자기 딴 방향으로 돌리는 하나님의 손을 보게 함이다.

이렇게 죽음의 자리에서 삶의 자리로 전환시키는 것을 알린 다음 그것이 어떤 것인가를 알려주는 것이 다음 구절이다. "엘로힘 오즈레리이"는 하나님은 나를 도우신다는 말이다. "싸운다"는 말이 없이 원수의 칼날과 접전하는 선전포고문이다.

주 하나님은 자기 생명을 붙들어 주시는 분이라 함인 동시에 자기를 돕는 사람들과 함께 하시는 분이라는 것이다. 이것은 하나님이 위험 중에 처한 시인과 함께 하신다는 말만이 아니라, 위험 중에 있는 시인을 위하여 돕는 사람들도 시인 편에 있다는 것을 알려준다. "어딘가에 나를 돕는 사람이 있다" "나는 외롭다. 하지만 어딘가에 나를 위하여 기도하는 사람이 있다. 그들과 함께 하시는 하나님이 나를 도우신다"는 승리의 확신을 알려주는 것이다.

이렇게 하나님이 그와 함께 계시기 때문에 그는 "당신은 나를 악으로 대하는 사람을 물리치십니다"고 고백한다. 시인 자신은 아무것도 할 수 없어도 하나님이 갚아주실 것을 믿는다는 고백이다. 이것은 거룩한 전쟁 제도에서 인간은 가만히 있지만 하나님이 직접 나서서 싸워서 대적을 물리쳐 주신다는 이스라엘의 전통적인 신앙을 표시한 것이다. 하나님의 진실 때문에 원수들을 멸하시기를 간구한다. 자신의 곤경이나 죽음의 위험 때문이 아니라, 하나님의 진실 때문에 적을 물리쳐 달라는 것이다. 이는 하나님은 진실을 보여주는 진실한 성도에게 그 자신도 진실로 대접해 주시기 때문이다.

"거짓을 행하는 자에게는 그 거짓에 합당한 일을 행하시는 하나님이시다"(시 18:26).

이렇게 해서 위험 중에 빠졌던 시인은 다시 희망을 가지고 구원의 약속과 승리를 볼 수 있기 때문에 "제물을 바치고 하나님께 감사하지 않을 수 없다." 원수가 망하는 것을 자기 눈으로 확실히 보게 한 하나님의 긍휼에 대한 감사찬송을 할 수밖에 없다.

제 55편
비둘기처럼 날개를!

비둘기처럼 날개가 있다면
평안한 곳을 찾아가련만
멀리 광야라도 날아갈 수 있으련만(6, 7절).

       시인은 상상의 날개를 펴서 불가능의 세계에서 가능의 세계로 날아다닌다. 시인은 꿈을 먹고 산다. 그리하여 하늘과 땅을 동시에 날으며, 땅 속과 바닷속을 한꺼번에 들여다본다. 시인의 시력은 무한대의 거리로 뻗어 나가고 그의 청력은 태고적 얘기를 재생시켜 오늘에 듣게 한다.

  55편 시인은 이러한 상상력을 발휘한 진정한 시인이다. 그는 비둘기처럼 날개 가지기를 소원하고 있다. 그 이유는 현실 도피의 심정, 편히 쉬고 인간이 없는 조용한 광야로 날아가고 싶기 때문이라 한다. 그는 인간의 알찬 의지가 소용돌이치는 도시에서 짐승들과 돌과 풀, 찌는 듯한 태양이 있는 광야로 가보고 싶다고 한다. 그러나 그가 원하는 광야는 "폭풍과 광풍"(8절)이 있는 곳인데, 이 시인은 얼마나 모순된 말을 하고 있는가. 그가 "편히 쉬고자 한 광야"(6절)는 정신이상에 걸리지 않은 이상 가고 싶어할 곳이 되지 못하지 않는가! 폭풍과 광풍이 있는 것은 물론이지만, 거기 피에 굶주린 사나운 짐승들의 발톱이 있지 않은가! 거기 독초가 무성하고 가시밭이 가로막고 전갈과 독사들이 뒤쫓아

오는 곳이 아닌가! 거기는 목이 타야 하고 배가 고파야 하고 추위 아니면 폭서에 숨결이 막혀야 하는 곳이 아닌가! 안식 대신 불안이 있고 평안함 대신 위험을 시시각각으로 경험해야 하는 곳이 아닌가!

그런데 어찌하여 이 시인은 "비둘기처럼 날개가 있으면 광야로 날아가고파 했는가" 그 이유를 캐내기 위해, 우리는 사람이 얼마나 믿을 것이 못되는가 생각해 보자. 사람이 얼마나 독을 뿜고 다니며 다른 사람을 해치는가. 사람들이 얼마나 음흉한가. 사람들이 얼마나 무서운가. 더욱이 악한 사람들이 떼를 지어 사는 도시란 얼마나 불안하고 위험한 것인가. 더욱이 자기의 이권, 자기의 권력, 자기의 부, 자기의 명예, 자기의 소유, 자기의 영화, 자기의 만족과 평안을 지키기 위하여 그 모든 것을 더 가지고 또 영구히 가지고자 하는 의욕에 불타는 사람들이 사는 도시란 얼마나 험한 곳인가! 이런 악의 권력이 지배하는 도시에서 날마다 순간마다 오염되어 가고 질식되어가는 자신의 양심과 진실과 선하고 의로운 뜻 그리고 우리 인간 속에 깨끗하고 맑은 호흡을 해야 할 영혼이 소리 없이 죽어가고 또 이미 죽어 있는 싸늘한 시체가 된 영혼의 만가를 들을 수 있는 사람은 얼마나 행복된 사람인가!

사람들이 살고 있는 도시에 내뿜어진 독기를 무서워할 줄 아는 사람이면, 이 55편 시인과 같이 "비둘기처럼 날개를 주십시오. 내가 광야로 날아가리이다. 거기서 편히 쉬리이다" 하지 않을 수 없을 것이다. 비록 그 광야에서 폭풍과 광풍에 밀려 검부러기처럼 뒹굴어도 그의 영혼만은 인간의 독기로 질식할 염려 없으니 오히려 바람직하지 않는가! 비록 타는 목을 길게 뻗고 주린 창자를 움켜잡고 죽어간다 해도 그의 영혼만은 천사의 날개를 타고 하나님 품으로 갈 수 있는 것이 아닌가! 비록 짐승에 물려 찢기고 독초 속에 엎어지고 지네와 전갈에 물린다 해도 그의 영혼은 상처없이 하나님 품으로 갈 수 있지 않는가!

이 55편 시인이 "비둘기처럼 날개를 달라"고 애원함은 바로 이런 심정일 것이다. 인간들, 악한 인간들이 모여 선하고 의로운 사람을 마구 잡아 억압하고 핍박하고 죽이는 그 도시를 저주한 것이 아닌가. 우리는 결코 그를 현실도피주의자라 비난할 수 없다. 그는 악을 대항할 힘이 없는 무력하고 비겁한 자라고 나무랄 수 없다. 우리는 그를 오늘 내가 살고 있는 삶에 절망한 나머지 단순히 저승에 어서 가기를 바라고 피안의 세계만을 동경하는 천당의 복과 편안에 미친 사람이라고만 생각 하지 말자. 그는 실로 자기의 당면한 현실이 너무도 고통스럽고 너무도 모순된 것이 많고 너무도 부조리로 가득찼고, 너무도 참과 거짓을 분간할 수 없는 혼란의 연속임을 뼈저리게 느낀 사람이 아닌가.

이제 우리는 그가 살던 그 현실의 참상을 생각해 보자. 그는 "원수의 소리와 악인의 압제"에 괴로워하는 사람이다 (3절). 그들은 시인을 "죽음의 공포에 둘러싸이게 했고"(4절), 그렇기 때문에 "그 마음은 찢어지는 듯 괴롭다"고 했다(4절). "무서움과 공포가 그를 뒤덮고 있다"(5절). 그렇기 때문에 그의 삶은 "매순간마다 전율로 소름이 끼치는 것을 느끼고 있다"(5절),

이렇게 그의 삶의 순간이 공포와 죽음으로 직결되어 있기 때문에 "비둘기처럼 날개를 가졌으면" 소원한 것이다.

그러나 그뿐이 아니다. 이 시인이 살고 있는 그 도시 안에서 되어지는 죄악상과 그 악의 질서를 비호하기 위한 도시 권력자들의 비행을 폭로하고 있다. "주야로 성벽 위를 두루 다닌다"(10절)는 말은 성을 지키는 보초를 가리킨다. 성을 지키는 보초는 다만 성 밖에서 오는 위험과 적군의 습격을 막는 것이며, 또한 성 안에서 일어나는 비행, 악행, 강도 등을 사전에 막기 위함이다.

그러나 이 시인의 눈에 비친 "성 안은 포악과 범죄로 가득 차 있다"(11절). 성 안 좁은 골목과 넓은 거리에 인권의 탄압과 사치와 폭행만이 있다는 것이다. 이러한 암흑가가 되었지만, 아무도 이를 제지하거나 그런 악의 질서를 항거하는 소리나 움직임은 없다. 정의의 목소리는 죽었고 불의에 대한 항거는 그 흔적도 볼 수 없다. 그러니 여기 의로운 사람, 진실의 사람, 선을 따르려는 사람이 어찌 비둘기처럼 날개를 가지고 싶지 않겠는가.

그 다음 더 기가 막힌 일은 불의의 집단과 타협한 가까운 친구들이 모두 의로운 일에 가담하고 있는 시인을 배신하고 불의를 키우는 일에 가담하고 있는 것이다. 그들은 "서로 가깝게 지내던 가까운 친구, 서로 정답게 담화하고 하나님의 집에서 함께 경건한 삶을 실천하던 사람들"이다(13, 14절). 시대가 아무리 악해도 친구들만은 끝까지 포악한 권력 편에 서지 말았어야 할 것인데, 이제 그 친구들마저 악의 구조 속에서 도시를 불안과 공포의 장소로 만들고 있다. 그러니 어떻게 비둘기처럼 날개를 가지고 광야로 날아가고 싶지 않겠는가.

이제 이 친구는 자기 소원대로 날개 있는 비둘기는 될 수 없다. 그는 오직 하나님께 자기의 딱한 사정을 호소하지 않을 수 없다. 모든 염려를 하나님께 맡기면 하나님이 붙드실 것이니, 의를 사모하는 사람, 정의의 편에 선 사람은 절대로 흔들리지 말고 자기 길을 가야 함을 이 시인은 마지막 부분에서 권고하고 있다.

제 56편
내 눈물의 병

당신은 나그네된 나를 보살피사
나의 눈물을 당신 병에 담으소서
그렇게 당신 책에 적혀있지 않습니까!(8절)

이 구절의 원문은 불분명하여 여러 가지 다른 번역이 있을 수 있으나, 몇 가지 확실한 것은 "나의 나그네된 삶"(노띠) "당신의 병"(브노오데가) "내 눈물"(딤아티) "담는다"(쉬이마)란 말 등이다. 이 네 개의 말이 가진 뜻은 서로가 연결되어 이 시인과 같은 수난 중에 있는 사람의 눈물겨운 삶을 묘사한다고 할 수 있다.

이 시는 궁켈이 "개인 탄식시"로 보고 있다. "이 시인은 원수의 위험 아래 살고 있고 원수들은 그의 생명을 찾아 없애려는 잔인한 흉계를 꾸미고 있다"고 궁켈이 말한다. 이 원수들은 "뭇 백성"(7절)이란 말이 보여주듯이 비이스라엘인 이방 사람들인 것 같다. 그래서 궁켈은 이 사람들이 7편(7절), 59편(5절)의 시인처럼 본국을 떠나 외국 땅에 살고 있었다고 말한다. 시인 자신은 그의 곤경을 어떤 전쟁 상태에 놓인 사람인 것 같이 표현하고 있다.

그러나 궁켈이 이 시를 "탄식시"라 함은 잘못이다. 시 전체의 신학사상은 시인이 고난 중에서 하나님을 의지하는 신앙을 보여준다. 여기 원문에는 "의지한다"(빠타하)란 말이 세 번이나 (3, 4, 11절) 사용되었고(우리말 개역에는 10절에 "의지하여"를 두 번이나 보충하고 있다) 하나님이 이 시인과 함께 함을 의지하고 믿기 때문에 "사람이 내게 어찌하리이까? (무엇을 할 수 있겠는가?)" 인간은 자기를 대항할 수 없다는, 어떤 악조건 아래서도 자기가 하나님으로부터 얻은 안전은 아무도 해할 수 없다는 것을 두 번이나(4, 11절) 반복하고 있다. 그러므로 이 시의 처음 부분과 중간에서 시인이 얼마나 수난 속에서 몸부림치고 있는가. 그 탄식의 모습을 보지만 그 모든 수난상은 그가 굳게 믿고 있는 하나님을 의지하는 신앙을 증거하는 것임을 쉽게 알리고 있다. 그러므로 이 시는 고난 중에 하나님 한 분 밖에 구원자가 없다는 신앙에 살고 있음을 보여주고 있다.

그런데 이 시인은 자기의 눈물을 주님의 병에 담아 주기를 빌고 있다. 이것은 그의 나그네 인생에서 경험하는 고난상의 설명이다.

여기 "나그네 된 삶"(9절)은 반드시 그가 궁켈의 추측대로 외국 땅에 거한다는 지리적인 사고방식에서 나온 것이 아님은 "인생은 곧 나그네이다" "인생은 나그네 길" "어디서 왔다가, 어디로 가는지" 하는 유행가요가 잘 설명하고 있다. 시편 39편에도 "나는 주 앞에 나그네가 되고 떠도나이다"고 했다(12절). 우리 크리스천들도 나그네라고 표현되고 있다(벧전 1:17). 사람이 이 땅에서 살아가는 것은 영구적인 삶이 아니라는 의미에서 인생은 나그네다.

이 시인은 무슨 이유로 그 자신을 "나그네"라고 했는지 알 수 없으나 칼빈은 "그의 모든 삶이 다만 계속적인 나그네의 길을 걷고 있음을 말한다"고 하여 "인생은 나그네"라는 동양적 이해를 하고 있다. 특히 이 시인의 경우 그의 삶이 어느 곳에 안정할 수 없을 만큼 부단히 움직여야 하는 것을 말한다 하겠다. 그러나 1절에 기록한 대로 그의 쫓기는 삶을 보여준다. "사람들이 종일 그를 삼키려고 치며 압제한다"고 했다. 그는 하루종일 안정할 수 없는 수난 속에 살아간다. 마치 나그네가 안

시편 명상

정 없이 불안한 날을 보내듯이, 칼빈은 나그네는 염려와 위험에 넘치는 혼란된 순례의 길을 걷고 있기 때문이라 했다. 이러한 불안과 염려는 그의 대적의 공격, 특히 5절에 있는 바와 같이 이 시인의 하는 말을 곡해하여 해칠 생각으로 골몰하기 때문이며 따라서 그는 눈물로 세월을 보내지 않을 수 없었다고 한다. 원수들이 자기를 오해하여 심지어 숨어서까지 그의 목숨을 노려보고 있었다는 것은 가슴 아픈 일이 아닐 수 없다. 저들의 하는 짓은 죄 없는 시인을 모함하고 그 생명을 죽이는 일을 저질러야만 그들의 악의 흉계를 중단 할런지 모르니, 그들이 그러한 범죄적인 살인을 하지 못하게 하나님이 그들의 계획을 꺾어달라고 호소하고 있다.

이러한 억울한 사정을 호소하는 시인은 그의 슬픔으로 흐르는 눈물에 관심해 달라는 특수한 표현을 하고 있다. 이 구절의 "눈물을 병에 담는다"는 것이 실제로 어떤 일을 말하는가. 주석가들은 로마 사람들이 죽은 자를 위하여 가족이나 친족들이 운 눈물을 담아서 장례식 때 병에 넣어서 그 시체와 함께 묻었던 것이 발굴되었다고 하여, 이스라엘 사람들에게도 이런 풍속이 있을 것이라고 상상한다. 이것은 지나친 상상이다. 여기 병이란 로마 사람들이 사용한 것과는 다른 가죽부대이다. 이것은 이스라엘 사람들이 술, 기름, 우유, 물 등을 넣는 데 쓰는 것이다. 그러나 이 도구가 병이든 가죽부대이든 이 구절의 의미를 이해함에는 별로 중요하지 않다. 이것은 다만 시인이 그의 억울한 수난 중에서 흘린 눈물과 함께 그의 슬픔과 고통을 하나님께서 관심가져 주시라는 뜻이다. 그의 슬픔을 보살피사 그에게 구원의 손길을 보내 달라는 시적인 표현이라 하겠다. 사람의 일용품 중 귀중한 것을 가족부대에 담듯이 시인 자신의 슬픈 그 눈물을 보배를 간직하듯 하나님의 병에 담아 불쌍히 여겨달라는 뜻이다.

다른 시인의 경우를 보면 "밤마다 눈물로 내 침상을 띄우며 내 요를 적신다"(시 6:6)고 할 정도로 하나님께 슬픔을 알리고 있다. 그러나 이 눈물을 하나님의 병에 담아달라는 말은 하지 아니한다. "내 눈물이 주야로 내 음식이 된다"는 다른 시인의 고백도(시 42:3)이 56편 시인의 심정을 이해하게 한다. 또 다른 시인은 "내 영혼을 사망에서, 내 눈을 눈물에서, 내 발을 넘어짐에서 건지셨다"는 감사의 기도를 드리고 있다 (116: 8).

이렇게 "눈물을 주의 병에 담아달라"는 기도를 드리는 이 시인은 하나님의 도우심을 철저히 믿고 있으며 (9절) 이렇게 건져 주시는 하나님을 믿고 의지하고 있기 때문에 사람이 아무리 자기를 해치려고 해도 자기는 겁낼 것이 없다고 한다. "내가 두려워하지 아니하리라"(4, 11절). 여기 시인의 강한 의지신앙이 빛난다.

모든 "의지시"가 그 마지막에는 감사와 찬송을 하나님께 바치는 말로 끝나듯이 이 시도 하나님이 그를 돌보시고 모든 위험과 사망에서 건져 주신 은혜를 감사하지 않을 수 없다고 한다. 이 시인은 이에 건짐을 받기 전부터 이 감사의 제사를 드리기로 서약을 한 것 같다. 그의 생명을 건져주심에 대하여 감사를 드린다고 했다. 구원 신청의 눈물은 이제 감사의 눈물로 주의 병에 담아진다.

"모든 슬픔 속에서 지나는 사람들이여,
주님이 당신의 눈물을 그의 병에 담아주신다고 하니
얼마나 감사한 일입니까"

이 자랑이 그리스도인의 신앙이다.

제 57편
새벽을 흔들어 깨운다

Psalm Meditation

내 영혼아 잠을 깨어라
비파야, 수금아, 잠을 깰지어다
내가 새벽을 흔들어 깨우리로다(8절).

       새벽에 사람들은 잠에서 깨어난다. 그런데 이 시인은
새벽, 잠자는 새벽 그것을 흔들어 깨우겠다고 한다. 대담한 시상(詩想)인
동시 아름답고 인상적인 시상이다. 사람과 시간이 하나로 조화된 상태,
내가 새벽, 또한 새벽이 나라는 생각의 시이다. 내가 깨고 새벽도 깨고,
새벽이 나를 깨우고 나도 새벽을 깨우고 비파와 수금도 그 잠에서 깨어
나는데 새벽인들 자고만 있을 것인가!

  실상 이 구절은 "내 영혼은 이른 새벽부터 깨어 비파와 수금으로 하
나님을 찬양하리라"는 말이다.

  새벽을 흔들어 깨우는 일은 지나친 상상같다. 새벽은 누가 깨우지 않
아도 저절로 깨기 마련이다. 그러나 사람과 함께 새벽도 잠을 자고 있다
는 표현은 "내가 새벽에 깨리라" 하는 직접적인 표현보다 뜻이 깊다. 많
은 주석가들이 인용하는 밀톤의 시에도 이와 같은 표현이 있다고 한다.

   "시냇가와 뿔피리가 어떻게 즐겁게
    아침을 깨우는지 종종 듣고 있다" (밀톤의 Allegro에서)

이 시인의 생각을 더듬어본다면, "새벽아 일어나라, 나와 함께 일어나 주 하나님을 찬양하자. 내 비파도 깨어나고 내 수금도 깨어나서 내 원수 물리치신 하나님 찬양하자. 새벽이여 일어나라 잠에서 깨어나라. 밤 시간은 짧아지고 낮 시간이 길어진들 하나님 찬양으로 지고 샐 것 아니련가! 밤이여 깨어서 찬양하자, 새벽이여 깨어서 내 주 하나님을 찬양하자"는 뜻으로 읽을 수 있다.

이 시는 주석가들이 "탄식의 노래"(1-4절)와 "감사의 노래"(6-10절) 두 부분으로 구분하고 5절과 11절은 똑같은 말이므로 그 후렴이라고 본다. 그리고 이 시 둘째 부분은 시 108편 1-5절과 (후렴 포함해서) 똑같은 내용이다. 그리고 교회 전통에서 이 시는 죽음과 지옥의 권세를 이기신 예수님의 부활의 승리를 노래하는 부활절에 부를 시로 사랑받아 왔다. 특히 이 시의 후렴 5, 11절은 고린도전서15장 24-28절에서 보여주는 그리스도의 부활을 알려주는 내용으로도 되어 있다. "주는 하늘 높이 오르시어 온 땅 위에 당신의 영광을 떨치소서" 하는 내용은 예수 그리스도의 부활로 인한 영광의 모습을 보여준다.

이 후렴에는 영광과 찬송이 들려지지만, 이런 찬송을 드린 시인 자신은 다른 시인들과 같이 인생의 쓰라린 경험을 한 사람이다.

그는 하나님의 날개 아래 피하고자 애원한다(1절). 애원은 "긍휼히 여겨달라" "불쌍히 여겨달라"(한네니)란 말을 연달아 부르짖으며 하나님의 자비를 간청하고 있다. "한네니 엘로힘 한네니!"

그가 "이 재앙이 지나기까지"란 말을 한 것을 보면 이 시의 제목이 보여주듯이 다윗이 사울의 창칼을 피하여 굴속에 숨어 있을 때 지었다고 할 만큼 시인의 현재 당면한 위기가 긴급한 것 같다. 여기 "재앙"(하우오트)은 많은 주석가들이 "파괴"로 읽고 있다. 그 "파괴"가 무엇인지 알 수 없으나 시인 자신의 전 존재를 파괴할 위기인 것 같다. 이런 위

시편 명상

기에서 안전한 곳으로 피한다는 것은 자연스러운 인간 욕구이다. 이사야가 "내 백성들아 갈지어다. 네 밀실에 들어가서 네 문을 닫고 분노가 지나기까지 잠깐 숨을지어다"(사 26:20) 함과 같은 피난이다. 이사야는 "밀실"이라 했지만 이 시인은 "하나님의 날개 그늘 아래" 숨으라 한다. 여기 날개는 "에발"이란 말이다(여기만 사용). 시편 많은 곳에는 "카나프"(덮어서 보호한다)란 말을 쓰고 있다. 말은 다르나 하나님의 날개는 인간이 난을 피할 수 있는 안전한 곳이고(시 17:8) 이것은 인간이 피할 수 있는 하나님의 자비로 표시되었으며 (시 36:7) 이 날개 밑에서 찬송할 수 있는 곳이며 (시 63:7) 하나님이 인간을 그 재난에서 피하게 하는 곳이다(시 91:4). 하나님의 긍휼과 그의 보호와 안전이 있는 곳으로 "하나님의 날개"를 이해하고 있다. 이 시인이 위험에 처한 자신을 안전하게 숨길 곳은 하나님 날개 밑 이외 딴 곳이 없다는 고백이다.

이 안전감을 그 다음 절(2절)에 밝히고 있다. "하나님은 지극히 높은 곳에 계시지만, 이 시인을 위하여 모든 것을 이뤄 주시는 분이라"했다. 하나님이 그를 삼키려는 악의에 찬 사람과 그의 비방에서 건져주심을 고백하고 있다(3절). 하나님의 "사랑과 진실하심"(3, 10절)이 구원의 은총을 베풀 것을 믿고 있다. 그러므로 원수들이 시인을 사자와 같은 사나운 짐승 사이에 눕혀도 안전할 것이며, "이는 창이요 혀가 날카로운 칼"같은(4절) 원수들의 모함에도 넘어가지 아니하고 오히려 건져 주시는 하나님이시다. 그들은 시인을 넘어뜨리기 위하여 웅덩이를 팠으나, 그들 자신들이 그 웅덩이 속에 빠지고 마는(6절) 은총의 돌보심이 있을 것을 확신하고 있다.

이렇게 하나님으로 말미암은 안전을 찾을 수 있는 시인은 하나님께 노래하고 찬양하지 않을 수 없다. 그는 자기 마음이 확정됐다는 것을 노래한다.

"하나님이여, 내 마음을 안정했습니다.

내 마음을 안정했습니다.

내가 노래하리이다.

내가 찬양하리이다."

모든 불안과 초조가 사라지고 오직 평온을 되찾고 감사와 기쁨에 넘치는 마음으로 하나님께 노래하고 찬양하겠다고 한다. 이 노래와 찬양의 내용은 다음과 같다.

"내 영혼아 잠을 깨어라.

비파야 수금아 잠을 깨어라.

나는 새벽을 흔들어 깨우리라."

내 "영혼"은 원문에 내 "영광"으로 나와 있다. 영혼은 우리 인간의 내부 깊이에 자리잡고 영광의 하나님과 만나고 대화하는 인격의 지성소이다. 사람의 영광은 우리 중심부에 이 지성소를 가졌기 때문이다. 이 영혼의 지성소에서 하나님과 대화를 못하는 사람은 진실로 "죽고야 마는" 짐승 같은 존재이다(시 49:12, 20).

이 영혼은 한 순간도 잠을 잘 수 없다. 하나님을 잃어버리거나 부정하는 순간은 영원히 잠자고 죽어 있는 상태이다. 하나님의 구원을 확신하게 된 영혼은 깨어있는 영혼이다. 우리 자신이 "내 영혼아 깨어라"함은 "하나님이여 내 영혼에 말씀하소서. 내가 듣겠나이다"하는 준비하는 태도이다. 그래서 칼빈은 "내 영혼아 준비하라"고 했다. 영혼은 깨어서 비파와 수금으로 하나님을 찬양해야 한다. 잠자는 새벽을 깨우듯이 그의 찬송 소리로 온 세상에 하나님께서 하신 일을 전파하고자 함이다.

제 58편
달팽이와 가시나무

몸집이 줄어가는
달팽이 같게 하시고…
뜨거운 회오리바람에 불려가는
싱싱한 가시나무 같게 하소서(8, 9절).

　　　　　　정의를 행해야 할 사람이 불의를 행하고, 공평하게 판
단해야 할 사람이 편벽되게 판단하고, 진실하게 일을 처리해야 할 사람
이 임기응변적으로 해치워버릴 때, 의로운 사람, 정직한 사람, 공정하게
말하는 사람, 이런 사람들은 고민하지 않을 수 없다.

　이 시는 의인과 악인의 대립을 보며 타인으로 말미암아 수난받는 의
인을 보호하며 악인의 비행을 규탄하는 내용의 시이다. 이 땅 위에서
부당한 재판을 받는 사람의 탄식을 말하는 "탄식시"로 궁켈은 이해하
고 있다. 악인에 대한 고발이요 그들의 불의에 대한 항거를 알려주는
시이다. 간접적인 고발이 아니고 악인에게 직접적인 고발을 하고 있다.

　"인간들아! 정말 너희가 공의에 대하여 침묵을 지키려는가.

　　너희가 언제 올바르게 판단을 하려는가."(1절)

　이 구절의 원문의 뜻은 분명치 않아 여러 가지 다른 해석을 할 수 있
다. 우선 "침묵"(엘렘)은 "엘림" 또는 "울람"으로 읽어서 "너희 신들"(바
이저, 궁켈, 크라우스) "너희 회중들아"(데이비드 김치, 칼빈) "너의 지배자들이

여”(NEB) 등으로 번역한다.

대체로 이 첫 구절은 시인이 하늘에 있는 신들의 재판정에서 되어진 것을 상상한 것으로 이해한다. 즉 이스라엘의 하나님 야웨가 모든 다른 신들에 대해서 재판을 베풀며, 그들의 불의에 대하여 심문한다고 해석한다.

3절 이하에 나타난 인간 세상에서의 악은 이 신들의 잘못 판단으로 일어난 사람들이라 생각한다. 이렇게 생각하게 되는 동기는 시편 82편 1절에 하늘에 있는 신들의 재판정에서 인간의 악을 펴게 한다는 것과 관련되었다고 한다.

그러나 이 1절은 신화적인 배경에서 읽을 것이 아니라 시인이 살던 어느 역사적인 배경에서 읽어야 한다. 그것은 이 시에서 취급하고 있는 테마가 의인과 악인의 상관관계에서 읽도록 되어있기 때문이다. 3절 이하에 묘사된 악인의 성격과 그 운명에 대한 시인의 판단은 1절을 하늘에 있는 신의 재판석으로부터 들려온 이스라엘의 유일하신 최고의 신이 세상에 악한 일을 꾸미는 여러 신들에 대해 질문하는 말이라 할 필요가 조금도 없다. 다만 이것은 시인 자신이 권력을 가지고 이 세상에서 악을 행하는 사람들에게 왜 공정한 판단을 하지 아니하여 의인들을 괴롭히며, 왜 의로운 일에 대하여 침묵을 지키느냐고 불의를 용납하고 공정한 일을 무시하는 악인들에 대한 개탄이라 하겠다.

이 악인들은 “모태에서부터 곁길로 나가서 사기만 치고 있는 사람들”이기 때문이다(3절). 이 악인들이 하는 일은 사회에서 “독사 같은 독을 뿌리는”(5절) 악행을 하는 자들이다. 이 시인은 중동 여러 나라에서 현재도 볼 수 있는 독사 뱀을 다루는 마술사의 애기로써 그 독사가 문자 그대로 사람들에게 독을 뿌리고 사람을 해친다는 사실을 강조하려고 한다. 잘 훈련된 독사는 마술사의 말을 잘 듣기 때문에 사람을 해치지 아니한다. 그러나 마술사의 술법에 귀를 막고 있는 귀머거리 독사는 사람을 해칠 수

시편 명상

밖에 없다. 이와 같이 악인들은 사람들을 해치는 독기를 제거하지 못하고 또는 해치는 기능을 중지하지 못하고 닥치는대로 사람을 해하듯이 인간 사회를 해롭게 한다는 뜻이다. 악인의 악에 대한 특수한 표현이다.

시인은 이러한 독기 있는 악인들의 해치는 일이 없어지기를 기도하지 않을 수 없다. 시인 자신이 이런 악인이란 독사 때문에 해받은 일을 직접 말하지 아니하나 그 독기에 상할 선량한 의인들을 위해서는 하나님이 이 악인들의 독기 있는 이빨을 제거해 달라고 간구하지 않을 수 없다.

"하나님이여 그들의 이빨을 꺾으소서. 여호와여 젊은 사자의 어금니를 꺾어내소서. 그들이 급류처럼 사라지게 하시고 화살이 꺾어지듯 꺾으소서."(6~7절)

이 시인의 언어는 다양하다. 뱀, 독, 귀머거리, 독사, 요술사, 요술, 젊은 사자, 흐르는 물, 화살, 달팽이, 가시, 회오리바람 등 모두 악인의 운명을 결정짓는 물건들로 사용하고 있다.

이 시인은 악인의 행동에 대하여 분노를 느끼는 사람이다. 이와 동시에 그는 악인의 운명은 멸망과 직통하고 있다는 것을 여러 가지로 표현하고 있다. 하나님은 의인 편에서 악인에 대한 보복을 하실 것을 확신하고 있다. 세상이 아무리 불의를 행하는 악인으로 공정한 것이 없어진 것 같아도 의인들이 악인의 피로 발을 씻을 수 있다"(10절)고 하는 것은 공의로 심판하시는 하나님이 계시기 때문이라 했다 (11절).

그런데 이 시인이 악인의 운명을 표시한 인상적인 말은 8, 9절에 있는 "달팽이"와 "가시나무"의 운명에 비유한 것이다. "달팽이"(쇱룰)이란 말은 여기에만 나오는 말인데 악인의 운명을 표시한 독특한 표현이라 하겠다. 달팽이는 소라딱지 같이 생겼다. 그 몸은 연한 껍데기가 몸을 싸고 기어갈 때는 껍데기 속에 있는 알몸이 나와서 자기 껍데기를 지고 간다. 머리에는 신축성이 자유로운 촉각이 있고 그 끝에는 눈이 있다.

살에는 점액이 있어서 기어간 자리에는 그 점액으로 자국을 남긴다. "악인은 소멸하여 가는 달팽이 같다"고 했다(8절). 이는 "몸집이 줄어가는 달팽이"란 뜻이다. 달팽이는 그 몸에 있는 수분이 말라 버리면 그 동작은 불가능 하고 그 생명은 죽고 만다.

악인은 그 악한 계획과 악의 의지로써 그 자신을 이루고 있다. 그에게서 이런 의지와 계획을 없애 버리면 악인은 그 자체가 없어지게 된다. 달팽이는 보잘 것 없는 그 연한 껍데기 속에 자기 몸을 숨기고 있다. 행동하지 않을 때 그는 자신을 훌륭하게 위장한다. 그러나 기어갈 때는 그의 신축성이 자유로운 그 몸을 움직인다. 악인이 자기의 목적을 달성하기 위하여 그 몸을 신축자유로 움직이듯이 촉각은 예민하여 일신의 위험 앞에서는 즉시 그 몸을 숨긴다. 악인은 그의 적대자에 대한 신경을 달팽이 촉감처럼 예민하게 움직인다. 그가 지나가는 곳마다 달팽이가 점액을 남기고 기어가듯이 그 점액을 남기며 다닌다.

그러나 달팽이는 언제나 그 몸의 위험을 그 껍데기를 짊어지듯 지고 다닌다. 악인의 운명이란 시세라는 높은 나무가지에 신축자유로 다니지만 어느 순간에 그 운명의 마지막이 올런지 알지 못한다. 가시나무의 운명을 악인의 운명에 비한 것도 이 시인의 독특한 표현이다. 가시나무의 운명은 날 때부터 남을 찌르기 위한 것이다 (3절에 나타난 악인과 같이). 신명기 계통 신학자는 불의한 권력이 "왕"이란 이름 아래 온갖 횡포와 탄압과 비인도적인 일을 하고 있는 역사적 사실을 깨우치기 위하여 "나무들의 우화"(사사기 9장)를 들려주고 있다. 무화과나무, 감람나무, 포도나무도 왕의 자리를 사양했지만, 가시나무는 왕권을 원했다고 한다. 이 세상 독재자와 그와 비슷한 권력자는 가시나무와 같이 인간을 해친다. 그러기 때문에 가시나무 같은 악의 주권자는 "회오리바람에 휩쓸려갈 수밖에 없다"(9절)고 한다.

제 59편
사랑의 하나님

나의 힘이신 당신께
찬송을 하오리라.
하나님은 나의 요새
하나님은 나의 사랑(17절).

구약은 율법책이므로 심판과 징벌을 말하고 사랑을 말하지 아니한다고 일부 기독교인이 말하고 있다. 주후 180년경 로마에서 신학적 활동을 했다는 마르시온(Marcion)이라는 사람이 구약을 이렇게만 보고 기독교 신학이 구약성서를 정경으로 넣고 있음은 잘못이라 했다. 그리하여 신약성서 속에 구약을 인용하거나 구약에 나오는 사상이나 개념 같은 것은 일부러 삭제해 버리는 작업을 했다. 이것이 소위 마르시온주의이다.

그런데 이것은 구약을 바로 읽지 못하고 오해한 것이다. 구약에는 하나님의 사랑에 대한 기록이 결코 적지 아니하다. 사랑이란 말이 직접 표현된 것은 적다고 해도 하나님이 사랑의 심정으로 인간을 대하고 이스라엘 민족사에 간섭하셨다는 사실은 허다하게 많다. 호세아를 통하여 보여주신 하나님의 본성은 사랑 (헷세드)이란 것을 가장 명백히 알려주고 있지만 "원수를 사랑하라"는 말은 (마태 5:44) 비록 없다고 해도 하나님의 인간에 대한 사랑은 다양하게 표시되었다. "이웃을 사랑하라"는 예수님의 윤리도 구약적인 기원을 가졌음을 알 수 있다(레 19:18).

시편 속에 하나님의 사랑 (헷세드)이 23회나 사용될 만큼 이스라엘 시인들은 하나님의 사랑에 대한 노래와 찬양, 그리고 이 헷세드를 의지하고 모든 수난에서 건짐받기를 원하고 있다. 구약에는 하나님의 구원 행동을 강하게 말하고 있다. 이 구원행동은 항상 인간을 긍휼히 여기시는 하나님의 사랑 때문이라는 것을 밝히 보여주고 있다. 시인들이 원수와 대적의 압박에서 건짐을 받고자 할 때, 하나님의 사랑(헷세드)을 호소하고 있다. 이 신앙은 선조들이 물려준 전통적 신앙이었다. 가장 좋은 예는 출애굽 사건을 통하여 나타난 하나님의 사랑이다. "구원사"라는 신학적인 대 제목은 하나님의 "헷세드"의 사건임을 알려준다.

"내가 애굽에 있는 내 백성의 고통을 분명히 보고 그들이 그들의 감독자로 말미암아 부르짖음을 듣고 그 근심을 알고 내가 내려가서 그들을 애굽인의 손에서 건져내고 그들을 그 땅에서 인도하여 아름답고 광대한 땅, 젖과 꿀이 흐르는 땅에 …데려가려 하노라"(출 3:7,8).

여기 하나님의 사랑의 심정, 그 백성 이스라엘의 고통을 보고 있을 수 없고 그 고난의 부르짖음을 듣고만 있을 수 없는 사랑의 심정이 움직였음을 보여준다. 이것이 구원사 배후에 있는 하나님의 사랑의 의지이다. 호세아는 이것을 사랑의 행위라고 직접 말하고 있다: "이스라엘이 어렸을 때에 내가 사랑하여 내 아들을 애굽에서 불러내었다"(호 11:1).

이 59편 시인은 수난 중에 있는 사람이다. 그는 "원수에게서", 즉 "치려는 자"(1절), "악을 행하는 자", "피 흘리기를 즐기는 사람"(2절) 그리고 "강한 자"(3절), "간사한 악인"(5절)의 모함, 흉계, 횡포, 간사, 저주와 독설 등에서 심히 괴로움을 당한 사람이다. "그 생명을 해하려고 모함하고"(3절) "준비하고(진을 치고)"(4절) 위협하고 있다. 이런 생명의 위기 속에서 부르짖고 있는 시이기 때문에 궁켈은 이 시를 탄식시라 한다. 사실 그의 정설인 "탄식시"의 구조가 고루 나타나 있기도 하다. 즉 기원(1, 2절), 원수로 말미암는 탄식(3, 4a절), 다시 한번 기원(4b,5절), 탄식(6, 7절), 의지심(8-10절), 원수에게 저주를 받고(11-13절), 다시 탄식(14-15절), 병세와 감사(16절), 다시 의지심(17절) 등을 내용으로 한다고 궁켈은 분류했다. 그러나 이러한 분류는 너무 형식적이다. 그 내용을 자세히 살피면 호소(1-3절), 결백 주장(4절), 기원(5절), 원수(6,7절), 의지심(8-11절), 기원(12-15절), 의지심(16-17절)의 내용이다. 그러나 하나님께 자기 사정을 알리는 "호소"의 정신은 원수의 핍박 때문이라 하겠지만, 그 수난을 하나님께 호소함은 하나님의 사랑에 대한 의지심 때문이라 할 수 있다. 이렇게 이 시는 처음부터 마지막까지 시인이 하나님의 도움과 구원을 믿고 자기 고난을 하나님께 아뢰고 원수를 위한 하나님의 행동, 즉 "건지소서"(1, 2절), "구원하소서"(2절), "깨소서", "살피소서"(4절), "그들을 흩으시고 낮추소서"(11절), "교만한 중에 사로잡히게 하소서"(12절), "소멸하소서"(13절)등 간절한 마음으로, 하나님이 간섭해서 자기를 위하여 일해 주시기를 빌고 있다.

시인은 하나님이 자기 편에 서시고 자기를 괴롭히는 원수들의 흉계를 "웃으시고 그들의 교만을 비웃으신다"(8절)고 확신하고 있다. 이 확신의 표현은 다음과 같다.

"오 나의 힘이시여 / 내가 당신을 쳐다봅니다.

하나님은 나의 요새입니다.

하나님은 나의 사랑 / 나를 찾아주십니다.

하나님 당신이 / 원수를 이김을 보게하십니다"(9, 10절).

여기 시인이 승리를 확신하고 장담한 이유가 있음을 밝힌다. 시인 자신은 힘이 없지만 하나님이 자기 힘이 되시고 원수가 아무리 공격해 와도 그를 높은 요새에서 안전하게 거할 수 있게 하시기 때문이다. 이 하나님은 그가 항상 쳐다볼 힘인 동시에 또 자기의 수난의 장소에까지 친히 찾아 주시는 사랑의 하나님이심을 믿는다고 했다. (9,10절) 그래서 자기는 가만히 있어도 원수에게서 승리하는 것을 자기 눈으로 보게 하신다고 한다. 이것은 이스라엘 초기부터 전해 내려온 "거룩한 전쟁"의 제도를 말한 것이다. 여호와 하나님이 자기를 위하여 싸워 주신다고 믿는다. 그렇기 때문에 하나님의 "방패"와 그 "능력"이 (11절) 원수를 흩어버린다고 한다. 아무리 모략과 간사한 입을 벌려도 하나님은 "야곱 중에", 즉 이스라엘 역사 중에 항상 승리를 보여주시는 것을 믿고 있다. 먹을 것을 찾아 돌아다니는 개처럼 이 원수들이 하나님의 백성을 아무리 자기 권력과 모함의 밥으로 삼으려 해도 하나님이 그 백성을 지키기 때문에, 그들은 헛되게 돌아다닐 뿐이라 했다 (6, 7, 14, 15절).

여기 시인이 "원수"의 모습을 먹을 것을 찾지 못하는 개로 비유한 것은 그들의 비굴함과 그들의 욕심과 그들의 허무성을 고발한 것이다.

그러나 이 시인의 자랑은 이 시의 주제가 되어 있는 하나님을 의지하는 신앙이다. 그는 하나님의 힘을 노래하고 그의 사랑을 아침마다 노래한다고 자랑한다. 그것은 "하나님은 나의 요새, 하나님은 나의 사랑" (17절) 이시기 때문이다. 안타까운 고난의 호소를 시작한 이 시인은 감사와 찬송으로 노래를 끝마치고 있다. 하나님의 헷세드에 감격하여 다만 그 사랑, 그 구원해 주시는 사랑이 고마워서이다.

제 60편
진리의 깃발

당신을 두려워하는 사람들에게
진리를 알리는 깃발을
달게 하셨나이다(4절).

이 구절 "진리(코세트)를 알리는…"에 대한 이해가 학자
들 간에 서로 다르다. 어떤 이는 "죽음의 함락이 오기 전에 피할 수 있
도록 깃발을"(NEB)로, 70인역, 시리아역 제롬번역에서는 "화살에서
그것을 도우기 위하여 깃발을"(RSV, 바이저, 크라우스, 궁켈)로, 공동번역에
서는 "화살 피해 도망치도록 깃발을…'로 번역하고 있다.

그러나 나는 구역과 칼빈의 번역 그대로 "진리를 알리는 깃발"이라
이해하고자 한다. 히브리 원문의 뜻은 화살을 피하게 하는 깃발이라
함이 그 본래의 뜻이라 생각하지만 "진리를 알리는 깃발"이라고 해도
이 시의 내용과 모순되지 않고 오히려 화살을 피하도록 하는 깃발이라
함보다 하나님이 수난 중에 있는 시인에게 주는 의미가 더 참신한 느낌
을 가진다. 그 이유는 이 시의 처음부분(1-4절)과 마지막 부분(10-12절)
에 하나님의 구조의 손길이 끊어진 상태만이 아니라 이 시인은 하나님
이 고의적으로 자기 백성을 패망케 했다고 느낄 만큼 싫어하여 버리시
고 고의적으로 멸망하도록 내버려둔 것 같은 절망을 노래하고 있기 때
문이다.

"하나님이여

당신은 우리를 버리시고 우리를 부수셨으니

당신이 분노하지 않으셨습니까.

노함을 거두어 주소서"(1절).

시인은 하나님의 단념을 돌이켜달라고 애원하고 있다.

"당신이 당신 백성을 심히 괴롭히시옵고

우리로 비틀거려 쓰러지도록

술을 마시게 했습니다"(3절).

시인은 자기 민족의 수난과 절망상태는 다만 하나님이 독주를 미리
먹여 쓰러지게 한 것이라 생각한다. 그러므로 시인은 하나님께 그것을
따지지 않을 수 없다.

"하나님이여

우리를 버리심은 당신이 아니십니까.

어찌하여 우리 군대와 함께

나아가지 아니하옵니까!"(10절)

여기서는 거룩한 전쟁 제도에 나타난 이스라엘의 고유한 신앙을 전
혀 볼 수 없다. 하나님이 그들의 군대와 함께 싸움터로 나아가시고 "우
리와 다투는 자와 다투시고, 우리에게 싸움을 거는 자와 함께 싸워주
소서"(시 35: 1)의 기도를 하지 못하고 있다. 모세가 "주여, 우리와 함께
올라가지 않으시려거든 우리를 이곳에서 올라가지 말게 하소서. 가나
안 땅 점령을 포기하게 하소서"(출 33:15) 하는 기도도 드릴 수 없는 심
정인 것 같다. "야웨 하나님이 너희를 위하여 싸우시니 너희는 가만히 서

서 보기만 하라"(출 14:13 ; 대하 20:17)는 신뢰의 심정도 가지지 못한 것 같다. 이제 이 백성들은 하나님의 도움도 구원도 받지 못한 패망과 절망 속에 넘어지고 말았다. 어디서 어떻게 구원의 손길이 임할 것인가. 절망 중에 빠졌을지라도 "주여 이제 내가 무엇을 바라리요. 나의 소망은 당신께 있나이다"(시 39:7) 하는 심정 그대로 하나님께 소망을 걸고 기다릴 것 밖에 없었다. 그래서 이 시인은 구원을 간구하는 기도를 했다.

"우리를 도와 주셔서/원수를 치게 하소서

사람의 구원은 믿을 것 못 됩니다"(11절).

비록 그들에게 진노하여 패망의 문턱으로 몰아넣었지만 사람의 구원이란 있을 수도 없고 있다고 해도 그것은 믿을 것이 못되니 하나님만이 도와주셔서 원수를 쳐부순다면 승리와 구원은 자기들의 것임을 믿고 거룩한 전쟁에서 보여주신 대로 하나님의 능력 있는 간섭을 애원하고 있다.

"당신이 사랑하시는 자를 구원하소서.

당신의 오른손을 펴시어 / 우리에게 응답하소서"(5절).

이 시인은 하나님과 이스라엘과의 사랑의 계약관계를 회상하며, 그 계약의 사랑에서 곤경에 빠진 자기들을 긍휼히 여겨달라고 간구한다. 스스로 "하나님의 사랑을 받는 자"라 생각함이 이 시인이 가진 놀라운 신앙이다. 그들이 당한 현실은 하나님에게 버림을 받았고 하나님의 진노를 받아 독주를 마시고 넘어지고 다시 설 수 없는 상태에 빠졌지만, 그래도 자기들을 하나님의 사랑하는 자로 자처한다는 것은 하나님의 계약 사상을 다시 상기시키고 그 계약의 사랑에 호소하고 있다. 하나님은 분명히 그들을 다른 민족보다 사랑하신다고 말씀하셨다: "…야웨가 지상 만민 가운데서 너를 자기 기업의 백성으로 삼으신 것은 …야웨가 너희를 기뻐하시고… 야웨가 다만 너희를 사랑하심을 인함이니…"(신7:6-8)

이 사랑의 관계를 맺어 주신 하나님의 백성인데, 어떻게 멸망시킬 수 있겠느냐 하는 일방적인 생각이기는 하지만, 하나님과 계약의 파트너인 이스라엘은 그 절망 중에서 마지막 소원으로 하나님의 긍휼을 애원할 수 있었다.

이 사랑의 간섭을 호소하는 이스라엘은 옛날부터 하나님을 경외하는 자에게 보여주신 기적을 믿지 않을 수 없다. 현재 적군에게 패망을 당할 위기에 처했지만, 그 적군보다 더 무서워하는 하나님임을 고백하고 있다.

"하나님을 두려워하는 자는 어떤 인간도 그를 해치지 못한다"(시 56:4, 11)는 확신이 있으며 또 "하나님은 그를 두려워하는 자에게는 구원을 베푸신다"는 것이 (시 3:6; 27:1, 2) 이스라엘 조상으로부터 물려 받은 (창 39:3) "진리"라 할 수 있다. 여기 이 시인이 말하는 "진리"는 헬라 철학에서 말하는 관념적인 것이 아니다. 하나님을 두려워하고 그의 사랑을 믿고 어떤 위협에서도 승리할 수 있다는 경험을 변할 수 없는 진리로 생각한 것이다. 하나님은 그 사랑하는 사람을 모든 위험에서 건져 보호하신다는 것이 진리인 것을 바울은 외치고 있다(롬 8:31이하).

이런 "진리의 깃발"을 이 시인이 말하는 민족적 수난 때에 그 민족이 다시 쳐다볼 수 있도록 높이 달아 주어 승리와 구원을 확신케 하는 것은 당연한 일이 아닐 수 없다. 이 진리의 깃발을 보는 사람은 모두 용기와 인내를 가지고 그 싸움을 용감하게 싸울 수 있기 때문이다. 깃발은 병사들이 항상 쳐다보아야 한다. 그 깃발이 안전하게 펄럭일 때 용기, 희망, 힘을 낼 수 있다고 한 어느 사람의 해석은 타당하다. 하나님을 믿고 의지하고 사는 신도들에게는 "진리의 깃발"을 달아 주신다. 이 깃발을 쳐다보고 올바른 길을 가고 힘과 용기를 내어야 한다.

제 61편
높은 바위에

비록 땅 끝에 있어
내 마음이 갈팡질팡해도
나는 당신께 부르짖습니다.
오를 수 없는 저 높은 바위로
당신은 나를 인도하소서(2절).

이 시는 수난 중에 있는 시인이 하나님께 도움과 구원을 간청하는 내용의 시다. 그러나 이 시인이 어떤 수난에서 신음하고 있는지 그 고난의 정체는 알 수 없다. 문학 형태로서는 궁켈이 밝힌 대로 "개인 탄식시 이며, 그것이 갖추어야 할 호소, 구원신청, 의지표현, 응답의 확신, 맹세의 표현 등을 다 가진 시이나, 그 근본 테마는 고난 중에서 믿고 의지할 분은 오직 하나님밖에 없다고 함이다.

이 시인은 42, 43편 시인과 같이 하나님의 성전에서 멀리 떠나 이방사람의 땅 또는 예루살렘 성소에서 멀리 떨어진 곳에서 어떤 수난을 당하고 있음을 2절이 보여준다. "땅 끝에서부터 주께 부르짖는다."

"땅 끝"의 지리적 위치는 말할 수 없으나, 고국을 떠나 이방사람의 땅에 거함만은 확실하다. 그러나 참으로 하나님께 대한 진실한 신심을 가진 사람은 그가 유하는 곳이 어떤 곳이든, 또 그 거리가 얼마나 먼 곳이거나 상관없다. 하나님이 자기 곁에 있다는 확신을 가진 사람에게는 거리감이란 문제가 안 된다.

이 시인이 믿는 하나님은 그의 "피난처" "견고한 성루" (믹달 오즈), 그를 안전하게 인도하신 분이다 (3절).

이러한 안전감을 "오를 수 없는 저 높은 바위로 나를 인도하신다"(2절)고 표시했다. 시인의 시상은 자연물 중에서 가장 튼튼하고 든든한 바위로 가서 그것을 하나님이 주시는 "안전"을 상징하는 것으로 생각하고 있다. 누구든지 팔레스타인을 방문한 사람이면 거기에 유달리도 바위가 많음을 보았을 것이다. 옛날 이스라엘 사람들에게 젖과 꿀이 흐른다고 한 말이 어떤 사정에서 나왔을까를 의심할 수 있을 정도로 바위가 많다. 세상에서 가장 바위와 돌이 많은 나라가 아닌가 생각된다. 필자가 이 바위와 돌을 보고 나를 안내하고 있었던 아랍 청년에게 그 이유를 물었다. 그는 서슴치 않고 그 땅에 전해 내려오는 한 전설을 얘기해 주었다. 바위가 이렇게 많은 것은 천지 창조 때 땅 위에 바위를 갖다 나르던 천사의 실수로 생긴 것이라 했다. 천사가 하늘에서 이런 바위를 세계 곳곳에 갖다 두려고 운반하는 도중 실수하여 보자기를 놓쳤기 때문에 그 바위가 뭉터기로 팔레스타인 땅에 떨어져서 이렇게 바위와 돌이 많다고 했다. 이런 전설이 생겼다는 것은 이 땅에 바위가 많다는 증거이고, 또 이 엄청나게 많은 바위에 대하여 사람들이 옛날로부터 질문을 했기 때문에 이런 전설도 생긴 것 같다.

그래서인지는 몰라도 성경에는 바위란 말이 많이 사용되었다. "셀라"란 말로 표시된 말이 55회, "추르"란 말로 표시된 말이 63회 사용되었다. 전자가 시편에 7회, 후자가 18회 사용되었다. 시편에서 사용된 두 가지 표현을 살펴보면 "하나님은 바위라"는 표현이 13회 사용되었다. 이렇게 하나님을 바위라 할 경우 대부분의 구절들은 "당신은 나의 바위" 또는 "하나님은 나의 바위" 등으로 하나님과 시인과의 개인적 관계

시편 명상

를 밝히고 있으며, 이 관계를 맺은 시인은 바위이신 하나님을 "구원의 보장"(시 31:2), "시인의 발을 견고케 하며"(40:2), "어느 때나 피할 수 있는 안전지대"로(시 71:3; 94:22) 보며 그래서 하나님을 "구원의 바위"라는 표현 (89: 26)도 했다.

팔레스타인의 바위들은 너구리 같은 짐승의 피난처 (104:18)만 되는 것이 아니라, 수난 중에 있는 사람의 피난처가 되었다(삼손-삿 15:8; 엘리야-왕상 19:9; 다윗-삼상 24:3). 역사적 인물들이 그 신변의 위험을 당하여 돌바위 굴 속에 피신한 사실들이 이스라엘 신앙인들에게는 "바위"는 안전한 곳이라는 인상을 가지게 되었고, 특히 "셀라"라는 말은 높은 지대에 있는 바위로 사람의 손이 닿을 수 없는 안전성을 가진 곳이며, "추르"란 말은 바위 면이 날카로와 사람의 발과 손이 잘 닿을 수 없는 곳이라 피신하기에 좋은 곳이라 해석할 수도 있다.

이 시인은 이러한 "추르"바위로 인도하여 주기를 하나님께 간구하고 있다. 이 시인은 하나님의 임재하시는 곳이 곧 그의 "바위"가 된다는 뜻으로 이해하고 있다. 그가 사용하고 있는 바위는 상징이고 실제 어느 산꼭대기에 있는 바위를 말하지 아니한다. 그것은 4절에 말한 "주의 장막"이란 말로 "주의 날개"란 말이 모두 3절에 나온 "피난처"와 "견고한 성루"란 말과 같은 뜻을 가진 말이다. 너구리와 토끼처럼 바위 위에 또는 그 바위 굴 속에 숨어서 안전하다는 생각보다, 하나님이 친히 수난 자와 함께 하신다는 것은 그에게 하나님이 바위도 되고 피난처도 되신다는 뜻이다. 여기 "하나님의 임재"(praesentia Dei)란 말은 인간을 위한 보호와 안전을 주신다는 뜻을 나타냄을 가리킨다. 이 시인이 비록 "땅 끝"이라 할 수 있는 먼 지방에 유폐 당했거나 포로생활을 한다고 해도 거기에 하나님이 자기와 함께 계신다는 것을 깨달을 때 그는 원수들이 주는 어떤 위험에서도 안전하다 할 수 있다는 것이다. 다른 시인은 인간이 어느 곳으로 가든지 하나님의 영은 피할 수 없고 하나님 앞에서 피할 수 없다고 한다(시 139:7).

> "내가 하늘에 올라갈지라도
> 하나님은 거기 계시며
> 스올에 내 자리를 펼지라도
> 거기 계시니이다"(시 139:8).

이렇게 하나님이 함께 계신다는 생각을 가지는 사람은 세상에서 가장 안전한 곳에 있는 사람이다. 그것은 하나님의 능력의 손과 강한 팔이 지켜 주시기 때문이다. 이 강한 팔과 펴신 손이란 말은 신명기 저자가 하나님의 능력 있는 보호를 말할 때 사용하는 어귀다(신 4:34; 5:15; 7:19;11:2;26:8). 하나님이 이스라엘 백성을 애굽에서 건져내신 일은 그의 "강한 팔과 펴신 손"으로 도우신 일이다. 그들이 광야를 지나 가나안 땅에 들어가기까지 무수한 고난과 위험을 겪었지만, 그 모든 것을 이끌 수 있었던 것은 다만 이 능력의 하나님이 그들 편에서 도와 주셨기 때문이다.

"하나님의 임재" 그 자체가 수난 자를 돕는 바위요 피난처가 되신다. 이런 신념을 가진 시인이기 때문에 그 안전한 바위로 인도해 달라는 간구를 하고 있다.

산상보훈의 "반석 위에 집을 짓는 지혜로운 사람"(마 7:24)에 대한 교훈은 하나님을 구원의 바위라 생각해 온 이스라엘 신앙의 전통에서 읽어야 할 것이다. 하나님의 임재를 실감하면서 사는 삶은 어떤 환경 속에서도 흔들리지 아니하고 견고히 설 수 있다는 것이다. "내 교회를 이 반석 위에 세운다"하신 말씀도 인간들의 조직이나 그 지혜로 움직이는 교회가 아니라, 하나님이 친히 임재하시는 교회가 되어야 함을 가르친다.

시편 명상

권력과 사랑

하나님이 한 번 말씀하셨다.
두 가지 말씀을 들었다.
권력은 하나님께 속하고
사랑도 주님께 있다는 것을.
사람은 그 행한 대로
심판을 받을 것입니다 (11, 12절).

권력과 사랑은 서로 배치되는 것 같다. 권력을 행사하자면 사랑을 생각할 수 없고, 사랑을 베풀려면 권력을 발휘할 수 없다. 많은 나라의 역사에서 보는 대로 위정자의 권력이 신장되면 그는 백성을 동정하고 사랑함보다는 백성을 지배하고 그 명령에 순종해 주기만 바라기 때문에 사랑을 보일 수 없다. 따라서 백성을 탄압하고 백성의 것을 빼앗고 그들의 평안을 포기하라 강요한다.

인간이 사는 역사에는 권력으로 지배하는 면도 있고 사랑으로 지배하는 면도 있다. 전자가 지배하는 세계에 사는 사람은 생이 고달프고 항상 긴장해야 하고 항상 억압을 받으나 불평을 할 수 없고, 자유가 희생당하나 이에 항거할 수 없다. 권력이 지배하는 사회에는 그 권력에 대항하거나 반항하는 것은 무엇이나 탄압하고 없애 버리려고 할 뿐 아니라, 그 권력에 대한 불평이나 반대하는 말도 자유스럽게 못하게 한다. 권력 의지에는 절대 복종해야 하고 권력을 가진 자를 우상처럼 섬겨야 한다. 그들의 어록은 명상되어야 하고 그들의 사진이나 초상은 존경이라는 이름 아래 많은 사람이 보이는 장소에 걸어 두도록 해야 한다. 권력이 숭상되는 곳에 독재주의가 생기게 마련이다. 독재주의가 생기는 곳에는 어떤 종류의 사랑이라도 그 권력의 인준을 받은 사랑이라야 한다. 사랑의 혼은 자유다. 권력의 혼은 구속이다. 이 두 개의 혼은 물과 기름과 같이 서로 조화하지 못하나 권력이 지배하는 사회에는 권력 그것에 대한 사랑을 하는 일 이외에는 일체의 사랑이 용납되지 아니한다.

남녀의 사랑도 부모자식 간의 사랑도 권력자의 자비 아래 인정받는 사랑이라야 한다. 이리하여 권력이 절대화된 사회에는 신도 인간도 제 구실을 하지 못한다. 권력이 용인하는 한도 안에서 신앙이 허락되고 또한 권력 아래서는 인간의 기본 권리나 그 존엄성은 가려지고 말며, 따라서 인간은 인간이 아니고 권력을 섬기는 기계 같이 되어버린다. 권력에 쓰여지지 않거나 쓸 수 없는 인간은 인간 대접을 받지 못한다. 인간 이하로 학대를 받아 권력의 자비에 따라 그 목숨이 존재하기도 하고 죽기도 한다. 내가 사는 것이 아니라 권력이 살게 해서 사는 인간이다.

구약성서는 권력이 하나님으로부터 온 것임을 가르친다. 어떤 종류의 힘도, 그것이 개인적, 사회적, 정치적, 심지어는 국가적 힘이라도 하나님이 힘과 권력의 주재자요 그 소유주라고 가르친다(합3:2; 욥12:16; 시68:35). 애굽의 바로가 이스라엘 백성을 학대한 그 권력도 하나님이 주신 것이라 했다. "내가 바로의 마음을 강퍅하게 하리라"(출 7:3) 함은 하나님이 이스라엘 백성을 위한 뜻이 있어 그 권력을 부리게 했다고 하는 것이다. 바벨론 군대가 유대를 망하게 한 그 권력도 하나님이 하시는 일이라 했다. "내가 한 나라를 원방에서 너희에게 오게 하리라 곧 강하고 오랜 나라이다"(렘 5:15). 그러나 바벨론의 권력을 무너지게 한 새 권력도 하나님이 주신 것이라 했다.

"나 여호와는 나의 기름 부음을 받은 고레스의 오른손을 잡고 열국으로 그 앞에 항복케 하리라"(사 45:1).

구약에 나타난 정치적 권력은 하나님이 주신 것임을 밝히고 있다. 62편 시인은 이 사실을 누구보다도 실감한 사람인 것 같다. "두 가지를 말씀하시는 하나님의 선언을 들었다"고 했는데 그 두 가지 말씀은 "권능은 하나님께 속한 것" 또한 "사랑도 하나님께 속한 것이라"함이다.

인간은 스스로 권력을 절대화할 때 사랑을 결하고, 사랑을 절대화하면 권력을 발휘 못하지만 하나님은 이 두 가지를 가질 수 있고 또 그렇게 함에 아무러한 모순이 없다고 했다. 하나님은 사랑이시고 또한 모든 힘과 권능의 원천이시다. 하나님의 역사계획은 권능과 사랑이 함께 움직이는 것이다. 우선 피조물이 그 권능의 소산물이라면 모든 만물을 돌보시고 생명을 주시고 아름답게 하시고 열매 맺게 하심은 그의 사랑의 결과이다. 하나님의 하시는 일은 무엇이나 사랑과 힘의 합작이다. 출애굽 사건 자체가 그 애굽의 바로의 절대권력을 꺾으신 하나님의 권력이시며 동시에 만민 중에서 가장 작은 백성을 택하여 거룩한 백성으로 만드신 것도 하나님의 사랑으로 이루어진 일이다.

시인은 이 사실을 자기 스스로 깨달은 것이 아니라 하나님이 알려주시는 말씀을 들었다고 한다. 그가 어디서 어떻게 이 말을 들었는지 밝힐 수 없으나 그는 권력이 난무하는 세대에 살고 있었던 사람이요 또 그 권력의 횡포 때문에 현재 말할 수 없는 수난을 겪고 있는 것 같다.

그가 왜 "나의 영혼은 잠잠히 하나님만 바란다"(1절) 했을까.

그것은 권력을 가진 사람이 인간 사랑도, 정의 사랑도, 하나님 사랑도 모르고 자기 욕심대로 살기 때문에 오직 하나님만을 바라보는 삶에서 마음의 안식을 가지고 살 수 있기 때문이었다. 그것은 그의 시대에 사는 사람들은 그에게 패망을 주기 때문에 하나님을 "내 구원"이라 했고 진실과 정의가 사라진 세상이기에 삶의 목표를 정하고 산다는 것이 어려워서 모두들 임기응변으로 살아가고 시세에 따라 살아가기 때문에 이 시인은 오직 하나님을 산성으로 하여 그 속에 안주함으로 크게 흔들리지 않는다"고 했다 (2절).

사실 권력이 횡포하는 세상에 살아가는 사람들은 "넘어지는 담과 흔들리는 울타리 같은 사람"(3절)과 같고 높은 데 올려 놓고서도 흔들어 "떨어뜨리기만 꾀하며"입으로 축복하는 것 같지만 거짓말 즐기는 삶을 (4절) 자랑하기 때문에 이 시인은 이 땅위의 인간들에게서는 아무러한 희망도 소망도 가질 수 없었다. 그러므로 권능과 사랑의 원천이신 하나님을 "나의 소망이라" 하고 이 "하나님만 바라보고, 살며 (5절) 하나님만이 그의 "반석", "구원", "산성", "영광", "힘", "피난처"이기 때문에 (6,7절) 하나님만 의지한다고 했다. 여기 이 시인은 권력으로 포악과 "탈취"를 일삼으며 "재물이 느는 것에만 관심하는 허망한 사람들 틈에서(10절) 다만 "어떤 때에도 오직 하나님만 의지하고 그 마음의 염려와 걱정은 모두 하나님 앞에 고하는" (8절) 하나님과의 영적 교제의 생활을 무엇보다 높이고 있다. 진실로 하나님은 "사람의 그 행실에 따라 갚으시는" 분이므로 권력자로 말미암는 수난 속에서도 이 시인은 선조가 물려준 의지신앙을 끝까지 지킬 것을 마음 속 깊이 다짐하고 있다.

제 63편
영혼의 연애 편지

Psalm Meditation

하나님,
당신은 나의 하나님,
물기 없는 메마른 땅처럼
내 영혼은 당신을 찾아
목이 탑니다.
내 몸도 지쳤습니다(1절).

　　　"땅은 가뭄에 타고 내 영혼은 당신을 찾아갑니다." 42편
시인이 목마른 사슴이 시냇물 찾아 목이 탄다는 노래를 한 것과는 대조
가 되게 이 시인은 가뭄에 갈라진 목마른 땅이 물을 갈구하듯 시인 자신
의 영혼이 하나님 찾기에 목이 말라 타고 있다고 했다.

　이 시의 제목을 "유다 광야에 있었던 다윗이 지은 시"라 한 것은 이
시의 정신을 이해시킴에 도움을 준다. 유다 땅 광야는 본래 물이 귀한
곳이다. 샘도 냇물도 볼 수 없는 곳이다. 다만 비만 기다리고 입을 벌리
고 있다. "이른 비"에 숨을 돌리고 "늦은 "비"에 흥겨워 춤을 추는 유다
광야이다. 사막의 열풍은 불어오고 건조기(4월-10월)에 내리 쪼이는 뙤약
볕은 광야에 있는 모든 생물의 목이 타 죽게 하고 광야 그 자체의 몸뚱
아리에 군데 군데 깊고 긴 상처를 내게 하여 지쳐버리게 한다.

사라의 질투심 때문에 쫓겨난 하갈이 그의 어린 자식 이스마엘을 데리고 광야에서 방황하다가 가져온 가죽부대의 물이 다 떨어지고 말았다. 어린 자식은 목이 마른 그 고통을 참을 수 없어서 "어머니! 물, 물, 물" 하고 아무리 외쳤지만, 그 광야에서는 한 모금 물을 구하여 자식의 갈한 목을 축일 수 없었다. 그는 목이 타서 기진맥진한 자식을 떨기나무 아래 두고 멀리 떠나가지 않을 수 없었다. 목이 타 죽어가는 자식의 고통을 차마 볼 수 없었던 것이다. 그러나 화살이 날아갈 수 있는 거리쯤 가서는 자식을 버리고 간 그 어머니 마음은 견딜 수 없어 그 아들이 있는 곳을 바라보며 대성통곡을 했다. 하나님은 이 모자(母子)의 수난을 굽어 살피시사 하나님이 보여주신 샘물을 찾아 그 아들을 먹여 다시 기운을 차리게 했다는 얘기가 창세기 21장 14절 이하에 기록되어 있다.

유다 광야의 가뭄에서 죽어가는 두 생명이 물을 갈망하듯이 "내 영혼이 당신을 찾아 목이 탄다"는 이 구절은 한 인간이 하나님을 사모하는 심정을 가장 구체적으로 보여주고 있다.

하나님을 사랑하는 마음, 그것은 연애 감정이다. 보고 싶고 만나고 싶고 그 목소리를 듣고 싶고 그 손을 만지고 싶고, 그 숨결, 그 체온을 느끼고 싶은 심정, 오직 한 분밖에 없는 님이기에 자나 깨나 그립고 어디를 가나 그와 함께 있고 싶어한다.

이 63편 시인은 한 편의 아름다운 연애 편지를 쓰고 있다. 그의 영혼이 쓰는 연애 편지, 하나님만이 사랑하는 님이요. 그 님이 그리워서 못 견디는 영혼, 메마른 땅이 비를 기다리듯, 가뭄에 목이 타는 들판처럼 하나님을 만나고 싶어 괴로워하는 영혼의 호소를 기록한 시이다.

여기에는 원수에 대한 분노나 대적의 멸망을 기원하는 애원이 없다. 다만 사랑하는 하나님을 사모하는 간절한 마음을 알리고 있다. 이 마음은 "주의 권능과 영광을 보고 싶어한다"(2절). 하나님의 권능은 창조의

시편 명상

원천이요 사랑의 팔이다. 세계와 그 속에 있는 모든 만물이 이 권능의 팔에 의하여 지음을 받았고 이 권능의 손에 의하여 유지되고 아름답게 꾸며지고 보존되어 간다. 이러한 현상은 오직 하나님만이 할 수 있는 영광이다.

"하늘은 하나님의 영광을 나타내고 창공은 그의 하신 일을 나타낸다"(시 19:1). 여기 이미 "전능과 영광"의 하나님은 노래 대상이 되어 있다.

시인이 하나님을 만나고 싶어하는 것은 그의 개인적 감정의 위안이나 만족 때문이 아니라 다만 하나님의 "영광과 권능"을 보고 싶어하기 때문이다. 이것은 연약한 인간이 자기의 어떤 힘을 자랑하지 아니하고 내게 능력주시는 자 안에서 승리 못함이 없게 하고자 함이요, 자기 자신의 사랑과 영광을 하나님과의 대면에서 찾으려 함이 아니라, "아버지의 독생자의 영광"(요 1:14) 또는 "지극히 높은 곳에서는 하나님께 영광", 그 속에 시인 자신의 추하고 더러운 존재를 감추고 싶기 때문이다. 더욱이 이 시인이 어떤 사정에서 목이 타고 들판이 타는 유다 광야 또는 그와 같은 환경에 던져짐을 당한 사람이라 생각한다면 그가 인간으로서 그 메마른 광야에서 아무것도 할 수 없는 무능한 인간으로 하나님의 권능을 사모하고 모든 것이 타서 죽는 불붙는 광야에서 하나님의 창조의 아름다움을 회복시키는 그 영광의 모습을 보고 싶어한 것은 가장 자연스런 욕구라 하지 않을 수 없다.

신앙이란 우리 영혼에 하나님의 "권능과 영광"을 가득 채우는 것이다. 하나님의 사랑은 한편으로 "권능"을 또 한편으로 "영광"을 소유하게 함이다. 그래서 이 시인은 "당신의 사랑이 목숨보다 소중합니다"(3절)고 고백하지 않을 수 없다. 이렇게 귀한 사랑을 소유하는 사람이 무엇에 부족함을 느낄 수 있을 것인가. 그는 산해진미로 배불리 먹고 만족하는 사람처럼 하나님의 사랑으로 시인의 영혼이 만족할 수 있음을 말한다(5절).

하나님이 은혜를 베푸사 그로 자기 얼굴을 즐거이 보게 하시고 사람에게 그 의를 회복시켜 그로 하여금, "하나님이 내 영혼을 무덤으로 내려가지 않게 하시고 생명의 빛을 보게 했다"(욥 33:26, 27)는 욥의 노래는 영혼의 만족을 노래한 것이다. 하나님은 주린 영혼을 만족케 하신다.

"당신 집의 기름기 있는 음식으로 배부르게 하시며 당신의 단 물줄기로 마시옵니다"(시36:8)함이 이 시인의 심정이다(하나님의 것으로 만족케 하는 표현들은 시32:19; 시22:26 23:5; 사25:6; 45:2; 렘31:14). 이렇게 만족한 영혼을 가진 시인은 오직 감사와 찬양을 드릴 것밖에 없다.

"내 입술이 당신을 찬양합니다"(3절).
"이 목숨 다하도록 당신을 찬양합니다"(4절).
"두 팔 높이 들고 당신의 이름을 찬양합니다"(4절).
내 입이 기쁨에 넘쳐, 내 입술이 당신을 찬양합니다"(5절).

권능의 하나님, 영광의 하나님, 사랑의 하나님이 내 곁을 떠나지 않으시고 항상 가까이 계시고 그 오른손이 친히 붙잡아 주시니 (8절) 이 시인은 하나님 생각을 하루종일 하지 않을 수 없다. 이 시 첫 구절에는 하나님을 사모해 몸부림치던 영혼이 이제 감사와 찬송에 넘쳐, 기쁨을 억제하지 못하여 몸부림치고 있다. 그래서 밤을 새우면서 당신을 생각하고"(6절) 그를 해치던 모든 원수들이 스스로 물러가도록 그를 도와주심을 노래하고 있다 (7,9절). 이리하여 하나님을 사모하는 영혼의 연애편지는 하나님을 노래하는 찬송가로 바꾸어지고 있다.

시편 명상

제 64편
하나님의 화살

하나님이·손수 활을 쏘시면
그들이 순식간에 넘어질 것입니다(7절).

사람마다 두려움에 사로잡히고
하나님의 하신 일을 알게 되고
그의 일을 깨닫게 됩니다(9절).

공의가 허물어지고 정의가 핍박을 받고 진실과 정직이
수난을 당하는 시대에는 인간의 하는 일들을 심판하실 하나님의 공의
와 진실이 절실히 필요하다. 세계사는 세계 심판사이다. 인간의 현실적
모순과 부조리에서 역사를 보지 아니하고 역사의 긴 안목에서 볼 때 결
국에는 정의가 승리하고 만다는 것을 알리는 것이다. 비록 현실에서는
정직한 사람도 부정한 사람인 양 피해를 입고, 바르게 살려는 사람이
남이 당하지 아니하는 핍박을 받는다고 해도 그들은 결코 참패자가 아
니라 결국 승리자임을 인정받게 된다. 인간 역사는 인간 자신의 의지와
행동에 의하여 좌우되는 것이 아니고 인간의 마음을 살피고 그들의 정
신과 행동이 옳고 그릇됨을 비판하고 계시는 하나님이 자신의 공의로
결국 역사를 이끌고 가시기 때문이다.
　　사람들은 그들의 현실에서 공정과 부정이 판가름 되지 않기 때문에

억울하게 수난당하고 죽는다고 한다. 그러나 하나님은 이런 억울함을 알고 계신다.

하나님은 악인을 벌하시고 불의한 짓을 하고도 평안히 사는 사람을 징계하신다는 생각은 여러 시인들에게서 공통으로 볼 수 있다. 이스라엘의 하나님은 그 자신이 의롭고 진실하기 때문에 인간에게도 그런 의와 진실을 요구하시며, 이 요구를 채우지 못할 때는 하나님이 징계의 채찍을 드신다고 믿었다.

이 64편 시인은 하나님이 인간의 불의를 징계하시는 것을 화살로 쏘아서 죽이는 것으로 이해하고 있다. 이것은 시인이 가진 하나의 상징이다. 이런 징계의 도구로 화살이나 칼을 종종 언급하고 있다.

7편 시인은 이 두 가지를 함께 쓰고 있다. 즉 회개하지 아니하는 사람에게 하나님은 "칼을 갈고 활을 당김"과 같이 그에 대한 하나님의 정의의 심판은 이미 시작된 것이라 한다(시 7:12). 사용하는 화살은 보통 화살이 아니고 불을 옮겨다 붙이는 "불화살"이라고 비유했다(시 7:13). 그 이유는 "하나님이 의로운 재판장이시기 때문이라"했다(시 7:11).

64편 시인이 "하나님이 손수 화살을 쏘시면 그들이 순식간에 넘어진다"(7절) 함도 정의의 하나님의 재판을 강조함이다.

왜 이러한 재판이 필요했느냐. 이 시인이 괴로워한 것은 "의로운 사람"(10절)이 왜 고통을 당해야 하느냐, 또한 "정직한 사람"(10절)이 왜 억울한 괴로움을 받아야 하는가. 행위에 흠이 없는 "완전한 사람"(4절)이 왜 원수의 위협 아래서 살아야 하는가. 이런 모순된 일을 인간에게서는 해결할 길이 없고 하나님만이 해결할 수 있다고 믿기 때문이다.

이 시인을 괴롭히는 사람들은 어떤 사람인가. "행악자"(므레임)들이요(2절) "악한"(포알레 아웬)들이요(2절) "악독한 일을 마음으로 꾸미는 자들"(6절)이다. 이들은 시인을 괴롭히기 위하여 음모를 하며(2절) 폭동을 일으키며(2절) 칼과 같은 혀로 독설을 뿜어대는 사람이다(3절).

이들은 항상 의로운 사람을 해치는 일을 작당하여 서로 꾀하며, 의인을 해치고도 조금도 하나님을 무서워할 줄 모르며(4절). 비밀리에 의인을 넘어지게 하는 흉계를 꾸미고 누가 자기들의 하는 일을 볼 수 있느냐 스스로 장담하며, 서로가 의인을 해하는 일을 꾸며내어 서로 격려하고 표창하는 일을 하고 있다(6절). 이 "원수" "악당들은 자기들의 하는 일이 악하다는 생각을 하지 못하며 또 자기들의 음모와 흉계는 철저하게 비밀이 보장되어 있기 때문에 하나님도 이것을 볼 수 없다고 한다.

그러나 하나님은 인간의 깊은 비밀을 알고 계신다고 시인은 생각한다. 아무리 그들이 깊은 마음 속에서 일을 꾸며도 "그 깊은 마음 속을 알아 채시는"(6절) 하나님이 "손수 화살로 그들을 쏜다"고 했다. 악인들이 비밀리에 의인을 넘어지도록 함과 같이 하나님도 악인들을 순식간에 벌하신다고 했다. 특히 그들의 혀가 칼 같이 의인을 살해하지만 하나님은 그들의 혀를 잠잠하게 하신다. 그들의 혀가 그들을 파멸로 인도한다고 했다(8절), 이 파멸은 백주에 당하는 일이 되어서 "사람들이 다 보고 머리를 내저으며"(8절) 악인들의 횡포가 결코 오래 가지 못하고 망하고 마는 것을 알게 된다고 한다. 이것은 하나님 자신이 자기의 공의를 세우시기 위하여 하시는 일이다. 시인은 이것을 "하나님의 하신 일"(포알 엘로힘) 또는 "그의 일"(마아세후)이라고 했다 (9절).

악인들이 횡포할 때 사람들이 모두 두려워했다. 그러나 하나님이 이 악인들을 벌하는 일을 하실 때, 사람들이 이를 보고 두려워한다고 했다. 출애굽 당시 하나님의 능력의 손이 애굽 군대와 병마들을 돌처럼 바다에 가라앉게 했을 때(출 15:5) 이 위대한 하나님의 하신 일을(출 15:11) 본 열방들은 떨며 무서워 했다고 노래한다 (출 15:14, 15).

"놀람과 두려움이 그들에게 임하매 주의 팔이 크므로 그들이 돌 같이 침묵하였다" (출 15:16).

하나님의 정의가 행사되는 곳에는 항상 두려움과 떨림이 있다. "하나님이 손수 악인의 심장을 향해 화살을 쏘신다"고 생각하는 것은 악인의 악을 하나님은 반드시 보응하심을 말한다. 악인의 악을 방치하시지 않는다. 비록 사람들이 원하는 시기에 그 화살이 날아오지는 않는다고 해도 하나님의 정의의 칼날은 반드시 번쩍이고, 그의 공의의 화살은 악인을 향하여 겨냥하고 있음을 알아야 한다. 이것을 깨닫고 두려움에 잡힌 사람들은 하나님의 하시는 일을 남에게 알려야 한다. 그것은 하나님의 심판이 무섭다는 것을 깨닫기 때문이다(9절).

바울이 "원수 갚는 것은 내게 있으니 내가 갚으리라" 할 수 있음도 (롬 12:19) 정의의 재판장이신 하나님의 화살을 이해했기 때문이다. 우리는 종종 하나님의 심판이 오지 않는다, 더디다 하지만 37편 시인의 권고와 같이 악인 때문에 우리는 불행하거나 원망할 수 없다. 하나님은 이미 화살로 겨냥하고 계신다. 악한 사람은 순식간에 넘어질 수밖에 없다. 다만 "의인은 하나님을 믿고 그의 역사 계획을 의지하고 오히려 기뻐하며 자기의 정직만 지키며 자랑하고 사는 것이 우리의 할 일이라"고 이 시인은 가르친다 (10절).

제 65편
고랑과 이랑에

당신이 밭고랑에 물을 넉넉히 대시며
그 고랑을 만드시고
단비로 부어 적시오니
움트는 새 싹에 복주십니다(10절).

　　　　　이 시에는 "탄식"의 흔적이 없고 처음부터 마지막까지 "찬송"이 우렁차게 들린다. 개인의 시라기보다 공동체의 시라 하겠다. "나"라는 1인칭 단수 표현이 전혀 나오지 않고 "우리"라는 1인칭 복수 표현만 나오고 있다. 이스라엘 예배공동체가 성소에서 하나님의 하신 일에 대하여 감사를 드리는 노래로 부른 시다. 궁켈은 "민족 감사시" 성격의 찬송이라 한다. 그런데 그 감사의 내용은 비를 주심에 대한 감사 (달만의 설) 또는 여름 추수 감사시 (모빙켈의 설)라 한다. 그러나 바이저는 오히려 "찬송시"로 보며 하나님의 성전에서 받는 축복을 노래하며 (1-4절) 창조와 역사에 나타난 하나님의 구원을 찬송하며(5-8절) 하나님이 일년 농사를 잘 짓게 하심에 대한 찬송 등으로 (9-13절) 이 시가 구성되었다고 한다.

　　그러나 이 시는 한 개인의 죄가 용서받는 축복과 이 축복을 받는 개개의 영혼들이 하나님의 성전에서 가지는 영적 교제에서 오는 축복과 곡식과 양들을 주시는 하나님의 물질적 축복을 감사하며 노래하는 시라 할 수 있다. 이 시인의 노래의 존재는 개인 → 공동체 → 자연으로 옮겨감을 볼 수 있고 이 시인의 감사의 이유는 사죄, 영교, 그리고 물질적 축복 등으로 옮겨감을 볼 수 있다. 이스라엘 백성의 이 지상에서 받는 축복이 개인 경험에서부터 시작하여 공동체 속과 대자연 안에로 확대되어 감을 볼 수 있다.

이 시는 시편 중에서도 이스라엘의 삶이 가나안 땅에 들어오기 이전에 가졌던 유목생활에서 벗어나 이제 농경문화 환경 속에서 그 삶의 의의를 노래하는 대표적인 시라 하겠다.

이스라엘 사람들은 양(羊)이 필요로 하는 초장을 자기들이 거처하는 땅보다 더 필요로 했다. 그들은 본래 양을 따라, 초장 따라 이동하는 생활을 지극히 자연스럽게 생각했다. 그러나 가나안 땅에 정착한 이후 그들은 초장 따라 이동하는 것보다 한 곳에 정착하여 집을 가지고 (천막 대신) 거기서 살 수 있는 삶의 자료를 농사에서 요구했다. 그러기 위해서 양의 초장 보다 곡식을 갈 수 있는 전토(田土)가 더 소중하게 되었다. 봄에 씨를 뿌리고 여름과 가을에 추수하는 일이 일년의 행사 중 가장 소중한 일이 되었다. 그러나 이 농경생활에 대해서 그들은 아무것도 몰랐기 때문에, 가나안 땅 원주민들에게서 농사하는 법을 배울 수밖에 없었다. 밭을 갈아 "고랑과 이랑"을 만드는 일에서부터 씨를 뿌리고, 김매고 가꾸고 추수하는 일, 농삿일의 전부를 그 선주민들에게서 배우지 않을 수 없었다.

그러나 이 농사의 모든 지식을 배우지만 가나안 사람들이 가졌던 신앙만은 배울 수 없었다. 그들은 자기들의 농사의 축복이 그들이 믿는 바알신의 축복으로서 되는 것임을 믿고 있었다. "바알"이란 이름의 뜻이 "소유주", "그 땅을 소유하는 주인"이라는 뜻이었기 때문에 농사를 성공적으로 할 수 있는 길은 다만 그 땅의 주인이신 바알신에게 올바른

270

제사를 드리는 것으로 생각했다. 그렇기 때문에 그들은 한 해의 농사가 다 끝났을 때는 지난 해에 베푸신 은혜를 감사하며, 다음 해의 축복을 비는 "추수제사" 혹은 "신년축제"를 (추수가 끝난 때가 연말이고 다음 농사의 시작인 새해로 믿었으니) 드렸다.

그러나 이스라엘은 자기들의 신앙에서 바알신을 용납할 수 없었다. 선조가 그들에게 물려준 신앙은 창조의 신이요 역사의 신이요 구원의 신이었지만, "농업의 신"이라고는 배우지 아니했다. 야웨 하나님도 농사에 관계하느냐 하는 문제는 오랜 세월 동안 이스라엘 지성인들이 해결하지 못한 것이었다.

일부에서 야웨도 믿고 바알도 신봉하는 혼합주의가 생기게 되고 아합 같은 왕은 그의 정치적 야욕 때문에 바알 신앙에 철저한 시돈 왕의 딸 이세벨과 결혼을 하여 이 혼합주의를 용납할 뿐만 아니라 이세벨의 열광적인 바알 신앙 때문에 야웨 신앙을 박해했다. 이리하여 "농사" 문제와 관련한 바알 신앙은 이스라엘 전 역사의 문젯거리로 등장했다.

그러나 야웨 신앙에 충성을 맹세한 일부의 사람들은 이 혼합주의나 바알 신앙에 의한 정치적 권력의 탄압에 항거했고, 동시에 야웨 하나님도 농사에 관련하는 신이라는 새로운 해석을 하지 않을 수 없었다. 해와 달, 별과 구름, 비와 강, 들판과 초목, 우양과 곡식을 만드시고 돌보시는 하나님이시니 농사하는 일을 돌보지 않으실 수 없다. 바알이 "농업신"이라기 보다는 야웨 하나님이 정말 농사를 주관하시는 신이라는 생각을 하지 않을 수 없었다. 이것이 소위 이스라엘의 토착신학의 개발이었다. 그래서 그들의 밭의 고랑과 이랑에도 하나님의 손길이 닿으신다는 생각을 하지 않을 수 없었다.

이 시인은 이 토착신앙을 그의 노래에서 대담하게 반영시키고 있다. 9절 이하는 야웨 하나님이 이스라엘 사람들의 농사를 철저하게 돌보시는 고마우신 하나님이심을 노래하고 있다.

곡식을 짓는 땅에 물을 주시는 분이 누구냐. 그것은 하나님이시다. 하나님이 직접 땅에 찾아오셔서 비를 내려 주시고 그 땅을 비옥하게 하신다(9절)고 노래했다. 강물은 어찌하여 사시로 흐르느냐. 그것은 야웨 하나님이 하시는 일이다. "강에 물이 철철 넘치게 하시는 분"이 하나님이시다. 또한 겨울 동안 바싹 말라 있는 "와디"(乾川)도 하나님의 축복으로 비가 내려 물이 넘쳐 흐르게 된다. 들판의 곡식은 어떻게 자라는가. 이것도 하나님이 땅에 물을 대시어 흡족한 수분으로 곡식이 자라 추수를 하게 된다. 심지어 이 하나님은 손수 고랑을 만들고 흙덩이를 주물러서 이랑을 만들어 곡식이 자랄 수 있게 하시고 거기에 소나기나 흡족한 비를 내려 주셔서 그 새싹들을 기쁘게 하여 한 해의 농사가 그 추수를 맞이할 때까지 은혜를 베푸시니 어찌 찬송하지 않을 수 있겠느냐 (10절). 이러한 하나님의 은혜를 봄에서부터 가을까지 받게 됨으로 한 해 농사는 아름다운 결실을 가져오게 된다고 한다. 하나님의 은혜의 손길이 닿는 곳마다 윤택한 농사의 기쁨을 볼 수 있다고 한다. 그 은혜의 손길이 들에 닿으면 메마른 땅이 푸른 초장으로 바뀌어져 양들이 평화스럽게 먹고 쉬며, 그 손길이 언덕에 닿으면 그 언덕은 푸르고 아름다운 옷을 입어 아름다운 경치를 만들고, 그 손길이 들판에 닿으면 들판에는 온통 밀 곡식의 황금물결이 굽이치니 어떻게 즐거운 노래를 부르지 않을 수 있느냐 한다(11-13절).

이러한 삶의 현장에 내린 하나님의 축복을 감사하는 찬송이 울려 퍼지는 하나님의 성소도 하나님의 아름다움으로 가득 차 예배하는 공동체가 감사의 찬송을 하지 않을 수 없다고 노래한다.

제 66편
땅과 만민

온 땅이여
하나님께 찬양하며 외쳐라(1절).
만민이여,
우리 하나님을 찬미하라
그 찬미 소리 들리게 하라(8절).

땅도 만민도 하나님을 찬양하고 찬미함에 그 사명이 있다고 보는 것이 이 시의 정신이다. 그러나 이 시인이 말하는 "온 땅"(1절)과 "만민"(8절)은 별개물이 아니다. 하나님이 만드신 땅과 인간들, 만민은 그 인간의 총체를 말한다. 물론 땅 자체가 하나의 피조물로서 창조주 하나님을 찬미해야 할 존재이고, 만민도 하나님의 지배하에 있기 때문에 그 통치자를 찬양해야 한다. 결국 인간은 자기 스스로의 삶을 각각 다른 사정과 환경에서 살아가는 자유를 가졌지만 인간의 근본 되는 삶의 목적은 그의 창조주, 그의 구원의 주 하나님을 찬미함에 있다. 찬미를 잃어버린 인간, 찬양을 거부하는 인간, 하나님에 대한 노래를 하지 못하는 인간은 하나님을 찬미하는 만물이 있는 이 땅 위에서 살 자격이 없다. 사람은 찬송을 위해 지음 받았다.

이 시는 문장 형식상 "우리"가 주어가 된 전반부(1-12절)와 "내"가 주어가 된 후반부(13~20절)로 나눌 수 있다. 많은 학자들이 이 시는 본래 따로 독립된 시들이었다고 본다. 이것은 문장 형식으로 가능한 추측이지만 이 시의 테마에서 보면 반드시 두 부분이 별개 작품이라 할 수 없다. 전반부는 "땅과 만민"이 주어가 되어 이스라엘 공동체를 비롯하여 인간 전체에게 찬양을 권고하는 내용이고 후반부는 그 전체 인간 속의 한 개인이 진정으로 하나님을 찬양할 수 있는 사람이 되려면 어떤 존재가 되어야 함을 예배에서 명상하게 한다고 하겠다.

즉 16절 이하에 하나님을 찬양할 수 있는 사람은 첫째, 우선 "하나님을 두려워할 줄 하는 사람"이라야 한다. 창조주 하나님께 대한 경외심─무서운 존재로 화를 받을까봐 전전긍긍하는 두려움이 아니라 하나님만을 믿고 의지하는 마음에서 복종과 신뢰를 가진 마음으로 두려워함이다─을 가져야 한다.

둘째로는 "내 마음에 죄악을 품지" 말아야 한다. "죄악을 품는다"는 것은 "하나님이 인간의 마음을 살펴볼 때, 악한 뜻, 악한 생각을 가진 사람으로 판단되는 것"을 의미한다. 사람은 다른 사람의 깊은 생각, 숨기는 뜻을 알 수 없다.

찬송 또는 찬미는 믿는 사람들의 본분이지만, 이 찬송을 하는 입술은 그 마(魔)의 죄를 멀리하고 악한 생각이나 뜻을 품지 말아야 한다. 악한 생각을 가진 사람의 찬송은 하나님이 받지 아니하신다 (18절). 이런 깨끗한 마음을 가지기 위해서 하나님께 기도한다는 것이 중요함을 밝히고 있다(19-20절). 인간이 하나님께 기도함으로 얻을 수 있는 가장 큰 축복은 하나님의 헷세드(사랑)를 받을 수 있는 것이다. 이 사랑의 손길에 닿은 마음은 그 품었던 죄악을 깨끗하게 하고 따라서 하나님이 받으시는 찬송을 할 수 있다.

다음 세째로, 하나님을 찬양할 수 있는 사람은 "하나님이 자기를 위해 하신 일을 선포하는"선교의 정신이 있어야 한다. 민족의 구원사를 찬양하기 전 우리는 우리 개인 사정에 나타난 하나님의 구원사를 감사하고 찬송할 줄 알아야 한다. 8·15라는 민족사의 구원을 노래하기 전에 한국 크리스천은 자기 개인 삶에서 경험한 하나님의 구원을 노래할 수 있어야 한다. 병에서 건짐을 받은 감격, 어떤 오해와 모함에서 벗어난 구원, 어떤 손해와 실망에서 건짐을 받은 일, 이러한 개인적 구체적인 경험이 없으면 십자가의 공로로 내 모든 죄에서 건짐을 받은 구원의 복음이 내게 주어졌다는 감격에서 찬송할 수 없다. 이런 개인의 구원 경험 없이 하나님이 인간 역사에 베푸시는 구원을 이해하기 어렵다. 이러한 구원 경험을 찬양한다는 것은 곧 하나님을 다른 사람에게 알리는 선교적인 일이다. 그러므로 찬송은 항상 선교적인 목적이 그 속에 게재되었다. 그것은 찬송하는 나를 나타내려 함이 아니고 찬송을 받으시는 하나님을 널리 알리는 일이기 때문이다.

이렇게 찬미를 부르는 개인의 영혼이 준비되었을 때 이 "나"의 찬송은 "온 땅과 만민"의 찬송, 곧 "우리"의 찬송과 조화가 된다. 이 시 전반부 "온 땅과 만민"의 찬송은 개인적 신앙 경험을 기반으로 함에서 이해되어야 한다.

이제 "온 땅과 만민"의 찬송이 무엇인가.

이 찬송의 주제는 역시 하나님이 이 땅과 만민을 위해서 무엇을 하셨는가 하는 "구원사"에 관한 것임을 이 시는 강조하고 있다.

"당신의 하신 일이 어찌 그렇게 놀라운지요."(3절).

하나님의 구원사의 장엄성과 그 권위성을 찬양하고 있다. 이러한 일은 5절에 다만 인간을 위한 일임을 밝힌다.

"오라, 와서 보아라. 하나님의 하신 일을. 인간에게 하신 그 놀라운 일들을."

사람이 아무리 위대한 일을 한다고 해도 하나님이 인간을 위하여 하시는 그 장엄하고 권위를 나타내신 일과는 비교도 할 수 없다. 인간이 드려야 할 찬송은 인간 자신이 하나님을 위해 무엇을 했다는 것, 무엇을 바쳤다는 것이 아니다. 하나님이 인간을 위하여 무엇을 하셨는가 함이 찬송의 내용이 되어야 한다. 이 시인이 생각한 하나님의 일이란 무엇인가. 이 시인은 출애굽 사건을 통해 보여주신 그 놀라운 일을 찬송의 내용으로 하고 있다.

"바다를 변하여 육지가 되게 하고 사람들로 하여금 맨발로 건너가게 하셨다"(6절). 이것은 출애굽 사건이다. 이 구원 사건은 이미 이스라엘 영혼들의 찬송 제목이 되었다. 모세의 입을 통해서(출 15장) 또는 예언자의 입을 통하여 (사 43:16, 17) 다른 시인들도 이 구원사를 노래하고 있다(78편, 105편, 106편 등).

그러나 자연을 정복한 구원사만이 아니고, 인간의 역사에 간섭하시는 그의 권위를 노래하고 있다. "인간을 시험하고 단련하는 일"(10절), 인간이 스스로 교만하여 역사의 주인이신 하나님을 "거역하고 무시하는 일"(7절)을 벌하시는 하나님임을 노래하고 있다.

또한 하나님의 창조의 질서와 구원질서에 항거하는 원수들을 "큰 권능으로 굴복시키는 일"을 찬미하고 있다. 이리하여 이 시인은 "온 땅과 만민"이 찬양할 하나님의 일은 그의 구원사와 관련된, 자연 통제, 인간 심판, 세상의 교만한 권력 등을 굴복시키는 하나님의 위엄과 그 권능이다. 이런 내용의 찬송은 오늘에도 들려져야 한다. 이것이 "우리 영혼이 살고 넘어지지 않는 일이다"(9절).

제 67편
찬송과 복과 경외

하나님,
만민으로 당신을 찬송하게 하소서.
만민 모두 당신을 찬송하게 하소서(3절).

하나님이 우리를 축복하시니
온 세상이 당신을 경외합니다(7절).

이 시는 전체로 보아 "찬양시"성격을 가졌다. 비교적
짧은 시이지만 이 속에 "찬양한다"는 말이 "빠라크"(원어는 축복한다는 말)
와 "야다"(원어는 고백하다, 감사하다는 말)라는 두 개의 낱말로 쓰였다. 다른
시에서는 "자마르"(찬양한다, 특히 현악기로 맞추어) "쉬르"(노래한다) "할랄"
(찬양한다) 등이 쓰였지만 여기서는 사용되지 않았다. 그렇다고 해서 이
시에서 말하는 "찬양"이 어떤 특수한 의미를 가졌다고 할 수는 없다.
다만 이 시의 찬송은 감사의 성격과 축복의 성격이 강함을 알 수 있다.
즉 하나님의 축복에 대한 감사를 찬양한다는 뜻을 찾을 수 있어, 찬양
과 축복과 감사가 한데 엉킨 경건한 마음의 표시라 할 수 있다.

"하나님은 우리를 불쌍히 여기시어 / 우리를 복 빌어 주신다."
이 첫 구절의 "우리를 복 빌어 주신다"는 "우리로 하여금 감사하게
한다" 또는 "우리로 하여금 찬미하게 한다"라고도 번역된다. 여기 찬

송, 축복, 감사가 하나님께 드릴 아름다운 심정의 표시로 나타난다.

이 찬송, 감사, 축복을 찬송하게 되는 이유는 무엇일까. 그것은 "우리를 불쌍히 여기신다", "어여삐 보신다" 또는 "긍휼히 여기신다"고 말한 하나님의 특별한 대접 때문이다. 이 하나님의 긍휼은 하나님이 "그 얼굴 빛을 우리에게 비추신다"는 것이다(1절 하반). 이 구절은 이스라엘의 예배공동체가 사용한 아론의 축복(민 6:24-26) 구절의 말씀을 그대로 반복했다고 주석가들은 생각한다.

> "야웨가 네게 복을 내리시고 / 너를 지켜주시기를
>
> 야웨가 그 얼굴을 비추어 / 네게 긍휼을 베푸시기를
>
> 야웨가 그 얼굴을 네게로 돌려 / 평안을 주시기를 축원한다"(민 6:24-26).

여기 이 축복의 의미는 이스라엘의 구체적인 삶과 관련된 것이다. 그 삶을 모든 불행과 위험에서 지켜 주시고 또 그들을 긍휼히 여기시고, 그들에게 평안을 주신다고 했다.

이 "축복문"은 하나님이 아론과 그의 자손들에게 주신 것으로 밝혔는데(민 6:22), 이 축복은 제사문서 기자가 민수기에 삽입한 것이라고 볼 수 있다. 이 시의 첫 구절이 이 축복문과 유사하기 때문에 이 시인이 이 축복문을 잘 알고 있었다고 생각된다. 그렇게 영향 받았다고 하면 이 시는 제사문서 형성 이후라 하겠다. 하지만 이 축복문이 예루살렘 예배 공동체 전승 중에 오래 전부터 전해 내려온 것을 제사문서 기자가 이용할 수도 있고, 또한 이 시인이 이 시에 이용할 수도 있다. 이러한 두 가지 가능성 중에 후자의 경우라 할 수 있다.

이 시는 이처럼 이스라엘의 고대 예배 전통을 깊이 알고 있었음을 알 수 있다. 그러나 여기 시인이 말하는 복은 이스라엘의 현실적인 육체의 삶에 필요한 모든 것을 때에 따라 주신 것을 말한 것이냐, 아니면

시편 명상

좀더 차원 높은 정신적인 것 또는 신학적인 것인가. 유대인의 랍비 전통에서는 이 축복문을 "야웨가 우리의 소유를 축복하시어, 이 모든 소유를 보존하게 하소서" 또는 "야웨는 소유물을 축복하시고 건강을 보존시켜 주시기를 빈다"고도 해석한다. 그러나 이 시인은 물질적인 축복을 말하지 않고 하나님의 구원사를 축복의 동기로 생각하며, 또 이러한 구원사를 베푸신 하나님은 참으로 이스라엘의 감사와 찬송을 받으실 분으로 이해하고 있다. 즉 가나안 종교가 그 땅의 물질적인 축복을 복이라 함과는 달리, "주의 도를 땅에, 주의 구원을 만방에 알리는 것"을 복이라 했다.

이것은 이 땅 위에 사는 사람들에게 어느 것이 인간으로서 가야 할 바른 길인가를 하나님 자신이 알려 주신다는 것이다. 이것은 하나님이 이스라엘 백성에게 주신 율법을 생각한 것이라고 할 수 있다. 이것이 하나님의 계시의 내용이다. 사람에게 참으로 필요한 것은 인간의 육체적 삶을 보존시키는 자연을 통한 물질적인 복이 아니라 하나님의 계시라고 시인은 믿고 있다. 이것이 하나님의 길이다. 특히 이 길은 하나님의 구원사와 관련되어 있다. 만민들을 위한 구원의 길을 알려주신다는 것이 이 시인이 말하는 복이요 감사요 또 찬송이다. 그래서 이 시인은 이 시의 후렴처럼 두 번이나 반복하고 있는 3절, 5절의 의의가 밝혀진다.

"하나님
만민으로 당신을 찬송하게 하소서.
만민 모두 당신을 찬송하게 하소서."

이 땅 위에 있는 모든 인간이 하나님을 찬송해야 할 이유는 그가 인간의 가야 할 길을, 즉 구원의 길을 알려주시기 때문이다. 여기 시인의 강한 구원사의 신앙-이스라엘 사람의 전통적인 신앙을 강조하고 있다.

그러면 하나님이 만민을 위하여 "구원의 길"을 알린다는 것은 구체적으로 무엇을 말하는 것인가.

이 시인은 세 가지 면에서 즉 하나님의 "심판"과 "인도"하심으로 하나님이 하시는 구원사의 행동을 알리고 있다. 하나님은 이스라엘 역사만 심판하시지 않고 이 땅 위에 사는 모든 사람들의 역사를 심판하신다. 이 땅 위 인간들의 역사는 그 판단을 잘못하여 인간을 불행하게 억울하게 만드는 일이 많다. 그래도 그 잘못이 권력자가 저지른 잘못이면 그것을 정당화시킨다. 이것은 정의가 없는 역사를 말한다. 그러나 하나님은 이러한 인간의 역사를 심판하신다. 이 시인이 말하는 대로 공정하게(원문대로는 정의의 원칙에서) 판단하신다. 이 공정한 하나님의 판단은 결코 불의를 행한 자를 벌하여 멸망시키기 위함이 아니다. 그것은 그 인간들로 하여금 바른 길로 인도하기 위함이다.

옛날 이스라엘 백성을 애굽에서 끌어내어 그 위험하고 불안한 광야 길을 인도하시듯, 하나님은 인간 역사의 인도자가 되신다는 이 시인의 사상은 참으로 올바른 역사관을 가진 사람이다. 올바른 인도는 올바른 다스림이다.

여기 역사의 주인, 역사의 인도자, 역사의 심판자, 역사의 방향 제시자이신 하나님을 알고 믿는다는 것이 어떻게 축복이 되지 않을 수 있겠는가! 그러므로 인간들은 다만 이 하나님을 경외해야 한다고 이 시를 끝마치고 있다(7절). 여기 축복, 찬송, 경외가 구슬로 빛나는 시를 만들었다.

시편 명상

제 68편
날마다 우리 짐을 지신다

Psalm Meditation

날마다 우리 짐을 지시는
구원의 하나님
주님을 찬미하여라.

주 야웨 하나님은
우리를 죽음에서 건져주신다(19, 20절).

　　　　　이 시는 비교적 장문의 시인데 어느 한 테마를 중심으로 기록된 것이 아니고 과거 이스라엘 백성들에게 전해 내려온 여러 전승들을 이 시 속에 인용하고 언급하여 잡동사니 시를 이루고 있다. 가령 사사기 5장에 나오는 드보라의 노래 (7, 8절=삿 5:4 - 5; 12절=삿 5:30; 13절=삿 5:16, 18절=삿 5:12, 21절=삿 5:26; 27절=삿 5:18), 신명기 33장에 나오는 모세의 축복 노래 (33, 34절=신33:26; 28; 17절=신33:2) 그리고 법궤의 노래 (1절=민10:35), 하나님이 계시는 곳(5절=신26:15, 렘25:30), 신명기 문장에서처럼 야웨를 "고아의 아버지, 과부의 재판장"이라한 5절 등을 그 예로 들 수 있다.

　이렇게 고대 전승을 인용하고 있어 이 시인의 독창성이 없는 것 같다. 그러나 이 시 전체에 흐르고 있는 신앙의 한 주제는 "날마다 우리 짐을 져 주시는 하나님"이라 할 수 있다. 시인은 이스라엘 역사에 하나님이 어떻게 그들을 돌보고 계셨는가를 알려주고 있다. 시편 55편 22

절에서 다른 시인의 예배공동체에 권고한 말 "네 짐을 야웨께 맡겨 버리라"한 그 말씀의 근거를 주고 있다. 베드로전서 5장 7절 "너희 염려를 다 주께 맡겨 버리라"하는 권고가 어떻게 가능한가 하는 이유를 이 시는 잘 보여주고 있다.

과연 하나님은 우리 인간들의 짐을 질 수 있는가. 이스라엘의 역사에서 그것이 가능하다는 것을 보여주셨다고 이 시인은 그 여러 증거를 알려 준다.

첫째, 하나님은 "고아의 아버지요 과부의 재판장이라"함에서 가난하고 외롭고 소외당한 사람들의 곁에서 그들을 돌보신다는 것이다. 하나님은 가지지 못한 사람 편에 계신다. 사회적으로 멸시받는 사람을 변호하시고 그들의 친구가 되신다. "아버지"란 말에서 고독한 자에게 보여주시는 하나님의 보호와 그 위로를 보게 하며, "과부의 재판장"이란 말에서 억울하게 비난과 수치를 당하는 사람을 변호하여 그들의 깨끗함과 가져야 할 정당한 권리를 회복시켜 주신다. 인권의 보장과 정의의 변호를 하나님이 친히 해주신다는 것이다. 이 시인은 6절에 다시 설명한다. 방황하는 외로운 사람으로 하여금 마땅히 거해야 할 집에 거하게 한다고 했으며, 억울하게 갇힌 자를 그 감옥에서 끌어내어 자유의 몸이 되게 하신다고 한다. 여기 하나님은 인권을 회복시키시고 구속된 자에게 자유를 주신다고 함이다. 그러나 이 하나님이야말로 수난 중에 있는 사람들의 짐을 날마다 져 주시는 분이라 할 수밖에 없다.

둘째, 이스라엘의 농경생활에 필요한 요구를 보살펴 주시는 분으로 말한다. "단비를 흡족하게 주시어 조상으로부터 물려받은 땅의 소산이 감소되지 않고 생업에 충실하게 하시며 그 선조의 유업을 계속하도록

시편 명상

그 땅에 거하게 하시고 특히 가난한 자를 돌보시사 선하게 대접해 주신다"고 했다(9, 10절). 이것은 그 땅 주민들의 생업이 쇠하지 않게 하시고 가난한 자를 선하게 대접해 주시는 하나님이시니, 하나님은 인간들의 짐을 날마다 져 주시는 분이시다.

세째, 이스라엘 백성이 불행하게도 적군과 더불어 전쟁을 하게 될 때 거룩한 전쟁의 신앙 제도에서 볼 때, 항상 이스라엘은 하나님이 자기들을 대신하여 싸워 주심을 보아왔다. 그렇게 작은 민족이요 그렇게 전쟁에 익숙하지 못한 백성이었지만 그들은 야웨 하나님이 자기들을 위하여 싸워 주시는 것을 굳게 믿고 있었다. 이 하나님이 그들의 진 앞에 나가실 때 "땅이 뒤흔들렸고 하늘도 하나님 앞에서 무너져 내리는 것 같이 위엄당당했고"(7, 8절) "여러 왕들이 그 앞에서 달아났고 그 군대들도 달아나 버리니 전쟁에 나가지 않고 집에 가만히 앉아 있었던 부녀자들까지 전쟁의 노획물을 나누어 가질 수 있었다"고 한다(11, 12절).

이런 승리는 "하나님의 병거 수천 수만 대가 동원된 것 같았고, 무엇보다 전능하신 하나님이 그들 싸움터에 앞장 서서 나갔기 때문이다"(17, 18절). 이 하나님은 이스라엘의 역사를 주관하시는 분으로 큰 권능과 힘으로 이스라엘을 도우시고 그 원수들을 치시는 하나님이시다. 이 시인은 비교적 많은 구절에서 이스라엘의 적을 무찌르시고 이스라엘에게 승리를 가져온 과거 역사를 회고하고 있다. 원수들의 정수리를 깨뜨리시며 (21절) 원수들이 죽어 넘어진 그 피어린 곳으로 이스라엘 백성을 다니게 하시고(23절), 전쟁을 즐기는 그 원수들을 흩으신다고 했다 (30절).

그 원수들이 누구냐 함에 확실한 답을 얻을 수 없다. 그러나 30절에 "갈밭의 들짐승과 수소의 무리"라는 구절은 애굽을 상징한다고 할 수 있다. 그러니 이 시인은 이스라엘 백성이 출애굽 당시 하나님이 보여주신 그 구원 역사를 회고한다고 할 수 있다. "애굽의 방백들… 구스 사람"들은(31절) 더욱 출애굽 당시 하나님의 구원사를 생각한 것 같다. 이렇게 하나님은 이스라엘을 전쟁과 같은 위기에서도 그의 구원사를 분명하게 보여주시니 이스라엘의 구원의 하나님은 그들의 짐을 날마다 져 주시는 분이라 함이 이 시의 주제가 되지 않을 수 없다.

이런 하나님을 찬송한다는 것은 그들의 당연한 의무이다. 이 찬송에도 시인은 과거 어느 역사를 24절 이하에 상상하고 있는 것 같다.

"하나님이여, 우리는 당신의 거동하심을 보았습니다. 내 하나님, 나의 왕이 성소로 오심을 보았습니다."

다윗이 주위의 원수들을 물리치고 야웨의 법궤를 예루살렘으로 모셔올 때의 광경을(삼하 6:2-5) 이 시인은 생각한 것 같다. "법궤"는 하나님을 대신한 것이기 때문에 이 행렬이 예루살렘 성으로 들어갈 때 온 이스라엘 족속이 나무로 만든 여러 가지 악기와 수금과 비파와 소고와 양금과 제금으로 야웨 앞에서 연주했다"고 한다(삼하 6:5). 여기 이 시의 25절에 "합창대는 앞줄에, 현악대는 뒷줄에 그 한 가운데는 소고를 치는 처녀들이"행진을 했다고 함과 사무엘하 6장 5절 기사는 일맥상통한다. 이는 승리의 하나님을 찬양하는 모습이다. 이스라엘의 하나님은 그 백성에게 힘과 능력을 주시니 찬송할 수밖에 없다 함으로 이 시를 끝마치고 있음은 날마다 짐을 져 주시는 구원의 하나님을 찬양함이 이 시의 주제가 되었음을 보여 준다.

날마다 우리 짐을 져 주시는 하나님이 우리에게 계시다는 것은 우리의 자랑이다.

황소보다 노래를

나는 노래로
하나님 이름을 찬송하며
감사함으로 그를 높이리이다.

이는 소를 바치는 것보다
뿔과 굽이 있는 황소를 바침보다
야웨를 더욱 기쁘시게 할 것이라(30, 31절).

         구약 종교는 종종 제사종교라고 오해를 받는다. 그래서 율법과 계명에 의한 종교적 규율과 그 의식이 구약종교의 중심을 이루고, 그 신앙은 종교 의식적인 것을 엄수하고 또 정확하게 지키기를 요구하는 것 같이 생각한다.

구약에서 제사적인 면은 극히 후대의 산물이고 또 이것이 초대부터 이스라엘 신앙에 중요한 역할을 했다고 해도 그것이 종종 제사정신보다 형식에, 제사를 받으시는 하나님보다 그 제사를 드리는 사람에 대한 생각을 지나치게 하였기 때문에 예언자들에게 많은 공격을 받았다.

시편에서도 제사종교와 제의적인 신앙과 형식적인 경건이 언급되기는 해도(15편 같은 것이 대표적으로) 그 제의의 정신과 그것을 드리는 사람의 구체적인 삶, 그들의 윤리적인 결단과 생활을 따지고 있다. 50편 시인은 하나님이 "고기를 먹고 싶어 하고 피를 마시고 싶어 하지 않는다"

고(50:12 - 13) 제사종교를 반박하고 있다. 51편 시인은 "주는 제사를 즐겨하지 아니하고… 번제를 기뻐하지 않는다"고(16절) 종교 의식적인 면을 무시함을 보여준다. 이 69편 시인도 이러한 제의적 면을 강조함 보다는 노래하고 감사하는 일이 더 소중하다는 것을 밝히고 있다.

"노래로 찬양하는 것을 / 뿔과 굽이 있는 황소를 드림보다 / 하나님 은 더 기뻐하신다."

이 시는 시편에 있는 많은 탄식시와 같이 경건한 시인이 삶의 극한 상태에 빠져서 하나님께 자기의 괴로운 심정을 호소하는 내용으로 일관하고 있다. 전체 36절이나 되는 긴 시에서 탄식을 알리는 귀절이 28절이나 된다. 그러나 그 수난 중에서도 하나님께 노래하고 찬송하는 일이 제사행위보다 더 중요하다는 것을 고백한 이 시인은 정말 찬양이 무엇인가를 알려 주고 있다. 찬양은 결코 생의 문제가 원만히 해결된 때나, 순풍에 돛을 단 것 같이 모든 것이 마음대로 되어가는 행복한 순간에만 할 수 있다는 것은 너무도 평범한 생각이다. 고난 중에서 노래하고 핍박 중에서 찬송하고 죽음에 직면한 듯한 생의 위기에서 오히려 하나님의 이름을 찬송하고 그에게 감사할 수 있다는 것은(30절) 이 시인이 놀라운 신앙을 가진 증거라 하겠다.

"바울과 실라가 옥중에서 찬송했다"(행 16:25)는 것, 피땀을 쏟을 감람산을 향해 갔다는 예수님도 "찬미 하면서 갔다"(마태 26:30)는 것은 이 시인이 보여주는 신앙을 이어받은 것이라고 할 수 있다. 초대교회에 순교의 열풍이 불어왔을 때, 경건한 신도들은 십자가에 매달려, 화형주에 묶이어 교수대에 올라가면서, 깊은 감옥 속에 갇혀 떨리는 입술, 굳어져 가는 그 혀로써 시편을 노래함으로 힘을 얻고 장하고 아름답게 죽을 수 있었다. 로마 원형극장에 알몸으로 던져질 때도 수줍은 소녀와 철없

286

는 소년들도 하나님을 노래하는 시편을 부르면서 뚜벅뚜벅 걸어갈 수 있었고, 야유하고 조롱하는 무리들의 함성 속에서도, 달려드는 사자의 발톱 앞에서도 하나님의 이름을 찬송하고 은혜를 감사할 수 있었다.

이 69편 시인이 그의 수난 중에서 소를 잡아드리는 제사보다 노래로 하나님의 이름을 찬양한다는 이 심정은 높고 깊은 신앙이 그 영혼에서 용솟음치지 않고서는 불가능한 일이다.

이제 우리는 그의 고난상을 살펴보며, 그가 노래하고 찬양하는 정신이 얼마나 고상하고 자랑스러운가를 보자.

"나는 괴롭고 슬픕니다"(29절-원문을 고쳐 읽어서). 이 사람은 자기 생의 위기를 "물의 상태"로 거듭 표시함에 주목하자. 즉 "내 영혼은 많은 물에 익사한다"(1절 원문을 고쳐 읽어서) "설 수 없이 빠져 들어가는 수렁 속에 빠졌고, 수심 깊은 물 속에 빠졌고 홍수가 나를 쓸어갑니다"(2절). 여기서 말하고 있는 "수렁" "깊은 물" "홍수" 등은 자기 힘으로써는 도저히 구제받을 수 없는 절망상태를 상징한다. 그 절망이 원수로 말미암아 왔다고 할 수 있고, 그의 육체와 정신을 궁지로 몰아 넣어버린 어떤 힘을 상징한다고 할 수도 있다. 14절과 15절에 이런 물들이 시인을 삼켜버리지 못하도록 애원하고 있음으로 보아, 이 시인은 그의 목숨이 위기에 처해 있음을 여실히 알려준다. 이 위기는 역시 원수들 때문인 것을 4절에 밝히고 있다. "아무 이유 없이 그를 해치려는 자가 머리털 수보다 많다"고 했다.

이렇게 까닭 없이 원수가 되어 이 시인을 미워하고 해하려 한 것은 7절에 있는 대로 "내가 주를 위하여" 또는 "주의 집을 위하는 정열 때문이라"(9절)했다. 이 원수들은 시인을 너무 괴롭히기 때문에 "그에게는 동정해 주는 사람도 위로하는 사람도 없으며"(20절) 오히려 이 원수들이 현재 갇혀 있는 시인 (33절)에게 "음식 대신 독약을 주며, 갈증을 없애기 위해 물을 달라고 해도 초를 주어 더 갈증이 나게 하는"(21절), 비인도적인 일을 서슴치 않고 한다.

뿐만 아니라 이 고난 중에서 "금식하며 기도해도 놀림거리로 생각하며 (10절) 베옷을 입고 탄식해도 욕지거리로 조롱하며 (11절), 성문에 모인 지도자들(권력층)도 시인을 향해 비난의 말을 퍼부으며, 술취한 일반 대중도 그에게 대하여 빈정댄다"고 말한다 (12절).

이런 수난 속에서는 다만 하나님의 구원의 손길밖에 바랄 것이 없다. "수렁에 빠지지 말게 하시고, 큰 물이 나를 삼키지 말게 하시고, 웅덩이 속에 빠져버리지 말게 (14,15절), 하나님의 인자와 구원을(13절) 보이시고, 인자와 긍휼로써 응답해 주시기를"(16절) 간구하고 있다.

한순간조차 지루할 때 하나님의 얼굴을 숨겨 그를 못 본 체 하지 마시고 수난 중에 있는 자기를 속히 건져달라고 간구하고 있다(17절). 이 수난을 아시는 분은 오직 하나님 한 분 밖에 없다고 믿고 있어(19절) "가까이 오셔서 그의 목숨을 건져 주시고 원수들에게서 그를 속량해 주시기를 간구하고 있다"(18절). 자기의 수난은 다만 이 원수들 때문이니, 이들의 핍박이 중단되도록 간구한다. 그것은 다만 원수들에게 내리는 재앙밖에 없다. 그들의 밥상이 올무가 되고 그들의 잔칫상이 덫이 되어지기를 빌며(22절) 주의 분노를 그들 위에 부어 주시기를 간구하고 있다. 그들의 이름조차도 생명책에서 지워버려 영원한 멸망을 간구하고 있다.

이러한 수난을 당한 시인은 하나님으로 말미암아 구원이 올 것을 믿고 (29절) 다만 노래와 감사로 하나님을 찬양할 것을 다짐하고 있다. 고난이 클수록 우리 기도와 찬송소리는 커야 한다.

제 70편
신앙의 조롱자

내 목숨을 노리는 자로
수치와 창피를 당하게 하소서.
내 불행을 보고 좋아하는 자로
물러가 망신을 당하게 하소서.

내게 대하여
"그 참 고소하군!"하는 자로
스스로 부끄러워 달아나게 하소서(2, 3절).

       이 시는 시편 40편 13-17절과 거의 같은 내용이다. 이 시는 "엘로힘"을 하나님의 이름으로 함에 대하여 40편은 "야웨"를 쓰고 있어, 40편이 70편에 없는 "엘로힘"을 첨가하는가 하면(5절) 40편은 또한 "야웨"를 첨가하기도 한다(13절). 그리고 40편에는 13절 처음에 "야웨여 너그러이 보아 주소서"(르체 야웨)란 말로 시작했으나, 14절에 "내 목숨을 노리는 자"란 말 다음에 "멸망케 하려는"이란 말이 있으나 70편에는 생략되었고, 70편 5절에 "하나님"이란 말이 40편에는 "아도나이"(주)로 바꾸어져 있다. 그 밖에 동사의 형태가, 즉 40편 17절에 "나를 생각하신다"가 70편 5절에는 "속히 내게 임하소서"로 되어 있다. 40편에는 14절에 "다 함께"가 나왔으나 70편에는 "수치와 창피"란 말 다음에 나오지 아니했다.

이 두 개의 시 중 어느 것이 원래의 시이며, 따라서 어느 것이 모방을 했는지 알 수 없다. 대체로 70편 시가 "엘로힘"이란 신명(神名)을 쓰고 있는 "다윗의 시"로 편집된 작은 시편 속에 포함되었기 때문에 40편이 "다윗의 시"에서 옮겨왔다고 생각된다. 비교적 40편이 다른 말을 보충한 흔적이 많다. 그리고 70편 시가 독립된 제목을 가지고 있는 것도 40편보다 일찍 있었다는 증거가 된다.

하여튼, 이 두 편의 같은 시가 시편에 중복으로 나왔다는 것은 그만큼 이 시가 많이 애독되고 애송되었다는 사실을 알려 준다. 이것은 이 시의 문학적인 문제가 그 내용을 독자들에게 강하게 알려주는 한 계기를 만들어 준다. 즉 이 시에서 논하고 있는 신앙 비방자들의 존재가 이스라엘의 신앙 역사에서 항상 경건한 신앙인들을 계속 괴롭히고 있었음을 알려 준다. 70편의 시가 노래로써 포로 이전 시대 이스라엘 사회에서와 포로 이후 시대라 생각되는 40편의 시대가 역사적으로 서로 차이를 가진다고 해도 한 가지 하나님을 진실하게 믿는 신앙인들이 원수들에게서 조롱과 비방을 당한다는 사실은 같았기 때문에 거의 같은 내용의 시가 계속 개인과 공동체신앙을 위한 노래로 되어 있는 것이다.

그러므로 이 시는 조롱받는 신앙인이 자기 삶의 자세를 어떻게 해야 할 것인가를 가르치는 중요한 시이다.

신앙은 자랑과 칭찬만을 받는 것이 아니다. 그 신앙이 미신일 때에도 사람들의 조롱을 받지만 그 신앙이 참 신앙이 되어도 으레 사람들의 조롱을 받기 마련이다. 이러한 조롱과 냉소는 항상 그 신앙에 대한 핍박과 박해에 연결되어 있다. 이스라엘 사람들의 야웨 하나님 신앙이 가나안 선주민들의 바알 신앙에서 심한 조롱을 받고 또 때로는 박해를 받았다. 특히 이 바알 신앙이 국가의 권력자의 비호를 받게 된 아합 시대나 므낫세 시대에는 야웨 신앙이 조롱과 핍박을 받았다. 특히 이스라엘 백성들이 바벨론에 사로잡혀 갔을 때, 야웨 신앙에 충실하려면 그 열심에 정비례하여 조롱과 박해를 받았다. 시편은 이런 조롱과 핍박의 흔적을 많이 보여 주고 있다.

"야웨는 사람의 하는 일을 살피지 아니한다"(시 10:4), "하나님은 잊었다"(시 10:11), "하나님이 없다"(시 14:1), "네 하나님이 어디 있느냐?"(시 42:3,10) 하는 등의 구절들은 이스라엘 신앙을 조롱함을 보여준다. 때로는 가까운 친구가 조롱하고(시 55:13,41:9) 친척들도 조롱하고(시 38:11) 이웃이 조롱한다(시 44:13). 이런 조롱자들이 혀로써, 악독한 말로써 경건한 시인을 괴롭혔다는 것도 본다(시 52:2 - 4).

예수 그리스도의 종교가 어떤 문화권 내에 전파될 때, 항상 조롱과 핍박을 받은 것이 역사적 사실이다. 우리나라에 처음으로 복음을 전한 사람들이 그 친구, 친척, 그 이웃 사람들, 그리고 관권을 가진 사람과 지식인들에게 조롱과 핍박을 받았다. 이것은 기독교 선교의 초창기에만 있었던 것이 아니고, 지금도 이 조롱과 핍박은 계속된다. 특히 최근에 와서 기독교인 중 목사나 신학자 중에서 사회 부정과 권력의 부패와 자본가, 기업가들의 비행과 부정을 공격하는 것을 종교와 신앙의 본질에서 떠난 일을 한다고 비판하고 조롱하는 사람들이 있는 것을 본다. 역사에 관심하고 사회 문제에 참여하는 발언이나 행동을 하는 신자를 조롱하는 신자와 목사들이 참 신앙을 가졌는지 의심스럽다.

구약에서부터 전수되어 내려온 성서의 신앙은 인간의 역사와 사회 문제들과 불가분의 관계를 가지고 있다. 예언자들이 왜 왕에게 충고했으며, 왜 그들이 살던 시대의 정치를 말하게 되었는가. 그 왕권은 하나님이 사람들을 위하여 맡겨 주신 것이기에 예언자들이 관심 했고, 그 역사와 정치 속에서 또 그들을 통하여 하나님은 말씀하시고 일하셨기 때문이다. 참으로 성서의 신앙을 지키고 그대로 사는 사람은 시편 시인들처럼 자기 신앙에 대한 조롱과 비난을 받아야 한다. 예수님이 십자가에 달리실 때 그 무리들과 로마 병사들에게서 얼마나 모욕적인 비난과 수모를 당했는가.

이 70편의 시는 우리 신앙인들에게 조롱받고 핍박받는 일이 당연함을 가르친다. 이런 조롱과 핍박을 받을 때 우리가 무엇을 어떻게 해야 할 것인가를 가르쳐 준다. 이 시 첫 구절에 "하나님이여, 나를 건지소서, 속히 나를 도우소서"하는 기도는 신앙 때문에 조롱과 미움과 핍박을 받는 사람이 외쳐야 할 첫마디이다. 우리를 동정하고 우리를 건져주실 분은 오직 하나님 한 분 밖에 없기 때문이다. 아무리 그들이 "내 목숨을 노리고 나의 불행을 기뻐한다"고 해도 하나님이 신앙인 편에서서 도와 주시기 때문에 오히려 조롱자들이 수치와 창피를 당하고 물러갈 수밖에 없다. 아무리 우리의 불행과 핍박받는 삶이 그들의 조롱의 대상이 되어 있다고 해도 이 조롱자들을 하나님이 물리치실 것을 이 시인은 확신하고 있다.

"하나님을 찾는 자, 주의 구원을 사모하는 자는 기뻐하고 즐거워하며 하나님만을 찬양할 수 있음을"(4절) 말한다.

왜냐하면 그는 비록 수난 중에 있어도 하나님이 도움되시어 속히 오셔서 건져 주시기 때문이다(5절).

제 71편
백발이 성성해도

내가 늙었다고 버리지 마시며
내 기력이 쇠약해도 나를 떠나지 마소서.

하나님이여
백발이 성성해도
나를 버리지 마소서(9, 18절).

        시편은 젊은이의 책만이 아니고 노인의 책도 된다. 노인
의 문제가 대두되어 있는 현대 사회가 노인의 신앙 문제를 어떻게 이해
하고 또 어떤 방법으로 노인신앙을 지도할 수 있느냐 하는 문제는 노인
자신들의 문제라기보다 이 노인들을 모시고 있는 젊은이들의 문제도 된
다. 이 시는 노인의 신앙 문제를 다룬 대표적인 노래라 할 수 있다.

    이 시인은 백발이 성성한 노인으로 자기의 복잡하고 괴로운 인생경
험을 말함으로, 단순히 노인의 문제만 다루는 것이 아니라 인생이 어머
니 뱃속에서 생기어 세상에 나고 자라고 노인이 되기까지의 전 생애를
일목요연하게 다룬 인생시라 할 수 있다(5, 17, 18절).

    이 시인은 이제 백발이 성성한 노인으로 자기의 과거를 돌이켜 보며
현재까지도 수난당하고 있는 삶을 불평하지 아니하고 전적으로 하나님
을 믿고 의지하는 신앙으로 살아가는 것을 자랑하고 있다. 이 시의 중심
은 9절과 18절이다.

"내가 늙었다고 버리지 마시며
내 기력이 쇠약해도 나를 떠나지 마소서"(9절).

늙는다는 것은 곧 버림을 받는 삶이다. 동양에는 효도가 있어 나이 많은 부모나 노인들을 존경하고 따뜻한 관심으로 돌보아야 하지만, 이런 효(孝)를 보여주는 사람이 많지 않다. 나이 많으면 직장에서 물러나와야 한다. 후배에게 길을 열어 주고 자리를 내어주는 데 더 큰 뜻이 있지만 노인 자신의 체력으로나 정신력으로 언제까지나 젊을 때와 같이 능률적이 될 수 없다. 피곤을 느끼고 잊기도 하고 의욕도 상실한다. 그러므로 노인은 주위 사람이나 후배를 위해서라기보다 자신을 위해서도 공직에서 물러나야 한다. 이렇게 물러날 때 느끼는 첫 감정은 내가 사회에서 버림을 받는 존재가 되었구나 함이다. 이리하여 해가 갈수록 이 버림받음의 감정은 더 심화된다. 진지하게 자기를 생각하는 노인은 누가 나를 버리지 아니하느냐고 물어본다. 자식까지 이렇게 무관심하게 버릴 수 있느냐고 불평한다.

그러나 정당하게 생각하면 젊은 자식들에게 그들 가족을 돌보듯이, 그들 사업을 돌보듯이, 그들의 학문에 집착하듯이, 노인에게 같은 관심을 보여달라 함은 무리한 일이다. 나이 많은 부모 편에서 볼 때 결코 그 자식들의 후대를 받기 위해 낳고 돌보고 공부시킨 것이 아니다. 효는 받는 사람이 바랄 것이 아니라 바치는 사람이 성심성의로 부모를 돌보아야 한다. 다소 예외가 있지만 대부분의 노인은 버림받은 존재로 살아가야 한다.

이 71편 시인은 노인의 버림받는 괴롬을 알기 때문에 인간 사회에서는 버림을 받더라도 하나님만은 버리지 말아달라고 간구함은 신앙 노인으로서 당연한 일이다. 늙었다는 것, 기력이 쇠약해졌다는 것이 비록 원하지 않는 일이나, 이는 하나님이 만드신 육을 가진 인간이 겪어야 할 과정이다. 이 당연한 과정도 하나님이 버리지 않는 축복을 가진다면 행복한 노인이다. 그러므로 노인의 기도는 하나님이 버리지 말아달라는 것이고, 이 기도에서 노인의 심령은 새로워지고 용기를 얻고 비록 백발이 성성하나, 하나님의 긍휼과 자비의 손길에 붙잡혀 103편 시인이 노래하듯 "좋은 것으로 만족할 수 있고, 네 청춘을 독수리처럼 새롭게 할 수 있다"(5절).

하나님이 버리지 않고, 떠나지 않는다는 것은 노인에게 만이 아니라 나이 어린 아이나 젊은 사람에게도 마찬가지로 큰 축복이 아닐 수 없다. 나이 어린 아이나 젊은이는 버림을 받았다는 감정을 가질 수 없을 만큼 관심을 받고 사랑을 받을 수 있는 존재이다. 늙는다는 것과 젊다는 것의 차이는 나이라든지 육체의 상태가 아니라 실상은 관심의 차이에서 온다. 젊은이라도 사람들에게서 버림을 받고 사람들의 관심에서 소외된 청년이면 그는 젊기는 했으나 늙은 사람이다. 그러나 비록 백발이 성성해도 그가 "나는 누구의 관심을 받고 산다"는 것을 자랑할 수 있다면 그는 젊은 사람이 부럽지 않다. 이 시인이 인간의 관심 보다 하나님의 관심을 청했다는 것은 참으로 지혜로운 일이었다. 사람의 관심은 변하지만 하나님의 관심은 변하지 않기 때문이다.

이 시인은 자기의 인생이 하나님의 돌보심에서 시작되었고 그 은총의 손에 붙잡혀 지나온 일생인 것을 고백하고 있다.

"내가 모태에서부터 당신의 붙드신 바요 어머니 복중에서부터 당신이 나를 돌보셨기에 나는 항상 당신을 찬양하옵니다"(6절).

그의 생명의 시작이 하나님의 돌보심에서요, 그의 출생 자체가 하나님의 은총으로 된 것임을 고백하고 있다. 그리고 그의 어린 시절, "나이

어릴 때부터"(5절) 그의 삶은 하나님을 의지하는 신앙에서 지나온 것임을 말한다. 그리고 그의 일생을 다음과 같이 줄이고 있다.

"하나님이여 나는 어려서부터 당신이 나를 가르쳤으며 당신의 놀라운 일들을 지금까지 알게 했습니다."(17절).

그가 한 인간으로서 받은 교육, 경험 전부가 하나님의 돌보심에서 된 것임을 고백하고 있다.

이 시를 개인시라 하기보다 민족 공동체의 시라고 보아서 여기 "나이 많다"든가 "어리다"든가 하는 말은 이스라엘 역사의 후기 또는 초기 등으로 뜻한다고 해석하려는 학자도 있으나, 이 시는 경건한 개인의 신앙경험을 노래한 시이다. 같은 "백발 성성"의 얘기를 하는 이사야 46장 3,4 절은 민족 공동체의 역사를 말한 것이다. 이 시는 그 공동체 안에 있는 한 신앙인의 일생을 그 말년에 회고하며 하나님의 놀라운 사랑에 대하여 감격하고 있는 노래이다. 전체의 시가 고난의 사정을 말하면서 강한 의지 신앙을 보여주고 있다. 어떤 고난 속에서도 그는 하나님이 비길 데 없음을 노래하고(19절), 이 하나님께 시인의 소망이 있음을 노래 한다(5,14절). 이 시인은 비록 현재에 "그의 영혼을 대적하는 자"와 "모해하는 자"로(13절) 그의 일생이 "많고 심한 고난"(20절)으로 차 있었지만 자기 일생을 성실하게 돌보아 주심을 비파와 수금으로 찬양하며 (22절) 그의 혀로 종일 하나님의 의를 노래한다고(24절) 했다. 그의 일생은 간구하고 찬양하는 일생이었음을(1-3, 8, 14, 19, 22, 23절) 보여주고 있다.

백발이 된 시인은 "하나님을 찬송함과 그의 존귀함을 찬양함을 종일 자기의 일로 삼고"(8절)라고 함에서 사람의 일생이 하나님을 찬양함으로 끝마치게 되는 것을 자랑하고 있다.

제 72편
단비와 소나기처럼

Psalm Meditation

초장에 단비 같이,
땅 위에 내리는 소나기처럼
그의 덕이 임하리니

그의 날에는 정의가 꽃피고
저 달이 닳도록 평화가 넘치리라 (6, 7절).

이 시는 "솔로몬의 시"라는 제목을 후대 편집자가 붙였는데 그 이유로서는 1절에 "판단력"에 관한 것과 10절에 "시바 여왕의 예물"에 관한 언급이 있기 때문이다. 그러나 솔로몬의 신앙과 그의 정치이념은 여기 이 시의 내용과는 차이가 있다. 다시 말해서 이 시에서 말하는 것과 같은 이상적인 왕도사상을 솔로몬에게서는 찾을 수 없다. 그러므로 이 시는 솔로몬이나 어떤 역사적인 왕을 직접 언급함보다는 이스라엘의 왕은 이런 사람이 되어야 한다는 한 이상적인 왕을 그리고 있는 메시야 시라 할 수 있다. 그렇기 때문에 유대인 탈굼에서는 "솔로몬"이란 말 대신 "메시야 시"라는 제목을 붙이고 있다. 이 시에 나타난 왕도사상은 이사야, 예레미야, 아모스, 호세아 등이 이스라엘 왕의 올바른 모습을 알려주는 사상의 흔적을 짙게 볼 수 있다.

"공정"(미쉬팟—1절), "공의"(체데카—1, 3절), "정의"(체텍—2절), "평화"(샬롬-7절)와 가난한 자와 궁핍한 자에 대한 변호(2, 12, 13, 14절)의 정신 등은 예언자 사상이다. 여기에는 왕의 권력의 타락과 그 부정을 규탄하는 말도 없고 그 권력에 아부하여 온갖 죄악을 저지르는 인간악에 대한 비판도 없으며 다만 한 나라의 최고의 주권자가 어떤 존재가 되어야 하며 또 무엇을 누구를 위해서 정치를 해야 하는지를 밝혀주고 있다. 구약에서 말하는 메시야상이 여기에 찬양의 형태로 나타났다. 신약 기자들이 이 시를 인용하지 않음은 이상한 일이지만 초대교회가 이 시편을 "대강절" 예배 때에 읽고 노래했다는 것은 여기 말하는 메시야가 예수에게서 역사적으로 구체화되었다는 신념에 근거하고 있는 것임을 말해준다.

그래서 이 시는 2편, 110편 등과 같이 "메시야 시"라 할 수 있다. 메시야는 어떤 존재인가. 단적으로 6절, 7절이 이를 설명하고 있다.

> "초장에 단비 같이 / 땅 위에 내리는 소나기처럼 / 그의 덕이 임하리니
> 그의 날에는 정의가 꽃피고 / 저 달이 닳도록 평화가 넘친다."

메시야가 인간들에게 베푸는 덕은 "단비가 잔디밭에 내림같고, 소나기가 땅에 내림같다"는 이 상징은 메시야의 입김에 만물, 만민이 은덕을 입는다는 것이다. "태양의 노래"(19편)에서 하나님의 은총과 그 기운이 "그 온기에서 피하여 숨은 자가 없다"(시 19:6) 함과 같이 메시야의 영향이 전 인류 전 역사에 미침을 말한다. 단비와 소나기는 팔레스타인의 기후에서는 만물의 젖줄기요 생명의 어머니 역할을 한다. "초장에 단비"와 "땅에 내리는 소나기"는 유목생활과 농경생활, 즉 팔레스타인이 가진 두 개의 기본적인 생업이 비에 좌우되는 것을 말한다. 이와 같이 한 나라의 지도자, 그 주권자의 정치적 영향이 초장에 내리는 단비처럼 모든 사람의 마음을 신선케 하고 그들이 가진 모든 가능성이 자라고 거기서 잎피고, 꽃피고, 열매맺는 문화와 역사의 성장과 발전을 볼 수 있다. 이 초장에 단비 대신 황충이 습격할 때(아모스 7:1) 그 목축

시편 명상

업은 망하고 만다. 한 주권자의 정치가 백성의 인격에 상처를 주고 그 인격을 짓밟고, 그들 속에 있는 자유와 가능성을 구속할 때 그 사회는 황충이 먹는 초장같다. 슬픔과 고통이 그 사회를 지배할 수밖에 없다. 소나기의 상징을 사용한 것은 메마른 광야에 소나기가 내림으로 산천의 초목이 춤을 추고 모든 짐승들이 해갈의 기쁨을 누리고 말랐던 시냇물에 물이 넘쳐 대자연에는 일대 환희에 찬 오케스트라가 연주된다는 뜻에서이다. 부족한 자 없이 모두 흡족하다. 모든 추함은 씻겨 내려가고 새 생명의 약동만이 춤춘다.

이와 같이 한 나라의 정권이 만백성에게 소나기처럼 은덕을 내리면 모든 백성이 가진 불평 불만이 사라지고 모든 입술과 삶에는 태평시대를 노래하는 기쁨이 넘치게 된다.

그런데 그 주권자의 은덕이란 구체적으로 무엇인가. 이 시인은 예언자의 정신을 바르게 한 사람이다. 정의, 공정 그리고 평화이다. 이사야가 말하는 메시야도 정의의 왕이요 평화의 왕이다(이사야 11:1-5; 9:6-7). "그의 날에는 정의가 꽃피고 저 달이 닳도록 평화가 넘치리라."

이 시인은 메시야가 지배하는 세계는 정의가 꽃피고 평화가 영원히 계속될 것임을 말한다. 특히 이 시인은 왕이 백성을 다스릴 원칙은 오직 정의라함을 거듭 강조한다. 이 시인은 공의에 대한 말로 이 시를 시작한다. 1-3절 안에 "공의"를 세 번이나 강조하고 있다.

그 정의란 어떤 것인가. 이 시인은 예언자의 정신보다도 이스라엘 고대의 "계약의 법"(출 21-23장) 정신을 반복하고 있다. 즉 "가난한 자"와 "궁핍한 자"의 권리를 변호하고 그들로 하여금 억울함을 당하지 않게 하는 정신이다.

"너는 가난한 자의 송사라고 공평하지 않게 하지 말며

거짓 일을 멀리 하며

무죄한 자와 의로운 자를 죽이지 말라.

나는 악인을 의롭다 하지 않겠노라"(출 23:6-7).

이 시인이 "그 백성 중 가난한 자를 공정하게 대하고 궁핍한 자를 건져주고 압박자를 멸하리라"(4절)고 한 것은 메시야의 의로운 정치가 어떤 것인가를 일러준다. 한 나라의 정치에서 부한 사람과 세력을 가진 사람의 의욕과 그들의 공헌을 무시할 수 없다. 그들로 하여금 주권자의 공의를 시행하는 정치에 협조자가 되게 해야 함은 당연하지만, 그들이 주권자의 비호자요 측근자로서 특권을 가지며 그들의 의견과 주장에 한 나라의 주권이 좌우될 수 없다. 더욱이 그 권력자들이 가난하고 약한 사람들의 소유와 권리를 억압하는 일을 하면서까지 부와 세력을 축적함에 대하여서는 공정한 판단을 할 수 있어야 한다. 어느 시대이든 그 정권이 가난한 자와 약한 자를 보호하고 그들의 생활력과 사회적 지위를 향상시키는 정치를 하지 않으면 주권은 항상 타락하게 된다. 그래서 이 시인은 다시 한번 더 "궁핍한 자" "가난한 자"에 대한 관심을 강조하고 있다 (12~14절).

이러한 정치를 공의의 정치라 한다. 이 공의의 정치가 시행될 때, 그 땅에 평화가 영구히 계속되고(7절) 주위에 있는 다른 나라 주권들이 존경을 표하고 (9,10절) 그의 이름이 해와 같이 영구히 계속되어 (17절) 하나님께 영광을 돌리게 된다 (18,19절). 이런 메시야의 모습을 우리는 예수 그리스도에게서 본다고 믿는 것이 기독교 신앙이다.

제 73편

하늘과 땅에서 오직 당신만이

하늘에서는 누가 내 편이 되며
땅에서는 누가 나를 기쁘게 하오리까

이 몸과 마음은 쇠잔하나
하나님 당신은 언제나
나의 반석, 나의 분깃이 되옵니다(25, 26절).

　　　　　이 시는 37편과 같이 인간의 모순을 노래한 시이다.
"왜 악인들은 형통하고 의인은 고난을 당해야 하는가" 악을 행한 사람
은 그 반응으로 벌을 받아 불행해야 하고, 의로운 사람은 복을 받아 모
든 일에 성공하고 형통해야 할 것이 아닌가. 그런데 현실 사회는 이와
는 반대의 현상을 도처에서 볼 수 있는 것이 아닌가.

　이 문제는 시인만의 고민이 아니고 이스라엘의 경건한 사람들이
오랫동안 번민한 문제이다. 예레미야도(12장 1절 이하) 하박국도(1장 2절
이하) 번민한 문제이며, 욥기의 저자도 이 일반적인 고민을 해석해 보려
고 시도한 것을 알 수 있다. 많은 시편에서 보는 바 대로, 죄를 짓지 아
니했지만 그의 선함과 의로움 때문에 오히려 고난을 당해야 함에 대한
고민과 비판을 하나님께 호소하고 있음을 25편, 26편의 시에서도 볼
수 있다. 37편에서 이미 논했지만 이 73편과 37편의 시인은 시편 중

가장 진지하게 이 "인간 모순"의 문제를 하나님 앞에서 해결해 보려고 노력한 사람이다. 73편 시인은 37편 시인과 같이 이 문제 때문에 불평하고 불만을 표시하는 일은 하지 않으나 이 문제를 해결 못하여 한때 생각을 잘못해서 곁길로 완전히 "미끄러져 나가서 스스로 넘어질 뻔했다"는 것을 고백하고 있다(2절). 이 어려운 문제를 해결하려고 "혼자서 깨달아 보려고 심히 고생했다"(16절)고 고백하고 있다. 그러나 이 시인은 이 시를 기록할 때는 이 문제의 해결을 그 스스로 얻은 사람이라 할 수 있다. 그는 자신이 이 문제의 해결을 자기 나름대로 하고 이것을 자기 혼자 알고 있지 아니하고 그 해결된 진리의 깨달음을 그 시대 사람들, 자기와 같은 고민을 아직도 가진 사람들에게 친절하게 알려주며, 그 문제 자체가 어떤 의미를 가지며, 그 고민은 결코 하나님께 대한 불만이나 원망의 이유가 되지 아니하고 이 문제를 바로 깨닫기만 하면 오히려 하나님이 이런 고민스런 문제를 인간들에게 안겨 주심을 감사할 일이요, 따라서 하나님이 인간을 위해 행하시는 일을 전해야 할 선교의 의무를 깨닫게 됨을 말하고 있다.

그는 자기 시(詩)에서 그 당시 사람들이 고민한 문제를 위해 용감히 싸워서 이긴 승리의 경험을 다른 사람에게 전하고 있다. 이 문제는 실상 하나님의 공의가 어디 있느냐 하는 질문을 던지게 하는 문제요, 하나님이 악을 심판한다는 말은 거짓이 아니냐 하고 하나님께 대한 도전과 항거를 하는 사람들에게 하나님을 변호하고 그의 하신 신비한 일을 전하는 아름다운 선교의 고백록이라 할 수 있다.

특히 그 땅에 진실과 선한 마음을 가지고 하나님의 계명대로 의롭게 살아가려는 사람들의 고민과 인간의 욕정이나 사탄의 유혹을 물리치고 다만 하나님께 충성스러운 신앙생활을 하려는 사람이 인간 사회의 실제적인 삶의 현장에서 실망하고 좌절하게 되는 모순된 일들이 있음에도 불구하고 다만 하나님을 더욱 가까이 찾고 의지하는 신앙생활을 해야 함에 용기를 주는 교훈을 하고 있다. 그래서 궁켈은 이 시는 "교훈시"로 보며 여기 시인 자신의 영적인 투쟁의 경험을 다른 사람들에게 알리고 있다고 한다. 그 교훈의 요점은 인간의 모순은 하나님의 관심 밖이 아니고 이 모순된 현실 속에서 하나님은 참으로 실재하시고, 이 모순된 현실 속에서 발견되는 그 하나님이야 말로 우리 자신의 "나의 하나님"이 되며, 오늘의 현실에서 고민하는 나의 자랑과 영광이 되시는 분임을 가르치고 있다.

이 시의 초점은 인간 모순의 해결을 어떻게 하느냐 하는 윤리적인 문제나 이 모순된 현실의 의미가 무엇이냐 하는 철학의 문제가 아니라, 이 현실 속에서 발견되는 하나님은 어떤 분이냐 하는 신학적인 문제에 있다. 이 하나님과 나와의 관계는 어떤 것인가 하는 신앙적인 문제를 알려주고 있다.

이 73편 25-26절이 바로 이 신학적, 신앙적 문제를 단도직입적으로 우리에게 알리는 구절이다.

"하늘에서는 누가 내 편이 되며
땅에서는 누가 나를 기쁘게 하오리까
이 몸과 마음은 쇠잔하나
하나님 당신은 언제나
나의 반석, 나의 분깃이 되옵니다."

이 시인이 "하늘과 땅"을 언급한 것은 이 세상 모든 사람들이 당면하는 현실적인 고민을 해결할 수 있는 길을 하늘과 땅 어디에서나 찾아보아도 찾을 수 없지만 오직 이 "하늘과 땅"을 창조하신 하나님만이 하실 수 있음을 밝힌다. 우주 만물 중에 인간이 가장 작은 존재 같지만 그에게 가장 깊고 따뜻한 관심을 보내시는 분은 오직 창조주 하나님 한 분밖에 없다는 신앙고백이다. 인간 사회는 악한 자가 형통하고 의로운 자가 고통을 받는 모순으로 시인과 같은 경건한 사람을 울리고 괴롭히지만, 이 세상이 다 적대시하고 괴롭히는 그에게 기쁨을 주시는 분은 오직 하나님 한 분 밖에 없다는 고백이다. 사회적 모순과 인간 모순 또는 역사의 부조리로 번민하지만, 이 번민하는 편에 서신 분은 하나님이라 한다. 그래서 인간이 현실 사회에서 당하는 온갖 고민과 비애, 고통과 억울함 때문에 몸과 마음이 안정도 못하고 날로 쇠약해간다고 해도 하나님만은 언제나 변하지 않고 영원히 이 경건한 사람의 반석이 되시고 분깃이 되심을 고백하고 있다. 흔들리지 아니하는 반석, 아무도 빼앗을 수 없는 자기 몫으로 보장되어 있는 축복을 하나님에게서 찾을 수 있고, 하나님 자신이 바로 그러한 분깃이 되어 있다고 한다.

옛날 레위 지파 사람들이 하나님 섬기는 일을 땅덩이 분배보다 더 감사하게 생각하듯 하나님이 내 분깃이라 함에서 온갖 인간 모순을 극복할 수 있는 자신감을 준 것이다.

"악인이 아무리 그 악으로 평안하고 그 재물을 더해간다"고 해도(12절) 시인의 분깃되신 하나님이 "그와 함께 계시고 그의 오른손을 붙잡아주시는"(24절) 그 축복으로 인간 모순을 극복할 수 있다고 믿는다.

그러므로 이 시인의 복은 다만 "하나님을 가까이하는 것", "하나님을 그의 피난처로 하는 것"(28절)이라 했다.

아! 모순이 가득찬 현실에서 "하늘과 땅에서 오직 당신만이 나의 반석, 나의 분깃"이라고 할 수 있는 신앙의 위대함이여!

제 74편
산비둘기와 들짐승

야웨여 / 이 일을 기억하소서 / 원수의 악담을,
미련한 인간들이 / 당신 이름을 모독합니다.

산비둘기의 생명을 들짐승에게 / 넘겨주지 마시며
당신의 가련한 백성을 / 길이 잊지 마소서(18, 19절).

이 시는 이스라엘 나라가 적군에게 짓밟혀서 수도 예루
살렘도, 거기 있는 하나님의 성전도 부서지게 된 민족의 비극을 경험한
시인이 견딜 수 없는 비탄에 사로잡혀 지은 노래라 할 수 있다.

역사적으로 예루살렘은 여러 차례 적군의 침략으로 파괴되었기 때
문에 주전 586년 느부갓네살에 의한 파괴인지 또는 주전 168년 안티
오쿠스 4세에 의한 파괴인지 정확하게 말할 증거는 매우 희박하다. 그
래도 학자들은 마카비전쟁 시대의 예루살렘 파괴 사건 쪽으로 더 기울
어진다. 즉 첫째로 시편 74편에 사용된 문장은 제 1 마카비서 2장 4절,
4장 38절과 제 2 마카비서 5장 16, 21절, 8장 35절 등과 유사한 점이
많다는 것, 둘째 예언자가 없어진 시대라 함은 (9절) 마카비 시대상을
말함을 알 수 있다(제1 마카비서 9장 27절, 4장 26절, 14장 41절). 세째, 이 시
에는 포로생활을 암시하는 구절을 찾을 수 없기 때문이다(크라우스의 주
장). 그러나 이 세 가지 논쟁의 근거도 반드시 타당성이 있는 것은 아니
다. 제 1을 제외한 두 개의 논거는 쉽게 반증될 수 있다. 그리고 또한 마

카비서와의 문장적인 유사성도 마카비서 기자가 시편 74편의 영향을 받았다고도 생각할 수 있다. 그러므로 마카비 시대의 성전 파괴보다 주전 586년 파괴와 관련된다고 함이 더 타당하지 않나 한다. 다만 이제 74편 시의 내용을 보아 파괴 당시에 어느 시인이 기록했다기보다 파괴가 얼마 지난 후 그 파괴상을 기억하고 있는 사람이 이 시를 지었다고 상상 할 수도 있다. 그렇다고 해도 어느 역사적 사정과 적합하다는 단안을 내리기는 어렵기 때문에 이 시는 이스라엘 민족 수난사 중 가장 충격적인 사건과 관련된 "민족 고난시"라 함이 타당할 것이다.

한 나라의 수도가 적군에게 짓밟히고 그들의 성소가 타버리고 무너질 때 이것을 보는 뜻있는 사람의 생각은 어떠할 것인가. 이 비극적인 경험을 구태여 이스라엘 역사와 반드시 관련시킬 필요는 없다. 내 나라 역사에 관련시켜도 무방하다. 6·25 때 수도 서울이 짓밟히고 우리들의 정성이 담겨져 있었던 성전과 그 제단이 잿더미로 화해 버린 것을 생각 해 볼 수도 있다. 그 일을 직접 경험했던 사람은 그 비극이 지난 지 30년이란 세월이 지났는데도, 서울이 함락되고 폭격당하고 불이 붙고 피난민이 밀려가고 적의 탱크가 서울 거리를 누비며 포탄을 쏘며 건물이고 사람이고 마구 파괴하던 그 파괴와 피의 광경(光景)을 상상할 수 있다. 한국의 크리스천들은 그 비극을 경험하고도 어떤 시를 남겼는가! 공산군의 잔인성과 만행을 규탄한 노래를 누군가가 불렀을 것이다. 가재(家財)가 타버리고 사랑하는 가족과 친지들이 죽어 넘어지고 사랑하는 사람들과 생이별을 한 쓰라린 가슴을 피와 눈물로 적어간 시들이 있으리라.

그러나 이 74편 시인의 애가 속에는 "나"가 없고 "우리"뿐이다. 개인이 없고 민족이 있다. 하나님의 백성, 선민 이스라엘의 처참해진 모습을 묘사하고 있다.

"하나님이여, 어찌하여 우리를 영원히 버리시나이까"

바벨론의 승리를 저주하기 전에 하나님이 왜 자기들을 버렸느냐고 호소한다. 적군을 막아낼 힘을 가지지 못한 자기들의 무력은 탓하지 않고, 하나님께만 책임을 돌리고 있다. "왜 당신이 우리를 버리셨느냐"고. 하나님이 과거에 많은 어려움 중에서 건져 주셨기 때문에 이 능력과 자비만 믿고 그들은 하나님의 구원만을 기다리고 있었단 말인가. 예레미야가 그렇게도 그 나라 정치와 종교와 사회의 지도자들이 하나님의 뜻을 거슬러 종교적 음행과 도덕적 음행을 감행하기 때문에 그 백성을 벌하여 그 화려한 수도 예루살렘과 성전이 무너질 것이라고 그렇게 외쳤지만, 이 시인은 그런 예언자의 경고를 여기에 회상하려고 하지 아니한다. 다만 하나님이 왜 자기들을 버렸느냐고 불평한다.

"하나님이여 주께서 어찌하여 우리를 영원히 버리시나이까. 어찌하여 주께서 기르시는 양을 향하여 진노의 연기를 뿜으시나이까"(1절)라고 항변한다.

이 시인은 원수들이 이 성(城)에 대하여 오만하게 행하는 것을 결코 볼 수 없다고 한다.

"영원한 파멸을 만난 시온성이 되었고 원수들이 하나님의 성전에서 온갖 악행을 자행하고 있습니다"(3,4절).

저들은 승리의 깃발을 곳곳에 꽂아 보는 사람들로 하여금 울분을 터뜨리게 하며, 도끼로 나무를 찍는 사람처럼 저 대적들은 도끼와 철퇴를 가지고 성전에 있는 모든 장식들을 쳐부수고 그 성전 안에 있는 지성소를 침범하여 더럽히며 뒤엎어 버리고 그리고 성전을 불살라 버렸다고 탄식하고 있다 (4~8절).

시온의 자랑은 성전이다. "온 세계에 자랑거리였던 성소"(시48:1,2), "이스라엘을 죽을 때까지 인도하실 하나님이 계신 성소"(시48:13,14) 가 이제 원수의 발 아래 짓밟히고 말았다. 이 대적들은 예루살렘 성소만이 아니고 그 나라를 패망 시킴과 동시에 "그 땅에 있는 모든 하나님의 성소를 불사르고 말았다"고 자랑삼아 말하고 있다(8절). 이것은 시인이 말한 대로 하나님의 이름이 계신 곳을 더럽힌 것이다. 단순히 그 성소만이 아니라 그 이름을 모독하고 말았다. 예루살렘 성소의 자랑은 솔로몬의 기도 속에 밝혀진 대로 아예 하나님의 이름이 성소 그것보다 더 중요했다(왕하8:18;29:48). 이제 이스라엘의 영광과 자랑은 대적들의 발 아래 짓밟히고 말았다.

이 시인은 나라의 주권이 상실되고 그 민족이 이민족(異民族)에게 수치와 모욕을 당함에 대한 분개심을 앞세우지 아니하고 야웨 하나님의 이름이 짓밟혀 자신의 인격이나 소유가 약탈당한 것 같이 가슴 아파하고 있다. 이 시인은 애국자도 아니고 애족(愛族)한 사람도 아니라 할 수 있을 것이다. 그러나 이스라엘 사람들에게 있어서는 야웨 하나님이 없는 민족, 하나님과 관계를 떠난 나라란 생각하지 아니했다. "이 야웨를 하나님으로 삼는 나라는 복이 있다"(시33:12)고 했다.

"하나님이 보우하사 우리 나라 만세"란 애국가의 정신도 신앙적이건만, 우리의 국가적 주권과 민족적 긍지와 이 하나님의 이름을 결부시켜 슬퍼하고 기뻐하는 한국 크리스천이 되어야 할 것이 아닌가!

이 시인은 이러한 신앙과 이 비극에서 하나님의 구원과 긍휼을 애원하고 있다(3절). 옛날에 베푸신 구원의 역사를 다시 회고하면서 (12-17절) 산비둘기 같은 자기 백성을 맹수 같은 대적의 손에 넘겨버리지 말아 달라고 애원하고 있다. 내 나라 내 민족의 원수는 내가 믿는 하나님의 원수요 대적이라고 믿는 것은 당연한 생각이다. 다만 이 산비둘기를 영영 잊지 말아달라고 간구하고 있다 (19절).

제 75편
뿔과 뿔

나는 야곱의 하나님을
영원히 깊이 선포하며
또 찬양하리라.

하나님은 악인들의 뿔을 꺾으시고
의인의 뿔은 높이 들어올리신다(9, 10절).

이 시는 악한 사람의 운명에 대한 시이다. 어느 특정한 종류의 악인을 지적함도 아니요, 또 어떤 특정한 사람이 이 악인 때문에 수난당하고 있는 것을 말하지도 않는다. 이 시에서는 악인에 대한 일반적인 생각이 하나님의 심판 아래 있는 존재임을 밝힘에 생각을 모으고 있다.

시편 1편은 의인과 악인의 차이를 밝히는 것으로 이스라엘의 경건한 시인들이 그들의 시의 중요한 과제 중의 하나로 악인의 행동과 그 성격과 운명을 다루고 있음을 말했다. 대체로 시편에 나타난 의인은 수난을 당하고, 악인은 고통을 주는 자다. 의인은 가난하고 궁핍하고 약하나 스스로 무죄하다는 것을 밝히는 사람이다. 그러나 악인은 자기 악에 대하여 자각(自覺)이나 반성이 없다. 악을 오히려 자랑하고 자기의 목적을 위하여 거짓말, 모함, 비판, 조소, 그리고 악담과 폭행까지도 사양하지 아니한다. 그러나 의인은 양심과 진실을 지키려 하고 하나님 앞에서 겸손하게 자기 죄를 고백하고 고난을 당한다고 해도 하나님을 저주하거나 원망하지 아니하고 최후까지 자기의 소신을 굽히지 아니하며, 온갖 고통을 오히려 하나님이 주시는 징계와 채찍으로 알고 더욱 겸손하며 자기가 무의식 중에라도 하나님 앞에서 범죄하지 않기 위하여 애를 쓰는 사람이다.

악인은 거만하여 하나님은 안 계신다, 하나님은 인간의 행동을 일일이 살피지 아니한다, 하나님은 사람을 심판할 능력도 없다, 하나님은 잊으신다 하는 말로써 자기 악을 정당화하고 있다. 그러나 의인은 자기의 억울한 사정을 하나님께 호소하고 일어나 속히 오셔서 자기를 도와서 건져 주시고 구원해 주시기를 애원하며 자기를 괴롭히는 대적들을 쳐 부수시고 물리쳐 주시기를 간구하고 있다. 그렇기 때문에 시편에는 의인과 악인의 대립(對立)이 강하게 나타나 있으며 시편의 많은 "고난시"(苦難詩)가 악인에 대한 문제를 취급하고 있다.

요컨대 이스라엘 사회의 불행과 고통, 불안과 생의 위험은 거의 전부가 경건한 시인들이 살고 있었던 그 당시 사회에서 판을 치고 행패를 부리고 있는 악인 때문이라는 것을 쉽게 볼 수 있다. 따라서 인간고(人間苦)의 문제 같은 역사가 오래된 인간의 문제도 그 원인을 어느 개인의 불행이나 어느 시대의 잘못이라는 막연한 생각에서 보지 아니하고 오직 이 세상에 살고 있는 악인들 때문이라 한다. 괴롭히는 자는 악인이고, 수난 자는 의인이라는 단순한 형식의 진리를 시편은 거듭 강조하고 또 이것을 역사에서 보고 또 신학적으로 설명하려 하며 또한 이 사실에서 이스라엘 신앙의 본질과 그 성격을 형성시키고 있다.

수난 자의 신학은 시편 시인이 계속해서 생각해 온 주제이다. 여기에는 오늘 20세기 후반기 이 땅 위의 인간들이 말하는 "수난의 신학"의

시편 명상

성격과 별로 차이가 없다. 어쩌면 시편 시인들의 "수난 자의 신학"이 오늘에도 그대로 반복되고 있다고 할 수 있다. 즉 옛날이나 지금이나 변함없이 괴롭히는 자는 권력가요 부한 사람이며, 수난의 사람은 약자요 가난한 사람이다. 전자는 지배하고 후자는 굴종의 삶을 산다. 전자는 하나님과 무관한 비신앙 내지 무신앙의 삶을 살고, 후자는 그의 소망과 도움, 그의 힘과 의지함을 오직 하나님과 관련시키고 있는 신앙의 사람임을 볼 수 있다.

이러한 "악인론"을 생각하며 이 75편을 생각할 때, 이 시인은 주로 악인의 운명에 대한 것을 집중적으로 생각한 사람이다. 악인이 어떤 사람이냐 함을 설명함보다 악인은 장차 어떻게 될 것이냐 하는 많은 수난 자의 질문에 대하여 대답하고 있다. 한마디로 말해서 악인은 아무리 그의 힘, 그의 부와 세도를 자랑하고 그의 행복과 출세에서 스스로 만족한다고 해도 역사를 지배하시는 하나님은 악에 대한 적절한 보응을 하신다는 것을 알려준다.

하나님이 악을 묵과하시지 않고 이것에 대한 보응을 하신다고 함은 하나님의 정의 때문이다. 이스라엘 시인들은 사랑의 하나님보다는 정의의 하나님을 더 생각했다. 그러나 사랑의 하나님을 부정한 것은 아니다. 이스라엘이 하나님의 인도를 받아 가나안 땅으로 들어갈 때는 하나님의 사랑의 팔이 그들을 품어 안으신다는 애정에 대한 생각을 더했다.

"야곱의 집이여, 네가 배에서 날 때부터 내게 안겼고 태에서 생길 때부터 내게 품긴 너희여, 너희가 노년에 이르기까지 내가 그리하겠고 백발이 되기까지 내가 너를 품을 것이다. 내가 지었으니 안을 것이요, 품을 것이다"(사 46 : 3,4) 함은 사랑의 하나님을 알리려는 것이다.

호세아가 이 점에 강조를 하고 있다. 그러나 이스라엘이 나라를 세우고 그들 자신의 발로 서서 걸을 수 있는 성장한 국민이 되었을 때 그들은 사고(思考)할 수 있고 옳고 그른 판단을 할 수 있었기 때문에 예언자들이나 역사가들은 하나님의 정의에 대한 생각을 더 강하게 했다. 이것은 한 개인으로서나 한 민족으로서 또는 한 나라로서 하나님과 사람 앞에서 지켜야 할 질서의 기초가 정의였기 때문이었다. 특히 공동체의 삶에는 정의가 무너지면 그 기초가 흔들리어 무질서와 혼돈에 이를 수밖에 없다. 아모스의 정의(正義)의 외침에서 보는 대로 그 나라가 무너지지 않게 하고자 함이었다.

이 75편 시를 이해함에는 이러한 이스라엘 신앙의 전체적인 구조에서 보아야 한다. 이 시인이 오만한 자와 행악자들에게 경고함은(4절) 공의로 인간을 심판하시는 하나님 앞에서 설 자리를 찾게 함이다.

"오직 재판장이신 하나님이 오만한 자를 낮게 만들고 겸손한 자를 높이 들어 세우시기 때문이다"(7절).

한나의 기도에 이 사상이 밝히 나타나 있다(삼상2:6 – 8). 하나님은 인간에게 진노의 술잔을 마시게 하신다. 인간은 아무리 이 잔을 피하려고 해도 피할 수 없고 오히려 그 술잔의 찌꺼기까지 마실 정도로 철저히 하나님의 진노의 채찍을 맞아야 한다(8절). 이 정의의 심판은 곧 악인의 거만한 뿔을 꺾어버리는 것이고 의인의 겸손한 뿔을 높이 치켜세워 주시는 것이다. 그래서 악인의 횡포는 꺾이고 의인의 진실은 살아난다. 이렇게 정의의 하나님이 이 땅 위에 계신다는 것은 감사하고(1절) 찬송할 일이다.

제 76편
잠자는 병거와 말

야곱의 하나님이여
당신이 꾸짖으실 때
병거와 말이 다 깊이 잠들었나이다(6절).

　　　　　전쟁의 경험은 아프다. 전쟁의 경험은 슬프다. 이스라
엘은 본의 아니게 이 슬프고 아픈 경험을 언제나 당해야만 했다. 그들
의 지도자나 백성이 영토를 확장하고자 하는 전쟁도 아니요, 그들의 악
한 지배자가 있어서 자기의 권력을 확장시키고 영구화시키기 위하여
전쟁을 경험하게 된 것도 아니다. 그들은 공격전을 가짐보다 항상 수비
전을 해야만 했다. 큰 나라들 사이에 놓여진 지리적 악조건이 그들로
하여금 슬프고 괴로운 전쟁의 경험을 하게 했다.
　　이러한 지리적 여건에서만이 아니라 그들의 역사적 여건도 그들로
하여금 본의 아니게 전쟁의 와중에 휩쓸려 들어가게 한 것이 한두 번이
아니었다. 모압 땅을 통과해서 가나안 땅으로 들어가자고 하니 모압과
싸워야 했고, 가나안 땅에 거점을 잡아야 하니 여리고와 아이성을 공격
하는 싸움을 해야 했으며, 가나안 땅에 정착을 하려고 하니 사사시대에
경험한 바 많은 국지전을 해야 했고, 또한 팔레스틴의 새로운 침략자
블레셋의 지배하에 들어가지 않으려니 오랜 세월 동안 블레셋과 싸움
을 해야 했다. 그러나 왕국이 세워지고 하나의 독립국가로서 존립하려

하니 주변의 큰 나라의 침략을 막아야 했고, 또 그 큰 나라를 대항하려는 작은 나라들과의 연합군도 결성해야 했다. 이렇게 팔레스틴을 중심한 고대 역사가 이스라엘로 하여금 전쟁을 하게 만들었다.

이 전쟁으로 말미암아 사회제도의 개혁도 가져오지 않을 수 없었다. 본래 그들은 부족과 지파를 지키기 위한 자위대 정도의 군사력밖에 가지지 못했다. 그들의 암픽티오니(지파동맹)가 성립된 이후 모든 지파에서 각각 자유병을 차출하여 이스라엘 공동체를 지켰다. 그러나 왕국이 설립되자 나라를 지키는 상비군 제도가 생기고 이에 따라 상비군 제도와 무기 구입과 유지를 위한 비용이 징수되어야 했으며, 외국과의 싸움에서 이기기 위해서는 용병제도를 채택해야 했고, 또 그들에게 보수를 지불하기 위하여 백성들에게서 과중한 세금을 징수할 수밖에 없었다. 이리하여 전쟁은 군사제도의 변천만이 아니라 경제제도의 변천까지 가져올 수밖에 없었다.

그 나라가 남북 왕조로 갈라지게 될 때, 두 나라 사이의 긴장은 오늘날 한국과 북한 사이에서 볼 수 있는 긴장에 비할 것은 못되었지만, 이 남북 대립으로 그들의 육체적 삶과 정신적 삶이 영향을 받지 않을 수 없었다. 이리하여 싸움에는 이겨야 한다는 신념을 가져야 했고 또 그것을 길러야 했다. 그리고 많은 전쟁 경험에서 얻은 고통과 비애의 경험은 그들의 신앙에까지 영향을 주게 되었다. 목자의 이미지로서의 하나님은 가나안 땅 농경문화 생활에서는 아버지와 왕으로서의 이미지를 생각하게 되었지만, 전쟁 경험을 통해 얻은 그들의 하나님은 전쟁에 능하시고 전쟁의 승부를 좌우하시는 하나님으로 이스라엘 백성들에게 생각되었다. 더욱이 "거룩한 전쟁"제도를 통하여 야웨 하나님은 전쟁을 지배하시는 하나님이요, 경건한 이스라엘에게 항상 승리를 가져오시는 구원의 하나님으로 이해되었다.

314

"천만인이 나를 둘러치려 해도 나는 두려워하지 아니하리라"(시 3:6). 또는 "군대가 나를 대적하여 진을 칠지라도 내 마음은 두렵지 아니하며 전쟁이 일어나 나를 치려 할지라도 내가 오히려 안녕하리라"(시 27:3)고 할 수 있음도 야웨 하나님을 전쟁에 능하신 하나님으로 믿기 때문이었다. 시편 시인들이 하나님과 인간과의 관계를 설명하는 어휘 중 하나님은 "나의 성채", "나의 반석", "나의 피난처", "나의 방패", "나의 구원" 등은 모두 야웨 하나님이 전쟁을 주관하여 이스라엘에게 승리를 주신다는 신앙이 기초가 되어 있다. 46편 시인의 노래도 이런 신앙에서 이해해야 한다:

"그가 땅 끝까지 전쟁을 쉬게 하심이여. 활을 꺾고 창을 끊으며 수레를 불사르시도다"(시46:9).

이 76편 시인이 가진 기본적인 신앙도 하나님이 전쟁을 좌우하시는 신이라 함이다. 병거는 굴러야 싸움을 하고 말은 뛰어야 전쟁에 이길 수 있지만, 그는 이 병거와 말을 정지시키는 분은 하나님이심을 말한다. 시적 표현으로 "잠자는 병거와 말"이라 했다.

"야곱의 하나님이여
당신이 꾸짖으실 때
병거와 말이 다 깊이 잠들었나이다"(6절).

이 간단한 말은 다윗의 용맹, 솔로몬의 지혜가 아무리 훌륭해도 싸움을 중지시킬 수 있는 힘은 가지지 못하고 그것은 오직 하나님만이 하실 수 있음을 말한다. 솔로몬이 설립한 용병제도와 병거와 말을 수천씩 가진 므깃도의 마굿간이 오늘 지하에서 발굴되었다고 해도 전쟁을 이기게 한 힘은 병거와 말이 아니고 하나님이심을 말한다. 그러기에 이사야는 애굽의 말과 병거를 의뢰하는 이스라엘의 정책이 얼마나 어리석은 가를 말한다.

"도움을 구하러 애굽에 내려가는 자들은 화가 있으리라. 그들은 말을 의뢰하며 많은 병거와 마병의 강함을 의지하고 이스라엘의 거룩하신 자를 앙모하지 아니하고 야웨께 구하지 아니한다"(사 31:1).

이 시인은 병거와 말을 잠자게 하실 뿐 아니라, "화살과 방패와 칼"과 같은 옛날의 전쟁에 없어서는 안될 무기도 무력하게 만드시는 분이 하나님이라 한다(3절). 뿐만 아니라 아무리 전쟁에 능하고 강한 용사라도 "잠을 자고 손을 움직이지 못할 만큼"(5절) 무력하게 만드시는 분도 하나님이시라 한다.

이러한 능력을 가지신 하나님이 한 번 진노하시면 세상의 아무것도 대항할 수 없다(7절). 이러한 하나님은 참으로 인간들이 경외할 분임을 알려준다(7절). 하나님이 세계를 지배하시고 인간이 하는 일을 간섭하기 때문에 온 땅은 두려워할 것밖에 없다(8절).

그러나 이 땅 위에 있는 주권자들, 권력자들, 정치적 지배자들의 할 일은 무엇인가. 그것은 오직 이 전쟁의 하나님(싸움을 일으키는 분이 아니라 전쟁을 꺾어 평화를 주시는 하나님)을 경외해야 한다. 시편 2편 기자가 말한 대로 "두렵고 떨리는 마음으로 야웨를 섬기라"고 한 충고가 오늘 이 땅 위에서 전쟁을 좌우하는 권력자들에게 주신 하나님의 경고이다. 병거를 잠자게 하시는 하나님은 핵무기도 잠자게 하실 것이다. 다만 인간은 그를 경외하는 일만 해야 한다.

시편 명상

제 77편

밤의 노래

내가 부른 밤의 노래를 기억합니다. / 마음 깊이 묵상합니다.
내 심령이 안타깝게 대답을 찾습니다.

주님 나를 영원히 버리시렵니까.
다시 한번 너그러이 / 대하지 않으시렵니까.

그 사랑 영원히 중단하시렵니까 / 그 말씀은 영원히 끝나고 말았습니까.
하나님, 은혜 베풀기를 잊으셨습니까. / 노하심으로 긍휼을 막아버렸습니까. (6-9절)

이 시의 첫째 부분(1-9절)에서는 괴로워하는 심령이 부른 밤의 노래를 볼 수 있고 둘째 부분 (10-20절)에서는 하나님의 구원사에 대한 찬양을 볼 수 있다. 전자는 "고난시" 형식이요, 후자는 "찬양시" 형식이다. 찬양에 있어서는 바다, 구름, 창공, 돌개바람, 천둥, 번개, 흔들리는 땅 등 대자연의 위력을 하나님의 구원사와 관련시키는 스케일이 크고 넓은 마음을 볼 수 있는 반면 첫째 부분에서는 한 인간의 깊은 내면 속, 그 영혼의 골수에까지 파고 들어가는 사색과 명상과 생각을 하고 있는 깊은 심정을 볼 수 있다. 이리하여 이 시는 인간의 내면성 깊은 데서 출발하여 대우주의 넓은 공간과 더불어 광대무변한 세계로 뻗어 나감을 볼 수 있다. 전자를 한 영혼이 하나님께 집중적으로 쏟아 놓는 고백의 화살이라 한다면, 다른 하나는 한 영혼으로부터 위대한 하나님이 하신 구원사에 대한 찬양의 깃발을 하늘과 땅과 바다에 휘날리고 있는 것이라 할 수 있다. 하나는 밤의 어둠 속에서 부르는 슬프고 괴로운 노래라고 하면, 다른 한 부분에서는 찬란한 별빛이 반짝이는 밤의 영광속에서 장엄하고 신비하고 놀랄 만한 하나님의 역사(役事)에 대한 찬양이다.

첫째 부분이 의심 많고 흔들리기 쉽고 자신에게 집착하기 쉬운 인간의 약점을 드러내는 시라 한다면, 둘째 부분에서는 모든 인간의 유약성(柔弱性)과 무상성과 소외성을 초월하고 다만 하나님의 계시의 신비성과 그의 능력의 무한성과 그의 지혜의 심오성 그리고 그의 섭리의 광대 무변함을 노래하고 있다.

이 시인은 그가 경험한 개인의 삶의 어두움과 그가 살던 시대에서 느낀 역사의 어두움에 대하여 해결을 찾지 못하여 고민하고 있다.

"내가 부른 밤의 노래를 기억합니다."

이 시인은 밝고 명랑한 한낮의 노래를 기억하지 못하고 있다. 그의 수난이 육체적인 것인가, 정신적 또는 신앙적인 것인가. 사회적, 역사적인 것인가 알려주는 것은 아무것도 없다. 다만 그는 고민한다. 그는 탄식한다. 그는 괴로워 한다. 그리고 그는 부르짖는다.

"내가 큰 소리를 지르며 하나님께 부르짖는다"고 했다 (1절).

자기 영혼 속에서 터져 나오는 고민을 큰 소리 속에 묶어 하나님께 던지고 있다. 가느다란 목소리 속에 하나님은 계신다고 하지만(왕상 19:12) 자기 고민에 지쳐서 하나님이 어떤 분인가를 생각지 아니한다. 어린애처럼 큰 소리를 질러야 하나님이 그에게 빨리 그리고 다정하게 관심할 것을 기대하는 인간적으로 격앙된 순수한 감정에서 하나님을 찾고 있다. 목소리, 외치는 목소리가 고민하는 영혼의 말이라 생각한다. 하나님은 목소리를 들으시고 말씀은 듣지 않는 것 같이 큰 소리로 부르짖는 영혼은 유치한 영혼이기는 하지만 하나님이 고상한 영혼만 가까이 하시지 않고 그를 찾는 유치한 영혼도 찾으심은 얼마나 고마운 일인가!

"환난의 날에 내가 주님을 찾았다"(2절)고 하는 이 고백은 자기의 딱한 사정을 구체적으로 말한다. 공연한 부르짖음이 아니라 견딜 수 없는 괴로움이 있기 때문이라 한다. 그는 목소리로 외침만으로는 족하지 않아, 그러한 목소리만의 간구는 응답을 받는 효과가 없을 것 같아 "두 손을 계속 치켜들고"(2절) 몸으로 하나님을 찾았다고 한다. 물에 빠져들어 가는 사람의 마지막 동작은 소리를 지르는 것과 두 손을 위로 치켜올려 흔드는 것이다. 그 손이 가라앉을 때까지 그 목소리가 물 속에 잠겨 버릴 때까지.

여기 이 시인이 하나님께 두 손을 치켜들고 부르짖었다는 것은 그의 당면한 현실이 물 속에 빠지고 있는 육체와 같이 멸망으로 빠져들어가고 있는 영혼이기에 두 손을 치켜들고 하나님께 외치고 있다. 이것은 수난당하고 있는 시인의 기도의 모습을 보여준다. 이 기도는 밤에 드린 기도임을 보여준다. 시간의 밤만이 아니라, 이 수난당한 시인의 생(生)의 밤에서 해방과 구원의 아침을 기다리는 밤의 기도이다.

이 시인은 "밤"이란 말을 비교적 많이 사용한다 (2, 4, 6절). 인생의 밤을 절실히 느끼고 있다. 그 칠흑 같은 어둠 속에서 빛을 기다리는 심정, 환희의 아침을 기다리고 있다.

"당신이 나를 뜬 눈으로 밤을 새우게 하신다"(4절)함은 잠을 이루지 못하는 괴로운 밤을 말한다. "내가 괴로워서 말할 수 없다"(4절 후반)함이 솔직한 그의 심정이다.

"그의 영혼은 쉽사리 위로를 받을 수도 없다"고 한다(3절). 더욱이 그가 "지나간 날의 삶을, 행복하고 즐거웠던 때의 삶을 기억할 때 현재의 괴로움이 더 견딜 수 없다"고 한다(5절).

이 괴로운 심정에서 하나님을 향해 화산처럼 터져나온 영혼의 용암(鎔岩)이 흘러내려 읽는 사람으로 하여금 구구절절 그의 고뇌 속으로 이

끌어 들인다. 마치 끓는 용암이 흘러내리는 비탈길에 한 마리 억센 사자가 뛰어들어 신음하는 모습이다: "주님 나를 영원히 버리시렵니까. 다시 한번 너그러이 대하지 않으시렵니까. 그 사랑을 영원히 중단하시렵니까. 그 말씀은 영원히 끝나고 말았습니까."

이 시인은 세 마디 다른 "영원히"(르올람, 라네차하, 르돌와돌)이란 말로써 하나님의 단념이 영구적이 되어 버린 것인가 하고 의심하고 있다. 하나님의 관용, 그 사랑, 그 은총, 그 긍휼을 모두 의심한다. 그러나 하나님의 단념은 일시적이 아니고 영구적이라 생각할 때 그의 고민과 슬픔은 더 크고 깊다. 사실 수난당한 자를 영원히 버리고 만다면 하나님의 구원은 의심스럽다. 그의 관용을 다시 보여주지 않는다면 하나님은 잔인하다. 그의 사랑을 중단해 버린다면 하나님은 그 성실을 잃어버리는 것이다. 또 그의 말씀이 영원히 끝나고 만 것은 그의 섭리를 제한함이요, 그의 은혜와 긍휼을 중단시킴은 그의 사죄와 용서를 단념한 것이다. 이렇게 되면 하나님이라고 할 수 없다. 복수심과 형벌만 생각하는 악한 신에 불과하다.

이 시인은 자기가 믿는 하나님을 이렇게 편협한 하나님으로 생각할 수 없다고 한다. 그가 분화구처럼 내뱉는 그 의심의 말 속에는 자기의 하나님이 그럴 수 있다는 것을 부정하는 자기 신앙을 표시한 것이다. 실상이 하나님은 언제나 긍휼과 은혜, 관용과 사랑을 베푸시고 수난 중에 있는 자기를 건져주실 것을 믿기 때문에 "큰 소리를 지르며 하나님을 찾는다"고 이 시 첫 구절에서 밝혔다. 그렇게 믿고 있다는 것을 설명하는 것이 이 시의 둘째 부분이요, 그러기에 하나님이 얼마나 인간 역사와 자연에서 자신을 계시하시는지 "주의 백성 양무리를 인도하는 목자처럼 인도하신다"(20절)로 이 시를 끝마치고 있다. 진실로 이 시인의 "밤의 노래"는 하나님의 구원사를 노래하는 찬송이 되어 있다.

제 78편
속이는 활

그러나
그들은 지존하신 하나님께
도전하고 반항했다.
그의 명령을 지키지 아니했다.
그들의 조상들 같이 배반하고 엇나갔다.
마치 속이는 활 같이 빗나갔다(56, 57절).

이 시는 하나의 역사시이다 (105, 106편 시와 같이). 그러나 여기 기록된 역사시는 읽는 역사시가 아니라 노래하는 역사시이다. 민족사를 노래로 만들어 예배 공동체로 하여금 하나님의 성전에서 찬양케 하는 특수한 시이다.

"내 백성이여, 내 교훈을 들으며
내 입의 말에 귀를 기울일지어다"(1절).

이 첫 구절은 이 시가 성전에서 드리는 공동예배 때에 예배 인도자가 회중들에게 권고하는 말임을 보여준다. 그러나 신명기처럼 설교 형식의 문장이 아니고 찬송가 형식으로 되었다. 그래서 노래하는 민족사 또는 민족사의 찬양이다. 역사 자체는 연대기적도 아니고 역사적인 사건 전부가 노래되어진 것도 아니다. 지극히 간추려진 역사이다. 아브라함

역사는 생략이 되었지만 야곱의 이름부터 등장하여 그 나라가 망하여 포로로 잡혀간 사건까지 내려갔는데(61절) 다윗 왕국의 역사는 언급되지 않았고 주로 출애굽 사건과 광야 방황, 가나안 땅 정착 등이 집중적으로 취급되었다. 이런 역사적 기록도 신명기적 역사관에 짙게 반영되었다. 그러나 하나님이 이스라엘 백성을 위하여 무엇을 하셨느냐 하는 구원사의 내용보다 이 구원사를 보여주신 하나님께 대한 이스라엘의 신앙 자세가 어떤 것이었느냐, 즉 그 하나님께 순종하고 신뢰했느냐, 거역하고 불복했느냐 하는 두 가지 관점에서 볼 때 이 시는 주로 그들의 불신앙사, 반역사를 농도 짙게 다루고 있다.

> "그러나
> 그들이 지존하신 하나님께
> 도전하고 항거했다.
> 그의 명령을 지키지 아니했다.
> 그들의 조상들처럼 배반하고 엇나갔다.
> 마치 속이는 활 같이 빗나갔다."

이스라엘 백성들이 그 역사에 비친 모습은 "마치 속이는 활"같았다고 한다. "속이는 활"이란 "그 표적을 바로 맞추지 못하고 빗나가는 활"이다. 이것은 이스라엘이 야웨 하나님이 원하신 요구를 충족시켜야 할 것인데 그 하나님의 뜻을 맞추지 못하고 곁길로 나가서 하나님의 노여움을 사게 되었다는 것이다. 이 시에는 하나님의 "진노"란 말을 여러 차례 사용하고 있다(21절에 3회, 31, 38, 49절에 3회, 50, 58절).

그러나 하나님은 까닭없이 진노하신 것이 아니다. 이스라엘 백성의 비위행동 때문이다.

"그들이 하나님의 언약을 지키지 아니하고 율법을 지키지 아니했다"(10절). "그들은 계속하여 하나님께 범죄하고(핫타이=푯대를 바로 맞추지 못한 빗나간 화살같은 죄) 광야에서 지존자를 배반했다"(17절). "그들은 탐욕을 부려 하나님께 도전했다"(18절). 더욱이 "광야에서 능히 식탁을 준비할 수 있느냐"하며 "하나님을 대적했다"(19절).

그들은 하나님께 "아첨하며, 거짓말을 하며, 하나님께 향한 그들의 마음에 정함이 없었고 그 언약에 성실하지 못했다"(37절).

"그들이 광야에서 그를 반항하고 사막에서 그를 슬프시게 함이 몇 번이었던가. 그들은 하나님을 새삼 시험하고(도전하고)… 그를 격노케 하고, 또 그의 권능을 기억하지 아니했다"(40-42절).

이러한 반역과 항거와 의심과 불순종은 결국 그들이 하나님을 믿지 않았다는 증거가 된다. "이는 하나님을 믿지 아니하며 그 구원을 의지하지 않았다"고 한다(22절). 그들은 하나님이 그들을 위하여 이룩해 주신 "기적을 믿지 않았다"고 한다(32절). 그들은 "하나님이 그들의 원수에게서 건져 주신 구원을 기억하지 아니했다"(40-42절)고 한다.

구약 신앙은 첫째, 하나님의 구원사를 믿고 의지하는 것이며, 둘째는 그 신앙의 대상이 되는 하나님이 요구하시는 대로 인간에 대한(이웃과 공동체 구성원에 대하여) 윤리적인 책임을 다하는 것이다. 그런데 이 시인은 그의 장편 역사시에서 이 구약 신앙의 첫째 부분만을 보여주고 있다. 십계명으로 말한다면 1계명에서 4계명의 내용만을 강조하고 있다. 이 시에서는 윤리적 책임에 대한 언급이 없다. 예언자의 종교에는 이 신앙과 윤리가 균형을 잡고 있다. 그러나 이 시에서는 신앙면만 강조되고 있음을 보여준다. 그렇다고 해서 이 시인의 생각이 잘못되었다고 할 수는 없다. 사실 그가 믿는 하나님께 대한 올바른 태도가 기초로 되어 있지 아니하면 그의 윤리는 인간만을 위한 인도주의의 것이 되어버린다. 그러나 구약에서는 하나님을 믿는 일이 이유와 동기가 되어서 윤리적 행동을 하도록 요청하고 있다.

이 시는 위에서 말한 바와 같이 성소에서 찬송으로 불리는 역사시이다. 이 시에서 하나님의 구원사에 대한 인간의 경건을 바로 가져야 함을 가르치고자 한다. 개인의 삶도 그렇지만 이 시에서는 민족 공동체의 역사가 하나님께 반역하고 그를 불신하는 역사가 되어서는 안 된다는 것을 예배 공동체에게 강조하고 있다. 모든 이스라엘 백성은 무엇보다 그들의 선조가 광야에서 하나님께 도전하고 반역하고 불신한 것과 같은 태도를 취하지 말아야 함을 당시 사람들에게 가르치고 또 그 교훈을 자자손손 귀중한 정신문화의 밑천으로 유산처럼 자손들에게 물려주어야 할 것을 강조하고 있다. 이 시에는 "조상"이란 말과 "자손" 또는 "후대"란 말이 많이 있다 (3-8, 12, 57절). 이러한 신앙을 전승시킬 이유는 무엇인가.

"이는 그들로 후대 곧 태어날 자손에게 이를 알게 하고 그들은 일어나 그들의 자손에게 일러서 그들로 그들의 소망을 하나님께 두며 하나님께서 행하신 일을 잊지 아니하고 오직 그의 계명을 지켜서 그들의 조상들 곧 완고하고 패역하여 그들의 마음이 정직하지 못하며 그 심령이 하나님께 충성하지 아니하는 세대와 같이 되지 아니하게 하려 하심이로다"했다 (6-8절).

여기서 이스라엘 종교의 기초를 볼 수 있다. 신앙의 전승이 땅의 유산, 가옥의 유산, 보화의 유산보다 더 고귀한 것이고 이것이 실상 이스라엘 공동체를 이루어가는 원동력임을 알려주고 있다.

이러한 구약 신앙의 강조를 기독교 신앙은 물려받았다. 우리가 믿는 하나님께 반역하고 불충, 불신하는 역사를 만들면 안 된다. 크리스천들은 자기 나라 역사, 자기 민족 공동체의 역사에서 하나님의 역사, 즉 예수 그리스도를 통하여 보여주신 구원사를 기억하고 우리를 위해 큰 일을 과거에 하셨고 지금도 하시고 미래에도 하실 하나님을 찾을 수 있어야 한다.

주의 이름

우리 구원의 하나님이여
당신의 영광스러운 이름을 위하여
우리를 도우시며
당신의 이름을 위하여
우리를 건지시며
우리 죄를 용서하소서(9절).

이 시는 74편과 같이 민족의 "탄식시"로서 나라의 망함과 예루살렘 성전의 파괴에 대하여 비탄을 금하지 못해서 지은 노래이다. 이 시의 역사적 배경도 주전 586년 바벨론이 느부갓네살에게 망한 때의 사정인지, 마카비 시대 희랍의 정치적, 문화적 침략 때에 겪은 패망의 사정인지 (제 1 마카비서 1:30 이하; 3:45 ; 7:17 ; 제 2 마카비서 8:2 이하) 정확하게 말할 수 없다. 비록 우리가 그 관련된 역사 사정을 모른다고 해도 나라가 망하고 성전이 파괴되고 이교도의 발 아래 짓밟히게 된 사실은 한 신앙인으로나 국민의 한 사람으로 슬퍼하지 않을 수 없다. 문제는 슬퍼하는 중심 이유를 어디에 두느냐 함이다. 나라가 망했다는 사실은 다만 정치적 주권의 상실이란 입장에서 수치스럽고 괴로운 일이요, 다른 민족에게 패망하여 그들의 지배를 받게 된다는 것이 민족적 자주성과 자존심을 상실한 것이며 민족의 역사적, 문화적 전통이 짓밟힌 것이 괴롭고 슬픈 일이 될 수 있으며, 또한 귀중한 소유나 필요한 모든 생활의 도구나 방편을 다 약탈당한 개인의 불편과 손실, 사랑하는 가족과 친척과 친구들이 적에게 살해당했다는 사실이 슬프고 괴로운 일이므로 비탄의 노래를 부를 수 있다.

그러나 이 시편 시인도 74편 시인과 같이 이런 것들이 이유가 되어 비탄의 노래를 부른 것이 아니고 하나님의 이름이 이방인들에 의하여 모독을 당하고 그 이름이 멸시당한 것을 슬퍼함에 주목을 끌고 있다. 십계명의 제3계명 때문에 이 시가 지어졌다고 해도 과언이 아니다. "내 이름을 망녕되이 일컫지 말라." 이것은 「공동번역」의 이해와 같이 "함부로 부르는 것"만이 아니라 이름에 욕을 돌리는 것이다.

이스라엘 사회에서는 이름의 의미가 매우 소중하게 취급되었다. 바벨론 군대에 의하여 짓밟힌 국가의 주권과 민족의 자주성보다 더 중대시한 것이 야웨 하나님의 이름이라 생각한 것이다.

패망한 백성은 주권의 회복이나 민족의 자주성 회복이 아니라 "야웨 하나님의 영광스러운 이름을 위하여 우리를 도우시고 건지고 죄를 사해 달라"는 기도를 하고 있다(9절). 유다를 패망시킨 것은 야웨 하나님께 끼친 모독이라 이해한다 (12절). 이스라엘의 신앙은 하나님의 이름을 바로 아는 일에서부터 시작한다.

"그들이 내게 묻기를 그의 (하나님) 이름이 무엇이냐 물으면 내가 무엇이라 대답하리이까?"(출 3:13)

모세가 이스라엘 백성을 애굽에서 건져내라는 하나님의 명령을 받았을 때 그는 자신을 가지지 못했다. 민족해방의 과업이 정치적인 투쟁을 하는 일이기 때문에 죽을 각오를 하고 나서야 하지만 백성들의 신임을 받는다는 것이 더 중요하다. 모세는 이스라엘 백성들에게 자기가 민

시편 명상

족 해방의 과업을 하나님에게서 부탁 받았다고 할 때, "네가 말하는 하나님이 누구냐"는 물음에 부딪혀 묻지 않을 수 없었다. 백성들이 아는 모세는 바로의 궁중에서 자라나고 바로의 정치 아래서 교육을 받은 사람이다. 비록 애굽의 비인도적인 공사(工事) 감독자를 그 백성을 위하여 죽인 일이 있다고 해도 그것으로 이스라엘 백성의 신망을 얻기에는 부족했다. 그런 동정적인 일은 바로의 첩자 노릇을 하기 위한 준비 과정이 아닌가도 의심할 수 있었다. 그러므로 자기의 민족해방 계획을 그들이 믿어 줄 이유가 없었다. 모세가 이 백성들의 불신을 미리 알았기 때문에 그 사명을 피하려 했다. 그러나 그는 하나님의 강권에 붙잡혀 이 일을 맡았다. 다만 야웨 하나님의 이름만 믿고. 그러나 "네가 말하는 신이 누구냐!"하고 물을 때 대답할 말이 분명히 있어야 했다. 여기서 하나님의 이름이 필요하다 함을 볼 수 있다. 하나님은 모세에게 "나는 스스로 있는 자다"하고 또한 이 하나님은 "아브라함의 하나님, 이삭의 하나님, 야곱의 하나님"이라 했다. 조상의 하나님이요, 곧 그 백성들의 하나님임을 알게 했다. 이 이름으로 같은 신앙을 가진 사람이라는 것을 증명할 수 있고, 이 하나님의 이름에서 동족의식(同族意識)을 갖게 되고 이 이름 때문에 모세를 신임할 수 있었다.

이렇게 하나님의 이름이 이스라엘 신앙의 기초요, 그 역사 이해의 중요한 요소임을 알 수 있다. 페델슨의 연구에 의하면 "이름은 그 이름을 가진 분의 본질을 나타낸다. 하나님의 이름을 안다는 것은 그 하나님이 어떤 분인가를 아는 것"이라 했다.

솔로몬이 하나님의 성전을 지을 때, 야웨 하나님의 이름 때문에, 그 이름을 위하여 짓는다고 했다(왕상 3:2; 5:17,19; 8:17; 20:29). 이 성전에 "그의 이름을 두셨다"고 한다(신 12:5,21 ;14:21; 왕상 8:29 ;9:3; 11:36; 왕하 21:7 :23:27). 또는 하나님이 그 성전에 거한다고 말했다(신 12:11; 14:23;

16:6,11; 26:2). 사람들이 예루살렘에 올라간다는 것은 곧 "야웨 하나님의 이름으로 간다"고 했다(렘 3:17). 시편 시인들은 이름이 본질이기 때문에 "야웨의 이름을 의지한다"고 했다(시 33:21; 사 26:8).

79편 시인이 "당신의 이름을 위하여"란 말을 세 번이나 사용한 것은 (6, 9절) 국가의 패망과 성전 파괴는 곧 야웨의 이름이 이방인들에게 모독을 받는 것이라 생각했다. 왜냐하면 이방인들은 이 정복의 성공에서 이스라엘의 하나님의 무능을 만천하에 공포할 뿐만 아니라, 실상 그 하나님은 없다는 것을 보이고자 함이었다. 그래서 이 79편 시인은 다음과 같이 말했다.

"어찌하여 이방인들에게서 너희 하나님이 어디 있느냐고 조롱을 당하려 하십니까." (10절)

이름의 부정은 곧 존재의 부정과 같다. 이름에 대한 조롱과 조소는 그 이름의 주인공을 조롱하고 모독하는 것이다. 이 시인이 "우리는 우리 이웃에게 비방거리가 되고 우리를 에워싼 사람들의 조소와 조롱거리가 되었습니다"(4절)고 한 것도 나라가 망함으로 야웨 하나님의 이름이 주위 모든 나라 사람들의 조롱거리가 되었음을 슬퍼하고 있다. 물론 이 시인은 이런 패망은 선조들의 죄로 말미암은 것을 시인하면서도 (8절) 야웨 하나님의 이름이 영광 받기 위하여 "가련하게 된 이스라엘을 긍휼히 여기고 속히 오셔서 다시 일어날 수 있도록 부축해 주시기를" 간구하고 있다 (8,9절).

크리스천이 예수의 이름에 욕을 돌리지 말아야 함도 이 시인의 교훈에서 그 참 뜻을 찾을 수 있다.

제 80편
포도나무의 기도

만군의 야웨 하나님이여
비옵나니 돌이키소서.
하늘에서 굽어보시고
이 포도나무를 지켜주소서.

당신이 몸소 심으신 줄기요
당신을 위하여 자라나는 가지입니다(14, 15절).

이 시는 79편에 가까운 민족의 수난 사정을 시의 배후에 깔고 있음을 직감할 수 있다. 그러나 74편과 79편과는 달리 여기에 나온 고유명사인 요셉, 이스라엘, 에브라임, 베냐민, 므낫세 등은 모두 북왕국 이스라엘과 관련된 것이고 전체 시에 흐르는 분위기는 나라의 패망과 관련된 것이기 때문에 주석가들은 남왕국 유다의 멸망 사건보다 북왕국 이스라엘이 앗수르에게 패망한 비극(주전 721년)과 관련시킴이 자연스럽다고 생각한다. 그러나 북왕국이 망한 그 당시에 기록한 시라고 하기보다는 그 사건보다 훨씬 후대인 예레미야 당시에 기록한 것이 아닌가 상상하게 한다. 그것은 남북 왕조를 구별하는 생각보다 이스라엘 민족의 통일을 기원하는 심정을 이 시의 후렴이라 할 수 있는 3, 7, 14, 19절 등에서 볼 수 있기 때문이다. 즉 "우리를 돌이키소서"(핫시

베니이)란 말이 (14절은 같은 뜻이지만 다른 형태의 동사로) 거듭 나왔다. "우리를 돌이키라"란 말은 대체로 "포로에서 돌아오게 하소서", "무너진 조국의 운명을 다시 회복 시키소서" 또는 "행운을 돌이키소서" 등으로 이해되지만, 어떤 뜻을 취하든지 이 말은 국가의 주권과 민족의 자주권을 회복시키기를 기원하는 말로 사용되고 있다. 이것은 남왕국을 다시 남왕국으로, 북왕국을 다시 북왕국으로 회복시킨다는 뜻보다 남과 북이 없는 민족 통일을 회복시켜 달라는 기원을 하고 있음을 보여준다. 이 시를 예레미야 시대의 것이라고 생각하는 이유도 이 시인과 예언자가 각각 통일 민족의 회복을 그 시와 예언 속에 발표하고 있기 때문에 이 시인의 생각과 일치한다고 할 수 있다. 즉 예레미야 3장 11-15절, 31장 1-22절 등이 이스라엘의 민족통일 사상을 나타내고 있다.

예레미야는 "나 여호와가 옛적에 이스라엘에게 나타나사 내가 영원한 사랑으로 너를 사랑하기에 인자함으로 너를 이끌었다 하였노라 처녀 이스라엘아 내가 너를 다시 세우리니… 네가 다시 사마리아 산들에 포도나무들을 심되 심는 자가 그 열매를 따기 시작하리라"(렘 31:3-5).

이 80편 시인이 8절 이하에 이스라엘을 포도나무로 비유한 것은 여기 예레미야의 생각과 일치한다. 예레미야는 그러한 운명 회복의 날이 올 때 "처녀는 춤추며 즐거워할 것"을 말했다(렘 31:13).

그러나 이 시편에서는 그러한 기쁨을 전혀 볼 수 없다. 여기서는 다만 이스라엘 나라와 백성이 이방인들에 의하여 패망 당한 비극을 포도나무의 비극으로 표현하고 있다.

우리는 포도나무였다. 애굽에서 자라던 포도나무였지만 하나님이 이것을 광야의 위험한 길을 거쳐서 가나안 땅, 선조들에게 약속한 땅으로 옮겨 주었다. 이 땅이 본래는 이스라엘 사람의 땅이 아니라 이 땅에서 뿌리를 내리는 데 많은 고초를 겪어야 했다. 이 포도나무가 자라는 데 방해하던 모든 세력들을 하나님이 제거하시고 이 포도나무를 이식(移植)해 주었다. 하나님은 포도원 농부와 같이 이 포도나무가 자랄 수 있도록 땅을 파고 거름을 주고 비와 햇빛을 고루 주어 자라게 하셨다. 무성하게 자라서 그 가지는 온 땅으로 퍼져 나가고 그 그늘은 산들을 가리우고 그 가지는 백향목 가지처럼 건장했고, 그 가지는 뻗고 또 확장되어 북으로 유브라데 강까지, 남으로는 바다에까지 이르렀다. 이 것은 이스라엘의 정치적 세력이 팔레스틴 온 땅을 지배할 수 있게 되었음을 말한다. 다윗과 솔로몬의 치세 시대의 영화와 권세, 북왕국에서는 여로보암 2세의 정치적 영향이 팔레스틴 남과 북, 동과 서 각지로 편만하게 된 것을 말한다.

그런데 이러한 이스라엘의 자랑스럽던 국위와 그 세력은 꺾이고 짓밟힘을 당할 수밖에 없었다. 이것은 예언자들의 설교에 의하면 그 백성과 지도자들의 잘못이라고 고발하고 있지만 이 시인은 결국 이 패망은 하나님이 이 백성을 징계하기 위하여 주신 채찍으로 이해하고 "어찌하여 그 담이 헐리어 길에 지나가는 모든 행인들이 포도를 따먹게 했나이까." 이스라엘의 주권은 침범되어 자기의 것을 자기가 지키지 못하고 남의 손에 넘겨주게 되었다고 탄식하고 있다. 행인들만 따먹은 것이 아니라 "수풀의 산돼지와 들짐승들도 따먹었다"고 한다. 이는 이방인의 교만과 그 반역적인 행동이 이스라엘의 신앙 전통과 선조가 물려준 아름다운 유산을 다 허물고 말았다는 것이다. 이러한 비극을 만나게 된 포도나무는 하나님 앞에 간절한 기도를 한다.

"만군의 야웨 하나님이여 비옵나니 돌이키소서

하늘에서 굽어보시고 이 포도나무를 지켜주소서

당신이 몸소 심으신 줄기요

당신을 위하여 자라나는 가지입니다"(14, 15절).

여기 이 시인은 무너진 포도나무를 다시 세워달라는 기도를 올린다. 예레미야가 말한 대로 "처녀 이스라엘아 내가 다시 너를 세우리니 네가 세움을 입을 것이라…네가 사마리아 산들에 포도나무를 심을 것이라"고 한 그 축복이 이스라엘에 임하기를 빌고 있다.

하나님이 손수 심으신 이 포도나무와 포도원이 원수들의 손에 의하여 불에 타고 그 나무 줄기가 모두 뽑혀지도록 망하게 되었으니 다시이 포도원을 회복시켜 달라고 애원하고 있다. 이 시의 후렴에 "돌이켜 달라"는 말 외에 "하나님의 얼굴 빛을 비추어 달라"는 아론의 축복과 같이(민 6:25) 복 받는 백성이 되게 해 달라는 소원과 또한 "우리로 구원을 얻게 하소서"하는 구원의 소망을 밝히고 있다 (3, 7, 19절).

이 포도나무의 비애는 "눈물을 양식과 음료수로 하고 있는" 슬픔이라 한다(5절). 이렇게 황폐해 버린 포도원은 원수들의 조롱거리밖에 되지 않는다고 한다(6절). 그러나 이 시인은 이 포도나무가 하나님의 손에 의해서 애굽에서 왔고, 하나님 손에 의하여 가나안 땅에 심겨졌고 하나님 손에 의하여 자라고 열매 맺었다고 한다. 비록 벌목 당한 포도나무지만 하나님의 손이 함께하여 주시기를 간구한다(17절).

패망 중에서도 하나님의 손을 기다리는 이 포도나무는 신앙으로 역경을 살아가는 사람에게 힘을 준다.

제 81편
입을 크게 벌려라

나는 너를 애굽 땅에서
나오게 한 너희 하나님 야웨이니
너는 입을 크게 벌려라
내가 채우리라 (10절).

이 시에 야곱과 요셉 등의 말이 나온 것을 보아 북왕국 이스라엘과 관련된 시라고 할 수 있다. 그리고 여기 언급하고 있는 고대 이스라엘의 풍습을 보여주는 구절들 "나팔을 분다"(민 10:10), "월삭"(초하룻날), "월망"(대보름날) 등의 절기 (민 29:1; 레23:24,39)는 이스라엘 백성이 고대에 지킨 "초막절"을 연상시킨다. 유대인들은 이 시를 그들의 신년 축제 때 드리는 예배에서 불렀다. 여기 나타난 환희와 찬양은 "유월절"절기보다 "초막절"에 온 이스라엘이 야웨 하나님 앞에 나와서 율법을 낭독한다(신 31:10절 이하)고 했는데 여기 이 시에는 그들이 율법을 낭독하여 야웨 하나님께 충성을 다짐케 한 흔적을 볼 수 있다 (8절 이하). 시의 전체 무드는 축제 기분에 젖어 있다. "높이 노래하라", "즐거운 소리를 내라"(1절), "시를 읊고 소리 치고⋯⋯⋯수금과 비파를 연주하라"(2절) 등은 성전에서 온 백성이 드리는 축하 예배 광경을 연상케 한다. 모빙켈은 이 축제를 이 남왕국 유다의 "대관식 축제"와 관련시키고 있지만 궁켈은 남왕국에서 지킨 축제보다 북왕국 이스라엘에 기원을 둔 노래라 한다. 이 시는 아모스 5장 21절을 반영시키는 점들을 보여준다. 그러나 아모스는 그러한 정기적 축제를 지키면서도 그 생활과 윤리는 하나님의 뜻에 어긋난 불의와 불신의 것이기 때문에 그 축제는 하나님이 받으시지 않는다고 거부하고 있다.

이 시에는 윤리 문제보다 예배를 드리는 백성들에게 하나님은 넘치는 축복을 내리신다는 것을 주제로 한 것 같다. 찬양과 예배를 드리는 기쁨, 하나님 앞에 나와서 악기에 맞추어 축하의 노래를 한다는 것이 이스라엘의 삶에서 얼마나 아름다운가 하는 예배의 기쁨과 축제에서 오는 축복을 신나게 노래하고 있다.

여기에서 예배 정신이 어떤 것인가를 밝혀 준다.

첫째, 예배는 기쁨을 총동원할 수 있어야 한다.

"소리 높여 노래하고 즐거운 노래"를 불러야 한다. 이 노래는 "시를 읊고 소고를 치고 수금과 비파까지 동원한다"고 했다. 한국에서는 하나님께 예배드릴 때 왜 북과 수금, 나팔, 비파 등 우리의 고유한 악기가 거의 금지되다시피 되었는가. 서양에서 들어온 풍금과 피아노만을 예배 악기로 한 이 잘못을 깨달아야 한다. 아프리카 신도들은 북 하나만을 가지고도 훌륭히 하나님을 찬미하지 않는가! 우리는 수많은 고유한 악기를 하나도 하나님 예배에 사용하지 못하고 있으니 참으로 수치스러운 일이다. 우리 선조들이 만들어낸 훌륭한 악기를 우상을 숭배하는 것과 인간을 숭배하는 것과 인간의 육체적 흥분과 향락을 돕는 것으로만 사용하겠는가. 이 아름다운 악기들을 잘못된 예배와 속되고 타락한 장소에서 빼앗아와서 만군의 야웨 하나님 예수 그리스도의 아버지 하나님을 찬양하기 위하여 사용해야 할 것이다. 한국 교회가 이 고유한 악기를 그 예배에 사용하지 않는 한, 한국 민중의 종교는 되기 어려우리라. 북을 치고 거문고와 비파를 사용하는 것은 극히 성서적이다.

다음, 이 예배에서는 하나님의 말씀을 듣는다고 했다.

초막절에 들려 주는 말씀은(신 31:10~13) "남자, 여자, 어린이 그리고 그 성에 거하는 낯선 사람도 불러 모아 하나님의 말씀을 듣고 배우고 야웨를 경외하게 하며 이 율법의 모든 말씀을 지켜 행하게 하라"고 했다. 이것은 예배의식에 설교의 위치가 얼마나 중요한가를 이 고대 축제에서, 특히 나팔 불고 북 치고 수금과 비파를 연주하며 큰 소리 내며 야웨를 찬양하는 그 기쁨과 흥분으로 일관하지 않고 조용히 그리고 엄숙하게 말씀을 듣는다는 이 의식은 참으로 의의 있는 습관이라 하지 않을 수 없다. 교회에서 통기타를 치고 북을 치며 신이 나게 찬양하라. 그러나 남자와 여자와 어린이 그리고 손님들과 함께 하나님 말씀을 듣고 배우는 일을 등한히 하지 말라고 한다.

셋째, 이렇게 찬송을 하고 말씀을 듣는 사람들은 어떤 생각을 해야 하느냐.

우선 기억할 말씀은 하나님이 예배를 드리는 사람의 "그 어깨에서 짐을 벗겨 주시고 그 손에서 광주리를 놓게 해 주신다"(4절)는 해방의 기쁨을 감사케 한다는 것이다. 이스라엘 사람들을 애굽에서 이끌어 내실 때 그 무거운 짐들을 그 어깨와 손에서 벗겨 해방과 자유를 주셨다. 예배자가 하나님 앞에서 감격할 것이 바로 이 구원에 대한 감격이다. 예수가 우리 짐을 대신 지신 그 구속의 사랑을 감격하는 마음이 예배 정신이다. "수고하고 무거운 짐진 자들아 다 내게로 오라, 내가 너희를 편히 쉬게 하리라" 하신 그 해방과 구원의 기쁨을 가져야 한다. 하나님 앞에 예배 드리는 사람은 인간의 짐을 벗고 자유의 사람이 된다. 병에서, 염려에서, 공포에서 그리고 죄의 중압에서 해방 받는 기쁨을, 그 자유를 노래하고 찬양하고 그 자유와 해방을 주는 구원의 말씀을 마음에 새겨야 한다.

네째로 가져야 할 예배 정신은 우리 예배의 대상이 되시는 하나님께 대한 충성심을 새롭게 다짐해야 한다.

"너희 중에 다른 신을 두지 말라. 이방신에게 절하지 말라"하셨다. 이것은 제 1계명에 대한 교훈이다. 예배를 드리지만 하나님을 반역하고, 또 그 입으로 하나님을 찬양하지만 그의 삶에서는 하나님의 이름이 창피와 모독을 받게 하는 일, 하나님의 말씀을 귀로 듣기는 하나 그의 삶은 악마에 사로잡혀 죄를 짓는 삶, 곁길로 가고 목표 없이, 가치관 없이, 선함이 없이 사는 삶은 예배 그 자체를 모독할 뿐 아니라 그 예배를 받으시는 하나님께 대한 반역 행위를 하는 것이다. 아모스를 비롯하여 많은 예언자들이 이스라엘의 예배의식을 공박한 것도 그 예배의 무의미성보다도 예배를 드리는 사람의 무의미성 때문이었다. 생활과 예배의 불일치, 신앙과 윤리의 거리 때문이었다. 기도와 찬송을 드리고 제물을 바치는 그 손에 불의와 부정이 있고 그 손에 다른 사람을 핍박하고 억울하게 한 피가 묻었기 때문에 그 기도와 찬송을 받지 않으신다고 했다(사 1:15).

그러나 이상에서 밝힌 예배 정신의 네 가지를 바로 지킨 사람에게는 하나님이 복을 내리신다. "밀의 아름다움, 바위에서 따낸 꿀로 만족케 하신다"(16절)고 한다. 이 축복을 받기 위하여 "너는 입을 크게 벌려라" 하신다 (10절).

예배는 입을 크게 벌리는 일이다. 제비 새끼가 그 어미 제비가 가까이 올 때 입을 크게 벌리듯이. 그러나 무엇을 받기 위해서 예배를 수단으로 할 때는 아무리 입을 크게 벌려도 하나님의 축복이 들어갈 수 없다. 다만 예배를 바로 드리는 사람만이 받을 축복이 있다. 그 복을 받기 위하여 입을 크게 벌려야 한다.

시편 명상

제 82편
하나님과 신들의 대화

하나님은
신들의 모임 한가운데에서
신들을 재판하신다.

언제까지 너희는
부당한 판단을 하려는가.
언제까지 악인 편을 들려느냐 (1, 2절)

        시편 시인의 시상(詩想)은 인간 세계, 자연, 그리고 신들의 세계에서도 날개를 친다. 시인은 상상가다. 역사적 사건을 신화화(神話化)하기도 하고 또 신화적인 얘기를 역사적 현실 속에서 보게 한다. 하나님이 인간에게 주신 선물 중 가장 귀한 것의 하나가 상상력이다. 천상 어디서든지 그 날개를 칠 수 있다. 이 날개를 펴고 상상이 날아가는 곳에 시가 생기고 그 시는 새로운 사건을 보게 한다.

    옛날 바벨론 신화에서는 신들의 얘기를 사람들에게 들려주어 그에게 공포를 주고 사람들의 기운을 꺾었다. 그러나 이스라엘 시인들은 신들의 존재를 주변 나라 사람들과 같이 인간과 직접 관계시키기를 꺼렸다. 대부분의 경우 하늘과 땅에는 오직 야웨 한 분 뿐이라는 유일신 사상에서 상상하고 글을 쓰기 때문에 신들의 얘기가 이스라엘 문학에서는 주동적 역할을 할 수 없다.

간혹 신들의 얘기를 써도 어디까지나 가장 유일하신 신 야웨의 지배 아래 그 명령과 그 부탁을 받는 존재로 이해되어 있다. 욥기에는 하늘에서 신들과 야웨 하나님과 천상회의를 하는 광경을 그리고 있지만, 이 경우도 야웨가 주동적 역할을 하고 신들은 (사탄) 그의 명령을 받고 있다. "욥을 시험할 테면 해보라. 그러나 욥이 야웨 하나님을 배신하지는 않을 것이다!"

이스라엘 시인은 (욥기 저자) 신들이란 말 대신에 "사탄"(항거하는 자)이란 말을 쓰고 있다. 그래서 욥기에서는 "하나님과 사탄과의 대화"를 볼 수 있다. 그런데 82편 시에는 "하나님과 신들과의 대화"를 볼 수 없다. 여기 신들은 한마디도 자기 변명이나 자기 의견을 진상하는 일을 하지 못한다. "대화"라고 하지만 하나님의 말씀만을 이 시에서는 들을 수 있다. 그렇다고 해서 하나님의 독백(獨白)이 아니고 신들과 대화(對話) 하는 광경의 한 부분을 시인이 소개하고 있다. 여기 나타난 신들은 하나님 앞에서 그 잘못된 일의 추궁을 받고 있다.

"언제까지 너희는 부당한 판단을 하려는가.
언제까지 너희는 악인 편을 들려는가" (2절)

이 시인은 인간들이 땅 위에서 악을 행하고 불의를 행함은 인간 자신들의 책임이라기보다 천상에 있는 신들이 그렇게 만들었다고 이해한다. 이는 완전히 이스라엘적인 사고가 아니고, 이스라엘 주변 여러 나라 종교가 가지고 있었던 신화적인 사고 방식이다. 이스라엘은 그 영향을 받았다고 할 수 있다. 그러나 신들의 존재나 그 위치를 다른 나라와 같이 독자적인 것으로 하지 않고 철저하게 야웨 하나님의 감독 아래 있는 종속적인 존재로 만들어 버렸다. 그러므로 이방 종교의 다신교적인 요소를 극복하여 모든 신의 세계와 그 신들이 하나님의 주관 아래로 들어오게 되어 야웨 하나님은 명실공히 오직 한 분만의 하나님으로 인정케 한 것이다. 하나님이 신들에 대하여 책망을 한다고 해서 이 시인이 고대 신화적 영향을 그대로 자기 시에 반응시켰다고 할 수 없다.

이 시인은 인간 사회의 주권자나 그 지도자들이 공정한 판단을 하지 않는 것을 이 신들의 책임이라 한다. 그렇다고 해서 인간의 질서를 하나님 자신이 관찰하지 않고 신들에게 맡겼다는 이교적(異教的)인 생각을 했다고 비판을 받을 수 있으나 이 시인은 하나님의 정의 행사를 이 신들에게 맡겨 땅 위에 정의를 실현하라고 했는데도 불구하고 땅 위에는 불의가 판을 치고 있으니, "신들의 무책임성과 너희들의 반역성이 아닌가"라고 추궁하고 있다.

여기 어거스틴이 한때 유혹당했던 마니교적인 생각이 용납되는 것 같다. 악의 신이 인간들의 악을 주장한다는 생각이다. 그러나 이 시인은 절대로 악의 신, 선의 신, 두 개의 신이 이 세계를 지배한다는 이원론을 용납한 것은 아니다. 정의의 주관자는 하나님이시다. 신들은 다만 이 주관자의 심부름을 하는 존재로 이해되고 있다. 결코 악의 신이 하나님과 일대 일로 존재한다는 것은 아니다. 인간의 세계에 악이 날뛰는 것은 이 신들이 책임졌음에도 불구하고 3절 이하에 나온 대로 불의를 볼 수 있으니, 이 악의 질서를 왜 단속하지 못했느냐고 신들에게 추궁하고 있다.

> "가난한 자와 고아들의 억울함을 바르게 해주라.
> 수난 자와 없는 자를 위해 공의를 보여주라.
> 가난한 자와 궁핍한 자를
> 악인의 손에서 건져내어주라"(3-4절).

여기 정의의 하나님이 돌보실 소외된 계층과 혜택을 받지 못한 어려운 사람들을 여러 가지로 표현하고 있다. "가난한 자"(딸), "고아"(야톰), "수난 자"(아니), "없는 자"(리스), "궁핍한 자"(엡욘)——이 다섯 개의 말은 하나님의 공의로운 대접을 받아야 할 사람들이다. 신들은 이런 불행한 사람들을 그 악인의 손에서 건져서 공평한 대접을 하여 평안하게 살게 하도록 책임을 맡았지만, 이 신들은 2절에 있는 대로 "악인들의 편에서서 일을 했기" 때문에 정의의 하나님의 문책을 당하고 있다. 예언자들의 정의관이 이 시인에게도 반영이 되어 예언자들은 땅 위에 있는 주권자들의 불의를 공박하지만 이 시인은 이 땅 위의 주권자들을 악의 편에 서게 한 천상의 신들에게 책임을 돌리고 있다. 이것은 이 땅 위에 있는 주권자들과 권력자들이 범하고 있는 악과 불의는 신들에게서 위임받고 신들의 보호를 받을 만큼 철저하여 아무도 그들의 악을 중지시킬 수 없다는 것을 의미하기도 한다. 그들은 악한 신에 붙잡힌 것 같이 철저한 악을 범하고 있다는 뜻도 된다.

악령에 붙잡혀 살기 때문에 "그들은 분별력도 없고 깨닫지도 못하고 어둠 속에서만 헤매고 있다"(5절). 이 권력자들이 악의 의지에 의하여 움직이기 때문에 이 세상은 뒤죽박죽이 되어 선과 악의 구별이 없고 의와 불의가 혼동되었고 양심과 속임수를 분간할 수 없게 되어 "세상은 그 터가 흔들리고 말았다"(5절 하반). 이러한 어두움의 세계가 되어 있기 때문에 이 시인은 하나님께 기도하지 않을 수 없다.

"하나님이여 일어나서 세상을 바로 잡아 주시옵소서"(8절).

이 세상의 공의와 정의를 밝히시는 분은 다만 하나님이시다. 그는 정의의 재판장이시기 때문이다 (시편 50:6).

제 83편
검불과 지푸라기와 불꽃

Psalm Meditation

나의 하나님이여
바람에 굴러가는 검불 같게
지푸라기 같게 하시며

숲을 사르는 불길 같고
산을 휩쓰는 불꽃 같게 하소서.

당신의 회오리바람으로 그들을 쫓으시며
폭풍으로 그들을 어지럽게 하소서(13~15절).

       기독교 신앙에서 원수를 저주하는 일이 정당한가 하는 문제는 구약성서를 읽는 사람마다 강하게 느끼게 된다. 구약은 복수의 하나님이 아닌가. 원수와 대적이 멸망하는 것을 기뻐하시는 하나님을 어떻게 사랑의 하나님이라 할 수 있느냐. 하나님의 공의도 어디까지나 이스라엘 민족에 국한한 것이고 이스라엘 이외 사람은 이 공의에서 벗어나도 좋다는 말인가. 왜 만민의 하나님 야웨가 이스라엘만 편애하시고 다른 나라 민족들은 이스라엘 같이 사랑으로 돌보시지 않는가.

    이러한 의문은 구약성서를 진지하게 읽고 연구하는 사람에게 생기는 문제들이다. 그러나 우리가 한 가지 알아야 할 것은 구약성서는 신약의 기자들과 같이 예수의 구속적 사랑에 감격하여 그 예수를 중심하고 만민을 하나님의 자녀로 보는 생각을 하지 않고 구약 처음부터 마지막까지 이스라엘 민족을 근거로 하여 신앙고백을 하고 역사를 쓰고 또한 신학적인 서술을 했다. 시라고 해서 이 구약성서의 기본적인 입장을 떠난 것이 아니다. 구약 중에 요나서 같은 책에서 이스라엘 민족주의를 극복한 노력을 볼 수 있다. 니느웨도 하나님의 백성이 사는 곳이라 할 만큼 폭넓은 세계주의가 반영되어 있다. 하나님은 이스라엘 백성과 똑같이 니느웨 사람이 멸망하는 것을 원하지 않으시기 때문에 요나를 보내어 회개 시켜 하나님의 품으로 돌아오도록 권고한다고 했다. 그러나 이렇게 민족주의를 초월한 사상은 구약성서의 본 줄기를 이루지 않고, 구약성서에 나타난 이스라엘 민족주의가 극복되고 한걸음 더 앞으로 나아가야 할 신앙의 원리임을 요나서를 비롯하여 아모스, 이사야, 예레미야 등의 종말적론적인 사상으로 유도하고 있다. 특히 제 2 이사야는 그의 "고난의 종"의 사상에서 이 민족주의를 초월한 신앙의 원리를 강조하고 있다.

이 83편 시인이 가지고 있는 민족주의는 후기에 발달한 세계주의, 만민이 모두 하나님의 자녀라는 사상에 이르지 못한 단계이거나, 또 그런 사상보다는 이스라엘이 현실적으로 당면한 역사적 수난을 해결하는 방법에서 자기들을 괴롭힌 원수의 생각을 지나치게한 인간적인 생각에 사로잡혔는지, 하여간 전체 분위기는 하나님을 이스라엘의 하나님으로만 생각하고, 이스라엘을 적대하는 모든 이방 나라들은 단순히 이스라엘의 원수만이 아니라 하나님의 원수가 된다는 생각을 하고 있는 사람이다. 그러므로 하나님이 그 원수를 패망시키는 것은 당연하다. 이 생각은 물론 신약의 윤리와 복음서 교훈에서 극복되어야 할 것이지만 구약성서는 그 차원 높은 진리에로 나아가는 하나의 과정으로 강한 민족주의 색채를 띠고 있다고 할 것이다.

한편, 여기에는 진리가 있다. 민족주의는 한 민족이 하나님으로부터 받은 민족적인 사명을 올바르게 감당하기 위하여 마땅히 존중해야 할 것이지만 자기 민족만이 하나님의 사랑을 받는다는 선민 의식을 그 책임성보다 더 강조할 수는 없다. 민족주의의 자랑은 그것의 절대화가 아니고 세계 다른 민족을 위한 봉사요, 인류 사회 전체를 위한 자기의 책임을 완수함에 긍지를 가져야 할 것이다. 이스라엘 백성의 선민관(選民觀)도 그것은 특권이 아니고 책임을 주신 것이다. 그러므로 구약의 민족주의는 불완전한 면을 보여줌이 대부분의 경우이다. 이 시편 83편의 시인도 자기 나라와 민족을 괴롭힌 여러 나라 민족에 대해서 멸망을 선고하는 것은 다만 그 민족들이 자기 민족을 침공하고 괴롭혔기 때문이라는 민족 감정을 떠나서 이스라엘이 믿는 하나님, 천지의 주재자가 되시고 만민의 아버지와 구원자가 되시는 하나님께 대한 불충과 그 반역 때문에 미워한다는 것은 어느 정도 타당한 감정이라 하지 않을 수 없다. 우리는 하나님을 대항하고 반역한 사람이나 민족을 절대로 칭찬할 수는 없기 때문이다.

여기 이 시인이 말하고 있는 여러 나라 – 에돔, 이스마엘, 모압, 하갈, 그발, 암몬, 아말렉, 블레셋, 두로, 앗수르, 미디안 등은 "한마음으로 의논하고 주를(하나님을) 대적하여 서로 동맹했다"(5절)함에서 보는 대로 하나님을 대적한 것을 지적하고 있다. 이 나라들을 "주의 원수"라 했다 (2절). 이스라엘 관계의 구절도, 이스라엘을 하나님의 돌보시는 "하나님의 백성"이라 했다. 이것은 단순한 민족주의가 아니다. 하나님의 백성이라 함에서 이 민족은 하나님의 뜻을 펴는 책임적인 존재임을 말하고 있다. 이 책임을 무시할 때는 호세아가 말한 대로 "내 백성이 아니다"(로암미)는 선언이 나올 수 있다. 그러나 여기 이 시인은 원수들이 하나님의 백성을 괴롭히고 "그들을 끊어 다시는 나라를 세우지 못하게 한다"(3, 4절)는 하나님께 대한 반역이 이 모든 나라들의 잘못이라 한다. 이러한 잘못을 범했기 때문에 그 죄에 대한 벌을 받아야 한다. 이 시인은 13-17절에서 그 벌을 이렇게 내려달라고 기도하고 있다.

"그들로 수치를 당하여 영원히 놀라게 하시며 낭패와 멸망을 당하게 하사"(17절).

이런 기도는 그리스도교 신앙에서는 할 수 없다. 이것은 저주를 기원하는 것이다. 이것이 비록 비복음적이라 할 수 있으나 하나님을 대적하고 항거한 악인들이 선하고 의로운 사람을 괴롭히고 더욱이 신앙인을 핍박할 때 하나님이 아닌 인간으로서는 악한 세력이 무너지기를 빌 수 있다. 이것이 기도하는 사람의 안일과 평안만을 위한 것이라면 부당한 기도일 것이다. 그러나 하나님의 정의가 실현되고 하나님의 공의가 만백성에게 미치는 일을 위해서는 하나님이 이런 악의 세력을 무너뜨려 주시기를 간구할 수 있다.

이 시인은 이런 심정에서 악인들을 향하여 바람에 불려가는 검불과 지푸라기 같이 되고 불길에 타 없어지는 숲과 같고 불꽃에 휩쓸리는 산처럼 되게 해달라는(13-15절) 기도를 드릴 수 있다.

이 시인과 같이 "그들이 당신의 이름을 찾게 해달라"(16절)는 심정과, "여호와라 이름하신 주만이 온 세계에 지존자로 높임을 받으시도록 한다"(18절)는 거룩한 뜻에서 신앙인을 핍박하고 정의와 평화를 파괴하는 악의 세력이 검불이나 지푸라기 같이 없어지기를 빌 수 있다.

제 84편
참새와 제비

나의 왕 나의 하나님 만군의 야웨여
당신의 제단 곁에
참새도 집을 지어 살며
제비도 새끼 둘 보금자리 얻었나이다

당신 집에 사는 이 복받은 사람입니다.
언제나 당신을 찬송하리이다(3, 4절).

참새와 제비 같은 날짐승도 하나님의 성전 처마 밑에
서 집을 짓고 새끼를 키우는 보금자리를 가지고 행복스런 나날을 보내
는데, 하물며 하나님의 형상(形象)으로 지음 받고 그의 자녀로 사랑과
도움을 무시(無時)로 받고 있는 인간이 하나님의 집에서 시간을 보낸다
는 것은 얼마나 아름다운가!

이 시인의 생각은 성전 밖의 삶을 무시하고 오직 예배와 기도, 찬송
과 제사를 드리는 형식적인 성전 안에서의 경건만을 즐기고 성전 밖에
서 실제적인 삶의 투쟁을 회피하고 있는 불건전한 신앙을 가진 사람을
비판한다. 이 시인은 결코 성전 안에서 드리는 예배와 그 의식에 참여
하는 것만이 신앙의 전부요, 그 최상의 것이라 하지 않는다. 예배와 성전
을 절대화 시키는 것이 아니라 하나님을 사모하는 마음, 하나님과 가까

이 하고 싶어하는 마음, 하나님의 입김으로 호흡하고 하나님의 손길을 붙잡고 인생을 살아가야 한다는 영혼의 갈구, 그 심령의 간절한 소망 등을 그려준 아름다운 시라 하겠다.

"그 마음에 시온의 대로가 있는 자가 복이 있다"(5절)고 함은 성전 안에서 스스로 자족하고 마는 삶이 아니다. 삶이 고달프고 지루한 투쟁에서 온갖 불의와 악의 세력과 더불어 지저분하고 어둡고 습기 있는 생의 골짜기에서 괴로운 날을 보내는 심령들이 하나님이 계신 은혜의 보좌로 가고파 하는 간절한 소망을 표시해 주고 있다. 또한 이것은 반드시 성전이라는 건물 속으로 들어가려는 욕망이라고만 볼 것이 아니다. 어둠이 지배하는 세계에서 한 영혼이 하나님의 광명의 날개 속으로, 불안이 깃든 인간의 먼지나는 역사의 현실에서 안전과 축복이 있는 하나님의 은혜의 품으로 안기고파 하는 고달픈 영혼의 갈구라 할 것이다.

하나님을 사모하는 시라는 점에서 이 시는 42, 43편과 매우 유사한 시이다. "목마른 사슴이 시냇물을 사모한다"는 비유는 쓰지 않았지만 하나님을 사모하기 때문에 그의 영혼이 애타서 지쳤다고 함은 이 시가 가진 독특한 표현이라 할 수 있다. 여기 야웨의 "궁전" 또는 "장막"이라고 해서 그 건축물을 가리킨 것은 아니다. 그 건물은 살아 계신 하나님의 집이다. 집을 사모한다는 것은 그 건물이 아니라 그 집에서 만나는 부모의 사랑과 형제들과의 우애요 그집 안에서 주고 받을 수 있는 사랑의 마음이다. 이 시인은 야웨의 "장막"이란 말에서 하나님의 사랑, 자비, 은총, 도움, 보호, 축복 등 하나님이 시인에게 특히 사모하는 심령에게 주실 수 있는 모든 영적 축복을 뜻한다.

이 시가 형식적인 경건이나 외양적인 신앙을 말한다는 비판을 할 수 없다. 인간 영혼이 하나님을 만나고파 사모하다가 지친다고 할 만큼 깊은 영적 은혜에 대한 갈구라 할 수 있다. 참새나 제비도 그 집에서 생을

시편 명상

즐긴다고 함에서 이 시인도 하나님이 주시는 영적 은혜를 받아 삶의 터전을 마련하고 악과 더불어 싸울 수 있는 근거와 진실과 사랑의 사자로 일할 수 있는 믿음의 보금자리를 하나님 안에서 가지고파 하는 심령이다.

"주의 집에 거하는 자가 복이 있나이다"(4절) 함은 영적 은혜에 잠겨 사는 사람은 어느 곳에서나 하나님을 만날 수 있기 때문에 수난의 현장이나 수욕의 골짜기나, 버림과 고독의 광야에서나 울분과 비극의 감방 속에서도 하나님을 만나 그곳을 자기 집으로 하여 안심과 평화를 즐길 수 있다는 것이다. 이렇게 하나님의 집에 거한다고 할 만큼 하나님 은혜 안에서 숨쉬고 활동하는 사람이 할 일이란 다만 "항상 주를 찬양하는 일"(4절 하반) 밖에 없다.

이렇게 하나님의 은혜의 손길에 붙잡혀 살아가는 사람은 [결코 성전 안에서 제사 행위(祭祀行爲)와 찬송과 기도만 드리는 사람이 아니라] 눈물의 골짜기를 지난다고 해도 많은 샘을 만나는 기쁨을 얻게 하며 이른 비의 축복(祝福)을 받게 된다고 했다(6절).

이 "눈물의 골짜기"란 말의 원어는 "빠카의 골짜기"로서 그 위치를 알 수 없으나 예루살렘 성전을 향해 찾아오는 순례자의 무리들이 지나가야 할 어느 "메마른 골짜기", 물을 구할 수 없는 골짜기로 주석가들은 이해한다. 그러나 "눈물의 골짜기"라고 읽을 수 있다는 것은 이 사용인으로 하여금 다만 예배지상주의자로 만들지 아니하고 삶의 전쟁터에서 온갖 시련과 비애를 겪으면서 하나님의 집을 사모하는 마음, 즉 하나님과의 영적 교제를 으뜸으로 살아가는 사람이 겪는 어떤 "사망의 음침한 골짜기"(시 23:4) 같은 눈물의 골짜기를 지나간다고 해도 그곳은 순례자들의 목마른 목을 축일 수 있는 오아시스가 있는 샘물을 만난 것과 같은 만족을 누릴 수 있다는 것이다.

"이른 비가 내려 웅덩이와 못을 이루는 것과 같다"(6절 하반)고 했다.

"못"이란 말(브라코트)을 주석가들이 "축복"으로 번역하여 "이른 비가 복을 내리는 것과 같다"고 해석한다. 어떤 번역을 살피면(원문이 불확실하여 정확한 번역은 곤란) 하나님의 은혜를 사모하고 사는 사람은 오랜 가뭄이 든 메마른 땅에 이른 비가 내려 그 땅을 적시는 것 같이 복된 일이라 한다. 이 은혜의 손에 붙잡혀 사는 사람이야말로 "힘을 얻고 또 얻는 사람이다"(7절). 신앙인의 힘은 다만 하나님을 사모하는 심령이 그 하나님으로부터 받는 내적인 힘, 곧 영혼의 이른 비를 맞고 샘물이 솟아나는 것 같은 영적 힘을 하나님의 생수로부터 받는 것이다. "다시 갈하지 아니하는 생수가 솟아난다"는 축복을 거리의 여인 사마리아 여인에게 알려주신 것이다. (요4:14).

이러한 영적 은혜로 살아가는 사람은 예루살렘 순례자가 시온 성에 도달함으로 그의 영혼과 육체가 환희에 차듯 그 마음에는 "시온의 길"이 아니라 "시온의 품"에 안기게 된다. 하나님을 직접 대면하는 은혜를 가지게 된다. 하나님과의 개인적, 영적 교제는 극치에 달하게 된다. 그의 "눈물의 골짜기"는 사라졌다.

이 은혜에 잠긴 사람이 하나님 곁을 떠나지 아니하고 하나님과 함께 거하는 삶의 만족은 비유하자면 하나님의 집에 영원토록 거하는 것과 같다. 이 시인은 "하나님의 집 안에서 사는 것이 천 날(千日)도 하루 같이 즐거운 것이다"고 했다 (10절). 이것은 악인이 제공하는 고루거각(高樓巨閣)에서 사는 것보다 하나님의 성전 문지기의 신세가 더 행복하다는 것과 같다고 한다. 하나님의 은혜에 붙잡혀 정직하고 진실하게 사는 사람에게는 하나님이 좋은 것을 아끼지 않고 주시기 때문이다. 이것은 하나님을 의지하는 자에게 허락하시는 하나님의 축복이다(12절). 여기 "의지 신앙"이 주는 축복을 이 시인도 말한다.

시편 명상

제 85편
정의와 평화의 키스

사랑과 진실이 눈을 맞추고 / 정의와 평화가 입을 맞춘다.
진실은 땅에서 돋아나고 / 정의는 하늘에서 굽어보도다(10, 11절).

　　　　　이 시에는 해석상의 문제가 있다. 그 문제의 초점은
1-2절을 어떻게 해석하느냐 함이다. 즉 "야곱의 포로들을 돌아오게 하
실 때"(쉽타―스비트-야곱)란 말을 문자 그대로 "포로"로 보아야 하느냐,
아니면 "행운"으로 번역할 수 있는 다른 가능성으로 보아야 하느냐 함
이 문제다. 즉 "포로"로 본다면 이 시는 "포로 시대"이후의 작품으로
읽어야 하고 "행운"으로 읽으면 포로 시대 이전의 왕국시대 작품으로
볼 수 있다.
　　바이저는 예루살렘 성전에서 드린 어떤 제의와 관련시켜 1-2절은
예배자들에게 과거에 하나님이 야곱의 행운을 회복시켜 그들의 과거의
죄를 용서해 주신 하나님의 능력의 업적을 기억하게 한다. 4-7절에서는
현재 그 공동체가 당면한 어떤 수난 사실을 하나님께 고하고, 하나님의
구원을 간청하는 기도를 올린다. 다음 8-13절까지는 예배자들 중 어떤
사람이나 어느 예언자가 앞에 나서서 하나님이 그들의 기도의 응답으로
어떤 말씀을 주셨는가를 설명하고, 회중들로 하여금 하나님이 약속해 주
시는 축복을 기다리게 하는 내용이라 한다. 이 경우 바이저는 "스비트"란
말을 "포로"로 읽지 않고 "행운"으로 읽고 있다.

궁켈도 "포로"로 읽기보다는 "운명"으로 읽지만, 바이저와 같이 역사적인 이해보다는 종말적인 구원으로 이해하여 1-2절에 나타난 문장은 비록 "과거완료" 형이지만 구약 예언자들이 자주 쓰고 있는 바 아직 일어나지 않은 일을 이미 일어났다고 생각하여 쓰는 "예언자적인 완료형"으로 읽어서 이스라엘의 역사 마지막에 하나님이 그 운명을 선하게 바꾸어 주실 것을 말한다고 한다. 이것은 시편에서 보는 바와 같은 이스라엘 공동체가 구원을 간구하는 시라 한다.

크라우스도 "스비트"란 말을 "운명"으로 이해하여 1-2절은 하나님의 위대한 행동을 기억하는 내용으로 읽으며 특히 제 3 이사야가 (56-66장) 과거에 야웨가 이스라엘에 보여주신 위대한 구원사를 기억하면서도 현재의 수난에서 하나님의 미래 구원을 간구하고 있다고 해석한다. 제 2 이사야가 종말적인 구원을 이룰 때 나타나는 평화, 정의, 선(善) 등이 실현될 것을 말한 대로(사45:8; 46:13; 51:5; 52:7)이 시는 그러한 종말론적인 구원의 성취를 보여준다고 한다. 제 2 이사야에서는 탄식, 구원 요청, 사모함, 기대 등을 보여주었는데 언제 그러한 구원의 함성이 올 것인가. 이스라엘의 운명이 언제 그렇게 바꾸어질 것인가. 시편 85편과 126편은 비록 정확한 역사적 시기는 알려주지 않지만 이러한 구원의 날을 기대하는 시라고 한다.

사실 이 시를 읽는 일반 사람은 이 시 속에 이렇게 복잡한 신학의 문제와 역사적 문제가 내포되었는가를 생각할 수 없다. 여기서 우리는 이상 여러 해석 중 어느 하나를 취해야 할지 판단을 바로 가지지 못하면서도 한 가지 분명한 사실은 이 시가 이스라엘의 역사 문제를 취급하고 있다는 것이다. "포로"이든 "행운" 또는 "운명"이든 그 말의 차이에 구애 받지 않고 이 시인은 이스라엘의 역사가 인간의 정치역량과 그 방법, 그 사정에 따라 움직이는 것이 아니고 역사의 주인공이신 하나님에 의하여 좌우되고 있다는 것을 솔직히 고백하고 있는 것이다.

"야웨여 당신은 당신 땅을 어여삐 보셨습니다"(1절). 이 첫 구절에서 이스라엘 땅은 하나님의 땅이기 때문에 하나님의 깊은 관심이 쏟아져 있음을 솔직히 고백하고 있다. 그 땅의 행운도 돌아오게 하시고 그 백성들의 역사적 운명을 바꾸어 주시기도 하고, 또한 사로잡혀간 그들을 그 포로에서 돌아오게 하신 분이다. 한마디로 말해서 그들의 역사는 하나님의 손에 의하여 좌우되고 있다는 것이다. 특히 2절 말씀은 역사적인 사실이다. 그들의 죄를 용서하시고 그 악을 덮어주시는 분은 하나님 한 분 뿐이다. 그들의 역사는 그 죄대로 보응받은 역사가 아니고 하나님의 은총의 축복을 받은 역사이다. 과연 시편 130편 시인이 말하듯이 "야웨여, 당신이 죄악을 따진다면 누가 감히 당신 앞에 설 수 있습니까"(시130:3) 한 대로이다. 이스라엘 예배 공동체는 항상 이 용서하시는 하나님께 찬송과 감사를 드리지 않을 수 없다.

이러한 축복을 받을 수 있는 이스라엘의 모습을 8절 이하의 예언자적인 메시지에서 밝혀주고 있다. 이 말씀에는 이스라엘의 역사적 원리를 설명하는 가장 중요한 교훈이 담겨져 있다. 하나님의 구원사가 지배하는 이스라엘 역사는 무엇보다 하나님 경외하는 일을 이스라엘 백성이 지켜야 한다. "경외함"은 이스라엘의 지혜의 기본이 될 뿐만 아니라 이스라엘 신앙과 경건의 기초가 된다. 이스라엘이 죄를 범한 역사는 언제나 하나님께 대한 경외심을 잊어버렸거나 이것을 무시했기 때문이었다. 하나님의 구원의 은총은 그를 두려워하는 사람에게 주시는 하나님의 축복이다. 이 경외심이 나타나는 곳에 하나님의 영광이 드러난다.

이 시인은 하나님을 경외한다는 것이 구체적으로 무엇을 말하는가를 10절 이하에서 밝히고 있다. 그것은 "사랑과 진실이 만나고 정의와 평화가 입을 맞추는" 일이다. 하나님의 사랑은 진실에서 나왔고 또 그의 진실은 언제나 그의 사랑을 나타냈다. 이스라엘이 많은 민족 가운데서 선택된 그 특수한 사랑(신7: 6,7)도 하나님의 흔들리지 아니하시는 진실 때문이었다. 야웨 하나님과 이스라엘이 맺은 언약은 "진실" 위에 맺어진 것이다. 이 진실은 이스라엘을 사랑할 수밖에 없었다.

그런데 이 "진실과 사랑"이 하나님과 이스라엘의 이중적인 신앙의 관계라 한다면 다음 구절에 나타난 "정의와 화평이 입맞춘다"는 것은 인간이 다른 인간에게 가지는 윤리의 관계이다. 개인과 개인, 개인과 단체의 관계는 공평무사하고 속임수와 거짓이 없고 바르고 정직한 "정의"가 피차에 실현되어야 한다. 더욱이 이스라엘의 사회는 정의의 기반 위에 서고 그 정의의 원칙에서 질서가 잡혀야 한다. 정의가 사라지면 혼돈과 무질서뿐이다. 거기에는 평화가 세워질 수 없다. 평화는 무력으로나 외교의 힘 또는 정치권력의 힘으로 오는 것이 아니다. 무력에 의한 평화는 곧 깨어지고 만다. 평화는 다만 정의의 원칙이 시행될 때만 오는 것이다. 정의와 평화가 입을 맞출 정도로 서로 분리할 수 없는 관계를 가지고 있다.

그 다음 이 시인은 "진실은 땅에서 돋아나고 정의는 하늘에서 굽어살핀다"고 했다. 이것은 10절에 나타난 신앙과 윤리의 원리를 그 위치를 바꾸어 인간의 진실에 하나님의 진실이 응답하고 하나님의 정의에 인간 사회 정의가 바로 설 자리를 찾는다는 것이다. 누가복음 기자는 "하늘에는 영광이요 땅에는 평화라"했지만(눅2:14) 여기 이 시인은 진실은 인간에게, 정의는 하나님에게서 온다는 것이다. 이것은 정의가 인간의 표준에서 정의를 조작할 수 있기 때문이다. 권력자는 그의 권력으로 불의를 정의라 할 수 있고, 또 그렇게 전도된 정의가 이 세상의 질서를 파괴하고 평화를 위태롭게 한다. 정의는 다만 하나님이 보시고 정의라 해야 한다. 역사의 기본 원리가 하나님 표준에서 되어야만 이스라엘의 운명이 새롭게 되고 따라서 그 원리에서 우리 인간의 운명이 선한 것으로 바꾸어진다고 말한다.

제 86편
내 영혼이 우러러 본다

당신의 종을 기쁘게 하소서.
오 주님
내 영혼이 주님을 우러러봅니다.

오 주님 진실로
당신은 선하시어
당신께 부르짖는 모두가
넘치는 사랑을 받고
죄사함을 받습니다(4, 5절).

　　　이 시의 저자는 첫 절에 있는 대로 "괴로움과 가난에
사는 사람"이지만 그는 그의 수난에 대한 호소보다 하나님께 모든 것
을 맡기고 하나님을 찬양하는 마음을 강하게 보여주고 있다. 대체로
"탄식시"란 인상을 받고 있지만, 실상 내용을 보아서는 시인 자신의 수
난을 말하는 내용보다 하나님이 어떤 분이며, 그 하나님께 대하여 자신
이 어떤 마음을 가져야 할 것을 보여주고 있다. 이 시인은 하나님이 이
세상 어떤 신들 중에서도 비교할 수 없을 만큼 훌륭한 분이시며, 그의
하시는 일 어느 것을 보아도 이러한 훌륭한 신은 없다는 것을 자랑스럽
게 말하고 있다(8절).
　이 시인의 수난상을 14절 한 절이 보여준다.

"교만한 자가 일어나 나를 치고 강포한 자의 무리가 내 영혼을 찾사오며 주를 두려워하지 아니합니다."

그러나 이 수난상의 표현도 곧 그들의 불신과 배신의 표현으로 바꾸어져 그들의 악행이나 폭행 문제보다 그들이 하나님을 자기 앞에 모시지 않는 그들의 불신앙을 고발하고 있다.

이 시인은 하나님이 어떤 분인가 함을 어느 시인보다 분명하게 고백하고 있다. 그의 신론은 구약 신앙의 근본적인 흐름에서 탈선하지 아니하고 그 신앙 전모를 그의 시 중에 요약하고 있다.

"주는 선하시다." 이 경우에 사용된 "토브"란 원어는 윤리적인 선의 의미도 있지만 실상은 "기쁘게 한다"는 뜻에서 온 말이다. 하나님은 인간을 기쁘게 하시는 분이다. 이것은 인간의 요구를 다 채워주시고 만족하게 하시는 분임을 말한다. 하나님을 믿는 사람은 모든 일이 선하게 형통함을 말한다. 심지어 불행한 일을 당해도 그것이 하나님이 인간을 기쁘게 하기 위한 역설적인 진리임도 하나님에게서 찾을 수 있다.

다음, 하나님은 용서하시는 분이다. 그의 정의는 죄를 심판하시지만 또 한편, 인간의 죄를 용서하시는 분이다. "용서하심이 하나님께 있다"(시130:4)는 말이다. 시편 32편 기자의 말대로 "허물의 사함을 얻고 그 죄는 가리움을 받는다"(1절)는 말이다. 특히 51편 시인은 용서하시는 하나님을 여러 각도에서 설명하고 있다. "주의 많은 자비로써 죄과를 용서하시고, 죄악을 말갛게 씻기시며 죄를 깨끗이 제하시는 분이다"(1,2절)고 했다. 구약의 하나님은 벌하시는 하나님과 용서하시는 하나님을 나란히 보여주고 있다.

이것은 다음 구절에 있는 대로 "사랑이 넘치시는 분이다." 하나님은 사랑의 하나님이다. 기독교가 내세우는 신관의 가장 으뜸되는 것이다. 사랑의 하나님을 이 시인은 성경 다른 곳에서는 찾을 수 없는 아름다운 표현으로 다음과 같이 하고 있다.

"주님, 당신은 긍휼히 여기시며, 은혜를 베푸시며 노하기를 더디하시며, 사랑과 진실이 풍성하시나이다"(15절).

이 사랑과 은총의 하나님에 대한 신앙은 출애굽기 34장 6절의 말씀을 그대로 받아들인 것이라 볼 수 있기 때문에 이 시인은 이스라엘 사람의 고대 신앙 전승을 잘 간직하고 있는 사람이라 할 수 있다. 하나님을 사랑의 원천으로 보는 이 시인은 자기가 당면한 현재의 수난이 자기를 망치는 것으로 이해하지 아니한다. 하나님의 사랑 안에서 되어지는 일이기 때문에 이 고난이 자기를 위한 하나님의 교훈이라 생각한다. "야웨여, 당신의 길로 나를 가르치소서"(11절)라고 기도한 것도 이 하나님의 길에서 탈선하지 않도록 원하고 있는 것이다. 이것이 진리를 따르는 길인 줄 알아 "당신의 진리로 살아가겠습니다"(11절 하반)고 다짐하고 있다.

아무리 고난이 막심해도 하나님이 그에게 보여주실 인자와 긍휼이 크기 때문에 그를 무덤 속에 내려가지 않게 할 것이라 확신하고 있다 (13절). 원수가 그를 괴롭혀도 이 시인은 하나님의 사랑과 긍휼만 믿고 그 핍박을 견디어 나갈 수 있음을 말한다 (17절).

이렇게 시인이 가지고 있는 신관은 구약 신앙의 본줄기를 밝혀주고 있다. 이런 하나님께 대하여 이 시인이 소원하는 바가 무엇인가. 이 시인은 자기 하나님이 자신의 현재의 사정을 살피고 여러 가지 필요한 일을 해주시기를 간구하고 있다. 그의 간구는 수난 중에 있는 어떤 사람이라도 본받을 수 있는 기도의 내용을 보여주고 있다.

"종을 구원하소서"(2, 16절), "나를 긍휼히 여기소서"(3, 16절), "내 영혼을 기쁘게 하소서"(4절), "내 기도에 귀를 기울이소서, 나의 간구하는 소리를 들으소서"(6절), "주의 이름을 경외하게 하소서"(11절), "종에게 힘을 주소서", "은총의 표징을 내게 보이소서"(17절).

이 시인은 "종일 주께 부르짖고"(3절) "전심으로 주를 찬송하고 영원토록 주의 이름에 영광을 돌리겠나이다"(12절)고 한다. 특히 내 "영혼이 주를 우러러본다"(4절)는 이 말은 아름다운 영혼의 모습을 보여주고 있다. 하나님께 대망하는 영혼, 하나님의 돌보심을 기다리는 영혼이다. 세상 또는 물질로 향하지 아니하고 하나님을 향해 우러러보는 이 영혼이야말로 우리 모두가 우러러볼 만한 아름다운 영혼이다. "새벽을 기다리는 파수꾼처럼 하나님을 기다리는 심령"(시130:6)이다. 이렇게 간절하게 주를 사모하고 있는 까닭은 이 하나님만이 자기의 하나님이기 때문이다(10절). 이 하나님이 그를 도우며 위로하실 것을 믿기 때문이다 (17절).

이러한 신앙을 우리는 하나님을 의지하는 신앙이라 한다. 이 시인은 비록 고난 속에 있어도 하나님을 의지하고 있음이 그의 자랑이다.

"당신을 의지하는 종을 구원하소서"(2절). 이렇게 고난 중에서도 하나님만을 우러러 바라보며 의지하는 사람이 참으로 경건한 사람이다.

"나는 경건하오니 내 영혼을 보존하여 주소서"(2절) 하는 기도는 의지하는 신앙이 말할 수 있는 가장 큰 자랑이다.

제 87편
에큐메니즘의 선구자

너 하나님의 도성이여
영광스럽다

애굽과 바벨론도
나를 아는 나라로 인정되고
블레셋과 두로와 에티오피아도
이 성에서 났다고 하더라(3, 4절).

이 시는 48편, 76편 등과 같이 시온성을 노래한 시이다. 48편은 "시온"의 아름다움과 안전함을 노래하고 87편은 모든 전쟁을 쉽게 할 만큼 권위있는 하나님의 도성임을 노래했다. 그러나 이 87편 시는 시온이 세계 만민의 신앙적 중심지가 되어 애굽, 바벨론, 두로, 에티오피아 등 모든 나라 사람들이 이 시온에서 높임을 받는 야웨 하나님을 믿게 되어 이 도성에 자기들의 이름을 등록하리라는 생각을 하고 있다. 이것은 이스라엘 민족주의를 초월하여 세계 만민이 시온을 중심하고 한 하나님의 백성이 된다는 에큐메니즘의 씨앗을 보여준다고 하겠다. 이스라엘의 입장에서는 그 에큐메니즘의 주동적 역할을 할 민족이 자기들이요, 또 세계 만민이 섬기는 하나님의 신앙의 중심지가 시온성이 될 것이라는 생각을 할 수 있다.

오늘 세계 교회의 에큐메니즘의 본산지가 제네바라 함과 같이 야웨 하나님을 믿는 세계적 신앙운동의 중심지가 시온이라는 생각을 이 시인이 하고 있다. 과연 이 시인이 세계 만민의 하나님을 높이고 그의 이름을 만방에 떨치기 위한 시각에서 이 시를 지었는지, 세계를 한 신앙으로 귀의케 하는 위대한 업적을 자기 민족 이스라엘이 했다고 스스로 민족 우월성을 고취하고 있는지 분명히 분간할 수는 없다. 이 시를 이스라엘 사람이 읽으면 후자의 입장을 취할 것이나, 비이스라엘 민족인 한국 사람이 이 시를 읽을 때는 후자보다 전자의 입장을 취할 수밖에 없다. 그것은 성경의 진리는 모든 민족에게 열려졌고, 그 민족과 하나님과의 직접적인 관계를 가지도록 권고하고 있기 때문이다.

크리스천은 구약의 이스라엘 역사를 통하여 하나님이 인간들에게 무엇을 요구하고 어떤 말씀을 들으라 하는가를 알게 되므로 구약성서의 신앙을 가진다는 것은 곧 이스라엘 신앙을 가진다는 것은 아니다. 크리스천은 신약에 나타난 예수 그리스도의 구원의 복음에서 구약을 읽기 때문에 구약에서 계시하는 하나님과 직접 관계하는 길을 열어주셨다. 그러므로 우리는 이스라엘 역사를 통하여 역사하신 하나님은 인류들이 다같이 믿어야 할 하나님임을 안다. 결코 우리는 이스라엘의 신앙을 그대로 물려받아 그들의 율법을 내 율법으로 인정하지 않는다. 그들의 십계명을 읽고 외우는 것도 거기에 나타난 하나님의 정체를 바로 알고 이 하나님께 대한 나의 올바른 신앙 태도를 찾고자 하기 때문이다. 하나님은 십계명을 통하여 자신의 뜻을 우리 모든 사람에게 알려주시므로 그것은 곧 나의 "십계명"이 되어 그 말씀을 내 신앙과 생활에 구체화시키려고 하는 것이다.

이 87편 시는 시온의 위치를 알려주는 시이다. 이 시온은 모든 만민의 신앙 대상인 야웨 하나님이 예배를 받는 곳이다. 흑인종, 백인종, 황

인종 등 인종의 차별 없이 또는 유럽, 아프리카, 인도, 동양의 각 문화의 차별 없이 이 시온 성에서 선포된 하나님의 구원의 역사를 믿게 된다. 예수님이 "구원이 유다에서 났다"고 함은 (요 4:22) 이 시온성이 만민을 구속하신 하나님의 구원 역사의 사건이 일어나 만민으로 하여금 이 구원을 쳐다보게 했다는 것이다.

이사야가 "너희가 기쁨으로 구원의 우물들에서 물을 길으라"(사 12:3)고 함은 시온에서 흘러내리는 구원의 샘물이 만백성을 위해 흐르고 있음을 말한다. 제 3 이사야가 "시온에서 구원이 나온다"(사 59:20; 롬 11:26)고 함은 이 시인의 사상을 다른 말로 표현한 것이다.

이 시에 "거기서 났다"(율라드솸)란 말을 거듭 쓰고 있는데 (4, 5, 6절) 이는 세계 모든 백성은 각각 자기가 난 나라가 있지만 야웨 하나님을 믿는 신앙으로 모두가 한 나라 백성으로 태어나게 되었음을 말한다. 이는 야웨 신앙으로 모두가 민족적, 문화적 차별을 초월하고 한 하나님의 자녀가 된다는 것을 뜻한다. 호세아가 말한 바, "내 백성이 아니었던 자에게 이르기를 너는 내 백성이라 하리라"(호2:23 ; 롬9:25)고 한 대로 세계 만민이 하나님의 백성이 되는 길을 암시한 것이다.

"여호와께서 만백성을 여기에 등록했다"(6)고 함은 세계 만민이 한 하나님의 자녀로 등록된 것을 말한다. 시온은 만민의 어머니가 된다는 것이다(5절). 궁켈이나 크라우스는 이 5절을 "내가 시온을 만물의 어머니"(궁켈) 또는 "어머니라 부르리라"(크라우스)고 번역했다. 시온이 이스라엘의 "어머니 도성"이라 (삼하 20:19) 함은 이 시인이 시온을 종교적인 근원지로 말하고 있는 것이다.

이렇게 시온을 중심한 하나의 새로운 인류 사회를 이 시인은 꿈꾸고 있었다고 할 수 있다. 그 새 세계는 이스라엘 사람의 정치적 권력이 만드는 것이 아니라 인류를 구원하는 하나님의 주권이 만드는 새 하늘 새 땅이다. 이 새 하늘과 새 땅은 신약에서 예수 그리스도의 왕국으로 소개되었고 계시록 기자는 이 새 나라에 대한 환상을 받았으며, 그 나라가 얼마나 아름다운가를 설명하고 있다(계21:1절 이하). 참된 의미의 에큐메니즘은 영토나 인종의 차별없이 모든 인간이 예수 그리스도를 통하여 한 하나님을 섬기는 것이다. 이 시인은 "시온"이란 지역, 이스라엘의 수도를 중심한 에큐메니즘을 말했지만 그의 사상도 결코 시온이란 지역이 아니고 이 시온이 선포하는 하나님, 만민을 그 죄와 악에서 구원할 구원자로 말미암아 만민이 한 하나님을 섬기는 것을 말하고 있다. 이런 신앙의 일치를 가질 때 이 시의 7절과 같이 모든 사람이 "춤추며 노래하며 내 모든 근원은 네게 있다"는 고백을 할 수 있다. 인간이 가져야 할 모든 축복의 근원은 만민의 아버지, 만왕의 왕이 되신 하나님 한 분께로부터 온다는 신앙이 철저할 때 참 에큐메니즘은 가능하다.

제 88편
숨으신 하나님

Psalm Meditation

오 야웨여
어찌하여 이 목숨을 버리십니까
어찌하여 당신 얼굴을 숨기시나이까

나는 어릴 때부터 고난을 당하여
숨을 거두게 되었습니다.
당신이 주신 공포에 질려
미칠 지경입니다(14, 15절).

이 시는 시편의 "탄식시"중에서도 가장 심한 고통을 알려주는 시의 하나다 (13, 22, 38, 39편 등). 많은 주석가들이 지적하듯이 이 시는 욥기에 나타난 욥의 고통에 견줄 수 있는 격심한 고통을 경험하고 있는 사람의 부르짖음이다. 다른 "탄식시"에는 그 고통의 원인이 무엇 때문인지, 병고 때문인지 원수들의 조롱과 핍박 때문인지 또는 권력자의 횡포 때문인지를 밝혀주는 구절들이 있지만 이 시편에서는 시인의 고통의 이유를 짐작하게 하는 구절은 별로 찾아볼 수 없다. 처음부터 마지막까지 고통의 부르짖음으로 일관되었다. 또 다른 "탄식시"에는 하나님의 구원을 의지하고 기다리는 표현도 있고 시인을 괴롭히는 자를 하나님이 벌하시기를 애원하는 말도 있고 또 그 고통의 부르짖음에 대한 응답이 있을 것을 기대하는 표현, 또한 그 고통을 감사하고 하나님께 감사와 찬송을 드리는 표현도 보이지만 이 시에서는 이러한 구절들을 거의 볼 수 없고 다만 그의 심각한 고통에 대한 호소만이 전체 시에 흐르고 있다. 철저한 탄식, 철저한 고난의 호소다. 구절마다 위기요, 구절마다 숨이 넘어 가는 위기의 표현이다.

그는 "밤과 낮"하루 종일 고통 속에서 부르짖고 있다(1절). 재난은 그의 영혼에 가득하고 그의 생명은 무덤에 가까움을 호소하고 있다 (3절). 그는 스스로 무덤에 내려가는 자로 간주하고 있다(4절). 아니, 내려가는 자가 아니라 "이미 살해를 당한 자와 같다"고 고백하며 "이미 무덤에 누워있는 사람이다"고 생각한다(5절). 전쟁터에 누운 시체 같다고 한다. 이 죽음의 상태는 인간 사회에서만 절연된 것이 아니다. 하나님의 손과 그 관심에서도 이미 끊어진 자라고 생각한다(5절). 그는 완전히 하나님과의 교제가 끊어진 이중의 고통을 겪고 있다고 한다. 하나님이 친히 자기를 어둡고 깊은 웅덩이에 던져버렸고 하나님의 진노의 물결에 휩쓸려 나올 수 없는 깊은 바다 속에 빠지고 말았다고 생각한다. 그는 다시 기억되지 않는 사람이 되어 버렸다(5절). 하나님의 기억 밖에 나갔다는 것은 하나님과의 모든 교제(交際)의 길이 단절된 것을 말한다 (시6:5; 30:9).

하나님과의 교제만이 아니라 인간 사회와의 접촉도 끊어지고 말았다. 그의 친구, 그의 아는 자, 그의 사랑하는 자 등 그의 주변에서 가장 동정하고 이 고난의 순간에 같이 해야 하고 위로의 말을 주고 그에게 희망과 용기를 주어야 할 가까운 사람은 다 그를 떠나고 말았다고 한다. 그들이 모두 이 수난 자를 "역스러운 물건(트에브)과 같이 생각한다"고 한다. 이 "트에브"는 "가증한 물건"으로 이스라엘 사회에서는 "극히 꺼리며 심히 미워하는 것"이다(신7:26).

나병자는 이스라엘 사회에서 "가증한 물건"과 같이 취급받는다(민 12:12). 욥은 이 시인과 같이 친구들에게 가증한 것으로 취급받음에 대하여 호소하고 있다(욥 19:19-22). 나병자는 예배도 함께 드릴 수 없는 가증한 존재이다. 그래서 그는 사람과의 교제를 떠나 혼자 외롭게 버려진 사람으로 살아야 한다(레 13:46; 대하 26:21). 이런 상태는 실제로 감옥에서 사는 것과 같다. 이 시인이 "나는 갇혀서 나갈 수 없다"(8절 하반)고 함은 이런 상태를 말한다. 욥은 실제로 이런 경험을 했다고 말한다(욥 31:34).

이 시인은 자기의 고난상을 이렇게 표현하면서 하나님과 사람에게서 완전히 버림받고 모든 교제가 단절되어 감옥에 갇힌 자 같고 죽음에 누워있는 사람으로 되어버려 수난 자 자신으로서는 하나님께로 나아갈 길은 단절되었지만 혹시 하나님은 자기와 같은 죽은 자에게도 가까이 올 수 있지 않는가 생각한다. 그래서 그는 "날마다 두 손을 들고 하나님을 찾으며 하나님을 향하여 그의 두 손을 들었다"고 한다(9절). 그러나 그가 보려고 하는 하나님은 보이지 아니한다. 그는 고통으로 "눈마저 흐려졌다"고 한다 (9절).

그리고 하나님이 자기에게 오신다는 상상도 곧 단념하고 만다. 그것은 하나님은 산 사람의 하나님이지 죽어서 무덤에 누운 자의 하나님이라 할 수 없기 때문이다. "죽은 자에게 하나님은 기적을 행하시지도 않거니와 하신들 죽은 자가 어떻게 그것을 알 수 있겠느냐"고 스스로 절망하고 만다. 그는 한걸음 더 나아가 죽은 혼백(魂魄)이 일어나 하나님을 찬양한다는 것도 있을 수 없다고 생각한다(10절). 하나님이 아무리 사랑을 베푼다고 해도 무덤에 있는 자가 느낄 수도 없고 또 그 사랑을 받는다 해도 그것을 선포할 수도 없으며, 하나님이 아무리 그 성실한 마음을 보여주신다고 해도 무덤과 파멸에 처해 있는 자신이 깨달을 수도 없고 또한 그 성실을 깨달아 안들 어떻게 그것을 다른 사람에게 알릴 수 있을 것이냐고 의심한다. 무덤과 같은 흑암 중에는 하나님의 이적(異蹟)과 기사가 통하지 아니하며 사망의 골짜기에 버림을 받고 있는 자신이 어떻게 하나님의 공의를 알 수 있겠느냐. 하나님의 공정한 판단-악인을 악하다 하시고 의인을 의롭다 하시는 그 공의로운 선언도 죽음에 처한 사람에게는 있을 수도 없고, 있다고 해도 그 죽음에 처한 자가 자기의 의를 밝힐 수도 없는 것이다.

이 시인은 완전한 절망을 하고 있는 것 같다. 다른 탄식시의 시인은 "구원하소서", "건지소서"등 기원을 하지만 이 시인은 그러한 애원을 하지 아니한다. 그는 고난의 순간을 견딜 수 없어서 부르짖는다:

"오 야웨여! 어찌하여 이 목숨 버리십니까. 어찌하여 당신 얼굴을 숨기십니까"(14절).

이 시인은 자기 수난의 고통과 외로움과 어두움과 절망이 문제가 아니라 "하나님이 그 얼굴을 숨겨버린 것"이 문제라고 한다. 살아 계시는 하나님, 어디나 계시는 하나님이 숨어 버리신다는 것은 시인에게는 견딜 수 없는 일이다. 이것은 하나님이 자기에게 나타나기를 간절히 기다리는 표현이다. 시편 22편 기자도 "왜 멀리 하시느냐"고 호소한다(시 22:1). 이렇게 하나님이 나타나기를 기다리는 것이 이 수난 자의 유일한 소망이다.

이 소망 때문에 그는 하나님께 빌고 있다. 주야로 빌고 (1절) 날마다 빌고 (9절) 아침마다 빌고 있다(13절). 이 간구만이 고난 중에 있는 하나님을 만나는 길이라 보고 있다. "주의 진노와 주가 주시는 공포가 종일"이 시인을 에워싸고 있으나 (17절), 그러나 이 시인은 아침마다 날마다 주야로 하나님이 자기 애원을 들어 주시기를 구한다(2절).

그는 고난이 물러가게 해달라든가 그를 괴롭히는 원수를 물리쳐 달라는 기도를 하지 아니하고 숨어 계시는 하나님이 죽음에 처한 자기에게 나타나기를 간구하고 있다. 그는 "내 구원의 하나님"이 자기에게 나타나 하나님의 손이 자기에 닿고 그의 기적이 일어나고, 그의 인자와 성실이 나타나서 그를 찬송할 수 있기를 간구하고 있다.

이런 간구의 심정도 "구원의 하나님만을 믿고 의지함"이다. 이 시 전편에 흐르고 있는 견딜 수 없는 고통의 부르짖음은 그것이 "탄식"의 소리가 아니라 오직 하나님만 믿고 의지하는 신뢰의 고백임을 알 수 있다. 여기 이 시에서도 인간이 당하는 수난이 문제가 아니라 그가 의지심을 가지느냐 못 가지느냐가 문제라는 것을 알려 준다.

제 89편
사랑과 진실

내 진실과 사랑이 / 그와 함께 하며
내 이름으로 / 그의 뿔이 높아지리로다(24절).

　　　이 장문(長文)의 시는 그 내용이 서로 모순되는 것을 볼
수 있다. 하나님의 "사랑과 진실"에 대하여 강한 발언과 동시에 이 "사
랑과 진실"과는 배치되는 이스라엘의 패망과 수치가 언급되었다.

　이 시의 내용을 보면 1-4절에 하나님의 사랑과 진실이 대대로 알려
줄 노래의 제목이 됨을 말한다. 이 사랑과 진실은 다윗과 맺은 계약의
원리였다.

　둘째 부분은(5-7절) 사랑과 진실을 베푸시는 하나님은 이 세상 어떤
신과도 비교할 수 없는 권능과 위엄을 가지신 분이다.

　세째 부분은(8-14절) 그의 권능과 위엄은 자연과 역사에 나타나서
사랑과 진실로 자연과 역사의 질서를 잡는 원리(原理)로 삼았다.

　네째 부분은(15-18절) 사랑과 진실의 하나님을 섬기는 백성은 복 받은
사람들이다.

　다섯째 부분은(19-37절) 하나님의 사랑과 진실이 구체적인 역사와 관
련된 것은 다윗 왕국을 세우시며, 이 나라를 통하여 하나님의 율법과
계명을 알게 하고, 이 나라도 하나님의 사랑과 진실을 그 나라 질서의
원칙으로 하면 그 왕국이 대대로 빛날 것을 약속한다.

여섯째 부분은 (38-45절) 다윗의 후손은 이 "사랑과 진실"의 하나님이 원하시는 계명(誡命)과 율법에 어긋났기 때문에 다른 민족에게 나라를 빼앗기는 수치를 당하게 되었다.

일곱째 부분은 (46-51절) 인생의 수명은 한계가 있어서 누구나 죽음을 맞게 마련이지만 하나님의 사랑과 진실을 따라 살면 그 죽음도 겁낼 것이 없다 한다.

이렇게 간단하게 이 시의 내용을 살펴본 대로 이 시의 주제는 하나님의 "사랑과 진실"이다. 이 두 개의 아름다운 말은 여러 번 사용되었다 (1, 2, 14, 24, 33, 49절). 이 두 말은 이 시의 주제만이 아니라 구약 신앙의 기초와 내용을 이루고 있는 가장 중요한 신앙과 신학 용어이다.

이스라엘 역사와 관련하여 이 사랑과 진실은 독특한 자리를 차지한 것 같다. 이스라엘 역사는 계약의 역사라 할 수 있다. 아브라함과 하나님과의 관계도 계약관계였다. 모세를 통해서 이스라엘 백성이 하나님의 선민이 되고 그들의 역사를 가나안 땅에서 시작하게 된 전 역사과정이 계약의 역사라 할 수 있다. 하나님이 이스라엘 백성과 계약을 할 때, "나는 너희 하나님이 되고 너희는 내 백성이 된다"는 말로써 계약 관계가 표현되었다.

많은 민족 중에서 왜 이스라엘이 하나님의 선민으로 부름을 받았는가. 그것은 이스라엘 백성 자체에 어떤 선함이나 잘난 것, 또는 그 수효가 많았기 때문이 아니고 다만 하나님이 특별한 사랑을 하셨기 때문이었다. 그런데 이렇게 사랑으로 맺은 그 계약 관계는 어떻게 유지되었는가. 구약 기자들, 역사가나 예언자들, 시인들이 공통으로 주장하는 바는 진실이 이 계약관계를 유지시켰다는 것이다. 하나님은 그 계약을 진실하게 지키고, 이스라엘도 하나님의 진실에 응답하는 진실을 지켜야 했다. 이 진실이 파괴될 때 그 계약 관계는 파기(破棄)되었다. 예레미야가 낡은 계약을 파기하고 새로운 계약을 말한 것도 (렘 31:31 이하) 이스라엘이 이미 하나님과 더불어 맺은 그 계약을 스스로 파기했기 때문이었다. 호세아의 말을 빌면 결혼한 아내가 그 사랑의 진실을 떠나서 음행을 할 때 그 결혼 관계는 파기된다. 이스라엘은 야웨 하나님과 맺은 첫사랑 (호 11:1)을 배신하고 그 사랑에 진실하지 못했다. 야웨를 버리고 바알에게로 돌아간 비진실(非眞實)은 이스라엘이 하나님과 맺은 계약관계를 먼저 파기한 것이다. 그러므로 언제까지나 하나님의 사랑과 진실에 응답할 수 있는 새로운 계약을 예레미야가 알려주었다. 이 새 계약이 구약에서는 역사화하지 못하고 신약시대에 와서 예수 그리스도를 통하여 이스라엘만이 아니라 온 인류, 세계 만민과 하나님과의 새로운 계약관계가 성립되었다.

예수 그리스도는 우리에게 하나님의 사랑과 진실을 그의 피로써 맺게 하셨다. 이 계약 관계에서 그를 사랑하고 우리의 진실을 이 사랑에 최선을 다해 나타내야 하게 되었다. 이것이 그리스도교 신앙이다.

이렇게 구약 신앙과 신약의 신앙을 연결지어 주는 것은 사랑과 진실이다. 하나님이 인간을 접촉하는 길이 사랑과 진실이고 우리 인간이 하나님께 나아가 그를 믿는다는 것은 곧 우리의 순전한 사랑과 변치 않는 진실을 나타내는 것이 된다.

이러한 성경 전체의 배경에서 볼 때, 이 89편 시인은 성서신학의 가장 핵심적인 문제를 중심하고 자기 시를 썼다고 할 수 있다. 그는 출애굽사건도 이 사랑과 진실에서 보고(9~10절) 이스라엘 역사의 중추가 되는 다윗 왕조의 역사를 이 사랑과 진실의 관계에서 보고 있다. 다윗은 하나님의 사랑에 의하여 선택된 사람이고, 그의 왕국은 하나님의 진실에 의하여 유지 보호되어 온 것이다.

하나님이 "나의 진실과 사랑이 그와 함께 한다"고 함은(24절) 다윗이 사랑과 진실에 의해서 선택 받고 또 이 사랑과 진실로써 강하고 유능한 왕이 되었다는 것이다. "그 뿔이 높아진다"는 말이다 (24절). 이 사랑과 진실의 관계에서 하나님은 그의 "아버지요, 하나님이요, 구원의 바위가 되셨다"(26절). 하나님은 그와 더불어 진실과 사랑을 주셨기 때문에 "세계 열왕의 으뜸이 되게 하신다"고 했다(27절). 하나님의 손이 다윗과 함께 하며 하나님의 팔이 그를 힘있게 하셨다(21절). 그래서 원수는 그를 넘어뜨리지 못하고 오히려 그는 대적을 박멸할 수 있었다(22, 23절).

그러나 이 시인은 하나님의 진실과 사랑을 다윗에게 무조건 준 것이 아니라고 한다. 하나님은 그와 그의 후손이 하나님의 율법과 계명을 지키기를 요구하셨다. 하나님의 진실과 그 사랑에 보답하는 길은 하나님이 그들에게 주신 율법을 지키고 그 계명을 꼭 지켜야만 그 모든 축복, 강함, 권위, 영화, 영구적인 왕위를 주신다고 했다 (30-32절).

그런데 이 시인은 38절 이하에서 이스라엘 역사의 비극을 말한다. 하나님의 사랑과 진실이 배신당한 역사를 말한다. 왕관은 땅바닥에 뒹굴며(39절) 국권은 훼파(毁破)되어 이웃 나라들의 조롱을 받게 되었다. 이 국난의 사건이 바벨론 군대에 의하여 망국의 비애를 본 것을 말하는 것인지 아니면 르호보암 시대 시삭의 침공(왕상 14:25 이하; 대하12:2절 이하)을 말하는 것인지, 분명하지 않다. 확실한 것은 하나님의 진실과 사랑을 배신하면 언제나 또 어느 민족이나 이런 수난과 비극을 맞게 된다는 것을 말한다. 그러나 비록 죽음을 막을 수 없는 허무한 인생이라도 (47, 48절) 하나님의 진실과 사랑에 대한 바른 응답을 하는 사람은 죽어도 다시 살고 또 영원히 살 수 있다는 것이 그리스도교의 신앙임을 가르치고 있다.

제 90편

인생과 풀과 꽃

당신이 휩쓸어 버리시면 인생은 꿈처럼 지나갑니다.

아침에 돋아나는 풀처럼 아침에는 싱싱하다가도
저녁에 베어지면 시들어 마르나이다 (5, 6절).

시편 시인들은 하나님을 노래하며 또한 하나님의 사랑, 영광, 권능, 두려움을 노래했고 그의 진실, 공의, 평화, 섭리 등을 노래했다. 그러나 그는 왜 하나님을 노래했을까. 시인과 같은 인간들을 위해서 보고 느끼고 생각한 바를 노래하지 않을 수 없었다.

그러나 이런 하나님의 세계와 그 세계에 역사하시는 하나님을 믿는 인간이란 어떤 것인가. 웃고 슬퍼하고 찬송하고 안타까워하고 감사하고 불평하고 복을 빌고 저주하고 사모하고 미워하고 기다리고 또 지루하여 짜증을 내는 인간이란 어떤 것인가. 인간은 하나님보다 조금 낮기는 하지만 그에게 영광과 존귀로 관을 씌워 만물을 지배하는 능력있는 존재로 만드셨다고 했다(시 8:4 이하). 그러나 "나는 벌레입니다" (시 22:6)라고 함에 인간의 존재란 보잘것 없는 것으로 말하고 있다. 도대체 인간이 무엇인가.

시편 90편 시인은 하나님의 세계에서 그의 축복과 은혜 아래서 살아가는 인생이란 것이 본질적으로 무엇인가를 생각해 본 사람이라 하겠다.

이 시인이 생각하는 인간은 수명이 제한되었고 그 본질(本質)은 흙이요, 그의 운명은 자기 스스로 어떻게 할 수 없는 무상한 것이다. 그는 인간의 삶이 영구적이 되지 못하고 모두 다 자기의 죽음의 날을 조만간 가지고 있다는 것이다. 인간이 아무리 만물의 영장(靈長)으로서 만물을 지배하는 자랑스런 위치에 있다고 해도 그의 수명은 제한되어 있다.

"우리의 수명은 칠십 년, 근력이 좋아야 팔십 년이다"(10절).

이 시인이 인간의 평균 수명을 70 또는 80세로 보고 있는 것은 인간의 수명을 상당히 길게 잡고 있다. 오늘날 세계에는 평균 수명 40세가 못되는 나라가 많이 있다. 70 또는 80이라면 오늘 선진국의 평균 수명과 거의 같다고 하겠다. 오히려 이만하지 못한 나라들이 많이 있다. 그러나 시인이 말한 연수가 비록 70 또는 80이라도 그것은 일정한 한계를 가진 것이고 영원히 살 수 없다는 것이다. 만물의 영장이라고 하지만 한 생명이 땅 위에서 살아간다는 것은 곡예사와 같이 위험한 고비들을 넘고 또 넘어가며 살아가는 것이다. 사람의 일생이 70 또는 80이라고 해도 그것은 순탄한 것이 아니다.

이 시인은 연로한 사람으로 인생의 경험을 많이 쌓은 사람 같이 70세, 80세를 살아도 그의 삶이란 것은 고생과 슬픔을 겪고 지내는 것 밖에 없다고 한다. 근대화와 산업화된 오늘의 세계에 산다는 것은 70, 80의 문제가 아니라, 하루하루 살아가는 것이 수고와 슬픔이며 또한 우리는 하루의 삶이라도 무사하고 안전하게 살기를 바라는 인간들이다. 물론 권력과 재력(財力)을 가진 사람 중에는 하루하루를 오락과 즐거움과 만족으로 살아가는 사람도 있을 것이다. 그러나 그것은 일부 특수층이 누리는 호화스럽고 사치한 삶에 불과하다. 이 땅 위에 사는 사람은 모두 수고와 괴로움, 슬픔과 안타까운 나날을 보낸다. 그러나 이 수고와 슬픔의 인생도 오래 살지 못하고 목숨의 한계를 가지고 있다. 참으로 이 70, 80년의 삶도 지내고 보면 "날아가는 것 같이"(10절) 빨리 지나간다. 유수(流水) 같은 세월이란 말, 또는 살 같이 빠른 세월이라는 우리나라의 표현과 비슷하다. 붙잡을 수 없다. 이것을 시인은 "우리의 한 평생이 순식간에 지나간다"(9절)고 했다.

이러한 삶은 결국 인간 스스로가 만드는 것이 아니고, 생각하면 하나님의 진노가 이렇게 만든다고 생각한다. "우리의 모든 날이 당신의 진노로 지나갑니다"(9절). 그러나 하나님의 진노를 바로 알고 깨달을 사람은 없다(11절). 우리의 목숨이 다하는 날 그것은 곧 하나님의 진노의 날이 온 것이다. 히스기야는 하나님의 진노 대신 긍휼을 받았기 때문에 그의 목숨이 15년이나 더 연장을 받았다(사 38:5-8).

이러한 제한된 목숨을 가진 인간이란 도대체 어떻게 생겨났는가. 인간의 본질 문제를 생각하는 시인은 창조의 기사에서, 흙으로 만들어지고, 또 목숨이 끊어지면 흙으로 돌아가는 것이 인생이라고 한다. 인간은 돌이나 쇠로 된 것이 아니다. 흙으로 되었다. 먼지로 되었다. "우리는 진토이다"(시 103:14 개역 개정은 먼지).

시인은 인간의 피조성을 분명히 한다. "사람을 흙으로 돌아가게 하신다." "사람을 흙으로 돌아가라 하신다"(3절).

인간은 스스로 난 것이 아니다. 책상이 사람의 손에 의하여 만들어지듯 인간은 창조주 하나님의 손에 의하여 창조되었다. 그러나 이 인간의 목숨이 끝나면 그 근본으로 돌아가고 만다. 흙에서 나서 흙으로 돌아가는 것이 인간의 본질이다. "그 숨이 끊어지면 흙으로 돌아간다"(시 146:4). 만물의 영장인 인간의 본질이 이렇게 약한 것이기 때문에 질그릇처럼 깨어지기 쉬운 것이다(시 22:15). 하나님이 손을 대시면 "바람 앞에 티끌 같이 부숴지고 거리의 진흙처럼 쏟아진다"(시 18:42).

다음에 이 시인은 사람의 운명이 얼마나 허무한가를 "홍수처럼 밀리어 간다"고 했다. 밤새 내린 비로 말미암아 홍수가 나서 마을과 들판을 쓸어가듯 인간은 자기가 생각지도 못한 순간에 죽고 만다는 것이다. 인간의 자연적인 죽음도 일정한 기한이 있어 허무하고 무상하지만 그보다도 많은 사람들은 자신이 생각지도 못한 사이에 죽음으로 밀려간다는 허무한 운명을 말하고 있다. 이것을 풀에다 비교하고 있다.

"아침에 돋아나는 풀처럼 아침에는 싱싱하다가도 저녁에는… 시들어 마릅니다"(5,6절). 37편 시인은 "그들은 풀과 같이 속히 베임을 당할 것이며 푸른 채소 같이 쇠잔할 것이다"(2절)고 했다.

인생의 운명이 허무함을 103편 시인도 말한다.

"인생은 그 날이 풀과 같으며 그 영광은 들의 꽃과 같다. 바람이 불어올 때 그 있던 곳도 찾을 수 없다"(시 103:15,16).

이사야도 인생은 풀과 같다는 말을 하고 있다(사 40:6,7). 이 시인은 꽃보다 더 허무한 "꿈"으로 비유하고 있다(시 90:5). 원어는 "꿈"이라기보다 "잠"이다. 그러나 많은 주석가들이 이 "잠"을 "꿈"으로 읽는다. 꿈이나 잠이나 이 구절에 "아침에 돋아나는 풀 같다"는 말이 인간의 허무성을 잘 설명한다.

이상과 같이 이 시인이 인간의 유약성, 무상성, 허무성을 노래한 것은 결코 비관론자나 허무주의 입장에서 말한 것이 아님을 알아야 한다. 이 시인이 의도하는 바는 이렇게 약하고 순간적이고 또 믿을 것이 못되는 인간이라도 그는 영원하신 하나님과 관계를 가지고 있는 자랑이 있다고 노래한다. 여기 시인은 하나님의 영원성을 강조한다. 인간의 천년은 하나님의 한순간에 불과하다(4절). 하나님의 존재는 만물이 창조되기 전부터 계신다고 한다. 존재 이전의 존재, 그는 하나님이다.

"산이 생기기 전, 땅과 세계도 당신이 만드시기 전, 곧 영원부터 영원까지 당신은 하나님이십니다"(1, 2절).

성서의 하나님은 모든 시간과 존재 이전의 존재, 영원 속에 사시는 분임을 이 구절이 가장 적절하게 보여 준다. 하나님의 영원성을 이렇게 분명하게 말해 주는 시인은 이 하나님과 인간과의 관계를 알려 주기 위함이다. 즉 전도자가 말하는 대로 사람은 헛되고 또 헛된 존재이지만, 그에게 있는 한 가지의 자랑은 그에게 "영원을 사모하는 마음을 주셨다"는 것이라 한다(전3:11). 사람은 영원을 자기 집으로 한 존재라 말한다. 이 시인이 "주는 대대에 우리의 거처가 된다"고 함은 하나님의 영원하심이 인간의 본향이고, 이 영원한 하나님과 맺은 인간이기 때문에 인간 자신은 결코 유약하거나 무상하거나 또한 허무한 존재가 아님을 강하게 말하고 있다. 즉 순간적인 인간 존재, "바람 앞에 겨와 같은 존재"(시 35:5), "입김보다 가벼운 존재" (시 62:9) 이지만 이런 인간이 하나님의 영원성에 접붙어서 영원에로 향하고 있는 존재임을 이 시인은 말해주고 있다. 하나님의 영원에 접붙어 있는 자이기 때문에 그는 우리 인간의 일생이 즐거울 수 있다는 (14절) 낙관론을 가진 인간이라 한다. 이 인간에게 하나님의 하시는 일이 나타나고 이 인간에게 하나님의 영광이 분양되어 있다 (16절).

풀과 같은 존재지만 하나님의 영원이 약속되었고, 시들고 마는 꽃과 같으나 하나님의 아름다움을 앙망하고 살아가게 한다. 그러므로 인생은 마냥 즐겁다. 겁낼 것 없다. 불안할 것도 없다. 허무하지도 무상하지도 않다. 우리의 기도를 이 시인처럼 올릴 수 있다.

"야웨 우리 하나님이여 / 당신의 아름다움이 / 우리에게 오게 하소서.
우리 손으로 하는 일을 / 견고하게 하소서.
우리 손으로 하는 일을 / 견고하게 하소서"(17절).

우리의 사는 삶이 흔들리지 않고 씩씩하게 전진하고 무너지지 말게 해달라는 이 기도는 풀과 꽃과 같은 인간이 그 목숨의 마지막 순간까지 드릴 기도이다.

제 91편
사자와 독사

너는 사자와 독사를 밟으며
젊은 사자와 용을 짓밟으리라

나를 사랑하기에 내가 그를 건지리라.
내 이름을 알기에 내가 그를 높이리라(13,14절).

여기에 시인의 확신이 나타났다. 그 자신이 사자와 독사를 밟아보고 어린 사자와 용을 짓밟은 경험에서 말하는 것은 아니다. 신념이다. 믿는 마음이 가질 수 있는 가능성이다. 하나님을 의뢰하는 사람이 가질 수 있는 힘이다. 신념이 힘이라는 것을 이렇게 상징적으로 표현한다. 결코 이 시인은 사자와 독사를 밟으라고 명령하지 않는다. 밟을 수 있는 용감성과 대담성을 가질 수 있다는 것이다. 이 시인은 하나님을 의지하는 사람이 가질 수 있는 능력을 말해 준다. 시편 46편 시인이 "산을 옮겨 바다에 넣을 수 있는" 힘이 하나님께 의지하는 신뢰에서 온다는 것을 말함과 같은 시이다. 이사야가 메시야를 노래하는 데서도 이러한 담대성과 용감성을 밝히고 있다.

"젖먹는 아이가 독사의 구멍에서 장난을 하며 젖뗀 어린이가 독사의 굴에 손을 넣을 것이다"(사11:8).

이사야는 메시야가 올 때는 만물과 인간이 조화 (調和)와 화목의 정신으로 함께 살 수 있기 때문에 서로 해치는 일이 없겠다고 한다. 이 시인은 메시야 시대를 말하지 않지만 하나님께 모든 것을 맡기고 사는 사람은 아무것도 무서울 것이 없다는 것을 말한다. 시편 46편 시인이 "우리는 두려워하지 않으리라"(3절) 함과 같다. 이 시는 46편보다 인간의 담대함과 용감성을 더 자세히 말해주고 있다. 인간을 두렵게 하는 여러 가지를 그의 시 속에 많이 들고 있다. "새 사냥꾼의 올무"(3절). 이것은 원수의 모함이다. 몰래 친 그물로 신앙인을 궁지에 빠지게 한다.

"그가 마을 구석진 곳에, 그 은밀한 곳에서 무죄한 자를 죽이며.… 사자가 굴(窟穴)에 엎드림 같이 그가 그 은밀한 곳에 엎드려 가련한 자를 잡으려고 기다린다"(시10:8, 9).

이 시인이 말하는 것과 같은 "올무"로 시인을 잡으려는 것이다.

이 시인이 말한 "극한 염병"은 "치명적인 유행병"을 말한다. 6절에는 "밤중에 퍼지는 무서운 전염병"이라 했다. 구약 세계에는 무서운 전염병들이 유행해서 많은 사람들이 목숨을 잃었다. 신명기 28장에 이런 치명적인 병들을 "폐병, 열병, 염증, 학질"등으로 말했다(신 28:22).

시인이 말한 "밤에 놀랄 일(공포)", "낮에 날아드는 화살"(5절) 등은 모두 뜻하지 않는 순간에 찾아와서 사람을 상하게 하는 것이다. 전염병과 재앙도(6절) 인간의 삶을 습격하여 치명적인 손상을 끼치는 것이다. 그밖에 "화"(라아), "재앙"(염병 같은 것, 10절), "환란"(차라) 등이(15절) 시인의 안정된 삶을 괴롭히고 불행하게 만드는 것들이라 말한다.

그러나 이 모든 재난과 수난 등이 결코 시인 자신에게 어떤 나쁜 결과를 가져올 수 없다고 자신 있게 말한다. 다른 사람은 불의의 재난 때문에 "천 명이 네 곁에서, 만 명이 네 우편에서 엎드러지지만 이 재앙이 네게는 가까이 오지 못하리라"(7절)는 확신의 안전감을 말한다.

새 사냥꾼의 올무에서도 건져지고 심한 염병에서도 건짐을 받으며 밤의 공포, 낮에 날아드는 화살 등을 두려워할 필요가 없다고 한다. 아무러한 화도 어떤 재앙도 그에게는 가까이 오지 못할 것이라 한다. 그 이유는 그 자신이 전능하신 "하나님의 그늘(보호) 아래 있고"(1절) 하나님이 그것으로 이 시인을 덮어주시므로 그 날개 아래 피할 수 있기 때문이라 한다(4절). 지존자를 자기의 "거처"로 삼았기 때문이고(9절), 특히 하나님의 천사가 그를 부축해 주며, 그 발이 돌에 부딪히지 않게 하는 보호가 보장되었기 때문이다(11,12절). 이 시인에게 있어서 하나님은 "그의 피난처, 그의 요새, 그의 의지하는 분이요"(2절) "하나님의 진실과 그의 방패, 그의 손 방패"가 (4절) 그를 지켜 보호한다고 한다.

사람들은 모두 불안하게 살아간다. 그의 소유가 없어지거나 빼앗기지 않을까, 그의 몸이 상하거나 그의 목숨이 위협을 받아 죽지나 않을까, 뜻하지 않은 재난이 오고 생각지 못한 전쟁이 일어나 삶이 파괴되고 내일도 없고 죽음이 문 앞에 다가와 있는 것 같이 불안하게 살아간다.

그러나 이 시인은 하나님을 의지함에서 오는 안전과 평안을 여기서 노래하고 있다. 이 시인은 다른 시인에게서 볼 수 없는 말 한마디, 그의 경건의 성격을 알려 주는 말 한마디를 소개한다.

하나님이 자기를 사랑하기 때문에 자기를 건져 주신다 했다(14절).

하나님을 사랑한다는 말은 많이 쓰이는 "아합" 동사가 아니고 "크하삭"이란 특수한 말이 쓰여졌다. 이 말은 하나님이 이스라엘 백성을 사랑하시기 때문에 그들을 선택했다고 할 때 쓰여진 "사랑"이란 말과 같다(신7:7). 세겜이 하몰의 딸을 연연하게 생각하고 못견디게 사랑했다고 함에(창34:3)도 쓰여진 말이다. 전쟁 포로 중 여자를 사랑하는 마음이 생길 때도 쓰여지는 말이다(신21:11). 그래서 이 말은 사랑을 표시하는 말 중에서 강렬한 애정의 느낌을 표시하는 말로 사용된다. 하나님이 이스라엘을 그렇게 사랑함에도 사용되었다. 이 시인은 이 "크하삭"이란 말을 사용하여 시인 자신이 하나님을 연연(戀戀)하게 사모하는 정을 표시하고 있다. 이러한 사랑 때문에 하나님은 그를 건지신다고 했다.

사랑은 일방적이 아니다. 서로가 응답해야만 된다. 하나님의 "크하삭" 사랑에 인간도 "크하삭"의 사랑을 한다는 것이 아름다운 영혼의 사랑이다. 인간의 영혼이 하나님을 연애하는 감정으로 지낸다는 것은 하나님의 모든 축복을 받는 기초가 된다. 이 시인은 인간이 경험하는 온갖 위험과 환란과 재난에서도 안전할 수 있는 비결은 하나님의 보호를 받는 것, 그 날개 아래 숨는 것, 그를 피난처로 삼는 것, 그를 의지하는 것, 그를 그립도록 사랑하는 마음을 가짐에 있다고 한다. 이런 심정을 가진 자에게 하나님은 응답하시고 그가 어떤 어려움 속에 처해도 그와 함께 하시고 그를 구해 주시며 또한 영화롭게 한다고 했다(15절).

이런 축복은 또한 그에게 "장수함"도 주시고 그의 삶에 만족함도 주신다고 했다 (16절).

참으로 이 시인은 독사와 사자와 같은 독이 서린 인간의 삶 속에서도 안전히 살 수 있는 비결을 우리 인간에게 알려주고 있다.

제 92편
싱싱한 종려나무

Psalm Meditation

의로운 사람은 종려나무 같이
푸르르고
레바논의 백향목처럼 성장하리로다

늙어도 여전히 열매를 맺고
물기가 넘치고
항상 싱싱하리라(12, 14절).

　　　　시편에는 의인과 악인의 대립이 빈번히 나온다. 시편
1편이 보여주듯이 이스라엘의 경건한 마음, 그 진실한 마음은 의인과
악인의 관계에서 실망하고 고민도 하고 회의도 하고 비판한다. 그러나
시인들은 의인의 기쁨과 자랑도 알고 있다. 악인으로 말미암아 고통을
느끼면서도 그 악인을 이길 수 있는 신앙적 자랑이 있음을 노래한다.
그는 악마에게 수난과 핍박을 당하면서도 악인은 영원한 승리를 하지
못하리라는 신념에 차 있다. 의인의 수치는 하나님의 영광으로 가까이
나가는 길이요, 의인의 한숨은 그의 찬송으로 할 수 있는 호흡을 조정
하는 일이요, 그의 눈물은 주가 주시는 기쁨의 동산에 물을 대는 일과
같이 생각했다.
　　시편 37편과 73편은 악인이 왜 악을 짓고도 근심 없이 재난도 없이

평안하고 권세를 누리고 자기 소유욕을 채우며 사는가 하는 인간 모순 때문에 고민하고 있다. 이 92편 시인도 "의인은 괴롬 받고 악인은 형통한다"는 모순된 일을 37편, 73편의 시인들과 같이 생각한 사람이지만 그들과 같이 의심하고 번민하고 하나님께 호소하는 심정을 가지지 아니한다. 그는 악인은 반드시 그 악의 보응을 조만간에 받을 것이고, 의인은 의인대로 그의 상급을 받는다고 확신하고 있다. 그 자신은 고민하는 심정보다 악인의 운명을 내다보고 오히려 하나님이 하시는 일을 감사하며 찬송하고 있다. 악인이 잘 산다고 해도 겁낼 것 없다.

"악인들은 풀 같이 무성하고
악을 행하는 사람마다 번창할지라도
그들은 영원히 멸망하리이다"(7절).

여기서 악인의 운명을 풀에 비유했다. 우거진 잡초처럼 악인의 삶이 무성하지만 그 번영과 행동이 영구적이 될 수 없고 그 대신 멸망이 영구적이 되리라 선언한다. 이러한 패망은 하나님의 역사 간섭에 의함이라 한다. 즉 하나님은 악한 사람이 그 악으로 잘 살고 평안하게 사는 것을 용납하시지 않는다고 한다. 시편 37편, 73편 시인도 이러한 하나님의 벌을 믿고 있었지만 현재 그들의 눈앞에는 악인이 망하는 것보다 그들이 더 잘 되는 것을 보기 때문에 고민에 싸였다는 것을 보여 준다. 그러나 이 시인은 그런 모순을 당장에 해결하려고 안타깝게 원하지 않는다. 이는 전적으로 인간의 능력 밖의 일이고 하나님만이 할 수 있는 일이기 때문에 하나님이 그들을 멸망시키리라는 자신의 확신만을 밝히고 있다.

"야웨여/ 당신의 원수들을 보시옵소서/당신의 원수들을 보시옵소서.

그들은 망하고/ 악을 행하는 자는 다 흩어지리이다"(9절).

시인은 악인들이 멸망하는 것을 자신이 보려고 하거나 자기에게 보여 달라고 하지 않는다. 하나님이 분명히 보실 것을 말하고 있다. 두 번 거듭해서 하나님이 악인들의 마지막 운명을 보신 것을 말하고 있다. 시인의 소원 표시가 아니라 하나님은 그들의 멸망의 날이 올 것을 알고 계신다는 자기 신념만을 밝히고 있다. 이것을 11절에 다시 자신의 입장에서 말하고 있다.

"내 눈으로도 내 원수들을 볼 것입니다.
나를 대항하는 악인들에 대하여 들을 것입니다."

여기서도 시인 자신이 보게 해달라는 기도의 말을 하지 아니한다. 그의 눈으로 원수의 멸망의 날과 그를 대항하는 악인들이 어떻게 망했다는 사실을 듣게 될 날이 올 것을 믿는다고 말한다. 이는 다만 9절에 나타난 대로 하나님이 이 원수들에게 보응하실 것이니 그 멸망을 보고 그것에 대해 듣는다는 것은 자명한 일이라 한다.

이 시인은 이렇게 원수나 악인이 자기가 보는 눈 앞에서 당장 망하는 것을 보여달라는 간구보다도 하나님이 보게 해주실 날이 확실히 있을 것이라는 신념만을 표시했다. 이 시인은 전체 15절 중에서 악인의 종말에 대한 확신을 다만 9절과 11절에서만 말하고 나머지 전부의 시는 하나님이 자기와 같은 의인을 어떻게 대해 주시는가 함에 대한 감격의 노래만을 보여 준다. 그는 "감사와 찬송"에 차 있다.

"오, 지존하신 분이여/야웨 당신께 감사하고/
당신의 이름을 찬양함이/얼마나 선한 일이옵니까!"(1절).

이 시인은 자신이 악인 때문에 고민하고 있는 사정을 조금도 나타내지 아니한다. 하나님의 능력, 그 사랑, 그 공의의 심판, 그의 구원과 도움을 확신하고 있는 시인에게는 악인이 잘 되고 의인이 괴롬 받고 핍박받는다는 현실적인 모순이 그의 심령을 흔들 수 없다. 오히려 감사와 찬송의 기회로 삼는다. 이런 모순을 통하여 인간적인 일보다 하나님의 뜻에 더 관심할 수 있게 되니까! 그것을 다음 구절에서 밝히고 있다.

"아침에는 당신의 사랑을/ 저녁에는 당신의 진실을/ 보여 주시오니/
열 줄 비파와 거문고로 /수금에 맞추어 노래를 부릅니다"(2 – 3절).

이 시인도 89편 시인과 같이 그의 노래의 주제를 하나님의 "사랑과 진실"로 삼고 있다. 아침 저녁으로 비파와 거문고와 수금을 타며 하나님을 찬양하고 그 행사를 명상하는 노래를 부르고 있다. 37편과 73편에서는 이런 찬양과 노래를 찾을 수 없다. 인간 모순이 많은 현실에서 하나님의 사랑과 진실을 믿는 사람이 불평이나 원망(怨望)(시 37:1) 대신 모든 악기를 동원하여 찬송하고 노래한다는 것은 참으로 아름다운 영혼의 모습이다.

왜 이런 기쁜 노래를 해야 하는가.

"오 야웨,/ 당신의 일로써 나를 기쁘게 하셨으니/
당신 손으로 하신 일들을/ 어찌 기뻐 외치지 않으리이까."(4절)

세상에는 모순된 일이 가득 찼고 인간의 삶에는 해결할 수 없는 수수께끼 같은 일들이 많아 하나님의 계심도 그 권능도 그 사랑도 의심할 수밖에 없지만 이 시인은 그 자신의 삶에 보여주신 하나님의 사랑을 기

시편 명상

억하며 그의 민족사에 보여주신 하나님의 여러 가지 구원사를 생각할 때 이 하나님을 찬양하지 않을 수 없다. 그는 다시 한번 더 하나님의 하신 일에 대한 찬양을 하지 않을 수 없다.

"오, 야웨/ 당신의 하신 일은/ 어찌 그리 크십니까.
당신의 생각은/ 한없이 깊으십니다"(5절).

하나님의 위대한 업적, 그의 심오한 생각, 인간이 감히 생각할 수 없는 데까지 깊이 생각해 주시는 하나님께 찬송을 하지 않을 수 없다. 이 크고 깊은 하나님의 일과 생각을 알지 못하는 자는 다만 그가 무지하고 어리석기 때문이라 한다(6절).

하나님의 이렇게 깊이 생각해 주시고 돌보시는 은총을 받는 의인은 마치 "종려나무 같이 푸르르고 레바논의 백향목처럼 힘차게 자라고 비록 늙어도 여전히 열매를 맺고 물기는 항상 충분하여 싱싱함을 자랑한다" 했다(12-14절).

의인은 하나님의 종려나무다. 악인들에게 수난과 핍박을 당하나 하나님의 집, 그의 영광과 은혜의 샘터인 하나님과 가까운 교제를 함으로써 그는 항상 푸르르고 언제나 열매를 맺을 수 있다. 시편 1편 시인이 말한 "푸른 신앙"을 가진 의인은 인간 모순, 사회 모순 속에서도 하나님을 찬양하고 살아갈 수 있다.

제 93편
야웨 만세, 만세, 만세

야웨가 다스리신다.
권위의 옷을 입으셨다.
야웨는 권능의 옷을 입으셨다.
세계는 흔들리지 않고
움직이지 않는다(1절).

　　　　　　"야웨가 통치하신다"로 번역할 수 있는 "야웨 말라크"
란 원어는 최근에 와서 모빙켈이 "신년 축제" 사상과 시편을 관련시킨
이래 많은 학자들이 "야웨는 왕이 되신다"로 번역함이 좋다고 생각한
다. 그 이유는 이 말은 단순히 왕이 다스린다는 통치에 대한 설명이라
기보다 "신년 축제"때에 야웨가 이스라엘의 왕이 되신 것을 선포하는
장엄한 의식용어로 사용되었기 때문이라고 한다. 이것은 본래 바벨론
의 신년 축제에서 말둑이 새롭게 왕이 되어 그 백성과 만물을 다스리게
되는 제사의식 때에 사용된 말로서 이스라엘이 바벨론과 같이 신년 축
제를 지키게 되어 야웨가 왕이 되신 것을 선포한 것이라 생각한다. 다
만 학자들에 따라 과연 이스라엘에도 모빙켈이 생각한 바와 같은 신년
축제가 있었느냐 함에 대해서는 반드시 의견이 일치하지 않는다. 바이
저는 이런 축제가 시내산 계약의 갱신을 해마다 추수가 끝나고 새로운
해로 바꾸어짐을 기하여 야웨가 이스라엘과 만물의 왕이 되심을 선포

한 말이라 한다. 그러나 크라우스는 이 구절을 "야웨는 왕이다"라고 이해하여 이런 의식은 예루살렘을 중심하고 이스라엘 백성의 중요한 축제가 된 다윗의 계약제(시온산 계약 축제, 법궤를 모셔오면서 드린 축제, 삼하 6장 ; 왕상 8장; 시 132편) 때에 "야웨는 왕이시다"라는 선언을 할 때 사용된 말이라 한다. 그러나 궁켈은 이 선언은 바벨론 신화와 관계됨도 아니고 그렇다고 이스라엘의 역사적인 축제와 관련됐다기보다는 야웨 하나님이 종말적 통치를 하실 때 만물과 만민의 왕이 되신 것을 말한 것이라 한다. 그러나 영국 학자 스나이드는 이스라엘에서는 "신년 축제" 같은 것은 찾을 수 없고 "안식일"을 지키는 의식 속에 야웨 하나님의 통치를 노래하는 시에 사용된 말이라 한다.

이 "야웨 말라크"란 제의적 선언의 말이 시편 처음에 나오는 시는 93편을 비롯하여 97, 99편에서 볼 수 있다. 이런 시를 궁켈은 "대관시" 형태의 시라고 한다. 야웨가 왕이라 함을 나타내는 시는 이런 시 외에도 24, 47, 132편 등을 꼽을 수 있다.

이런 시가 바벨론의 영향을 받았느냐 아니 받았느냐 하는 문제는 시편 주석을 할 때 시의 성격과 그 내용을 파악하는 데 필요한 지식이다. 우리는 이 문제에 관하여 학문적인 관심은 여기서는 접어두고, 다만 "야웨가 왕이 되신다" 또는 "야웨는 왕이다" 또는 "야웨가 통치하신다"중 그 어느 것을 취하든지 한 가지 뚜렷한 사실은 야웨가 만왕의 왕, 만주의 주로서 세계 만민은 물론 하늘과 땅, 온 우주를 지배하시는 주권자로 그 모든 것을 다스리시는 통치자라는 사상은 동일하다는 것이다. 이 사상이 바벨론의 영향으로 이스라엘에 전해졌다고 할 수도 있으나 이스라엘의 가장 초기문서라 할 수 있는 야웨문서(J기자)가 창세기 2장 이하에서 밝혀주는 우주관, 세계관, 인생관 그리고 인간 이해와 만물을 설명하는 자연관 속에 이미 야웨는 왕이라는 사상이 나타나 있다. 왕이란 말 자체는 그들의 유목민 시대나 초기 농경문화 시대에는 나타나지 않았다고 해도 야웨 하나님이 세계와 만민을 다스리고 주재한다는 사상은 그의 창조론 속에 이미 들어있다고 할 수 있다. 그러므로 이 "야웨는 왕이라"는 사상을 구태여 외국의 영향이라 할 필요는 없다. 이스라엘의 순수한 신앙 속에는 "구원자"란 말이 더 짙게 나타난 것 뿐이지 왕의 주권사상과 통치사상이 이스라엘의 삶과 사상을 지배하고 있었다고 하겠다.

> "문들아 너희 머리가 들릴지어다. /영원한 문들아 들릴지어다.
> 영광의 왕이 들어가신다. /영광의 왕이 뉘시뇨…
> 만군의 야웨 곧 영광의 왕이시다"(시 24:7 - 10).

여기서 야웨 하나님이 왕이란 사상과 이스라엘의 예배의식이 밀접하게 관련되어 있음을 볼 수 있다. "야웨가 왕이 되신다"고 말하는 모빙켈의 이해는 마치 신년 축제가 있는 그 의식 때에 비로소 왕이 되시고 그 이전에는 왕이 아니었다는 인상을 주며 또 과거에 왕이 되었다가도 신년 축제 때 왕이 되심을 선포한다는 것은 야웨의 왕권이 오직 한 해만 지속되는 것을 말하며, 동시에 야웨가 왕이 되시는 것은 그 자신의 능력과 권위에서가 아니라 제의의식 때 제사장이 선포함으로 비로소 왕권이 부여되는 것 같은 인상을 준다. 그러므로 "야웨가 통치하신다"라고 선언함보다 그 의미에 모호성과 제약성이 있다. 제의의식에서 선언하는 의식적인 순서가 없어도 야웨는 왕으로 계셨고, 또 계시고 또 그렇게 계신 것이다. 차라리 크라우스와 같이 야웨는 왕이라 하는 선언이 더 분명하다. 이 사실은 아무도 가감할 수 없는 진리이다. 그는 하나님이 되신 그 순간부터 통치권을 가지신 분이다. 그의 통치권을 누구에게서 부여받았다거나 그 자신의 개발과 노력으로 왕권을 쟁취했다고 할 수 없다.

야웨는 권위의 옷을 입고, 능력의 옷을 입고 통치하시는 왕이라 했다(1절). 야웨가 자기 권위와 능력으로 통치하시기 때문에 세계가 견고히 서서 흔들리지 않는다(1절)고 했다. 인간 세계의 질서는 하나님의 통치력에 의하여 유지된다. 이 세상에 하나님이 지키시고 돌보시는 통치가 없다면 인간의 악의와 자기만 위하고 자기 민족, 자기 국가만을 위하는 이기심 때문에 세계는 스스로 자멸했을 것이다.

이것을 시인은 "당신의 왕좌는 태초부터 흔들리지 않고 굳게 서 있었다"고 하며, 이 영원한 보좌는 야웨 자신이 변치 아니하시는 영원한 존재이기 때문이라 한다(3절). 그리고 이 하나님의 그 능력을 비교해서 "큰 물"과 "요란한 소리 같다"고 한다(4절). 하나님은 만물을 창조하실 때, 태고 때부터 있었던 "토후 와보후"(창1:2, "원시적인 혼돈과 어둠"의 뜻)를 극복하셨다. 하나님은 "태고의 바다", 신화의 세계에서 가장 무서운 힘과 어두움을 지배한다는 혼돈의 세력을 이기신 능력을 가지신 분이다. 이 사실을 이스라엘은 그들의 역사에서 증거해 주심을 통해 알았다. 능력과 권위로 구원사의 역사를 보게 한 이스라엘의 역사가 증거이다(5절). 이 사실을 하나님의 집에서 하나님의 말씀을 통하여 배우게 된다. 이스라엘 백성은 이 야웨 하나님을 섬기는 예배를 통하여 그의 왕이 되심과 그의 통치하시는 역사를 친히 접할 수 있다. 이 진리는 영원히 간직할 것이다.

야웨 하나님이 왕이라 함에서 우리는 그의 통치를 받고 보호를 받고 그의 주시는 모든 필요한 것을 받을 수 있기 때문에 이 왕에게 만세를 부르지 않을 수 없다. 야웨 만세, 만세, 만세.

제 94편
당신의 위로

Psalm Meditation

내게 근심이 많을 때
당신의 위로로
내 영혼이 기뻐하오리이다(19절).

　　여기의 "근심"이란 말("사아프"란 원어는 걱정과 염려로 마음
이 헛갈린 상태를 말함)은 성서에 많이 나오지 아니하는 말이지만 악인들이
지배하는 시대에 사는 정직한 사람과 의로운 사람이 가질 수 있는 온갖
염려와 걱정을 말한다.

　이 시는 복수의 정신이 강하게 나타난 시로서 비복음적인 시라 할
수 있을 것이다. 그러나 시편에서 말한 복수 감정은 인간의 솔직한 심
정을 그대로 노출시킨 것으로 보아야 하고 또한 자신의 신앙과 경건을
너무 지나치게 생각한 나머지 비록 그것이 인간을 사랑하는 생각은 아
니라고 해도 불의에 분노하고 악에 항거하는 인간의 정의감에서 가질
수 있는 마음이라 이해할 수 있다. 더욱이 그 악인들에게 핍박과 수난
을 당하고 있는 시인으로서 그들의 악이 없어지게 하는 방법으로 하나
님이 그들을 멸망시켜 달라는 생각은 반드시 신앙적이라 할 수는 없다.
이 시는 복음적은 아니지만 신앙적인 솔직함이 나타난 시로 읽어야 할
것이다. 이 시인이 말하고 있는 근심은 악인으로부터 오는 신앙적인 조
롱과 그들의 오만한 말과 행동들이다.

시편 명상

이 시인을 근심케 하는 사람은 "교만한 자"요(2절), "악인"(2,3절), "악을 행하는 자"(4,16절), "악한 자"(므레임, 16절)라 불리는 자이며, 이들이 하는 짓은 "지껄이며 오만히 말하며"(4절), "주의 백성을 짓밟으며 주의 기업이 된 자들을 핍박하며"(5절), "과부와 나그네를 죽이며"(6절), "고아를 살해하며"(6절), "야웨는 보지 못하고, 생각지도 못한다"고 말하며 (7절), "법을 내세우며 악한 권세를 부리고 있다"(20절).

이들이 하는 말은 교만하고 악한 말을 하며, 이들은 하나님의 백성을 학대하며 야웨의 영광과 그의 구원사를 다른 민족들 앞에서 전달하는 특별한 사명을 가진 이 택함받은 백성을 핍박하며 특히 그들에게는 사회정의에 대한 생각이 추호도 없을 만큼 불의한 짓을 하고 있다. 이스라엘이 고대법에서나 (출 23:6-9) 예언자들 사상에서 (사 1:15절 이하 ; 미3:9절 이하; 암5:10절 이하 : 말2:5 등)가르치고 있는 정의의 구현을 하지 않는 자들이다. 그뿐 아니라 그들은 율법을 빙자하고 온갖 악한 일을 대담히 하고 있다. 마치 야웨의 날을 축복의 날로 오해하듯 (암5:18 이하) 예루살렘에 예배 때만 참석하면 하나님의 축복을 받는 것으로 안일하게 신앙을 생각하는 사람들(렘 7:4-7)과 같은 자들이다.

이들은 야웨 하나님이 전적으로 자기 편이 되어 있다는 생각으로 자기들의 악행을 아무러한 양심의 가책없이 범행하는 사람들이다. 그러나 이러한 신앙의 자신감과 자기 경건의 보장을 스스로 자인할 만큼 자기 의(義)에 넘치는 교만한 사람이기 때문에 그들은 하나님께 대한 생각을 진지하게 하지 못한다. 그들이 무슨 짓을 해도 하나님은 보시지 않고, 또 자기들의 악행 같은 것은 생각지도 않으신다고 한다. 이 생각은 하나님을 부정함에서도 올 수 있고 하나님을 지나치게 자기 표준에서 이용함에서도 올 수 있다. 그들은 무신론자인 동시에 반신론자들이다.

이 시인은 이런 사람들이 나라를 다스리는 시대에 또 그러한 악인들 틈에서 살고 있다. 그러므로 이 시인에게서 염려와 근심이 떠날 수 없다. 순간마다 긴장이요, 순간마다 이 악인들이 쏘는 악담과 모독이 화살처럼 이 시인의 심령에 꽂히고 있다. 따라서 괴롭고 안타까울 수밖에 없다. 이런 수난과 핍박 중에서 사는 시인은 그의 사정을 하나님께 호소하지 않을 수 없다.

"원수를 갚으시는 하나님이여
원수를 갚으시는 야웨 하나님이여"(1절)

그는 부르짖고 있다. 시인의 암담한 현실을 밝혀줄 빛은 다만 하나님에게서만 올 것을 기대하고 있다: "빛을 비추소서"라고 간구한다 (1절).
이 하나님은 결코 이 시인과 같은 개인 문제에 간섭하시는 분은 아니시다. 하나님은 이 세계 위에 공의를 실현하시고 이 땅에 있는 악과 불의를 심판하시는 분이다. 바른 것은 바르다 하고 잘못된 것은 잘못되었다고 선언하시는 하나님이다. 사람은 공정한 판단을 하지 못한다. 실수 또는 고의적으로 정의의 판단을 하지 못한다. 그러나 하나님은 언제나 공정한 판단을 하신다. 악인들이 언제까지 개가를 부르고 날뛰게 하시지 않는다.
악인들이 하나님의 공의의 판단을 모르는 것은 얼마나 어리석은가. 그래서 이 시인은 "이 우둔한 사람들아 생각 좀 해보라. 이 무지한 자들아 너희는 언제나 지혜로운 생각을 할 것인가"(8절)

하나님은 인간의 하는 일을 보고 인간의 하는 말을 다 듣고 계신다. 그는 "귀를 지으신 자요, 또 눈을 만드신 분이다"(9절). 그들이 하나님과 사람을 거슬러 하는 말, 하는 일을 그냥 두실 까닭이 없다는 것이 시인의 확신이다. "뭇 백성을 징벌하시고 또 교훈하시는 하나님이시다"(10절).

이런 징벌을 당하고 그에게서 올바른 삶의 길을 배우는 사람은 참 복받은 사람이다(12절). 이런 사람은 "환란을 면하고 평안을 누릴 수 있다"(13절).

하나님은 악인 편에 있지 않고 그의 법을 따르고 그를 두려워하고 그의 교훈과 징벌을 받을 줄 아는 그의 백성, 그의 기업의 백성을 버리지 아니하신다.

이 시인은 그 악인의 함정 속에서도 피할 수 있었음이 다만 그 공의의 판단을 하시고 그의 백성을 가까이 지켜 주시는 하나님으로 인함이라 감사하고 있다(16,17절). 그의 사랑은 언제나 그의 넘어지는 발을 붙잡아 주신다고 찬송한다. 그의 찬송은 "하나님의 위로"에 집중되었다.

"내게 근심이 많을 때/ 당신의 위로로
내 영혼은 기뻐하오리이다"(19절).

야웨 하나님은 "그의 산성이요, 그의 피할 바위가 되심이다"(22절). 하나님께 이러한 찬송을 부를 수 있는 영혼은 겁없는 삶을 살아갈 수 있다. 이사야가 포로 생활을 하고 있었던 동족에게 "위로하라 위로하라!"고 외친 것도 하나님이 그의 원수를 물리칠 수 있기 때문이다.

이 힘찬 신앙을 물려받은 바울도 "찬송할지어다… 모든 환란에서 우리를 위로하라. 우리가 받는 하나님의 위로로서 모든 환란 중에 있는 자를 능히 위로하게 하신다"(고후 1:3-4)라고 한다.

제 95편
의자를 치워라

나아가서 머리 숙이고
허리를 굽혀 경배드리자.
우리를 지으신 야웨께
무릎을 꿇자(6절).

시편을 예배와 관련시켜 생각하고 해석하는 것이 근래
시편 연구가들이 강하게 내세우는 점이다. 특히 스칸디나비아 학파 사
람들, 모빙켈, 잉그넬, 링그렌 등은 시편의 대부분 시들이 예배의식을
위하여 창작되었고 예배의식 때에 사용되었기 때문에 예배와 시편은
그 최초부터 관련되었다고 본다. 다시 말해서 시편 시(詩)가 생겨난 동
기도 예배며, 이 시가 사용되고 또 후대에 유전되어 온 이유도 시편 시
들이 예배와 관련되었기 때문이라 한다. 이들의 생각이 좀 지나친 점은
시편 시가 가진 개인적 창작설을 부정하고 거의 모든 시편 시가 성전에
서 특별한 사명을 가진 제의 예언자가 공중예배의 성격에 따라 지었다
고 함과, 이런 공중예배 중 가장 큰 영향을 준 것은 이스라엘 백성의 신
년축제라고 하는 것이다. 그러나 이 두 가지 점은 전적으로 찬동할 것
이 못된다. 그것은 시편 시가 맨 처음 저작된 동기는 공동예배와 관련
된 것도 다소 있기는 하지만 대부분의 시는 개인의 신앙생활에서 느낀
고민, 탄식, 죄책감, 병고, 핍박, 추방 등의 쓰라린 경험에서 하나님께

호소하고 감사하고 찬송하고 기다리고 의지한 내용의 시들이다.

신년축제는 바벨론에서 지배적인 영향을 가졌지만 이스라엘에게는 이 축제가 토착화되어 시내산의 계약축제, 시온산 다윗의 계약 등을 기념하는 축제라 할 수 있다.

그러나 시편이 예배와 불가분의 관계가 있다는 것은 스칸디나비아 학파의 연구로 더욱 확실한 근거를 가지게 되었다. 종래의 시편 시는 예루살렘 성전예배때 사용된 찬송가라고 한 점을 더욱 확실히 해주었다. 모든 시가 비록 개인적인 신앙 경험의 산물이라 해도 그것이 많은 사람들에게 애송됨에 따라 성전 공중예배때 사용되어 공동체 전체의 시가 된 것을 시편 95편 이하 여러 시, 특히 성전 순례의 찬송시(120-134) 등에서 분명히 볼 수 있다.

이 95편 시는 첫 구절부터 하나님을 노래하는 시임을 보여준다. 이 노래는 성전에서 드리는 찬송 또는 찬양과 관련되었음을 이 시 전체가 보여준다. 이 시의 중심은 6절에 있는 대로 "성전에 나아가서 예배를 드리자" 또는 "성전으로 와서 예배를 드리자"의 권고 또는 명령을 하고 있다.

이 시는 "오라"(르쿠우)로 시작했는데 6절에는 "가자"(뽀우)로 원어가 되어 있다. 이 두 마디를 다같이 "오라"로 번역할 수 있으나 저자가 다른 말을 사용함에는 어떤 의미의 뉘앙스가 있는 것 같다. 즉 예배를 드리러 성전으로 향해 오는 사람들을 향해서 제사장이 "르쿠우"(너희는 오라!)라고 예배에 초청을 하면 그들은 나아와서 정문 입구를 지나는 사람들에게 한 걸음 더 다가서게 하고자 "뽀우"(사회자와 회중이 다 함께 나아가자)라고 함으로써 지성소를 향하여 나아가자고 한 것으로 이해할 수 있다. 그러나 일반 백성은 지성소 가까이에 나아가지 못한다. 다만 정문 입구에서 한 발자국 앞으로 나와서 그 자리에 "머리를 숙이고 허리를 굽혀" 하나님께 예배를 드려야 한다.

원문 자체 안에 "머리"와 "허리"가 나오지 아니했다. 그러나 "경배하다"는 동사(솨핫하) 자체가 머리를 숙이고 허리를 굽혀 땅에 이마를 대는 동작을 말한다. 이 동사 하나만으로도 머리 숙이고 허리 굽히고 이마를 땅에 댄다는 의미가 되지만 이 시인은 여기 다른 동사, 숙이는 동사(카라아)를 사용하여 그 예배 태도를 자세하게 설명한다. 그리고 또 그 밑에 무릎을 꿇자는 동사(빠라크)를 사용하고 있다. 존경을 표시하는 동양적 표현이 가장 완전하게 나타났다고 하겠다. 머리를 숙이고 허리를 굽히고 또 무릎을 꿇고 이마를 땅에 대서 하나님께 예배한다고 했다.

교회에 의자가 들어온 이후 우리는 하나님께 드리는 올바른 예배 태도를 잃어버렸다. 서양 사람은 의자에 앉아 두 다리를 버릇없이 꼬며, 턱을 받치고 팔을 젖히고 예배를 드려도 좋다. 그러나 옛날부터 어른 앞에서의 몸가짐을 배워왔고 또한 임금 앞에 나아가는 신하들의 몸가짐을 당연한 행동이라 생각한다면 오늘의 한국 크리스천들은 어찌하여 의자를 쓰기 시작하여 우리의 예배 태도를 서양적인 것으로 바꾸어 버렸는가! 설날에 세배를 드리는 몸가짐을 알고 있는 오늘 한국 크리스천들이 하나님 앞에서 드리고 있는 예배 태도는 어찌하여 버릇없는 것을 그대로 용납하고 있는가!

예배당 구조에서부터 서양적인 것을 그대로 모방해 온지 이미 한 세기가 다 되었다. 우리들의 처음 신도들은 이 존경의 몸가짐을 가지고 있었는데 물론 마음과 정신이지 몸이 아니다. 몸가짐이 어떻든 간에 예배만 바로 드리자고 하지만 우리는 교회당의 의자 때문에 우리의 고유한 존경의 표시가 없어져 버렸다. 하나님은 사람을 외모로 취하지 않는다. 그러나 우리가 일상생활에서 제일 좋다고 생각하는 존경의 태도는

시편 명상

교회 밖에서만, 우리 가정과 사회에서만 쓰라는 것이 우리 양심에 편할까. 우리가 예배에 가장 좋은 마음씨를 바쳐야 한다면 왜 우리의 가장 좋은 존경의 태도는 무시해도 괜찮은가. 무시하는 것이 아니고 편리를 위한 발전이 아니냐고 할 수도 있다. 그러나 우리는 제일 좋은 날, 제일 존경하는 사람 앞에 꿇어 엎드리거나 두 발을 꿇고 앉는 것을 예의라 하는데 왜 하나님께 예배드릴 때에는 이것을 하지 않아도 좋은가.

그래서 나는 "의자를 치워라"하고 싶다. 우리의 예배 자리에서 의자를 치우고 이 시인이 말하는 대로 머리를 숙이고, 허리를 굽히고, 무릎을 꿇고 예배를 드리도록 하자.

우리의 예배를 받으시는 분은 "크신 하나님이시요, 모든 신 위에 크신 왕이시다"(3절).

땅도 산도 바다도 다 그의 것이다. 그가 친히 만드신 것들이다. 그의 능력, 지혜, 권위는 온 세계 위에 뛰어나시고 따라서 만물에게서 예배를 받으시기에 합당하시다. 특히 우리, 예배드리는 사람을 만드셨다. 우리는 그가 돌보시는 양이다. 그의 손으로 친히 기르시는 양이다. 옛날 이스라엘 조상들이 이 하나님을 시험하고 의심하고 배척했기 때문에 벌을 받았다. 우리는 그에게 참 마음과 올바른 태도로 예배드려야 한다. 신령과 진리로 예배드리라 함도 우리의 최선의 마음과 최선의 태도를 바치라고 요구하는 것이다.

제 96편
만물의 찬양

하늘은 기뻐하고
땅은 즐거워하고
바다와 거기 가득한 모든 것은 외친다.

들도 그 안에 있는 모든 것도 즐거워하고
숲에서 나무들도 함성을 질러라(11, 12절).

　　　　　　　시편은 인간이 하나님을 찬양하는 책이다. 그러나 찬
송은 인간만의 전용물이 아니다. 인간이 찬송을 하지만 이전에 만물은
날 때부터 찬양의 존재로 태어났다. 하늘과 땅들과 바다, 숲과 나무들,
모든 피조물은 창조주를 찬양하기 위하여 태어났다. 모든 피조물은 그
들의 독특한 언어로 하나님을 찬양한다. 사람들의 말이 서로 달라 통하
지 않듯이 하늘과 땅의 언어가 다르고 바다와 들판의 말이 다르다. 짐
승과 나무들의 말이 다르고 날짐승과 곤충들의 말이 다르다. 그러나 모
두가 창조주 하나님을 찬양한다. 그들의 언어는 다른 피조물을 비판하
는 언어가 아니다. 그들은 다만 자기들을 있게 하고 비록 하루의 생명
이라도 유지함을 찬양한다. 만물 중에서도 노래 잘하는 피조물들이 있
다. 마치 사람들 중에 노래의 천품을 타고 난 사람처럼 새들의 고운 노
래, 매미의 노래, 귀뚜라미, 풀벌레의 노래 등은 천품으로 타고난 음악

가들이다.

이렇게 만물이 노래한다는 것을 생각함은 상상만이 아니다. 노래한다는 것을 어떻게 아느냐. 그러나 노래하지 않는 것을 어떻게 아느냐고 물을 수도 있다. 다만 사람의 귀에는 통하지 않지만 창조주 하나님의 귀에는 통하는 노래를 한다. 사람들이 알아들을 수 없으니까 노래를 하지 않는다 함은 너무나 인간 표준으로 만물을 보는 것이다. 사람이 비록 존귀하게 창조되기는 했으나(시 8:5) 만물 중에 자기만 노래한다고 생각하면 오해다. 모든 피조물은 그들 나름대로의 언어가 있다.

그러기에 "낮은 낮에게 말하고 밤은 밤에게 지식을 전한다"고 했다 (시 19:2).

비록 인간이 알아들을 수는 없지만 "그 소리가 온 땅에 통하고 그 말씀이 세계 끝까지 간다"고 했다 (시 19:4).

참으로 하나님은 만물의 찬송 속에서 자신의 영광을 나타내신다. 그의 권위도 알려 준다. 이스라엘 시인들은 인간의 찬송을 받으심과 똑같이 만물들의 찬양을 받으시는 하나님으로 생각했다.

"하늘은 기뻐하고 땅은 즐거워하고
　바다와 거기 가득한 모든 것이 외친다."

이 시인은 자기의 노래 못지 않게 자연만물이 노래함을 말하고 있다. 시편 148편 시인은 이러한 만물의 찬양만을 노래의 내용으로 삼고 있다. 여기 이 시인은 이 만물의 찬양에 화답하여 "새 노래"를 부르자고 권고한다. 왜 새 노래인가. 무엇이 새 노래인가. 새 노래와 낡은 노래는 무엇으로 분간하는가.

이 시인만이 아니라 시편 98편 시인도 "새 노래"를 부르자고 권고한다. 이 "새 노래"는 새로운 노래 내용이 있어서가 아니라 노래하는 정신을 새롭게 하자는 뜻으로 볼 수 있다. 그 새로운 정신은 하나님께 대한 새로운 인식, 새로운 이해, 새로운 믿음에서 나온다. 낡은 형식적인 이해, 단순한 교리적인 반복과 성전에서 습관적으로 부르는 노래는 새 노래가 될 수 없다. 야웨 하나님에 대한 새로운 이해와 신앙 - 그의 이름, 그의 구원, 그의 영광, 그의 기이한 행적을 자기 혼자 감격하고 노래 부를 것이 아니라 열방 중의 모든 만민에게 선포하는 선교적인 노래를 불러야 한다.

이 새 노래는 인간 자신의 신변에 일어난 감격이나 혜택을 노래할 것이 아니라 전적으로 하나님의 구원사에 대한 노래를 하는 것이다. 그가 믿는 신이 얼마나 위대하고 놀라운 분이신지 오직 하늘과 땅에는 이 하나님 한 분 밖에 없다는 유일신(唯一神) 신앙을 표시하는 노래가 새 노래이다. 자연의 아름다움을 노래하고 인간의 고마운 점을 노래할 수 있다. 그러나 하나님만을 높이고 기리고 내게는 오직 이 분 밖에 없다는 순수한 사랑을 바치며 노래하는 노래가 새 노래이다.

이 시인은 "야웨께"란 말을 다른 시편에서 보다 많이 쓰고 있다. 사람들의 노래는 사람을 기쁘게 하고 사람에게 즐거움을 준다. 그러나 이 새 노래의 성격은 "야웨께" 기쁨과 즐거움을 드려야 한다. 야웨만이 항상 노래와 찬양을 받으실 분이다. 이 시인의 설명에 의하면 그는 모든 신 위에 뛰어난 가장 높은 신이시니 (4절) 이 신은 하늘을 지었고 존귀와 위엄이 그에게 있고 능력과 아름다움이 그의 자랑이 되기 때문에 그를 예배하고 그에게 찬양을 드리는 성소는 이 권위, 위엄, 능력, 아름다움을 전해 주는 곳이다.

이 하나님은 다만 이스라엘만 찬양할 분이 아니라, 만방 만민이 노래하고 찬양할 분이다(7절). 그에게 드리는 찬양과 노래의 예배는 인간이 받은 바 은혜를 감사하는 예물을 가지고 아름답고 거룩한 것, 구별되어진 것, 특별히 하나님이 받으시도록 정성을 드린 물질을 가지고 예배를 드려야 한다. 이것은 물질 그것을 하나님이 원해서가 아니라, 예배자의 성의와 정성을 원하시기 때문이다. 이방신들에게는 많은 물질을 바쳐 그 신에게 아첨할 수 있다. 물질을 드리는 사람이 남다르게 받을 수 있다는 기대 때문에 그 물질을 받으시는 하나님을 기쁘게 해 드리고 즐겁게 하기보다 바치는 자신의 복과 행운을 기대하는 이기적, 공리적인 생각에서 물질을 바치며 예배를 드린다. 그러나 하나님은 물질에 매수되는 신이 아니다. 하나님은 인간이 드리는 물질로 만족하실 이유가 없다. 시편 89편 시인이 말하듯이 "하늘도 땅도 다 주의 것이요 세계와 거기에 가득한 것은 하나님이 마련한 것이다"(시 89:11; 비교 24:1; 95:3,4)

바벨론의 고대 시문학 속에는 그들의 신들을 기쁘게 하기 위하여 많은 물질을 바침은 물론, 그 신들을 표시하는 언어도 아첨적이라 한다. 그러나 이스라엘의 하나님 야웨는 모든 만물의 찬송을 받으시고 또 그 모든 것을 다스리시고 그 중에서도 인간을 돌보시고 자신의 영광과 위엄이 모든 만민에게 퍼져 나가기를 원하시기 때문에 인간의 예물과 제물에 좌우되지 않으신다(사 1:11). 그는 세계와 만민을 공정하게 다스리시고 돌보시기 때문에 인간은 다만 두렵고 떨리는 마음으로 그를 예배할 수밖에 없다(9절; 시 2:11).

만물의 찬송을 받으시는 하나님은 만물의 질서를 위하여 정의의 판단을 하신다. 특히 세계와 만민을 공정하게 판단하신다는 것을 이 시인은 강조하고 있다(13절). 여기 시인의 찬송의 주제가 자연에서 인간세계로 옮겨왔다. 이것은 자연만물의 찬송에서 인간은 하나님의 판단을 볼 수 있어야 함을 알려 준다.

제 97편
사랑과 미움

야웨를 사랑하는 자여
악을 미워하라.
야웨는 성도의 영혼을 보전하며
악인의 손에서 건지시느니라(10절).

이 시는 하나님의 통치(統治)를 노래한 시로 야웨의 왕
권(王權)에 대한 것을 노래했다. 93편과 같이 "야웨 말라크", "야웨가 왕
이 되신다" 또는 "야웨가 왕이시다"라는 선포를 공동예배 때 선포하는
시로 학자에 따라 그 해석을 달리 한다.

그러나 우리는 이 시에서 신화적인 관련성이나 이스라엘의 계약축
제와의 관련성을 떠나서 이 시인이 말하는 "사랑과 미움"에 대한 생각
만을 해도 이 시는 높은 종교적인 가치를 가졌다고 할 수 있다.

먼저 이 "사랑과 미움"을 말하게 된 전후 관계 사정을 살피면 하나
님의 통치사상이 인간들과 관계될 때 사람은 이 왕이신 하나님을 사랑
해야 하고 동시에 그는 악을 미워해야 한다는 것이다. "사랑과 미움"이
인간의 상호관계, 또는 사회관계의 차원에서 생각할 것이 아니라, 하나
님의 주권이 행사되는 그의 통치와 권위와 영광과의 관련에서 "사랑과
미움"을 생각해야 함을 말한다.

하나님의 다스리시는 권위가 행사될 때 온 지구 위에는 기쁨이 넘친

다. 여기 "땅과 섬"을 말했는데 이는 온 세계를 가리킨다. 이 세계에 기쁨과 즐거움이 항구적이 못되고 슬픔과 괴로움의 고장이 되어 있는 것은 하나님의 통치가 인간의 삶과 역사를 지배하지 못하고 인간의 통치와 권위가 이기적으로 움직이기 때문이다. 기쁨과 즐거움이란 것은 한잔 술이나 노래 한 곡조로 얻을 수 있는 것이지만 하나님이 통치하는 세계에서 찾는 "기쁨과 즐거움"은 그렇게 쉽게 구할 수 있는 것이 아니며 한번 구했다가도 곧 없어지는 것이 아니다.

하나님이 다스리는 세계는 물질의 힘, 권력, 또는 군대의 힘으로 다스리는 세계가 아니고 이 시인이 2절에서 밝히는 대로 "정의와 공평"(체데크, 미스파트)이다. 이것은 누구에게나 불평과 원망을 살 수 있는 통치가 아니고 모든 사람, 있는 자, 없는 자, 지배자와 똑같이 피지배자도 공정한 인권의 보장과 자유를 누릴 수 있고 아무 것에나 차별이 없고 특혜자나 소외층의 사람이 생기지 아니하고 모두가 다같이 기쁘고 즐겁게 살 수 있는 세계를 말한다. 사회정의가 보장되어 권력자의 횡포도 없고 가난하고 힘 없는 자에 대한 멸시와 억압, 착취와 핍박 없는 사회질서가 세워진 세계이다.

하나님은 자신이 공의로우신 분이기 때문에 인간세계에서 인간들이 저지르는 불의를 용납하지 않으신다. 그의 치리(治理)는 공평하시다. 누구에게나 똑같은 동등감을 갖게 하는 균일한 생활의 능력과 바탕을 만들어 주신다. 하나님의 나라는 이렇게 "공의와 공평이 그 기초다"(2절) 함은 인간이 이 땅 위에서 바라고 또 세우고자 하는 이상(理想)세계이다. 이러한 이상세계는 인간의 권력의 지배가 하나님의 권위의 지배 아래 복종될 때만 가능하다. 이러한 세계가 이루어질 때 하늘과 땅은 찬양하지 않을 수 없다. 이 하나님이 통치하는 세계가 언제 어디서 이루어질 것이냐 함에 대하여 이 시인은 말하지 아니한다. 이 시인은 역사를 꿰뚫는 예리한 통찰력을 가지고 인간은 아직 이런 유토피아를 성취함에 실패했지만 하나님은 가능하다는 신념을 밝히고 있다. 이것은 하나님의 공의와 공평이 엄숙하게 시행될 때에만 가능하다. 이 공의와 공평은 모든 것이 다 좋다는 것이 아니라 옳은 것은 옳다 하고 아닌 것은 아니라 하는 판단을 명확히 하고 그 판단 대로 행사하는 것이다. 그러므로 이 공의의 판단이 시행될 때 모든 불의와 부정은 하나님의 채찍을 맞을 수밖에 없고, 따라서 이 세상 사람과 세계는 무서워 떨지 않을 수 없다. 이것은 마치 "불이 나와 모든 대적을 사르는 것"과 같으며(3절) 번개가 비치어 모든 만물을 그 공의의 빛 아래 두어 그 어둠을 축출하는 것 같고(4절) 불의와 부정으로 이룩된 세계가 아무리 산과 같이 우람하게 서서 역사를 지배한다고 해도 하나님의 공의와 공평 앞에는 그 산악(山岳)도 불에 밀랍이 녹듯이 녹아 없어질 수밖에 없다고 한다(5절).

이렇게 불의와 악의 세력이 사라진다는 것은 하나님의 영광이 만물을 비추어 하나님의 위엄을 높여주는 것이다(6절). 이런 하나님의 영광이 세계를 두루 비출 때, 이 땅 위에서 헛된 것을 섬기는 자들은 수치를 당할 수밖에 없다(7절). 헛된 것이란 헛된 신앙과 우상뿐이 아니라, 물질과 권력을 우상처럼 모시는 자나, 어떤 아이디어를 신처럼 모시는 사람도 하나님의 공의와 공평 앞에 수치를 당할 수밖에 없다.

시인은 이러한 하나님의 통치의 원리를 그가 사는 시대 사람들에게 알리고 이 하나님 한 분만을 섬길 것을 권하고 있다(7절). 이렇게 하나님을 예배할 때 시온은 기뻐하고 유다의 딸들은 즐거워한다고 한다. 이 시인이 1절에서 말하고 있는 기쁨과 즐거움이 이 하나님을 예배하는 시온과 유다의 모든 성들에게 임할 것이라 한다.

그러나 이런 축복은 이스라엘 사람의 전유물이 아니다. 이 세상 만민 누구에게나, 온 땅 위에 지존하시고 모든 신 위에 뛰어난 공의와 공평으로 다스리시는 하나님을 섬기는 사람에게는 누구에게나 올 수 있는 축복이다. 그런데 어떻게 이런 기쁨과 즐거움의 축복을 받을 수 있을 것인가. 이 시인은 여기서 자기의 주제인 "사랑과 미움"을 말하고 있다.

"야웨를 사랑하는 자는 악을 미워하라."

이는 인간의 사랑을 야웨 하나님께 바쳐야 하고 하나님의 공의와 공평을 해치는 악을 미워해야 한다고 한다.

사도 바울이 "악에게 지지 말고 선으로 악을 이기라"함이나(롬 12:21) "악한 것은 모양이라도 버리라"(살전 5:22)는 말 등은 하나님의 공의가 지배하는 세계를 원하는 사람의 당연한 결단이라 할 것이다.

이렇게 하나님을 사랑하고 악을 미워하는 것이 성도의 영혼을 보전하는 길이라 한다(10절). 우리 인간의 영혼을 보전하는 길, 그것은 다만 "사랑과 미움"을 여기 이 시인의 말대로 올바로 판단할 때만 가능하다. 이 "성도"란 말 자체가 "헷세드"(하나님의 사랑)란 말에서 왔기 때문에 "성도"자신이 하나님을 사랑하는 것을 전제 조건으로 한다. 우리의 사랑이 하나님 이외 딴 것에 대한 것일 때 성도라 할 수 없다는 뜻도 된다.

성도는 "야웨로 인하여 기뻐하는 사람이다"(12절). 이 하나님이 하나님을 사랑하는 영혼을 가진 사람에게 기쁨을 주신다고 한다(11절).

"사랑과 미움"이것은 인간의 삶 어디서나 볼 수 있는 모순과 당착(撞着)의 현상이지만 이것을 하나님의 통치와 그 공의와 공평에서 찾을 수 있다는 이 시인은 깊은 영적 체험을 한 사람이라 하겠다.

제 98편
하나님의 손과 팔

새 노래로
야웨께 노래하라.
그는 놀라운 일을 행하셨다.
그의 오른손과 그의 거룩한 팔이
구원을 행하신다(1절).

이 시는 용어나 사상에 있어서 96, 97편과 매우 유사한 시이다. 야웨가 공의와 공평으로 통치하신다는 사상에서 (시96:10; 97:2; 98:9) 서로 공통점이 있고 전체가 찬송을 강조함에서도 같고 또한 온 땅이 하나님을 찬양함이 그 공통점이다. 이 시도 야웨 하나님이 왕이심을 찬양하는 "대관식"시형에 속하며 9절에 하나님이 "오신다"는 것을 모빙켈은 이러한 축제에 친히 강림하시는 의식적인 행진을 말한 것으로 보며 궁켈은 야웨 하나님의 종말적인 내일을 말한 것이라 본다.

그러나 이 시의 배경에 있는 사상은 제 2 이사야와 통하는데, 즉 1절과 이사야 42장 10절, 52장 10절 (59:16; 63:5), 3절과 이사야 40장 5절, 52장 10절(66:18), 4절과 이사야 52장 9절, 5절과 이사야 51장 3절, 7 절과 이사야 55장 12절 등이다. 그래서 이 시는 포로 이후 시대의 산물이라는데 학자들의 의견이 일치한다.

이 시인은 그의 왕국이 건재했던 당시 이스라엘 백성의 선민사상이나 하나님의 특수 민족으로서 누릴 영광과 특권에 대한 것을 생각하는 대신 야웨 하나님은 이스라엘의 하나님이라기 보다는 세계 만민의 하나님이란 것을 분명히 나타내고 있다. 한 민족의 역사의 종말을 본 시인은 나라와 민족이 서로 분립하여 싸우고 화해하고 하는 정치적인 일들이 만민을 통치하시는 하나님의 주권 앞에는 그렇게 의미를 가지는 것으로 생각지 아니한다.

이스라엘의 존재에 그 의의가 있다면 이스라엘만이 하나님의 사랑을 독점한다는 것이 아니라 만민들 앞에서 얼마나 은총을 입었으며, 그러므로 이스라엘은 얼마나 무거운 책임을 짊어지고 있는가를 알리려 한다. 특히 지금은 나라가 망했지만 야웨의 종말적인 하나님의 나타나심이 있을 때 이스라엘의 제 2 출애굽이라 할 수 있는 다른 구원의 사건을 받을 수 있다고 이 시인은 강하게 희망한다. 그것은 첫 번째 출애굽 사건과 같이 이스라엘이 선민이니까 구원하였다는 생각보다도 만군의 하나님 야웨는 만국 만민을 지배하시는 하나님이시니 "그의 오른손과 그의 거룩하신 팔"이 역사 하시면 민족적 관념을 떠나서 하나님의 구원사는 이스라엘을 위한 특권이 아니고 만민을 위한 하나님의 영광을 나타내 보이려는 일이기 때문에 구원의 축복을 받을 수 있다.

이 구원사의 사건은 "새 노래"가 아닐 수 없다. 그래서 이 시인은 "새 노래로 야웨께 노래하라"(1절)는 권고를 하게 되었다. 시편 96편 시인이 말하는 "새 노래"에서는 오직 한 분 뿐이신 구원의 하나님을 노래함을 생각할 수 있었지만 이 98편 시는 오직 한 분뿐인 야웨의 손과 팔이 인간들을 위하여 얼마나 크고 위대하신 일을 하는가를 감격해 부른 노래이다. 이스라엘을 애굽에서 구원함을 노래한 출애굽기 15장 노래가 아니라 인류의 역사의 장에서 하나님이 자기 권위와 영광을 위하여 한 민족을 구원하시는 일이 얼마나 놀라운가를 노래한 시이다. 바로와 같은 정치적 권력에서 해방시킴을 노래한 것이 아니라 이 세상을 지배하는 일체의 사탄의 권세를 꺾어 누르고 하나님이 통치하시는 정의와 공평의 나라를 세우고 이를 다스리실 것을 노래한 시이다.

"그가 땅을 심판하러 오신다./ 그는 정의로 세계를 심판하시며 공정함으로 백성을 심판하시리로다"(9절).

이 시는 97편과는 조금 다르게 "정의와 공정"을 말했다. 그러나 이것은 하나님의 정의의 통치를 설명함에 불과하다. 공평(미쉬파트)과 공정(야사르) 모두 하나님이 세계를 심판하시고 통치하실 윤리적 가치요 표준들이다. 바르고 거짓이 용납되지 아니하는 하나님의 통치다. 이러한 하나님의 통치는 구약성서의 대주제인 구원사와 관련되었다. 이스라엘을 애굽에서 건져내신 구원과 같이 세계 만민을 그 악의 세력과 죄의 세력, 모든 불의와 부정의 세력에서 건져내어 새로운 세계를 만드신 우주적인 구원을 이룩하심을 말한다.

이 시인이 "기이한 일" 또는 "놀라운 일"이라 함은 자연의 법칙을 초월하여 바다가 갈라지는 것 같은 기적을 말함이 아니고 악을 지배하는 사탄의 세력을 파멸시키는 위대한 힘을 보여주심이다. 이것은 인간 악을 그 근거에서부터 무력하게 만드는 하나님의 의(義)의 승리이다. 이것이 이스라엘의 민족사에서 세계 민족사로 옮겨간 세계 만민을 위한 구원이다. 이 시를 종말적인 시로 이해하게 됨은 이러한 구원의 사건이 예수 그리스도의 강림하심으로 세계사의 사건이 되었고, 하나님의 정의와 공평의 왕국이 어떻게 누구와 더불어 세워지고 운영될 것인가를 이 시인이 말해주고 있기 때문이다. 이 시는 세계 만민의 구원을 노래한 시이기 때문에 이 땅 위에 있는 그리스도의 교회가 불러야 할 시라 할 수 있다.

하나님이 구원을 행하셨고, 또 이 구원을 알게 하셨다고 했다(2절). 이 구원이 하나님의 정의의 원칙에서 이루어진 것임을 "뭇 나라의 눈앞에 밝히 보여주셨다"고 한다(2절). 이것은 과거에 이스라엘에게 보여주신 하나님의 사랑과 진실에서 이룩된 구원이었지만 이제는 "땅의 모든 백성이 이 하나님의 구원을 보게 되었다"고 한다(3절).

여기 분명하게 하나님의 구원사가 이스라엘의 민족사 테두리를 벗어나서 세계 만민의 역사인 인류사로 옮겨간 것을 볼 수 있다. 그러므로 우리들의 교회를 민족주의 관념에서 규정하고 고정하려고 함은 이 시의 사상과 일치하지 않는다. "민족교회"는 반드시 "세계 만민의 교회"를 위한 선교의 준비 단계로만 이해해야 할 것이다. 에큐메니즘이 지향하는 것도 하나님이 이룩하신 만민의 구속을 자기 민족으로부터 비롯하되 절대로 거기에 머물지 말고 만민에게로 뻗어 나가야 한다. 이런 의미에서 교회의 세계사적인 관심과 인류를 위한 노력은 가장 성서적이다. 그렇다고 해서 토착적 신앙과 배치됨도 아니다. 토착화된 신앙은 다만 그 특성을 가지고 어떻게 만민을 위한 구원의 복음을 세계사적 레벨에서 선포해야 할 것인가가 고려되어야 한다.

이 시인이 말하는 대로 "온 땅이 야웨를 찬송해야 하고 즐거운 노래를 해야"하기 때문이다(4절). 바다와 거기 충만한 것 같이 세계가 야웨를 찬송함에 합쳐져야 한다(7절). 마치 바닷물이 나라와 민족의 구별 없이 박수하듯 또한 산악들이 높이 솟아 하나님을 찬미하듯(8, 9절) 우리 인간은 이 구원의 주를 찬양해야 한다.

이 시인의 노래는 실로 만물과 만민에 통한다. 그의 영혼이 하나님의 능력과 자비의 손에 붙잡히고 그의 전 존재가 하나님의 거룩하신 팔에 안겨 있음에 야웨 하나님을 향해 새 노래를 부르지 않고 못견딘다.

제 99편

그는 거룩하시다

만민이 당신의 크고 두려운 이름을 찬양하리이다.
"그는 거룩하시다"고 찬양하라.

야웨 우리 하나님을 기리어라.
그의 발등상 앞에서 무릎을 꿇어라.
그는 거룩하시다.

야웨 우리 하나님을 찬양하라.
그의 거룩한 산 아래 무릎을 꿇어라.
야웨 우리 하나님은 거룩하시다(3, 5, 9절).

이 시의 주제는 두 말할 것 없이 "그는 거룩하시다"는 고백이다. 시편에는 "거룩하다"는 말이 자주 쓰인다. 그 쓰여진 여러 경우를 살펴보면 거룩한 이름(시 33:21; 103:1; 105:3; 106:47; 111:9), 거룩한 산 (시 2:6; 3:4; 15:1; 43:3; 45:21; 87:1; 99:9), 거룩한 성전 (시 11:4; 138:2; 65:4), 거룩한 장소(24:3, 거처, 시 68:5), 거룩한 팔(98:1), 거룩한 기름 (89:20), 그리고 "하나님은 거룩하시다" (시 99:3, 5, 9) 등이다.

이 시의 3, 5, 9절은 이 시의 후렴과 같이 성전의 성가대가 회중의 찬송에 화합하여 부른 것 같다. 이 후렴에 "하나님은 거룩하다"는 사상을 거듭 반복함이 이 시인이 가진 독특한 사상이라 하겠다. 이 시도 95, 97편 등과 같이 "야웨는 왕이 되신다" 또는 "왕이시다"하는 제의적인 선언으로 야웨 하나님의 통치를 밝히는 시인데 95편은 야웨를 경배하는 일, 97편은 야웨를 사랑하는 일을 강조한 것에 비하여 이 시는 통치하시는 하나님은 "거룩한 분"이라 함을 애써 전하려는 것 같다. 이 거룩함을 밝히는 후렴 3, 5, 9절을 살펴보면, 3절에는 "야웨의 이름"을 찬양할 것, 5절에는 하나님의 권위 아래 무릎 꿇을 것을, 9절에는 "우리 하나님"을 두 번 강조하고 그가 계신 곳이 "거룩한 산"임을 언급하면서 무릎을 꿇을 것을 말하고 있다.

전체의 내용은 "우리 하나님"이란 말이 거듭 나온 것을 보아 1절에 나온 "만민"과 2절에 나온 "모든 민족"의 대명사로서 "우리"란 말이 쓰이고 있음이 밝혀졌다. 야웨 하나님이 98편의 경우와 같이 이스라엘의 민족 신의 범위를 벗어나 세계 만민의 하나님임을 밝히는 것이다. 세계 만민은 야웨 하나님을 "우리 하나님"이라 할 것을 주장한다. 이 시 중에 "야곱"이란 말(4절), "모세와 아론"(6절), "사무엘"(6) 등 이스라엘의 민족 지도자의 이름과 조상의 이름이 나온다. 이것은 야웨 이스라엘의 민족사를 관련시키고 있음을 볼 수 있다. 그러나 이 사람들의 이름이 나온 것은 야웨가 이스라엘의 신이라는 민족적인 관심에서가 아니라, 이들이 야웨 하나님의 "거룩함"(콰도쉬)을 누구보다 밝히 보여준 사람들이기 때문이다.

야곱은 성격상 많은 실수와 약점을 가진 사람이지만, 하나님의 거룩함에 접하는 것이 죽음을 가져오지 아니하고 하나님과 그의 거룩함이 인간에게 임할 수 있음을 가르친 대표적인 사람이다. 그는 "하나님과 더불어 겨루어 이겼다"(창32:28) 할 정도로 하나님께 매달려 자기의 소원을 아뢴 사람이며 "하나님을 정면에서 보면 죽음을 받는다"할 정도로 원시적인 누미노제(무서운 것, 감히 가까이 할 수 없는 것 – 여기서 "거룩하다"(콰도쉬)란 말이 유래했다)를 무섭지 않은 것, 그 거룩함에 접해도 죽지 않는 것을 알려준 사람이다.

"내가 하나님과 대면하여 보았으나 내 생명이 보전되었다"(창 32:30) 함에서 야곱이 하나님의 거룩함을 세속화 또는 역사화시켰다고 하겠다.

아론과 모세가 이스라엘 역사에 공헌한 일들이 많지만, "네가 선 땅은 거룩하니 네 발의 신을 벗어라"(출3:5)함에서 하나님의 거룩함이 얼마나 인간적인 요소와 세속적인 요소와는 다른가를 구체적으로 보여주었다. 그것은 야곱이 보여준 거룩함의 역사화 때문에 하나님이 종종 인간의 오만성과 오만함에 짓밟혀 하나님의 위신과 권위가 땅에 떨어지게 하는 경우가 많기 때문이다. 하나님은 가까이할 수 있는 분이며 야곱과 같이 씨름을 할 수 있을 정도로 마주 붙잡을 수 있는 친근감은 종종 인간의 무례성으로 하나님의 위신을 격하시키는 일이 있다. 하나님의 거룩함은 이 야곱적인 친근성과 모세적인 경원성(敬遠性)을 함께 유지해야 한다. 하비 콕스(H. Cox)의 세속화 개념은 야곱적이고, 칼빈의 "오직 하나님의 영광만"이란 사상은 모세가 하나님 앞에 신을 벗는 인간의 조심성을 말한다.

아론은 제사문서 기자에 의하여 이스라엘의 거룩한 제사제도의 창시자로 이해되었다. 이것은 이스라엘의 종교는 다른 나라 종교보다 하나님의 거룩함을 나타내고 또 그것을 요구하는 종교임을 알린다. "내가 거룩하니 너희도 거룩하라"(레22:9, 16) 아론이 하나님의 거룩의 직책을 가지게 된 것은 레위기 10장 8-10절에 있는 대로이다.

"야웨가 아론에게 이르시되, 너와 네 자손들은 거룩하고 속된 것을 분별하고 부정하고 정한 것을 분별하여 또 야웨가 모세에게 명한 모든 규례를 이스라엘 자손에게 가르치라"

여기 이스라엘 종교의 전통이 아론과 그 자손들이 책임진 제사장 제도에서 하나님의 거룩함을 이 종교의 특색으로 삼은 것을 보여 준다.

사무엘은 이스라엘 역사 자체가 단순한 세속사가 아니고 하나님의

410

거룩한 역사인 것을 최초로 보여준 대표적인 사람이다. 그의 어머니 한나의 기도에서 "야웨 하나님과 같이 거룩한 분이 없다"는 것을 보여 주었다(삼상 2:2). 사무엘은 이스라엘 백성들에게 왕제도를 소개해 주었다(삼상8:21-22). 그는 사울에게 기름부어 이스라엘의 첫 왕을 삼았다(삼상 10:2). 그러나 사울이 왕의 권력 행사에서 스스로 교만하여 제사장이 해야 할 거룩한 제사를 자기가 손수 집행했다(삼상13:9). 사무엘은 하나님의 거룩함을 자기 왕권으로 범한 사울에게 "왕은 망령되이 행했다"(삼상 13:13)고 하여 하나님의 거룩함을 세속적인 정치권력으로 무시함에 대한 죄로 왕의 자리에서 물러날 것을 선언했다. 사울의 후임자로 다윗을 왕으로 세울 때도 하나님의 거룩함 앞에 자신을 정결하게 하는 의식을 거행하게 했다(삼상16:5). 이렇게 사무엘은 하나님의 거룩함이 어떻게 그 나라 역사와 관련되었는가를 보여준다. 99편 시인은 "하나님은 거룩하시다"는 이 고백 속에 이스라엘의 하나님의 거룩함과 관련된 오랜 역사가 배후에 있음을 그의 시 속에서 말하고 있다.

하나님을 왕으로 모실 하나님의 백성은 무엇보다 하나님은 인간과 다르신 분임을 "거룩함"에서 깨달아야 함을 이 시인은 말하고 있다. 참된 예배는 하나님의 거룩함을 바로 이해함에 있다:

"거룩 거룩 거룩 전능하신 주님/이른 아침 우리 주를 찬송합니다
거룩 거룩 거룩 자비하신 주님/삼위일체가 되신 주로다."(8장)

찬송을 부르는 우리는 "그의 거룩하심"을 깨닫고 그 거룩함에 합당한 예배를 드려야 한다. 그것은 이사야가 하나님의 거룩함에 꿇어 엎드려, 이 시인이 말한 그대로 "나는 죄인이로소이다"하는 죄의 고백을 통하여 깨끗함을 받고 "내가 여기 있사오니 나를 보내소서"라는 사명감을 각오하는 것이다(사 6장).

제 100편
예배의 원형

온 땅이여, 함성을 질러라 야웨께.
야웨께 예배하라.

기쁜 마음으로 그 앞에 나아가자.
즐겁게 외치면서(1, 2절).

　　　　　이 작은 시는 유대인과 크리스천들에게 가장 애송되는
시의 하나다. 유대인들이 날마다 회당예배 때 부르는 노래이며 크리스
천들은 예배의 노래로 즐겨 부른다. 스코틀랜드 장로교를 처음 시작한
존 녹스의 친구 윌리엄 케티가 이 시를 교회 찬송가로 개작하여 1561
년 발행된 「영국-제네바 찬송가」에 수록되었다. 이 시를 프랑스 개혁교
회 신자 루아 불조아의 작곡으로 성가대가 부르면서 입당하는 찬송으
로 쓰여진 것이다. 그 예배는 정규적인 예배라기 보다 하나님의 은혜를
감사하는 특별한 예배의식인 것 같다. 제목에 "감사의 시"라 함도 이
사정을 말해 주고 있다.

　이 시가 가르치는 예배 정신은 다음 여러 가지 기본적인 것을 알려
주고 있다.

　1. 기쁨으로 예배를 드린다. 예배의 목적은 하나님을 만나는 것이다.
　오늘까지 이 시는 "옛날의 시 100번째 노래"란 제목으로 서방교회에서 지금도 사랑을 받는 역사가 오랜 찬송이 되어 있다. 이 시를 찬송가로 고친 케티는 당시 가톨릭의 박해에 견디지 못하여 1556년 제네바로 피난 갔다. 여기서 그는 하나님을 자유스럽게 예배할 수 있음을 감사하게 생각하며 이 시에서 참 예배의 정신을 배웠다.

본래 이 시는 성소에 예배하러 들어와 사랑하는 사람이 서로 만나러 오고 가는 심정으로 예배를 드리며 불렀다. 우리 인간의 삶은 결코 기쁜 것만이 아니다. 시편 90편 시인이 말하듯이 "우리의 일생은 수고와 슬픔 뿐이다"(10절)함은 결코 어떤 특수한 수난 중에 있는 사정이기 때문이 아니라, 사람의 일생은 날 때부터 죽을 때까지 이런 저런 괴로움을 안고 지내기 때문이다.

물자가 풍족한 나라는 그 풍성한 생활 여건 때문에 자살하는 사람의 수가 늘어가고 가진 것이 모자라는 나라에서는 그 궁핍 때문에 괴로운 나날을 보낸다. 수백 년 동안 전쟁이 없는 안정된 사회는 그 안정이 가져다주는 불안과 고민에 사람들은 기쁨을 잃었고, 전쟁이 일어난 나라, 또 우리나라처럼 순간적으로 전쟁 폭발의 가능성을 가지고 불안하게 사는 나라는 또 그 위기에서 오는 괴로움을 피할 수 없다. 그러므로 예배를 드리러 하나님 앞에 나아가는 사람의 마음이 기쁠 수 없다. 모두가 괴로운 심정으로 나아가기 때문에 복을 빌고 평안을 빌고 안정을 빌고 부족함을 채워 주기를 바라는 기복신앙(祈福信仰)의 형태를 대부분의 사람이 가지고 있다. 그러나 이 시인은 예배하러 하나님 성전에 나아가는 사람은 함성을 지르며 기쁜 노래를 부르며 가라고 한다. 슬픔과 괴로움의 삶에서 드리는 예배라고 해도 그의 마음 속에는 하나님으로부터 오는 기쁨을 기대하고 나아가야 한다. 하나님 전에 나아가는 것을 사랑하는 사람을 만나러 가는 것과 같이 기뻐하라고 한다.

2. 예배하는 사람은 그의 예배를 받으시는 분이 누구시며, 자신과 어떤 관계가 있는가를 분명히 알고 가라고 한다.

여기 이 시인은 "야웨는 우리 하나님이시요, 그는 우리를 지으신 이요, 우리는 그의 것, 그의 기르시는 양이라"했다(3절).

이 예배는 공동체의 예배이기 때문에 "나의 하나님"이란 생각보다 "우리 하나님"인 것을 깨달으라고 한다. 많은 성도들이 "우리 하나님"을 내 한 사람의 하나님이라는 신앙적인 이기심 또는 개인주의를 나타내는 경우가 있다. "우리 하나님"이라고 고백하는 사람은 내가 다른 사람보다 우위에 있다든가, 내가 다른 사람보다 무엇을 더 많이 가져야 한다고 생각할 수 없다. 우리 모두가 하나님의 공평한 사랑을 받아야 한다. 하나님의 편애를 구할 수도 있으나 이것은 어디까지나 내 개인의 기도와 경건에서 하나님께 매달릴 일이다. 내 자식, 내 집, 내 사업, 내 자신 등 나를 위한 생각에서 하나님께 나아가야 한다. 그러나 성전에 나아가서 공중예배를 함께 드릴 때는 이 사적(私的)인 생각, 개인적인 생각을 사양하고 우리 모두의 영감, 우리 모두의 축복, 내 주위의 사람 한 사람이라도 더 하나님을 만나고 대화하고 새로운 삶의 의욕과 소명감을 받도록 기도해야 한다. "하나님의 복된 말씀, 능력의 말씀, 성령의 은사를 우리 모두에게 내려주소서"하는 심정으로 예배에 참석해야 한다.

이렇게 우리 하나님을 생각해야 할 이유는 하나님과 우리의 관계가 특수하기 때문이다. 이 관계를 이 시인은 창조의 신앙, 소속감의 신앙, 하나님 백성의 신앙, 그리고 그의 은총의 신앙으로 표시하고 있다. 우리는 똑같이 하나님이 창조하신 까닭에 존재하고, 우리는 그의 피조물이기 때문에 "질그릇이 토기장이에게 항거할 수 없듯이"(렘18:1-6) 우리는 우리의 운명을 그의 손에 맡겨야 한다. 이것은 이 창조주에게 내 생명과 나의 모든 것을 바치고 의지하는 심정이다. 왜냐하면, 우리는 하나님의 소유물이기 때문이다. 그의 것이 된 우리는 자랑스럽다. 마귀의 소유가 되지 않고 하나님의 소유가 된 것은 우리의 영광이요, 우리 자랑이다. 우리에게 있는 모든 육체적, 물질적인 것이 다 사라진다고 해도 하나님의 것이 되어 있는 우리는 근심할 것 없다.

하나님이 우리 일을 알아서 처리해 주신다는 의지심을 가지고 살게 된다. 이러한 소속관념은 "그의 백성", "그의 기르시는 양"이라 함에서 더욱 구체적인 설명을 하고 있다. 비록 그들이 적고 약한 민족이었으나 하나님의 사랑으로 말미암아 그의 백성, 거룩한 백성, 기업의 백성, 특수한 백성이 된 것을 신명기는 자랑하고 있다. 이 시인은 이 역사적 민족의 자랑을 "그의 백성"이란 말 속에서 밝히고 있다. 그리고 "그의 기르시는 양"이라 함은 예수님이 요한복음 10장에서 가르치신 대로 하나님은 - 우리 모두가 먹을 꼴, 마실 물을 언제나 마련해 주시고 우리를 해칠 수 있는 모든 사나운 짐승들의 위험에서 건져 주시는 특별한 관심을 쏟아주심을 말한다. 우리는 하나님의 사랑으로 먹고 마시고 자라고 일하는 사람들임을 알려 준다. 이렇게 이 시인은 하나님과 우리 인간의 관계를 여러 가지 측면에서 알려 주고 있다.

3. 예배 정신은 감사함으로 하나님을 예배한다는 것이다.

"범사에 감사하라"는 교훈은 역사가 깊은 교훈이다. 이스라엘의 역사 전체가 하나님의 구원사의 연속이다. 건짐 받을 수 없는 자리에서 건짐을 받았으니 감사할 것 밖에 없고, 모든 것이 부족했지만 필요한 것으로, 때로는 불기둥, 구름기둥, 메추라기, 만나 등 나그네 인간이 필요로 하는 모든 것을 채워 주신 하나님이시니 감사하는 마음으로 예배하지 않을 수 없다. 더욱이 예수를 통해서 우리가 죄에서 구속함을 받고 새 사람이 되고 하늘나라의 후사(後嗣)가 되어 이 땅에서 살게 하시고 또한 온갖 현실적 모순, 절망, 좌절, 비애와 고통 속에서도 하나님의 사랑과 진실이 밑받침된 구원의 복음으로 용기 있게 희망을 가지고 살게 하신다. 죽음까지도 이길 수 있는 부활의 소망이 역사의 종말이 임할 때 영원한 세계로 우리를 숨겨 주신다는 약속을 해 주신 하나님의 은혜를 감사하지 않을 수 없다. 예배하는 사람이 감사함으로 하나님 앞에 나아가야 함은 너무도 당연하다.

4. 예배자의 찬송 내용 "야웨는 선하시고 그의 사랑은 영원하시며 그의 진실은 대대에 이른다"는 하나님의 선과 사랑과 진실을 가르친다.

"사랑과 진실"은 시편 시인들이 계속 노래의 대상으로 삼고 있음을 이미 보아왔다 (특히 89편 참조). 야웨가 선하시다는 말은 도덕적인 의미만이 아니라, 악과 구별되는 아무데도 이지러진 곳이 없는 원만함을 뜻한다. 하나님은 원만하신 분이다. 그를 섬기는 사람에게는 불평이 있을 수 없다. 모든 것이 만족한 상태로 우리를 이끄신다. "그리스도의 충만한 분량"은(엡2:7; 4:13) 하나님의 선하심에서 온 것이다. 예배하는 사람은 하나님이 우리를 원만하게 대접하시는 분임을 찬송해야 한다.

이상으로 이 시인은 예배를 어떤 정신에서 드려야 할 것인가를 자세히 가르치고 있다. 진실로 우리는 이 예배를 통하여 하나님을 만나고 하나님이 주시는 축복을 받고 또 하나님을 위하여 살 수 있는 원동력과 지혜를 받게 된다.

제 101편
다스리는 자의 윤리

Psalm Meditation

내가 사랑과 공의를 찬양하리이다(1절).

        이 시는 한 나라의 지도자가 어떻게 자기의 삶을 바르게 살며 그의 지도를 받는 다른 사람에 대해서 무엇을 말할 수 있는가를 보여주는 시이다. 1절에서 4절까지는 지도자 자신의 삶의 원칙, 5절에서 8절까지는 다른 사람에게 바라는 삶의 원칙을 말한다.

  이 시를 지은 작자는 일반적으로 이스라엘 백성의 최고 지도자인 왕을 생각한다. 표제에 "다윗의 시"란 말을 그대로 받아들여 "다윗 왕"이 그 자신에 대한 명상과 자기 백성들이 어떻게 해야 될 것을 말하고 있다고 볼 수도 있다. 이 시에는 1인칭 대명사가 강하게 나온다. 그러나 그 "나"라는 사람이 반드시 "다윗"이라고 지정되어야 할 근거는 찾을 수 없다. 왕 중의 한 사람이라 함에는 틀림없다. 그래서 이 시는 "제왕시"라 할 수도 있다.

  다만 문제가 되는 것은 이런 내용의 노래를 어떤 삶의 자리와 관련시켜야 하느냐는 것인데 학자들 간에 의견의 차이가 있다. 즉 모빙켈과 같이 신년 축제 때에 왕이 야웨 앞에서 자신의 의무를 약속한 내용이냐, 또는 바이저와 같이 시내산 계약 축제 때에 부른 노래냐, 아니면 크라우스와 같이 다윗의 시온산 계약 축제 때에 부른 노래인가 하는 세 가지 상황을 말할 수 있으나 그 정확한 삶의 자리는 아무도 말할 수 없다. 다만 어떤 종류의 축제이든 간에 이 시는 7년에 한 번씩 정기적으로 지키는 축제 때에 왕이 스스로 자신이 해야 할 사명을 선포하는 내용이라 하겠다.

여기 왕이 언급하고 있는 자기 자신에 대한 의무는 어떤 것인가.

먼저 그의 제일 관심은 헷세드(인자,사랑)와 미쉬파트(공의,공정한 판단)이다. 왕의 제일 관심은 백성을 사랑하는 일과 공정한 판단을 하는 일이다. 「공동번역」이 "사랑과 정의"라 했는데 "정의"는 사회정의보다는 한 나라의 주권자가 지켜야 할 공정성, 공의라는 뜻이 더 원문의 뜻에 가깝다고 할 수 있다. 왕은 사회정의를 실현하는 자세로서 우선 백성의 송사를 공정하게 판단해야 되겠지만 백성을 보는 눈이 일시동인(一視同仁)으로 차별 없이 보아야 한다. 소위 권력과 결탁된 특혜층이란 것을 용납하지 아니하는 공정성, 국민 누구에게나 기회를 평등하게 주는 일, 부모가 자식을 차별 없이 대하듯 제왕이 백성을 차별없이 보는 태도이다. 제왕 또는 한 나라의 주권을 행사하는 사람이 사랑과 공의에 편벽됨이 있으면 그 나라 질서는 문란해지고 백성들의 불평과 원한을 들을 수밖에 없다. 완전한 정치를 한다는 것이 어렵지만 사랑과 공의가 편만한 정치라면 거의 완전에 가깝다고 할 수 있다.

이 시인은 "내가 완전한 길에 주의하겠다"고 했다. 여기 "완전한 길"이란 말은 원만성보다도 비난받을 일이 없는 허물없는 상태를 말한다. 누구에게나 만족함을 준다는 것이다. 지도자는 자신의 만족을 위할 때 타락하고 그 지도를 받는 상대방의 만족을 위해서 노력할 때 존경을 받는다. 왕이 이 시의 주인공이라 할 때, 그는 2절에 강조되어 있는 바와 같이 흠 잡힐 일이나 비난 받을 일을 자기 자신에게서나 그의 집, 왕궁, 또는 행정 현장에서 없도록 해야 한다. 1977년 한 해 동안에 7천4백 명의 비위공무원이 생겼다는 보도는 (1978. 7. 19. 동아일보 1면) 나라의 주권이 공정성과 공의를 떠난 타락상을 보여주는 좋은 증거이다.

이 시편의 왕도는 공정성을 이상으로 한다. 그는 자기 눈 앞에 비루한 것(원어는 블리+야알=유익함이 없다), "아무 가치가 없는 일"을 용납하지 아니하며 배도자들의 행위를 미워한다고 했다. 이는 바른 길이 아닌 길을 걷는 자를 미워한다는 것이며, 이런 자들을 왕 자신 옆에 가까이 둘 수 없다는 것이다. 뿐만 아니라 마음이 비뚤어진 사람, 악한 자 또는 악을 용납하지 않는다. 원문에 "알지 않는다"로 되어 있는데 이는 관계를 끊는다는 것이다. 이런 불의한 일들을 자기 눈으로 볼 수도 없고 자기 곁에 두지 않으며 더욱이 이런 것들과 상관을 하지 않는다고 한다.

여기서 왕도의 이상을 볼 수 있다. 이런 이상은 왕 자신의 윤리적 결단에 속한 것이지만 결국 2절에 있는 "야웨여!" 또는 "당신이 언제까지" 하는 말로써 왕과 같이 백성을 다스리는 자는 그의 삶과 행동이 하나님 앞에서 또는 하나님과 관련되는 것임을 명백하게 보여 준다.

다음 왕이 백성들에게 요구하는 것이 무엇인가.

이것을 5-8절 안에서 볼 수 있다. "내가…하지 아니하리라"는 소극적인 금지와 "내가…하게 하리라"하는 적극적인 권장 두 가지 형태의 문장으로 표현되었다.

소극적인 금지 사항으로,

(1) 이웃을 헐뜯는 일,

(2) 눈이 높은 마음의 교만, 즉 안하무인격 오만불손 함(이상 5절),

(3) 거짓을 행하는 자, 즉 속이는 사람(7절),

(4) 악인과 죄인 (8절)들의 행동이다.

적극적으로 권장할 일은

(1) 땅에서 진실하게 사는 사람(7절),

(2) 완전한 길에 행하는 사람, 즉 남의 비난을 받지 않는 삶(6절)

소극적인 면에서는 잘못된 행동이고 적극적인 면에서 실천하는 사람이다. 여기서 죄는 미워해도 그 사람은 미워하지 말라는 시인의 심정을 살펴볼 수 있다. 그러나 잘못된 일에 대한 하나님의 태도는 첫째 내가 멸하고, 즉 그 악행이 계속 진행되도록 용납하지 않으시고 중지시킨다는 뜻이다. 공동번역에 "입을 봉해버린다"고 한 것은 이웃을 헐뜯는 일에 대한 적절한 조치이다. 다음 "오만 불손한 자를 용납하지 않는다"고 하는 것은 그들의 교만한 태도를 계속 할 수 없게 하신다는 뜻이다. 즉 악행에 대한 하나님의 간섭을 알려 준다. 물론 현실 사회에는 이런 죄인들과 악인들이 자기들의 세상인 양 날뛰지만 사실 하나님의 심판의 손이 그들 위에 내려져 있다는 것을 모른다는 것은 그들의 형통과 성공 속에 감추어진 시한폭탄을 알지 못함과 같다.

거짓을 행하는 자는 "내 집에 거주하지 못한다"(7절)고 했는데 이는 왕의 궁전과 예루살렘(8절)을 뜻하기도 하지만 왕의 통치권 속에서 사기(詐欺)는 용납될 수 없음을 뜻하고, 8절에 나온 "이 땅"이란 말과 연관시키면 왕의 통치하는 전 지역, 전 세대에는 그런 사기를 용납할 수 없다는 것이다. "내 목전에 서지 못한다"(7절)는 "거주하지 못한다"와 평행되는 구절이다. 이와 반대로 이 땅에서 왕의 통치 영역에서 진실하게 사는 사람은 "나와 함께 거주할 수 있다"고 했다. 여기 왕의 축복과 사랑을 받고 살 수 있는 행복을 말한다. 이런 행복한 사람은 왕의 일을 맡아서 하는 특권을 가질 수 있음을 말한다.

이리하여 이 왕도는 악을 징계하고 선을 권장하는 동양의 왕도사상과 히브리 왕도사상이 매우 유사함을 보여준다.

제 102편

나의 괴로운 날에

나의 괴로운 날에
당신의 얼굴을 내게서 돌리지 마소서.
내가 당신을 찾을 때
속히 내게 대답해 주시옵소서(2절).

　　　이 시는 일곱 개의 "참회시" (6, 32, 38, 51, 102, 130, 143) 중의 하나이다. 그러나 참회를 나타내는 직접적인 표현은 없다. 다만 시인의 고난상이 다양하게 표현되어 이 고난은 죄의 고통에서 온 것이라 생각함에서 "참회시"란 이름을 얻은 것 같다.

　여기 나타난 시인의 고난상은 단순히 죄책감에서 온 것이라고 하기보다는 시인을 괴롭히는 원수들로 말미암은 것임을 자세히 알려 주고 있다. 그의 고난을 알려주는 다음과 같은 말들을 본다.

　"나의 괴로운 날"(2절), "내 날이 연기처럼 사라지고 내 뼈가 숯불처럼 타고"(3절), "식욕을 잃었고 맥이 다 빠지고"(4절), "살이 뼈에 붙을 정도로" 쇠약해졌고(5절), 그 고독하고 딱한 사정은 "광야의 올빼미, 황폐한 곳의 부엉이, 외로운 참새" 같다(6절), "원수들의 악담을 종일 들으며, 미칠 듯이 날뛰며"(8절), "재를 눈물에 말아 밥처럼 먹는" 신세(9절), "시들어지는 풀, 기울어지는 그림자" 같은 존재가 (11절)되었다.

이상으로 이 시인의 고통은 육적이며, 정신적이며, 날마다 순간마다 고통의 연속임을 보여준다. 이런 고통은 시인을 괴롭히는 원수들 때문이지만(8절) 이 시인은 원수의 공격과 모략 때문이라고 하면서도 1절에 "야웨여!"라고 불러 자기의 고난의 사정을 아뢴 분에게 "당신의 진노와 책망 때문이라"(10절)고 그의 고통의 원인을 하나님께로 돌리고 있다. 이렇게 자기의 고통을 하나님께 돌리는 구절은 38편 3절에서도 보인다. "나를 높이 드셨다가 던지셨다"(10절)는 것은 시인의 고통이 마치 돌풍에 말려 올라가는 검부러기 같이 비참함을 표시하고 있다. 욥도 자기의 고통을 이러한 돌풍과 비교하고 있다(욥 30:22).

그러나 이 시인은 자기 고통의 넋두리만 하는 사람이 아니다. 자기 괴로움을 호소할 데가 있음을 이 시 첫머리에서 밝히고 있다. 만일 1절과 2절에 밝혀진 그의 신앙심이 없었다면 그는 참으로 "시드는 풀 같고 어둠에 삼켜져 버리는 석양 그림자 같이"(11절) 허무한 존재였을 것이다. 그러나 아무리 외롭고 괴로워도 "야웨여, 내 기도를 들으시고 나의 부르짖음을 주께 상달케 하소서. 나의 괴로운 날에 주의 얼굴을 숨기지 마소서, 내게 속히 응답하소서" 하는 애원과 호소의 기도를 할 수 있음이 이 시인의 자랑이다. 그러므로 "나의 괴로운 날"도 다만 "괴로운 날"이 아니고 오히려 인간의 괴로운 사정을 돌보시는 하나님과 영적인 교제를 할 수 있는 기회가 됨을 보여 준다. 욥기 저자가 인간은 다 고통을 통하여 "살아계신 구속주를 만날 수 있고"(욥 19:25), "이 하나님과 얼굴을 맞대고 그의 말씀을 귀로 듣고 그의 얼굴을 친히 볼 수 있음을"(욥 42:5) 자랑함과 같은 신앙을 이 시인은 가지고 있다. 이 신앙이 그의 노래가 되어 이 시를 이루고 있다고 말할 수 있다.

이 시는 다음 부분인 12-22절까지의 내용이 앞에 나온 고난의 호소 부분(1-11)과는 문학형식도 다르고 그 주제도 다르기 때문에 많은 주

422

석가들이 다른 작자의 작품이라고 한다. 이것은 주로 찬양시라고 볼 수 있는데, 그 찬양의 주제는 시온이며 이 노래의 삶의 자리는 포로시대 또는 포로시대 이후 시대의 예배의식에서 하나님의 영광의 도시 시온과 멀리 떨어진 환경에서 시온을 생각하고 그리워하는 심정을 노래한 것 같다.

특히 14절에 "주의 종들이 시온의 돌들을 즐거워하며 그 티끌도 만지고 싶어한다"는 귀절이나 "갇힌 자의 탄식을 들으시고 죽이기로 정한 자를 해방하사 야웨의 이름을 시온에서, 그 영예를 예루살렘에서 선포하게 한다"(20절)

이 말씀은 이 시인이 포로생활의 환경에서 시온을 그리워함을 보여준다. 물론 "갇힌 자"나 "죽이기로 정한 자"가 포로시대에만 있는 것이 아니므로 반드시 이 시가 포로시대의 작품이라고 하기에는 근거가 박약함도 사실이다. 그러나 "우리가 바벨론의 여러 강변에 앉아서 시온을 생각하며 울었노라"(시137:1)는 구절과 연결시켜 보면 포로시대 환경에서 이 시를 지었다고 추측함이 무리가 아닌 것 같다.

이 둘째 부분과 첫째 부분이 동일한 작자의 시라고 한다면 모빙켈의 주장과 같이 신년 축제때 왕이 민족을 대표하여 민족의 고난을 하나님께 호소하며 이 왕의 도성인 시온은 항상 하나님의 사랑을 받아 모든 삶의 중심지로 찬송과 기도의 대상이 된 것을 말한다.

이 시의 마지막 부분(23-28)도 첫째 부분과 같이 시인의 고난상을 말한다. 시인은 여기에서 자기 자신이 현재 당면한 육체적 정신적 고통을 호소함보다 인생의 석양을 맞이한 중년 이상의 나이를 가진 사람으로 노쇠하고 병들어 일찍 죽는 일에 대하여 허무감(虛無感)을 느끼고 영원히 계시는 하나님과 더불어 함께 있기를 간구하고 있다.

"내 힘을 중도에 쇠약케 하신다", "내 날을 짧게 하신다"고 함으로써 자기의 일생이 하나님의 수중에 달린 것임을 고백하는 동시에 하나님이 자기를 "중년에 데려가지 않기를" 간구하고 있다. 시인은 인생의 날이 짧음에 비하여 하나님은 영원히 계시는 분임을 확신하고 있다. 비록 괴로운 오늘이 나의 현실이요, 자기 목숨의 종말을 자신이 알지 못하는 허무한 인생이라고 해도 영존하신 하나님과의 산 교제 관계만 되어 있으면 오늘의 고통과 인간의 허무성이 그렇게 문제가 되지 않는다고 확신한다. 시인이 말하는 하나님의 영원성을 예수 그리스도의 영존성으로 읽고 있는 것이 히브리서 1장 11절 이하 인용이다.

"천지는 없어지려니와 주는 영존하시겠고 그것들은 다 옷 같이 낡으리니, 의복 같이 바꾸시면 바뀌려니와 주는 영존하시겠고 주의 연대는 무궁하리라"(26-27절).

하늘이 사라진다 해도 하나님은 영원히 살아계시고 옷이 낡아지듯이 만물이 낡아버린다고 해도 하나님은 변하지 않으시고 어제나 오늘이 똑같으신 분이라고 믿는 신앙이 오늘의 괴로움을 잊는 길이다. 이같은 사상은 이사야 34장 4절과 51장 6절에도 나타나 있다. 하늘의 일월성신이 다 사라지고 만물이 포도나무 잎이나 무화과나무 잎처럼 말라버린다고 해도 하나님은 영원히 살아계신다고 했다.

오늘 "나의 괴로운 날"이 문제가 아니다. 영원히 변하지 않고 살아계시는 하나님이 "영원히 계시니"(12절) "창조함을 받은 백성은 야웨를 찬송할 수밖에 없다"(18절)고 했다. 이 영원하신 하나님을 믿고 의지하는 사람도 영원에 잇대어 사는 사람이다. 공동번역에 이 시의 28절을 빼버린 이유는 알 수 없다. 이 구절이 있어야만 27절에 반복되어 있는 하나님의 영원성과 인간의 유한성이 서로 관계를 맺게 되어 유한한 인간이지만 영원에 잇대어 살아가는 사람이 주 앞에 굳게 선 사람이라는 뜻이 분명하게 된다.

제 103편
네 젊음을 독수리 같이

내 영혼아 야웨를 찬미하라(1절).

그는 네 소원을 만족시키시며
네 젊음을 독수리처럼 새롭게 하신다 (5절).

이 시는 "내 영혼아 야웨를 찬미하라"는 말로 시작하여 똑같은 말로 끝맺고 있는 아름다운 신앙시의 하나이다. 하나님의 은혜와 긍휼에 흠뻑 젖어 있는 만족한 영혼을 볼 수 있으며, 또한 하나님의 주권과 그 통치의 위엄을 보는 동시에 하나님을 경외하는 일이 얼마나 아름다운 신앙인가를 보여주는 시이다. 102편에서 우리는 인생의 석양을 맞이하는 중년 신사의 모습을 볼 수 있는데, 이 시에서는 새파란 젊음을 볼 수 있다. 신앙 청년의 노래라 해도 과언이 아니다. 신앙 청년이 가져야 할 믿음은 첫째, 하나님의 은총에 대한 감격이 있어야 하고 둘째, 하나님의 주권에 대한 인식을 해야 하고, 셋째로 그 주권과 은총을 행사하시는 하나님께 대한 경외심을 잊지 말아야 한다.

첫째, 이 시인은 시편 중 하나님의 은총을 노래한 대표적 시인이다.

감사와 찬양의 기분이 전 시편에 넘쳐 흐른다. 그 감사와 찬송의 내용은 하나님의 은총이다. 이 시인은 인생 경험이 얕은 사람이 아니라, 여러 가지 인생 경험을 한 사람으로 청년들에게 줄 신앙의 교훈으로써 무엇보다 하나님의 은총을 잊지 말 것을(2절) 권고하고 있다. 맨처음에 나온 은총은 "은택"이란 말로 번역되었다. 공동번역은 "은덕"이라고 했다. 이 원어는 "하나님이 인간에게 베푸시는 여러 가지 일들"이다. 일반적인 하나님의 행사보다 3절 이하에서 그 행하신 일을 구체적으로 말하고 있다.

"모든 죄를 용서해 주시는 일"(3절), "모든 병을 고쳐 주시는 일"(3절), "파멸에서 생명을 건져 주시는 일"(4절), "인자(헷세드)와 긍휼(라함)로 관을 씌워주시며"(4절), "좋은 것으로 만족하게 하시는 일"(4절) 등이다.

이 모든 은총의 내용은 하나님의 선한 대접, 그의 구원사, 그의 병고침, 그의 죄사함, 하나님만이 인간에게 베푸실 수 있는 여러 가지 사랑과 관심의 표현을 구체적으로 해주신 일들이다. 과거에 어떤 곤경에 빠졌는지 구체적으로는 알 수 없으나 그의 목숨을 죽음의 자리에서 건져주신 은총을 말한다. 이 시인은 과거에 병도 앓았지만, 그 병마에서 해방시켜 고쳐 주셨고 용서받을 수 없는 죄악까지도 너그럽게 용서해 주셨고 죽음의 위험에서 그 목숨을 살려주셨다. 이 시인은 하나님으로 말미암아 완전한 새로운 삶을 받았다.

그의 삶 전체는 은총무한이요, 은혜무궁이다. 이것을 "인자와 긍휼로 관을 씌웠다"고 했는데 생의 모든 순간이 하나님의 사랑의 연속이요, 또 그가 자비하게 여겨주시는 사건들의 연속임을 말한다. 하나님의 은혜가 아니었으면 오늘의 내 자신이 없다고 할 만큼 강한 하나님의 은혜의 손길에 의하여 재창조되었음을 고백한다. 사도 바울이 "나의 나된 것은 하나님의 은혜라"(고전 15:10)고 한 그대로 은총에 대한 감격이다. 이렇게 육적으로 영적으로 새 삶을 얻었기 때문에 새롭게 청춘을 회복했다는 감격이다. 독수리가 힘차게 푸른 창공(蒼空)을 차고 날아가듯이

시편 명상

이 은총의 손에 붙잡힌 자신은 독수리처럼 힘차게 날아갈 수 있음을 말한다. 이것이 청춘의 재창조다. 새로운 젊음의 탄생이다. 하나님의 은총에 사로잡혔다는 고백을 할 수 있는 사람이 참 젊은이라는 뜻으로도 해석이 된다.

하나님은 어떻게 이러한 은총의 손길을 베푸시는가. 그것은 하나님 자신의 본성이 진노와 형벌의 하나님이 아니라 은총과 긍휼과 인자의 하나님이신 데서 가능한 것이다(8-10). 여기 이스라엘의 역사가(歷史家)인 J기자가 밝혀 준대로 오래된 하나님 신앙이(출 34:6)다시 반복되어 있다. 나이에 의한 청춘보다 은총의 감격에 의한 하나님의 새 창조에 의한 청년의 모습이 여기서 설명되고 있다.

둘째로 이 시인은 하나님의 주권과 그 통치에 대한 확고한 신앙을 가졌다.

"야웨는 옥좌를 하늘에 두시고/ 온누리를 다스리시도다(19절).

너희 모든 피조물들/ 그의 다스림을 받는 너희들은/

야웨를 송축하라"(22절).

여기서 시인은 하나님의 주권과 그의 다스림을 밝힌다. 이 주권은 하나님이 만드신 모든 피조물을 지배하신다. 은총의 하나님은 무질서의 하나님이 아니시다. 당신이 창조하신 세계의 모든 만물이 그의 손 아래 지배되고 있음을 의식해야 한다. 하나님의 지배권을 무시하거나 항거하는 일은 피조물이 범하는 최대의 죄이다. 하나님의 주권 인정은 곧 "하나님은 왕이라"(시46:7)하는 신앙고백이다. 인간 최초의 범죄는 아담과 이브가 하나님과 같은 자가 되어보고자 한 교만이었다. 이것은 그의 주권성(主權性)을 무시한 것이다. 하나님의 다스림을 무시함은 곧 인간이 하나님을 지배하겠다는 교만이다. 인간 역사의 교훈은 인간은 이 교만으로 스스로 자멸의 길을 취했다는 것이다. 하늘에 옥좌를 두셨다는 사상은 인간이 닿을 수 없는 높은 곳이란 뜻도 되지만 사실은 위치의 문제가 아니라 인간 주권의 불가침의 경계선을 말한 것이다. 사람은 결코 하나님이 될 수 없다. 이 경계선을 분명히 지키는 것이 인간의 피조성과 또한 하나님의 창조주로서의 위치를 인정하는 것이다.

하나님의 은총으로 영원한 청춘을 소유하는 축복은 항상 하나님의 주권 아래 복종하는 인간에게 주어지는 것임을 알아야 청춘은 제 위치를 찾는다. 젊음의 정열이 지나쳐 하나님의 주권을 무시할 때 그는 스스로 그 젊음을 포기하는 것이 된다.

마지막으로, 청년이 항상 하나님의 은혜에 감격하고 그의 주권 아래서 자유를 느낄 수 있는 방법은 무엇인가.

이 시인은 하나님을 경외하는 일이라고 거듭 (11, 13, 17절) 말하고 있다. "경외"는 결코 원시인들이 가지는 공포감이 아니다. 신적인 존재 앞에 자기 자신을 무(無)로 돌려버리는 자기 거부나 자기 부정이 아니다. 야웨 하나님은 인간에게 이성을 주셨고 이것으로 하나님의 존재와 그 능력에 대한 올바른 판단력과 하나님께 대한 자신의 바른 태도를 깨달아 알게 하셨다. 무서워서 죽는 시늉을 하라는 것이 이스라엘의 경건이 아니다. 하나님의 주권을 인정하면서 그 주권자에 대한 정당한 태도를 가지는 것을 요청하신다. 그 태도를 구약에서는 "경외한다"고 했다. 시편 2편 기자는 "경외함으로 섬기며 떨며 즐거워하라"고 했다(시 2:11). 이는 정당한 공경심에서 든든함을 얻고 또 그 든든함에서 얻는 삶의 즐거움을 가지는 태도이다. 경외심을 잃어버리는 그 순간에 하나님께 대한 바른 태도를 잃어버린다. 그래서 "야웨를 경외하는 것이 지식의 근본이라"고 했다(잠 1:7).

제 104편
아름다운 묵상

내 묵상은 아름다워요.
나는 야웨를 기뻐하오리다(34절).

　　　　　이 시는 대표적인 지혜시의 하나이다. 그러나 논리를
전개하여 사람을 교훈하는 지혜가 아니라, 읽고 명상하고 노래하며
묵상하는 지혜시이다. 이 시는 순 이스라엘적인 노래라기보다 애굽의
아메노피스 4세가 지었다는 "태양의 노래"를 모방했거나 그 영향을
크게 받은 시라 함에 많은 주석가들의 의견이 일치되고 있다. 뿐만 아
니라 이 시는 103편의 저자와 동일하다고 하는 학자들도 있다(궁켈, 커
크파트릭, 슈미드). 그 이유는, 이 두 시는 그 시작과 끝마침이 똑같이 "내
영혼아, 야웨를 찬양하라"로 되어 있고 문장의 유사점도 있으며 하나님
의 은총과 주권을 찬양함에도 그 공통점을 가지고 있기 때문이다. 다만
103편은 역사에 더 관심을 가졌고 104편은 자연에 대한 관심을 집중
시킨 노래라 할 수 있다.

　이러한 유사성에 대한 문제보다도 이 104편은 시편만이 아니라
구약 문학 중에서도 가장 특징 있는 시의 하나라 하겠다. 이스라엘의
"위즈 워드"라 할 만큼 하나님이 만드신 자연 만물에 대하여 시인으로
서 할 수 있는 아름다운 명상과 묵상을 다양하고 소상하게 하고 있다.
서구 신학이 자연의 가치를 별로 인정하지 아니하고 인간의 정복 대상물로만 여겨와서 서구 문명을 이룩한 과학과 기술의 발달을 가져왔다. 그러나 자연에 나타난 하나님의 계시에 대한 바르트와 브룬너 논쟁의 결과로 자연의 위치가 인간과 그 역사만큼 소중하게 다루어지지 못했다. 더욱이 자연 그것이 하나님을 찬미하는 것을 인간의 찬미 속에 감추어두고 말았다. 즉 인간이 자연을 찬미함에서 자연의 위치가 밝혀지고 있지만 실상 104편 전체에 흐르고 있는 사상은 자연이 인간의 찬미를 통하지 않고 그 자체가 찬미의 주체가 되어 있다는 것이다. 하나님의 피조물 세계에는 인간의 찬미와 똑같이 자연의 찬미가 나란히 있다는 것을 알려주는 시이다. 이런 점에서 이 시는 동양적인 자연관에 매우 가깝다. 자연 그것이 주체(主體)가 되어 인간과 똑같이 하나님을 찬미한다는 것이다.

이 시인은 자신이 자연물상(自然物象)을 본다기보다 자연을 대신해서 시인의 언어(言語)로 자연의 물상을 기록한 시이다.

마치 창조의 신앙이 짙게 깔려 있어 그 신학사상면에 있어서 창세기 1장 기자와 같은 계열의 사람이라 할 수 있다. 만일 창세기 1장이 어느 예배의식에서 바벨론의 창조설화 같이 낭송된 것이라 한다면 이 시편 104편은 그러한 공동예배 때에 찬송가로 불린 노래라 할 수 있다.

여기에서 노래한 자연만물은 창조주 하나님과의 밀접한 관계에서 그 존재와 그 활동이 언급되었다. 자연은 자기 스스로 존재하게 된 것이라 하지 않는다. 어디까지나 하나님이 있게 하셨기 때문에 있다는 신과의 관련성을 자연은 자의식하고 있다. 땅의 기초도 하나님이 두셨고 (5절) 땅과 물의 경계선도(6절) 하나님이 만드셨다. 솟아오른 산과 낮아진 골짜기도 하나님의 조화로 된 것이다(8절). 이 골짜기에서는 샘이 솟아나고 여기서 시작한 물줄기는 시내를 이루고 강을 이룬다(10절). 이 샘물과 강물은 들의 짐승들, 나귀, 공중의 날짐승들에게 주어 이 물을 마시고 만족한 새들은 나뭇가지에서 노래를 부른다(12절). 이렇게 이 시는 우리가 보는 자연 속에 살아있는 자연의 모습들이 어떻게 하나님의 창조와 섭리의 은총으로 움직이고 있는가를 보여 준다.

사람은 만물의 영장이요, "영광과 존귀로 관씌움을 받은 존재"(시 8:4) 이지만 이 사람도 하나님이 만드신 대자연 속에서는 하나의 피조물에 불과하다. 인간이 자연과 만물을 지배한다는 제사문서(P) 기자의 말은(창1:28) 자연과 대등한 위치에 있고 서로 협조하고 보충적으로 상호 조화되어 있는 자연의 참 모습을 몰라본 말이다. 그러므로 이 P 문서의 사상에서만 자연을 보아 온 서구의 신학이 얼마나 불충분한 신학이었는가를 이 시 104편은 알려주고 있다.

"가축을 위한 풀이나 사람을 위한 채소"(14절) 모두 하나님이 주신 것이다. 여기 인간과 가축은 피조물의 위치에서 보면 동등한 것이다.

"사람이 먹는 식물, 그 마음을 기쁘게 하는 포도주, 사람의 얼굴을 윤택하게 하는 기름, 힘을 돋우어 주는 양식"(15절) 모두가 하나님이 인간에게 주신 것이다. 인간이 특별한 존재가 되어서가 아니라, 날짐승에게 물을 주고 가축들에게 풀을 주심과 똑같이 인간과 만물의 존재는 하나님의 은총의 손길에 달려 있는 동일한 존재임을 설명한다. 새들을 위한 집, 너구리 같은 야생동물의 거처지, 젊은 사자의 식물 등 모든 피조물이 하나님의 손에서 그 필요한 것을 얻고 있다고 했다(18-21절).

자연은 진실로 하나님이 활동하시는 일터이다. 종래에 인간 역사에서 활동하시는 하나님과 그의 구원사를 생각해 온 것은 얼마나 일방적인 이해인가! 진실로 야웨 하나님의 하시는 일은 어찌 그리 많은지, 주께서 지으신 것들이 땅에 가득함을 노래했다(24절). 만물은 때를 따라 그 먹을 것과 필요한 것을 하나님에게서 얻고 있다. 사람이나 짐승이나 하나님이 주신 것으로 만족하게 살다가 하나님이 그 생명을 불러가시면 그는 흙으로 돌아갈 뿐이라고 했다(28,29절). 여기 이 시에는 물질과 명예에 대한 욕심이나 권력이나 금력에 대한 탐심과 그 쟁탈전이 보이지 않는다. 인간이 나고 죽는 것은 다만 자연의 넓은 품 안에서 되어지는 일반적인 현상, 즉 하나님이 생명을 주시면 태어나고 하나님이 그 생명을 이 땅에서 불러가면 흙으로 돌아가는 자연스러운 현상에 불과하다고 한다.

그러므로 인간의 할 일이 무엇이냐.

하나님이 자연 속에 정하여 주신 순리대로 살다가 죽는 것이기 때문에 인간의 할 일은 다만 그 생명이 있는 날 동안 창조주 하나님을 찬미하고 노래하는 것뿐이라고 시인은 결론을 내리고 있다:

"내가 평생토록 야웨께 노래하며 내가 살아 있는 동안 내 하나님을 찬양하리로다"(33절).

이 노래와 찬양만이 인간이 일평생 진실하게 해야 할 아름다운 묵상이라고 했다(34절). 이 노래의 책임, 이 찬양의 의무만이 자연 속에서 자연과 더불어 조화를 이루고 살 인간이 할 일이라 한다.

우리 한국 사람은 성서적인 조명이 비쳐지기 전부터 자연의 품이 얼마나 숭고하고 공평하고 또 화목하고 아름다운가를 알고 있었다는 것을 선조들로부터 물려받은 문학을 통해서 알 수 있다. 이 자연이 문자 그대로 스스로 있게 된 존재로만 아는 자연관을 기독교의 창조신앙으로 설명해도 아무러한 무리가 없다. "아름다운 삼천리 강산"이란 말을 하나님의 창조 과업과 그 은총의 역사(役事)를 떠나서 어떻게 생각할 수 있겠는가. 여기 한국 기독교인이 자연을 새롭게 이해하고 선교의 과제로 삼아야 할 이유가 있다고 본다.

제 105편
그 이름을 자랑하라

야웨께 감사하며 그 이름을 크게 불러
그의 행하신 일들을 만민들에게 알게 하라.

그 거룩한 이름을 자랑하라.
야웨를 찾는 마음에
기쁨이 있으리라 (1, 3절).

　　　　　　시편에 있는 세 개의 역사시 중 하나인 이 시는(78,
105, 106) 보통 "감사시"로 알려졌는데 그 내용은 하나님이 이스라엘
백성을 위하여 역사 속에서 하신 여러 가지 일들을 나열하고 하나님 앞
에 감사와 찬송을 드리는 것이다. 여기에 언급된 역사적 사건들은 모두
가 하나님의 구원사의 사건들이다. 아브라함을 택해 주신 일로부터 시작
하여 그 아브라함에게 약속하신 바 대로 가나안 땅을 주셔서 그 백성들
이 살 수 있게 된 일까지 노래하고 있다.
　이 시의 성격에 대하여 모빙켈은 교육적인 시로써 이스라엘 백성에
게 그들의 민족사를 가르치기 위한 것이라 하지만 링그렌 같은 사람은
제의시(祭儀詩)의 하나라고 본다. 본래 이런 역사시는 처음부터 시문학
(詩文學)형태로 된 것이 아니고 산문형태의 문학이었으나, 그들의 과거
역사를 예배의식 속에서 노래로 부르기 위하여 현재의 시형태로 개작
했었을 것이라는 추측도 한다. 이스라엘의 공동예배는 조상들의 역사

를 노래함으로 조상들의 하나님이 곧 예배를 드리고 있는 오늘 후손들의 하나님도 되신다는 것을 알리기 위한 것이었다.

105편의 내용 일부가(1-15절) 역대기상 16장 8-22절까지에 반복되어 있음을 본다. 이 역대기상에 수록된 찬송이 불려진 즈음의 예배 환경은 다윗이 하나님의 법궤를 예루살렘으로 모셔 옮기는 의식에서 부른 노래라 했다(대상16:1-3). 이 시가 감사의 노래로 불려지게 된 동기는 신년 축제 때라기보다 이스라엘의 시내산 계약을 축하하는 의식에서라 함에 학자들이 의견(意見)의 일치를 본다.

이 계약 축제에서는 항상 야웨 하나님의 과거의 구원 행사가 복창되어짐이 특징인데 이 시에서도 6경(六經)에 나타난 부조들의 전승과 출애굽 광야 전승, 그리고 가나안 땅에 정착한 전승이 빠짐없이 나와 있다. 폰 라트는 이 시가 이스라엘의 고대 신앙고백을 보여주는 시라고 했는데 이 고백의 초점은 하나님이 이스라엘을 위하여 역사상 큼직한 일들을 행하신 것을 이스라엘의 신앙의 근거로 받아들이는 것이다. 1절에 "그 행사를 만민 중에 알게 할지어다", "그 장하신 일들을 만방에 알리라"(공동번역)함은 이스라엘의 예배의식에 필요한 찬송, 감사, 기도는 과거 역사에 나타난 하나님의 구원사를 명백하게 고백함을 특징으로 하고 있는 것을 보여 준다.

이 고백의 클라이막스는 "그 성호를 자랑하라"는 것이다. 야웨 하나님의 이름을 만백성들에게 알리고 이 하나님과 이스라엘의 관계를 자랑한다는 것은 이스라엘의 사명이다. 이스라엘의 역사는 인간이 무엇을 했느냐 함이 과제가 아니고 하나님의 거룩한 이름이 자랑스럽게 되었느냐 수치스럽게 되었느냐 함이 이 시인의 관심임을 솔직히 알리고 있다. 시편 106편 시인이 자기들의 과거 역사의 어두운 면, 하나님의 뜻을 거스른 죄악에 대한 것을 말하여 하나님의 거룩한 이름이 더럽혀진 것을 역사에서 보고 있다고 하면 시편 105편 시인은 하나님이 이스라엘을 위하여 장하고 훌륭한 일을 하셨기 때문에 그의 이름은 길이 찬양받을 수 있음을 말하고 있다. 그가 "얼마나 훌륭하고 신비한 일들을 하셨는지 생각해 보라"(6절)함이 이런 찬양의 대상을 밝히는 것이다. 이 하나님이 바로 "야웨 우리 하나님이시라"고 했다(7절). 이 하나님이 이러한 장한 일을 하신 이유는 다만 그 선조 아브라함, 이삭, 야곱 등에게 언약과 맹세를 해주신 하나님의 우선적인 행동 때문이라 했다. 가나안 땅을 그 백성들에게 주신 일(11절), 요셉의 고통을 통한 민족의 구원(17-23절), 이스라엘 백성이 나그네된 애굽 땅에서 번창한 것(24절), 바로의 완고한 마음을 열 가지 재앙으로 치시고 그들을 애굽에서 해방시킨 일(25-37절), 불과 구름기둥으로 그들의 광야 길을 인도하시고(39절), 메추라기와 샘물을 솟아나게 해서 그들을 만족하게 하신 일 등(40-41절)은 다만 야웨 하나님의 장한 이름이 행할 수 있었던 기적적인 일이라 찬양하고 있다. 출애굽 사건은 "즐거워하며 노래하며 고역의 땅에서 해방받아 나왔다"고 한다 (43절).

이런 자랑스런 일은 오직 야웨 하나님만이 할 수 있었던 은총의 사건들이었다. 이스라엘의 하나님 야웨는 대대로 그 이름이 찬양받아야 한다. 이 시인은 특히 이 이름을 "거룩한 이름"이라고 했다. 이는 이스라엘 이외 다른 나라의 신과는 구별되는 신임을 말한다. 이 이름은 "만민들에게 알게 할 이름이라."(1절) 이것을 루터는 "만민들에게 설교할 이름이다"고 했다. 하나님의 이름이 설교의 대상이 된다. 하나님을 알린다는 것은 그 이름을 알리는 것이다. 그러기에 모세는 이스라엘 백성을 애굽에서 해방시키는 그 신이 누구냐고 할 때 무엇으로 대답할 것인가 하고 그 답을 하나님께 원하고 있다. 야웨 하나님은 그 백성들에게 자신을 분명히 알려주시기 위하여 "나는 스스로 있는 자라"고

하셨다(출 3:14). 아무 것에게도 지음을 받은 우상이 아니라 스스로 생명과 능력을 가지시고 스스로 자기 뜻을 실천하시는 하나님이심을 알려 준다.

이 하나님은 모세에게 갑자기 나타난 신이 아니라 그들의 조상 "아브라함의 하나님이요, 이삭의 하나님이요, 야곱의 하나님이라"했다(출 3:15). 신앙의 시작은 믿는 신에 대한 올바른 인식에서부터 비롯된다. 자기가 믿는 신이 누구인지 모른다는 것은 신앙에 들어간 것이 아니다. 이스라엘 주변 세계에서는 각 민족마다 자기들의 고유한 신을 가지고 있었다. 이스라엘 백성은 이 모든 신들 중에서도 야웨 하나님이 아무 신에도 비길 데가 없음을 자랑스럽게 말하고 있다.

"주여 신들 중에 당신과 같은 신이 어디 있사옵니까.
당신이 행하신 일과 같은 일을 행하신 신이 없습니다"(시86:8).

이러한 자랑스런 야웨 이름에 대한 찬양은 포로시대에 활동한 제 2 이사야에게서 그 절정을 이루고 있다. 많은 주석가들이 이 시편의 연대를 포로시대 이후로 보기 때문에 제 2 이사야의 신학의 영향이 이 시에 반영되어 있다고 한다. 야웨 하나님의 유일성(唯一性)강조에서 그것을 본다. 그러므로 이 하나님의 이름을 자랑한다는 것은 곧 기쁨을 가지는 것이라 했다(3절).

주기도문에 "이름을 거룩하게 하옵시며"라고 한 구절은 이 시편 시인의 "그 거룩한 이름을 찬양하라"고 한 사상과 연결되어 있음을 보여 준다.

제 106편
우리는 빗나갔고

우리는 조상들과 똑같이
죄를 범하였고
우리는 빗나갔고
우리는 악을 행했습니다(6절).

누구든지 조상의 영광을 말하기는 좋아하나 그 수치를 들추기는 싫어한다. 우리나라 조선조 말엽에 탐관오리가 보편화 되었을 때 조상들의 수치스러운 일도 금품(金品)으로 매몰시키고 벼슬을 샀다는 사람들이 있었다고 한다.

이 106편 시인은 105편 시인과는 달리 하나님의 은총과 사랑을 받고 택함받은 백성의 역사에는 그 하나님을 반역하고 불복종하여 얼마나 수치스러운 역사를 만들었는가 함을 솔직하게 고백했다. 105편 시인보다 106편 시인이 더 솔직한 사람이다. 조상들에게 보여주신 하나님의 특별한 사랑을 빗대어 축복과 특권을 탐하지 아니하고 오히려 자기들 선민 이스라엘 역사가 얼마나 죄악과 악행과 반역으로 점철되어 있는가를 솔직하게 고백하고 있다. 이 6절 말씀과 시편 22편 4절 말씀은 아주 대조적(對照的)이다.

"우리 선조들은 주를 의지하였고 또 의지하였기에 당신은 그들을 건져 주셨습니다. 그들이 주께 부르짖어 구원을 얻었고, 주님을 의지하여 수치를 당하지 아니하였습니다"(22:4, 5)

그런데 이 시인은 "우리는 조상들과 똑같이 죄를 범하였습니다"고 조상들의 죄를 말하고 "그들은 광야에서 욕심을 크게 발했다"(14절)고 함으로써 광야를 지날 때에 "사람이 자기 아들을 안음 같이 너희 하나님 야웨께서 너희의 행로 중에 안으사 이곳까지 이르게 하셨다"(신 1:31)는, 하나님을 잊어버린 욕심쟁이 선조들임을 말하고 있다.

"그들의 장막에서 원망하며 야웨의 말씀을 청종하지 아니했다"(25). 이스라엘 자손들은 그들 구원의 하나님께 대하여 아무러한 원망도 할 수 없는 사람들이다. 그러나 그들은 광야에서 불평하고 원망했다 (출 15:24 ;16:2, 7 ;민4:2 ;16:11,41 ;신1:27). 이러한 원망은 "하나님을 진노하게 했다"(29절). 그들은 므리바 물에서도 야웨를 노하게 했다. 물이 없을 때 그들은 모세와 아론에 대하여 심한 말로 공박했다.

"너희가 어찌하여… 이 광야로 인도하여 우리와 우리 짐승을 다 여기서 죽게 하느냐"(민20:4).

모세는 하나님의 명령에 따라 반석을 쳐서 물을 내어 그들과 그 짐승들을 먹였다. 그러나 모세도 백성들의 원망에 그 마음을 진정하지 못하고 반석을 두 번 치고 말았다. 이는 모세가 일시적으로 하나님을 믿지 아니하고 하나님의 거룩함을 나타내지 못하는 일이라 했다. 여기서 이스라엘이 야웨 하나님과 다투었으므로 므리바(다툼)의 물이라 했다(민 20:12 - 13).

이 시인은 위대한 민족의 지도자 모세도 하나님 앞에서 망령된 말을 했다고 한다. 그들은 또한 이방 족속들과 결혼도 하며(삿 3:5, 6) 이방 신들을 섬기는 일까지 했다. 심지어 그 자녀들까지도 이방 풍속에 따라 제물로 바치는 일을 했다고 한다. 이러한 죄는 이스라엘 백성이 가나안 땅에 들어와서 정착을 한 다음 제 1 계명을 무시하고 이방 족속들의 신의 유혹을 받아 야웨 신앙에 불충한 죄를 말한다. 잡혼(雜婚), 인간제물, 우상숭배 등은 계약의 백성 이스라엘로서는 그 하나님께 대하여 가장 큰 죄악을 범한 것이다. 이러한 종교적인 배신과 반역은 그들의 윤리적인 타락을 초래하는 것이었다. 이방신은 윤리적 관심이 없는 신앙을 요청하였지만 야웨 하나님은 항상 그들의 행동과 생활이 깨끗한 윤리적 생활을 밑받침한 신앙이어야 함을 강조하고 있다.

106편 시인은 그들이 불행하게도 이러한 이중 삼중의 죄악을 범했다고 고발한다(38,39절). 이렇게 자기 선조들의 죄와 불충을 고발한 시인은 단순한 고발(告發) 시인만은 아니다. 여기에 그들의 죄를 많이 말함으로써 그들의 불의를 밝히기보다는 하나님의 "그럼에도 불구하고"(dennoch)의 은총(恩寵)을 강조하고 이 은혜로우신 하나님께 대한 찬양과 감사를 보여주고자 함이 이 시(詩)의 목적인 것 같다. 이 하나님의 은총의 깊이와 이스라엘의 반역의 크기를 다음과 같이 대조시키고 있다.

"야웨께서 여러 번 그들을 건지시나 그들은 그들 소견대로 거역하며 죄악에 스스로 나약해지기만 했다"(43절).

이스라엘은 거듭거듭 반역했지만 하나님은 여전히 그들을 불쌍히 여겨서 건져주셨다고 했다. 이 106편은 105편에 비하여 하나님의 구원사를 강조하지 않고 이스라엘의 반역사를 강조한 것 같이 보이지만 실상 105편에서 말하는 구원사는 106편에서 말하는 이스라엘의 범죄와 반역에도 불구하고 용서하시고 구원해주시는 하나님의 자비와 긍휼이 없이는 성립될 수 없다. 하나님의 구원사는 하나님의 은총사의

이면(裏面)이다. 용서하시고 사랑하시고 건지시는 하나님의 관용 없이
는 구원사가 불가능하다. 죄를 지은대로 벌하시면 심판사밖에 보이지
않는다. 이스라엘의 역사는 하나님의 심판사는 아니다. 구원받을 수 없
는 이스라엘의 죄를 철저히 갚아버리는 심판하시는 하나님이기보다는
용서하시는 하나님이시다.

이 시편의 "우리는 빗나갔고, 우리는 죄를 지었고, 우리는 악을 행했
다"는 고백은 하나님은 "그 많은 인자(사랑)를 따라 뜻을(벌하시려는) 돌
이켜… 긍휼히 여김을 받게 하셨다"(45절) 함이 이 시의 감사와 찬양의
이유가 된다.

그래서 이 시는 "그는 선하시며 그 인자하심이 영원함이로다"(1절)
로 시작하여 "우리로 주의 성호(聖號)를 감사하며 주의 영예(榮譽)를 찬
양하게 하소서"하고 이 시를 끝마치고 있다.

48절은 본래 이 시에 속한 구절이 아니라고 한다. 그 내용은 시편 제
4권(시 90-106편)을 끝마치는 찬양의 말로 편집자의 첨가라 할 수 있다.
그러나 이 구절의 내용은 하나님의 긍휼하심과 그 인자를 찬양하는 적
절한 말이다. 이스라엘의 하나님은 영원히 찬양을 받으시기에 합당하
시다. 그는 인간을 죄악대로 갚으시지 아니하고 긍휼하심으로 용서하
시고 그의 구원을 베푸신다. 그렇다고 해서 하나님의 공의가 결코 무시
당함은 아니다. 이 106편 시인은 이것을 알기 때문에 "정의를 지키는
자들과 항상 공의를 행하는 자는 복이 있다"(3절)고 했다. 이것은 하나
님의 긍휼 속에 하나님의 공의가 묻혀지는 것이 아님을 밝힌다. 그것은
하나님의 긍휼로써 구원을 받는 인간은 항상 공의를 행하는 생활을 해
야 함을 알리는 것이다.

제 107편
고난의 현장에서

Psalm Meditation

이에 그들이 그 고통의 현장에서
야웨께 부르짖었더니
그 고통 중에서 건지셨다(13절).

하나님은 인간을 그 고통의 현장에서 건져내어 주시는
분임을 노래한 시가 이 107편이다. 이 시는 단일한 시라기보다 종합적
인 감사의 시요 또 찬송의 시이다. 여기 고통의 현장을 말하는 사람은
첫째 나그네(4-9절), 둘째 감옥에서 석방된 자(10-16절), 세째 질병에서
고침을 받은 자(17-22절), 네째 바다에서 풍랑을 만난 항해자(23-33절)
등이다. 모두가 심각한 고통의 현장에서 구출된 사람이다. 이렇게 건짐
을 받은 것은 시인 자신의 경험이라고도 할 수 있으나 이스라엘의 공동
예배 때에 이렇게 서로 다른 경험을 가진 사람들이 하나님과 믿음의
공동체 앞에 각각 자기들의 구원을 감사하고 찬양하는 절차 때에 드린
찬송으로 사용된 것 같다. 그러나 각자의 경험은 모두 하나님의 도움이
없었다면 건짐을 받을 수 없었음을 하나님 앞에 감사하며 찬송하고 있
다. 이 시에는 감사와 찬송 이중의 후렴이 노래 중간에 삽입되었다.
6절과 8절, 13절과 15절, 19절과 21절, 28절과 31절이다.

"이에 그들이 그 고통의 현장에서/ 야웨께 부르짖으매/ 그들의 고통에서 건지시고(6, 13, 19절).

야웨께서 사람들을 위해 베푸신/ 그의 사랑의 기적으로 말미암아/ 감사하라"(8, 15, 21절).

이 시는 인간이 경험하는 네 가지 고통을 실감한 사람들이 각각 그 당면한 괴로움의 현장에서 하나님께 부르짖어 구원을 받고 감사의 찬송을 드리는 노래이다. 이 시는 어느 개인들의 현재의 경험을 노래하고 있다기보다는 과거에 경험한 네 가지 고통의 현장을 회상하며 성소에서 예배를 드리며 이 찬송을 부른다. 그 고통을 현재의 것으로 되살려 주고 동시에 하나님의 구원도 현재적인 의미로 이해시키고 있다. 이것은 "백성들의 모임"(32절)에서 신앙의 공동체 사람들에게 미래의 구원을 보장시켜주는 확신을 가지게 하는 노래이다.

이 시는 고통의 현장이 여러 차례 언급되면서도 탄식시 형태의 시가 아니고 고통에서도 찬양하는 감사시 형태이다. 이 시의 성격은 첫째 부분(1-3절)에서는 성소에서 제사장과 백성들이 교창식(交唱式)으로 부른 노래임을 보여주며 둘째 부분(33-43절)에서는 예배드리는 전체 신앙 공동체가 한 목소리로 하나님께 드리는 찬양의 내용이다.

전체의 분위기는 감사와 찬양이 주도적인 역할을 하고 있다. 감사시의 독특한 형식이 시편 136편에 나타난 대로 여기에도 나타난다. "야웨께 감사하라 그는 선하시며 그 인자하심이 영원함이로다"(1절= 136:1). 여기서 감사의 이유를 "하나님은 선하시고 그의 사랑은 영원하시기 때문이다"고 했다. 시편 136편은 이 귀절이 매절마다 나올 정도로 감사시의 특징을 보여주고 있다. 이제 이 시에서 보여준 첫번째 고난의 현장인 나그네의 고통을 살펴보자(4-9절).

여기 이 나그네는 광야의 사막길에서 거할 성을 찾지 못하고 주리고 목이 말라 그 자신이 매우 지친 사람이다. 이런 경험을 언제 누가 했을까. 개인의 경험보다도 민족적인 경험을 생각한다면 이스라엘 백성이 출애굽할 때 광야 40년을 지내는 동안 이런 경험을 얼마든지 했을 것이다. 그러나 바벨론 포로에서 돌아올 때도 그들의 고국을 향한 도중에서 이런 방황을 할 수 있었다. 제 2 이사야는 실제로 이런 경험을 말하고 있다(사 43:14-21; 49:10). 만일 전자의 경우를 취하면 이 시의 연대는 포로전 시대의 작품이요, 또한 후자의 경우라 하면 그 연대는 포로 이후 시대라 할 수 있다. 그러나 어느 쪽으로 결정지을 수 있게 하는 확증은 없다. 이러한 고난의 경험을 전후로 나누는 것도 이상하다. 이스라엘의 오랜 역사는 어느 시기이든 어떤 개인이 이런 고난의 경험을 할수 있는 가능성이 있었다. 다만 바다의 위험 같은 것은 솔로몬시대의 무역선들이 쉽게 경험할 수 있었던 것도 사실이다. 그러므로 이 시의 저작시대 문제보다 인생의 대표적인 고난의 현장에서 하나님께 부르짖어 구원받고 그 은혜를 감사함은 이스라엘 모든 시대 사람들이 하나님 앞에서 가질 수 있는 특권이었다.

다음 감금(監禁) 생활에서 해방받음이다. 누구의 감금이냐 할 때 바벨론 포로 당시 유다의 마지막 왕 시드기야의 감금을 생각할 수 있고 그 이후 바벨론 생활 자체를 민족 전체의 감금이라 볼 수도 있고 그보다 좀더 이른 시대 상황으로서는 예레미야의 감금, 또는 옛날 요셉의 감금도 생각할 수 있다.

그러나 어느 하나도 이 시인이 언급한 것이라는 증거가 없다. 다만 감금당한 자의 현장의 고통은 견딜 수 없는 것이다. "흑암에 앉았고, 사망의 그늘에 앉은 것이며, 곤고와 쇠사슬에 매임이다." 그러나 이 시인은 이 감금이 "하나님 말씀을 거역하고 지존자의 뜻을 멸시함" (11절)에서 유다의 멸망 당시를 상상하게 한다. 이 시인은 고난의 이유보다도 또한 고난의 현실감의 문제보다 구원의 확실성과 해방된 그 사실에 대한 감사와 찬송의 심정에 관심하고 있다. "흑암과 사망의 그늘에서 인도하여 내시고 그들의 얽어 맨 줄을 끊으셨도다"(14절) 이는 다만 하나님의 선하심과 그 사랑의 영원함 때문에 찬양한다(15절).

다음, 이 시인은 병과 고통을 연결시켜 "식욕을 잃고 죽음의 문턱에 이르렀도다"(18절) 한다. 무슨 질병인지 밝히지 아니한다. 그러나 하나님이 "그 말씀을 보내어 고치사 위험한 지경에서 건지셨다"(20절)고 했다. 히브리어 말씀 "데바로"를 "다바로"로 읽고 "역병"(pestilence)으로 읽고 있다. 인간 고통의 현장 중 병고가 얼마나 인간을 괴롭히는가는 병을 앓아본 사람만이 안다. 그에게는 하나님의 선하심과 사랑의 손길이 의사의 손보다 더 강하다는 것을 믿고 있다.

다음 이 시인은 풍랑 중에 고생하고 있는 위기에 처한 사람의 구원을 노래한다.

"광풍을 일으켜 바다 물결을 일으킨다"(25절). 그들은 "하늘 높이 떠올랐다가 또 바다 밑으로 빠진다"(26절)는 것은 파도의 요동함이다. 이 요동 속에서는 곧추서는 사람이나 물건이 없다.

"이리저리 구르며 취한 사람처럼 비틀거린다"(27절). 이 글귀는 친히 풍랑을 겪어 본 사람의 기록이다.

그러나 하나님은 "광풍을 고요하게 하사 물결을 잔잔하게 하신다"(29절). 예수가 바다를 잔잔하게 하신 기사도 여기 이 시편과 동일하다(막 4:39). 이렇게 바다의 위험에서 건짐받음도 "하나님의 선하심과 사랑이라"고 했다. 인간의 고난의 현장이 어떤 것이든간에 하나님의 선함과 사랑이 건져 주신다는 사실을 아는 사람은 하나님께 감사와 찬송을 드리지 않을 수 없다.

제 108편
용기의 출처

우리가 하나님과 함께 하므로
우리는 용감하리라.
하나님이 우리 대적을 짓밟으신다(13절).

이 시는 두 개의 시가 하나로 합쳐진 시 가운데 대표적인 것이다. 즉 이 시의 1-5절은 시편 57편 7-10절, 그리고 이 시의 6-13절은 시편 60편 5-12절이다. 무슨 이유에서 이 두 시가 하나로 합쳐진 것인지 아무도 설명할 수 없다. 본래 하나였던 시를 57편과 60편 시인이 각각 인용했다고 하기보다는 108편 시인이 이미 있었던 두 시에서 가져왔다고 할 수 있다. 시편 주석가들은 대체로 이 108편 시를 주석하지 않는다. 우리는 이 시 마지막 구절을 명상하며 57편과 60편에서 배우지 못했던 진리를 찾아보고자 한다.

"우리가 하나님과 함께 하므로
우리는 용감하리라.
하나님이 우리의 대적들을 짓밟으신다"(13절).

구역(舊譯)에는 "우리가 하나님을 의지하고"로 되어 있는데 이 말의 원문을 문자 그대로 번역하면 "하나님으로 말미암아(be'lôhim) 우리는 권능을(hail) 행한다(nase)"가 된다. 하나님의 힘을 믿고 능력있는 일을 할 수 있다는 것이다. 그 이유는 하나님이(원문에는 3인칭 대명사〈hu〉를 사용해서 그 뜻을 강조하여) 우리 원수들을 부숴버리시기 때문이라 했다. 이로써 하나님의 힘을 믿고 무슨 일을 하는 사람은 용감한 사람이라는 사상이 나오게 된다.

이 108편 시가 어떤 예배 환경과 관련됐는지 아무도 분명히 말할 수 없다. 57편에서 빌어온 첫 부분(1-5절)은 하나님께 대한 감사요, 찬송의 내용이다. 그의 찬송은 목소리로만 아니라 비파와 수금을 연주하고 찬양하는 것이며 밝은 대낮이나 밤에 부른 찬송이라기보다 이른 아침 새벽을 깨우는 찬송이다.

우리가 생각하는 용감한 사람은 결코 완력의 사람이 아니라 하나님을 찬미할 줄 아는 사람임을 보여준다. 새벽 오히려 미명에 비파와 수금을 연주하며 잠자는 새벽을 깨우며 하나님을 찬양하는 사람은 하나님의 힘에 의지하여 용감한 삶을 사는 사람이다. 그의 찬양 노래는 다른 사람의 경우와 같이 자기 자신을 원수에게서 구원했다든가, 자기 병을 고쳐주셨다든가, 하나님이 자기를 위해서 무엇을 해주셨으니까 찬양을 부르는 것이 아니다. 이 찬양은 순수한 하나님 찬양이다. 하나님의 사랑이 하늘에 차고 하나님의 진실이 궁창에 미치고 그의 영광이 온 세계 위에 충만하게 하기 위하여 노래를 부르고 있다. 하나님의 사랑, 진실, 그 영광이, 즉 기본적인 하나님의 본성이 찬양의 대상이 되어 있다. 그가 이른 아침 새벽에 비파와 수금으로 하나님을 찬양한다는 것은 아침 하늘, 푸른 궁창에다 하나님의 사랑과 진실과 영광을 가득 채우는 일이라고도 해석할 수 있다.

둘째 부분은 하나님의 구원에 대한 간구와 하나님이 함께 하심에서 얻을 수 있는 튼튼함을 노래하고 있다. 옛날 가나안 땅을 점령하게 될 때 야웨 하나님의 도우심이 없이는 불가능했다. 이스라엘을 "주의 사랑하는 자"라고 했다. 이스라엘 백성을 많은 민족 중에서 택하심도 그들을 남다르게 사랑하셨기 때문이었다(신7:8). 하나님이 친히 이스라엘을 위하여 가나안 땅에 있는 모든 적들을 쳐부수었다. 하나님이 세겜을 나누며 숙곳을 측량하셨다. 이 두 지방은 요단 동쪽으로 모두 야곱의 전승과 관련되어 있다(창 33:17,18). 여기서 이스라엘의 조상이 하나님의 도우심과 간섭으로 모든 적들을 물리치고 정착할 수 있었다. 다음 길르앗과 므낫세 역시 요단 동편으로 므낫세 지파가 정착한 곳이다. 에브라임과 유다는 요단 서쪽 지역을 점령했다. 에브라임 지파는 가장 중요한 지파였기 때문에 이스라엘 나라의 주권을 보호할 책임을 지고, 유다는 다윗의 조상을 이룬 지파로 이스라엘 왕권을 쥐었음을 상징하여 "나의 홀"이라 했다.

8절 이하에서는 이스라엘 주변에서 괴롭힌 대표적 나라들인 모압, 에돔, 블레셋을 언급하면서 그들은 야웨 하나님께 항거하였기 때문에 이스라엘에 대하여 종살이를 할 수밖에 없었다고 말한다.

이 시인은 하나님을 의지하고 또한 그를 힘입어 용감할 수 있다는 구체적 사실을 자기들의 선조가 가나안 땅을 점령한 사실로써 입증하고 있다. 승리는 결코 이스라엘의 용기와 그 전략적인 성공에 있지 아니하고 오직 하나님이 자기들과 함께 싸움터에 나가서 친히 적들과 더불어 싸우시고 그들을 승리의 길로 인도하셨기 때문이라 한다. "누가 우리를 에돔까지 인도할꼬" 그 대답은 '하나님밖에 할 수 없다.'이다.

그러나 야웨 하나님이 주신 승리를 이스라엘 자신의 것으로 생각하고 교만할 때 이들은 부득이 적군에게 질 수밖에 없다. 그러기에 그들은 한때 하나님께 대하여 원망하는 말을 했다.

"하나님이여, 당신이 우리를 버리지 아니하셨나이까!"

우리가 실패함은 "당신이 우리 군대와 함께 나아가지 아니했기 때문입니다"하고 솔직하게 그들의 패망 원인을 시인하고 있다. 이것은 곧 인간의 힘으로 구원을 가져온다는 것은 헛된 일이라는 고백이다. 하나님이 인간의 대적을 치는데 도와주어야만 승리가 온다. 이러한 고백은 이스라엘의 힘의 원천과 승리의 구원의 원동력이 인간 자신에게서 올 수 없고 다만 하나님에게서만 온다는 선언이다.

이 근거에서 "하나님이 함께 하므로 우리는 용감할 수 있다"고 노래할 수 있다. 그것은 이스라엘의 적을 이스라엘이 무찔러 없애는 것이 아니고 이스라엘의 하나님 야웨가 그들의 적을 무너뜨리시기 때문이다. 여호수아에게 "강하고 담대하라"고 말씀하신 것도 이 야웨 하나님이 함께 하시는 능력을 믿으라는 말과 같다.

"하나님이 함께 하신다"는 사상은 구약신앙 중 가장 자랑스런 임마누엘 신앙이다. 이 사상에서 다음과 같은 노래가 나온 것이다.

"야웨는 내 생명의 능력이시니
내가 누구를 무서워하리요.
나의 대적 나의 원수된 자가
내 살을 먹으려고 내게로 왔다가
실족하여 넘어졌나이다 (시 27:1—2).

너는 야웨를 바라볼지어다.
강하고 담대하라.
야웨를 바랄지어다"(시 27:14)

시편 명상

제 109편
배신당한 사랑

나는 사랑하지만
그들은 오히려 나를 대적하오니
나는 다만 기도할 뿐입니다.

그들의 악을 나는 선으로 갚고
그들은 미워하지만 나는 사랑합니다(4, 5절)

이 시는 학자들이 "탄식시"라고 부를 만큼 시인의 고통이 노골적으로 호소되어진 시이다. 일부의 작가들이 민족의 고난을 노래한 시(詩)로 읽으려 하지만 이 시대는 제 1인칭 "나", "나의", "나를", "내게" 등의 대명사가 연달아 폭포처럼 쏟아져 나오기 때문에 이 시에 수차 언급된 "그들"(2, 5, 25, 28)과 "대적"(6, 20, 29)들에게서 여러 가지 곤욕을 치르고 있는 수난당한 어느 개인의 노래로 보는 것이 좋겠다. 그는 악의에 찬 원수들 때문에 견딜 수 없는 고통을 당하고 있는 사람이다. 그의 고통에 어떤 이유나 까닭이 있는 것인지 시인 자신은 말하지 않는다. 다만 그의 원수들이 "미움"으로 무고한 비난을 하고 욕설을 한다고 했다(2, 3절).

그러나 이 시인은 "가난한 사람이요, 궁핍하고 마음의 상한 자이다"(16, 22절). 뿐만 아니라 육체적으로, 정신적으로 삶에 지친 사람이다. 자신의 인생을 "석양 그림자 같다"고 했으며 그의 육체는 수척하여

(24절) 보는 사람마다 "머리를 흔들어"(25절) 냉소와 조롱의 대상으로 살아가는 사람이다. 이 시인은 금식까지 한 사람인 것 같다 (24절). 이 금식이 식욕을 잃었기 때문인가, 아니면 기도를 하기 위한 것인가를 판단 하기 어렵다. 그러나 이 둘 중 어느 하나라고 하기보다 이 사람은 너무도 애매하고 억울한 고난을 육체적, 정신적으로 당하고 있기 때문에 음식을 먹을 수도 없었을 것이고 이러한 절망적인 딱한 사정이었기 때문에 하나님께 호소하기 위해서 금식할 수도 있다. 시편 69편 시인도 원수의 비방과 압제가 너무 견딜 수 없어서 금식하며 기도한 사실을 볼 수 있다 (69편10, 11절).

이 시인이 억울한 사정을 하나님께 호소하는 말로 이 시가 시작되었기 때문에, 자기 원수의 핍박 때문에 금식하며 기도하여 무릎이 약해지고 육체가 수척할 정도로 쇠약해졌다고(24) 이해함이 좋을 것 같다. 왜냐하면 이 시인은 자기를 미워하고 비방하고 까닭없이 괴롭히는 원수들을 진심으로 사랑한 것 같다.

"나는 사랑하지만
그들은 오히려 나를 대적하오니
나는 다만 기도할 뿐입니다.
그들의 악을 나는 선으로 갚고
그들은 미워하지만 나는 사랑합니다"(4, 5절).

이렇게 노래하여 시인 자신이 기도를 하며 저들의 미움을 사랑으로, 그들의 악을 선으로 갚는다는 것을 하나님께 고백하고 있다. 사도 바울이 로마서 12장에서 말하는 관대한 태도도 이 시인의 신앙에서 배웠다 할 수 있다(롬 12:17 - 21). 예수님도 "원수를 사랑하라"고 하셨다(마 5:43ff). 이것이 복음의 정신이다. 그러나 이것은 이미 구약에 있는 "성

450

결의 법전"(레 19:17-18) 안에 밝혀진 사랑이다.

이 시인은 원수를 위해 기도하고 오히려 사랑하는 아름다운 신앙을 보여 준다. 그런데 여기 이 시에는 이러한 정신과 정반대가 되는 내용이 6-20절에 나온다. 사랑과 선으로 원수를 대함과는 달리 원수에 대한 저주의 말이 연속적으로 나와 있다. 이 시편을 주석하는 사람마다 이 부분이 시 전체의 아름다운 신앙을 완전히 깨뜨리는 것이라 한다. 그러나 이것은 시인이 자기의 원수에 대한 복수 감정에서 말한 것이라기 보다는 그가 시인의 하나님, 야웨의 원수(경건하고 양심적이고 사랑과 선으로 원수를 대하는 시인 개인의 원수라기보다 이 시인을 사랑하는 하나님의 원수로 보아서)이니까 야웨의 저주를 받을 수 있다고 경고조로 말한 것이라고 할 수도 있다. 왜냐하면 시편에는 이런 저주의 시가 의심 없이 이스라엘 예배 공동체에서는 받아들여진 것 같다(58:6-9; 59:22-28; 137:7-9). 예레미야 같은 사람도 원수의 불행을 기원했다(렘11:20). 지혜문학에서도 이것을 그렇게 잘못된 것이라 하지 않고 이스라엘의 일반적인 삶에서 흔히 있었던 태도로 말하고 있다(잠17:13).

이렇게 해석하면 시인의 저주시가 정당한 것으로 해석된다. 그러나 독일 학자 슈미트(Hans Schmidt)는 6-20절까지의 내용은 시인이 저주하는 말이 아니고 원수들의 시처럼 비인도적임을 보여준 것이라 한다. 이런 해석을 크라우스(H.J. Kraus)도 따르고 있다. 다만 29절만이 시인의 입에서 나온 저주라고 한다.

그러나 이 해석은 부자연스러움이 있다. 무엇보다도 16절에 "그가 긍휼히 여길 일을 생각지 아니라고 가난하고 궁핍한 자와 마음이 상한 자를 핍박하여 죽이려 한 연고니이다"는 말이 원수가 시인에게 악담을 한 말로서는 부합되지 아니한다. 그렇기 때문에 신약성서의 입장에서 볼 때 이 저주는 시인 자신이 그렇게 금식하면서 육체가 피곤할 지경에 이르도록 원수를 위해서 기도한 만큼 사랑과 선으로 대한 태도와는 너무 모순이 된다고 해도 역시 이 모순을 가진 것이 연약한 인간의 실상이다. 그러므로 이것은 사랑에 배신당한 시인이 하나님을 대적한 자기 원수에 대하여 저주의 말을 한 것으로 보는 것이 보다 나은 해석 같다. 구약의 시인만이 아니라 복음을 믿는 크리스천들도 그것이 죄인 줄 알면서도 자기의 핍박자와 고통을 주는 원수에 대하여 하나님께 저주를 호소할 수 있다. 이것이 인간적인 약점이다.

이 시인이 이런 약점을 나타내는 저주의 말을 6-20절까지 말했다고 해도 그가 원수의 악을 선으로 갚고, 미워하는 대적을 사랑하고 금식기도를 하여 육체까지 쇠약해졌다는 이 사실은 우리가 높이 평가해야 할 것이다. "그들은 내게 저주하여도 주는 내게 복을 주소서"(28절)라고 간구하는 심정을 우리는 인간적인 표현이라고 보아야 한다. 왜냐하면 원수가 이 시인의 "영혼을 대적하기"(20절) 때문이다.

그러나 이 시인의 사랑과 저주는 자기의 독백이 아니고 자기 사정을 아시는 하나님 앞에 호소하고 아뢰는 기도로 나타났기 때문에 우리는 시인의 신앙의 장점을 여기서도 본다고 하겠다.

"그가 자기 기도에서 솔직한 대화를 하나님과 함께 하므로 모든 의심과 염려를 전적으로 하나님께 내맡기고 하나님을 신뢰하고 있음을 본다"라는 바이저의 말처럼 전적인 신뢰의 기도는 이 시인의 자랑이다.

우리에게도 기도를 통하여 원수를 위한 사랑이 더욱 나타나기를 빌어야 하겠다.

시편 명상

제 110편
청년은 새벽 이슬

Psalm Meditation

당신이 다스리실/ 당신 백성은 즐겨 섬기고
당신의 젊은이들은/ 거룩함을 옷입고
새벽을 적시는 이슬처럼/ 당신께 나오리이다(3절).

　　　　　　이 시는 시편 중에서도 가장 해석하기 어려운 시이다.
그러나 이 시처럼 신약성서에 많이 인용된 시도 없다. 1절과 4절은
초대 기독교회가 예수 그리스도와 관련된 시로 인용하였다(마24:22, 64;
막12:36, 62; 16:19; 눅20:42ff; 22:66; 행 3:34f ; 고전15:25; 히1:13; 10:13 등
은 1절을, 히5:6; 7:17, 21 등은 4절을 인용하고 있다). "다윗과 같은 임금이 주
라고 부르신 분은 그리스도이다"라는 것이 신약성서 기자들이 이 시의
첫 절을 인용한 이유다. 초대교회는 예수가 메시야라 함을 유대인들
이 반대를 했기 때문에 유대인이 잘 아는 이 고대시 한 편의 구절로써
예수의 메시야성을 입증하려고 한 것이다.
　　이 시의 내용은 다음과 같이 요약할 수 있다. 이 시인은 미래를 내다
볼 수 있는 영력(靈力)을 가진 사람으로 하나님의 역사 계획을 한 임금
과 관련시키고 있다. 이 왕은 하나님이 하실 일을 맡은 군주(君主)로서
하나님이 선택하여 세우셨다. 그러므로 시온이 그의 왕국의 중심지요,
여기서 행하는 그의 정치는 모든 원수들을 굴복시킨다. 이 나라의 주권
을 침략하는 모든 원수들과의 싸움에서 용감한 청년들이 속속 일어나

서 비록 아침 이슬처럼 사라지지만 새 아침을 빛나고 신선하게 하는 역할을 이 청년들이 감당한다. 그 임금은 왕인 동시에 제사장이기도 하다. 아론의 혈통을 따른 것이 아니라 하나님의 영적 계통을 따라 된 제사장이다. 이는 옛날 멜기세덱 제사장 반열을 따르고 있다고 한다. 이 나라를 대항하는 적들이 일어나 전쟁을 시작해 와도 모든 왕들을 쳐부수고 시원한 물을 마시듯 깨끗한 승리를 한다고 했다.

이러한 내용이지만 여기서 문제는 그 왕이 누구냐 함이다. 유다 나라 역사상 나타났던 어떤 임금이냐, 또는 미래에 나타날 메시야 왕이냐. 이 시에 나타난 왕의 권위와 그 위치가 하나님의 권위와 그 사명에 직결되어 있기 때문에 시편 2편과 72편과 같이 메시야 시로 불리는 시의 하나이다. 예수를 대제사장이라 말한 히브리서 기자의 사상(히 5:15; 7:17,21)은 이 시의 4절에 의하여 확실한 소신을 보여줄 것이다.

우리가 시편에서 메시야 시의 가능성을 완전히 배제한다면 모르거니와 그것을 인정하는 초대교회 신학자들의 입장을 그들 나름대로 정당하다고 한다면 이 110편 시도 예수의 메시야성을 인정하는 대표적인 시라 할 수 있다. 물론 유대의 종교가들, 바리새파·사두개파·서기관들은 이 시를 그렇게 읽지 않으니까 예수가 그리스도임을 배척하였고 또 그를 십자가에 달아 죽였다. 여기에서 우리는 이것을 초대교회의 해석대로 메시야 시로 읽음을 받아들이면서도 우리의 명상(瞑想)의 관심은 그러한 신학적, 해석학적인 복잡한 문제보다 "청년은 새벽 이슬"이라 함에 집중하고 싶다. 이 시 자체의 해설이 복잡하듯이 이 구절의 해석도 복잡하다. 청년이 누구냐 함을 생각하기보다 "젊은이는 새벽 이슬"이라고 함은 그 속에 무궁한 의미를 내포한 시의 한 구절이다.

하나님의 주권을 행사하고 하나님의 뜻을 이 땅에 펴는 임금에게 젊은 사람이 아침 이슬처럼 온다는 것은 첫째, 이 젊은이들이 아침 이슬처럼 온 땅 위에 있는 초목과 땅을 적실 만큼 풍성하고 차고 넘치는 신선함이다. 이 신선함은 곧 시들어 죽고 말 초목에게 이슬이 생명력을 주듯이 생명력이 차고 넘친 젊은이들이 하나님의 주권을 대행하는 분에게로 몰려온다는 것이다. 이 땅 위의 어떤 지도자이든, 그가 왕이든 정치의 대표자이든, 심지어 교회의 목사이든 하나님의 정의를 행사하는 이 땅 위에 사는 대표자에게 신선한 생명력을 충만히 가진 생기 발랄한 청년들이 모여온다는 것은 그의 지도력 영향력이 아침 이슬처럼 온 땅에 자비로운 혜택을 줄 수 있음을 말한다. 그러기에 호세아는 하나님의 사랑으로 말미암는 구원이 인간들의 사회에 미치는 광경을 아침 이슬이 충만한 것으로 비유하여 노래했다. "내가 이스라엘에게 이슬과 같으리니 / 그가 백합화같이 피겠고"(호 14:5).

이 3절에 "새벽을 적시는 이슬처럼"이란 구절의 원문은 참으로 어려운 문장이다. "새벽의 품 속에서"라고 함이 원문 그대로의 직역이 된다. 이슬은 새벽 일찍부터 온 땅을 적신다. 새벽은 온통 이슬로 인해 습기에 젖어 있다. 팔레스틴 지방의 대낮의 햇빛이 아무리 불볕이라 해도 모든 식물들은 새벽에 흠뻑 내린 이슬의 습기로 인하여 그 생명이 커가고 그 열매가 여물어간다. 한 나라의 젊은이는 그 나라의 역사의 아침을 적시는 새벽 이슬이다. 한 교회의 젊은이는 그 교회를 하나님의 은혜의 이슬로 젖게 하는, 이슬과 같이 신선한 생명력의 발랄함을 보여 준다. 새벽 이슬 같은 젊은이가 모여드는 주권자는 행복하다. 아침 이슬과 같이 빛나고 신선한 젊은이가 차고 넘친 교회는 복 받은 교회이다. 이 젊은 생명들이 신선한 작업을 할 수 있기 때문이다.

"당신이 다스리는 날", 이는 하나님의 통치가 펼쳐지는 때이다. 인간의 정치적 욕망의 앙금이 엉킨 권력이 다스리는 때는 결코 아침일 수 없다. 그것은 어두운 밤이다. 거기에는 정의도 사랑도 찾을 수 없고 다만 자기의 권력을 지키려고, 그것을 연장시키기 위해서 온갖 부정, 거짓, 날조, 살생 등을 아무러한 양심적 가책도 없이, 역사를 지배하시는 참 주권자이신 하나님께 대한 두려움도 없이 자기 욕심과 탐심과 자기 만족과 이익만을 위한 정치를 하기 때문에 이런 권력이 다스리는 때는 아침이 아니라 밤이다. 깊은 밤이다.

그러나 이 시인이 말하는 대로 "당신이 다스리는 때", 이사야의 예언에 의하면 "공평과 정의가 다스리는 때"(사9:7)는 역사의 아침이다. 만물이 새 생명으로 충만히 발달하는 밝은 아침이다. 새벽 이슬에 젖은 아침이다. 이 젊은이들은 거룩함으로 옷 입은 사람들이다. 옷 입는다는 말의 원어는 장엄한 위엄을 갖춘 것을 말한다. 거룩함(구별된 삶)을 예복과 같이 장엄하게 입은 젊은이들이 당신의 주권 아래로 몰려온다고 했다. 바이저는 이 구절을 다음과 같이 해석하고 있다.

"신학적 용어를 가진 이 구절에서 우리는 새벽의 품 속에서 생겨나서 퍼진 충일한 생명력이 이른 아침에 자연을 신선하게 하듯이 거룩함을 갑옷처럼 입은 젊은 전사들을 연상한다. 이들은 임금이 언제나 필요할 때 쓰실 수 있도록 준비되어 있는 아침 이슬처럼 풍성함과 젊음이 차고 넘치는 전투력을 가진 용감한 사람들이다."

젊은이의 자랑은 또한 역사의 아침을 신선하게 하고 빛나게 하고 만물을 소생하게 하고 성장과 결실을 향해 거룩한 사명을 다한 다음, 후회없이 이슬처럼 사라지는 것이다. "아침에 도를 듣고 저녁에 죽는다"는 말은 오히려 진부한 표현이다. 한 인간으로서 하나님의 주권을 행사하는 정의의 주를 위하여 — 진리라 해도 좋다 — 아침 이슬처럼 귀중한 소임을 다했다면 아침 이슬처럼 사라져도 여한이 없다고 해석할 수 있다. 참으로 "새벽 이슬 같은 젊은이"가 인간 역사를 빛나게 하는 존재들이 아닌가!

시편 명상

제 111편

할렐루야(I)

할렐루야
내가 정직한 자의 모임과 공회에서
진심으로 야웨께 감사하리로다(1절).

        이 111편과 그 다음에 나온 112, 113편은 모두 "할 렐루야"란 말로써 시작한다. 111편은 하나님을 중심 테마로 하여 "야 웨를 찬양하라"(할렐루야)는 것을 명령하고, 112편은 이 하나님을 섬기 는 인간을 중심으로 하여 할렐루야를 명령하며, 113편은 이 인간들이 사는 세계를 중심하여 하나님을 찬양하라고 명령하고 있다.

    111편과 112편은 그 문학형식에 있어서 꼭같이 히브리 알파벳 글 자 순서로 시를 한 줄씩 지은 시인데 22개의 자음을 한 절에 둘씩 사용 하여 (마지막 절만 셋씩 사용) 두 시가 다 10절씩이다.

    이런 형식은 시의 내용 이해에 더 큰 의미를 준다기보다 이 시를 가 정에서나 회당에서 암송시키는 데 도움을 주어, 이 시들을 속으로 따라 외울 만큼 성도들의 숨결 또는 맥박과 일치하게 해 주고 있다.

    그런데 이 111편은 첫머리 첫글자가 "내가 감사하리라"(오데)란 말 로 시작하여, 전편이 하나님께 대한 감사의 심정이 물결처럼 넘치게 하 고 있다. 그러나 감사하는 시인 자신보다도 그의 감사의 대상인 하나님 은 얼마나 찬양을 받으시기에 합당하신 분인가를 시종 강조하고 있다.

이 시인은 다분히 자기 개인의 영혼의 감격을 노래한다기보다 자기의 노래가 그가 속한 전체 예배공동체의 감격이 됨을 말하고자 하는 것 같다. "나"라는 개인에 대한 언급은 첫마디 "오데"에서 끝나고 그 나머지는 모두 예배 공동체와 하나님과의 관계를 설명하고 있다. 그는 이 예배공동체의 신앙을 가르치고 지도하는 교사인 듯 신도들에게 지혜를 권고하고 지각있는 삶을 깨우치고 있는 듯하다.

"야웨를 경외함이 곧 지혜의 근본이라"는 10절 말씀은 잠언서 1장 7절에 나온 "잠언서"의 총주제인 말씀과 꼭같다. 이스라엘의 지혜라면 율법을 지키는 것을 매우 소중히 여기지만, 여기서는 "율법"이란 말이 한 번도 나오지 아니하고, 하나님 자신에 대한 인식과 그를 만나고 찾고 그의 하신 일을 기억하고 찬송하는 의무만을 강조하고 있다. 그러나 신도들에게 무엇을 하라는 명령형의 문장보다 야웨 하나님이 어떤 분이며, 그 신도들과 어떻게 관련되었는가를 설명하는 서술 문장이 이 시의 특색을 이루고 있다. "야웨는 어떠하신 분이냐"는 설명이 시 전편에 차고 넘친다. 이것을 하나씩 살피면, 다음과 같다.

(1) 하나님이 하시는 일은 위대하시다(2절).

(2) 그의 행하시는 일은 존귀하고 엄위하시다.

누구를 위해서 행하신 일인가. 6절에 있는 대로 하나님의 백성을 위해 하신 일이다. "존귀하고 엄위함"은 시편 96편 16절의 반복이다. "존귀"는 영화로운 존재, 그리고 그 백성을 위하여 하시는 일로 말미암아 그의 영광을 드러내고 또 그 행사는 그의 "권위"(시편 104:1에서는 이 말이 "권위"로 번역되었다)를 나타내신다. 아무도 그와 같은 일을 할 수 없다는 뜻이다. 그렇기 때문에 6절에는 그 행사를 통하여 그의 "힘", "능력", 다시 말하면 무엇이나 할 수 있는 "가능성"을 보여주셨다는 것이다.

이 시인이 야웨를 찬양할 내용은 하나님의 큰 행사, 영광스러운 행사, 권위와 능력으로 행하시는 일이라 한다. 그러한 찬송받을 행위는 구체적으로 무엇을 말하는가. 5절에 이것을 간단히 설명하고 있다.

"자기를 경외하는 자에게 양식을 주시고 그 언약을 영원히 기억하신다"고 했다. 양식에 대한 것은 "날마다 일용할 양식"도 뜻하지만, 여기서는 옛날 이스라엘 백성들이 광야를 지날 때에 "만나"와 "메추라기"와 바위에서 샘물을 솟아나게 하셔서 주리고 목마른 그들을 먹이고 마시게 하셨다는 것을 말한다.

다른 시인은 이것을 "젊은 사자는 궁핍하여 주릴지라도 야웨를 찾는 자는 모든 좋은 것에 부족함이 없다"(시 34:10)고 했다. 여기 사용한 "양식"이란 말 "테렢"은 사자의 밥이란 말도 되지만, 날마다 일용할 양식을 말한다(잠 31:15). 주기도문 "일용할 양식"의 공급자로서 하나님을 말한 것은 이 시인의 찬양에서 이미 말해진 것이다.

이스라엘 백성은 항상 하나님이 그들을 광야에서 먹이신 그 사랑과 자비를 기억하고 있다. 그렇기 때문에 4절에는 하나님의 은혜와 자비를 찬양하지 않을 수 없었다. "야웨는 은혜로우시고 자비하시도다." 이 말은 이스라엘 신앙 역사 중 가장 오랜 찬양과 감사의 내용이다(출 34:6 에서는 출애굽 사건으로 설명함). 이 신앙을 확대 설명한 103편 시인은 "야웨는 자비로우시며 은혜로우시며 노하기를 더디하시며 인자하심이 풍성하시다"고 노래했다(시 103:8).

죄인이 그 죄와 악의 용서를 구하는 길도 다만 하나님의 자비, 긍휼, 은혜, 인자(仁慈)에 있다는 것을 시편 51편 시인도 노래하고 있다(시 51:1).

그러나 육체가 먹을 양식의 공급 때문에 은혜, 자비, 인자를 노래한다면, 이 시인은 물질주의자요 자기의 육체만을 생각하는 사람이다. 그러나 이 시인은 다음 구절에 "그 언약을 영원히 기억하신다"고 하여, 그 계약하신 바를 인간은 변경하고 거스리는 일을 한대도 하나님은 영원토록 지켜 주시는 진실을 갖고 계심을 찬양하고 있다. 이스라엘 백성을 애굽에서 구원해 내심은 그 선조 아브라함에게 하신 약속을 기억하시기 때문이라는 것을 출애굽기 2장 24절, 6장 5절에서 밝히고 있다. 그래서 다른 시인은 아브라함과 애굽에게 하신 언약은 "영원한 언약"이라고 했고, "그 언약 곧 천대에 명하신 말씀을 영원히 기억하셨다"(시 105:8, 10)고 했다.

이렇게 "영원한 언약"을 지키시는 하나님은 곧 진실한 하나님이며 사사로운 감정이나 이익에 매이지 않는 변덕스러운 이방신과는 다르다는 것을 7절 이하에 찬양하고 있다.

"그 손의 행사는 진실과 공의며……영원 무궁히 정하신 바요 진실과 정의로 행하신 바로다 야웨께서 그 백성에게 구속(救贖)을 베푸시며 그 언약을 영원히 세웠으니 그 이름은 지존하고 거룩하다"고 노래했다.

여기 하나님의 진실과 정의, 진실과 공의(公義)를 찬양하고 그의 거룩하고 지존하신 이름을 찬양하고 있다. 이러한 하나님을 즐거워하는 사람은 다 이 하나님을 만나고자 찾는다고 했다(2절-구역에 "연구"는 "만나고자 찾는다"로 번역해야 된다). 이 하나님을 찾는 사람은 혼자 있을 때는 물론 "공회와 회중" - 예배공동체에서 영원히 그를 찬송한다고 이 시의 끝을 맺고 있다.

제 112편
할렐루야 (II)

할렐루야, 여호와를 경외하며
그 계명을 크게 즐거워하는 자는
복이 있도다(1절).

　　　　　112편의 할렐루야 시는 111편과는 대조가 되게 사람에 대한 여러 가지 일들을 언급하고 하나님께 찬양을 드리는 노래이다. 사실 사람이 찬양을 받을 것이 못된다는 것은 성경의 교훈이지만, 하나님은 자기의 형상대로 만드신 인간의 가치를 가장 높이시고 인간을 통하여 자기의 행사를 놀랍게 행하신다. 대체로 이스라엘 시인들은 자연, 인간, 역사, 이 셋이 하나님을 찬양하는 존재라고 보지만, 그 중에서도 인간의 위치를 가장 귀하게 본다. 시편 8편의 시인이 "사람을 하나님보다는 낮게 만드셨지만, 영화와 존귀로 관 씌워주셨다"(시 8:4)고 하였다.

　이 112편 시인은 하나님이 이렇게 존귀하게 생각하시는 인간이 어떤 존재며 무엇을 해야 하는가를 설명해 주는 "인간의 시"이다. 이 인간은 어디까지나 하나님에게서 떠날 수 없는 존재이지만, 그 자신의 역사적 모습은 일정한 윤리적 범주에서 이해되어야 한다. 여기 이 시인은 시편 전체에서 표준적인 인간으로서 "의인"을 내세우고 이 의인이 받을 축복과 그의 성격, 그의 자랑 등을 밝혀 주고 있다. 그러나 의인을 말할 때는 반드시 "악인"에 대한 것도 시편 시인들은 잊지 않고 있다. 이 시인은 인간의 이상적인 모습을 "의인"이라고 강조하고 믿기 때문인지, "악인"에 대한 것은 간단히 한 절로(10절) 처리해 버리고, "의인"에 대한 말로써 전체 시를 엮어 나갔다.

이 시인이 보는 "의인"은 첫째 야웨를 경외하는 사람이다(1절). 이미 111편에도 이 "경외사상"은 두 번 나왔다(5, 10절). 이것은 이스라엘의 지혜의 근본이지만(시 111:10), 하나님이 인간에게 요구하시는 가장 중요한 종교적 의무이다(미 6:8). 하나님을 경외한다는 것이 구체적으로 무어냐에 대해서 이 112편 시인은 "하나님의 계명을 즐거워하는 자"로 이해하고 있다. "계명"은 일차적으로는 "십계명"을 가리키지만, 하나님이 인간에게 알려주신 모든 바른 길을 가리킨다.

하나님을 두려워한다는 것은 종교적 감정의 문제가 아니고, 하나님과 인간의 관계성이다. 그 관계성은 하나님이 인간에게 바른 길이라고 알려준 "십계명"을 비롯하여 모든 명령과 지시를 말한다. 결코 바리새적으로 율법조문만 형식적으로 지키는 것이 아니고, 인간의 삶 자체를 하나님과 밀접한 관계 속에서 살아감을 말한다. 그 "계명을 즐거워 한다" 이것은 시편 111편 2절에서도 언급했지만, 시편 기자들은 하나님의 지시대로 사는 삶은 기쁨을 떠날 수 없음을 자주 말하고 있다(시 1:2; 40:8; 119:35, 97 등).

둘째로 이 시인이 생각하는 "의인"에게는 여러 가지 축복과 아름다운 삶이 있다. 그 축복의 첫째로서 "후손이 땅에서 강성하다"고 했다. "강성하다"는 말은 이해하기 곤란한데, 그 원어대로 풀이한다면, "전쟁에 용감하다"는 뜻이나, 여기서는 재물과 사회적 지위가 든든함을 말한다. 이 "원어"의 모음을 고쳐서 "용감한 전사들"이라 읽을 필요가 없다 (Oesterley, Kraus와 같이). 의인의 자손들은 "걸식하는 것을 보지 못했다"(시 37:25)는 의미와 같이 의인의 자손은 재물로나 사회적 지위로 축복을 받는다는 것이다. 현실에서는 의인의 자식들이 가난하게 사는 것을 얼마든 지 볼 수 있으나, 여기 이 시인은 하나님을 경외하는 의인의 자손들은 복을 받는다는 전통적인 응보사상을 그대로 가지고 있는 사람이다. 이 사상에 회의를 표시한 사람은 욥기 저자이지만, 대체로 이스라엘의 축복은 하나님의 계명을 지키는 결과라는 사상은 신명기 저자가 장황하게 설명하고 있는 것이다(신 28:1-6). 이 시인도 2절에 "복이 있을 것"을 말했다. 3절에는 의인의 복을 구체적으로 밝혔다: "부와 재물이 그 집에 있음이여!" 여기 "부"와 "재물"은 같은 말이다. 이것은 인간의 노력에서 오는 것이지만 이스라엘 사람들은 이런 물질적 축복은 하나님이 주시는 선물이라 했다 (왕상 3:13; 잠 3:9 이하, 16; 13:18 등). 특히 이 물질적인 축복은 잠언 22장 4절에서도 발견된다.

"겸손과 하나님을 경외함의 보답은 재물과 영광과 생명이라"

이 세 가지는 인간의 기본적인 욕구를 채워주시는 하나님의 축복이다.

이 시인이 지혜문학적인 성격을 가지고 있음은 111편의 경우와 같다고 볼 수 있다. 그런데 그 재물과 부요가 있으면 그 사람과 그 집의 "의로움"이 나타나기가 쉽지 않다. 대체로는 재물과 부요로써 불의를 따라 간다. 그러나 재물과 부요를 축복으로 받는 사람은 항상 그의 공의(公義) 또는 정의가 햇빛처럼 밝게 빛나야 한다. "그 의가 영원히 있다"고 이 시인이 말함은 과장이 아니고 당연한 일이다. 그는 하나님을 경외하는 의인이기 때문에 그의 의는 영원히 빛나야 한다. 비록 부요와 재물이 없어져도 그 의는 드러나야 한다.

4절에도 그가 의로운 사람이기 때문에 그는 어두움 속에 사는 사람들에게는 빛이 되며 모든 사람의 마음을 감동시킬 수 있는 "어질고 자비함"을 그의 성품으로 함을 말했다. 의로운 자가 빛 속에 사는 사람이다. 이 빛은 흑암을 밝혀 바르지 못한 것과 구부러진 것을 분명히 보게 한다. 어느 것이 진리요 정의인지 분간할 수 없는 어두운 현실 속에서 빛을 찾아서 사람들이 어디로 가야 할 것을 알리는 사람은 의인이다. 그의 삶 – 특히 어질고 자비한 삶의 증거를 보여 준다. 이사야 58장 10절에 이것을 설명하고 있다. "주린 자에게 네 심정이 동하며 괴로워하는 자의 마음을 만족하게 하면, 네 빛이 흑암 중에서 떠오른다."

하나님을 경외하는 의인은 어두운 사회를 밝혀 사람들에게 자비와 어진 마음씨를 보여 준다. 이 112편 시인은 이것을 다음 절에서 다시 확실히 말한다. "은혜를 베풀며 꾸어주는 자는 잘 된다"고 했다. 어려운 사람을 돕고 가난한 자를 돌보는 것은, 의인이 가진 "부요와 재물" 때문이 아니라 하나님을 경외하는 마음에서 우러나온 "의로움" 때문이다. 물질이 있으니 자비하고 남을 도와주고 보살핀다는 것이 일반적인 상식이나, 의인의 경우는 그의 의가 이런 자비스러운 일을 하게 된다. 정의는 괴로워하는 사람을 묵과할 수 없기 때문이다. 4절에서 밝히는 대로 "그가 재물을 흩어서 빈궁한 자에게 준다"고 했다. 이것이 "영원한 의"가 되었고 그 자랑과 영광이 나타난다. 이렇게 세상의 소유를 나누어 줌으로 그 자신은 약하지 않는가. 그러나 "야웨를 의지하니 두려워할 것 없다"고 했으며 "오히려 원수들이 벌을 받는 것을 볼 수 있다"고 했다. "의인은 흔들리지 아니하고 영원히 기억된다"(6절)고 했다.

이 시에는 "영원히"란 말이 여러 차례 나왔다 (3, 6, 9절). "의" "의인" "공의" "의로운 자" 등도 여러 차례 사용되었다 (3, 4, 6, 9절).

이 112편의 "할렐루야"의 내용은 인간을 위한 것이다. 그러나 이것은 "하나님을 경외하는 의인"을 위한 할렐루야이다. 111편에서 노래하는, 하나님의 크신 행사와 그 은혜에 대한 할렐루야와 함께 인간이 영원히 외칠 할렐루야는 여기서 말하는 의인에 대해서이다.

제 113편
공평하신 하나님

가난한 자를 먼지에서
일으키시며
궁핍한 자를 거름더미에서
치켜올리시어

귀인들과 백성의 관리들과
한자리에 앉히신다(7-8절).

유대인의 예배 전통에서는 113-118편 전체를 한 그룹의 찬양으로 생각하여 주로 유월절, 칠칠절, 장막절, 월삭제, 그리고 성전 헌당식 축제 등 고유한 예배의식에 참여하기 위하여 지방에서 예루살렘으로 올라 올 때, "순례의 노래"로 불러왔다. 114편과 118편을 제하고 모두 그 시의 서두나 마지막에 "할렐루야"를 가지고 있기 때문에 "할렐루야 시집" 이라고도 부른다.

전체가 야웨 하나님의 "이름"을 찬양하는 내용이 주가 되어 있으나 (1, 2, 3절) "해돋는 데서부터 해지는 데까지"(3절) "영원히"(2절) 찬양을 받아야 할 하나님께서는 자연, 인간, 역사, 사회 그리고 개인의 가정 문제까지 깊은 관심을 가지고 계심을 노래하고 있다. "모든 나라(실상은 "모든 이방 백성들"이라 함이 원문의 뜻) 위에 높이 계신다"(4절)는 야웨 하나님은, 이스라엘의 역사만 간섭하시는 분이 아니라 이방 모든 나라 백성들의 역사를 친히 아시고 거기에 관심을 갖고 계심을 말하고 있다. 바이저(A. Weiser)는 "이 시가 역사 위에 높이 계시는 하나님의 주권에 영광을 돌리고 있다"고 했다. 이방 백성들이 가진 주권은 하나님의 주권 아래 있음을 말한다. "하나님의 위엄은 모든 세상들의 주권 위에 초월하여 계시다"함이 크라우스(Kraus)의 해석이다. 이것은 하나님의 주권이 인간 역사를 초월하신다는 말에서, 인간의 어떤 권위와 주권도 하나님의 주권과 권위를 능가할 수 없고, 다만 이 하나님 아래 종속하고 굴복할 수밖에 없음을 말한다.

이 하나님은 또한 자연 위에 자기 권위를 행하시는 분이다.

"하늘 위에 높으시다"(4절)는 말은 하늘이 아무리 높고 광대무변해도 그것은 인간의 신앙 대상이 될 것이 아니라, 하나님의 피조물의 하나로서 하나님의 권위와 위엄 아래 있음을 말한다. 그리고 "해돋는 데서부터 해지는 데까지"는 온 세상 땅 끝까지를 말한다(말 1:11). 이러한 표현은 태양의 운행을 논한 것이 아니라 하늘과 땅이 모두 야웨 하나님의 이름을 찬양하는 존재임을 밝히고 있다.

이렇게 역사와 자연 위에 높이 계셔서 찬송을 받으실 야웨 하나님은 인간이 만들고 있는 사회문제까지 관심을 표시하시는 분이다. 하늘 · 해 · 세계 · 만민 등 이런 큼직한 존재들에만 관심을 갖는 것이 아니라, 인간 사회에서 가장 복잡한 빈부와 인권의 문제까지도 손을 대신다고 이 시인은 말하고 있다.

"스스로 낮추시사 천지를 살피시고"(6절).

하늘 위에 높이 계시며, 모든 세계와 그 모든 나라들의 주권을 다스릴 만큼 높은 위엄을 가지신 분이 "자기를 스스로 낮추신다"는 것은, 신격에 맞지 않는 자기격하(自己格下)이다. 이방신들은 더 높고 귀한 찬사와 존경, 대접과 공대를 받고 싶어한다. 이방신들은 자기를 격하시키기를 싫어하고, 자기를 그렇게 격하시키는 인간에게는 엄한 벌을 내린다. 그런데 야웨 하나님은 그렇게 하늘과 땅 위에 높이 계시는 분이시지만, 자기를 비하시킨다고 한다.

주석가들은 하나님이 자신을 격하시켜 천지를 보는 사실에 중점을 두기도 한다. 그래서 공동번역은 "하늘과 땅을 굽어보시는 분"이라 번역했다. 그러나 이 시인이 7절에서 말하는 "가난한 자", "궁핍한 자"들의 사정을 동정하셔서 그들을 낮은데서 끌어올린다는 하나님의 특별하신 행동을 생각한다면, 단순히 하늘 높이에서 아래로 굽어살피는 관망(觀望)의 태도가 아니다. 보는 행동이나 보는 대상보다 보기 위하여 자신을 격하시킴이 더 중요하다. 높은 위치에서는 낮은 자를 바로 볼수 없기 때문이다. "본다"는 의미보다 하나님이 자기 자신을 "쇠펠"(낮게 처신한다)하시는 행동이 더 중요하다.

이렇게 읽을 때, 우리는 빌립보서 2장에 나온 구절 "그는 근본 하나님의 본체이시나 하나님과 동등됨을 취할 것으로 여기지 아니하시고 오히려 자기를 비워 종의 형체를 가져 사람들과 같이 되었다"는 하나님의 "자기격하" 사상을 이해할 수 있다. 이 부분의 바울신학이 영지파(그노시스)의 영향을 받았다고 함은 의심스럽다. 그의 생각은 아주 히브리적이다. 하나님이 자신을 종의 형상으로 격하시킨다는 사상은 제 2 이사야가 소개하는 "고난의 종"의 노래 (사 53장)에서도 더욱 분명하다.

여기 이 시인이 하나님을 이렇게 격하시킴은 무엇 때문인가. 그것은 그의 역사지배 원칙이 "부익부 빈익빈"(富益富貧益貧)의 원칙이 아니고 하나님은 어디까지나 약하고 가난한 자의 편에 서신 공평하신 분이라고 이 시인은 믿기 때문이다. 그의 공평한 원리는 7절에서 구체화되었다.

"하나님은 가난한 자를 먼지에서 일으시고 궁핍한 자를 거름더미에서 치켜올려 세워주신다."

여기서 "가난한 자"와 "궁핍한 자"는 엄격하게 구별하기 어렵다. 구약에서 "가난한 자"를 표시하는 대표적인 말은 셋 있다. 가장 많이 사용된 것이 "아니"와 "엡욘" 그 다음이 "달"(dal)이란 말이다. 이 "달"은 시편에는 5회 사용되었지만, 잠언서에는 14회나 사용되었다. 아모스의 정의 주장에도 이 "달"이라는 "가난한 자"를 변호하는 곳이 여러 곳이다. 그래서 이 말은 단순히 물질적인 빈곤으로 괴롬을 겪는 사람만이 아니라 아무 의지할 데 없는 천민이요 약자임을 성서 본문들은 알려준다.

여기 이 시인의 인권사상 및 철저한 사회주의 사상을 볼 수 있다. 여기서 우리가 주목해야 할 것은, 이 시인은 단순한 인권주의자 또는 사회주의자가 아니라는 것이다. 그는 인간이 집단적으로 제도적 개선을 통하여 이룩하는 혁명사상을 말하는 것이 아니고, 단순히 인간이 구성하고 있는 사회가 인간들의 욕심으로 삶의 불균등과 공평치 못한 사실을 만들고도 이를 정당화시키고 있는 제도 또는 체제를 하나님이 싫어하시고 하나님 자신이 인간 속으로 들어오셔서 이러한 부조리와 모순적 현실을 시정하신다고 외친다. 먼지 또는 티끌 속에 살고 있는 가난한 자의 신분을 고쳐 주신다는 것이다.

옛날 조선시대에 쌍놈으로 취급받아 온갖 불공평 속에서 신음하던 사람들을 양반계급과 꼭같이 앉을 수 있게 만드심이 하나님의 인권 존중의 사상이요 모든 사람을 일시동인(一視同仁)하는 공평과 균등의 원리가 통하는 사회로 만드신다는 것이다. 여기 사용된 "티끌" 또는 "먼지" 그리고 "거름무더기" 등은 높은 사람, 부귀를 누리는 사람들과는 아무 상관이 없다. 그러나 약하고 가난한 사람들은 먼지와 티끌 속에서 호흡하고 거름무더기에서 먹을 것이나 쓸 수 있는 물건이 있을까 뒤지고 또한 이런 거름더미가 이 사람들의 추위를 피할 수 있는 곳도 된다고 주석가들은 말하고 있다.

예루살렘이 적군에 의하여 무너지고 나라가 망했을 때, 귀인들의 비참을 노래한 "애가" 시인은 이 7절과는 반대되는 사실을 말해 준다:

맛난 음식을 먹던 자들이 거리의 외로운 사람이 되었고, 전에 화려한 옷을 입고 자라던 사람들이 이제는 거름더미에 앉아 있다"(애4:5).

하나님은 이 인간 사회에 있는 불공평한 사회제도를 바꾸어서, 이 약하고 가난한 사람들을 높이 들어 귀인들과 함께 앉혀 주신다고 함이 8절 말씀이다.

얼마나 위대한 선언인가! 우리가 믿는 하나님은 공평의 하나님이시다. 가진 자는 더 가지고 가난한 자는 더 가난해서 우는 사회는 하나님이 미워하신다. 하나님 자신이 반드시 이런 사회적 모순을 용납하지 않으신다. 어느 정도 하나님이 침묵을 지키시기도 하고, 이런 모순을 얼마 동안은 못 본 척, 모르시는 척하신다. 그러나 이러한 불공평한 사회는 바로잡아야 한다. 총과 칼로써 할 것이 아니라 하나님이 이런 부조리를 심판하신다는 신앙에서 개혁을 해야 한다.

제 114편
춤추는 산들

Psalm Meditation

산들은 숫양들 같이 뛰놀며
작은 산들은 어린 양 같이 뛰었도다(4절).

　　　　　이 시는 70인 번역에서 다음 시와 합해서 한 편의 시로 보고 있지만, 반드시 그렇게 할 필요는 없는 것 같다. 이 시 자체는 115편과는 달리 시편 중에서도 가장 아름다운 시의 하나이다. 그 내용은 간단하지만 이스라엘을 위해서 행하신 하나님의 구원사의 사건 중 가장 대표적인 출애굽 사건을 주로 다루고 있는데, 그 사건이 얼마나 훌륭하고 놀라운 사건이었던가를 사람의 말이나 행동보다 자연의 태도를 들어서 알려주고 있다. 물론 출애굽 당시 상황을 후대 사람의 손으로 기록한 시가 되어서 그 연대를 정확하게 잡기가 어렵다. 학자에 따라서는 포로 이전 왕국시대로 본다. 바이저 같은 사람은 북왕국 이스라엘의 멸망 이전이라 본다. 그것은 2절에 유다와 이스라엘 두 왕국에 대한 언급이 있기 때문이다. 그러나 크라우스 같은 사람은 포로시대 이후라고 생각한다.

　　이 시는 유대인들이 유월절 축제 제 8일에 부른 노래라고 한다. 학자들마다 이 시가 불리워진 축제를 다르게 설명한다(크라우스는 길갈 성소 전통을 여호수아 3-5장, 모빙켈은 대관식 축제와 관련시킴).

　　이 시가 학자들에 의하여 이스라엘의 여러 고대 축제와 관련되었다

470　　　　　　　　　　　　　　　　　　　　　　　　시편 명상

는 것은 이 시가 가진 사명이 이스라엘의 어떤 축제에서도 잊어버려서는 아니 될 중요한 민족사와 관련되었음을 암시하고 있다. 그러한 사건은 아무래도 위에서 언급한 대로 "출애굽사건"이다. 포로 후 시대라 생각하게 되는 이유 한 가지는 하나님의 진노에 의하여 망하는 이스라엘 백성들이 무엇보다 기억해야 할 사건은 과거 역사중 출애굽 사건이었기 때문이다. 망국의 백성 이스라엘에게 하나님의 구원사를 강하게 부각시키고, 그 역사의 어두운 순간에 출애굽 사건 같은 구원사를 기다릴 수밖에 없었기 때문이었다.

이 114편 시인은 출애굽 사건을 유일한 시의 제목으로 삼고 그 사건에 대한 것만을 노래하는 유일한 사람이라 하겠다. 그런데 이 시인이 이해한 출애굽 사건의 의미는 무엇이었는가. 이 시의 본문이 보여주듯이 이 사건은 단순히 민족사에서 길이 찬양해야 할 "해방의 사건"만이 아니라, 하나님의 능력이 이스라엘을 위하여 쏟아진 거룩한 하나님의 사건이라 하여 찬송을 부르지 않을 수 없다.

이 출애굽 사건을 행하실 때, 이스라엘과 야웨와의 관계는 특수했다는 것을 2절에서 설명하고 있다.

"유다는 야웨의 성소가 되고, 이스라엘은 그의 영토가 되었다"

여기 시인은 반드시 남북 왕조를 각각 따로 생각하고 남왕국은 "성소"요 북왕국은 "영토"라고 구분을 한 것은 아니다. 다만 이스라엘 백성은 야웨의 성소요 영토가 되었다고 읽어야 할 것이다. "성소"는 야웨 하나님이 임재하시는 곳, "영토"는 야웨의 주권이 미치는 곳을 말한다. 이는 이스라엘이 하나님의 백성이 되고 그의 통치를 받는 백성이라 해석해도 무방하다. 출애굽 사건 당시 야웨가 모세에게 알려준 관계개념은 소속개념이다. 야웨에 소속한 백성이라는 특수성이 야웨로 하여금 출애굽 사건을 일으키게 한 동기이다.

"세계가 다 내게 속하였다… 내 말을 잘 듣고 내 언약을 지키면 너희는 열국 중에서 내 소유가 되겠고 너희가 내게 대하여 제사장 나라가 되며 거룩한 백성이 되리라"(출 19:5-6).

이스라엘이 하나님의 소유가 됨을 밝히고 있다. 신명기 기자는 "야웨께서 너희를 택하시고 너희를 쇠 풀무불 곧 애굽에서 인도하여 내사 자기 기업의 백성으로 삼으셨다"(신4:20)고 하였다.

여기서 이스라엘이 야웨 하나님의 성소요 영토가 되었다고 할 만큼 이스라엘은 야웨께 속하고 그의 기업이 된 것을 설명하고 있다.

여기 분명히 출애굽 사건을 보는 눈을 정치적인 것에서 신앙적인 것으로 돌리고 있다. 남의 나라의 종살이함에서 해방된 그 정치적 기쁨이 아니라, 이스라엘은 하나님의 소유가 되고 그의 기업의 백성이 되어 하나님의 영광을 드러내고 그의 주권이 행사되도록 만들어 주신 일이 감격스럽다고 이 시인은 노래하고 있다. 출애굽 사건 자체는 이스라엘 백성이 하나님의 거룩한 백성, 기업의 백성으로 탄생하게 된 사건이다. 애굽 사람 앞에 이스라엘은 하나님의 백성임을 확실히 보여주었다. 그러므로 출애굽 사건을 기념하여 축하한다는 것은 곧 이스라엘의 개천절(開天節)을 노래함과 같다. 이 기쁨을 대자연물들, 바다와 산들이 어떻게 대했는가 함에 이 시인은 관심을 모으고 있다.

"바다는 보고 도망가고 요단은 물러갔다"(3절).

여기에는 홍해를 건넌 이스라엘과 요단강을 건넌 이스라엘이 똑같이 자기들의 능력으로 건넌 것이 아니고, 하나님의 기적적인 도움으로 된 것을 말한다. 그러나 여기 바다나 강을 인격화하여 "도망가고 물러

472

갔다"고 하여 자연도 하나님의 하시는 일을 순종하고 도왔다는 것을 말한다. 이 사상 배후에는 대자연의 세력도 하나님의 구원사의 의지 앞에 떨고 물러갔는데 어찌 감히 인간이 하나님의 능력있는 행사를 방해하거나 이것을 막을 수 있었겠느냐. 다만 자연과 인간은 하나님의 하시는 일을 놀람으로 바라볼 수밖에 없음을 말하고 있다.

야웨가 자연의 힘과 더불어 싸우실 필요는 없었다. 다만 하나님의 의지가 움직임을 안 자연들은 스스로 후퇴하고 만 것이다(시편 77:16, 하박국 3:10에도 같은 사상을 보여준다). 이러한 자연의 응답은 바다와 강만이 아니다. "산들과 작은 산들"도 하나님의 위엄을 보고 바다와는 달리 춤을 춘다고 말하고 있다.

"산들은 숫양들 같이 뛰놀며
작은 산들은 어린 양들 같이 뛰었도다"(4절).

여기 "뛰다"라는 동사를 두려움의 표현으로 보아야 하느냐, 기쁨의 표현으로 보아야 하느냐. 주석가들의 의견에 차이가 있으나, 나는 기쁨의 표현으로 보고자 한다. 물론 이 같은 말을 시편 9편 6절에서는 "겁에 질려 뛰었다"는 의미로 보지만, 여기서 우리는 바다와 강이 두려워서 물러갔다고 생각한다면, 산들은 기뻐서 춤을 추었다고 읽을 수 있다. 하나님의 구원사에 대한 대자연의 반응을 반드시 공포 분위기에서만 보아야 할 것은 아니다. 하나님의 하시는 일은 무섭기도 하지만, 또한 기쁘기도 하다. 바다와 강물은 그 가던 코스를 멈추고 후퇴했으니까 겁에 질렸다 할 수 있다. 그러나 산들은 하나님의 하시는 일을 찬양하는 뜻에서 춤을 추었다고 이해할 수 있다. 홍해를 육지 같이 건너고 요단을 건넌 것이 과연 두렵고 무섭고 떨리는 사건일 것인가. 하나님의 위력을 생각하면 무서운 일임에 틀림없다. 그러나 이 사건을 통하여 이스라엘이 하나님의 백성으로 탄생했다고 할 때, 그것은 결코 공포의 사건만이 아니다. 구원사의 사건은 인간에 기쁨을 주는 하나님의 은혜와 긍휼의 사건이다. 그러기에 가장 오래된 노래라 할 수 있는 미리암의 노래는 이 출애굽 사건을 찬송의 사건으로 표시했다.

"너희는 야웨를 찬송하라. 그는 높고 영화로우심이요 말과 그 탄 자를 바다에 던지셨음이라"(출 15:21).

하나님의 구원사는 노래의 대상이지 공포의 대상은 아니다. 그래서 영국 새 번역 성서(NEB)에는 7절에 "땅이여, 떨지어다"를 "춤추어라 (dance) 땅이여!"로 번역했다. 이 번역대로 이해한다면, 바다와 요단의 공포도 산들과 같이 기쁨으로 읽어야 하고 하나님의 구원사와 사건을 찬송하고 춤추는 것이 정당하다고 볼 수도 있다.

춤추는 산들, 춤추는 강과 바다.

하나님이 이룩하시는 구원사의 사건은 "블레셋 거민이 두려움에 잡히고 에돔 백성이 놀라고 모압 영웅이 떨림에 잡히며 가나안 거민이 다 낙담한다"고 해도(출15:14 – 15) 하나님을 믿는 사람들에게는 기뻐하고 찬송하고 춤출 일이다. 하나님의 주권적인 행사 앞에 인간은 절대적으로 복종해야 하지만, 그의 하시는 은총의 행사에 대해서는 다만 기뻐하고 춤출 일이다.

시편 명상

제 115편
복받는 인생

높고 낮은 사람 차별없이
야웨를 경외하는 사람에게
하나님은 복을 주신다(13절).

기독교가 복받는 종교인가?

부흥 목사들은 외친다. "목사는 주의 종이다. 주의 종은 하나님을 위해 사는 사람이다. 이 종을 잘 대접해야 복을 받는다. 어떻게 대접할 것인가. 생활비를 넉넉히 드려서 생활에 불편함이 없게 해야 하고, 주의 종이 실수를 해도 무조건 복종해야 복을 받는다. 주의 종을 거스리는 자는 하나님을 거스리는 자이다. 주의 종을 잘 섬기는 사람은 복을 받는다. 심방을 가시거든 차나 커피나 물을 많이 마시게 하지 말고 심방비를 봉투에 넣어드리라."

어느 부흥 목사의 설교를 들은 사람의 얘기이다. 한 사람만의 얘기가 아니고 그 설교를 들은 사람은 꼭같이 하는 말이다. 과연 기독교는 복된 소식을 알려 주고 복된 일을 믿게 하고 복된 일이 내 개인과 가정에 찾아오기를 믿는 종교이다. 기독교는 "복음"의 종교이다.

그런데 이 "복"이 과연 교회 목사에 대한 대접을 잘하고 못하는 데 달렸을까. 물론 일생을 헌신하여 주의 일을 위하여 세상 영광과 재미를 받지 못하는 주의 종인 교역자를 돌보는 것이 교인의 의무이다. 교인은 주의 종에게 충성을 다할 의무가 있다. 물론 거역하지 말고 순종해야한다. 그의 삶에나 연구에나 활동에 불편함이 없도록 해 드려야 한다.

이 당당한 의무를 왜 반드시 설교에서 강조해야 하는가. 이런 얘기는 교회 당회원이나 제직들이 관심하는 일이 아닌가. 설령 그 당회원이나 제직들이 교역자를 잘못 대접한다는 사실이 있다면, 물론 그들에게 계몽을 해야 한다. 그런데 남의 교회에 은혜의 말씀을 전하러 온 부흥 목사가 왜 첫날 저녁부터 교역자 대접에다 초점을 맞추고 있는가. 부흥사자신이 그 교회가 교역자를 푸대접한다는 것을 성령의 지시로 알았는가, 아니면 그 본 교회 목사가 직접 또는 간접적으로 이 부흥사에게 귀띔을 해 준 것인가. 부흥사에게 교역자를 대접해야 복을 받는다는 말을 들은 당회원이나 제직들은 그래도 어느 정도 반성할 점도 있을 것이다.

그러한 당회원과 제직들을 거느리고 있는 본 교회 목사의 입장은 어떠한가. 반드시 자기 대우나 대접에 관한 얘기를 다른 목사의 입을 통하여, 그것도 부흥사의 입을 통해서 해야만 할 것인가. 부흥사가 말하는 이상과 같은 "복"에 대한 책망과 설교를 듣고 있는 교인과 제직들을 보고 있는 그 교회 당회장의 심정은 어떤 것일까. 수치를 느낄것인가. 쾌재를 부를 것인가.

오늘 기독교회는 분명히 "복"에 대한 개념과 이해가 잘못되었다고보아야 한다. 시편 115편을 읽으면, 어떻게 믿는 것이 하나님의 복을받는 길인가를 알려 준다.

이 시 자체는 이스라엘의 신앙에 대한 회의가 생겼을 때, 구체적으로 말해서 "너희 하나님이 무슨 소용이 있느냐", "도대체 너희 하나님이 어디 있느냐", "너희 하나님이 살아 계시다면, 어찌해서 너희 나라는 적군에게 패망했느냐"이런 비난을 이방신을 섬기던 사람들로부터 받고

시편 명상

있던 백성들 사이에서 살던 시인이 비록 나라는 망했지만, 어떤 일을 하는 것이 복받는 생활인가를 알리기위해 쓴 것이다. 그는 일단 이방 사람들이 섬기는 우상이란 얼마나 허무한가를 흥미진진하고 실감나게 알려 주고 있다. 우상이란 사람의 손으로 만든 것이다. 사람의 조각물에게 절하고 복을 달라고 한다는 것이 얼마나 어리석은가를 밝히고 있다.

"입이 있기는 하지만 말도 못하고, 눈이 있어도 보지 못하고, 귀가 있어도 듣지 못하고, 코가 있어도 맡지 못하며, 손이 있어도 만지지 못하며 발이 있어도 걷지 못하며 목구멍으로는 소리조차 내지 못하는 허무맹랑한 것"이라 한다 (4-7절).

사람의 손으로 조작된 이 우상 앞에 아무리 기도를 한들 들을 수 있으며, 제물을 갖다 두어도 볼 수 없고, 향불이 타올라도 향기를 맡지 못하고, 입이 있지만 한 마디 말을 해서 예배자에게 그 뜻을 전달하지 못하고 또한 사람이 가는 곳에 따라 움직일 수는 있지만, 자기 발로 아무 곳이나 갈 수 있는 힘이 없다. 이런 허무한 것을 만드는 자와 이것을 의지하고 믿는 사람은 이 우상 그것과 같이 허무하다는 것을 말하고 있다.

복을 주는 대상을 잘못 택하고, 그 섬기는 방법이 잘못되어 있으면, 아무리 복을 갈망해도 복을 받을 수 없다. 그런데 우상을 믿고 의지하는 사람들은 그 섬기는 대상이 잘못된 것을 모르고 있으니 복을 받을 수 없고, 또 그 믿는 태도가 복받는 일을 조건으로 믿고 있으니 복을 받을 수 없다는 것이다.

이 시인은 인간이 하나님의 영광을 대신 받음에 대하여 엄하게 경고한다. "야웨여, 영광을 우리에게 돌리지 마옵소서"(1절).

이는 인간 자신이 하나님이 받으실 영광을 대신 받을 수 없다는 것이다. "주의 종"이란 말과 "하나님"과는 구별할 줄 알아야 한다. 인간인 목사가 하는 말과 일이 "하나님의 종"이란 이름 때문에 하나님을 대신할 수 없다. 하나님께 충성하고 복종하고 순종하면 복을 받는 것이지, "주의 종"이라는 인간의 말과 행동을 절대화시키는 교만은 하나님의 영광을 도적질하는 것이다.

복은 다만 하나님 한 분만이 주신다. 교역자도 이 하나님께 충성하면 복받는 것은 일반 평신도의 경우와 꼭같다. 목사는 교만, 독선(獨善), 독재, 허위, 탐심, 사치를 다해도 하나님의 종이니 죄가 안 되고, 일반 평신도는 그런 것들이 죄가 된다는 것은 복의 근원이 되신 하나님을 완전히 자기 보호신(保護神)으로 만들고 복을 주고 화를 줄 수 있는 권위를 교역자가 전매 특허했다는 망발을 범하고 있다. 복받는 말을 가르치려면, 시편 115편 시인과 같이 하나님의 복이 어떻게 올 수 있는가를 가르쳐야 한다.

복은 야웨 하나님이 우리를 생각하시어 - 우리를 돌보고 살피시어 주신다고 했다(12절). 무엇을 살피시는가. 13절에 있는 대로 "대소 무론하고 야웨를 경외하는 자가 복을 받는다"고 했다. 하나님을 경외하는 일이 복 받는 길이다. 교역자에 충성하는 길이 복을 받는다고 외치지 말고 교역자 자신과 신도들이 어떻게 하나님을 경외할 수 있는지, 그 방법을 성서대로 가르쳐야 한다. 복을 주는 권한은 교역자에게 맡겨진 것이 아니다. 교역자는 하나님의 복을 혼자 맡아서 파는 전매 특허인도 아니다. 다만 "천지를 지으신 야웨 하나님으로부터 복을 받는 것이다"(15절). 절대로 교역자에게 복종하는 길이 복받는 길이 아니다. 그것은 신도의 의무이지 복받는 조건이 될 수 없다.

야웨 하나님을 경외하는 것이 복받는 길이다. 인간인 목사가 하나님의 복을 대신 줄 수 있는 권한이나 받은 것 같이 독선적인 신앙을 가진 교역자는 가장 하나님을 경외하지 않는 사람이다.

제 116편

믿으니까 말한다

내가 믿으니까 말한다(10절).

공동번역 성서에 "'내 인생이 왜 이리 고달프냐'하고 생각될 때에도 나는 믿음을 잃지 아니하였다"라고 번역한 것은 오역이다. 만일 이 번역이 옳다면, 신약의 고린도후서 4장 13절도 같은 공동번역이 그렇게 번역해야 할 것이다.

그러나 신약에는 "내가 믿으니까 말한다"는 뜻으로 번역하고 그 출처가 되는 이 구절은 이상과 같이 번역함은, 공동번역에 일관성(一貫性)의 문제가 있다는 것만이 아니라, 성서의 원문을 너무 지나치게 자유번역을 하고 있다(일본어 新改譯 1963도 공동번역과 같이 되었다)는 인상을 준다. 물론 이 구절의 문법적인 문제는 "내가 크게 고난을 당해도 나는 믿는다고 말한다"고 함이 옳을 것이다. 그러나 여기 문제는 그 말의 내용이 무엇이건간에 시인은 신앙을 가져야 말을 할 수 있다는 것이다. 고난을 당해도 말을 한다는 문제보다 인간이 어떤 사정 아래서도 말을 할 수 있는 것은 그에게 하나님을 믿는 마음이 있기 때문이라고 말할 수 있다. 특히 신앙의 세계에서는 자기 자신이 믿는 바를 말해야 한다. 누가 말했기 때문이나, 누가 강요하기 때문이 아니라, 자기에게 확실히 믿는 바가 있어야 말을 한다는 것은 당연하다. 칼빈은 "입술 밖으로 말하는 고백은 우리 마음의 내적인 감정과 연관되었다"는 뜻으로 이해했다. "속에 없는 말을 하지 말라"할 때, 우리가 말하는 일과 우리가 믿는 것이 일치해야 함을 말한다. 그래서 나는 이 시에서 인간의 말의 진실성을 명상하는 쪽으로 이 구절을 이해해 본다.

이 시는 고난 중에서 신음하는 시인이 하나님의 긍휼과 자비하심을 믿고 하나님이 자신을 어떤 사정에서도 버리지 아니하심을 알려주는 신앙시의 하나이다. 이 사람의 생의 위기는 "사망의 줄이 나를 두르고 음부의 고통이 내게 미치므로 내가 환난과 슬픔을 만났다"(3절) 함에서 볼 수 있다. 더욱이 "내 눈의 눈물(8절), 내 영혼의 사망, 내 발의 넘어짐"(8절) "내가 큰 곤란을 당했다"(10절), "성도의 죽음"(15절), "나의 결박"(16절) 등은 시인의 현실적인 고난을 잘 설명해 준다.

그러나 이 시인이 자기의 고난, 환란, 눈물, 죽음의 위기 등을 열거함으로 자기의 고통의 극치를 알려 주고자 함이 시의 목적이 아니고, 이러한 견딜 수 없는 역경과 수난 속에서도 하나님의 도우심, 그의 자비, 긍휼, 구원, 그의 사랑은 얼마나 감격스러우냐 함을 이 시에서 알리려 한다. 하나님께서 친히 그에게 "내가 사랑한다"(1절)는 말을 했다고 믿는 일, 야웨 하나님께 건져 주시기를 기도하는 마음(4절), 특히 그가 믿는 하나님은 "은혜로우시며, 의로우시며, 자비하시다"(5절)고 고백하는 그의 신앙심은 높이 쳐다보인다. 그리고 그는 고난 속에 있지만 하나님은 "자기를 후대해 주시고"(7절), "구원의 잔"을 들고 하나님께 찬양을 올리고 있으며(13절), 구속당함에서 그를 해방시킴에(16절) 감격하고 있다.

이 시인은 자기가 당면한 수난의 현실에 비하여 하나님의 사랑과 은총이 너무 크기 때문에 이 은혜를 어떻게 갚을지 알 수 없다고 말한다.

"야웨께서 내게 베푸신 그 은혜를 내가 무엇으로 보답하리이까"(12

시편 명상

절) 이러한 하나님의 은혜에 대하여 보답하는 길은 이 시인이 "평생에 기도하는 길"(2절)이다. 야웨의 이름을 부르며(13절), 감사제를 드리는 것이라(17절)했다. 전체에 흐르는 시의 감정은 고난의 현장에서 하나님의 구원을 간청한다기보다는 모든 고난, 생의 위험, 실망, 구속 등은 이미 과거의 일로 지나가버리고, 오직 생각하면 감격과 감사의 심정밖에 없다는 것을 노래하고 있는 것 같다. 그런 의미에서 이 시인은 이사야 38장에 나온 히스기야 왕이 병에서 신음하다가 고침을 받은 후 하나님께 감사 찬송을 드리고 있는 내용과 서로 통한다. 그리고 이 시는 시편에서 볼 수 있는 하나님의 구원의 능력과 은총을 찬송하는 시와 유사점이 많은 것도 인정할 수 있다. 특히 시편 18편, 27편, 31편 그리고 51편 등이다. 이런 시에 나타난 하나님의 능력, 자비, 긍휼, 구원 등에 대한 어휘들을 많이 본따고 있는 듯하다.

이러한 구원과 도움에 대한 감격도 중요하지만, 이 시인은 자기가 분명히 믿기 때문에 말을 할 수 있다는 것을 자기의 경험에서 말하고 있다. 아무리 피해 나갈 수 없는 역경 속에 처한다고 해도, 자신이 분명히 믿는 까닭에 자신의 구원은 틀림없이 있다는 것이다. 대담하게 자기 신앙을 간증할 수 있다고 한다.

"내 영혼을 사망에서, 내 눈을 눈물에서, 내 발을 넘어짐에서 건지셨다"(8절)

이 고백은 이 시인의 수난의 범위가 얼마나 큰가를 알게 하는 동시에, 또한 그의 구원의 기쁨도 얼마나 큰가를 알려 주고 있다. 그렇기 때문에 이 시인은 "내가 믿으니 말할 수 있다"고 한다. 그 말의 내용은 이미 이 시의 내용에서 살핀대로, 하나님의 위대한 구원 행동, 그의 깊으신 인간 관심, 그의 지극하신 사랑, 그의 따지지 않고 도우시는 즉각적인 반응, 그의 철저한 은총의 성취 등이다. 아무 것도 주저할 수 없다. 이러한 하나님이신 줄 믿기 때문에 담대히 말할 수 있다.

여기서 우리는 신앙과 생활의 조화를 찾을 수 있다. 우리는 신앙을 내 생활의 방편으로 생각할 것이 아니라, 목적으로 삼아야 한다. 살기 위하여 믿는 것이 아니라 믿기 때문에 살아간다는 말이 "내가 믿으니까 말한다"는 뜻이다. 데카르트(Descartes)는 "내가 생각하기 때문에 있다"고 하지만 하나님의 은총과 사랑을 밑천으로 하여 살아가는 사람들은 "내가 믿기 때문에 살아간다"는 말을 해야 한다. 이것은 하나님을 믿는 일이 내 생활의 중심이나 자랑이 되지 아니하면, 우리 삶의 무의미를 외칠 수 없다는 것이다.

"내가 믿는 고로 말한다"는 말은 오늘과 같이 언론의 시대, 매스컴의 시대에 말이 남발되어 있는 시대에 한번 깊이 반성할 구절이다. 우리 주변에는 믿을 수 없는 말들―이른바 불신의 말-로 차있다. 우리는 믿기 때문에 말을 한다는 참 언론인을 보기 힘든 시대에 살고 있다. 그것을 믿지는 않으면서도 그 말을 방송으로 내보내지 않을 수 없고, 그 말을 언론에 기록하여 발표하지 않을 수 없다. 그것을 믿기 때문에 자신있게 말을 하는 것이 아니라, 그것이 허위요, 그것이 조작이요. 그것이 힘과 권력에 의해 명령된 말, 지령되어진 거짓말인 줄 알면서도 그 말을 해야 하고 써야 한다. 이리하여 오늘의 불신시대의 특징을 이루고 있다. 믿는 대로 말하라.

제 117편
만민의 하나님

너희 모든 나라들아 야웨를 찬양하라.
너희 모든 민족들아 그를 송축하라.

그의 사랑이 우리에게 강하고
야웨의 진실이 영원하시다. 할렐루야!(1-2절)

이 시는 시편 중에서 가장 짧은 시이지만, 가장 큰 사상이 담겨졌다. 구약성서는 대체로 이스라엘의 민족문화이다. 그 민족이 하나님을 어떻게 믿었으며, 그 백성들에게 야웨 하나님이 무엇을 어떻게 했느냐 하는 야웨와 이스라엘과의 계약 관계에서 기술된 책이라 할 수 있다. 구약에서 이스라엘의 민족적인 관심과 그 색채를 제거한다면, 구약이 성립되지 않는다 할 수 있다. 시편도 그 민족의 종교생활, 예배생활, 신앙과 경건생활의 전모를 그대로 보여주고 있다.

그러나 우리가 구약을 이스라엘의 민족주의에서만 보고 읽으면, 또한 구약을 바로 아는 것이 못된다. 구약은 만민의 하나님의 책이요, 이 땅 위에 있는 모든 백성의 종교적인 삶과 일반적인 삶, 그리고 모든 백성이 당면한 역사와 사회의 문제, 그리고 인종과 성의 차별 없이 모든 개인이 가져야 할 경건과 신앙의 원리를 보여주는 책이다.

구약에서 이스라엘을 통하여 만민의 하나님을 본다는 것은 구약신학의 중요한 과제인데, 이 시편에서도 이스라엘의 종교적 경험과 그 신앙고백과 그 예배정신과 경건의 열망을 통하여 모든 인간들의 종교, 신앙, 경건의 문제를 알려주고 있다. 이미 시편 제 2편에서 "모든 나라"와 "모든 민족"의 하는 일—야웨를 항거하는 일 —이 얼마나 어리석은가를 알리고 있는 것을 보았으며, 동시에 다만 야웨 하나님을 두려워하며 섬기고 의지하라는 교훈을 하고 있음을 보았다.

이 시 117편에서는 이스라엘적인 것이 완전히 배제되고, 다만 이 땅 위에 있는 "모든 나라"와 "모든 민족"에 관한 노래를 하고 있다.

이 사랑은 구약에서도 아모스, 이사야, 예레미야, 제 2이사야, 특히 요나서가 주장하는 신학과 직통하는 우주적인 하나님, 세계적인 하나님, 만민의 하나님 사상과 직결되어 있다.

우리가 잘 아는 대로 아모스는 그 예언 초두에 하나님이 이스라엘 주변 여러 나라의 역사에 간섭하시어 그들의 죄를 책망하고 벌하심을 말했다. 이것은 이스라엘이 아무리 선민(選民)이라고 자부한대도 그 특권 때문에 그들의 죄가 용서되고 무조건 축복만 받는다는 것을 거부하고 있다. 이방 다른 나라를 벌하시는 하나님은 그 나라들이 하나님의 선민이 아니기 때문에 벌을 한다는 편파적인 생각을 보임이 아니고, 하나님은 정의의 하나님이시기 때문에 죄를 지은 나라와 백성은 그 죄의 댓가로 벌을 받는다는 사상을 이스라엘에게 가르치기 위하여, 아모스는 주변 나라 4~5개를 그 예로 들어 말하고 있다. 이스라엘은 이 모든 나라와 똑같이 하나님의 벌을 받을 수밖에 없다. 하나님의 공의는 이렇게 편파적이 아니라는 것을 가르치고, 이스라엘을 경고하고 있다.

여기 만민의 하나님 사상을 문서 예언자로서 최초로 강조하고 있는 사람은 아모스이다. 심지어 6장 1절 이하에는 아무리 하나님의 선민이지만, 그들이 하나님의 공의에서 떠날 때에는 하나님이 이스라엘 이외의 나라의 권력을 불러와서 이스라엘을 치겠다는 예언을 하고 있다. 이렇게 아모스에게서 뚜렷해진 이 "만민의 하나님" 사상은 예언자들이 계속 주장해 온 전통적인 사상이 되었다.

이 117편 시인은 만민의 하나님의 심판보다 그의 구원하시는 역사에 더 관심을 표시한 사람이다. 크라우스가 이 시에서 종말적인 역사관을 볼 수 있다고 함은 이 시에 나타난 하나님의 구원사상을 이스라엘의 역사적 현실에서 이해하기보다는 예수 그리스도를 중심한 인류사(人類史)의 입장에서 읽을 수 있음을 뜻한다고 하겠다. 예수 그리스도를 통하여 자기를 계시하신 하나님은 만민에게 구원을 베푸신 그의 종말적인 사건의 의미를 밝히 보여 주고 있다. 그렇기 때문에 사도 바울도 이 짧은 시를 그의 신학 논술의 종결부인 로마서 15장 11절에 인용하여서 하나님의 구원 은총은 유대 사람과 이방 사람에게 아무 차별없이 주신 은총이기 때문에 만백성이 찬송할 일이라 한다.

"이방 사람들도 긍휼히 여기심을 받아 하나님께 영광을 돌리게 하시려 하신다"(롬 15:9)고 하여, 시편 18편 49절에 있는 이방 사람들의 찬양과 신명기 32장 43절 (70인 번역에서)에 나타난 이방인의 찬송과 이 시편 117편의 찬송을 인용하고 있다.

이 시편은 비록 작은 시이나 기독교의 대강령을 함축하고 있다. 특히 이 시는 세계 만민의 찬송을 대표해서 노래한다. 예수 그리스도로 말미암아, 하나님이 우리 인간에게 보여주신 사랑과 진실을 찬송할 것을 가르치고 있다. 여기 나온 두 마디 말 "헷세드"("사랑"이란 번역이 가장 낫다)와 "에메트"("진실")는 구약 신앙의 핵심을 이루고 있다. 하나님이 인간을 돌보시는 두 가지 내용은 사랑과 진실이다. 인간의 자격없음에도 불구하고 누구나 사랑하시는 그 사랑의 깊이와 넓이를 보여주신다. 그러나 그 사랑은 일시적인 것이 아니다. 인간의 사랑처럼 이익에 따라

변동하는 것도 아니다. 이 사랑은 진실한 사랑이다. 언제나 그 사랑은 믿을 수 있다. 하나님은 자신이 손해를 보면서도 사랑하시는 진실한 사랑이시다. 여기 하나님의 미쁘심이 나타난다.

이 시는 본래 이스라엘이 계약 축제를 지킬 때 성전에서 부른 찬송이라고 하나(바이저), 반드시 이스라엘의 축제에 국한시킬 것이 아니다. 오히려 우리 기독교인의 입장에서는 우리가 세례를 받고 하나님의 자녀가 된 것을 감격할 때 부를 노래로 사용하여야 할 것이다.

여기 "너희 모든 나라들아, 너희 모든 민족들아"한 말 속에는 우리 한국 사람도 포함된 것을 자랑스럽게 생각해야 한다. 117편 시인이 우리 "한국" 같은 나라를 염두에 두었을 리가 없지만, 이 시인의 신앙은 만민의 하나님께 대한 찬양이기 때문에, 이 노래는 곧 우리 민족의 노래가 되어야 할 것이다. 우리 한국 크리스천들이 우리 하나님의 사랑과 진실을 영원히 찬송하는 백성이 된 자부심을 가져야 한다. 우리 민족에게 사랑을 베푸시는 하나님, 우리 나라에 그의 진실을 보여주시는 하나님, 그러기에 우리의 애국가에 "하나님이 보우하사 우리 나라 만세"라 할 수 있는 것이다. 우리 나라가 세계 열강 속에서 계속적인 투쟁과 전쟁의 피해를 입으면서도, 아직 자랑스런 나라로 남아 있는 것은 우리 하나님의 "헷세드"의 사랑과 그의 진실 때문임을 알아야 한다. 우리 백성은 이 하나님을 영원히 찬양해야 한다. 우리의 노래가 이 하나님의 사랑과 진실을 내용으로 해야 한다.

> "사랑과 진실/ 영원한 나의 노래
> 이 나라 도우시고/ 이 민족 살피시는
> 그 사랑 고마워/ 그 진실 고마워."

제 118편
내가 산 이유

내가 죽지 않고 살아서
야웨의 하신 행사를 선포하리라.

야웨가 나를 심히 꾸짖었으나
나를 죽지는 않게 했나이다(17-18절).

이 시편은 내 스스로 나의 시편이라 하고 싶다. 루터(Luther)는 46편을 자기 시라 하여 찬송도 지었지만, 내가 이 118편을 "나의 시"라 함은 위에 소개한 17절, 18절에서 내가 삶의 의미를 찾았기 때문이다. 내가 여러 곳에서 증거했지만, 이 시편을 명상하고자 할 때, 내가 외우고 우리 집 벽에도 써 붙이고, 병으로 앓는 사람에게는 지금도 이 귀절을 읽으라 할 만큼 이 17절, 18절에서 은혜를 받았기 때문에 이 시편을 나의 시편이라 한다.

이 시는 17절, 18절 이외에도 많은 구절들이 읽는 사람에게 감동을 준다. 바울 사도도 이 시편을 사랑하여 그가 하나님의 사랑에 대한 찬양을 하는 곳에서, 서론적으로 이 시편 6절을 소개하고 있다:

"야웨는 내 편이시니 내게 두려움이 없다. 사람이 나를 어떻게 할 수 있겠는가!"(6절).

이 구절을 로마서 8장 31절에서는 하나님의 능력에 강조를 두어 이렇게 말했다.

"하나님이 우리 편이시면, 누가 우리를 대적하겠습니까"

이 시편 전체는 "감사시"라 할 수 있다. 여기에 "감사"란 말이 여러 차례 나타났다 (1, 19, 21, 28, 29절). 그러나 그 감사의 내용을 살펴보면, "하나님이 시인 자신을 모든 환난과 고통, 심지어 죽음의 자리에서 건져 주심에 대하여 감사하고 있다"고 했다. 이는 단순히 "무엇에서 어떤 구원이나 덕을 얻었으니까"하는 식의 조건부의 감사가 아니고 시인 자신의 삶 자체, 생명 그 자체에 대한 감사의 심정이다.

이 시를 로빈슨(Robinson)은 "이교도가 유대교로 개종했을 때, 그를 맞아들이는 예배공동체의 감사노래"라 하지만, 이를 반드시 이방인에게 내린 참 신앙의 축복을 감사하는 시라는 좁은 범위로 볼 것이 아니라, 인간의 여러 가지 경험을 하나님 앞에 감사하는 시라 할 수 있다.

크라우스는 이 시가

(1) 감옥에서 풀려남을 감사하며,

(2) 위험한 여행을 한 사람이 무사히 여정을 마친 것을 감사하며,

(3) 죽음에 임박한 어려운 병마에서 고침을 받은 것을 하나님께 감사하는 노래라고 한다.

이 시는 대체로 개인 감사시라기보다 공동체의 감사시의 대표적인 것으로 생각되나, 우리가 생각하는 17절, 18절은 분명히 개인 감사시이다. 제 1인칭 대명사가 강조되어 있다. 물론 어떤 개인의 감사찬송이 공동예배에 사용하는 찬송으로 채택되었다고 할 수 있다. 그러나 이 시는 우리의 시라기 보다 "나의 시"라고 읽음이 제 1차적으로 필요하다. 1-4절까지의 시는 교창(交唱)형식으로 되었고, 그 주제는 "야웨 하나님의 사랑은 영원함이라"는 것이다. 이것은 예배 인도자와 신도, 또는 성

전으로 올라가는 순례 무리의 인도자와 순례자들이 교창을 한 형태이다. 이것은 136편에 나타난 감사시 형식과 매우 비슷하다. 특히 "그의 사랑이 영원하다"는 구절을 계속 반복하고 있는 형식은 같다.

24절 이하에 언급하고 있는 "기쁜 날"은 대체로 에스라 6장 15절 이하에 나오는 제 2 성전의 완성을 축하하는 날로 볼 수도 있고, 또는 에스라 8장에 나온 장막절 축제(느 8:14 - 18), 또는 마카비 시대의 장막절 축제(제 2 마카비 10:1 이하; 제 1 마카비 4:54 이하)로 보는 학자도 있으나, 이 시에서 가장 중요한 내용은 10-18절까지에 나온 개인 위기에서 건짐을 받은 것을 감사하는 것이다. 그의 수난 경험은 원수들에게 포위당한 상태를 거듭 말하며(10 - 12절) 특히 죽을 병에 걸렸는데 하나님이 그를 긍휼히 여겨 다시 건강을 회복시켜 주신 것을 감사하는 것이다. 아무리 사람들과 의사는 죽을 수밖에 없다고 해도 하나님이 그 생명을 긍휼히 여기시면, 다시 살아나서 활동할 수 있다는 것이다. 그러나 그 병에서 고쳐 주신 이유는 분명히 알아야 한다.

"죽지 않고 살아서 야웨 하나님이 하시는 일을 선포하기 위함이다."

우리 삶의 목적은 하나님의 행사를 다른 사람에게 증거하고 알리기 위함이다. 선교를 위한 삶이다. 이것은 하나님과 나와의 관계에 확신이 없으면 불가능하다. 내 생명이 오늘 있는 이유는 다만 하나님이 나를 있게 하셨기 때문이라고 믿는 것, 내 건강이 오늘 내 생명을 유지하는 것이 아니라, 하나님의 은총의 손이 나를 오늘도 붙잡고 있기 때문에 내가 지금 살아 있다는 생각을 해야 한다. 이는 자기 삶이 하나님의 손에 좌우되는 것을 믿는 신앙이다.

이렇게 믿는 사람의 삶의 목적은 다만 날마다 숨쉬고 살고자 살아 있는 것이 아니라, 무언가 보람있는 일을 하기 위해서이다. 이는 생의 목적과 사명이다. 하나님이 내 생명을 붙잡고 계시다고 믿고 감사하는 사람은 그 하나님이 내게 무엇을 하라고 하시는가를 알고 그 일을 해야 한다. 이것은 인간의 사명문제다. 내가 어떤 일을 하나님을 위해서 또 사람들을 위해서 할 것인가. 그것은 이 시인이 "하나님의 행사를 선포하는 일"이라 했다. 나의 삶의 순간이 어느 장소에서 어떻게 지나든지 간에 하나님이 이 세상에서 이 역사에서 무엇을 하셨고 또 지금도 하고 계시는가를 선포하여 사람들에게 알리는 것이다. 특히 세상과 역사와 자연 속에서 하나님이 무엇을 하셨고 또 하고 계시는가를 알릴 뿐만 아니라 그의 사랑과 긍휼에 의하여 지금 살아 있는 내게 이 하나님이 무엇을 하셨고, 또 하시고 계시는지를 사람들에게 알리고 간증하는 삶을 살아야 한다. 우리 인간은 그가 하나님의 은혜에 감격한 사람이라면, 하나님의 구원사를 인간들에게 선전하는 선전자가 되어야 한다. 이것은 반드시 교회의 교역자나 전도인이 되어야 함을 말함은 아니다. 우리 각자가 자기 삶에서 하나님의 하시는 일을 전하는 일이다.

달에 착륙한 암스트롱이란 우주 비행사는 그 신비의 세계에 처음 발을 딛고 선 다음, 하나님의 존재가 더욱 확실한 것과 그의 창조의 위대함과 아름다움을 세계 인류들에게 알려 주었다. 같은 일을 한 소련 우주 비행사는 달에까지 가 보았으나 하나님은 찾을 수 없다고 했다.

"하나님의 행사를 선포한다"는 것은 자기 말로, 글로, 또는 예술적인 창조로, 또는 날마다의 생활로써 하나님이 살아 계시고 일하신다는 것을 전하는 일이다.

이 시인은 사경 속에서 헤매다가 살아나서 그 삶의 목적을 바로 깨달았다고 고백하고 있다. 병은 자기를 책망한 것으로 이해하고 있다.

자기의 죄와 허물 때문에 자기를 경고하여 하나님을 생각하게 한 기회요, 다시 살아서 그 하나님을 위해서 살 각오를 새롭게 하라는 것으로 이해하고 있다. 이렇게 삶과 병과 죽음의 문제를 바로 깨닫는 것은 인간이 가져야 할 참 지혜이다.

이 지혜 속에는 하나님이 어떤 분이며 사람이 어떤 것이냐를 분명히 판단하고 있다. 시인은 자기 하나님이 얼마나 자기에게 힘이 되는가를 다음과 같이 말한다:

"야웨가 내 편이시니, 내게 두려움이 없다.
사람이 나를 어떻게 하겠는가.

야웨가 내 편이 되어 나를 도우시니
나를 미워하는 자들에게 갚아 주심을
내가 보겠다"(6 – 7절).

이러한 하나님이시기 때문에 사람을 믿고 의지함보다 하나님을 의지함이 낫다고 장담한다. 얼마나 강한 하나님 선전인가.

제119편
내 발의 등불

당신의 말씀은 내 발에 등불
나의 길에 빛입니다(105절).

시 119편은 시편 중에서만 아니라, 성서 전체 중에서 특수한 위치를 차지한다.

(1) 그 내용은 율법(우리 크리스천의 입장에서는 "하나님의 말씀"으로 이해할 수 있다)을 찬양한 시이며,

(2) 성서에서 가장 많은 절 수를 가졌으며(176절),

(3) 이 시의 문학적인 특색으로 히브리 시가 잘 쓰고 있는 알파벳식 시의 형식을 취했는데, 히브리 자음 22자로 시작하는 8줄의 시가 연속되어 있으며,

(4) 내용은 율법을 말하지만 "율법"을 8 내지 9가지 다른 말—법, 증거, 도, 법도, 규례, 율례, 계명, 판단, 길, 그리고 약속, 말씀 등—로 표시하여 하나님의 말씀의 다양성을 보여주며,

(5) 이 시 속에는 인간이 이 땅 위에서 경험할 수 있는 온갖 기쁘고 즐겁고 괴롭고 수치스러운 희비애락(喜悲哀樂) 등의 경험을 하나님의 말씀에 비추어서 교훈하고 있는 삶의 철학(지혜)을 가르치는 내용이 있고,

(6) 이 시는 어느 특정한 시 형태에 속하지 아니하고 히브리 시의 모

든 형태가 이 시 한 편 속에 다 포함되어 있다.

이러한 형식과 내용이 복잡한 시이기 때문에, 이 시는 과연 이스라엘 종교문학 중에서 독보적인 존재로 찬란한 빛을 발하는 작품이다. 여기에 나타난 하나님과 그 말씀, 그 교훈, 그 은총, 그 섭리, 그 판단, 그 경고, 그 약속, 그 지시와 인생 안내의 말씀은 단순히 이스라엘 종교사회에서만 적용될 말씀들이라기 보다는 전 인류 공동체, 어떤 시대, 어떤 민족에게도 다같이 유익한 말씀이 되는 내용을 보여주고 있다. 그래서 폰 라트(von Rad)는 이 시를 "지혜문학적인 오색찬란한 잠언의 목걸이" 같다고 했고 키텔(Kittel)은 "교훈시", 궁켈(Gunkel)은 "종합시", 또 다이슬러는 "명시선집"이라는 말로 각각 그 다양한 성격을 설명해 주고 있다.

이 시가 가진 교훈의 내용은 너무 깊고 광범위하기 때문에 한두 마디 말로써는 도저히 표현할 수 없으나, 우리는 이 시를 서두에 소개한 105절 말씀에서 명상할 수 있음이 우선 이 시를 읽는 사람이 1차적으로 집중적으로 생각할 일이 아닌가 한다.

이 105절 말씀은 여기 이 시에 나타난 내용이 우리 인생이 걸어가는 길에 빛을 비쳐주는 "등불"의 역할을 한다고 본 것이다.

캄캄한 길이나 어느 동굴을 지나는 사람의 손에 들려진 등불 한 개가 얼마나 크고 귀한 역할을 하는 것인지 이 등불을 어두운 밤에 사용해 본 사람이면 다 알 수 있다. 나는 평양 숭실학교 시절에 묘향산 속에 있는 "동룡굴"(종유석으로 된 굴)을 견학한 일이 있다. 그 때 우리가 가지고 간 작은 까스 등불은 우리로 하여금 그 신비의 세계의 비밀을 부분적으로나마 알려 주었다. 그후 전기 가설이 되었다는 소식을 들었지만, 그때 우리들의 한 발자국 한 발자국은 이 작은 등불에 의하여 좌우되었다. 이런 경험은 이 시편의 독자들이 많이 했을 것이다. 여기 우리에게 공감을 주는 교훈은, 하나님의 율법은 이스라엘 사람들의 인생 행로를 걸어가는 발의 등불이요 그 길을 비쳐주는 빛이라 함이다. 범위를 넓혀서 하나님의 말씀은 우리 인간들이 이 세상의 어두운 길, 또한 처음 가는 길, 또는 위험한 길, 무엇이 한 발자국 앞에 놓여 있는지 알 수 없는 불안한 길을 걸어가는 사람에게 안전한 걸음을 걷고 정확하게 자기의 가는 길을 알고 갈 수 있도록 빛을 준다는 것은, 예수님이 "나는 세상의 빛이요"함에서 우리 인생이 걸어가야 할 길과 가는 방법을 배운다는 것을 가르치는 중요한 역할을 하고 있다.

이 율법의 말씀들이 어떻게 인생 안내를 하고 있는가 함은 다음과 같은 몇 가지 예를 이 시편 본문에서 살펴봄으로 알 수 있다.

(1) 어떤 사람이 복받은 사람이냐. 그것은 하나님의 말씀을 지키고 전심으로 그 말씀을 구하는 사람이다(1절).

(2) 무엇이 젊은이로 하여금 깨끗한 삶을 살게 하는 표준이겠는가. 그것은 하나님의 말씀에서 가르치는 대로 삼가 행하는 것이다. 청년이 하나님의 말씀을 떠나서는 깨끗한 삶을 살 수 없다는 것이다 (9절).

(3) 우리 인생이 항상 사모할 것이 무엇인가. 그것은 주의 말씀을 사모하는 것이다(20절). 이 말씀을 사모하여 피곤을 느낄 정도라야 한다고 말한다(123절). 이 말씀에서 하나님의 구원을 사모함을 가르치고 있다 (174절).

(4) 우리 영혼이 "진토에 붙었다"할 정도로 인간이 심한 괴롬을 느

낄 때도 내게 용기를 주어 소생하게 하는 힘은 오직 하나님의 말씀으로부터 온다고 했다(25절). 내 영혼이 눌림을 당해도 주의 말씀이 나를 소생하게 함을 느끼는 즐거움을 가르치고 있다(28절).

(5) 우리 마음이 탐욕으로 향하지 아니하는 길은 다만 주의 말씀으로 우리 마음의 방향을 돌리는 것이다(30절). 이 말씀의 교훈을 듣고 이를 지키고 이를 행하여 이를 즐거워함에서 우리는 인간이 유혹받는 모든 탐욕에서 벗어날 수 있다(34-35절). 이 말씀에만 눈을 돌리고 있는 사람은 헛된 것에 눈을 돌리지 아니한다.

(6) 우리가 믿고 의지할 것이 무엇인가. 세상 재물, 권력, 명예 등이 아니고 다만 하나님의 말씀을 의지함이다(42절). 우리가 하나님의 말씀의 진실과 그 능력을 믿고 의지할 때, 우리를 해치는 사람들이 아무리 우리를 넘어뜨리려 해도 우리는 든든히 설 수 있다. 왜냐하면 우리는 진리에서 떠나가지 않기 때문이다.

(7) 자유가 어디서 올 것인가. 역시 우리가 하나님의 말씀을 구하고 이 말씀을 사랑하고 이 말씀을 즐거워하며 지킬 때, 그 말씀이 주는 자유를 우리는 누릴 수 있다. 말씀대로 말하는 사람, 그 말씀대로 사는 사람, 그는 이 세상에서 가장 자유를 누리는 사람이다. 비록 감옥 속에 있어도 그가 하나님의 말씀을 구하고 사랑하고 즐거워하면, 그는 영혼의 자유를 호흡하는 사람이다.

(8) 우리가 원치 않는 고난을 당할 때, 우리가 할 일이 무엇인가. 남을 원망하고 세상을 비판할 것인가. 아니다, 하나님의 말씀은 소망을

주신다(49절). 하나님의 말씀만이 우리를 고난 중에서 위로해 주시는 말씀이다(50절). 고통을 당할 때 괴로우나, 하나님은 이 고통을 통하여 우리를 거룩하고 선하게 훈련하신다. 그렇기 때문에 괴롬을 당하기 전에는 어느 것이 옳고 그른가를 판단 못했지만, 괴롬을 통하여 하나님의 말씀은 우리에게 올바른 판단을 시킨다. 그러므로 괴롬을 당한 사람은, 하나님의 말씀으로 그릇 행하지 않게 된다 (67절).

(9) 우리의 노래 제목이 무엇인가. 사랑? 청춘? 명예? 행운? 그러나 이 시인은 하나님의 말씀이 나그네로 살아가는 자기의 노래가 된다고 했다(54절).

(10) 우리 인간이 자랑할 수 있는 소유가 무엇인가. 이 시인은 하나님의 말씀을 지킨 것이 나의 소유가 된다고 했다(56절). 우리는 가지고 못 가진 것을 물량적으로 계산하는 버릇을 가졌다. 그러나 하나님의 말씀을 노래하고 사랑하는 사람은 이 말씀을 지킨 것을 참 소유로 한다. 이것이 하나님의 부요를 소유하는 길이 되기 때문이다.

이상과 같이 하나님의 말씀은 우리 인생의 갈 길을 밝혀 주는 등불이다. 이상 열 가지 외에도 더 많은 보화를 찾을 수 있다. 이 시편은 교회에서 신도들이 함께 읽고 "영혼의 보화" 찾기를 말씀 속에서 시도할 수 있는 것이다. 읽는 사람에게 감명된 구절들은 곧 우리 영혼의 보화가 된다.

시편 명상

제 120편
평화의 사도

나는 평화를 미워하는 자와

오래 살았다.

나는 평화를 말한다.

그들은 전쟁을 말한다(6-7절).

시 120편에서 134편까지의 모든 시들은 그 제목에
"성전에 올라가는 노래" 실상은 "성전에 올라가면서 부른 노래"라는
제목이 붙어 있다. 물론 저자의 제목이 아니고 편자의 제목이다. 이 15개
의 시들이 한때 독립된 시집으로 전해진 것 같다. "올라간다"는 원어
"함마알로트"는 "발자국 같이" 반복한다는 뜻이라고도 하여 "어떤 말
과 구절들을 반복하는 시들이라"고도 해석한다. 또 어떤 해석에는 이
15개의 시는 성전 뜰 여자들의 자리에서 이스라엘의 자리까지 열 다섯
발자국을 옮겨 놓도록 되었는데, 그 때 한 편의 시를 한 발자국 옮길 때
마다 부르는 것이라 하기도 한다(유대인의 미쉬나 책에서). 고대 해석에는
"바벨론 포로에서 귀환할 때 부른 노래"라고도 한다. 그리고 122편과
134편에는 "성전"이란 말이 나오니 포로시대 이전 또는 이후 시대의
작품이라 할 수도 있다.

대체로 순례자들이 각지에서 예루살렘 성전으로 올라갈 때 부른 찬
송이라 함을 지지하는 사람이 많다. 예루살렘 축제와 관련된 시들이라

할 수 있다.

많은 주석자들이 이 120편 시를 감사시로 보지만(슈미트, 바이저, 크라우스, NEB), 사실은 "탄식시"라고 봄이 정당할 것이다. 이 시인은 감사의 심정보다 괴로움을 더 노출시키고 있다. 우선 "내가 환란 중에"(1절)라 함이 "챠라르"란 원어로 "원수들로 말미암은 고통"을 말하는 동사에서 온 명사이다 (18:6; 66:14; 107:2 참고).

이 시인의 고난은 원수들의 "거짓된 입술과 속이는(사악한)혀"로 말미암는다고 했다(2절). 권력이 횡포하는 시대에는 바른 말을 하는 사람보다 거짓을 말하는 사람이 출세가 빠르고 사악하게 수단을 부리고 아첨하는 입술을 가진 사람이 권좌(權座)에 직결되어 세도와 영화를 누리게 된다. 그것은 모든 권력이 거짓과 속임수 없이는 그 자신의 지반을 굳힐 수도 그 권좌를 오래 계속할 수도 없기 때문이다.

이 시인의 고통은 바로 허위, 사기, 아첨, 모략, 중상과 같은 혀의 재간을 부리는 사람 때문에 당하는 고통인 것 같다. 그 고통은 단순한 육체적 고통에 머물지 아니하고 그 생명의 위험을 느끼는 상태임을 2절이 알려 준다. 이 시인은 그 사악한 혀의 장난 때문에 받고 있는 피해와 상처가 너무 심하기 때문에 무엇으로 그 거짓된 혀에 보복할 것인가를 탄식하고 있다. 그리고 이 시인은 현재 자기의 처한 환경 그것이 즐거운 곳이 아니라, 화를 입게 된 곳임을 솔직히 말한다(5절). 그 장소로 "메섹"과 "게달"을 언급했는데, 이 두 장소가 어떤 곳이며 시인은 왜 여기 왔는가.

"메섹"은 주민 또는 어떤 나라를 지칭하는 것 같으나 성서에 나온 다른 예들(창 10:2; 대상 1:5; 겔 38:2)을 참고한다면, 이 곳은 흑해(黑海) 근처에 있는 아나톨리아 동편에 있는 곳이다. 메섹은 야벳의 아들로서 야만족들이 사는 곳에 살았다.

"게달"은 이스마엘의 둘째 아들로서(창 25:13) 수리아-아라비아 지역에 살고 있었던 아랍 족속의 선조 중 한 사람이다.

이렇게 두 지역은 서로 먼거리를 가진 곳이지만, 이 시편 5절의 언급을 보면, "메섹에 머물며"와 "게달인의 장막에 머무는" 것이 서로 평행이 되며 따라서 같은 곳을 말한다고 이해할 수 있다.

그러나 이 두 지명을 지역명으로 읽기보다, 상징적으로 읽어서 이 시인이 이방 사람들 사이에 거하면서 예루살렘 축제에 참가하려고 한 일 때문에 그의 신앙을 이해하지 못한 주위 사람들이 이 시인을 몹시 괴롭힌 것으로도 해석할 수 있다. 시인이 어떤 디아스포라의 지역에 거하면서 그와 함께 살고 있는 이방인들로 말미암아 핍박을 받고 있다고 볼수도 있다. 그러니까 이 시 마지막 절에 시인 자신은 평화로운 관계를 유지하려고 하지만 그의 주변 이방 사람들은 항상 적대시하고 전쟁상태로 몰아넣고 있음을 상상케 한다.

이 시의 중요성은 이 마지막 절에 있다.

시인은 평화의 관계를 유지 하려고 하지만, 적들은 그를 이해하지 못하고 더욱 대립하고 싸움을 걸어 온다는 것이다. 사람이 자기 이웃에 평화를 애호하는 사람을 둔다는 것은 축복이다. 항상 시비와 싸움을 거는 사람과는 살기 힘들다. 이것은 개인만이 아니라 국가의 사정에서도 말할 수 있다.

우리 나라와 같이 사상적 이념적으로 분단이 된 상태에서는 이 평화의 노력과 이에 반대하는 전쟁의 노력의 대립이 남북의 휴전선에서 과거 30여 년간 계속 존재하고 더욱 강화되고 있다는 사실이 이 시를 이해함에 도움을 준다. 남한은 평화를 원하지만, 북한은 전쟁을 원한다. 이 모순과 대립의 30년 역사가 흘러간 한반도의 실정이기에, 우리 한국 사람이 이 시편 120편을 이해할 수 있는 가장 적절한 사람인 것 같다. 우리는 누구나 이 시인의 말에 공감을 가진다.

"나는 평화를 미워하는 자와 /오래 살아왔다.
나는 평화를 말하지만 /그들은 전쟁을 말한다."

이러한 대립관계는 109편 시인에게서도 보았다.

"나는 사랑하나, 그들은 도리어 나를 대적한다…그들은 악으로 나의 선을 갚으며 미워함으로 나의 사랑을 갚는다"(시 109:4, 5).

이 120편의 모순 현상은 참 크리스천들이 악을 즐기는 사람들에게서 당하는 일이기도 하다. 신자들은 그를 미워하는 사람과 더불어 평화를 갖고 싶어한다. 그러나 하나님을 무서워할 줄 모르는 악인들은 우리가 평화를 사랑하는 그 일 때문에 더 심한 분노와 적개심을 가진다. 그러나 크리스천은 성 프란시스의 기도와 찬송과 같이 "미움이 있는 곳에 사랑을, 싸움이 있는 곳에 평화의 도구가 되게 하소서" 하는 기도를 항상 드려야 한다.

이 시인의 "나는 평화를 말한다"의 원문을 "나는 평화이다"(I am peace=ani shalôm)한 것은 아주 의미가 크다. 우리는 평화를 가지는 자이기 전에 평화 자체가 되어야 한다. 평화와 나를 동격으로 만들어야만 평화운동을 할 수 있고 평화를 만들 수 있다.

"화평케 하는 자는 복이 있나니 그들이 하나님의 자녀라 일컬음을 받으리라"(마 5:9)한 교훈도 "내가 평화이어야 한다"는 것이다.

아무리 적이 나와 더불어 싸우려 한대도 나는 평화 그것이 되어야 한다. 내가 그 적군과의 싸움에서 진다고 해도 "내가 평화이라"는 사실 자체는 부정할 수 없게 해야 한다.

제 121편
산을 보는 눈

내가 산을 향하여
눈을 들리라.
어디서 내 도움이 올 것인가.

하늘과 땅을 지으신
야웨가 나를 도와주신다(1-2절)

이 시는 인간이 어떤 환경에서든 물어야 할 위대한 질문 하나를 알려 준다. "내 도움이 어디서 올 것인가"

우리 인간은 자주적이기를 바라고 남의 힘에 의해서 살아가는 것을 수치스럽게 생각한다. 그러나 우리의 현존은 결코 우리 힘과 재간만으로 살아갈 수 없는 여러 가지 문제를 가지고 있다. 어떤 철학자, 어떤 권력가, 어떤 재력가, 어떤 사업가, 또 어떤 기술자라도 그의 중심에서 이따금 들리는 소리는 이것이다. "내가 어디서 도움을 받을 것인가" 또는 "무엇이 나를 도와줄 것인가" 또는 "누가 나를 도와줄 것인가"

특수층의 사람들은 자기들이 실력이 있으니까 이런 도움의 요청을 할 필요가 없을지 모른다. 있다고 해도 "하늘은 스스로 돕는 자를 돕는다"하는 말로써 자기가 자기를 돕는 자라고 장담할 수도 있을 것이다.

그러나 일반 민중은 반드시 구걸하는 정신 때문만이 아니라, 오늘의 삶 자체가 여러 가지로 모순과 불합리성을 가지고 있기 때문에 도움을 구하지 않을 수 없는 현실이다. 더욱이 불신과 불안의 세대에 사는 사람들에게는 더욱 간절한 심정으로 "나의 도움이 어디서 올 것인가"하고 막연하게 기다리지 않을 수 없다.

이 시편 121편은 가장 애창되고 애독되는 시의 하나이다. 그 이유는 이 시가 제시하고 있는 첫 구절의 질문 한마디가 누구에게나 실감이 나는 물음이기 때문이다. 이 물음이 실감 난다는 말은, 누구나 자기 삶의 순간에서 이 물음을 자기도 모르게 하고 있기 때문이다. 이 물음은 지식을 위한 물음이 아니라, 인간의 기본적인 현실이 이 물음 속에 반영되고 있는 하나의 소원이요 호소이기 때문이다.

"나의 도움이 어디서 올 것인가"

이스라엘 백성의 삶은 항상 불안하고 괴로웠다고 이해할 수 있다. 그들의 역사적 현실이 항상 "나의 도움은"하는 물음을 할 수 있는 현실이었다. 특히 이 시를 포로시대의 산물이라 한다면, 이 물음의 정당성을 가히 짐작할 수 있다. 자기 나라는 망하고, 남의 나라에 사로잡혀 가서 중노동과 노예생활을 하고 있는 그 수난의 백성들이 "나의 도움이 어디서 올 것인가" 함은 당연한 물음이었다. 이 물음 속에는 개인적인 해방의 소원은 물론, 민족적 해방의 염원이 표시되어 있다.

그런데 이 시인이 그가 구하는 도움과 소원을 산을 쳐다보고 발표했다고 함에 어떤 의미를 지닌 것 같다. 3일간 특급열차를 타고 달려도 산이 보이지 않던 캐나다 중부지방 신도들은 이 시를 읽을 때 실감을 하지 아니하리라. 그러나 우리 나라와 같이 산이 사방으로 둘러싸인 곳에 사는 신도들은 "눈을 들어 산을 볼 때마다 내 도움이 어디서 올 것

인가" 하여 산 그것에서 도움이 온다고 기대함보다 도움을 청하고 있
는 인간의 간절한 심정을 날마다 쳐다보며 말 없는 대화를 주고 받는
산만은 알 수 있다는 것이다.

이 산에 대하여 대부분의 주석가들은 이스라엘 백성의 신앙과 생활
에 깊은 관련을 가지고 있는 시온산으로 생각한다. 시온산 그 자체보다
도 야웨 하나님의 성전이 있어서 보호와 축복을 주는 하나님의 보좌가
있는 곳으로 해석한다. 그래서 이 산은 하나의 상징이고, 실상 "하나님
자신"이라고 생각한다. 그것은 1절의 물음에 대한 답으로 "천지를 지
으신 야웨 하나님"에게서 내 도움이 온다고 선언하기 때문이다.

여기 "산을 보는 눈"을 알려 준다. 그것은 아름다움을 보는 눈이 아
니라, 이 산을 만드신 분이 창조주 하나님이심을 보는 눈이다. 산을 보
는 눈은 야웨 하나님이 어떤 분이신가를 보는 것임을 이 시 전체에서
자세하게 설명하고 있다.

그래서 본래 이 시인이 처음에 던진 질문, "어디서 나의 도움이 올까"
하는 물음에 대하여 "야웨 하나님, 천지를 지으신 그 분에게서 내 도움
이 온다"는 1절 하반절의 답을 확대시켜 2-8절까지 자세히 설명하고
있다.

이 시는 이스라엘의 하나님이 어떤 분인가를 알려주는 대표적인 시
이다. 이 시는 하나님의 본질이 이스라엘에 국한된 신이 아니고, 117편
시에서 밝힌 대로 야웨는 만민의 하나님이시기 때문에, 여기에 설명되
어 있는 하나님은 모든 인간들이 산처럼 쳐다볼 수 있는 믿음직한 신임
을 알려 준다. 여기 소개되는 하나님은 어떤 사정에 얽혀진 인간이라도
절대로 외면하지 않으시고 보살피시고 관심하시는 하나님이심을 설명
하고 있다.

이 하나님이 인간을 위해 하시는 소극적인 말에서 보여주는 적극성

은 다음과 같다. 인간으로 하여금 실족하게 하지 않으시고, 우리 인간을 지키시기 위하여 항상 깨어 계시는 분이기 때문에 절대로 주무시지 않으시고 졸지도 않으시는 하나님이심을 거듭 강조하고 있다(3-4절).

그가 하시는 적극적인 일은 인간을 지키시는 것이다. 여기 이 시에는 "지킨다"(shamar)는 말이 6회나 사용되어 있다. 인간이 어떤 어려움에서도 도움을 받는 길은 하나님이 인간을 지켜 주시는 일이다. 하나님이 지켜 주시기 때문에 이 세상 아무 것도 인간을 해칠 수 없다. "낮의 해와 밤의 달"도 해치지 못한다는 것은 이 중동지방에서 볼 수 있는 위험들이다(왕하4:19; 사49:10). 이러한 안도의 삶을 7절에 솔직하게 말한다.

"야웨가 너를 모든 모든 재앙에서 지켜 주시고
네 몸을 지켜 주시리라."

이 "몸"의 원어는 "영혼"이라고 번역되는 경우가 많지만, 여기서는 "몸", 즉 인간 전 존재를 하나님이 보호해 주신다고 믿고 있다.

그러나 실제적인 경험에서는 이런 철저한 도움은커녕 하나님은 조금도 인간을 돌보시지 않고 위험 아래 앉히시고, 인간으로 하여금 자연의 힘, 원수의 힘, 병마, 악한 권력, 또는 물질의 힘으로 고난을 당하게 하시고 일평생 "쨍하고 해뜰 날을"보지 못하고 우울과 불만, 원한과 저주 속에 살아가게 하는 경우가 많다. 이러한 실제적 경험과는 이 시가 너무 거리가 있지 아니하냐. 여전히 인간은 "내 도움이 어디서 올까" 하고 먼 산만 쳐다보고 탄식하고 괴로워하는 것이 아닐까.

사실 이러한 반론은 있을 수 있다. 그러나 이 시인은 자기의 신앙을 말한다. 실제적인 인생 경험은 그러한 일이 비일비재(非一非再)하다고

504

해도, 자기가 믿는 하나님은 나를 도와주시는 분이요 나를 해치는 것에서 지켜 보호하시는 분이라고 믿고 있다. 실제로 성서가 가르치는 하나님은 인간과 자연과 역사를 지배하시는 하나님이시기 때문에, 모든 기적과 이적을 인간을 위해 행하시는 하나님이시다. 실제로 많은 사람은 이 보호와 지켜주심을 받고 있다. 이 글을 쓰고 있는 나 같은 사람은 여러 가지 종류의 고난과 죽음의 경우를 여러 차례 겪었지만 아직도 살아서 "하나님의 하시는 일을 선포하기 위하여 살아 있다"(시 118:17 참고).

문제는 도움을 받는 인간의 사정보다도 도우시는 하나님의 사정이다. 하나님이 하시고자 할 때, 그는 누구나 지켜 보호하신다. 다만 누구를 택하여 돌보시는가. 이것은 우리 인간이 말할 수 없다.

그러나 "주여 나를 이 환난과 죽음의 직전에서 돌보아 주시고 지켜 주소서"라고 간구할 의무는 우리의 할 일이다.

제 122편
예루살렘 찬양

예루살렘의 평화를 빌라!
너를 사랑하는 자는 번영하고
네 성 안에 평화,
네 궁궐 안에는 번영이 있도록! (6-7절)

성도 예루살렘에 대한 이스라엘 신앙인들의 사랑을 이 시에서 볼 수 있다. "서울의 찬가"와 같이 "예루살렘 찬가"라 할 수 있는 노래가 여러 개 수록되어 있다. 48편을 우리는 "시온의 찬가"란 제목 아래 다루었다. 그런데 48편이 시온의 아름답고 영광스러운 모습을 외부 사람에게 선전하기 위하여 다룬 시라 하면, 이 시 122편은 예루살렘에 대한 개인의 애정을 쏟아넣은 시라 할 수 있다. 우리 나라 일간지에 자주 기사화된 서해 어느 외로운 섬에 사는 초등학교 학생들이 서울의 어떤 학교나 기관의 초청을 받아서 서울에 첫 발을 들여놓았을 때 가진 감격과 흥분을 이 시에서 볼 수 있다. 1절 말씀은 서울에서 날아온 초대장을 받고 기뻐하는 모습 그대로를 볼 수 있다.

"사람들이 예루살렘으로 올라가자 했을 때, 나는 기뻐했다."

그런데 이 시가 예루살렘 순례를 끝마치고 고향에 돌아왔을 때 그 감격을 노래한 것인가. 아니면 지방에서 지루한 여행의 길을 끝마치고 예루살렘 성을 멀리서 바라보다가 그 성 안에 실제로 발을 들여 놓았을 때의 감격인가. 아니면 포로 후 시대 무너진 성전을 다시 건축하여 옛날의 솔로몬 때부터 전해져 온 그 영화를 이 제 2 성전에서 다시 보는 감격을 기록한 것인가.

학자들의 의견은 대체로 이 셋으로 나누어진다. 커크파트릭(켐브리지 성서주석)은 예루살렘을 순례하고 돌아온 경건한 시인이 조용히 그 성에 첫 발을 들여 놓았을 때부터의 감격을 회상하며 지은 시라고 보고(그렇게 되면 이 시는 포로시대 이후 느헤미야 시대로 보게 된다) 있다. 6절 이하는 느헤미야 11장 1절 이하의 사정을 반영하고 있다고 한다.

바이저(ATD 주석)는 예루살렘에서 축제를 모두 마치고 시골 고향으로 떠날 때, 이 시를 지어 찬양한 것이라고 한다. 그는 느헤미야 시대를 반대하고 포로 이전에 속하는 시라고 본다. 그러나 마르틴 노트(M. Noth)는 이스라엘의 고대 암픽티오니(지파동맹) 시대에서부터 중앙 성소에 순례를 하는 법이 생겼기 때문에 다윗시대에 이미 사람들이 예루살렘으로 순례할 수 있었다고 한다. 그렇게 보면 다윗시대의 저작이라고도 할 수 있다. 예루살렘을 순례하는 법은 신명기시대, 즉 요시야 종교개혁시대부터라 할 수 있으니까(궁켈) 예루살렘 순례의 감격은 반드시 포로시대 후 제 2 성전에 국한된다고 할 수 없을 것이다.

순례는 1년에 세 차례씩, 무교절(유월절, 마조트), 칠칠절(솨브오트), 장막절(숙코트)로 되어 있다(신16:16, 17; 비교. 출 23:17; 34:23). 4절에 나온 "이스라엘의 전례대로"란 말은 이러한 전통적인 축제 때에 예루살렘을 순례한 것으로 볼 수 있다. 모빙켈(Mowinckel)은 이 시인이 말하는 축제는 장막절 때라고 한다. 그러니 이 시의 연대는 대체로 왕국시대의 예루살렘 성전이 무너지기 전으로 이스라엘의 장막절 같은 국가 경축일에 참여한 사람이 개인의 감격과 성도 예루살렘의 평화를 비는 시라 할 수 있다. 2절에 "우리 발이 성문 안에 섰다"는 구절은 이런 축제에 친히 참석하고 있는 현장을 표시했다고 할 수 있다.

이 시의 저작 배경을 현장 순례를 마치고 가는 길, 또는 순례를 하고 온 감격을 회고한 것이라는 등의 생각은 이 시에 나타난 "예루살렘 찬양" 정신보다는 중요하지 아니하다. 자기 조국의 수도라는 생각에서라기보다 이스라엘 사람들에게는 이곳에 자기들의 신 야웨의 성전이 있고 이곳이 백성들에게 내리는 야웨의 토라와 은총의 중심지라 함을 한신도가 찬양하고 있는 심정은 아름다운 것이다. 중앙 성소의 특권과 권리를 인정하고 지방민들은 항상 이 중앙 성소의 축복을 나누는 사람들이라는 관료주의적인 사고방식이 오늘 우리로서는 비평의 대상이 된다고 해도, 그 당시 사회 제도와 구조에서는 수도 중심의 특징을 가지고 있었기 때문에, 하나님의 은총과 권능의 자리가 있는 곳을 찬양한다는 것이 반드시 비평의 대상이라고만은 할 수 없다.

여기서 우리가 예루살렘이란 도시 이름을 제거하고도 하나님 앞에 나아가는 예배자의 정열과 그 순수한 마음을 얼마든지 배울 수 있다.

"야웨의 집에 올라가자 했을 때 나는 기뻐했다"는 첫 구절은 우리의 예배정신을 잘 반영시켜 주고 있다. 예배에 참석하는 일은 의무보다 즐거움이 되어야 한다. 만일 의무가 앞서면, 그 예배는 형식적인 예배가 될 수밖에 없다. 그것은 다만 사람들 앞에, 사람들과 함께 참석했다는 것에 불과하다. 예배는 의무보다 기쁨을 가지고 나아가야 한다. 하나님의 성소에서 하나님을 만나고 그의 말씀을 듣고 그에게서 용기와 희망과 새로운 생의 방향과 지혜, 그의 도움의 손과 그 약속을 확실히 믿을 수 있는 경험을 하게 되는 기쁨을 예배에서 얻는 것은 예배 정신 중 가장 으뜸가는 것이다.

또 하나 중요한 예배 정신은 4절에 "지파대로 여호와의 이름에 감

시편 명상

사하려고" 간다는 것이다. "지파대로"는 학문적 설명보다도 예배자 자신의 온 집안이 함께 예배에 참석하는 것으로 읽을 수 있다. 예배가 기쁜 일이기는 하지만, 만일 자기 집안에 자기 혼자만 예배에 참석한다면, 그의 기쁨은 완전할 수 없다. 그것은 이 예배의 기쁨을 알지 못하는 다른 가족이나 집안 식구들이 있기 때문이다. 참으로 가족 전부가 함께 하나님을 예배하러 나가는 사람은 행복한 사람이다. 이는 맛있는 음식을 가족이 다 함께 나누어 먹을 때의 기쁨을, 성전에서 예배를 통한 영적 은혜의 진미(眞味)를 함께 맛보고 즐길 수 있기 때문이다. 자연히 이 예배는 "감사하려고" 가는 예배가 될 수밖에 없다. 예배 참석은 내가 기뻐하기 위함만이 아니다. 하나님께 우리의 정성을 묶어 바치는 감사의 행위가 뒤따라야 한다. 하나님은 우리 예배자가 드리는 감사에서 기쁨을 얻으신다. 하나님이 우리의 생명을 지켜 주시고 우리로 하여금 그를 믿게 하시고 또 그를 찾고 경배하는 일을 가장 중요하게 생각하는 신앙을 주시고 또 그를 위하여 살게 하는 사명감도 주심은 얼마나 감사한 일인가. 예배는 이 감사의 표현이 되어야 한다.

예배를 드리는 시인은 예루살렘의 평화, 그 성 안의 평화, 그 궁궐 안의 평화를 빌도록 권고하고 있다. 하나님의 성전이 있는 거룩한 도성은 하나님의 평화의 장소가 되어야 한다. 나라를 다스리는 통치자의 궁궐 속에도, 시민들이 사는 예루살렘 거리에도 다만 평화가 있어야 한다. 이것은 예배자면 누구에게나 자기 조국의 권력층과 그 국민 전체가 하나님 앞에서 평화를 누리도록 빌 의무가 있음을 가르치는 것이다.

이 시 122편은 우리에게 예루살렘을 사랑하고 그 성의 평화를 빌고 있는 한 이스라엘 사람의 신앙만을 알리는 것이 아니라, 우리 각자가 자기 조국 수도에 대해서, 특히 그 수도가 하나님의 축복 아래 있기를 항상 비는 사람이 되어야 함을 가르치고 있다.

제 123편
주여, 불쌍히 여기소서

하늘에 계신 주님
내가 당신을 쳐다봅니다.

우리의 눈이 우리 하나님 야웨를 쳐다보니,
우리를 긍휼히 여기실 때까지

우리를 불쌍히 여기소서.
불쌍히 여기소서, 오 야웨! (1-3절)

　　　　　　불쌍히 여김을 원하여 쳐다보는 눈, 지엄하신 임금님의 존전에서 불쌍히 여김을 원하는 자는 감히 얼굴을 들고 임금님을 쳐다볼 수 없다. 땅에 엎드린 채, "마마! 불쌍히 여기소서!"창자 속에서 터져나오는 호소를 하지 않을 수 없다. 그러나 불쌍히 여김을 받아야 할 사람이 불쌍히 여기실 하나님을 쳐다볼 수 있다는 것은 얼마나 고맙고 너그러우신 일인가! 어디 감히 지존하신 분의 얼굴을 쳐다볼 수 있을 것인가. 그러나 야웨 하나님은 그의 긍휼을 원하는 사람에게 그 얼굴을 쳐다볼 수 있게 하신다.

　이 시는 하나님의 긍휼을 원하는 인간의 심리를 잘 표현한 시라 할 수 있다. 이 시는 하나님께 애원하는 심정이 강하게 나타나 있다. 문학 형태로서는 탄식시에 속한다. 하나님에게만 소망을 두고 그의 불쌍히 여김만을 간구할 만큼 이 시인의 사정이 심한 멸시와 조롱을 받고 있는 것임을 보여준다.

"심한 멸시가 우리에게 넘치나이다", "평안한 자의 조소와 교만한 자의 멸시가 우리 심령에 넘친다"고 했다(3-4절).

그가 받고 있는 멸시와 조소가 어떤 종류의 것인지, 또는 언제 누구에게서 받고 있는 멸시와 조소인지, 아무러한 설명이 없다. 커크파트릭은 이 시인이 말하는 조소와 멸시는 느헤미야 시대에 귀환한 동포들이 예루살렘에서 다시 성읍을 중건하고 하나님의 집을 다시 세우려고 할 때, 사마리아 사람들 앞에서 산발랏과 도비야가 재건 공사를 한 유대인들을 몹시 멸시했을 때 받은 조소와 멸시였다고 한다(느헤미야 2:19; 4:1 - 4, 7 이하 참고). 이 때의 유대인들의 심정을 다음과 같이 표시했다.

"우리 하나님이여, 들으시옵소서. 우리가 업신여김을 당하나이다. 원컨대 그들이 욕하는 것을 자기 머리로 돌리사"(느 4:4).

이러한 조소는 반드시 느헤미야 시대에 국한할 것은 아니다. 바벨론에 사로잡혀간 유다인들은 대체로 이런 조롱과 멸시 속에서 살았다고 생각된다. 정치적 주권도 빼앗겼지만, 그들의 종교로부터 오는 조롱과 멸시를 금할 수 없었다. "너희 하나님이 어디 있느냐" 하는 질문은 분명히 유다 포로민들에게는 견딜 수 없는 조롱이었다. 이러한 조롱과 멸시가 심한 사회 속에서 견딜 수 있는 길은 하나님의 긍휼과 자비를 기다리고 바라는 것이라 했다. 하나님의 긍휼을 기다림을 주인과 종의 관계에서 설명하고 있다.

"종의 눈이 그 상전의 손을
여종의 눈이 그 여주인의 손을
바람과 같이 우리 눈이

야웨 우리 하나님을 바라며
우리를 긍휼히 여기시기를 기다리나이다"(2절).

　여기 상전과 종, 여종과 주모 관계로써 야웨 하나님과 그의 긍휼하심을 입을 인간관계를 설명하고 있다.

　주인에게 잘못한 일에 대한 용서를 받을 때, 종은 주인의 불쌍히 여김을 받아야만 한다. 또한 주인이 자의적으로 무엇을 줄 때도 종은 그 불쌍히 여김을 입게 된다. 특히 여종과 주모의 관계를 말한 것은 이 시인이 인간 사회에서 볼 수 있는 불쌍히 여기는 사람과 그것을 받아야 할 사람의 경우를 자세히 살폈다는 것도 되지만, 이것을 하나님과 인간과의 관계로서 설명하려고 함은 이 시인의 노래가 상상력에 의한 창작이 아니고 현실 사회의 경험에서 말하기 때문에 감동력이 크다고 할 수 있다.

　인간은 다만 하나님의 긍휼히 여기시는 손을 기다리고 바라는 일밖에 할 수 없다. 이는 인간이 철두철미 하나님에게 그의 생명과 운명을 맡기고 있다는 사실을 이 시인이 인정하는 것을 알려주고 있다. 인간은 하나님 앞에서 자기의 공로나 자기 재간, 자기 소유, 자기의 자랑을 내세울 수 없다. 이것은 인간이 하나님과 1대 1의 관계에 설 수 없고, 언제나 그의 긍휼과 불쌍히 여김을 받는 존재임을 알리고 있는 것이다.

　인간이 말할 수 있는 가장 힘찬 언어는 "주여 나를 긍휼히 여기소서"함이다. 하나님이 긍휼히 여기시기 때문에 우리의 생명이 지금 살아 있고, 그의 긍휼에 의하여 내가 한 인간으로서 받은 사명을 감당하고 있다. 바울이 "나의 나된 것은 하나님의 은혜라"(고전15:10) 함도 하나님만이 주실 수 있는 은총에 감격한 마음으로 자기 자신을 본 것이다. 하나님의 은총에다 자신의 운명을 맡겨버리는 것은 인간의 주체의식이 없는 것이라 말할 수 있지만 사실 하나님의 긍휼히 여기심을 떠난 삶이

512

란 생각할 수 없다.

우리의 생명이 이 땅에 떨어지는 그 순간부터 하나님의 긍휼하심을 입어 출생했고, 그 은총에 의하여 자라나게 되었다.

사람의 삶 어느 한 순간도 이 하나님의 은총에서 무관한 때는 없다. 인간이 무지하고 교만하여 이 은총을 부정하고 이것을 의식하지 않으려고 하지만, 실상 그의 무신론적인 생각이나 행동도 하나님의 긍휼히 여기시는 손 안에 있는 것이며, 그가 이 하나님을 거역하고 항거해도 그것은 하나님의 긍휼 – 이런 반역과 거역을 해도 여기에 대하여 즉각적으로 보응하여 벌을 내리지 아니하시는 놀라운 은총을 받고 있는 사실을 알아야 한다.

"하늘에 계신 주님, 내가 눈을 들어 주님께 향하나이다"(1절) 함은 인간의 삶의 방향을 바로 알려주는 것이다. 우리의 눈이 하나님의 눈을 바라고 산다는 것은 삶의 방향이다. 이는 하나님을 의지하고 살아간다는 신앙적 결단을 말함이다. 이렇게 삶의 방향을 정한 사람은 항상 그 눈이 하나님의 긍휼의 손을 바라보고 살아야 하고, 또 그는 항상 "우리를 긍휼히 여기소서"하고 살아가는 것이 바른 삶의 자세임을 가르치고 있다.

더욱이 자기의 삶에 대한 조롱과 멸시가 심한 환경에서는 하나님의 긍휼하심이 더 요청된다. 하나님의 불쌍히 여김이 끊어지면, 그를 조롱하고 멸시하는 적들에 의하여 그의 삶이 파괴될 수밖에 없기 때문이다.

예수의 주변에 모여든 인간고(人間苦)에 시달리던 사람들은 "주여 나를 불쌍히 여기소서"라고 한 이 시인의 기도를 반복하고 있다(마 15:22; 17:15; 20:30).

오늘 우리들의 삶에서도 "주여 나를 불쌍히 여기소서"하는 이 기도를 하루도 멈출 수 없다. 왜냐하면, 하나님의 긍휼을 받는 것이 곧 내가 살아가는 일이기 때문이다.

제 124편
야웨가 내 편이시다

사람들이 우리를 치고 일어났을 때,
야웨 우리 편에 계시지 않았더면,

그 때에 그들의 노여움이 우리를 대하여
맹렬하게 우리를 산 채로 삼켰으리라(2-3절).

이 시는 개인의 감사시라기보다 민족 전체의 감사시이다. 민족적 위기에서 건짐 받은 것을 감사하는 노래이다. 이 감사시의 주제는 "야웨가 내 편이시다"이다. 이 시는 현재의 고난에서 건져 주심을 감사함보다 과거에 있었던 감사를 회상하며 신앙공동체가 하나님의 전에서 한 목소리로 감사하는 찬송이다.

이 시도 성전으로 올라가는 "순례자의 노래"란 제목이 붙어 있기 때문에, 이스라엘 역사상 일어났던 구원사 사건들을 회상하며 그 때 하나님의 도움이 없었더라면 어떻게 되었을까를 생각하며, 하나님이 기적적으로 건져 주심에 대하여 진심으로 감사하고 있다.

여기 "신앙의 가정"(假定)을 제시하고 있다. "그때 하나님이 도와주시지 않았다면" "우리는…이렇게 되었을 것이다." 그러나 이 가정은 하나님이 도와 주심을 기다리는 성격의 가정이 아니고, 이미 하나님이 도와 주신 사실을 근거하여 "만일 해 주시지 않았더라면"함에서 하나님의 구원사 사건을 확신하는 신앙의 표현이다.

여기 이 시인이 말하는 그 환난과 위기가 무엇이었겠는가. 커크파트릭은 느헤미야 당시 유대인들이 하나님의 성전을 새로 짓고 무너진 이스라엘의 신앙공동체를 다시 재건함을 방해한 여러 적들에게서 구원함을 받은 것을 회상해서 지은 노래라고 한다(참고 성경은 느헤미야 4:7-23). 그러나 이스라엘의 역사상 "하나님이 구원해 주시지 않았더라면" 할 수 있는 구원사건은 그들의 역사에 차고 넘친다. 그들의 역사가 바로 구원사 사건의 연속이라 함도 이 많은 구원사 사건 중 어느 하나를 특별히 지목하여 언급할 수 없기 때문이다.

구원사의 연속으로 역사를 기록하고 이룩해 나온 그들에게는 하나님께 예배하는 모든 순간에 이 신앙의 가정(假定)을 내세우지 않을 수 없다. 만일 출애굽 사건과 같은 구원사를 보여주지 않았으면, 이스라엘의 민족 형성은 물론, 그들의 신앙사 및 그들의 문화사는 생겨날 수 없었다. 그들이 광야를 지날 때 겪은 여러가지 장애와 고난에서 하나님의 구원의 손길이 그때그때 임하지 아니했더라면, 그들이 어떻게 선조에게 약속해 준 땅에서 이스라엘 민족사를 형성할 수 있었을런지 의문이다. 그들의 사사시대, 왕국시대, 어느 순간도 하나님의 구원의 역사가 함께 하지 않았더라면, 그들은 가나안 이방 족속 역사 속에 묻혀지고 말았을 것이다. 그 하나님의 구원의 역사가 계속되므로 그들은 하나님의 선민으로서의 긍지와 자각을 가지고 하나님의 율법과 계명에 어긋나지 아니한 나라와 민족사를 이루려고 애썼다. 물론 그들의 역사는 하나님의 구원사를 거부한 반역과 불충, 불순과 불복종의 역사였다.

그러나 이러한 때마다 시편 123편에 나타난 바와 같은 하나님의 긍휼의 손길을 빌고 의지하여 그 모든 위기를 면했다. 이런 반역과 불충이 극심하게 되어 일단 나라가 망하는 비극은 보았지만, 그래도 하나님의 구원사는 중지된 것이 아니었다. 그들에게는 포로생활에서 다시 귀환할 수 있는 새 역사가 계속될 수 있었다. 이렇게 하나님의 구원사로 연결되어 있는 역사를 회고하는 신앙공동체가 하나님의 구원 역사에 대한 회고와 감사없이 어떻게 그 예배를 드릴 수 있을 것인가!

시편 124편은 한마디로 말해서 구원사에 대한 감격의 노래이다. 야웨 하나님이 계시지 않았다든가, 야웨 하나님이 자기들 편에 서 계시지 않았다면, 자기들의 존재 자체가 있을 수 없었다는 감격이다. 제 2 이사야는 다른 말로 그 민족의 감격을 찬송하고 있다.

> "야곱아 너를 창조하신 야웨께서 / 이렇게 말씀하신다…
> 네가 물 가운데 지날 때에 내가 함께 할 것이요
> 강물을 건널 때에 / 물이 너를 침몰하지 못하리라.
> 네가 불 가운데 행할 때에 / 타지 아니할 것이요
> 불꽃이 너를 사르지 못하리라"(사 43:1-2).

이 124편 시인은 그 감격의 표현 방법이 제 2 이사야의 것과 비슷하다.

> "그 때에 물이 우리를 엄몰하며 시내가 우리 영혼(실상은 몸)을 삼켰을 것이며, 그때에 넘치는 물이 우리 영혼을 삼켰을 것이라 할 것이다"(사 4-5절)..

이는 하나님이 이스라엘 편에 서지 않으셨다면, 이런 변을 당했을 것임을 말한다. 이는 하나님의 능력의 간섭을 감사하며, 이스라엘 백성이 망하지 않고 구원받을 수 있었음을 감사한다. 또 하나 다른 상징을 사용하여, 새가 사냥꾼의 올무에서 벗어난 것을 감사하고 있다(7절).

이렇게 야웨 하나님이 내 편이시라는 생각은 이미 118편 시인이 힘차게 발표한 것에서 보았다.

516

"야웨는 내 편이시라. 내게는 두려움이 없나니, 사람이 내게 어찌 할고.

야웨가 내 편이 되사 나를 돕는 자 중에 계시니……"(시 118:6-7)

야웨가 내 편이 되신다는 이 사상은 크리스천들에게 무한한 위로와 힘이 된다. 우리들의 인생 경험에서 하나님이 내 편이라는 신념은 아무나 가질 수 없다. 하나님의 도움과 그의 돌보심으로 자기 생명의 위험에서 건짐을 받은 사람이 더 확실히 믿고 증거할 수 있는 일이다.

나는 이 시인과 같은 생각을 해 본다.

만일 하나님이 내 편이 되사 나를 폐병에서 건져 주시지 않았다면,

나는 마산 요양소에서 죽었을 것이다.

하나님이 나를 6·25 당시 잡혀서 끌려가던 그 현장에서 도망칠 지혜

와 용기를 주시지 않았다면,

나는 어느 산골짜기나 벌판에서 죽었을지 모른다.

나를 태평양 태풍속에서 건져 주시지 않았다면,

나는 바다의 고기밥이 되었을 것이다.

나를 그 심장이 멎은 죽음의 상태에서 다시 살리지 않았다면,

나는 오늘 이 글을 쓸 수 없었을 것이다.

이러한 경험은 사람 따라 차이는 있을지 몰라도 누구나 가지고 있을 것이다. 이러한 감격적인 구원의 경험을 가진 사람은 이 시인과 함께 우리를 도우시는 이는 천지를 지으신 야웨 하나님께 있다는 말을 하지 않을 수 없다(8절). 이 마지막은 하나님의 구원에 감격한 심령이 야웨 하나님께 드리는 감사의 찬송이다. 야웨 이름만이 모든 것을 할 수 있고 모든 찬양을 받으시기에 합당하시다.

제 125편
의지하는 심령

야웨를 의지하는 사람은
시온 산과 같이 흔들리지 않고
영원히 서 있다(1절).

이 시는 대표적인 "의지시"(依支詩)의 하나이다. 이것을 "민족 탄식시"(레슬리)라 함은 잘못이다. 여기에는 이스라엘 신앙을 나타내는 대표적인 어휘의 하나인 "의지하다"의 원어 "바타하"가 단 한 번 사용되었지만, 맨 첫 절에 이 말을 밝힘으로 이 시 전체가 하나님을 의지하는 것이 얼마나 든든하며, 당연한 의무하며, 의지심을 가짐으로 어떤 악한 권세도 손을 댈 수 없음을 노래하고 있다.

이 시인의 삶이 악한 권력의 횡포로 인하여 위기에 처했음을 직접 언급은 하지 않았으나, 이 시인은 자기의 고난의 경험을 말하는 호소의 심정보다 하나님을 의지함으로 얻을 수 있는 든든함과 안전을 크게 강조하고 있다. 이런 의미에서 "탄식시"라기보다 "의지시"이다.

다만 이 시인은 자신의 신앙 경험을 통해서 "악인의 권세"(공동 번역에 "악인의 왕권"이라 함은 잘못된 번역이다)가 아무리 강하고 무서워도 의인이 해야 할 인간 사명의 몫에는 조금도 손댈 수 없다는 것을 말한다(3절). 여기 의인은 악한 일에 관심하지 않는 사람이다.

이 시인은 "악인" "죄인" "선인" "마음이 정직한 자" "굽은 길로 치우친 자" "죄악을 짓는 자" 등으로 역사를 만들고 있는 두 가지 종류의 사람을 언급하고 있다. "의로운 사람"과 "악한 사람"이다. 악한 사람으로 말미암아 의인과 선인이 항상 피해를 보며, 특히 "마음이 정직한 사람"이 항상 손해를 당하는 모순적인 현실을 말하고 있다. 이것은 옛날이나 지금이나 똑같은 역사의 모순이다. 그러나 이 시인이 강조하는 것은 악한 사람의 세력이 아무리 강해도 의인에게는 최종적인 승리가 있음을 말한다. 그 이유는 간단하다. 의인은 야웨 하나님을 의지하는 사람이기 때문이다.

이 시 첫 구절에 "야웨를 의지하는 사람은 시온산처럼 요동하지 않는다"고 함은 의인의 삶은 비록 고난과 멸시를 받는다고 해도 시온산과 같이 흔들리지 않는 야웨 하나님이 의인 편에 계셔서 의인을 해치려는 일체의 악한 계획과 그 힘을 막아 주시기 때문이라고 한다.

여기 이스라엘 신앙의 강점과 그 특징이 있다. 이스라엘 시인들은 야웨 하나님을 믿는다는 것을 "야웨를 신뢰한다"로 표시한 경우가 많다. 이 의지심의 발로가 이스라엘 신앙의 강한 특색을 이루고 있다. 여기 1절 원문은 "의지하는 사람"이라고 번역되지만, 현재 분사형으로서 어떤 사정 아래서도 그 의지 신앙을 버리지 않는 계속성을 보여주고 있다.

시편에 나타난 의지 신앙의 다양성과 그 깊이를 살펴보면 이 시인의 의지 신앙을 이해할 수 있다. "의지하다"란 동사가 여러 가지 형태로 시편 중에는 41회 정도 쓰여졌다. 그 중에서도 하나님을 의지하는 신뢰심을 나타내는 경우가 37회 정도 된다. 이 37회를 자세히 분석해 보면, 대체로 야웨 자신을 의지한다고 함이 절대다수이고(25회), 야웨의 이름을 의지함, 은총을 의지함, 주의 말씀을 의지함 등이 각각 한두 번씩 나왔다. 종교적인 신뢰에는 인간, 물질, 재물 등을 의지하는 세속적인 의지심을 포함한다.

(1) 의지한다고 말하는 시인은 여러 가지 수난 중에 처하여 구원이 요청되는 때임을 알리고,

(2) 이 수난 중에서 그 구원은 오직 야웨밖에 없다는 것을 고백하는 강한 신앙이 나타나며,

(3) 이 의지심의 결과는 보지 않고도 하나님이 도와 주시고 건져주실 것을 확신함을 보여준다.

(4) 그렇기 때문에 의지 신앙을 나타내고 있는 시인은 항상 승리자요, 따라서 감사와 찬송을 하나님께 드리고 있다.

(5) 끝으로 하나님을 의지하는 사람이 이 세상에서는 가장 복이 있다는 것을 거듭 말하고 있다 (2:12; 40:4; 84:12; 118:8-9).

125편 시인은 시편에서 가르치고 있는 의지 신앙의 전통을 자랑하는 사람이다. 예루살렘 성은 적군에 의하여 무너지고 훼파되었지만, 시온 산은 그대로 남아 있다는 말을 함에서 이 시의 연대는 포로 후 시대로 간다고 할 수 있다. 우리 나라 시조에 "500년 도읍지를 필마로 돌아 보니 산천은 의구(依舊)한데 인걸은 간 곳 없네"한 노래에서 보여줌과 같이 역사는 변해도 산천은 변하지 않고 영원히 그 자리에 있다는 것을 예로 들어, "야웨를 의지하는 사람만이 영원히 있을 수 있다"는 것이다. 이것은 영생의 의미보다도, 야웨를 의지하는 사람이 가지는 안전이란 것은 영원히 변하지 않고 계속된다는 것이다. 이는 인간의 의지심의 대상인 하나님 자신이 영원하기 때문에 이 하나님께 내 모든 것을 다 맡기고 의지하는 사람은 영원한 안전을 얻을 수 있다고 말한 것이다.

이 시인은 2절에서 산과 관련된 또 하나의 상징을 말한다. 고대 사람에게 있어서 산은 자연의 요새가 되어 적군의 공략(攻略)을 방어함에 큰 도움을 주었다. 산 하나 때문에 고대 전쟁의 결판이(현대전도 마찬가지지만, 가령 우리나라 6.25 때 "산"한 개를 두고 적과 우군이 뺏고 빼앗기는 전쟁을 한 일 같은 것을 상기하면)결정되는 것이다.

이 시인은 "산들이 예루살렘을 두름과 같이 야웨가 그 백성을 지금부터 영원까지 두르신다"고 했다. 예루살렘은 실상 산으로 둘러싸인 자

연 요새지였다. 야웨 하나님은 자기를 의지하는 백성을 악마의 공격에서 둘러 보호하신다고 말했다. 이런 사상은 시편 34편 7절에서, 또한 스가랴 2장 5절 같은 곳에서도 볼 수 있다. 야웨를 의지하는 자는 사방으로 공격을 받아도 안전할 수 있다는 것을 말한다.

이스라엘의 의지 신앙은 안전과 직결되어 있다. 구약에서 정치적, 사회적 안보를 말할 때는 반드시 이 "의지한다" 동사와 "거주한다" 또는 "앉는다"의 동사를 연결해서 표시한다. 이것은 구약의 독특한 안보사상이다. 이렇게 표시된 것이 구약 중에서 28회 사용되었는데, 에스겔서에 8회나 사용되었다:

"그들이 그 가운데 평안히 거하며 집을 건축하고 포도원을 심고 그들의 사면에서 멸시하던 모든 자를 내가 국문할 때에 그들이 평안히 살며 나를 그 하나님인 줄 알리라"(겔 28:26); "내가 평안히 눕고 자기도 하리니 나를 안전히 거하게 하시는 이는 오직 야웨이니라"(시 4:8).

오늘 우리 나라의 안보를 생각해 본다. 과연 무력과 경제력이 우리 안보의 절대적인 것일까. 결코 절대적이 될 수 없다. 이것들은 어디까지나 상대적인 안보 개념이다. 적군이 우리의 무력과 경제력보다 강하면, 우리의 안보는 언제나 흔들린다. 우리 크리스천들이 내세울 또 하나의 안보관은 야웨 하나님을 의지하는 사람과 국가라는 것을 주장해야 한다. 우리 애국가의 의미를 기독교적으로 해석한다면, 하나님을 의지하고 믿는 나라라야 항구적인 안보를 유지할 수 있다.

"야웨로 자기 하나님을 삼는 나라는 복이 있다"고 했다(시33:12).

"안보"에 초점을 맞추는 정치를 경계해야 한다. 왜냐하면 하나님이 주실 절대적인 안보를 인간이 막을 수 있으니까! 하나님의 뜻을 거스리는 정치는 실상 안보가 위태로울 것이다. 하나님이 보우하사 우리 나라 만세이니까!

제 126편
울며 씨를 뿌린다

눈물을 흘리며 씨를 뿌리는 자
기뻐하며 거두어 들이리라.

울며 씨 광주리를 가지고 나가는 자,
기뻐하며 곡식단을 가져오리라 (5 - 6절).

　　　　　이 시는 겉으로 보기에는 이스라엘 백성이 바벨론 포
로에서 돌아오게 됨을 감격하여 노래한 시로 볼 수 있다. 우리 나라 역
사 중 8·15 이전 일제(日帝)의 강제 징용으로 끌려갔던 청년이 만주나
일본 땅에서 8·15 해방의 소식을 들었을 때의 감상이 이 시편 3절에
잘 나타났다고 할 수 있을 것이다.

　"야웨가 시온의 포로를 돌리실 때 / 우리는 꿈꾸는 것 같았습니다.

　그 때 우리 입에는 웃음이 가득하고 / 우리 혀에는 찬양이 넘쳤습니다."

그런데 이 시가 과연 바벨론 포로에서 돌아왔을 때의 기쁨을 노래한
것일까. 의심하는 학자들이 있다. 가령 영국의 외스털리는 이 시를 그
렇게 관련시킴에는 두 가지 난점이 있다고 한다. 하나는 이스라엘 백성
이 포로에서 돌아올 때 사정은 그렇게 즐거운 것이 아니었고, 다른 한
가지 점은 이 시 4-6절의 내용은 이미 포로가 돌아온 상태라기보다 앞
으로 돌아올 것을 기대하고 있는 상태라고 볼 수 있다. 이 시는 85편의

경우와 같이 바벨론 포로에서 귀환한 사건과 관련시키지 말고 장차 나타날 종말적인 행운과 "황금시대"의 꿈을 노래한 것이라 한다.

그러나 외스털리의 해석은 지나치게 물질적인면 내지 현실적인면에서 보려고 한다. 4절 이하가 아직 포로 귀환이 성취되지 않은 것 같은 인상을 준다고 해도 1 - 3절은 포로 귀환과 같은 역사적인 사건을 경험한 사람의 수기라 할 수 있다. 그 백성의 황금시대가 장차 올 것이라고 예언자들이 예언을 했지만, 이러한 포로의 귀환 같은 일은 그들이 맞이할 수 있는 가장 큰 행운이요, 이것이야말로 꿈을 꾸는 것 같이 기뻐 외칠 일이 아닐 수 없다.

크라우스는 이 시의 역사적 사정을 바벨론 포로에서 귀환한 사건으로 이해하고 있다. 이 시는 이스라엘 백성이 고국으로 돌아오도록 된 해방의 해, 주전 538년 이후에 기록되었으리라 한다. 이 시를 기록할 당시 그 백성의 상태가 얼마나 비참하고 절망적이었는가 함은 이사야 59장 9-11절에서 보여준 바와 같다고 한다. 1 - 3절까지에 나타난 해방의 기쁨을 이해하려면, 그 당시 이스라엘 백성이 겪고 있었던 비참상을 이해 해야 한다고 크라우스는 말한다.

우리는 이 시를 이해하는 각도를 조금 달리하여 이 시편 마지막에 나타난 "울며 씨를 뿌리는 자"란 구절에 집중하고 싶다. 이것은 시편에 나타난 이스라엘의 해방사건의 역사성을 부인함도 아니고, 그 기쁨의 실상을 외스털리와 같이 부정하는 것이 아니다. 오히려 그러한 하나님의 구원사를 사실로 받아들이면서 인간이 하나님의 은총에 대한 태도를 생각하고자 한다.

한 민족이 다른 민족에게 억압을 받고 있는 상태에서 그 운명을 바꾸어 주시는 일(여기 1절에 나타난 "포로"란 말은 운명을 바꾸어 행운과 번영으로 고쳐 준다고 읽을 수 있다)은 하나님이 하시는 특수 은총이니까 인간은 그저 가만히 있는 것으로 만족하다고 함에 우리는 찬성할 수 없다. 하나님은 수난받는 민족에게 갑작스레 해방을 주셔서 그들로 하여금 꿈인지 생시인지 알 수 없도록 감격하게 하실 때, 인간은 물론 기뻐하고 하나님이 이 큰 일을 행하셨고, 감당할 수 없는 은총을 받았다고 감사와 찬송을 함은 당연하다. 그러나 이 은총을 받는 사람은 자기 자신의 행복과 민족 공동체의 행운을 가지기 위하여 "눈물을 흘리며 씨를 뿌리고 울면서도 새 바구니를 가지고 나가는 사람처럼 자기 행운을 위한 자기 노력이 따라야 함"을 배워야 한다.

하나님의 은총을 받는다는 것은 특권이지만, 이 특권을 받은 사람의 태도는 울며 씨를 뿌리는 사람과 같은 자기 삶의 성실을 가져야 한다. 풍성한 추수를 위하여 눈물과 땀의 수고가 따라야 한다. 하나님은 언제나 은총만 베푸시는 분이 아니다. 자기가 받은 구원의 기쁨이 자기의 힘과 노력의 결과가 아니고, 전적으로 하나님의 선하심에 의한 선물이라고 생각한다면, 그는 언제나 그러한 은총을 아무 수고나 눈물 없이 받을 수 있다고 생각하지 말고, 자기 삶은 자기의 눈물과 땅으로 개척하고 지켜나가야 한다는 결단이 따라야 한다.

이 5, 6절을 가나안 종교의 영향이라고 보는 해석도 있다. 가나안의 종교의식(宗敎儀式)에는 신년 축제(추수절)에 그 농사를 지배하고 주관하는 신이 해마다 씨를 뿌릴 때는 죽고 장사 지냄을 받는다고 생각하여 여기 눈물과 울음은 그 신의 죽음을 슬퍼한 것이라고 해석한다.

이스라엘의 문화가 가나안의 토착문화의 영향을 받은 것은 사실이지만, 여기 나타난 "씨를 뿌리는 자의 눈물"을 이렇게 신화적으로 이해함은 이스라엘의 비신화 신학을 알지 못하는 것이다. 문장 자체에 아무리 가나안의 신화적인 요소가 있다고 해도, 이스라엘의 신앙은 이런 것을 항상 거부한다. 농사는 바알이 주장하는 것이 아니라, 야웨 하나님이 주관하신다(시65:9-13 참고). 하나님은 인간을 위하여 곡식과 채소를 주신다(시104:14). 여기 이 시인은 이스라엘의 비참한 운명이 하나님의 은총으로 돌변하여 그들 입에 찬송과 웃음을 주셨다고 한다. 역사의 지배자, 그 민족의 운명의 지배자는 하나님이시다. 하나님을 믿지 않는 이방 나라 사람들도 "야웨가 이스라엘을 위하여 큰 일을 행하셨다"고 자인할 만큼 하나님의 은총을 받은 이스라엘이다.

그들의 기도는 항상 "야웨여, 우리의 포로를(행운과 번영을) 남방 시내들 같이 돌리소서"(4절) 함이다.

남방 네겝 땅 유다 광야의 와디(乾川)들은 비가 내리지 아니하는 여름에는 강물 한 줄기 흐르지 않고 바싹 말라 있다. 그러나 우기(雨期)가 닥쳐와 비가 쏟아지면, 이 와디들에 흐르는 냇물들은 차고 넘친다. 하나님이 이스라엘의 행운의 돌리심을 여기 와디에다 비교하고 있다. 하나님은 마른 시내에 비를 내려 강물이 되어 흐르게 하듯이 인간 역사의 운명을 은혜의 강으로 변하게 한다.

이 하나님께 우리는 이런 행운의 돌이킴을 주십사 하고 애원하면서 동시에 우리는 "눈물을 흘리며 씨를 뿌리는 진실한 자기 노력이 있어야" 한다.

그래야만 기쁨의 추수를 할 수 있고 알이 찬 곡식단을 가지고 집으로 돌아올 수 있다. "천국은 힘쓰는 자가 빼앗는다"는 말도 이 시인의 "울며 씨를 뿌리는 자"의 심정에서 이해할 수 있다.

제 127편

역사의 주인

야웨가 집을 세우지 아니하시면
집을 짓는 사람의 수고가 헛되고
야웨가 성을 지키지 아니하시면
파수꾼의 깨어 있음이 헛 일이다 (1절).

이 시의 1-2절과 3-5절은 그 내용이 서로 다른 것을
볼 수 있다. 1-2절은 하나님의 섭리와 역사 간섭사상이 나왔고, 3-5절
까지에는 가정에서 자녀의 축복에 대하여 말하고 있다.

둘째 부분의 시는 가정과 자식의 관계를 설명해 주나, 첫째 부분에서
는 하나님의 간섭이 없이는 인간의 하는 일이 다 무의미하다는 것을 고
백하고 있다. 이 두 개가 서로 다른 내용이기 때문에 이 시가 통일성이
없는 두 개 별개의 시라 할 수 있으나, 개인 가정의 일과 사회 공동체의
일은 반드시 별개로 생각할 것이 아니다. 동양의 고어는 "수신 제가 치
국 평천하"(修身齊家治國平天下)라고 했다. 천하를 다스리고 나라를 다스
리는 일의 기초는 그 가정과 개인의 생각과 삶과 무관함이 아님을 말해
주고 있다. 개인과 가정의 운명도 하나님이 지켜 주고 돌봐 주어야 함
과 마찬가지로 한 나라의 역사도 하나님의 간섭과 보호가 있어야 한다.
이런 의미에서는 이 시의 전반부와 후반부를 별도 저작이라 단정해 버
릴 필요는 없다. 아무리 그것이 본래 별도로 각각 지어져서, 여기 하나

의 시로 되어졌다고 해도, 여기 하나의 시로 되었다는 일 자체가 이 시의 내용을 이해함에 방해되지는 않는다. 오히려 도움을 준다고 할 수 있다. 사람이 하룻밤의 잠을 무사히 자는 것, 한 가정에 자식이 주어진다는 것은 이스라엘 신앙에서는 다만 하나님의 하시는 일이다.

수많은 사람이 예나 지금이나 잠을 마음대로 못 잔다. "야웨는 그 사랑하는 사람에게 잠을 주신다"는 말씀(3절)은 병이나 고민이나 번민으로 잠을 자지 못하는 사람들이 음미해 볼 말씀이다. 칼 힐티 (C. Hilty)의 「잠 못자는 사람들을 위하여」라는 책은 잠 못 이루는 고민을 해소해 주는 교양서이다. 여기 이 시인이 "잠은 하나님의 사랑을 받는 자에게 주어진다"는 구절을 문자 그대로 해석하면, 잠 못 이루어 밤마다 고생하는 사람은 하나님의 미움과 저주를 받은 사람이고 자리에 눕자마자 코를 골며 자는 사람은 하나님의 사랑을 받는 사람이냐 하는 의심을 가질 수 있다. "잠을 잔다"는 것은 하나의 축복으로 생각할 수 있다.

필자는 병을 앓으면서 잠을 잔다는 것이 얼마나 축복인가를 깨달았기 때문에 지금도 나의 자기 전의 기도는 잠을 잘 수 있는 축복을 주십사는 것이며, 아침에 깨어서 감사 기도는 "지난 밤에도 내 심장과 폐장과 함께 뛰어 주셔서 잠을 주셨음을 감사합니다"이다. 날마다 내 육체가 요구하는 잠을 잔다는 것은 하나님의 크신 사랑이라고 생각한다. 잠을 쉽게 자는 사람이 그것을 하나님의 사랑과 자비의 은총임을 모른다면, 그는 아직 잠 못 자는 고민을 가져보지 못한 사람이다. 사실 우리 육체가 무엇을 먹는 것을 끼니 때마다 가진다는 것도 하나님의 축복이거니와, 밤마다 고통 없이 잠을 잘 수 있는 것도 크신 축복이다. 이는 하나님의 특별한 사랑을 받은 증거라 할 수 있다. 인간의 역사를 지배하시는 하나님은 개인 개인의 잠자는 일도 돌보신다.

한 가정에 자녀가 포도송이처럼 열리는 것도 크신 축복임을 성서는 부조 시대, 아브라함의 시대에서부터 말해 주고 있다. 세상에는 자식을 가지고 싶어도 가지지 못하는 사람도 있다. 이것을 단순하게 하나님의 축복을 받지 못했기 때문이라고는 할 수 없다. 자식이 없는 사람은 그들대로 찾아야 할 하나님의 뜻이 있지만, 대체로 성서의 교훈은 자식을 둔다는 것은 하나님의 축복이라 생각한다(창17:16). 그러나 이 일은 단순히 인간의 생리적 관계에서만 되는 일이 아니고, 성서는 하나님이 우리 가정에 개입하시는 일이라 말했다. 이것을 하나님의 섭리라 말한다.

시편 기자는 "자식은 야웨의 주신 기업이요 태의 열매는 그의 상급이라"(3절)고 했다. 하나님의 자유스러운 선물이며 유산과 같다고 말한다. "자식"은 이스라엘 백성이 가나안 땅을 대대로 물려받을 "기업"이 됨(시105 :11 ; 삼하20:19; 21:3 참고)과 같이 자식, 특히 아들은 이스라엘, 하나님의 백성을 대대로 이어 나갈 하나님의 선물로 이해한다.

하나님 없이는 자식도 없고, 하나님의 돌보심과 간섭이 없이는 아들 자식이 주어질 수 없다는 것이다. 이렇게 개인의 건강에 있어서 "잠"은 하나님의 축복이며, 가정을 이루고 그것을 중심한 민족 공동체를 이룸이 하나님 없이는 불가능하다는 것을 안 다음, 이 시의 처음 부분, 즉 하나님의 역사간섭의 사상을 확실히 알 수 있다.

"야웨가 집을 세우지 아니하시면, 세우는 자의 수고가 헛되고 야웨께서 성을 지키지 아니하시면, 파수꾼의 깨어 있음이 헛되다."

여기 이 "집"은 예루살렘 성전, "성"은 예루살렘 도시 자체를 말한 것이라고 이해한다. 그러나 커크파트릭의 해석이 옳은 것 같다. 그는 이렇게 말한다. '집'은 성전을 말함이 아니고 '성'은 특별히 예루살렘을 지목한 것은 아니다. '집을 짓는다'든가 '성을 쌓는다'하는 말은 일반적인 인간의 일을 말한다.. "일반적인 인간의 일"이란 말은 "역사"란 말로 대치할 수 있다.

야웨 하나님은 인간의 역사를 간섭하시는 분이다. 한 가족을 형성함이나 한 도시를 형성함에 있어서 그 가정과 도시 건설에는 하나님의 돌보심이 있어야 한다. 그 기초, 그 작업, 그 성취, 그리고 그것이 해야 할 사명감을 나타냄에 있어서 하나님의 인도와 보호가 따라야 한다. 한 나라의 역사는 결코 그 나라 통치자의 정치, 외교, 군사, 경제, 문화 등에 이르는 탁월한 지도력만으로 모든 것이 해결되는 것은 아니다. 그 지도자의 정신의 순화, 그의 윤리의식의 공정성, 그의 육체적 생명의 보장 등이 과연 하나님의 돌보심 없이도 믿음직할 것인가. 아무리 영구집권을 가능케 하는 모든 필요한 조치를 해 놓는 지혜로운 통치자라도 그 목숨을 순간적으로 잃게 되면 그의 통치는 끝나고, 그 나라의 역사는 새로운 국면을 맞이하게 된다. 하나님이 그를 뒷받침해서 이끌어 주고 보호해 주지 아니하면, 그의 영광과 권세는 영원할 수 없다.

인간이 이 땅 위에서 만드는 역사는 사람 자신의 손에만 달린 것이 아니다. 하나님이 집을 세우지 아니하면, 그가 쌓은 공적은 무효가 될 수밖에 없다. 하나님은 역사의 파수꾼이다. 그는 우리 인간의 크고 작은 일, 인간이 역사에서 나고 드는 모든 일을 살피신다. 어느 한 가지 사건도 그의 섭리와 무관하게 되는 것이 없다. 참새 한 마리 떨어지는 것도 하나님의 간섭에서 된다. 인간이 역사의 참여자요 역사를 만드는 주역을 하지만, 역사의 주인은 될 수 없다. 한 개인의 건강, 한 가정의 창조, 한 나라의 건설, 세계 인류공동체의 역사를 인도하시는 하나님만이 역사의 주인이시다. 이 주인의 눈에 고임(사랑)을 받지 못하면 인간은 그 개인의 건강에서부터 시작하여 한 나라의 역사에 이르기까지 어떤 일도 다 헛된 일이라 함이 이 시인의 신념이다. 이것은 결코 허무주의가 아니라, 허무주의를 극복하는 신앙인의 근본태도를 밝혀 준다.

제 128편
아내와 자식

네 집 내실에 있는 네 아내는
결실한 포도나무 같으며
네 식탁에 둘린 자식은
어린 감람나무 같으리로다(3절).

　　　　　한 가정을 이루는 구성원은 남편, 아내, 자식, 이 삼자
이다. 이 구성원 중 "아내와 자식"은 가정의 중심이다. 아내가 없는 가
정, 자식이 없는 가정―물론 그런 가정이 있을 수 있으나―이러한 가정
은 삭막하다. 훈기가 돌지 않는다. 즐거움을 찾을 수 없다. 희망이 솟아
나지 않는다. 용기도 나지 않는다.

　이 시를 종래 학자들은 "지혜시"에 속한다고 한다. 그러나 솔직히 말
해서 이 시는 "가정시"이다. 한 가정이 어떻게 해야 단란하게 지낼 수
있는가를 보여준다. 이 시에는 한 가정의 좌표가 무엇이며, 무엇이
가정의 복인가를 알려 준다. 루터가 이 시를 "결혼의 시"라고 말한 것
은 바른 이해라 할 수 있다. 아내에 대한 말보다 자식에 대한 말이 많다.
고대 이스라엘 사회에서 "생육하고 번식하라"는 인간의 기본적인 축
복과 관련해서 "자식"에 대한 언급이 많은 것이 당연할 수도 있다.

　가정은 사회의 기초요 민족 공동체의 근본 바탕이 되는 곳이다. 동양
의 유교도 가정의 소중함을 강조하지만, 성서도 가정의 중요성을 말하

는 전통을 가지고 있다. 이 스타일의 신앙 전승의 역사를 살피면, 그들의 민족 공동체의 역사가 시작하기 이전 부족의 전승이 소중하게 간직되어 있다. 이스라엘 열두 지파가 이스라엘 민족의 기초가 되어 있다. 그런데 이 지파는 강한 가족개념 위에 서 있고, 그 가족은 그 민족의 신앙, 윤리, 문화를 창조하고 전승시키는 주역들이었다. 가령 아브라함과 야곱을 보아도 그들의 가정 사정이 얼마나 중요한가를 잘 보여주고 있다. 우리는 아브라함의 신앙의 독특함을 아내 사라의 얘기와 그의 아들 이삭의 기사에서 볼 수 있다. 야곱의 아내와 그 열두 아들의 설화는 이스라엘 초기 신앙사건, 특히 출애굽사건, 가나안 땅 점령, 시내산 계시의 사건 등을 통하여 이스라엘 신앙의 근본적인 바탕을 알려주고 있다. 한 가정의 아내와 자식들의 존재가 단순히 대대로 혈통을 이어간다는 의미만이 아니라, 선조들의 신앙을 대대로 유전 시킨다는 중요성을 말한다. 이것을 디모데에게서 분명히 볼 수 있다.

"이 믿음은 먼저 네 외조모 로이스와 네 어머니 유니게 속에 있더니 네 속에도 있는 줄을 확신하노라"(딤후 1:5).

성서에 나타난 이스라엘의 가정은 그 선조들의 신앙을 대대로 유전시켜 줌을 한 자랑으로 알고 있다.

"오늘 내가 네게 명하는 이 말씀을 너는 마음에 새기고 네 자녀에게 부지런히 가르치며 집에 앉았을 때에든지 길에 행할 때에든지 일어날 때에든지 이 말씀을 강론할 것이다"(신 6:6, 7).

여기 "아내"에 대한 언급은 없다고 해도 한 가정이 무엇을 대대로 해야 할 것인가를 밝히고 있다. 이러한 문화적, 역사적 배경에서 이 시편 128편을 읽을 때, 이 시가 단순히 이스라엘의 지혜 - 생활철학 - 만을 알리는 것이 아니고 여기에 그 지혜의 특색은 신앙을 대대로 유전시킴에 있음을 보여준다고 할 것이다. 그 신앙이 어떤 신앙이냐 할 때, 여기는 히브리 지혜의 근간인 "하나님을 두려워함"에 있음을 말해 준다.

"야웨를 경외하며 그 도에 행하는 자마다 복이 있도다"(1절).

"여호와를 경외하는 자는 이같이 복을 얻는다"(4절).

이 "경외사상"의 강조는 시편 37편 7, 9절, 85편 9절, 102편 15절 등에서 본 것이다. 이것이 구약성서에 취급된 말이다. 헴펠 (Hempel)은 히브리 경건의 특징을 연구한 책에서 "이 말을 떠나서는 히브리 경건을 결코 완전히 이해할 수 없다"고 했다. 필자가 시편에 나타난 이 말의 사용 횟수를 조사해 본 결과 이 말이 가장 많이 사용된 것을 알았다. 이 "경외사상"이 잠언의 핵심부를 이루고 있지만(잠1:7), 이스라엘 율법의 기본 정신도 이 경외심을 고조 하는 것이다.

"이스라엘아, 네 하나님 여호와께서 네게 요구하시는 것이 무엇이냐 곧 네 하나님 여호와를 경외하여 그의 모든 도를 행하고 그를 사랑하며 마음을 다하고 뜻을 다하여 네 하나님 여호와를 섬기고…"(신 10:12), "네 하나님 야웨 경외하기를 항상 배울지니라"(신 14:23).

실제로 요셉에게서 이 경외사상이 일상생활과 관련된 한 예를 볼 수 있다. 요셉에게 성적 유혹이 강하게 왔을 때 그가 이 유혹을 막아 내는 방패로 사용한 말이 "내가 어찌 이 큰 악을 행하여 하나님께 득죄하리이까"(창 39:9)이었다. 이는 곧 하나님 무서운 줄 모르고 이런 불의한 짓을 할 수 없다는 말이다.

신을 두려워하는 것이 원시인들의 종교의 밑바닥을 이루고 있음은 오토(Otto)가「거룩한 것」(Das Heilige)이란 책에서 잘 설명하고 있다. 자연물이나 자연현상에 대하여 두려운 생각을 가지게 된다. 이런 두려움

시편 명상

을 주는 것을 "누미노제"(Numinose)라고 한다. 해를 숭배하고 큰 돌을 숭배하고 크고 기이한 나무 앞에 제단을 쌓는다. 이스라엘이 말하는 경외심도 이런 누미노제의 현상이 아니냐 할 수도 있다. 그러나 그 두려움이 피조물 때문이 아니라 창조주 하나님 때문이란 것을 아브라함에게서 볼 수 있다. 아브라함이 처음으로 가나안 땅에 들어와서 헤브론 지방으로 이사를 갔다. 거기 마므레 상수리 나무 수풀에 이르러 제단을 쌓았다고 했다(창13:18). 이것은 상수리의 위용 앞에 굴복하게 된 누미노제의 현상을 보여준 것이라 할 수 있다. 그러나 성서 기자는 "거기서 야웨를 위하여 단을 쌓았다"고 했다. 이는 야웨를 경외 하는 것이 곧 야웨를 예배하는 것이라는 신명기사상(신10:12)과 일치한다.

이러한 전통적인 신앙을 "아내와 자식들" 즉 가정이 유전시키는 즐거움을 노래한 것이 이 시편이다. 이 경외심으로 살아가는 아내와 자식들은 행복된 삶을 살 수 있다고 한다. "복"이란 말이 네 번이나 나올 만큼 경외심을 지키는 가정의 축복을 말하고 있다.

"복되고 형통하리라"(2절)했다. 이런 개인 가정의 복은 곧 시온의 복된 예루살렘의 복과도 연결되었음을 말하고 있다(5절). 한 나라와 그 백성이 살고 있는 성읍들이 행복과 형통을 누리는 성공은 군사적 정치적 경제적 배려로써 온다는 것을 말하기 전에 "야웨를 경외하는 자는 이같이 복을 받으리라"는 확신을 가져야 함을 말한다.

이 가정은 그 자식을 축복으로 받으며, 이런 가정으로 구성되는 나라는 평강을 누릴 수 있다고 했다(6절). "아내와 자식"과 한 가정의 축복을 신앙에서 찾는 사람은 이 시편을 노래할 수 있음을 보여준다.

제 129편
지붕의 풀

그들은 지붕의 풀과 같을지어다.
그것은 자라기 전에 마르나이다(6절).

          이 시는 이스라엘 백성 전체를 대표하여 제 1인칭을
사용하고 있다. "나의 어릴 때" "나를 괴롭힌다" "내 등에" 등 1절에서
4절까지는 "나"라고 할 수 있는 이스라엘이 주어로 되어 있으나, 5절
이하 8절 마지막까지는 이스라엘을 괴롭히는 장본인인 "그들"이 주어
가 되어 서로 대립하고 있음을 보여준다. 이스라엘을 괴롭히는 원수 또
는 대적과의 대립을 보여주는 시이다. 이스라엘 자신이 하나님을 믿고
의지함으로 얻게 된 축복과 이런 축복아래의 이스라엘을 저주하고 괴
롭힌 그 결과 그들이 "지붕의 풀"같이 시들고 말 것이라 한다.
  이 양자의 관계를 하나님을 믿고 의지하는 크리스천과 이 크리스천
의 신앙을 조롱하는 불신자와의 관계에서 읽을 수 있다. 특히 기독교
신앙을 거부하고 크리스천의 생활원리를 무용한 것이라고 조롱하는
반기독자들과 신자들과의 대립이 이 시편에 나타난 "나"와 "그들"과의
관계에 비길 수 있다. 진리와 정의를 따르는 신자들은 어디서나 외로운
"나"이다. 그러나 바른 길, 양심의 길, 하나님의 길을 걸어가는 외로운
의인을 괴롭히는 대적 "그들"은 항상 복수이다. 떼를 지어 달려들어, 서

로가 악을 행함에 협조하는 무리들이다. 선한 "나"와 악한 "그들"과의 대결에는, 항상 약한 "나"인 진리 편, 정의 편에 선 사람이 고통을 당하기 마련이다. 그러나 그 괴롬으로 "나"가 망하지는 아니한다. 일시적으로 괴롬을 당하기는 해도 결국에는 "나"를 괴롭히는 "그들"이 망하고 만다. "그들은 지붕의 풀과 같을지어다." 그것은 자라기 전에 망하리라는 말을 이 시인은 자기 노래의 클라이막스로 하고 있다. 아무리 원수와 대적의 핍박과 억압이 현재 심하다고 해도 이것은 마치 지붕 위에서 자라는 풀 같을 것이라 한다. 악의 경영은 영원히 서지 못하며 불의한 계획은 반드시 무너지고야 마는 것을 말하고 있다.

이스라엘의 역사는 고통으로 시작했다. "그들이 나의 어릴 적부터 여러 번 나를 괴롭게 하였다." 이 구절이 1, 2절에 반복되었다. 여기 "어릴 때"란 말은 이스라엘 역사의 시작을 말한다. 이 역사의 시초에 대하여 사람의 유년기로 비교한 것은 여러 곳에서 볼 수 있다. "그 나던 날"(호2:3), "어렸을 때와 애굽에서 올라오던 날"(호 2:15), "이스라엘의 어렸을 때, … 애굽에서 불러내던 때"(호 1:1), "네 소년의 때"(렘 2:2) 등이다. 이 모든 구절들은 이스라엘의 역사가 출애굽으로부터 시작함을 말한다. 이 때가 이스라엘 민족으로서 고통을 받던 때였다. 그 고통의 전모는 출애굽기 1장에서 5장까지에 자세히 기록되어 있다.

"이제 이스라엘 자손의 부르짖음이 내게 달하고 애굽 사람이 그들을 괴롭게 하는 학대도 내가 보았다"(출 3:9) 그 고통을 상상할 수 있다.

이러한 고통을 당해도 그들은 이 고통으로 멸망하지 아니하고 오히려 이 고통을 통하여 민족의 신을 발견했고, 민족끼리의 단결을 경험했고, 야웨 하나님은 이 민족의 구원자임을 구체적으로 깨닫게 해 주었다. 이스라엘을 괴롭히는 대적들이 결코 승리를 하지 못하였다. 이러한 구원의 경험이 고통 중에서 얻어진 것임을 시편 시인은 노래하고 있다.

"우리 조상들이 야웨를 의지하고/ 또 의지했습니다./
그러기에 저들은 건짐을 받았습니다.
그들이 부르짖어 구원을 얻었고/ 야웨를 의지함으로
수치를 당하지 아니했나이다"(시 22:4 - 5).

이스라엘이 대적들로 인하여 고통당하고, 결국 바벨론 군대에 의하여 망하기는 했지만, 이것은 결코 그들의 신, 야웨가 약하기 때문이 아니었다. 오히려 이스라엘 백성들이 야웨 하나님의 노염을 샀기 때문이었다. 여러 번 당하는 고통에서 그들을 구원해 주시는 하나님께 대하여 불충하여 우상을 섬기고 하나님의 길 대신 그들의 욕심의 길로 향했고, 하나님이 원하시는 선과 정의의 길을 택하지 아니하고 악과 불의의 길을 택했기 때문에 그들은 무너질 수밖에 없었다.

"그들이 나를 이기지 못하였다"(2절)고 한 129편 시인의 자랑은 이스라엘이 아무리 비참한 고통을 당해도 이스라엘을 땅 위에서 없이할 수는 없었다는 것이다. 이스라엘의 존재는 어느 큰 힘에 붙잡혀 있기 때문에 어떤 역사적인 고초를 겪어도 여전히 하나님의 백성 이스라엘은 오히려 존재한다는 것을 말한다. 이 고통의 비참성을 마치 곤장을 맞는 종, 또는 죄수의 핏줄이 길게 뻗는 매질과 비교한다.

"밭 가는 자가 내 등을 갈아, 그 고랑을 길게 지었다"(3절)고. 유다의 처참한 망국을 바라 본 미가도 여기 속하는 상징을 말했다.

"시온은 갈아 엎은 밭이 되고 예루살렘은 무더기가 되고 성전의 산은 수풀의 높은 곳 같이 된다"(미 3:12).

이스라엘의 역사는 실로 고통의 연속이었다. 그러나 "그들이 나를 이기지 못했다"고 한다. 북왕국 이스라엘이 앗수르에게 망하고, 남왕국 유다가 바벨론에게 망했다. 분명히 이스라엘의 대적은 승리했다. 시온은 넘어졌다. 예루살렘은 무너지고 말았다. 그러나 이 시인은 "나를 이

기지 못했다"고 부정한다. 이는 거짓이 아닌가. 그러나 이스라엘은 억압과 학대, 패망과 포로로 잡혀간 일이 있어도 그것으로 그 역사가 종결된 것은 아니다. 이 시인은 무너진 시온이 다시 건설되고 황폐되었던 예루살렘이 다시 일어난 것을 말하고 있다. 이것은 제 2 성전이 세워진 역사와 관련해서 읽어야 한다. 이 시편은 많은 주석가들이 생각하는 대로 포로시대 이후, 제 2 성전이 세워진 이후에 저작된 것이라 할 수 있다. 이 시에 언급된 "그들"은 시온을 미워하고 질투하던 시대의 대적이라 할 수 있다.

아무리 고통을 당해도 역사 속에 든든히 설 수 있는 것은 다만 야웨 하나님의 은혜라 함을 이 시인은 4절에서 밝히고 있다. 야웨는 정의의 하나님이시기 때문에 이스라엘을 지키시고 이스라엘을 괴롭히는 악인은 오히려 이 땅 위에서 끊어지게 한다는 신념을 보여주고 있다.

"야웨는 의로우시다. 악인의 줄을 끊으신다"(5절). 악인의 줄, 이것은 악한 지배자의 통치와 그 기반을 말한다. 이러한 악인의 통치는 시편 2편 3절, 에스겔 34장 27절에서 본다. 하나님의 정의는 악인의 통치를 무한정으로 허락하지 않으신다. 반드시 중단을 지키신다.

악한 통치자는 "지붕의 풀"과 같다. 한때 뿌리를 내리고 푸른 잎사귀를 날리며 자랑스럽게 자랄 수 있다. 그러나 풀이 땅에 심기워져야 하는 바른 길을 버리고 권력과 위세를 부리기 위하여 지붕과 같은 높은 곳에 자기 자리를 잡을 때 햇빛에 견딜 수 없고, 메마른 지붕에 쌓인 먼지 위에 뿌리를 내려서는 영구히 존재할 수 없다. "그것은 자라기 전에 마른다"는 이 시인의 말 그대로이다. 그것이 비록 자란다고 해도 추수하는 자의 손을 기쁘게 할 수 있는 것이 되지 못한다. 지나가는 사람들이 그 추수하는 손에 복을 빌지는 않는다(룻 2:4). 하나님의 축복이 그들에게 내릴 수 없다. 하나님의 정의는 이 악한 통치자를 영원한 저주 아래 두실 것을 확신한다.

제 130편

깊은 곳에서

야웨,
내가 깊은 곳에서
당신을 찾나이다.

야웨, 내 소리를 들으시고
나의 간구함에 귀를 기울이소서(1~2절).

깊은 심연에서 구원자의 손길을 기다려 부르짖는 심정은 누구나 이해할 수 있다. 이 시인이 말하는 "깊은 곳에"란 것이 "감옥 속"인지 어떤 고통 속인지, 어떤 병인지, 또는 죄악의 구렁텅이인지, 이 시 자체 안에서는 아무 것도 암시해 주는 말이 없다. 이 말의 근본 뜻은 "깊은 바닷속"을 말한다.

"바다를, 넓고 깊은 물을 말리시고 바다 깊은 곳에 길을 내어 구속하신 자들로 건너게 하신 이가 어찌 주가 아니시니이까"(사51:10)
"깊은 곳에"는 문자 그대로 "바다 깊은 곳에"이다(겔 27:34). 그러나 이 "깊은 곳에"가 사람이 겪을 수 없는 괴로운 환경, 위험, 생의 고통의 심연(深淵)의 뜻을 의미하기도 한다.
"내가 설 곳이 없는 깊은 수렁에 빠지며 깊을 물에 들어가니…"(시편

69 :2,14도 유사함).

구약에서 이 "깊은 곳에"를 구체적으로 설명하는 곳은 요나의 경우라 할 수 있다.

"주께서 나를 깊음 속 바다 가운데 던지셨으므로 큰 물이 나를 둘렀고 주의 파도와 큰 물이 내 위에 넘쳤나이다"(욘 2:3).

이런 경우의 "깊은 곳에"는 "스올"—죽은 사람이 가는 곳, 거기는 하나님에게 버림받아 하나님으로부터 멀리 떨어진 곳 – 을 상징하기도 한다. 바다에서 광풍을 만나 죽음에 직면한 사람의 상황은 시편 107편 25-28절에서 볼 수 있다.

이상과 같이 시인이 말하는 "깊은 곳에"란 말은 다른 사람의 구조의 손길이 닿을 수 없는 위험한 지대라 할 수 있다. 그러므로 "야웨, 내가 깊은 곳에서 당신을 찾나이다"한 이 시의 첫 구절은 구원의 희망이 사라진 인간이 그 위기에서 하나님의 구원의 손길을 찾고 있는 간절한 심정이 표시되었다고 할 수 있다. 이런 생의 위기를 당한 시인이 자기 개인의 기도를 드리는 것이냐, 아니면 "나"라는 제 1인칭이 "이스라엘" 전체 공동체를 말하는 것인가. 물론 7절에 나온 "이스라엘"과 그 앞에 나온 제 1인칭 주어를 동격으로 보면, 이 시는 공동체의 위기에서 야웨 하나님의 구원을 간구하는 것이라 할 수 있다. 그러나 7절과 8절은 이스라엘 전체를 언급한 것이라 할 수 있으나 이 시 자체는 개인의 신앙 경험 – 위험한 순간 구원을 기다리는 – 을 통해서 하나님 안에서만 참된 희망이 있음을 노래한 시라 할 수 있다.

이 시는 위험한 순간을 말해 주면서도 그 위험 속에 빠져버리지 아니하고 건짐을 받을 수 있는 희망을 노래한 시이다. "기다리며, 바라며"는 희망의 용어로 이 시의 중심부를 이루고 있다.

외스털리(Oesterley)는 이 시인의 "깊은 곳에"를 이 시 3절에 나온 "죄악"이란 말과 연관시켜 시인 자신의 죄의 깊이를 말한다고 한다. 그래서 이 시를 일곱 개의 참회시 (6, 32, 38, 51, 102, 130, 143편)의 하나라고 보는 전통적인 학설을 타당케 할 수 있다. 그러나 여기서 "죄악"의 언급은 현재 당면한 삶의 위기를 자기의 죄 때문이라 생각하기 때문이다. "죄악"의 연유가 아니고서야 어떻게 이렇게 극심한 생의 위기를 당할 수 있을 것이냐 하는 심정으로 이해할 수 있다. 이렇게 생각함이 반드시 무리함은 아니다. 어거스틴과 같이 자기의 무서운 죄를 심연이라 생각하고 그 "깊은 곳에"서 부르짖는 참회의 심정은 루터가 이 시를 "다윗의 시"(32, 51, 130, 143편)의 하나로 본 이유도 된다.

그러나 이 시인이 말하는 깊음은 인간이 당면한 고통의 심연이다. 그것은 곧 죄로 말미암는 고통이다. 악하고 불의한 권력과 부유한 사람들이 만든 역사의 어둠의 깊이라 할 수도 있다. 정의로운 질서가 없어진 불의의 혼돈상, 진실과 선이 질식당할 만큼 짙은 암흑의 세력이 기승을 부릴 때, 이 어둠의 깊이에서 실망하는 사람들이 새 역사의 아침을 기다리고 바라지 않을 수 없다. 이런 역사의 새 아침은 인간의 죄로 깊어진 현실이 하나님의 용서를 받을 때 온다. 인간 스스로가 만든 죄의 역사는 하나님의 심판 앞에 설 수 없다.

"주여, 당신이 죄악을 따지실 때, 누가 감히 당신 앞에 설 수 있습니까."(3절) 한 절망적인 상태가 인간의 악이 만든 역사이다. 악의 역사는 하나님의 심판 앞에 설 수 없다. "악인은 심판을 견디지 못한다"(시1:5)고 했다. 그러나 역사를 지배 하시고 이끄시는 하나님은 죄악을 용서하시는 은총을 베푸시는 분이다. 심판과 은총, 이것은 종이 한 장의 겉과 안과 같다. 이스라엘의 하나님은 이 모순된 양면을 가지신 분이다. 이 용서의 하나님을 이스라엘의 고대 신앙은 알려주고 있다.

"자비롭고 은혜롭고 노하기를 더디하시고 인자와 진실이 많은 하나님이시라"(출 34:6).

모세는 이 하나님 앞에서 "우리의 악과 죄를 사하시고 우리로 주의 기업을 삼으소서"(출 34:9)하며 사죄의 은총을 빌고 있다.

이 시인도 이러한 신앙 전통을 자기 시에서 되살리고 있다.

"그러나 사유하심이 주께 있음은 주를 경외하게 하심이니이다"(4절).

하나님은 죄를 용서하시는 일로 그 자신의 역사를 절망으로 몰아넣은 죄악의 세력보다 더 강하심을 보여주신다.

죄악을 용서하시는 목적은 단순히 죄를 용서하심만이 아니고 용서받은 자로 하여금 하나님을 경외하게 함이다. 경외심은 이스라엘 사람이 가질 수 있는 가장 깊은 신앙의 표현이다. 역사의 심연에서 이 깊은 신앙심을 가진다는 것이 필요하다. 아무리 깊은 인간고의 깊이 속에서도 하나님의 용서하심을 알고 그를 경외하는 깊은 신앙을 체험한다는 것이 중요하다. 또한 비록 구중심처(九重深處) 깊은 감옥 속에 갇혀서 절망할 상태에 있다고 해도 야웨 하나님만을 두려워할 수 있는 깊은 신앙을 가진다면, 그는 그 깊음에서 놓일 자유를 이미 보장받고 있다. 비록 깊은 바다에서 풍랑과 더불어 싸우는 위험한 순간을 가졌다고 해도 사나운 파도보다도 하나님을 더 무서워할 줄 아는 신앙의 깊이를 가질 때, 그는 구원받을 수 있다.

이 시인이 1절에서 말한 "깊은 곳에서"와 4절에 암시된 신앙과 경건의 "깊음"은 의미 깊은 대결이다. 이런 의미에서 "깊은 곳에서" 하나님께 부르짖고 그를 찾는다는 것은 가장 아름다운 신앙 행위이다.

이 시는 어떤 악조건과 위험의 조건에서도 하나님을 기다리고 바란다는 자세가 중요함을 이 시 5-8절에서 강조하고 있다.

"내 영혼은 야웨를 기다리며
나는 그의 말씀에 소망을 두고 있습니다.
내 영혼이 주를 기다림은
파수꾼이 아침을 기다림보다 더 간절합니다"(6절).

불침번을 서서 밤새 동안 동료들의 안전을 지켜준 파수꾼의 수고는 지루하고 괴로운 것이다. 그러나 새 아침이 오면 그의 수고는 자연히 끝나게 된다. 그러므로 파수꾼의 소원은 아침을 맞이하는 것이다. 하나님을 기다리는 마음과 파수꾼의 아침을 기다리는 마음이 비교되어 있다. 가장 구체적인 기다림의 설명이다. 하나님을 기다리는 것을 아침을 기다리는 파수꾼에 비유하고 있다. 그만큼 간절함을 알리는 표현이다. 우리 말로 "고대"(苦待)는 바로 파수꾼의 기다림과 같은 것이다.

우리 영혼이 하나님을 고대한다는 것은 우리 영혼이 가지는 가장 아름다운 일이다. 그러므로 이 시인은 이런 기다림을 이스라엘 온 공동체가 가져야 할 것을 권고하고 있다. 이 하나님에게는 "인자하심과 풍성한 구속이"(8절) 있기 때문이다. 그를 찾는 사람에게는 어떤 죄라도 용서할 수 있는 풍성한 은총이 있기 때문이다. 그러므로 깊은 곳에서 하나님을 찾는 것은 곧 구원의 첩경이다.

제 131편

영혼의 고요

진실로 나는 침묵을 지키고
내 영혼은 고요하리이다.
젖 떨어진 아이가
어머니 품에 안기듯
내 영혼은 고요하리이다 (2절).

이 짧은 시는 누구의 작품인지, 어떤 시대를 배경으로 하고 있는지, 또한 어떤 삶의 자리를 가졌는지, 알 수 없다. 그러나 두 가지 분명한 사실은, 이 시가 이스라엘을 대표한 개인시가 아니고 순수한 개인의 내적 위안과 평안, 외부적인 소란과 환경에 영향받지 아니하는 담대하고 견실한 영혼의 소유자의 노래이며, 따라서 이 시는 시편 중에서도 찾아 보기 힘든 "의지시"(依支詩)의 하나라는 것이다. 외스털리(Oesterley)는 "이 시는 매우 짧은 시이지만, 그 속에는 헤아릴 수 없는 높은 가치의 종교적 의미가 들어 있다"고 했으며, "이 시인은 어린 아이가 그 어머니의 사랑과 돌보심을 무한대의 마음으로 의지하고 내어맡기듯이 자기 자신을 장엄하게 하나님께 내어맡기고 있다"고 했다.

크라우스(Kraus)는 이 131편 시는 하나님을 바르게 의지한다는 것이 어떤 것인가를 보여주는 좋은 증거를 알려주고 있다"고 했다. 크라우스는 이 시인을 "의인"이라고 단정하고, 의인이니까 이런 아름다운 의지심을 가졌다고 한다. 그러나 반드시 의인이니까 그렇게 훌륭한 의지심을 보였다고 할 것은 아니다. 어느 누구라도 이처럼 아름다운 의지 신앙을 가진다는 것이 얼마나 훌륭한가를 보여주고 있을 따름이다. 어쩌면 이 시인 자신이 비록 남들은 보잘것 없는 사람이라 할지 몰라도, 자신의 신앙 태도를 여기 고백하고 있다고 할 수 있다. 여기 나타난 신앙은 "저녁 노을이 덮인 석양에 어느 작은 골짝으로 들려오는 저녁을 알리는 평화로운 종소리를 들을 때 가지는 평화스러움과 같은 의지 신앙을 보여준다"고 바이저(Weiser)는 말하고 있다.

참된 영혼의 아름다움은 말을 하는 데 있지 않고 침묵을 지킬 줄 아는 데 있음을 이 시는 보여준다. 궁켈(Gunkel)은 "침묵은 참된 기도라는 사상을 이 시에서 찾는다"고 했다. 애굽의 종교문학에서 찾는 기도의 한 구절을 궁켈은 소개하고 있다.

"토트신이여, 당신은 메마른 땅에서 목다른 사람에게 단물을 주는 시내입니다. 말을 하는 사람에게는 그 단물을 막으시고, 침묵을 지키는 사람에게는 그 단물을 주십니다."

이 131편 시인은 하나님 앞에서 고요히 침묵을 지키는 일이 참으로 하나님과 진실한 대화를 할 수 있는 것임을 안 사람이다. 침묵이 금이라는 뜻도 여기서 찾는다.

이 시인은 자기 자신이 하나님 앞에서나 사람 앞에서 교만하지 않기를 스스로 바라고 있다. 침묵을 통한 대화를 할 수 있는 영혼의 깊이를 가지고 있는 사람이기에 "자기는 교만하지 아니하다"고 말한다. 웃시야 왕(B.C. 780-740)은 자기의 정치적 성공을 자랑스럽게 생각했기 때문에 "그 마음이 교만해졌다. 그래서 악을 행하고 하나님 야웨 앞에 죄를 지었다"(대하 26:16).

제사장이 해야 할 일을 자기가 했다. 그 결과 하나님의 진노를 사서 그 이마에 나병이 발생하여 왕의 자리에서 물러나게 되었다.

이런 고사(古事)를 기억할 때, 시인이 "내 마음이 교만하지 아니하고 내 눈을 높이지 아니한다"는 말에서 하나님 앞에서 침묵을 지키는 사람은 무엇보다도 겸손해야 함을 보여준다.

"하나님은 교만한 눈은 낮추신다"(시18:27).

하나님은 "눈이 높고 마음이 교만한 자를 용납하지 아니하신다"(시 101:5).

이 시인이 자기의 겸손한 자세를 다시 설명함이 1절 하반절의 내용이다.

"내가 큰 일과 미치지 못할 기이한 일을 힘쓰지 아니한다"고 함은 원문을 이해하기에 부족한 감이 있다. 공동번역이 원문에 가깝고 비교적 잘된 번역이다.

"나 거창한 길을 좇지 아니하고
주제넘게 놀라운 일을 꿈꾸지 않사옵니다."

"길"이란 말이 원문에도 없고 "주제넘게……꿈꾼다"는 말도 원문에 없으나 번역자의 친절한 설명이 좀 지나치게 표현됐다고 하겠다. 이 문장에는 동사가 "걸어간다" "행한다", "좇아간다"로 번역되는 말 하나밖에 없다. 원문에 가깝게 옮기려면, "내 분수에 넘치는 큰 일이나 화려한 일을 하지 않나이다"할 수 있다.

하나님을 고요히 의지하고 하나님의 하시는 일에만 따르는 사람은 자기 분수에 넘치는 큰 일을 하려고 하지 않는다. "굉장한 일을 내가 했다. 다른 사람이 하지 못하는 일을 나는 했다"는 생각은 교만에 통하는 마음이다. "화려한 일"이란 말도 사용되었는데, 이는 사람들 앞에 자랑할 수 있는 일을 말한다. 그러나 겸손한 사람은 사람들 앞에서의 자랑보다도 하나님의 뜻에 합당한 것을 더 중요하게 생각한다. 사람이 말하는 위대함과 화려함을 따라가는 일은 하나님의 뜻을 따르는 일에서 탈선하기 쉽다. 그것은 하나님을 의지하고 경외하는 마음보다 사람을 앞세우고 높일 수 있기 때문이다. 겸손한 영혼은 침묵 중에서 하나님과 대화한다. 이 대화에서 그는 하나님의 명령과 지시에 "아멘"하게 된다.

이 시인은 3절에서 자기의 신앙 체험에서 얻은 진리를 자기가 속한 믿음의 공동체에 알려준다:

"아, 이스라엘이여 지금부터 영원까지 야웨를 바랄지어다!"

야웨 하나님을 기다리고 바라라는 말은 야웨 하나님께 대한 절대적인 신뢰를 가지라는 말이다. 이 신뢰심은 일시적으로 가질 것이 아니라 "지금부터 영원까지"가질 것을 권고하고 있다. 이런 형식은 공동예배 때 제사장이 백성들에게 권고하는 말의 형식이지만, 여기서는 어머니의 가슴에 안기어 있는 어린아이와 같이 하나님의 품에서 평안과 행복을 찾는 사람은 누구나 가질 수 있는 축복을 알리는 개인적인 신앙간증이라 할 수 있다. 이런 개인적인 신앙고백과 간증이 공동예배에서 일반에게 알려졌다고 해도 좋다. 이 고백을 들은 사람은 누구나 시인과 같은 하나님을 절대로 의지하는 신앙을 가질 수 있기 때문이다.

침묵으로 하나님을 의지한다는 이 신앙은 이사야 신앙의 한 특징이라 할 수 있다. 이 시가 만일 이사야 이후 시대에 저작된 것이면, 이 시는 분명히 이사야 신앙을 물려받은 시인의 사상을 밝힌다 할 수 있다.

이사야 신앙의 특징은 30장 15절에 잘 나타나 있다.

"주 야웨 이스라엘의 거룩한 분이 말씀하신다. 너는 마음을 평온히 가져라. 구원을 얻을 것이다. 너는 잠잠하고 의지하여라, 힘을 얻을 것이다."

여기 "평온한 마음가짐", "잠잠함", "의지심", 이 모두가 131편 시인의 신앙 특색이다.

유다 나라와 예루살렘이 시리아 에브라임 전쟁을 치루어야 했을 때 (B.C. 735-734), 그 당시 국왕 아하스는 군사적, 외교적, 국내 여러가지 문제로 소란을 피웠다. 그러나 이사야는 이 왕을 찾아가서 "왕께서는 정신을 가다듬고 조용히 하시오"(사 7:4)라고 권고했다. 그러나 아하스는 이사야의 간청을 받아들이지 아니했다.

"만일 너희가 굳게 믿지 아니하면, 너희는 굳게 설 수 없다"고 이사야는 왕과 백성들에게 말했다. 여기 이사야 신앙은 하나님이 나라의 위기에 대하여 하시는 일이 무엇인가를 조용히 보고만 있을 것을 말하고 있다. 역사의 주인이신 하나님이 이 난국을 물리쳐 주실 것을 믿어야 한다고 권고한다. 이러한 조용한 신뢰심이 없으면, 나라가 굳게 서지 못하여 흔들리고 말 것을 알렸다.

그러므로 이 시인은 무엇을 크게 자랑스럽게 할 수 있다는 인간을 믿고 의지하지 말고 조용한 가운데서 하나님의 하시는 일만을 믿고 의지하라 하신다.

제 132편
시온의 영광

Psalm Meditation

"야웨 시온을 택하시고 / 여기를 당신의 거하시는 곳으로 삼으시다.
그리고 이르시기를, / 여기는 영원한 나의 안식처,
여기 사는 것이 나의 소원이다"(13-14절).

        이스라엘의 신앙과 신학은 예루살렘 성전과 밀접한
관계를 가지고 있다. 이미 48편 시가 이 사실을 노래했다는 것을 보았
지만, 이 132편은 예루살렘 성전을 노래한 대표적인 시이다. "시온의
영광"이라는 제목을 붙일 수 있을 만큼 시온의 존귀성과 그 중요성이
밝혀진 시이다.

  이 시의 중심과제가 시온성의 지리적 자연의 아름다움이나 이 도성
의 건축이, 또는 행정 책임자가 만들고 있는 거리질서의 아름다움을 말
함은 아니다. 그렇다고 해서 이 시온을 중심한 민족사가 그 변화과정과
전쟁과 평화와 관련된 크고 작은 사건들이 일어났다는 정치적 역사적
중요성 때문도 아니다. 다만 이 시온이 야웨 하나님과 관련되었기 때문
에 자랑스런 영광스런 도시가 되었다.

  본래 이 도성은 이스라엘 백성과 무관한 곳이었다. 가나안족속의 하
나인 여부스족이 살고 있었고, 또한 그들의 성소가 있었다. 그러나 다
윗에게 점령당한 이후(삼하 5:6-10), "다윗성이라 이름을 붙였다"(삼하
5:9). 여기서 그는 온 이스라엘의 왕으로 기름부음을 받았다(삼하 5:17).
그는 다시 예루살렘을 이스라엘 민족의 성소로 만들기 위하여 모세의

전통을 간직하고 있다고 믿어온 "법궤"를 이 성도로 모셔오게 하였다. 엘리가 돌보던 실로 성소가 블레셋에게 무너진 다음, 법궤는 블레셋으로 탈취되어 갔다가 다시 이스라엘로 반송되어 이곳저곳에서 천대를 받고 있었다. 다윗은 이 법궤가 바알레유다란 곳에 있는 것을 예루살렘으로 모셔오게 하였다(삼하 6:1-5). 그러나 도중에 가드란 곳에 석 달 동안 머물게 한 후 예루살렘으로 모셔왔다(삼하6:6-15). 이 법궤를 모셔왔을 때, 다윗은 제사를 드렸다.

이 132편 시의 "삶의 자리"(Sitz im Leben)는 법궤를 모셔온 그 제사와 관련되었다고 생각한다. 물론 그 제사의식에 부른 노래라기보다 그 의식을 회상하는 후대 예배의식을 위하여 부른 노래라 할 수 있다:

"야웨여 일어나사 주의 권능의 궤와 함께 평안한 곳으로 드사이다"(8절)라고 한 말은 법궤가 성소 안으로 옮겨지는 광경을 말한다 :

"주의 제사장들은 의로운 일을 옷입듯 하고 또는 구원을 옷입듯 하고 주의 성도들은 기뻐 외칩니다"(9절).

이것은 다윗이 처음에 법궤를 예루살렘으로 메고 올 때 사정을 그대로 보여주는 것 같다.

"다윗이 소와 살진 것으로 제사를 드리고 야웨 앞에서 힘을 다하여 춤을 추었는데 때에 베옷을 입었더라. 다윗과 온 이스라엘 족속이 즐거이 부르며 나팔을 불고 야웨의 궤를 메어오니라"(삼하 6:13b–15).

이 시인은 이렇게 법궤를 옮기는 기사를 가진 사무엘하 6장의 역사적 배경을 잘 알고 있고 그 역사적 지식을 근거로 하여 시온성의 자랑과 영광이 다윗과 더불어 시작한다는 것을 암시하고 있다. 시온이 거룩하고 영광스런 도성이 된 것은 다윗과 관련되어 있음을 이 시 첫 절이 말해 준다: "야웨여 다윗을 기억하소서 그의 모든 고통을 기억하소서."

이 고통은 다윗이 왕이 되기까지 겪은 여러가지 고난을 말한다기보다는 그가 이 예루살렘을 탈취하는 괴롬, 이 도성을 이스라엘의 성소로 만들고 여기 법궤를 모셔오는 일을 말한다. 이 성소와 법궤에 관련된 기사는 사무엘하 6, 7, 24장 등에서 볼 수 있다. 이런 역사적인 기록에 나타나지 않은 더 큰 어려움이 있었을 수도 있다. 시편 132편 기자는 그런 어려운 일들을 더 많이 알고 있는지도 모른다. 그러나 이 시인은 하나님께 호소하여 기억해 주시기를 바라고 있다.

시온이 성소가 됨은 여기 성소에 모신 법궤 때문임을 암시한다. 다윗시대에는 예루살렘 성전이 완성되지 못했기 때문에 법궤를 솔로몬 시대와 같이 지성소에 모시지 못했다. 그러나 다윗의 후대에 있었던 성소 예배의식에서는 시온의 영광이 성전 지성소에 모신 법궤의 중요성 때문임을 말해 준다. 솔로몬이 성전 헌당식 때 드린 기도문에 이 법궤에 관한 기사가 나온다. 그 내용은 이 시편 132편과 일치한다.

특히 8, 9절은 역대하 6장 41절과 거의 같은 내용이다. 이 역대하 6장과 같은 내용을 기록한 신명기 학파의 역사기록이 있는 열왕기상 8장에는 이 법궤에 관한 말이 나타나지 않는다. 이것으로 역대기 역사와 이 시편 132편 기사는 서로 공통된 자료에서 온 것임을 알수 있다. 그러나 이 시편 132편에서 사무엘하 7장 12절 이하에 나온 다윗에게 주신 야웨 하나님의 약속이 그대로 나온 것을(12-13절) 보면, 132편이 역대기 기사보다 연대가 이르다고 볼 수 있다. 즉 시온이 영원히 하나님의 성소로 인정받음은 다윗의 후손들이 이 성소를 중심하여 대대로 왕위에 올라 공평과 정의의 정치를 할 것을 약속하고 있기 때문이다. 이것은 나단이 다윗에게 약속했다. 이 시편 기자가 "야웨께서 다윗에게 성실히 맹세하셨으니 변하지 아니하실지라. 이르시기를 네 몸의 소생을 네 왕위에 둘지니라"(11절).

이 구절은 다음 구절과 같은 내용이다. "내가 네 몸에서 날 자식을 네 뒤에 세워 그 나라를 견고케 하리라…네 집과 네 나라가 내 앞에서 영원히 보전되고 네 나라 왕위가 영원히 견고하리라 하셨다"(삼하

7:12,16).

이러한 약속을 하나님이 다윗과 그 후손에게 주셨다는 사실에 근거하여, 이 시편을 메시야 시라 이해하고, 다윗의 집에서 나타난 예수 그리스도를 시온의 영광을 만방에 드러낸 분으로 이해함이 초대교회 신앙이었다. 이 메시야는 "원수들에게는 수치를 입히고 그 자신은 면류관으로 빛나게 한다"는 말로써 이 시를 끝마치고 있다.

이 시는 시온—다윗—법궤—성소—예배—메시야—왕관 등으로 연결되는 사상을 보여준다. 현재대로의 이 시는 예루살렘 축제 때 불리운 찬송이라 할 수 있다. 그 의식 중에는 예루살렘 성소가 법궤로 말미암아 하나님의 영광을 드러내는 곳임을 신도들에게 알리는 사명을 나타낸 것 같다. 하나님은 자기 영광을 시온의 영광으로 보여주셨다. 다윗의 후손으로 나타난 예수가 공평과 정의를 실현하는 왕으로 우리 인간들의 존경과 섬김을 받는다는 사상을 가르쳐 주고 있다.

이 땅 위에 "주의 나라가 임하게 하는" 역사를 우리 신자들이 해야 한다. 그 나라의 성격과 본질을 바로 알아야 한다. 하나님이 다윗에게 약속한 그 메시야를 예루살렘에 보내어 십자가에 죽게 하시고 또한 부활하게 하심으로 하나님의 나라가 다윗의 혈통을 이은 육의 나라가 아니라 다윗을 통하여 알려주신 공평과 정의의 나라, 사랑과 진실의 나라, 유다 나라를 비롯하여 이 세상 모든 나라가 경외하고 신봉 해야 할 하나님의 나라임을 알려주셨다. 이 놀라운 역사가 시온에서부터 시작해서 만방에 미치게 되었다.

"오직 성령이 너희에게 임하시면, 너희가 권능을 받고 예루살렘과 온 유다와 사마리아와 땅끝까지 이르러 내 증인이 되라"(행 1:8)는 말씀을 실천하는 것이 "시온의 영광"을 바로 깨달은 사람이다.

제 133편
수염과 이슬

머리에 있는 보배로운 기름이
수염 곧 아론의 수염에 흘러서
그 옷깃까지 내림같고

헐몬의 이슬이 시온의 산들에 내림 같도다(2-3절).

이 시 전편에 흐르고 있는 감정은 형제의 화목과 화목한 형제를 가진 가정의 아름다움과 거기에 넘치는 축복을 노래하고 있다. "아론의 수염"과 "헐몬산의 이슬"과 같은 서로 상이한 상징을 말함으로 이 시의 신비를 가중시키고 있는 것 같다.

동양 사람의 가족제도의 아름다움을 이 시에서 엿볼 수 있다. 이 시는 종교시라기보다 일반 대중이 가정에서나 거리에서 부를 수 있는 속가(俗歌)라 할 수도 있다. 그러나 이스라엘의 가정은 그 육신의 아버지만이 가장이 아니고 그들의 하나님을 육과 영의 아버지로 모시고 이 아버지 하나님의 신앙으로 가정이 구성되고 유지된다고 믿었기 때문에 가정의 노래라 해서 반드시 속된 노래라 할 수 없다.

"형제들이 한 자리에 모여 사는 것은 얼마나 좋고 기쁜 일인가!"

많은 주석가들이 이 첫 구절은 신명기 25장 5절 이하에서 말하고 있는 근친 결혼 사상을 반영하고 있다고 하나, 이 시는 결코 결혼과 관련된 형제의 의무를 노래하는 것이 아니고 장가를 갔든지 홀아비로 살든지, 그 결혼 여부와 상관 없이 형제가 한 집에 한 부모 밑에서 함께 산다는 것이 얼마나 아름답고 선한 일인가를 노래하고 있다.

둠(B. Du-hm)은 이 구절을 가족이 서로 함께 관계를 가지고 사는 공동체의식을 노래한 것이라 한다. 그러나 에발트(H. Ewald)나 히치히(F. Hitzig)는 가족보다 민족공동체가 서로 단결하고 일치하여 총화를 이루고 있는 것이 얼마나 아름다운가로 해석하고, 베트겐(F. Baethgen)은 성소 안에서 함께 예배를 드리는 제의공동체(祭儀共同體, Kultgemeinde)가 얼마나 아름다운가를 말한 거라 한다.

이스라엘 사회는 그들이 유목민이었을 때는 이 형제애를 매우 소중히 여겼다. 아브라함과 롯, 에서와 야곱 등에서 보는 대로. 그러나 그들이 가나안 땅에 들어가 농경문화와 그 사회 속에서 생활하게 되었을 때, 이 아름다운 미풍을 잃어버리기 시작했다. 그들에게 집이나 땅과 같은 개인소유가 생기게 되었을 때, 그들은 그 집의 땅, 그 가정의 소유보다는 "내 땅, 내 집"에 대한 생각을 하게 되었다.

형제가 소유권 때문에 싸우고 단란하고 화목했던 형제애가 깨어지기 시작했다. 이 결과 형제는 사유재산에 대한 의식이 높아졌고 형제가 서로 물건이나 돈을 빌어 쓰는 경우도 이자를 취하는 버릇이 생기게 되었다. 이런 일은 전통적인 이스라엘의 고유한 유목민의 문화와는 배치가 되므로 신명기 법전에서는 이런 일을 금지하고 있다.

"네가 형제에게 꾸어주거든 이자를 받지 말지니 곧 돈의 이자, 식물의 이자, 이자를 낼 만한 모든 것의 이자를 받지 말 것이라"(신 23:19).

이 형제는 광범위한 뜻으로 "같은 동족" "동포"와 같은 말이지만, 한 아버지에게서 난 형제들의 경우도 해당된다. 욥의 자식들 -7남 3녀-

은 가나안 농경문화의 영향을 보여준다. 그들은 아버지 집에 함께 살지 아니하고 "각각 자기 집"(욥 1:4)에서 살고 있었다고 했다. 이 시편에서 보는 대로 "형제가 함께 거한다"는 사실을 볼 수 없다.

이 시가 성소 예배 때 사용되는 찬송의 하나로 불리웠다는 데는 두 가지 큰 뜻이 있다. 하나는 이스라엘의 고대 풍속인 가족제도, 다른 하나는 이 풍속을 예배공동체에 기억시키는 것이다.

이 시인은 한 가정에 형제들이 함께 거하는 것이 선하고 아름다움을 강조하는 말로써 "수염과 이슬"의 비유를 하고 있다.

"머리에 있는 보배로운 기름이 수염, 곧 아론의 수염에 흘러서 옷깃까지 내림 같고"(2절)

"헐몬의 이슬이 시온산에 내림 같도다"(3절).

여기서 "아론의 수염"과 "헐몬산의 이슬"을 말했는데, 아론의 "수염"에 기름이 넘쳐 흐른다는 것은 아론의 아들들이 제사장 직분을 받을 때 그 머리에 기름 붓는 일을 상기시켜 이 형제들이 하나님으로부터 특별한 직분을 맡았음을 말하고 있다.

"아론은 그와 함께한 그 아들들에게 입히고(띠와 관을) 그들에게 기름을 부어 위임하고 거룩하게 하여 그들로 제사장 직분을 내게 행할지니라"(출28:41).

크라우스(Kraus)는 이 기름은 성직과 관련된 거룩한 기름이 아니고 일상생활에서 몸단장으로 사용하는 기름이라고 말한다. 가령 미가 6장 15절, 시편 23편 5절 등이 그런 뜻을 암시한다고 한다. 그러나 "아론"이란 말이 앞에 나왔기 때문에 성직 또는 하나님으로부터 위임받은 의식에서 살아가는 삶의 자세를 머리에 기름을 부은 삶이라 할 수 있다.

만일 제사장과 같은 성직과 관련된 기름이라 하면, 이 "형제들"은 아론의 아들들처럼 제사장 직책을 맡은 특수한 가정의 형제들이라 할 수 있다. 여기서는 형제가 다 함께 지낸다는 것을 아름답고 선하게 생각하는 사상을 전달하려는 시이기 때문에, 이런 형제들은 함께 있는 것만이 중요한 것이 아니고 그들이 모두 아론의 아들들과 같이 머리에 기름부음을 받는 보람된 일에 위임을 받아, 그 일에 대한 애착과 정열이 머리에 부은 기름이 흘러내려 수염을 적시고 그 수염의 기름이 옷깃에까지 흘러 떨어진다고 할 만큼 차고 넘친다는 것이 얼마나 선하고 아름다우냐는 생각을 하는 시인이라 볼 수 있다.

이렇게 사명감에 대한 의식이 강렬하여 머리와 수염과 옷깃에 넘치는 것 같다고 한 이 표상을 좀 더 강조하여 "헐몬산의 이슬이 시온의 산들에 내림 같다"고 한다(3절a).

"시온과 헐몬"의 거리가 상당한데 어떻게 이 둘을 연결시킬 수 있겠느냐 함을 독자는 의심한다. 궁켈과 이르쿠 (Jirku)는 "시온"이란 말은 이 시편의 필사자가 "이이온"(헐몬산 서남 쪽에 있는 구릉지 이름)을 잘못 기록한 것이라 한다(왕상 15:20; 왕하 15:29 ; 대하 16:4). 그러나 이렇게 읽는다고 해서 아무 도움을 얻지 못한다. 다만, 이 말은 "헐몬산은 그 높음과 방향 때문에 많은 이슬을 가진다"는 기후적인 사실에서 "시온의 이슬"이란 말은 "굉장히 많은 이슬" 로 이해할 것이다(바이저).

형제들이 함께 화목하게 산다는 것은 큰 사명의식에서 이슬처럼 서로에게 생기와 신선함을 주어 그 가정에 활력을 불어넣을 뿐 아니라, 커크파트릭 (Kirkpatrick)이 이해한 대로 "형제들이 단합하여 화목함이 그 나라에 주는 영향은 마치 이슬이 채소에 생기를 주는 것과 같다"고도 할 수 있다.

"거기서 야웨가 복을 내리도록 명하신다"(3절b) 함으로 형제들이 한 집에서 함께 화목하게 지내는 것이 하나님의 축복을 받는 길이라 했다. 야웨가 축복을 내리도록 명령하셨다고 한다.

"그 분은 영생이라"(3절c) 이 3절 세 부분(a, b, c)은 이슬 → 축복 → 영원한 생명의 진리를 가르치고 있다.

이 시편은 현대와 같이 핵가족 시대에 사는 신도들의 가정에서 깊이 명상할 만한 시이다. 우리 한국 가족제도의 전통도 성서에 나타난 이스라엘 가족제도와 다를 바 없다. "대가족제도"란 말 아래 우리는 대대로 한 집에서 사는 미풍(美風)을 가져왔다. 그러나 산업화 시대에는 그것이 사라지고 말았다. 욥의 가족과 같이 "각각 자기 집"에 거해야 할 이유는 충분히 이해할 수 있다. 부모의 생신 날에 형제들이 돌아가면서 그 부모를 모시고 형제들의 식구들과 다 함께 모여 축하를 할 수 있는 일을 만들어야 한다.

외국으로 떠난 자식들은 부모의 환갑이 되어도 함께 모이지 못하는 안타까움이 있다. 핵가족의 시대라해서 서양 사람들의 개인주의가 지배하는 것은 막아야 한다. "예수를 믿으면 영생을 얻는다"고 했는데, 형제들이 한 집에서 함께 즐겁게 지내는 여기에 영생의 축복이 있다고 말하는 이 시인은 오늘 우리 크리스천들에게 영생을 알리고 있다.

제 134편
예배 찬송

성전을 향하여 손을 쳐들고
야웨를 찬양하라(2절).

이 시는 어느 예배에 사용된 찬송가라 할 수 있다. 이 시가 어떤 역사적 사정에서 창작되었는지 확실히 알 수 없다. 따라서 그 연대도 모호하다. 그러나 "야웨를 송축하라", 또는 "야웨를 찬양하라"는 말이 거듭 나왔기 때문에 찬양시의 하나임에 틀림없다.

브릭스(Briggs)는 이 시를 "헬라 시대"에 나타난 시라 하며, 커크파트릭은 느헤미야 시대(느 12:44-47)라고 하지만 그 증거는 불충분하다. 이 시는 많은 주석가들이 첫 절에 나온 "밤"이란 말로 인하여 밤 예배에 부른 찬송가라고 한다.

"너희는 거룩한 절기를 지키는 밤에와 같이 노래하라"(사 30:29)는 말씀대로 밤에 부른 노래라 할 수 있다. 이 찬송은 예배를 드리는 신도들에게 찬송하기를 권하는 부분과 그 노래의 댓가로 임할 하나님의 축복을 선언하는 내용으로 구성되었다. 이런 권고와 선언은 성전에서 예배의 인도 직책을 맡은 제사장이나 레위 사람이 할 수 있다. 이 짧은 찬송은 제사장과, 신도가 다 함께 부른 노래이다.

이 찬송에서 우리가 배울 것이 무엇인가

첫째 "밤에 야웨의 집에 섰는 야웨의 모든 종들"은 누구를 가리키는가.

여기 말하는 "야웨의 종"은 예배 인도의 책임을 맡은 제사장이라 생각할 수 있다. 궁켈은 이 시가 "제사장의 찬송"과 "제사장의 축복"을 내용으로 한 찬송가에서 유래한 것이라 한다. 그래서 이 찬송을 제사장이 부르는 노래인 양 이해하고 있다. 외스털리도 여기에 동조 한다.

그러나 바이저(Weiser)나 커크파트릭이나 브릭스나 크라우스 등은 제사장이라 지정하기보다는 일반 신도들이라 한다. 다후드(Dahood)는 이 "종"이란 말의 다른 뜻인 "노동하다"에서 "하나님의 일들"이라고 읽는다. 그러니 야웨께 찬송하는 내용으로 "하나님의 하신 모든 일들"로 이해한다. 그러나 예배 드리는 각자가 자기 자신을 하나님의 종이라 생각함은 다른 시편에서도 볼 수 있으므로(시34:23: 35:27; 69:17, 36; 79:2, 10; 86:2, 16 등) 예배하는 모든 제사장과 모든 신도를 함께 지목하는 말이라 할 수 있다. 그것은 하나님 앞에서 예배 드리는 사람은 항상 종의 의식을 잊지 말아야 하기 때문이다.

종이라 의식함으로 자신은 주인이신 하나님께 종속된 것을 깨달아, 하나님을 무조건 의뢰할 수 있다. 우리가 종이기 때문에 하나님의 명령은 무엇이나 순종해야 할 의무가 있다. 우리가 그의 종이기 때문에 주인이신 하나님이 내게 무엇을 말씀하시는지 깨달아, 그의 뜻을 실천하도록 해야 한다. 그리고 우리는 그의 종이기 때문에 우리의 생사화복(生死禍福), 축복과 저주가 그의 손에 달린 것을 알아 그에게 충성을 다하도록 힘써야 할 것이다.

우리 신자들이 하나님 앞에 드리는 예배는 우리가 그의 아들 딸이라는 영광과 자랑을 내세울 수 있지만 - 그의 모든 것을 내 유산으로 할 수 있으니 - 종이라고 생각함으로 우리의 예배의식을 바르게 가지며, 우리의 신앙과 생활이 바른 방향을 잡게 된다.

다음으로 "성소를 향하여" 손을 든다는 말은 무엇을 말하는가

우선 "성소를 향하여"란 구절은 원문에 없는 "향하여"를 보충한 것이다. 이대로 읽으면, 이 시는 성전 안에서 부르는 찬송이라기보다는 성전을 향하여 올라가면서 부른 찬송이라 할 수 있다. 그러므로 "향하여"란 전치사가 없는 그대로 읽어 "성전에서"라 읽어도 무방하다. 성전에서 예배 드리는 사람이 기도할 때에 손을 들고 기도함을 말한다(시 28:2; 딤전 2:8 참고).

구약에서 예배 때 기도하는 모습은 서서 드리는 기도(왕상 8:22), 꿇어 엎드려 드리는 기도(왕상 8:54; 스 9:5)가 있다. 손을 펴서 기도 할 때, 그 방향을 "하나님께로"(출 9:29, 33 ; 스 9:5; 느 9:3), 땅 위에 있는 성소(시 5:7; 왕상 8:35, 38, 42, 44, 48; 스10:1; 단 6:11), 하늘 성소를 향해 손을 펴는 경우(애 3:41; 왕상 8:22, 54; 시 123:1; 사 38:14)를 볼 수 있다. 손의 방향이 가리키는 것은 그 기도에 응답하시는 하나님이 계시는 곳이라 믿는 것을 알린다. 하나님은 성소에서 인간들의 기도를 들으신다는 평범한 말을 하고 있다.

이것은 결코 성전 밖에는 하나님이 계시지 않는다든가, 성소 이외에서는 기도를 할 수 없다는 것이 아니다. 손을 들고 기도한다는 것은 자기의 기도를 들어 주실 하나님의 존재에 대한 확실한 신앙과 기도는 말만이 아니라, 서서 무릎을 꿇고 손을 드는 것 같은 육체적 율동이 함께 따르는 몸으로써 기도함이 중요하다는 것을 알려준다.

"손을 든다"는 것이 구약의 기도와 이렇게 상관되었다는 것을 이해하고 하나님께 드리는 찬송도 이런 기본적인 기도의 자세를 따를 수 있음을 이 시편은 말해 준다. "손을 쳐들고 찬송을 하라"는 것이다.

찬송은 입으로만 하는 것이 아니다. 육체적 율동 동작으로 이어지는 여러가지 춤 - 같은 것도 결코 하나님 찬송에 방해가 되지 아니한다. 요즘 유행하고 있는 디스코 타입의 가수들은 두 손과 팔을 뻗으며, 하늘을 찌르기도 하고, 땅을 찌르기도 하고 돌리기도 하고 펴기도 하고, 손과 팔이 할 수 있는 모든 동작을 다하면서 노래를 부른다. 그 노래하는 태도가 지나치게 육감적이라 할 수도 있으나, 또 다른 의미에서는 가장 정열적으로 노래하는 모습이라 할 수 있다. 그 노래에 담긴 하나의 의미를 전달하기 위하여 온갖 육체의 동작을 다 나타낸다는 그 정열은 속되게 보면 한없이 속되다. 그러나 인간이 어떻게 자기의 전부를 다바쳐 무슨 일에 열중할 수 있느냐 할 때, 이런 정열적 행동은 속(俗)보다는 성(聖)의 영역에 속한다. 굿을 하는 무당이 보여주는 광신적인 동작은 신이 들렸기 때문이다.

"성소에서 손을 들고 야웨를 송축한다"는 것을 단순히 손을 쳐들고 찬송하는 모습으로만 볼 것이 아니라, 하나님께 드리는 우리의 찬송이 육체의 사랑, 인간의 사랑을 노래하는 디스코풍의 노래보다 정열적이 되지 말라는 법은 없다. 그렇다고 해서 나는 디스코풍으로 찬송을 부르자고 제안함은 아니다. 다만 우리의 찬송이 어떻게 해야, 입만 벌리며 힘없이 형식만 갖추는 찬송을 피할 수 있을까 염려한다. 손이라도 힘껏 쳐들고 부르면 힘차고 장한 찬송이 되지 않을까 한다.

마지막으로 우리의 찬송을 받으실 분은 "천지를 지으신 야웨요" 이 하나님은 손을 쳐들고 찬송을 부르며 예배하는 사람들에게 복을 내려 주신다.

우리 신자들의 찬송의 주제는 창조주 하나님에 대한 것이 으뜸이 된

시편 명상

다. 하늘과 땅 그 자체도 또 그 속에 있는 만물들, 철따라 달라지는 자연의 아름다움과 신비, 그 어느 하나도 우리 찬송의 소재가 되지 않음이 없다. 바다의 신비, 대지의 신비, 창공의 신비, 그리고 자연 만물의 신비, 창조주 하나님의 지혜와 능력을 보여주는 그 모든 것들이 우리 찬송의 내용이 된다. 흐린 날은 흐린 날대로 맑은 날은 맑은 그것대로, 폭풍우도 모두가 창조주 하나님의 손에서 되어지는 일이다. 동양 사람, 특히 한국 사람이 자연을 노래한 찬송은 많다. 그러나 우리의 전통 문화에서는 이 아름다운 자연의 주인, 그 창조자 자신에 대한 노래를 별로 가지고 있지 못하다.

조화옹(造化翁)으로만 알려진 창조주는 성서가 많은 자료를 가지고 설명할 수 있다. 기독교 신앙이 우리 문화에 전해야 할 사명 하나는, 자연을 아름답다고 노래한 우리의 전통문화에 대하여, "천지를 지으신 하나님"이란 사상을 널리 알려야 할 것이다. 우리의 모든 찬송은 창조주 하나님을 찬양하는 것에서부터 시작하여 그 찬송으로 절정을 이루어야 할 것이다.

왜냐하면, 이 찬송을 주저없이 할 수 있는 사람이 창조주 하나님이 주시는 복을 받을 수 있기 때문이다.

"시온에서 네게 복을 주시리라" 하는 이 시의 마지막 구절이 이 복을 알려준다.

이 시에서 "찬송하다"는 원어 "바라크"란 말과 "축복하다"는 말 "바라크"는 같은 말이 두 가지 다른 의미로 사용되었다. 이것은 축복을 받은 사람은 찬송을 하지 않고는 못 견딘다는 이스라엘의 오랜 신앙경험에서 나온 지혜라 볼 수 있다. 찬송은 축복이요 축복은 곧 찬송이다.

제 135편
찬양받으실 하나님

야웨를 찬송하라.
야웨는 선하시고 그 이름 아름다우니,
그 이름을 찬양하라(3절).

　　　　　이 찬양시는 찬양과 설교를 겸한 시라는 점에서 우리의 주목을 끈다. 목회의 경험에서 분명히 말할 수 있는 것은 설교의 내용이 설교 전후에 부르는 찬송가에 반영될 수만 있다면, 하나님의 말씀을 전달하는 설교는 크게 효과를 가질 수 있다고 나는 생각해 봤다. 찬송가가 만일 그렇게 불려진다면, 잘 한 설교는 그 감동적인 메시지를 신도들의 마음속에 더 깊이 부각시킬 수 있고, 또 만일 설교가 서툴게 표현되고 감동이 없었다고 해도 같은 내용의 찬송이 이를 충분히 보충할 수 있다고 생각했다. 물론 이것은 현실적으로 어려운 일이지만, 설교자는 누구나 자기 설교의 감동의 보충을 위하여 설교후 부를 찬송가를 선택함에 특별한 관심을 기울이게 된다. 이것은 현 제도와 상황 아래서라도 설교와 찬송의 일치를 최대한 노력하려고 하는 증거이다. 설교 내용을 찬송으로 노래하고 찬송으로 설교를 듣는 이 두 가지의 일치는 예배에 있어서 바람직한 일의 하나이다.

　이 135편 시는 그 구조와 그 내용에 있어서 설교와 찬송을 하나로 만든 대표적인 예라 할 수 있다. 이 찬송은 그 구조를 서론(1-4절), 본론(5-18절), 결론(19-21절)으로 나눌 수 있고, 또 그 내용도 서론부에서는 찬송을 해야 할 이유가 밝혀졌고 본론부에서는 찬양의 내용이 나왔고, 결론부에서는 하나님은 얼마나 우리 인간의 찬송을 원하시는가를 알려주고 있다. 이 135편의 시는 예배를 위하여 의도적으로 만들어졌기 때문에 창작성보다도 모방성 또는 다른 자료를 가지고 자기 것을 만드는 조작성이 강하게 나타난다. 이 시의 내용을 그런 면에서 살피면 이미 궁켈이 밝혀준 대로 이 시와 다른 시, 다른 성경과의 유사성은 다음과 같이 볼 수 있다.

135편 1절은 113편 1절, 2절은 134편 1절a, 3절 상반절은 54편 8절, 4절은 출애굽기 19장 5절과 신명기 7장 6절, 6절 상반절은 시편 115편 3절, 7절은 예레미야 10장 13절, 51장 16절, 10-12절은 136편 17-22절, 13절은 출애굽기 3장 15절, 14절은 신명기 32장 36절, 15-20절은 시편 115편 4-11절 등이다.

궁켈이 말하지 아니한 8, 9, 21절도 시편 78편 51절(8절), 신명기 6장 22절(9절), 시편 132편 13-14절, 128편 5절(21절) 등에서 가져왔다고 할 수 있다.

이렇게 보면 이 시의 작자는 독창성이 없는 것이 아니라, 실상 이미 선배들이 노래한 시구들을 자유자재로 자기의 작품에 적절하게 이용할 수 있는 자기 나름대로의 창작성을 가지고 있는 사람이다(1979년 11월 3일 박대통령의 국장(國葬) 예식 때, 강신명 목사가 성구로써 그 기도문을 만든 것도 이 시인에게서 배운 방법이라 할 수 있다).

우리가 시편에 관한 여러가지를 배우는 중 이 시인이 다른 시인의 말씀, 다른 성서 기자의 말씀을 자료로 하여 자기 나름대로 하나님 말씀 전달 방법을 사용한 것은 어느 시대 어떤 신자라도 사용할 수 있는 한 가지 성서 연구법이라 할 수 있다.

이 시인의 자랑은 이러한 문학 형식상의 문제만이 아니고, 그의 모조 작업에 나타난 그의 신앙과 신학의 건전성에 다시 한번 우리는 찬사를 아끼지 않을 수 없다. 이 시인은 이스라엘 신앙의 정통성을 파악하고 이를 예배 공동체에 전달하려는 사람이다. 이 시의 주제는 구원사의 하나님께 찬송을 드림이 우리 인간의 제일 되는 의무라 한다. 야웨 하나님의 계속적인 구원 행동을 나열한다. 이것을 다음과 같이 말한다.

"야웨는 무릇 기뻐하시는 일이면 무엇이나 다 행하셨다.
바다와 모든 깊음에서도 행하셨다."

하나님은 자기가 하고자 원하시는 일은 바다에서든지 모든 깊음에서든지 그 장소를 개의치 않으시고 행하셨다고 한다. 안개를 일으키는 일, 비를 주시는 일, 번개를 만드시는 일, 바람을 불게 하는 일 등 자연과 천기(날씨)에 관련된 모든 일들은 하나님이 그의 지혜와 능력으로 행하시는 것이다. 여기 이런 말에서 시인의 창조신학을 볼 수 있다. 자연의 창조와 그 신비스런 운영이 다 하나님의 하시는 일이라 알리고 있다.

그러나 그는 또한 인간의 역사에도 간섭하신다. 이스라엘이 출애굽 경험을 하게 될 때, 이스라엘을 위해서 구원 행동을 하시려고 할 때, 애굽의 바로와 그 신복들이 방해를 했다. 수난의 백성 이스라엘을 해방시켜 가나안 땅으로 인도하고자 함이 하나님의 원하시는 일이었다. 그러나 애굽의 바로와 그의 신하들이 이를 막았다. 그래서 그들의 장자를 치시고 이적과 기사를 보여 이스라엘을 애굽에서 건져내셨다. 하나님의 구원 의지는 이 세상의 아무 것도 막을 수 없다. 그 뜻을 막는 장애물은 하나님의 징계를 받을 수밖에 없다.

출애굽을 기적적으로 하고 가나안 땅으로 들어갔을 때, 이 길 역시 가나안 원주민들의 왕들이 막았다. 이스라엘을 위하여 이미 그 선조들에게 약속한 대로 그 땅을 주시고자 했으므로 그 방해자들을 물리치시고 가나안 땅을 그들에게 유업의 땅으로 주셨다.

"그가 많은 나라를 치시고 강한 왕들을 죽이셨다"(10절)고 함은 하나님의 구원의 역사가 끝까지 이스라엘을 위하여 주어졌음을 말한다.

이러한 특수한 사랑은 이스라엘이 자기 백성이요 그들을 긍휼히 여기셨기 때문이라 한다(14절).

야웨 하나님이 지나치게 이스라엘만을 사랑하는 듯함은 비이스라엘 사람의 질투와 시기를 자아낸다. 애굽의 바로가 그들의 종 이스라엘을 해방시키지 않고 붙잡아 두려는 것은 정당하지 않느냐. 출애굽을 한 이스라엘을 추격하던 군대들을 홍해에 몰사케 함은 하나님의 잔인성이 아닌가 할 수 있다. 그러나 우리는 이러한 불법과 잔인성 이전에, 애굽 사람들이 나그네로서 살고 있는 이스라엘 사람들의 인권과 생존권을 박탈하고 있었던 그 불법과 잔인성을 먼저 생각해야 한다. 그들의 남자 아이는 학살을 당하고 그들은 종처럼 중노동으로 혹사당하고 그들의 삶의 희망이 끊어지도록 학대하고 핍박한 바로의 권력의 횡포에 대한 하나님의 징계는 정당한 것이었다.

여기 하나님의 편애가 보이기는 하지만, 이 이스라엘이 자기들의 하나님에게 죄를 짓고 불충했을 때는 자기 백성인 이스라엘이라도 멸하신 것을 우리는 안다. 하나님의 긍휼은 절대로 하나님의 정의와 무관한 것이 아니다. 이스라엘을 "자기의 특별한 소유로 택했다"(4절)는 이 선택 사상은 결코 하나님의 사랑의 맹목성이 아니다. 이 선택의 영광에 해당한 의무와 사명을 다해야 한다. 이것은 이스라엘로 하여금 그들을 자기 백성으로 선택하시고, 그들을 위하여 구원 행동을 하시고 이스라엘을 긍휼히 여기시는 하나님이 어떤 하나님이시며, 이 하나님께 대한 이스라엘의 책임이 무엇인가를 알게 하고자 함이었다.

이스라엘이 왜 야웨를 찬송해야 하는가.

그것은 "그는 선하시고 그 이름이 아름답기"때문이다(3절). 이 야웨의 이름은 이스라엘이 영원히 지키고 높일 이름이다. 그것은 "주의 이름이 영원하시기" 때문이다(13절).

그러므로 이 시인은 이 하나님을 어떻게 바르게 숭상할 수 있을까 함을 예배 공동체에 알리기 위하여 시편 115편에 밝혀진 우상의 허무성을 되풀이하지 않을 수 없다. 세계 모든 나라와 백성은 금과 은으로 만든 우상을 섬긴다고 해도, 이스라엘은 그렇게 할 수 없다(15-18절).

이스라엘은 다만 야웨를 찬송할 백성이다. 하나님은 시온에서 찬송을 받으실 하나님이시다. 하나님 이외의 다른 신에게 찬송을 드리는 것은 스스로 저주를 받는 길이다. 그것은 찬송 그 자체가 축복이기 때문이다.

제 136편
감사의 노래

Psalm Meditation

"야웨께 감사하라.
그는 선하시며
그 인자하심이 영원하시다"(1절).

        이 시는 독자들에게 "감사"가 무엇이며 어떻게 감사하며, 무엇을 감사하며, 또한 왜 감사해야 하는지를 밝히 보여준다. 시편에는 상당히 많은 시가 "감사시"로 분류될 수 있으나, 이 136편은 감사시의 표준형이라 할 수 있을만큼 완벽하다. 여기 나타난 신앙은 이스라엘의 고대 신앙고백을 대부분 가지고 있다. 다시 말하면 이스라엘 신앙 역사 중 최고(最古)의 신앙고백은 신명기 26장 5-9절에 나타났는데, 이 136편은 신명기의 그 고백을 그대로 이어받아 이스라엘 사람이 대대로 무엇을 하나님께 고백해야 할 것인가를 알려준다. 그러나 폰 라트(Von Rad)가 그의 「6경의 양식사 문제」에서 밝힌 바 대로, 이 136편은 고대의 신앙고백을 확대시킨 것이라 할 수 있다.

    내용을 살피기 전, 이 시의 문학형식에 관계된 것을 살피면 이 시의 구조는 아주 단순하다. 전체 26절은 똑같이 절마다 두 부분으로 나뉘어져 있다. 첫째 부분은 제사장이 앞의 노래를 부르는 것이고, 둘째 부분은 예배 공동체가 한 목소리로 함께 제창을 하는 것이다. 이런 교창(交唱)의 형식은 예배 대중을 한 덩어리로 묶는 데 비상한 효과를 나타내고 있다. 비록 노래 자체는 두 부분으로 나누어져 있어도 그 양자는 서로 떠날 수 없는 관계로 내용이 꾸며졌다. 즉 제사장이 독창으로 감사의 내용을 알려주면, 일반 대중이 "그의 인자하심은 영원하시다"(르올 람 핫스도우)하며 감사의 이유를 말해 준다.

이 136편은 135편과 같이 구약의 다른 사람의 시와 다른 책의 말씀을 구구절절이 빌어 온 모자이크식 구성이다. 시인의 모방적 창작성이 크게 나타난 작품이다. 이것은 단순히 다른 사람의 시구(詩句)를 빌어와서 보존하는 의미만이 아니라, 이스라엘의 고대 신앙 중 아름답고 중요한 대목들을 이런 방식으로 기억하게 하고, 또 그 신학적 가치를 대대로 전수시키는 작업을 하고 있다고 할 수 있다.

이 시도 135편과 같이 찬송과 설교의 밀착된 관계를 보여주고 있다. 찬송이 설교와 같이 서론, 본론, 결론으로 구성되었다고도 할 수 있고, 설교 자체가 서시, 본시, 끝맺는 시 등 세 부분의 찬송으로 구성되었다고 할 수 있다.

대체로 1-3절은 서론, 4-25절은 본 시의 내용, 마지막 절(26절)은 결론이라 할 수 있다. 이 시의 몸체인 4-25절은 4-9절, 10-15절, 16-25절 등 3부로 나눌 수 있다. 첫째 부분(4-9)은 야웨 하나님이 창조주이시라는 내용, 둘째 부분(10-15절)은 야웨가 역사의 주인이라는 내용, 그리고 마지막 부분(16-25절)은 야웨 하나님이 고난을 물리쳐 주시는 분임을 알려주고 있다.

이 시는 감사시이지만, 감사 그 자체보다 우리의 감사를 받으시는 하나님이 누구이며, 어떤 일을 하셨기에 우리의 감사를 받기에 합당하신가 함에 생각을 모으고 있다. 이 점이 우리들의 감사 정신과 다소 차이를 가진다. 우리가 감사절을 지킬 때, 성전 제단 옆이나 앞에 무, 배추,

시편 명상

사과, 배 등 하나님이 우리 인간에 주신 물질과 물건을 쌓아 두고 감사절을 지킨다. 물론 이런 것을 받은 우리 신도들은 그 물질 때문에 감사를 하지 않을 수 없다.

그러나 물질 때문에 감사를 한다는 인상이 너무 노골적이다. 흉년이나 어떤 다른 재난으로 그런 물질을 갖추지 못한다 해도 감사는 여전히 해야 한다. 오히려 그런 물질은 없어도, 이 부족한 인간에게 천하보다 귀한 생명을 아직 연장시켜 주셨고, 이 죄인으로 하여금 하나님의 사랑에 접하게 하고, 죄의 용서를 받고 옳은 길을 알고 걸어갈 수 있는 그리스도 신앙을 남다르게 주신 것을 감사할 수 있어야 한다. 그러니 감사절에 우리는 지나치게 물질을 내세우는 일을 삼가야 할 것이다. 무엇을 얼마 받았으니 내가 얼마를 감사한다는 계산이 우리의 감사하는 마음에 좌정할 수 없다. 요즘 교회는 감사절에 교회의 예산을 초과하는 헌금을 하는 것으로 감사절을 잘 지켰다고 생각하는 데 그런 사고(思考)는 버려야 할 것이다. 감사는 물질 때문이 아니라, 그 물질을 주시는 하나님 때문에 감사를 해야 하는 것이다.

이 136편 시인은 하나님이 무엇을 하셨다는 것을 하나 하나씩 열거하고 있다. 그러나 이런 일을 해 주시지 않았으면, 감사하지 않겠다는 생각은 여기에 나타나지 않는다. 왜냐하면 전체 시에 그가 주신 물질이나 그가 하신 고마우신 일보다 더 하나님에 대한 생각을 함이 나타나기 때문이다. 이 점이 이 시의 서두에서 잘 나타난다. 이 서론은 하나님을 예찬하는 시이다.

"야웨께 감사하라. 그는 선하시며 그 인자하심이 영원하시다"는 구절이 전체 시의 구조를 이루고 있다. 이 구절에는 감사의 내용이 물질이 아니라, 하나님이시다.

"이 하나님은 모든 신에 뛰어나신 하나님이시다." 세상에 신이 많지만, 시인이 믿는 하나님이 가장 훌륭한 신이라 고백하고 있다. 어떤 신과도 비교할 수 없다는 것이다.

"모든 주에 뛰어나신 주님이시다." 세상과 인간을 지배하는 주인은 많다고 하지만, 이 모든 주인보다 더 훌륭한 주인이 하나님이시니 감사할 일이 아니냐는 것이다. 여기 "유일신"이란 말이 나오지 않는다. 그러나 이 시의 서론 전체에서 이스라엘의 야웨 하나님이 세상에 으뜸가는 하나님이심을 자랑하는 유일신 사상이 강하게 표현되었다. 제 2 이사야는 이 유일신 사상을 다양하게 표시했다.

"나, 곧 나는 야웨라. 나 외에는 구원자가 없느니라"(사 43:11).
"나는 처음이요 마지막이라. 나 이외에는 없느니라"(사 44:6).
"너희가 나를 누구에게 비기며, 누구를 나와 같다 하겠느냐"(사 40:25).

이 시인은 이러한 제 2 이사야의 유일신 사상을 의심없이 받아들인 사람이다. 이러한 유일신 사상으로 이 시를 시작하여, 그 내용은 왜 야웨 한 분만이 신이 될 수 있느냐. 그 이유를 창조와 역사에서 그리고 개인들의 생활 경험에서 다양하게 볼 수 있다는 것을 정열적으로 나열하고 있다.

이 하나님이 하신 일이 무엇인가.

첫째는 창조의 과업이다. 하늘, 땅, 물, 큰 빛인 태양, 달과 별들, 그리고 낮과 밤이다. 자연 만물은 하나님의 창조에 의하여 생겨났고 하나님의 명령에 따라 운행하고 하나님은 낮과 밤을 만들어 세월이 가게 한다.

그러나 이 하나님은 자연을 창조하고 지배하심만이 아니다. 인간의 역사를 지배하시고 간섭하신다. 이 세상의 권력자의 횡포를 용납하지 아니하신다. 강한 자를 치시고 약한 자를 돌보신다. 이스라엘을 애굽에서 탈출시켜 민족 해방의 기쁨을 가지게 한 것은 모세의 지도력이나 백성들의 단결의 결과가 아니다. 야웨 하나님이 그들을 압박의 쇠사슬에서 풀어 인도해 내셨기 때문이다.

"애굽의 장자를 치고 강한 손과 펴신 팔로 홍해를 가르시고 바다를 육지처럼 지나가게 하신 하나님의 돌보심 때문이었다. 이 탈출을 방해한 바로와 그 군대는 바다에 빠지게 하셨기 때문이다."

홍해를 기적적으로 건너게 된 이후, 광야 40년의 생활은 더 큰 고통의 길이었다. 그러나 그 광야를 무사히 지낸 것도 하나님의 돌보심 때문이었다. 더욱이 가나안 땅의 원주민들의 강한 저항을 받았으나, 이 적들도 하나님이 무찔러 주셨다. 그리하여 그들의 선조에게 약속하신 그대로 가나안 땅을 그들의 기업의 땅으로 가질 수 있게 하셨다. 진실로 이스라엘은 본래 비천한 한 작은 민족이었으나 그들의 역사에 부닥친 온갖 시련과 고통에 망하게 하지 않고 오히려 그들을 더 크고 강한 민족으로 만들어 하나님의 계약의 백성으로 만드셨다.

이러한 이스라엘의 역사를 회고할 때, 그들은 이 하나님께 감사하지 않을 수 없었다. 그 인자하심, 그 사랑, 그 은혜, 그 은총이 너무 크고 고마워 감사하지 않을 수 없었다.

이런 이스라엘의 감사 찬송을 읽고 난 우리의 소감은, 왜 하나님이 이스라엘만을 사랑하셨느냐. 하나님은 편애(偏愛)를 하셨다고 불평도 할 수 있으나, 우리가 구약 여러 곳에서 보는 대로, 이스라엘 민족과 그 역사는 다만 하나님 자신의 계시를 인간들에게 보여 주시는 도구로 사용하셨다. 어느 민족이든 하나님의 은총과 사랑을 받을 수 있는 길은 구약에서 이미 열려져 있었다. 신약에 와서 이 길은 더욱 분명해졌다.

우리 나라의 역사를 회고할 때, 우리는 감사할 일이 없는가. 앞으로 우리들의 감사절 노래로는 이런 찬송이 불러져야 할 것이다.

> 하나님께 감사하라.
> 그는 선하시고 그 인자하심이 영원하시다.
>
> 삼천리 강산을 주신 하나님께 감사하라.
> 그는 선하시고 그 인자하심이 영원하시다.
>
> 슬기롭고 용감한 민족사를 기록하게 하신 하나님께 감사하라.
> 그는 선하시고 그 인자하심이 영원하시다.
>
> 거듭되는 외적의 침략에서도
> 지켜 주신 하나님께 감사하라.
> 그는 선하시고 그 인자하심이 영원하시다.
>
> 8·15 해방을 주신 하나님께 감사하라.
> 그는 선하시고 그 인자하심이 영원하시다.
>
> 6·25 때도 망하지 않게 하신 하나님께 감사하라.
> 그는 선하시고 그 인자하심이 영원하시다.
>
> 유신체제 오랜 독재도 물러나게 하시고
> 자유와 민주의 새 역사의 장을 열어주셨으니
> 그는 선하시고 그 인자하심이 영원하시다.

제 137편
버드나무에 수금을 걸다

"바벨론 강변에 앉아
시온을 생각하고
우리는 울었다.

그 언덕 버드나무 가지에
우리의 수금을 걸어 놓았다"(1-2절).

　　　　　이 시만큼 우리 한국의 애국심을 자극하는 노래는 없다. 여기 있는 시의 내용을 우리들의 환경에서 고쳐 불러 보면, 이것은 바로 우리 민족의 수난사를 보여준다.

북해도 탄광에서나
만주 벌판에서
서울을 생각하고
우리는 울었다.

저기 버드나무 가지에
우리의 퉁소도 달았다.
우리의 장구도 달아버렸다.

아, 우리를 징용해 온 이 자들이 즐기도록

어찌 양산도를 부르리!
어찌 아리랑을 부르리!

내 조국 노랫가락을 이 이역(異域)에서 부를진대
내 혀여, 입천장에 붙어버려라!
내 겨레의 노래에 맞추어 장구를 칠진대
내 손가락이여, 장구에 붙어버려라.

이렇게 비교할 수 있는 137편 시는 구약성서 중에서도 가장 뚜렷한 민족애(民族愛)를 보여준다. 한편으로 너무도 지나치게 좁은 민족주의 정신이 나타나고, 심지어 이 시 마지막 두어 절은 너무도 강한 복수심에 비수처럼 빛나고 있다고도 할 수 있다. "원수를 사랑하라"는 복음서의 정신에서는 너무도 거리가 먼 속된 노래라고 단정해 버릴 수 있다.

그러나 이 시 137편은 여기 나타난 복수심을 전달하려고 기록된 것이 아님을 알아야 한다. 복수심은 어느 사회에도 있는 것이지만, 여기 이 시에 나타난 중요한 의미는 복수심의 시시비비(是是非非)가 아니다. 한 민족이 다른 민족에 의하여 나라가 망하고 역사가 중단되고 그들의 성소가 훼파되고, 그 강한 민족 때문에 약한 민족의 삶이 송두리째 파괴 되어 역사와 전통을 대대로 이어간 자기들의 본국에서는 살 수 없고, 그 강한 자의 무력 앞에 굴복한 한 패배자로서 정복자의 땅으로 사로잡혀 갔을 때, 그 포로된 사람의 마음속에 원수를 사랑하자는 생각을 할 사람이 과연 있을 수 있는가. 시편의 시인이라고 해서 인간의 본성을 초월한 성자나 천사일 수는 없다.

이 시에 이스라엘 백성을 사로잡아간 에돔의 후손 바벨론 사람들에 대한 적개심과 복수심을 노골적으로 표시한 것은 오히려 자연스러운 일이다. 우리는 "원수라도 사랑해야 한다"는 원리만 가지고 인간의 현실을 이해할 수 없다. 원리는 그래야지만, 현실적인 경험과 관련성은 그렇지 못하다. 이것이 약점이다. 또한 인간의 악한 소질의 노출이지만, 이 노출은 시인이 얼마나 인간적이냐 함을 보여준다. 원수를 저주할 정도로 당한 수난!

더욱이 이 시에 나타난 "우리를 사로잡은 자"와 "우리를 황폐하게 한 자"들이 (3절) "자기들을 위하여 노래를 부르라"는 것은 침략자요 정복자인 바벨론 사람이 자기만 생각하고 수난의 무리들의 사정은 전혀 생각하지 않는 것이다. 이 포로민들은 자기들의 슬픔을 달래고 괴롬을 풀 수 있는 길이 없어 오직 자기들의 하나님 야웨께 호소하는 찬송을 부르고 찬송 속에서 자기들의 안타까운 사정을 고해 바쳤다. 이 하나님과의 거룩한 관계를 위하여 저들에게는 악기도 필요했고 혀를 움직여 찬송도 할 수 있었다. 그들의 수금이나 혀가 정복자를 기쁘게 함에는 쓰여질 수 없었다. 이것은 인격모독이었고 인권(人權)의 유린이었다. 이것은 수난민의 비극적인 현실에 눈을 감는 일인 동시에 이 수금과 목소리로써 그들이 찬양하는 하나님께 대한 모욕이요, 또한 그 하나님을 인정하지 않는 태도였다. "시온의 노래"와 "야웨의 노래"는 침략자의 흥을 돋우기 위하여 부를 노래는 아니었다. 이 거룩한 노래들은 인간의 오락을 위해서가 아니라, 하나님께 예배하기 위하여 지은 것이었다. 진주를 어찌 개들에게 줄 수 있느냐 함과 같은 질문을 할 수 있었다.

이 시는 앤더슨(M.M. Anderson)의 말과 같이 "쇼비니즘(맹목적 애국주의)의 표현은 아니다. 오히려 하나님의 약속에 대한 용기있는 신앙을 표현한 것이라 하겠다." 시인이 예루살렘을 잊을 수 없다하고 예루살렘을 자기의 가장 사랑하는 것보다 더 좋아한다는 것은 이 예루살렘이 하나님의 정의와 영광을 유다와 만민들에게 보여주는 곳이 되기 때문이다.

시인은 하나님과 민족, 신앙과 애국을 혼동할 것이 아니라고 생각했다. 예루살렘이 적군에게 짓밟히고 그 성소가 무참하게 파괴되었지만, 이것은 하나님의 정의가 무력했기 때문이 아니고, 오히려 그의 정의가 적군을 예루살렘으로 불러왔기 때문이라 생각했다.

"우리가 바벨론 여러 강변에 앉아서 시온을 생각하고 울었다"고 함은 단순히 조국이 적군에게 패망했다는 정치의 비정 때문이 아니다. 오히려 이렇게 허무하게도 무너지고 말 만큼 조국이 정의의 하나님의 매를 맞게 되었다는 신앙과 충성의 문제 때문이다.

이 강변에서 시온을 생각하고 울고 있는 무리들은 비록 사로잡혀간 땅이지만 거기에서도 하나님께 예배를 드린다는 것이 얼마나 중요한가를 깨달은 사람들이다. 그들은 중노동에서 쉴 수 있는 조용한 한 시간을 짬내어 버드나무 그늘이 있는 곳에 옹기종기 모여 예배를 드린 것 같다.

그들의 찬송과 기도를 들은 바벨론 사람들이 거기로 달려와 이스라엘 사람들을 모욕한 것 같다.

너희 하나님이 어디 있느냐. 너희들의 신이 살아 있다면, 왜 그 백성인 너희들이 이렇게 남의 나라에 사로잡혀 오게 되었는가. 너희 신은 없거나, 무력하지 않은가. 이런 생각을 했기 때문에 바벨론 사람들은 그들의 예배의 의미나 가치를 멸시했다. 다만 그들의 수금과 노래는 자기들을 일시적이나마 흥겹게 할 수 있는 것으로만 생각했다. "우리를 기쁘게 해다오."

그러나 이스라엘 포로민들은 그들의 요구를 들어줄 수 없었다. "시온의 노래"와 "야웨의 노래"는 야웨 하나님의 영광과 그 은혜를 찬양하는 것이었다. 수금을 연주한다는 것은 그들 하나님께 대한 모독이었다. 그래서 "거기 있는 버드나무 가지에 걸어둘 수밖에 없었다." "시온의

시편 명상

노래"를 그들 말대로 부른다는 것은 시온과 야웨를 잊어버리는 것이었다. 여기 시인의 강한 반항이 나타날 수밖에 없다.

"우리가 어찌 이방에서 야웨의 노래를 부를꼬."(4절).

내가 만일 너 예루살렘을 잊어버릴진대 수금을 연주하는 "내 오른손의 재주를 잊어버려야 한다."

"내가 예루살렘 너를 나의 가장 즐거워하는 것보다 더 사랑하지 않는다면, 노래를 부르는 내 혀는 차라리 입천장에 붙어버리는 것이 나을 것이다"(6절).

여기 철저한 신앙을 본다. 하나님께 바치는 충성을 본다. 장애인이 되어도 좋다는 강한 의지를 본다. 이렇게 야웨 하나님께 대한 사랑을 보여주기 때문에 이 시인은 그 사랑과 충성심을 모독하는 바벨론 사람에 대한 저주를 한다.

"그들의 어린이를 반석에 메어치는 자는 복이 있다"는 극단의 말을 한다. 이 바벨론이 기초에서부터 무너지기를 빌고 있다. 강한 민족주의의 표현이다. 철저한 복수심의 발로이다. 비복음적이다. 이런 저주를 말하는 자는 저주를 받기에 합당하다고 말한다.

그러나 이 약점과 감정적인 것이 이 시인의 인간성을 보여준다. 그러기에 장차 나타날 "복음"은 이 인간성을 승화시키는 성령의 역사일 것을 우리에게 알리고 있다. 예수는 자기를 못박는 자를 위해 기도하셨다.

높이 계신 분과 천한 사람

야웨, 당신은 높이 계셔도 / 천한 사람을 굽어보시며,
멀리 계셔도 거만한 자 아십니다(6절).

       높이 계신 분과 천한 사람과의 대화가 얽혀진 시다. 스스로 천한 자라고 생각하는 이 시인은 스스로 높이 계신 분에게 감사하는 심정으로 차 있는 것 같다. "내가 전심으로 주께 감사하며"(1절), "주의 이름에 감사하며"(2절), "땅의 열왕이 주께 감사하나이다"(4절) 감사하는 이 시인은 자신을 "환난 중에 다닌다"고 보며, 천한 자라 생각하기 때문에 그의 감사는 마음에서 우러나는 것이다. "전심으로 감사한다"는 말이 그의 감사의 정도를 보여준다. 이 "전심으로"의 표현은 신명기적인 것이다(신 4:29; 6:5; 10:12; 11:13 등).

    이 시인이 이렇게 전심으로 감사하는 이유는 "주의 말씀을 주의 모든 이름보다 높게 하셨기"(2절) 때문이다. 어떤 주석가는 "말씀"이란 말을 "야웨의 은혜로운 행동"(엡 3:20과 비교하여)으로 읽으며, 또 크라우스는 이 구절을 "모든 하늘 위에 당신의 말씀을 높이셨나이다."로 읽는다. 외스털리는 이 구절에 나온 "말씀"이란 말을 생략해 버리기도 했다. 이렇게 이 2절 끝부분이 모호하지만, "당신이 하신 말씀(약속의 말씀–공동번역)은 이 세상 모든 이름보다 뛰어나기 때문에 나는 감사하지 않을 수 없다"는 뜻으로 읽을 수 있다. 이 시인의 감사 이유는 하나님이 한번 하신 약속은 언제나 그대로 이루어 주시니 감사할 수밖에 없다는 것이다. 우리 신자들은 하나님의 약속을 믿고 사는 사람이다. 이 약속은 하나님의 말씀 속에 알려진 것이다.

"수고하고 무거운 짐진 자들은 다 내게로 오라. 내가 너희를 편히 쉬게 하리라"(마 11: 28). 이런 약속은 그 말씀대로 믿는 사람에게 꼭 이루어주신다. 성서는 처음부터 마지막까지 하나님의 약속의 말씀으로 차 있다. 이것은 신자들이 감사할 수 있는 최대의 조건이 아닐 수 없다.

이 시인의 또 다른 감사의 조건은 "내 영혼의 강함"을 주시기 때문이라 했다. "영혼에 힘을 주신다"는 것은 하나님의 약속의 말씀에 흔들리지 아니하고, 그것을 굳게 믿는 것을 말한다. 공동번역에 "힘을 한껏 북돋우어 주신다"는 말보다는 좀더 구체적인 것이다. 하나님의 은혜를 "입은 사람으로서 지켜야 할 일을 든든히 할 수 있다"는 것이다. 이 든든함은 다만 우리 육체의 힘을 돕는 일에서 되는 것이 아니라, 다만 우리 영혼을 강하게 지켜 주심에서 가능하다. 우리가 하나님께 감사할 일은 우리 영혼이 쇠약하거나 병들지 아니하고 든든히 설 수 있는 강한 힘을 날마다 받는 일이다. 우리의 기도와 우리의 예배는 우리 영혼의 힘을 든든하게 하는 일이다. 진실로 이 일은 감사할 조건이다.

이 시인의 감사의 가장 큰 이유는 6절 말씀이다.

"하나님은 높은 데 계시는 분이지만, 낮고 천한 인간의 사정을 깊이까지 아시고 멀리 계셔도 이 땅 위에서 교만한 자들이 저지르는 횡포를 아시고 계신다." 하나님이 높은 데 계신다는 것은 공간적인 의미로만 해석할 것이 아니다. 오히려 하나님은 모든 것 위에 계신다고 할 만큼 높고 거룩하게 구별되신 분이다. 시인이 이 "높이"에 대하여 말했다.

"야웨 우리 하나님 같은 자가 누구리요. 높은 위에 앉으셨으나 스스로 낮추사 천지를 살피시고 가난한 자를 진토에서 일으키시며 궁핍한 자를 거름 무더기에서 드신다…"(시 113:5 – 7).

인간은 감히 접촉할 수 없는 거룩함과 고상함에 거하시는 하나님이시지만, 이 세상의 가장 비천한 자들, 가난한 자, 궁핍한 자를 그 천함에서 일으켜 높이 세워주신다고 했다. "교만한 자를 아신다"는 것은 교만한 자들의 말로를 아신다는 뜻인데, 그 말로는 하나님의 징계를 받아 높아졌던 그만큼 낮아지고 마는 것을 말한다. 이러한 사상은 사무엘의 어머니, 한나의 기도문 속에 잘 나타났다(삼상 2:7-8).

"여호와는 가난하게도 하시며 부하게도 하시며, 낮추기도 하시며 높이기도 하신다. 가난한 자를 진토에서 일으키시며 빈핍한 자를 거름더미에서 드사 귀족들과 함께 앉게 하시며 영광을 차지하게 하신다."

이 시인은 하나님은 사람들이 만들고 있는 빈부귀천의 질서를 하나님의 능력에 의하여 바꾸어 놓으실 수 있음을 말한다. 우리가 하나님께 감사할 이유는 권력을 가진 자가 그 권력을 무한정으로 가지는 것이 아니라는 것이다. 하나님은 권력을 가진 자나 부한 자를 하루 아침에 넘어지게 하신다. 또한 가난하고 비천한 자가 언제까지나 수모와 천대를 받고 살아가야 함은 아니다. 거름더미에서 일으켜 주셔서 높고 영광스런 위치로 올려주신다고 했다. 인간 질서의 변동이다. 이러한 변동이 사람의 손으로 되기보다 하나님의 손으로 되어지는 것일진대 인간이 이 하나님께 대하여 어찌 감사하지 않을 것인가.

이러한 감사를 드리는 이 시인의 역사적 배경은 어떤 것일까.

이 시 자체의 저작된 동기를 보여주는 명확한 증거들은 제공되지 않고 있다. 다만 이 시인의 감사가 자기의 과거 경험에 근거한 것만은 확실 한 것 같다. 이 시인은 자기 자신의 환난을 경험했고(7절), 그가 천민이었다고 추측하는 것도 가능하게 하며(6절), 권력자들의 교만한 모습들에 혐오를 느낀 사람이다(6절). 그는 어려움 중에서 하나님의 오른손이 구원하실 것을 확신했던 사람이다(7절).

그러나 이 시인은 현재 고난 중에서 신음하지 않고 그 어려운 경험은 이미 다 지나갔고, 이제 성소에서 그 과거에 괴로웠던 일들을 회상하며 감격에 젖어 있는 사람이다.

"내가 주의 성전을 향하여 경배하며 인자하심과 성실하심을 인하여 주의 이름에 감사한다"(2절)는 사정은 분명히 과거의 수난을 회상하며 용솟음치는 감사의 심정을 금할 수 없어 이 감사의 노래를 부르게 된 것이라 하겠다. 이 시인은 예루살렘이 무너짐과 함께 조국이 바벨론에게 패망되는 것을 직접 경험했다. 또한 그 자신도 다른 동포와 함께 바벨론으로 사로잡혀 가서 포로 생활의 쓰디쓴 경험을 했다. 뿐만 아니라 페르샤 왕 고레스가 일어나 바벨론의 세력을 누르고 패권을 잡게 되어 포로민들을 다시 고국으로 귀환시키는 칙령을 발함으로써, 돌아온 사람들이 다시 무너진 성소를 새로 세우고 옛날과 같이 이 성전에서 모든 절기를 지키고 예배를 드리게 됨을 몸소 체험한 시인이라 하겠다.

그는 바벨론에서 "신들"을 보았다. 사람의 손으로 제작한 신들을 보았다. 이 허무한 신들을 믿는 정복자들이 야웨 신봉자를 조롱하는 소리를 들었다. 그러나 야웨 하나님이 "손을 펴사 원수의 노를 막으시고 그의 오른손으로 자기를 구원하신다"(7절)는 것을 확실히 믿고 있었기 때문에 그는 "전심으로 주께 감사하고 신들 앞에서 주께 찬양한다"(1절).

70인 번역은 이 시의 제목을 "다윗의 시"외에 "학개의 시" 또는 "스가랴의 시"라고 했다. 헬라어 번역자들이 볼 때, "다윗의 시"라기보다 시 내용이 제 2 이사야 시대를 지나 유다 나라가 회복된 뒤의 사정을 알리고 있다고 볼 수도 있다. 크라우스는 1절 하반절에 나온 "신들"이란 구절을 해석하면서 이 시인이 말하는 "신들"이란 제 2 이사야가 바벨론에서 그 신들이 허무하다는 것을 여러 차례 말하고 있는 것과 관련이 있다고 본다. 이 시인은 바벨론 신들과 대조가 되는 능력 많고 은혜로우신 야웨 하나님의 구원과 그 성실함을 감사하고 있다.

제 139편
내 앉고 일어섬을 아신다

야웨, 당신은 나를
샅샅이 보고 아시나이다.

내 앉고 일어섬을 아시고
멀리서도 내 생각을 꿰뚫어 보시나이다(1-2절).

이 시에는 하나님과 시인의 개인적인 관계가 "안다"(7회), "감찰한다"(2회), "살다", "시험한다", "통촉한다" 등의 동사들로 표현되었다. 이것은 하나님이 무엇이나 다 아신다는 것을 고백함이다. 이것은 인간이 아무리 자기 혼자서만 아는 일이요, 아무도 모르는 비밀을 가졌다고 해도 하나님은 우리 인간의 속 생각까지 꿰뚫어 아시고 계신다는 것이다. 그러므로 인간은 하나님 앞에서 아무것도 숨길 수 없고 또 아무리 하나님을 피하여 숨고 도망쳐도 하나님은 그 모든 것을 모르심이 없이 다 아신다는 것이다. 하나님의 전지(全知)를 노래한 대표적인 시이다.

사람이 아무리 하나님을 외면해도 하나님은 우리 인간을 외면하거나 샅샅이 살피지 않는 순간이 없으시다고 한다. 참으로 놀랍고 무서운 사실이다. 이렇게 하나님의 전지(全知)를 무시하거나 불신하는 사람은 하나님 몰래 무엇을 한다지만, 이 세상에는 하나님을 피하여 숨을 곳도

582   시편 명상

없거니와 하나님 모르게 할 수 있는 일도 없음을 말하고 있다. 이제 우리는 139편 시 자체 안에서 가르치고 있는 이 놀랍고도 신비한 교훈을 살펴보자.

(1) 야웨는 우리의 생각과 행함을 다 아신다 (1-6절)는 내용을 먼저 소개한 다음,

(2) 이런 하나님 앞에서는 그의 존재를 피하여 땅 위로나 밑으로나 비록 하늘 공중으로 간대도 숨을 곳이 없는 하나님의 무소부재(無所不在)를 증언하며 (7-12절),

(3) 이러한 무소부재하신 전지전능의 하나님을 증명할 수 있는 것은 이 우주 만물을 보기 이전에, 우리 인간 한 사람 한 사람이 어떻게 신비한 하나님의 창조의 지혜에서 형성되었고 또 그 생명을 유지하고 있는가를 보아서 알 수 있음을 말하고 있다(13-18절).

(4) 마지막으로 이 시인은 이런 하나님을 몰라 보고 반역하는 악인을 어떻게 하나님이 용납할 수 있겠는가. 그는 알아야 할 것도 모르고 행해야 할 일도 못하는 존재니, 하나님의 징벌을 받아야 할 자임을 말하고 있다(19-24절).

이 시는 "다윗의 시"라고 했지만, 학자들은 이 시에 사용된 히브리어는 순수한 히브리어라기보다 욥기에서와 같은 "아람어" 형태가 많이 나타난다고 한다. 이 시는 "감사시" 또는 "찬송시" 등으로 생각되지만, 전체 시에서 강조되고 있는 하나님에 대한 올바른 이해를 촉구하는 내용으로 보아 "지혜시" 형태의 시형을 가지고 개인적인 신앙 경험을

통해서 지어진 시가 일반 신도들에게 하나님의 전지전능과 무소부재를 가르치려는 목적에서 성전 예배 의식에 채용된 공중 찬송가로 만들어진 시라고 하겠다. 그러나 이 시가 창작될 당시는 개인적인 경험에서 찬송시 또는 감사시 형태의 것으로 되었다가 공중 예배용 찬송가로 채택된 이후에는 "지혜시"로 된 것 같다.

이 시에는 우리들이 반드시 알아야 할 것을 가르치고 있다. 하나님이 모든 것을 다 알고 계시고, 하나님이 어느 곳에나 계시고, 하나님이 우리 인간을 신비하게도 인간 자신이 알기 전에 알고 계셨다는 것을 알리는 이 시는 하나님께 대한 지식을 바로 가르치는 시이다.

이 시인이 "이 지식이 내게 너무 기이하고 높아서 내가 능히 미치지 못하나이다"(6절) 한 것은 이런 지혜를 말한다.

우리 인간은 하나님의 사랑, 자비, 은혜, 용서 등을 생각하는 나머지 그가 우리 속 생각을 샅샅이 다 살피고 계신다는 것을 대수롭지 않게, 생각하는 경우가 많다. 그러나 하나님의 사랑과 자비, 그 은총과 용서하심에 대한 인간의 진실성이 반영되어야 한다. 우리의 앉고 일어섬을 아시고 멀리서도 우리 생각을 꿰뚫어 보신다는 것을 안다면, 우리는 순간마다 우리의 생각과 행동을 삼가야 한다. 하나님이 이렇게까지 우리를 깊이 소상하게 아신다면, 사실 우리는 한없이 불안한 위치에 있다. 우리는 한 순간이라도 우리 마음대로 우리 소원대로 우리의 이익만 찾고 우리만을 즐겁게 하고, 우리만을 만족시키는 일을 할 수 없다. 하나님이 과연 이러한 우리의 이기적인 생각과 행동을 용납하실 것인가. 절대로 그럴 수는 없다. 하나님은 공평과 정의, 정직과 진실을 원하신다. 하나님의 뜻에 어긋나는 일은 할 수 없다.

"나의 길과 눕는 것을 감찰하시며 나의 모든 행위를 깊이 아신다"(3절)고 할 때, 우리의 생각과 행동은 그가 원하는 방향에서 되어야 한다. "내 혀의 말을 알지 못하는 것이 하나도 없다"(4절)고 하심은 우리가 입으로 하는 말을 되는 대로 할 수 없음을 말한다. 우리 말은 진실해야 하고 부드러워야 하고 정직해야 하고 또한 다른 사람을 유익하게 하고 도와주는 말이 되어야 한다.

"주님이 나의 앞과 뒤를 두르고 계신다"(5절)고 하니 나는 어디를 가나 나 혼자 가는 것이 아니고 하나님과 동행하고 있음을 가르친다. 하나님은 나의 전후 좌우, 내 속과 내 바깥에서 나와 함께 계심을 말한다. 그렇기 때문에 내가 혼자라고 해서, 누가 보지 않는다고 해서, 또 나를 아는 사람이 한 사람도 없는 곳이라 해서 내 마음대로 행동할 수 없음을 말한다. 하나님은 나의 감시원이요, 나의 정보원이요, 나의 흥신소 직원이다. 하나님이 행동하지 않는 공간도 없거니와, 또 그러한 시간도 없다.

이 시인이 하나님의 밀착성, 한 순간도 이별이 없는 공존의 상황을 또 이렇게도 표시했다.

"내가 주의 신을 떠나 어디로 가며, 주의 앞에서 어디로 피하리이까"(7절).

요나의 얘기가 이 질문에 대답해 준다.

"주를 떠나 다시스로 피해 가도 주는 다시스 뱃길에서 요나를 만나신다."

엘리야처럼 하늘에 올라가도 하나님을 만나며, 죽은 자가 거하는 음부에 간다고 해도 거기서도 하나님을 만나게 된다고 한다. 새벽 날개를 타고 먼 바다 끝으로 간다고 해도, 하나님은 거기 계시는 것만이 아니라, 내 가는 길을 인도해 주신다고 한다(9-10절).

"비록 어둠 속에 사라져 버린다고 해도 주 하나님에게는 빛이나 어둠이 같으니 거기서도 하나님을 만나게 된다"고 한다(11-12절).

이 시인은 철저하게 하나님 의식으로 살고 있음을 보여 준다. 우리 삶 그 자체는 본래 하나님과 더불어 시작했고 이 하나님과 동행하여 일생을 보낸다. 험한 곳과 영광스런 곳에 하나님이 동행하신다는 생각을 철저히 하고 있다. 우리는 하나님의 동행을 얼마나 부분적으로만 알고 있는가! 우리의 기쁜 일, 자랑스런 일, 감사할 일에만 하나님이 동행 한다고 생각한다. 우리가 가난하거나 슬픈 일을 당하거나, 괴로운 일을 당하거나, 억울한 일을 당할 때는 하나님이 "나를 떠났다, 나는 하나님과 동행하지 않는다"고 생각함은 얼마나 잘못된 생각인가!

우리는 하나님이 어디나 계시다는 것을 믿어야 한다. 그러나 이 하나님은 나와 아무러한 상관이 없는 분으로 그저 거기 와 계시는 분이 아니시다. 내 생각을 아시고 내 앞과 뒤, 내가 하는 일, 내가 가는 길, 내가 눕고 서는 일, 여행하는 일까지도 친히 아시고 나와 동행하신다.

이렇게 나를 한 순간도 떠나지 아니하시는 하나님이 얼마나 고마운가! 사랑하는 사람도 나를 버리며, 부모도 돌아가시고 나면 나를 떠나고 내 자식들도 자기들 삶 때문에 나를 떠나고 만다. 하늘에까지 동행하시는 분은 하나님이시다. 부활하는 새 아침에 나를 깨우실 분, 나를 주의 나라의 잔치에 안내하실 분도 하나님이시라고 한다.

"아! 정말 우리 하나님이 이렇게 언제나 함께 하신다는 이 지식은 얼마나 보배로운가"(18절)

제 140편
고난당한 자의 한을

나는 압니다.
야웨, 당신은
고난당한 자의 한을 풀어주시며
가난한 자에게는 공의를 세워주십니다(12절).

이 시는 원수의 모략과 함정의 위험을 앞에 두고 몹시 괴로워하는 사람의 심정을 하나님 앞에 토로한 "탄식시" 또는 "고난시"의 하나로 볼 수 있다. 구구절절 읽는 사람들에게 아픔과 불안을 우선 실감하게 하는 시라 할 수 있다. 이 시에 사용된 용어들은 시인을 괴롭히는 인간들, 그 괴롭을 주는 갖가지 방법, 현재 당면한 위기에 이 이상 더 있을 수 없어서 안타까워하는 모습을 보여주고 있다.

악인들(1,8절), 강포한 자(1,4절), 교만한 자(5,11절), 시인을 에워싸고 있는 자(9절), 악담하는 자들이(11절) 시인과 마주대하고 있는 시인의 원수들이다. 이 원수들이 시인을 괴롭히는 방법으로는 "해를 가하기 위하여 계획을 하고"(2절), "싸움을 하기 위하여 매일 모이고"(2절), "혀를 날카롭게 함이 마치 그 혀 밑에 독사의 독을 품은 것 같다"(3절). 이 자들은 시인을 넘어뜨리기 위하여 그의 "걸음을 밀치려는 일"을 하며(4절), 시인을 해하려고 "올무와 줄을 놓으며 길 곁에 그물을 치며 함정을 두었다"(5절).

우리가 생각한 139편 시에 나타난 그 시인과 함께 계시고 동행하시는 하나님의 도우심과는 대조가 되게 이 시인의 주변에는 악인들이 떠나지 아니하고, 그들의 악의에 찬 함정과 모략과 폭행과 대결의 징조가 비수처럼 빛나고 시인을 패망케 하려는 악담이 독사의 독을 품은 혀처럼 시인 바로 눈앞에서 넘실거리는 광경을 볼 수 있다. 시인은 문자 그대로 살생의 기회에 포로된 절망적인 존재가 되어 있다.

　여기 우리는 진리와 정의를 위해 사는 사람들이 종종 맞이하게 되는 생의 위기를 그림처럼 볼 수 있다. 이 시인이 무엇 때문에 이런 악의에 찬 원수들의 불장난 속에서 위험하고 불안한 생을 보내는지, 시편 자체 속에는 언급이 없다. 그러나 이 시인이 이런 위험한 생의 순간에서 오직 하나님께만 자신을 맡기며, 그의 구원을 믿고 그가 이 "전쟁의 날에 그의 머리를 가려 주시고"(7절), 그의 하나님이 고난당한 자의 한을 풀어주시고, 그의 억울함을 바로잡아주시고, 공의를 세워주실 것을 믿고 있는 것을 보면, 그가 고난당하고 악의에 찬 공격과 모함을 당함을 다만 시인 자신이 악인과는 달리 진리 편에 서고 정의 편에 가담하여 오늘 죽더라도 바른 말은 해야 하고 원수의 올무와 함정에 빠진다고 하더라도 진실과 양심을 지키는 일이면 위험을 무릅쓰고 전진하고자 한 삶의 자세 때문이라 할 수 있다.

　역사의 교훈은 예나 지금이나 다를 바 없다. 자기 몸과 생명의 안일을 진리와 정의보다 앞세우는 사람은 생명의 위험도 받지 않고 모략하고 함정을 파는 원수도 없다. 이런 사람은 오히려 자기가 소원하는 이상으로 안전과 행운이 찾아와서 물질의 부를 누리며, 남을 지배할 권력을 누리며 자랑할 수 있는 영예를 차지할 수 있다.

　그러나 어느 사회에서나 바르게 살려는 사람은 물질적 가난을 경험

　　　　　　　　　　　　　　　　　　　　　　　　시편 명상

해야 하며, 고달프고 괴로운 삶을 살아야 하며, 때로는 원하지 않는 영어(圄圄)의 생활도 해야 하며, 수모와 천대를 받아야 한다. 그는 외롭다. 그를 해치려는 사람, 미워하는 사람이 많다. 하는 일마다 실패한다. 도움을 준 사람은 배신한다. 실수를 눈감아 주지도 아니하거니와 그것을 더욱 확대하여 그 사람이 망신당하고 넘어지도록 온갖 모략을 쓴다. 이런 모략에는 동조자도 많이 생긴다.

반대로 이렇게 수모와 고생을 하면서도 바르게 살려는 사람에게는 어떤 자랑스런 일이 생겨도 이것을 축하해 줄 사람도 없고, 남이 하지 못할 어떤 업적을 세워도 아무 것도 아닌 양 묵살해 버린다. 그러나 악인들은 동료의 실수도 덮어주어 좁은 범위, 가까운 시일 안에 그 실수를 잊어버리게 한다. 그 대신 조금이라도 잘한 일이 있으면, 크게 넓게 그리고 오래오래 세상에 알릴 수 있는 온갖 수단을 다 동원한다.

이러한 현대적인 경험적 사실에서 이 140편 시를 읽으면, "고난당한 사람의 한을 풀어주고 가난한 자에게도 공의를 세워 주시는 하나님께 대한 간구와 기도가 진리 편에 서고 정의 편에 서는 사람들에게 얼마나 위로와 힘이 되는가를 깨닫게 된다."

이 시인은 자기 사정이 거의 절망적이지만, 하나님께 대한 소망을 가지고 하나님은 자기 사정을 외면하시지 않고 오히려 구원의 손길을 주실 것을 확신하고 있다.

"내가 여호와께 말하기를 당신은 나의 하나님이시니
나의 간구하는 소리에 귀를 기울이소서"(6절).

이 고난의 시인이 호소할 곳은 오직 하나님이시다.
"당신은 나의 하나님"이라는 말을 할 수 있는 사람은 하나님과의 관계를 바로 알고 있는 사람이다. 많은 사람은 행복할 때, 안정되고 자랑스런 삶을 가질 때, "당신은 나의 하나님입니다"하고 그 행복을 감사한다. 그러나 고난의 폭풍이 몰아칠 때, 그 고난이 마치 하나님에게 원인이 있는 듯이 "어찌하여 하나님, 이런 괴로운 일을 내가 당해야 하옵니까"하고 "당신은 나의 하나님 되시기를 거부하시고 계신다"고 생각한다. 그래서 이 하나님과는 아무 상관이 없는 듯 불경, 불만, 저주까지 하게 되어, "당신은 나의 하나님이 아닙니다"하고 만다.

그러나 이 시인이 견딜 수 없는 위험과 모략과 함정 많은 길을 걸어가면서도 "당신은 나의 하나님이십니다"라고 한 이 말은 그를 구원시키는 유일한 힘이었고 소망이었다. 이 하나님이 고통 중에서 간구하는 시인의 기도를 들어주시기 때문이었다. 원수들의 비수 같은 악담과 독사의 독기를 품고 내뱉는 저주의 말을 들어도 "내가 너희 하나님이다"는 목소리를 더 확실히 들을 수 있었다. 시인의 억울함도 한스러움도 이 하나님이 풀어주시는 것을 믿었다. 이 시인의 주위 사람들은 깎아내리고 비난하고 작은 실수도 들추어 내어 사람들 앞에 공개적으로 망신시키는 것을 취미로 하지만, 하나님은 이 시인의 공의를 세워주신다. 우리의 선과 진실을 알아주고 우리를 비난하는 자들 앞에서 변호해 주고 악의에 찬 모략이 잘못되었다는 것을 선포하시는 하나님을 이 시인은 믿고 있다.

우리 속담에도 세 사람이 한 사람 바보 만들기 쉽다고 했다. 진실하지 못한 사람들은 서로 얽히어 서로 이용하기를 좋아한다. 그러나 이 사람들은 억울하게 고통당하는 사람을 변호해 주기는 꺼린다. 그 사람이 자기가 이용하고 또 도움을 받을 수 있으면, 그의 고통이 당연해도 억울하다고 변호하는 데 열을 내지만, 공정한 마음 자세로 고통당하는 사람을 변호하기는 싫어한다. 이러한 인간의 간사성을 생각할 때 이 세상 억울한 사람들의 고통과 한이 풀어질 수 없다.

그러나 하나님은 그렇지 않다. 언제나 하나님은 정의의 편에 서신다. 이 정의를 실현하기 위하여 하나님은 몸소 고통도 당하신다. 하나님의 고통을 보여주신 이가 예수 그리스도의 십자가 사건이다. 예수의 십자가 만큼 억울하고 한이 서린 고통이 어디 있으랴! 그러나 하나님은 십자가 위에 스스로 못박히시면서 (몰트만의「십자가에 달리신 하나님」참고) 우리 인간들이 당해야 할 고통을 대신 받으셨다. 이 십자가의 고통을 당하시므로 아무도 풀어주지 못하는 우리 인간의 한(恨)을 풀어주시고 우리에게 기쁨과 행복을 주셨다.

140편 시인은 이 십자가에 달리신 하나님까지는 알지 못했어도, 고통 당하는 자의 한을 풀어 주시고, 가난한 자를 대변하여 공의를 세워 주시는 자기 하나님을 굳게 의지한 사람이다.

제 141편
기도는 분향이다

내가 주께 부르짖을 때에
내 목소리를 들어주소서.

나의 기도가 주님 앞에
향불처럼 타오르게 하소서 (1절b-2절a).

시편 자체가 찬송과 기도의 내용을 어느 시에서도 보여 주는데, 이 141편 시는 그 내용이 악인의 모략과 함정에서 고난당하는 시인의 괴로움을 노래한 고난시 또는 탄식시라고 할 수 있다. 그러나 이 시가 가진 특색은 고통을 당하는 시인이 하나님 앞에 자기 사정을 아뢰는 기도가 얼마나 중요한가를 몸소 보여주는 것이다. 이 시인은 기도의 사람이다. "내가 항상 기도하리이다"(5절)에서 자기의 고난의 삶과 기도는 불가분의 관계가 있음을 보여준다. 5절의 "항상"은 "내 생명이 있는 동안"으로 읽을 수도 있다.

"그들의 재난 중에라도
내 생명이 있는 날까지 기도하리이다."

그러나 여기 "그들의 재난"이란 말은 누구의 재난인가. 그 앞에 나온 "의인"인가. 물론 의인이 불행한 일을 당할 때 그를 위하여 "내가 항상 기도한다"는 말도 되지만, 전체의 문맥으로 보아서 "의인의 재난"으로 읽기보다 "악인이 만드는 재난 또는 악행과는 달리 나는 항상 기도하리이다"로 읽음이 의미가 통하는 것 같다. 왜냐하면, 악인은 시편 여러 곳에서 의인을 대항하고 모함하고 그가 수치당하고 망하는 것을 원하기 때문이다(시9-10편만 보아도 알 수 있다). 악인은 이렇게 의인에게 악행을 한다고 해도 시인 자신은 악인과는 다르게 의인을 위하여 항상 기도하겠다는 말이다. 공동번역에는 5절 하반절을 "나의 머리 위에 악인들이 기름을 바르게 하지 마소서"라 하여 5절 상반절에 나온 의인의 하는 일과 대조시키고 있다.

5, 6, 7절은 이 시에서 가장 불분명한 원문을 가졌다. 이러한 불분명 속에서도 한 가지 명백한 것은 이 시인의 기도생활이다.

"내가 주를 불렀다", "내게 속히 임하소서", "내가 부르짖을 때에 내 음성에 귀를 기울이소서"(1절). 하나님과 시인이 밀실에서 서로 대면했거나, 성전 제단 앞에서 기도를 통하여 대화하고 있는 모습을 보여준다. 특히 2절은 그의 기도를 눈으로 볼 수 있는 한 제사의식, 제사행위로 말하고 있다.

"내 기도가 향불처럼 타오른다",

"내가 저녁 제사 때와 같이 두 손을 치켜 드나이다."

아론의 제사의식 중에 "아침마다 향기로운 향을 사르고, ……저녁 때도 향을 사른다"는 옛 일을(출 30:7) 기억할 때, 기도가 향불처럼 하나님 앞에 타올라간다는 것은 가장 인상깊은 기도행위이다. 이스라엘 제사 중 곡식과 기름을 제물로 드리며 그것을 불에 태워 향이 되게 함이 있다.

"이는 화제라, 야웨께 향기로운 냄새니라"고 했다(레 2:2).

과연 어떤 주석가들이(Weiser 같은 사람) 여기 이 141편 시에서 이스라엘 제사제도의 정신화를 볼 수 있다고 할 것인지는 의문이다. 이 시가 포로시대 후기 작품이기 때문에 성전에서 드리는 제사가 기도로 바뀌어진 흔적을 말한다고 한다. 그러나 희생물을 드리는 제사의식과 기도는 양자택일(兩者擇一)의 성격의 것이 아니다. 희생물을 드리는 구체적인 제사와 기도는 병행할 수 있었기 때문에 바이저(Weiser)의 생각이 반드시 옳다고 할 수 없다. 다만 우리는 이 시편 시인이 그 기도를 하나님이 흠향하시기 좋아하시는 향불처럼 올린다는 것은 기도에 대한 아름다운 상징이요, 그 기도의 구체성을 확실히 보게 한다고 하겠다.

향불의 냄새가 올라가는 것 같이 기도의 낱말들이 하나님께로 올라간다는 표상은 두 가지 큰 뜻이 있다. 하나는 이 기도를 하나님이 즐기신다는 것, 또 하나는 향불은 그 재료를 계속 향로에 넣어야 향이 타오르듯이 인간의 기도는 항상 계속되어야 한다. 아침과 저녁에 드리는 기도, 일정한 시간에 기도의 향을 피우는 영혼은 아름답고 튼튼할 수밖에 없다.

그런데 이 시인의 기도가 또 한 가지 가르쳐 주는 교훈은 그의 기도가 참회의 기도를 잊지 않고 있다는 것이다. 대체로 시편의 기도는 어려움에서 구출되기를 원하고 병에서 고침을 받고 위기에 건짐받고, 원수의 모략과 함정에서 벗어나기를 원하는 등… 구원과 도움을 간청하는 기도이다. 그러나 이런 간구를 하는 사람이 하나님 앞에서 자기의 약점과 죄를 고백하는 참회의 기도를 드림도 시편에서 발견할 수 있다. 이미 여러번 언급되었지만, 일곱 개의 참회시 같은 것은 그 대표적인 예이다. 이런 시편들은 기독교회에 참회의 기도를 가르쳐 주었다. 이 141편도 참회의 시라 할 수 있다. 이 시인의 참회는 자기 혀에 대한 관심이다. 혀로써 실수한 자신의 죄를 특히 기억하고 다시는 그러한 말의 실수를 하지 않도록 하나님께 구하고 있다.

"야웨, 내 입 앞에 파수꾼을 세우시고 내 입술의 문을 지키소서"(3절).

이렇게 말의 실수를 언급함에 있어서 이 시인은 이스라엘의 지혜문학의 지식을 가진 사람 같다.

"입을 지키는 자는 그 생명을 보전하나, 입술을 크게 벌리는 자에게는 멸망이 온다"(잠 13:3). 잠언 21장 23절에서도 유사함을 본다.

이러한 지혜문학의 영향을 받은 시도 이 시인과 같이 입술을 삼가는 일을 말한 것을 볼 수 있다.

"내가 혀로 범죄하지 아니하리라……내가 내 입에 재갈을 먹이리라"(시 39:1).

입에 파수꾼을 세우고 문을 지키듯이 입술을 지킨다는 표현은 아주 구체적인 상징이다. 이 시인은 자기 말을 철저히 삼갈 것을 하나님 앞에서 다짐하고 있다. 이것은 자기 속에 있는 악의 경향성에 대하여 경계하기 때문이다. 자기 마음이 악에 기울어서 죄를 지을까 조심하고 있다. 악인의 유혹에 넘어가지 않도록 도와달라는 기도를 하고 있다.

이것은 자기의 연약함을 염려함이다. 아무리 마음을 단단히 먹어도 악인의 유혹이 강하면, 자기도 모르는 사이에 악한 일에 물들고 만다. 이 시인은 스스로 자신있게 악을 이길 수 있다고 장담하기보다 자기의 연약함을 생각하고 하나님의 도움을 구하고 있다. 우리는 우리 힘으로 악인의 올무에서 벗어나기보다 하나님이 주시는 힘과 지혜로 벗어남을 알아야 한다. 우리는 "항상 기도하리이다"하는 시인의 자세를 본받아야 한다.

제 142편
그들은 나보다 강합니다

내 부르짖는 소리를 들으소서.
나는 너무도 비천하옵니다.
나를 핍박하는 자에게서 건져주소서.
그들은 나보다 강합니다(6절).

이 시는 그 내용을 보아 "개인 탄식시"로서 어느 경건한 사람의 개인적 고통을 노래한 시이다. 그에게는 "원통함"이 있고(2절), 호소하지 않을 수 없는 괴로움이 있다 (2절). 그는 말할 수 없이 상심한 사람이며(3절), 그를 해하려는 원수들의 올무로 인하여 전전긍긍하는 사람이다(3절). 그에게는 아무도 도와주는 자도 동정자도 없고 또 그가 당면한 이 괴롬에서 피할 길도 없다(4절). 그래서 그는 스스로 심히 비천하게된 사람으로 고백하며 그를 핍박하는 자에게서 건짐을 받도록 하나님께 애원하고 있다. 그는 실제로 감옥에 갇힌 사람으로 어서 속히 자유의 몸이 되는 날을 간구하고 있다 (7절). 자기의 의지할 분과 믿을 분은 오직 하나님 한 분밖에 없다고 고백하고 있다.

이렇게 고난의 궁지에 몰려, 자기를 괴롭히는 원수들과는 감히 비교할 수 없다고 생각하여 하나님께 호소한다. "그들은 나보다 강하나이다"(6절).

이 시인이 말하는 "그들은 나보다 강하나이다"라는 말은 이 시인만이 아니라, 이 불의와 악이 지배하는 세계에 사는 사람은 누구나 할 수 있는 말이라 생각된다. 출애굽 하기 전, 이스라엘 백성은 바로와 그 신하들에 의하여 모진 학대를 당했다. 이 때 이스라엘 백성이 할 수 있었던 말은 "주여, 그들은 우리보다 강하나이다"라는 것이다. 그러나 이 절망적인 호소를 하고서 그들의 애굽 계획이 좌절된 것이 아니었다. 비록 원수가 그들보다 강했지만, 이스라엘 백성은 홍해를 육지 같이 건너고 애굽을 탈출할 수 있었다.

엘리야도 마찬가지였다. 아합과 이세벨의 박해가 너무 견딜 수 없었다. "오직 나만 남았나이다. 그들이 내 생명을 찾아 취하려 하나이다"(왕상 19:10). 이 말은 곧 "그들이 나보다 강하나이다" 함과 같은 말이다. 그러나 하나님은 엘리야 편에 서시고 그를 도와 이세벨의 핍박에서도 살아 나게 하셨다.

"그의 우편을 살펴보나 아는 자 없고 피난처도 없고 돌보는 자도 없었다"(시142:4)고 한 시인을 건져주셨다. 하나님께 의지하고 그의 구원을 믿는 사람에게는 "그들이 나보다 강하다"는 말이 변하여 "내가 오히려 그들보다 강하게 될 수 있습니다"로 바뀌어진 것을 볼 수 있다.

시편에서 보여주는 많은 "탄식시"들은 그 애원하고 탄식하는 사정들이 모두 "그들은 나보다 강하나이다"였다. 그러나 이 시인들은 그럼에도 불구하고 하나님을 의지하고 그의 도움으로 인하여 "내가 오히려 그들보다 강하나이다"하는 찬송을 부를 수 있었다.

구약에 나타난 놀라운 신앙의 간증은 약한데서 강해지며, 함정에서 건짐받고, 사방으로 둘러싸인 궁지에서도 자기 갈 길을 열어 가고, 넘어짐에도 일어나고, 쫓김을 당하다가도 오히려 원수를 축출할 수 있는 상황의 변화를 볼 수 있는 수많은 실례들을 알려주는 것이다. 믿고 의지하는 사람에게는 막힌 곳이 열려지고, 어둠이 빛이 되고 함정이 변하여 감사와 찬송의 현장으로 바뀌어지는 것이다. 아무리 원수의 힘이 강하다고 해도 그들에게 최후 승리가 있는 것이 아니고 오히려 핍박을 당하는 사람이 최후 승리를 한다. 142편 시인도 이러한 이스라엘의 신앙 전통을 실제로 체험한 사람으로 이 승리를 찬송으로 표시한 것이다. "내가 약할 때 오히려 강하다"는 바울 사도의 고백도 이 시인과 같은 이스라엘의 의지 신앙 전통에 선 것이라 할 수 있다.

이 신앙 전통에서 우리는 자신들을 살피자. 고요히 우리 신앙을 점검해 보자. 우리는 "그들이 우리보다 강하나이다" 하는 외침을 한다. 이 외침이 변하여 "아닙니다. 우리가 그들보다 강합니다" 하는 데까지는 나가지 못하고 있지 않는가 한다. 이것은 우리 신앙의 약점이다. 우리보다 강한 "그들" 앞에 우리는 쉽게 굴복하고 만다. "그들"과 타협하고 "그들"의 요구에 충실하려고 한다. 우리는 "그들"의 종이 되고 우리가 믿고 의지해야 할 하나님에게서 떠나가고 만다. 얼마나 수치스런 신앙인가. 그러면 어떻게 우리는 "우리가 그들보다 강하다"고 말할 수 있는가.

첫째 이 시인은 절망적인 그의 환경 속에서도 하나님께 부르짖고 간구함을 잊지 않았다. 그가 사용한 기도의 용어를 보면 "부르짖는다", "소리내어 간구한다", "그 앞에 원통함을 토한다", "내 우환을 그 앞에 진술한다" 등의 말들인데, 하나님께 매어달리는 태도를 보여준다. 죽더라도 하나님의 손에 죽지, 그들 원수들의 손에서는 죽지 않겠다는 각오로 하나님에게 모든 것을 맡기는 태도이다.

둘째로 "주께서 내 길을 아신다"고 했다. 우리 인간의 운명을 아시는 이는 오직 하나님만이시다. 우리가 비록 길을 걸어간대도 우리는 한 치 앞을 내다보지 못한다. 우리는 밤중에 내 생명이 끊어질지 우리의 길을 우리 스스로 보장 못하고 있다. 그러나 하나님은 우리를 아신다. 우리 길을 아신다. 멀리서도 우리 생각을 아시고, 우리의 앉고 섬을 아신다고 했다(시139편). 내가 내 길을 다 안다고 생각하는 인간 자신의 교만이 있는 동안, 우리는 그들의 강함 앞에 굴복당할 수밖에 없다. 그러나 하나님이 "내 길을 아신다"함은 그들에게 굴복당함보다는 하나님께 굴복당함을 말한다. 이 하나님께 우리의 현재와 미래를 맡길 수 있다.

"사람이 마음으로 자기 길을 계획할지라도 그 걸음을 인도시는 이는 하나님이시라"(잠 16:9)고 하셨다.

가는 길이 문제가 아니라, 우리의 한 발자국 한 발자국을 옮겨놓는 것이 문제다. 한 발자국의 방향이 우리 인생의 길 전체의 방향을 정한다. 우리 길을 다 아시는 하나님께 내 길을 맡기고 걸어가면, 우리는 곁길로 나갈 수 없고 함정에 빠질 수 없다. 우리는 하나님의 손에 붙잡혀 바른 길로 당당히 갈 수 있다.

세째로 "하나님은 이 생존세계에서 나의 분깃이라"(5절)했다. 구약에서 다른 지파들은 땅을 분깃으로 받았지만, 레위 지파는 하나님 자신을 분깃으로 받았다고 했다(신 10:9). 저들은 땅을 경작하고 사는 사람이 아니라 하나님을 섬기고 살아가는 사람들이었다(민 18:20).

이 시인이 자신을 레위 사람이라 말함은 아니지만, 하나님을 자기 유산이라 생각하는 사람은 하나님으로 부를 누리는 사람이다.

"자기를 위하여 재물을 쌓는 것보다 하나님의 부요를 쌓는 사람이 더 튼튼한 삶을 산다"(눅 12:11)는 복음서 기사와도 통한다. 하나님을 자기 몫의 분깃으로 받는 사람은 하나님의 지혜와 능력을 다 가질 수 있다. 이런 사람은 "그들보다 강할 수밖에 없다." 이런 사람은 자기 자신이 "원수"들인 그들과 상대하지 않고 하나님이 이 사람을 대신하여 그들과 더불어 싸워주시기 때문이다. 하나님의 강함을 가지고 살기 때문에 그들을 이길 수 있다. 바울이 "만일 하나님이 우리 편이시면, 누가 우리를 대적하리요"(롬 8:31)한 용기도 "그들보다 내가 강하다"는 신앙의 힘이다.

"야웨는 내 편이시라, 내게 두려움이 없다. 사람이 내게 어찌할꼬"(시 118:6)

제 143편
기억과 묵상과 생각

내가 옛일을 기억하고
당신의 모든 행하신 일을 묵상하며
당신의 손으로 하신 일을 생각합니다(5절).

이 시는 초대교회가 참회시의 하나로 간주한 시이다. 그 내용에 특별히 "참회"를 보여주는 것이 없지만, 이 시의 전체 분위기는 참회의 심정에서 드리는 기도 같다. "주의 목전에는 의로운 사람이 하나도 없다"는 말에서(2절) 시인 자신의 어떤 죄를 참회하기보다 인간의 악마적인 본성과 죄악의 본성을 통탄하고 있는 것이다. 이 시인 자신이 큰 핍박 중에서 신음하고 있는데, 이 고통은 인간들의 죄악성 때문에 온 것이라 생각하고 하나님의 긍휼과 자비하심이 이런 수난자에게 속히 임하기를 애원하고 있다. 그는 하나님이 심판을 행하지 않기를 바라고 있다(2절). 다만 건져 주시고(9절), 인도하시고(11절), 끌어내시고(11절), 살려주시기를(11절) 빌고 있다. 왜냐하면 이 시인은 깊은 감옥에 갇히어 이미 죽은 지 오래된 자 같이 되어(3절), 심령이 상하고(4절), 참담한 현실을 슬퍼하고 있기(4절) 때문이다.

무엇이 원인이며 누가 시인을 이처럼 처참하고 죽음의 침통한 현장으로 몰아넣었는지 이 시 자체에는 아무러한 설명이 없다. 다만 그 자신의 힘으로도 이 위기에서 빠져나올 수 없고, 그의 친구나 다른 사람이나 그를 도와 이 위기에서 구원받게 해 줄 사람이 없다. 그의 구원은 오직 하나님에게서만 올 것을 믿었다. 이 간절한 심정이 7절이다:

"야웨여, 어서 대답해 주소서 나는 기진맥진해 버렸습니다. 나를 외면하지 마소서. 내가 무덤으로 내려가는 자가 아닌가 하옵니다"(7절).

이 시인은 육체적으로 정신적으로 지칠 대로 지쳐 넘어진 사람이다. 하나님은 이미 자기를 외면해 버렸고, 이제 산 사람이 아니라 죽음에 사로잡혀 간 자신인 것을 고백하고 있다. 그러나 이 절망적인 상태 속에서도 오직 한 가지 희망을 거는 것은 하나님께 의지하는 일이다. 밤마다 그 밤이 마지막이라 생각하지만, 아침은 언제나 그에게 새로운 희망을 준다고 믿는다. "새벽마다 주의 인자한 말씀을 듣게 하시니 내가 주를 의지하옵니다. 내가 걸어야 할 길을 알려주시니 내 자신을 당신께 맡기나이다"(8절)라는 그의 고백 속에 잘 나타나 있다.

새벽은 왜 다시 찾아 오느냐. 그것은 하나님의 말씀을 듣는 기회로 오는 것이다. 새로운 날 내가 걸어야 할 길의 방향이 어디며, 그 길이 어떤 길인지 하나님의 가르침과 일러주심을 받지 않고서는 나의 하루 삶은 다만 절망이다. 아침은 그에게 새 삶을 알려주기 때문에, 그는 사나 죽으나 하나님을 의지할 수밖에 없다. 자기 자신을 완전히 하나님께 맡기는 것만이 자기 삶의 소원이라는 고백을 한다. 철저한 의지 신앙을 가지고 자신의 고난의 삶을 극복하고 있다.

이 시인이 이렇게 흔들리지 않는 신앙을 가지게 됨은 세 가지 동사와 관계되었음을 5절에서 밝혀 준다. 즉 "기억과 묵상과 생각"이다:

내가 옛날을 기억하고/ 당신의 모든 행하신 일을 묵상하며/
당신의 손으로 하신 일을 생각합니다."

여기 이 세 동사는 육체적 활동을 보여줌보다는 우리 인간의 내부

정신의 활동을 다양하게 표현한 것이다. 이스라엘의 신앙형성의 과정을 살피면, 사람의 기억이 얼마나 중요한 역할을 하는가를 알려 준다.

이스라엘 신앙에서는 조상들이 가졌던 신앙을 잊지 않고 기억하는 것을 하나의 의무로 생각했다. 아브라함의 신앙, 모세의 신앙이 항상 후대 이스라엘 백성들의 기억의 대상이 되었다. 그들의 신앙은 후대 자손들의 신앙의 표준이 되었다. 특히 출애굽 사건에 나타난 하나님의 구원사의 신앙은 전 구약 신앙의 중심과제만이 아니라, 기독교 신앙까지 기억해야 할 신앙적인 사건이다. 오늘의 교회 및 이 땅에 존속해야 할 그리스도교회들이 출애굽 사건의 본문을 읽고 항상 기억해야 할 일은 하나님의 구원행동이 어떤 것이며, 인간은 또한 이 구원행동에 대하여 어떤 태도를 취해야 하는가를 가르치고 있다.

시편 22편 시인도 이 143편 시인과 같이 가장 절망적인 수난을 받으면서도 조상들이 가졌던 신앙, 곧 "의지 신앙"을 기억하고 있다:

"우리 조상들이 주께 의뢰하고 의뢰하였으므로 그들을 건지셨나이다. 그들이 주께 부르짖어 구원을 얻었고 주께 의뢰하여 수치를 당하지 아니하였나이다"(시22:4 - 5).

하나님이 과거에 보여주신 구원은 선조들이 전적으로 하나님을 믿고 의뢰했기 때문이라는 사실을 기억한다. 선조의 신앙을 유지한다는 것은 그 자손들의 기억에 의존한다. 이것은 78편에서 보여주는 "역사시"에서 "열조"와 "자손"관계를 잘 설명해 준다.

"… 우리 조상들이 우리에게 전한 바라. 우리가 이를 그 자손에게 숨기지 아니하고 야웨의 영예와 그 능력과 기이한 사적을 후대에 전하리라… 그들로 소망을 하나님께 두며 하나님의 행사를 잊지 아니하고 오직 그 계명을 지켜서…"(시 78:3 - 7).

시편 명상

이 143편 시인은 이러한 선조의 신앙을 기억하고 그 신앙을 자손들에게 유전하는 사람임을 보여 준다. 그 신앙의 구체적인 내용은 "주의 모든 행사", "주의 손으로 행하신 모든 일"을 묵상하고 생각함이다.

이 "묵상한다"는 말은 종종 "기억한다"는 동사와 나란히 나오는데 (여기 5절과 119:52), 하나님을 설명한 내용이 아니고 하나님의 행하신 일이다. 구약성서를 교리로서만 읽으면 "신론"만 배우지만, 하나님의 행동을 중심으로 읽으면, 구약의 하나님은 이론보다도 그가 손수 하신 일, 개인을 위해서 하신 일과 인간 공동체, 역사를 위하여 하신 일을 알려 준다. 폰 라트(Von Rad)란 학자가 구약신학에서 하나님의 하신 일, 그 중에서도 구원사적인 행동을 이해함에 초점을 둔 것은 구약신앙이 이론보다 행동이 앞서는 것을 알려 준다.

이러한 하나님의 행동을 시편 기자들은 나열하기를 좋아했다. 78, 106, 136편 등은 역사시라 할 수 있을 만큼 이스라엘 역사에 나타난 하나님의 크고 작은 일을 열거하고 그것들의 의미를 찾고 있으며, 그 일들 때문에 하나님은 찬송을 받아야 하고 감사의 대상이 된다고 했다.

이 시인은 그러한 하나님의 행동을 묵상하고 생각한다고 했다. 이것은 기억함에 그치지 않고, 그 사건의 의미가 오늘 내게 무슨 의미가 있는지 그 뜻을 새기는 것이다. 신앙은 하나님이 인간을 위하여 하신 일을 새김질해서 그 의미를 아는 것이다. 특히 우리 개인의 경우, 하나님이 나를 위하여 과거에 하신 것과 현재도 하고 계시고, 미래에 해주실 것을 묵상하고 생각하는 것은 신앙인의 올바른 자세이다. 이러한 묵상과 생각을 통하여 하나님과 나와의 관계는 밀착되고, 그가 내게 요구하는 바가 무엇인가를 알 수 있다.

제 144편
우리나라 만세

야웨를 자기 하나님으로 삼는 백성은 복이 있다.
이러한 백성은 복이 있다(15절).

이 시를 읽는 사람은 누구나 1-11절 전반부와 12-15
절까지의 후반부가 그 문체, 문학 형식, 그 내용, 주제 등에 있어서 서로
조화된다고 하기보다는 서로 차이를 가지는 별개의 시로 느낄 수 있다.
그래서 실제로 주석가들 중에는 본래 저자를 달리한 두 개의 시가 어떤
이유로 결합되어 한 편의 시를 이룬 것이라고 말한다.

대체로 이 시는 본래 두 개의 시라고 함이 정당하다. 그러나 현재대
로 한 편의 시로 만들어짐에는 그럴 만한 이유가 있다고 본다. 즉 이 시
의 전반부(1-11절)와 후반부(12-15절)는 한 개인의 심령의 문제보다도
한 나라의 사정을 말하고자 함에 일치점을 가지는 것 같다. 전반부에서
"내"라는 제 1인칭 단수가 나왔지만, 이는 개인이라기보다 이스라엘
나라를 대표하는 왕을 연상시키게 한다. 많은 주석가들이(특히 궁켈) 이
시는 시편 18편을 모방하여 기록한 시라고 생각한다. 시편 18편은 다
윗이 모든 원수와 더불어 싸운 결과 하나님의 도우심으로 승리를 얻게
됨을 감사하는 내용의 시이다. 이 시 전반부는 18편 시와 유사한 점이
많다. 특히 하나님께 대한 칭호를 여러 가지로 사용하는 2절은 18 편 2

절과 같은 형태이다. 이 시의 10절은 18편에 묘사되어 있는 다윗 왕의 용감성을 찬양하는 내용이다. 야웨 하나님은 그 종 다윗에게 승리를 허락하신다고 노래한다. 야웨는 반역자와 원수들에게 파멸을 가져오시는 분이라 노래한다. 그래서 궁켈은 이 144편 전반부를 전쟁을 하려는 왕이 제의에 부른 찬송이라 보고, 그 문학형태는 "제왕시"라 한다.

이 "제왕시"의 성격에서 보면, 전반부와 후반부가 서로 별개의 시가 아니라, 하나의 시라고 본다. 슈미트나 바이저도 하나의 시로 보며, 크라우스도 여기 동조한다. 특히 크라우스는 10절에 나온 "다윗"이란 말로 인해 이 시의 연대를 왕국시대라고까지 한다. 이런 의미에서는 제144편이 18편 시를 모방했다는 것도 가능하다고 본다.

이 시가 왕국시대의 산물이며, 왕의 승리와 그의 감사를 노래한 시라고 할 때, 이 시의 중심은 "우리나라 만세!"라는 주제임을 독자들에게 알려 준다.

"하나님이 보우하사 우리나라 만세!"
이 애국가의 구절을 참으로 부를 수 있는 백성은 어떤 사람이어야 하느냐.

"야웨를 자기 하나님으로 삼는 백성은 복이 있다.
이러한 백성은 복이 있다"(15절).
하나님을 우리 백성, 우리 민족의 하나님으로 모신다는 것이 중요하다. 이와 비슷한 내용의 시를 33편에서 본다.

"야웨를 자기 하나님으로 삼은 나라, 곧 하나님의 기업으로 뽑힌 백성은 복이 있다"(시 33:12).
언제나 다윗과 같은 훌륭한 지도자가 있어서 복되다 하지 않는다. 홀

룡한 지도자를 가지는 것이 큰 복이기는 하지만, 이스라엘의 전통적인 신앙은 왕이 최고가 아니라 그 왕을 택하고 기름부어 세우시고 그에게 지혜와 총명을 주어 나라 일을 공평과 정의로 감당하게 하시는 하나님께 최선의 충성을 바치는 것이 복이라 했다.

"하나님이여, 주의 판단력을 왕에게 주시고 주의 의를 왕의 아들에게 주소서. 그가 주의 백성을 의로 판단하며 주의 가난한 자를 공의로 판단하리니, 이 의로 인하여 산들이 백성에게 평강을 주며 작은 산들도 그리하리라"(시 72:1-3).

72편 3절 이하에 계속해서 하나님의 인도와 지도를 받고 정치를 하는 왕의 백성과 국토에는 곳곳마다 행복과 풍요가 넘침을 노래했다.

구약에 나타난 복지국가 사상은 그 정치체제나 그 경제제도나 그 문화정책에 있지 아니하고, 그 나라 왕과 백성이 이스라엘의 하나님 야웨를 자기들의 하나님으로 삼고 그 하나님의 뜻을 받들어 정치를 하고 살아가는 백성이 복이 있다고 했다. 이 사상은 신명기 역사가가 깨달은 진리였다.

"이스라엘이여, 너는 행복자로다. 야웨의 구원을 너처럼 얻은 백성이 어디 있느냐. 그는 너를 돕는 방패시요 너의 영광의 칼이시다. 네 대적이 네게 복종하리니, 네가 그들의 높은 곳을 밟으리라"(신 33:29).

이스라엘은 하나님의 백성이 되었기 때문에 행복된 백성이라 했다. 야웨 하나님에 대하여 144편 시인이 다음과 같이 고백함도 그의 백성이 된 자랑에서 할 수 있는 말이다.

"야웨는 나의 인자시요. 나의 요새시요, 나의 산성이시요,

나를 건지는 자시요, 나의 방패시요, 나의 피난처시요,
내 백성을 내게(왕께) 복종케 하시는 자시다"(2절).

이 자랑은 야웨가 이 백성의 하나님이며 이스라엘은 그의 백성이라는 계약관계로 말하고 있다. 한 나라와 그 백성이 자기들의 주인을 바로 안다는 것은 충성심에 직결되어 있다. 15절 말씀은 이런 관계성을 설명하는 말이다. 이 관계성을 남편과 아내의 관계에서 말하기도 하고 (호세아) 부자의 관계에서도 말하고(렘 3:19) 주인과 종의 관계에서도 말하며(사 49:3) 임금과 신하의 관계에서도 말한다(시 20:9).

이렇게 다양하게 야웨와 이스라엘과의 관계를 말함은 이 야웨를 하나님으로 한 이스라엘은 "아무 것에도 부족함이 없음"(시 23:1)을 말한다. 이것은 모든 것이 형통한 행복한 상태이다.

우리 한국 사람은 "하나님이 보우하사 우리나라 만세"란 애국가를 부르고 있다. 이 작사자가 이 "하나님"을 기독교에서 성서를 통해서 알려준 하나님을 의식하고 말한 것인지, 아니면 우리나라 무속종교에서부터 널리 알려진 민속종교에서 말하는 "하나님"인지 알 수 없다. 작자의 의도만이 아니라, 이 애국가를 현재 부르고 있는 국민이 이 구절을 말할 때, 기독교의 "하나님"과 무속종교의 "하느님"을 판별하고 부르는지 알 수 없다. 그러나 대부분의 기독교 교인은 지금에 와서 공동 번역의 주장대로 "하느님"이라 발음을 해도 무속종교의 "하느님"이 아니고 기독교의 "하나님"을 생각하고, 그 하나님이 우리나라를 보우하신다고 믿고 있다.

한국 사람의 복은 이 하나님을 나의 하나님으로 고백하는 것이다. 성서가 가르치는 이 하나님은 인간이 인간답게 되는 길과 그렇게 사는 길을 여러 가지 방법으로 가르치고 있다. "내 하나님"이라 함은 이 하

나님께 대한 충성과 복종을 약속한 것이다. 이 하나님은 우리의 역사를 간섭하고 계신다.

8·15를 맞이한 일, 6·25 재난을 중단한 일, 그리고 유신 독재에서 벗어나게 한 일 등이 하나님이 이 백성을 사랑하신 증거이다. 과거 여러 차례 우리는 이민족(異民族)의 침략과 교양없는 독재적 통치자에 의하여 수난을 당했다. 그러나 우리를 구원하는 손은 항상 우리가 상상도 못한 순간에 찾아와 우리를 놀라게 했다. 그 기적적인 구원이 인간의 손이라 생각하면서도 그 인간의 손만이 아님을 느끼게 했다. 그 인간은 자기의 욕심과 영예를 위해서 한 일이지만, 하나님은 이런 욕심쟁이의 손을 이용하시어 수난받는 백성을 견딜 수 없는 질곡에서 건져내어 주셨다. 하나님의 도우심을 민족적 큰 사건마다 깨닫게 했다. 우리 한국 사람도 신명기 구절(33:29)을 그대로 적용하여 "한국이여, 너는 행복한 자다. 하나님의 구원을 너 같이 얻은 백성이 누구뇨"하고 말할 수 있다고 본다.

하나님의 구원의 손길을 역사의 순간마다 고백할 수 있는 한국 사람은 "하나님이 보우하사 우리나라 만세!"라 찬양하지 않을 수 없다. 만대나 갈 수 있는 나라는 이 하나님을 자기 백성의 하나님으로 삼는 나라이다.

제 145편
주의 나라

당신의 나라는 영원한 나라,
당신만이 만세에 다스리십니다(13절).

　　　"당신의 나라가 임하시오며." 우리는 주기도문을 외울
때마다 "주의 나라"가 이 땅에 임하기를 기도해 왔다. 최근 WCC를 중
심하여 "주의 나라"에 대한 생각을 전 세계 크리스천들이 많이 하게 되
었다. "주의 나라"의 문제는 80년대에 들어서 열리는 세계교회협의회,
세계장로연맹총회 등에서 주제로 내어걸고, 이 문제를 근대적인 역사
적 상황 아래서 다각적으로 폭넓게 다루려고 하고 있다.

　　오늘 이 땅 위의 나라들은 "당신의 나라"의 개념을 무시하고 자기들
의 지상왕국 또는 지상의 정치권력을 절대시하고 우선적으로 생각하
기 때문에, 나라와 나라는 대립하고 싸우고 점령한다. 국가권력의 경쟁
으로 인하여 오늘의 세계는 불안하고 승자와 패자도 없이 모조리 망하
고말 전쟁의 위기를 안고 있다.

　　서구(西歐)의 많은 국가들도 "당신의 나라가 임하소서"라는 주기도문
을 외우면서도 이 "주님의 나라"에 대한 생각을 자기들의 나라에 대한
관심만큼도 못하고 있으니, 인류의 위기는 더욱 다가온 것 같다. 국가
권력과 팽창주의가 이 나라들의 권력가들의 생각에서 사라지지 않는
한 오늘의 세계는 자멸의 길로 치달을 것이다.

이 145편 시는 이러한 세계사의 현실에서 모든 크리스천들의 세계와 인류의 장래뿐만 아니라 자기들이 속한 나라의 영원한 복지를 위하여 새롭게 읽어야 할 시이다. 이 시는 다니엘서에 나타난 "하나님의 나라"사상에 영향 받았음을 볼 수 있다.

그의 나라는 영원한 나라요,
그의 통치는 대대에 이르리라 (단 4:3, 아람어 원문).

그의 권세는 영원한 권세요,
그 나라는 대대에 이르리라(단 4:34, 아람어 원문).

이것은 이 시의 연대가 상당히 후기임을 암시한다. 이 시가 "알파벳 자음"시라는 행위도 후대성을 보여준다. 여기에는 하나님을 이스라엘과의 연관에서 생각하기보다 인간 전체와 관련시키는 경향을 볼 수 있다(6, 21절). 민족주의 사상보다 우주주의 사상이 전편에 깔려 있다. 시인의 관심이 이스라엘을 포함한 전체 인간에 대한 것이기 때문에 이스라엘 나라에 대한 생각보다 모든 인간의 운명과 관련된 하나님의 통치가 이루어지는 하나님의 나라에 관심하고 있다.

13절 "주의 나라"에 관한 구절은 이 시의 핵심부를 이루고 있다고 할 수 있다. 인간의 통치가 어떤 것이며, 그것의 종말이 어떠한가를 잘 아는 시인은 이 시의 첫 머리에서부터 하나님의 통치와 그 주권에 대한 생각을 한다.

"왕이신 나의 하나님이여
내가 당신을 높이고
영원히 당신의 이름을 송축하리이다"(1절).

신을 왕으로 표시하는 것은 이스라엘 이외 근동지방 고대 종교문학이 공동으로 보여 주고 있다. 그러나 이스라엘은 그들 주변 나라들이 가진 다신교적 신관(多神敎的 神觀)을 철저히 배척했다.

왕을 신의 대리자 또는 신이라 생각하는 것을 이스라엘은 철저히 배격했다. 왕의 주권은 야웨의 주권 아래 있고 왕이 신과 동등하다는 생각은 용납하지 않았다.

이 시인이 "왕이신 나의 하나님, 내가 당신을 높인다"(1절) 함에서 보는 대로, 왕은 다만 하나님의 명령을 수행하는 종과 같은 위치로 생각했다. 야웨가 왕을 다스린다고 생각했다. 왕은 다만 야웨의 이름을 찬양하며 그의 하신 일을 칭송하며, 그 하나님이 하신 능하신 일을 선포하는 일을 했다. 왕이 해야 할 찬송은 하나님의 "존귀함, "영광스런 위엄", "놀랄 정도로 큰 세력으로 하신 일", "크신 은혜" 등이었다 (5-7절).

그러나 이 하나님은 그의 능력과 세력으로 사람을 멸하고 공포로 떨게 하시는 분은 아니시다. 그는 "은혜로우시며 자비하시며, 노하기를 더디하시며 인자하심이 크신 분이시다"(5절).

이 사랑과 자비의 하나님은 구약에서 여러 차례 언급되어 있다(출 34:6; 시 103:3; 86:15; 욜 2:13; 욘 4:2; 느 9:17,31 등).

이 시인은 하나님의 나라, 또는 하나님의 주권과 그 통치를 세계만민에게 펴는 것을 그의 시의 초점으로 삼고 있는데, 이 통치의 성격을 가급적 자세히 밝히고 있다.

"주의 나라"의 주권자요 통치자이신 하나님의 본성에 대하여 심판이나 정죄보다는 사랑과 자비를 앞세운다. "야웨는 은혜로우시며 노하기를 더디하시며 인자하심이 크다"고 함은 이 하나님의 사랑을 강조함이다. 이 세상 나라와 권력은 사랑보다는 심판, 긍휼보다는 명령, 관용보다는 징계, 자유보다는 강제가 앞선다. 그러기에 이 세상 권력은 이기적이 되고 잔인하고 일방적이고 보복적이다.

한국 사람이 주의 나라가 이 땅에 임하기를 바라는 이유는 인간이 가진 세상 나라의 정치적 권력이 얼마나 횡포하고, 얼마나 많은 사람들이 억울하게 고통을 받았던가를 보았기 때문이다. 더욱이 "당신의 나라가 임하옵소서"를 날마다 기도하는 크리스천 정치가들도 이 세상 권력을 쥐고, 또한 권력의 그늘에서 이득과 혜택을 보고 있다고, 그 권력을 놓기 싫다고, 또는 그의 권력을 더 확대시키기 위하여 "주의 나라"의 왕되신 하나님의 긍휼과 자비, 사랑과 인자를 보여주지 못한 사실들은 가슴 아픈 일이다.

그러나 이 시인이 말하는 "주의 나라"의 주인되신 하나님은 긍휼과 자비, 사랑과 인자가 풍성하시기 때문에, 15절에 "모든 사람의 눈이 주를 앙망하오니 주는 때를 따라 그들에게 식물을 주시나이다"라고 했다.

모든 백성들이 하나님을 기다리고 쳐다보고 있다고 한다. 그것은 하나님께서 모든 사람들의 필요를 아시고 때를 따라 그들의 필요를 만족하게 해 주시기 때문이라 한다. 이러한 자비는 인간에게만 국한되지 않고 모든 존재에게 향하신다.

"손을 펴사 모든 생물의 소원을 만족하게 하시나이다"(16절).

우리나라는 수출 100억불 이상으로 경제성장을 했다고 떠들지만, 돼지 새끼들을 키울 수 없어, 이 어린 동물들을 죽여 거름더미에 쳐넣는 비극적인 일이 양심의 가책도 없이 공개되고 있다. 나라의 통치가 잘못된 증거이다. 주의 나라는 모든 생물들까지도 만족하게 한다고 했다. 이것은 17절에 있는 대로 "야웨가 행하시는 일은 모두 의롭고 그 모든 행사는 은혜로우시다" 할 수 있기 때문이다.

시편 명상

"주의 나라"의 주권자이신 하나님은 간구하는 모든 사람, 진실히 간구하는 모든 사람에게 가까이하신다 (18절).

기도의 참 효력은 무엇을 얻는 것이 아니다. 물건보다도 하나님 자신을 내가 가까이 모실 수 있다면, 이 이상 더 좋은 축복이 있을 수 없다.

"우리의 하나님 야웨께서 그에게 기도할 때마다 우리에게 가까이 하심과 같이 그 신의 가까이 함을 얻은 나라가 어디 있느냐"(신4:7)

한 나라의 축복은 무엇을 많이 소유하는 것이 아니라, 하나님 자신이 이 나라와 함께 하시는 것이다. 하나님을 소유하는 것을 가장 큰 축복과 자랑으로 알아야 한다. "주의 나라"를 기다리는 사람은 그의 기도를 통하여 하나님의 가까이 오심을 항상 소유한 사람이다.

"하나님을 사랑하는 자는 다 보호하신다"(20절)고 했다. "주의 나라"를 기다리는 사람은 하나님을 사랑할 줄 알아야 한다. 여기 "하나님이 보우하사 우리나라 만세"의 근본 의미가 있다. 우리 한국이 "주의 나라"로 되는 것이 우리의 소원이다. 그러기 위해서는 우리 모두가 주를 사랑해야 할텐데.

제 146편
영원한 통치

야웨, 영원히 다스리신다.
시온아, 네 하나님은 대대로 다스리신다 (10절).

꽃은 열흘을 못간다(花無十日紅). 인간의 영화와 자랑스
런 일은 반드시 그 끝이 있으며, 그것이 영구히 갈 수 없다고 함이다.
시편 시인도 이런 사실을 시인하고, 영구히 자기 부와 존귀를 누릴 수
없다는 것을 다음과 같이 노래했다.

> 사람이 치부하여 그 집의 영광이 더할 때,
> 너는 두려워하지 말아라.
> 그가 죽어서 가져가는 것이 없다.
> 그의 영광이 그를 따라가지 못한다(시 49:16 - 17).

인간에게는 영원이라는 것이 있을 수 없다. 모든 것이 시한부(時限附)
이다. 원래 태어났기 때문에 이 인간이 이 땅 위에서 가지게 되는 그 어
떤 것이든, 그것이 물질적인 것이든 정신적인 것이든 영원히 계속될 수
없다. 사람에게는 죽음이란 것이 있기 때문에 아무리 자랑스러운 권력
도 죽음의 순간 이후까지 갈 수 없다.

구약 시인들은 인간에게는 "영원"이란 말을 쓰지 아니하고 하나님
에게만 이 말을 쓰고 있다. "야웨는 영원히 다스리신다. 대대로 다스리

신다"(10절). 이 시인은 하나님의 통치는 영원하시다고 담대히 말한다. 일본 제국주의는 한국을 36년 다스렸고, 한 국민학교 교사 출신 대통령은 18년 통치로서 끝을 맺었다. 아무리 영구집권을 위해 법을 고치고 제도를 고쳐도 인간에게는 영원한 통치가 주어지지 않는 것이 이 세상 역사의 실증이다. 성서의 영원 개념은 시간적이라기보다는 윤리적이다. 인간을 위해서 선하고 의로운 일을 했느냐 함에서 영원의 개념을 찾아야 한다. 하나님이 영원한 존재라 할 때 하나님은 모든 만물이 생기기 전에도 계셨다는 상대적 시간 개념에서 이해할 것이 아니라, 이 하나님이 인간을 위해 하신 일은 어느 누구도 할 수 없을 만큼 윤리적으로 뛰어나서 항상 사람들이 그 일을 기억할 수 있으니까 영원이란 개념이 생긴다. 성서의 하나님이 하시는 일은 하나님 자신을 위해서 하시는 일은 없다. 이방신들은 신들의 일을 하는 것으로 되어 있지만, 성서의 하나님의 창조와 구원, 그 모두는 인간을 위하신 일이다.

인간의 경우에도 그 사람 자체는 죽었지만, 그의 업적은 영구히 남았다고 할 수 있다. 그가 다른 사람을 위해서 한 일이 값있는 일일 때, 그들과 더불어 그 사람은 영구히 기억될 수 있게 된다. 이러한 면으로 "영원"을 정의할 때, 인간의 통치가 일시적이라 함은 지상의 권력자가 아무리 백성이니 국민이니 하고 자기의 정치를 선전한대도 실상은 자기 자신을 위해서 하기 때문에 그의 정치는 중단되어야 한다. 이기적인 요소를 가진 정권은 반드시 무너져야 한다. 왜냐하면 그런 정권이 오래 가면 갈수록 사람들은 더 큰 피해를 받기 때문이다.

그러나 하나님의 통치가 영원하다고 선언하는 성서기자들은 그의 통치의 연대가 오래되었다는 시간적 의미보다는, 그의 통치는 어느 사람도 싫어하지 아니하고 환영할 만한 윤리적 가치가 높기 때문에 아무리 그 통치가 그대로 계속되어도 사람들은 환영할 수밖에 없으니 그의 통치가 영원하다고 말할 수 밖에 없다. 여기 영원의 개념이 윤리성을 띠게 되는 이유가 있다. 이 146편 시인이 하나님의 통치는 영원하다고 알려 주는 이유는 하나님이 인간을 위하여 어떤 일을 하시는지 그 구체적 사항을 밝혀 주기 때문이다.

첫째로 "야웨는 진실하다"고 했다(6절).

진실하다는 말은 거짓이 없고 속임수가 없고 사람의 신분에 따라 대하는 태도가 달라지는 편파성이 없고 공정함을 말한다. 이 "진실"(에메트 =émeth)이란 말은 "아멘"이란 말과 같은 어근에서 온 명사이다. 하나님이 하시는 일에는 어느 하나에도 "아멘"하지 않을 수 없음을 "진실하다"로 표시한 것이다.

통치의 진실성, 통치자의 진실한 인격, 권력층의 진실성, 이것이 사람들에게서 비판을 받으면, 그 권력은 백해무익이다. 타락한 권력은 사실을 아닌 것으로, 사실이 아닌 것을 사실이라고 정책적으로 발표하는 허위와 가장을 쉽게 하고, 또 이러한 허위와 조작의 진실된 모습을 파헤치는 양심분자를 탄압하고 그들의 입과 붓을 막아버리는 특별 조치법 9호 같은 것을 부엌칼처럼 써서 백성을 요리하는 권력가는 스스로 자기 생명을 단축시키고 만다. 진실을 결핍한 정치와 통치는 영원할 수 없다. 이 시인은 이 진리를 깨달았기 때문에 "야웨는 영원히 진실을 지킨다"고 했다.

둘째로 하나님이 다스리는 통치는 영원하다는 이유는 인간들에 대한 따뜻한 관심을 가지기 때문이다.

7절 이하에는 이 하나님의 인간에 대한 관심을 자세히 설명하고 있다.

1. 그 관심의 첫째는 "압박당하는 자를 위하여 공의로 판단하신다."

이 세상에서 힘이나 후원자가 없어서 압박당하는 자의 억울함을 풀어 주신다. 하나님의 진실은 그의 공정성이다. 어느 사람에게나 억울함이 없게 하신다. 이 세상 권력은 억울함을 당하는 인간편에 서기보다는 그 권력을 유지시키는 일에 협조하는 사람 편에 선다. 정직하게 장사하는 사람을 돕기보다는 부정을 해서라도 많은 이익을 남겨 정치자금을 쉽게 내는 장사꾼, 기업가들을 보호한다. 이런 정책 밑에서는 양심대로 법을 지키는 사람은 핍박을 받는다. 불의한 권력이 득세할 때 많은 사람이 억울하게 희생당한다. 법의 공정성이 결핍되었기 때문이다. 하나님은 사람들의 부정과 불법을 용납하지 않으신다. 하나님은 항상 수난당하는 자를 돌보시고, 그의 공정성을 살펴 주신다.

2. 하나님의 인간 관심 둘째 사실은 "주린 자에게 식물을 주시는 것"이다. "주는 때를 따라 그들에게 식물을 주신다"고 했다(시145:15). 하나님은 가난한 자의 호소를 들어주신다. 주리고 목마른 자를 하나님은 사랑으로 돌보신다. "하나님은 주린 사람에게 만족함을 주신다"(시107:9). 마리아의 찬가(눅 1:46 - 55)에 나타난 메시야는 "주린 자를 좋은 것으로 배불리시는 분"이라 고백하고 있다(눅 1:53).

"젊은 사자가 주리는 일이 있어도 야웨 하나님을 찾는 자는 모든 좋은 것으로 만족하리라"(시 34:10)고 했다.

3. 하나님의 인간 관심 세째 사실은 "갇힌 자를 해방 시키는 일"이다. 이 세상에서 투옥되는 사람의 이유는 여러 가지로 말할 수 있다. 사람들에게 상해와 손해를 끼쳤기 때문에 투옥되는 사람도 있지만, 많은 사람들이 죄 없이도 투옥된다. 양심수(良心囚)가 많을수록 그 사회는 어두움의 세력의 지배를 받는다. 의로운 일을 하고서 투옥되는 사람, 진실을 말하고서도 투옥되는 사람, 선한 일을 했기 때문에 투옥당하는 일이 많다. 악하고 불의한 권력가들은 사람들을 투옥시킴으로 그

권위를 자랑하고 귀찮은 반대자들에게 보복하는 것으로 생각하지만, 하나님은 공의로우신 분이므로 인간의 실수와 악의로 감금되는 사람을 해방시켜 주신다. 여기 하나님은 불의를 용납하시는 분이 아님을 나타낸다. 이스라엘 역사에는 갇힌 자를 해방시킨 사실을 많이 볼 수 있다. 메시야의 사명도 억울한 감금자를 해방하는 일이라 했다(사 61:1; 눅 4:18).

4. 하나님의 인간 관심 네째 증거는 "맹인의 눈을 여신다"(8절). 이것은 신약에서 예수님이 맹인의 눈을 뜨게 하신 기적에서 볼 수 있다. 그러나 이것은 반드시 육체적인 의미만이 아니다. 인간으로서 마땅히 볼 것을 보지 못하는 맹인의 눈도 열어서 보게 하시는 하나님이시다. 자기의 죄와 욕심으로 볼 것을 못보는 사람, 권력가의 압력 때문에 볼 것을 못보는 경우 등을 말할 수 있다. 그러나 하나님은 인간의 감긴 눈을 열어 주신다. 진리는 항상 밝은 것이다.

5. 하나님의 인간 관심 다섯째 증거는 "비굴한 자를 일으키신다"(8절). 마리아의 찬가에서 메시야가 이 일을 하실 것을 노래했다 (눅 1:52). 이것은 인간을 존대하고 격상(格上)시키는 것이 돈이나 지위나 권력 또는 지식이 아니고 하나님의 인간대접, 인권존중이라는 것을 말한다. 천한 자, 존귀한 자의 구별은 인간의 정신상태, 그 심정과 그의 도덕적 판단의 높고 낮음에 달렸다. 하나님은 인간을 멸시하지 않는다. 사람을 구별짓는 표준이 사람들의 사회에는 많지만, 하나님에게는 그런 것이 없다. 평등, 다만 평등뿐이다. 이것이 인간을 존대하는 기본 원리이다.

이상으로 이 시인이 가르치는 하나님의 "영원한 통치"가 이루어지는 원리를 명상해 보았다. 이 원리를 아는 사람은 "한국 크리스천이여, 네 하나님은 영원히 다스리신다. 여기 주의 나라가 임한다"고 말할 수 있다.

시편 명상

제 147편
찬송할 이유

할렐루야,
우리 하나님을 찬양함이 좋구나.

그를 찬송함은 아름다운 일
이는 얼마나 당연한 일인가! (1절)

이 시의 주제는 "능력 많으신 하나님"과 그의 따뜻한 관심이 자연과 이스라엘에 보여주신 것을 찬송함이다. 이 시는 이스라엘 신앙 전통을 계승시키고 있는 예배에서 무엇보다도 "찬송"이 중심적인 역할을 한다는 것을 알려준다. 찬송은 마음을 기쁘게 하고 아름다운 일이요 또한 이것은 마땅히 해야 할 의무라고 말하고 있다(1절). 이 시인이 소개하는 찬송의 내용을 살피면, 첫째 하나님의 능력에 대하여 다음과 같이 가르친다.

"예루살렘을 세우시고 이스라엘의 흩어진 자를 모으신다"(2절).

이것은 이 시의 저작 연대와도 관련된 것으로 "예루살렘을 세운다"는 것은 그 파괴를 전제한다. 그 파괴가 주전 586년에 일어났다고 가정하면, 이 시는 자연히 포로시대 이후 에스라 느헤미야 시대에 예루살렘을 재건할 때의 사정과 관련됐다고 할 수 있다. 포로민들이 각지로 흩어졌다가 고국으로 귀환하라는 명령에 따라 각 나라와 지방에서 고국으로 돌아가는 사정을 말하는 것이다. 이사야 43장 4절 이하에 포로민들을 동서남북 각 지방에서 모이게 한다는 말씀과 관련된 시대에 이 시가 지어졌다고 할 수 있다.

이렇게 포로민들이 고국으로 다시 돌아올 수 있는 일은 이스라엘 백성 자신들의 전취(戰取)가 아니고, 다만 능력 많으신 야웨 하나님의 긍휼과 자비에 의한 사건이다. 그러니 찬송하지 않을 수 있다. 이렇게 돌아와서 예루살렘을 다시 재건할 수 있었다는 것은 역사를 다시 회복한 것이요 이스라엘과 야웨가 맺은 계약을 새롭게 시작한 것이다. 이것은 참으로 기쁘고 아름다운 일이라 찬송할 대상이다.

다음 이렇게 예루살렘을 그 파멸에서 다시 건축할 수 있었다는 것은 단순히 물리적인 건축 사건만이 아니다. 그것은 상처받은 인심을 싸매고 고쳐주는 일이었다. "상한 갈대를 꺾지 아니한다"는 말씀 그대로이다. 그들의 나라가 망하고 성전이 무너지고 예루살렘과 지방 모든 도읍들이 황폐해지고 말았을 때, 그들의 가정도 파괴되고 그들의 마음들도 황폐해지고 말았다.

"너의 파괴됨이 바다 같이 크니 누가 너를 고칠소냐"(애 2:13).

그러나 하나님은 이 상처를 고쳐 주시고 그 아픈 데를 싸매어 주셨다. 구원의 기쁨을 회복시켜 주셨고 새로운 희망으로 그들의 장래가 빛나게 했다. 정치인들도, 그들의 제사장들, 그들의 예언자들도 할 수 없는 일을 야웨 하나님은 하셨다. 야웨는 그들의 찬송의 대상이 되어야 마땅했다.

이 하나님은 인간의 개인 운명과 민족의 운명을 좌우할 능력과 긍휼을 가지신 분만이 아니라, 또한 자연계를 지배하는 능력을 가지고 계시다. 이스라엘 주변 나라들은 자연을 신격화시켜 예배의 대상으로 삼았지만, 이스라엘은 이 모든 자연을 하나님을 찬송하는 기관으로 생각했다. 자연의 모든 현상은 하나님의 명령대로 움직였다.

"주는 위대하시며 능력이 많으시며 그 지혜가 무궁하시다"(5절)는 증거를 자연현상의 움직임에서 볼 수 있었다.

구름으로 하늘을 덮으셨다, 거두셨다 하신다. 수증기 현상이지만 이러한 유동은 하나님의 능력과 지혜의 조화로 된다고 말한다. "땅을 위하여 비를 예비하신다." 농경사회에서나 유목사회에서 비의 중요성은 말할 나위도 없다. 특히 예루살렘과 같이 물이 귀한 곳에는 비가 매우 소중하다. 인간의 삶과 직결되었고 자연의 생명과 미화에 직결된 비는 하나님의 은총으로 내린다고 생각함이 이 시인의 신앙이다.

이 하나님은 또한 "풀이 자라게 하시고 들짐승과 우는 까마귀 새끼에게 먹을 것을 주신다"(9절)고 할 만큼 자비로우신 분이니 찬송의 대상이 되지 않을 수 없다.

이 시인이 생각하는 자연현상과 하나님의 긍휼과의 관계는 더 많이 말할 수 있다.

"눈을 양털 같이 내리게 하시며,
서리를 재 같이 흩으시며,
우박을 떡부스러기처럼 뿌리신다.
바람도 불게하고 물도 흐르게 하신다"(16-19절).

여기 기후관계의 모든 현상이 하나님의 하시는 일이라고 노래한다. 날마다 보고 경험하는 일상적인 일 모두를 하나님이 하시니 그 능력과 지혜를 찬송하지 않을 수 없다.

이 시인은 그의 생각을 자기 나라에 국한시키고 있다. 예루살렘과 이스라엘이 하나님의 사랑의 대상이 되고 이 하나님과 계약을 맺었기 때문에 특수한 백성이 된 것을 강조하고 있다.

"그가 그 말씀을 야곱에게 보이시며 그 율례와 규례를 이스라엘에게 보이신다"고 했다(19절).

"말씀, 율례, 규례"등은 모두 하나님 자신의 의사를 이스라엘에게 알려주는 도구이다. 시편 119편은 율법을 노래하면서 이 세 가지를 함께 말하고 있다. 이런 율법과 규례와 법도를 주어서 백성들이 의롭게 살도록 지시해 주는 나라도 이스라엘밖에 없다고 신명기는 말하고 있다 (4:8). 이것은 이스라엘의 특권이었다. 이런 규례는 이스라엘 이외 다른 나라에서는 볼 수 없다고 이 시인은 자랑하고 있다(20절). 이런 자랑은 하나님이 이스라엘만 사랑한다는 편애(偏愛)의 사실을 보여주기는 하지만, 이스라엘 자신들은 이런 특권을 받은 특수 민족이라고 생각했다. 그러나 이 특수성은 이스라엘의 특권만이 아니고 책임과 의무를 요청하는 것이었다.

특히 이 시인은 그 특권을 정치적인 우월성 또는 다른 나라를 지배할 수 있는 근거를 주는 특권으로는 생각지 아니하고, 다만 이 특권을 가진 이스라엘은 하나님을 예배하는 일에 특별한 사명을 받았다는 것을 이 시에서 강조하고 있다. 이스라엘이 하나님을 찬송해야 할 이유는 다만 하나님이 자연과 역사에서 하나님 자신의 분명한 의사를 전달해 주고 그들에게 바른 예배를 요구하시기 때문임을 알려준다.

"무릇 많이 받은 자에게는 많이 찾을 것이요 많이 맡은 자에게는 많이 달라는 것이다"(눅 12:48) 함도 이스라엘이 받은 남다른 특권과 그 의무에서 이해되어야 할 것이다. 이 시인이 그 백성에게 강조하는 바는

시편 명상

하나님을 찬송하는 의무를 말한다.

"이스라엘아, 야웨를 찬송할지어다.

시온아, 네 하나님을 찬양할지어다"(12절).

이 하나님은 황폐된 시온을 다시 세우고 이스라엘에게 구원을 다시 가지도록 하셨다. 13절과 14절은 야웨 하나님이 시온의 재건, 국가의 재건, 그리고 재건된 시온에 사는 사람들에게 평화와 만족함을 주시는 분이니, 찬송하지 않을 수 없다고 한다. 이 하나님은 "네 문빗장을 견고히 하시고"라 하셨는데 이는 느헤미야가 예루살렘 성을 다시 건축하고 안심하며 살게 함을 예로 말할 수 있다. 하나님이 지켜주시니, 이제 아무러한 원수들도 함부로 이 성을 침입할 수 없다고 한다.

"너희 가운데에 있는 자녀에게 복을 주셨다"함은 이 성에 사는 사람들이 행복되게 살 수 있음을 말한다(13절).

"하나님은 우리를 긍휼히 여기사 복을 주신다"(시 67:1) 하신 그대로이다.

다음 "네 경내를 평안하게 하시고 아름다운 밀로 배불리신다"(14절). 평화와 만족을 하나님이 주신다고 했다. 이런 복지사회가 건설됨은 하나님의 능력과 지혜가 이스라엘을 긍휼히 여기심으로 말미암는다고 할 때, 이 하나님께 대하여 찬송하지 않을 수 없다. 이런 평화와 만족의 세계는 구체적으로 이사야가 미리 예언하고 있음(사 60:17-22)과 일치한다.

제 148편
만물의 찬양

해와 달아 찬양하라.
빛나는 별들아 찬양하라.

하늘의 하늘도 찬양하라.
하늘 위에 있는 물들도 찬양하라 (3-4절).

아시시의 성 프란시스(St. Francis, 1182-1226)가 이 시편을 중심하여 지은 찬송은 "온 천하 만물 우러러"라는 노래로 지금도 우리들이 찬송가에서 부르고 있는 것이다. 프란시스가 찬송의 주체로 들고 있는 것은 "천하만물, 해, 달, 바람, 구름, 아침해, 저녁놀, 맑은 물, 밝은 불, 땅, 꽃과 열매, 고운 마음씨 가진 자, 고통과 슬픔을 지닌 자" 등 13가지이다.

이 148편의 시에 나타난 찬양의 주체는 "해, 달, 별, 하늘, 하늘 위에 있는 물들, 용들, 바다, 땅, 우박, 불, 눈, 안개, 광풍, 산들, 작은 산, 관목, 백향목, 짐승과 모든 가축, 기는 것, 나는 새, 왕들, 백성들, 방백, 모든 사사, 청년, 남자, 처녀, 노인, 아이들" 등 30가지이다.

이 시인이 본 찬양의 주체는 천상에 있는 모든 것과, 지상에 있는 동식물과 인간, 바다와 기후 관계 모든 현상들, 곤충, 조류 등 모든 만물을 포함시키고 있다.

이 모든 것들에게 하나님을 찬양하라고 말하고 있다. 이 시인의 생각은 만물이 무엇 때문에 존재하느냐. 그것은 다만 야웨 하나님의 이름이 천지에 뛰어나서 찬양해야 한다고 말한다. 하나님은 찬양을 받기 위해 존재하시고, 만물은 그의 이름을 찬양하기 위하여 존재한다고 한다. 존재는 곧 찬양, 찬양한다는 것은 곧 그 존재를 말한다고 한다. 찬양을 못하면 살아도 죽은 것이요, 찬양이 계속된다는 것은 그 존재가 계속된다는 것을 말한다.

이 시인은 자연과 인간의 구별을 생각지 아니한다. 자연과 인간의 조화를 말한다. 인간도 자연의 한 분자로 그 자연과 더불어 하나님을 찬양하는 직책을 맡았다고 본다. 성가대 구성원의 한 파트너이다. 인간이 자연의 지배자라는 생각은 여기에 없다. 자연과 인간은 똑같이 창조주 하나님을 찬양하는 존재이다.

이렇게 자연 만물의 이름을 열거하는 지혜문학 형태의 시는 욥기 38장에 하나님의 능력과 지혜를 아느냐고 묻는 질문형태의 문장에서도 볼 수 있다. 욥기 38장 이하에 거론된 만물은, "아침, 새벽 바다, 깊은 물, 땅, 눈, 우박, 동풍, 폭우, 우레, 번개, 광야, 비, 이슬, 구름, 서리, 얼음, 묘성, 삼성, 열두 궁성, 북두성, 사자, 까마귀, 산염소, 나귀, 들소, 타조, 말, 매, 독수리" 등 30가지이다.

구약 외경의 다니엘서에 나타난 "세 젊은이의 노래"(불가마 속에 던져진 사드락, 메삭, 아벳느고 세 친구가 불 가운데서 부른 노래)에 나타난 만물도 시편 148편과 같이 찬양의 주체자로 내세워지고 있다. 여기 말하는 만물은 "하늘, 천사, 하늘 위의 물들, 해, 달, 별, 소나기, 이슬, 바람, 불, 열, 밤들, 낮들, 어둠, 찬 기운, 열기, 서리, 눈, 번개, 구름, 땅, 산, 작은 산, 채소, 샘물, 바다, 강, 고래, 바다 괴물, 새, 들짐승, 가축, 사람, 이스라엘" 등 35종류이다.

이러한 자연물의 이름을 열거함은 이스라엘 지혜문학에 많은 영향을 주었다고 생각되는 애굽의 고대 문학에서도 볼 수 있다. 특히 "아메느페의 의성"(擬聲)이란 문헌에는 하늘 전체의 이름 8개, 날씨 관계 이름이 6개, 시간을 표시하는 것 4개, 땅의 산과 강, 바다 등이 18개 열거되어 있다.

벤 시락의 책에도 "궁창, 하늘, 태양, 달, 별, 무지개, 번개, 구름, 우박, 남풍, 폭풍우, 회오리바람, 눈, 서리, 얼음, 이슬, 라합(용), 바다 괴수 등" 17개가 나온다.

우리 시편 148편과 유사한 문학들을 성경 안과 바깥 주변 문학에서 볼 수 있다. 이 여러 것이 피차에 영향을 주고받았으리라 생각을 하나, 어느 것이 어느 것에게 영향을 준 것인지 정확히 알 수 없다. 이스라엘 문학은 주변 여러 고대국가의 문학에 영향 받음이 많으니까 (가령 시 104편은 애굽의 "아텐의 찬가"의 영향이라고 한다), 이 148편도 애굽적인 영향이 있지 않나 생각하는 학자도 있다(폰 라트). 그리고 이 시가 외경 "세 남자의 노래"에 영향을 주었다고 생각하는 학자도 있다(외스털리, 바이저). 이런 연관성을 말한다는 것은 이 시의 연대가 포로 시대보다도 후대임을 가능하게 한다.

그러나 이 시편 시의 독창성이 이 자연 만물의 피조성과 아울러 그 창조주에 대한 찬양의 의무를 부여하고 있다는 점은 애굽의 문학에서는 볼 수 없다. 이 만물들은 창조주의 영광을 찬양하고 이 만물을 그 모든 위치에 보관하시는 야웨 하나님은 모든 만물이 서로 창조주를 찬양하는 일로 개별적인 존재 의미가 있고, 또한 이 만물들이 각각 자기들의 찬양으로 창조주를 함께 노래하는 일에 연대적 존재의 가치를 가지고 있기 때문에 서로 불가분의 관계를 가지고 있다는 것이다.

여기 최근에 문제가 되고 있는 생태학적인 신학의 문제가 암시되어 있다. 자연물은 보존되고 잘 가꾸어져서 없어지거나 망하지 말아야 한다. 4중창을 하는 한 부서의 사람이 없어지면, 4중창이 못되고 부적당한 3중창이 된다. 3중창 멤버의 한 부서가 없어지면 3중창이 못된다. 이렇게 되면 2중창도 쓰지 못한다.

자연 만물은 각각 자기의 찬양 패턴이 있기 때문에 절대로 인간의 실수로 만들어진 공해(公害)로 손상 줄 수 없다. 자연은 똑같이 보존되어야 한다. 이 찬양의 의무는 자연이 창조주 하나님께 바칠 가장 큰 예배의 의무이다. 하늘은 하늘대로, 땅은 땅대로, 그리고 바다는 바다대로 하나님을 찬양해야 한다. 우주의 합창은 하늘, 땅, 바다가 한 목소리로 노래해야 하고, 그 속에 있는 해와 달, 별과 별, 나무와 나무, 곡식과 곡식, 들짐승과 가축, 공중의 새와 바다의 물고기, 이 모든 만물이 야웨 하나님의 이름을 찬양함으로 우주의 할렐루야가 이루어진다.

인간이 아무리 아름다운 음악을 준비한다고 해도 이 대우주의 합창과는 비교할 수 없다. 인간은 결코 우주보다 더 나은 찬양을 하나님께 드릴 수 없다. 우주 만물의 노래를 배워서 찬양할 수 있다.

이 만물 가운데서 인간이 차지한 위치와 사명은 무엇인가. 신분과 직업의 차별 없이, 다만 야웨의 이름을 찬양하는 일뿐이다.

"세상 왕들과 모든 백성과"(11절) 함에서 제왕과 백성의 차별을 대수롭게 생각지 아니한다. "방백과 모든 사사며"(11절) 함에서도 인간이 가진 사회적 지위가 중요하지 아니함을 보여준다. 이들에게는 다만 "야웨의 이름을 찬양할지어다"의 의무가 중요하다.

"청년과 남자와 처녀와 노인과 아이들"(12절), 이 구절에서 연령의 차, 성(性)의 차가 대단한 것이 아니다. 인간은 남녀노소를 불구하고 "야웨 하나님의 이름을 찬양할지어다"의 명령 앞에 서 있을 따름이다.

"그 이름이 홀로 높으시며 그 영광이 천지에 뛰어나심이니"(13절 하반절), 그 이름을 찬양해야 한다.

자연을 보존해야 한다는 말을 많이 듣는다. 이 시인도 그 주장에 동조한다. 그러나 이 시인은 자연을 인간이 지배하기 위해서도 아니고, 자연에서 무엇을 얻으려는 공리심 때문도 아니다. 다만 창조주 하나님을 찬양하는 형제 자매이니 자연을 보존해야 한다고 한다. 성 프란시스가 새를 보고 "사랑하는 자매여", 꽃을 보고 "사랑하는 자매여", 늑대를 보고 "사랑하는 형제여"한 그 심정은 만물을 우리 인간과 똑같이 우주 성가대 멤버로 생각했기 때문이다.

별의 노래, 꽃의 노래, 새의 노래 때문에 자연은 보존되어야 한다. 에덴 동산에 인간을 두신 하나님이 "이 동산을 지키고 가꾸라"(창 2:15) 하심이 인간에게 주어진 가장 처음되는 부탁이었다. 에덴이 따로 있는 것이 아니라, 인간이 자연을 자연대로 지키고 보존하는 곳에 있다는 진리가 이 148편 시인에게서 심화된 것을 배운다. 자연으로 하여금 야웨 이름을 찬양하게 한다는 것이다.

제 149편
짓눌린 자의 영광

진정 야웨는 그 백성을
기쁘게 하시고

짓눌린 자에게 구원으로
영화롭게 하시나이다(4절).

　　　　　교회 역사상 이 시는 원수를 쳐부순 개선장군, 또는 승리한 군사들의 노래로 생각해 온 때가 있었다. 유대인의 역사에서는 그들의 마카비 전쟁시대에 희랍의 적을 무찌르면서 부른 노래로 알려졌고, 또한 30년 전쟁에서는 로마 가톨릭 편의 제후(諸侯)들이 부른 전쟁가로 사용했고, 토마스 뮌처(T. Münzer)도 그의 피의 복수를 시행할 때 이 노래를 불렀다고 한다(바이저).

　　그러나 크라우스(Kraus)가 말하는 대로 이 시가 어떤 사정 아래서 지어졌는지 정확하게 말하기는 어렵다. 1절과 5절에 "성도"란 말, "하시딤"은 마카비 시대의 유대 공동사회에서 주도적 역할을 한 경건한 전투요원들이라는 해석을 둠(Duhm)이란 학자는 하지만, "하시딤"이 반드시 마카비 시대와 관련된 특수단체라 할 수는 없다. 우리 시편에서 "성도"라 번역되는 이 말(단수와 복수)은 하나님의 율법을 사랑하고 그 법도에 충성한 경건한 사람에게 부르는 일반적인 칭호도 된다. 이 말은 마카비 시대와 같이 하나의 사회단체의 이름으로 구성된 때도 있었지만, 이러한 칭호는 이미 왕국시대에 율법에 충성한 사람에게 붙여진 이름이다(시 86:2; 30:4; 145:10).

그러니 이 시는 그 저작 환경을 전쟁기로 보아야 할 이유는 없고, 하나님의 정의구현(正義具現), 그의 심판행위를 예배공동체가 전쟁의 상징을 사용하여 노래한 시라 할 수 있다. 6절 하반절 이하에 이러한 전쟁행위를 구체적으로 언급하고 있다. 이는 이스라엘, 즉 하나님의 선민과 같이 많은 전쟁을 경험한 삶에서는 쉽게 나올 수 있는 상징이다.

"손에 쌍날 칼을 드시고

모든 나라에 보복하시고
뭇 민족들에게 벌을 주시고

그들의 왕들을 사슬로 묶고
그들의 권력자들을 쇠고랑으로 채워

기록에 따라 벌을 내리신다"(6-9절).

"기록에 따라 벌을 내린다"는 것은 애굽의 고대 기록 중에 나타난대로, 무찔러야 할 원수의 이름을 도자기 그릇에 나열했다가, 그 도자기를 깨뜨려 부숨으로 그 원수들을 무찔러 없앤다는 것을 연상케 한다. 인간의 선행과 악행은 하나님의 책에 기록되어 있는 것으로 생각한다(느 13:13; 시 51:1). 하나님의 심판 행사는 인간의 행사가 기록된 대로 선하면 상을, 악하면 벌을 받게 한다는 생각이다.

이 시는 하나님의 백성인 이스라엘이 하나님의 창조자요 왕되심을 찬송하며, 그 백성을 돌보심에 대해 감사하는 찬송이다. 특히 이스라엘은 역사상 많은 원수들로 인하여 수난을 당했다. 그러나 하나님은 항상 구원의 은총을 베푸심을 4절에서 노래하고 있다.

"진정 야웨는 그 백성을 기쁘게 하시고
짓눌린 자에게 구원으로 영화롭게 하시나이다."

여기 "짓눌린 자"를 많은 경우에 "겸손한 자"(The humble, the meek, 온유한 자)로 번역한다. 그러나 원문 "아나빔"은 "고통받는 자" 또는 "억압당한 자"로 번역할 수도 있다. 여기서 "겸손한 자"로 번역하면, 그 다음에 나온 "구원"이란 말은 "승리"로 번역할 수 있다. 그러나 만일 "짓눌린 자"로 번역하면, "승리"보다는 "구원"으로 읽음이 타당하다.

우리가 이스라엘 역사를 구원사의 연속으로 봄은 이 시인이 노래한 대로 하나님의 은혜로우심이 이스라엘을 원수들의 손에 짓눌려 일어나지 못하도록 버려둔 것이 아니고, 항상 그의 구원의 손길을 펴서 도와 주시기 때문이다. 그러므로 이스라엘의 예배는 이 구원사를 망각할 수 없다. 찬송과 감사의 제목으로 이 구원이 언급되지 않을 수 없다.

특히 "짓눌린 자"에게 주신 구원을 강조하고 있다. 이스라엘 백성은 출애굽 당시부터 억압받은 수난의 역사를 가지고 있다. 조상들에게 약속해 주신 땅에서 나라를 세우고 독립과 번영의 순간도 가졌지만, 그들은 항상 주위에 있는 적들의 압박을 받았고, 필경에는 그 나라도 망했다. 바벨론 포로생활은 곧 짓눌린 피압박자의 삶이었다.

그러나 이러한 수난의 삶을 영화롭게 해 주심에 대하여 찬송을 한다. 그들에게 주신 하나님의 구원은 그들을 압박당함에서 자유를 얻게 할 뿐만 아니라, 그들을 영화롭게 해 주셨다. 예배는 이 영화를 기억하고 하나님께 찬송을 드리는 것이다.

"이스라엘은 자기를 지으신

이로 말미암아 즐거워하며,

시온의 자손들은 그들의 왕으로

말미암아 즐거워할지어다."

왕과 백성이 다 같이 하나님의 구원을 찬양한다.

이 찬양은 "성도의 회중에서"(1절)만 할 것이 아니라, "그들의 침상에서 기뻐하고 노래할 일"이라 했다(5절). 억압에서 해방된 사람의 노래는 성소에서만 부를 것이 아니라, 그의 침상도 그의 노래로 채운다.

"내가 누워 자고 깨는 것도 다 야웨가 돌보시기 때문이라"(시 3:5) 한 그대로 삶의 순간이 모두 찬송과 감사의 순간이다.

"그 입에는 하나님에 대한 찬양이라"(6절)는 "하나님을 높이 찬양함이 그의 성대에 있다"로 직역할 수 있는데, 이는 "목청을 높여 하나님을 찬양한다"(공동번역)는 뜻이다. 짓눌린 자가 부르는 찬송은 목청껏 불러야 한다. 구원에 대한 감격의 표시이다. 이런 감격의 환성은 믿는 사람 누구나 경험해야 한다.

"이런 영광은 그의 모든 성도에게 있도다"(9절).

찬송을 목이 터지게 함이 구원받은 자의 할 일임을 알려 준다.

제 150편
찬송 따라 삼천리

나팔 소리로 찬양하며
거문고와 수금으로 찬양하라(3절).

호흡 있는 자마다
야웨를 찬양하라(6절).

이 시는 시편이 찬양의 책이란 성격을 잘 나타낸다. 이 찬양에는 사람의 목소리만 사용되지 아니하고, 많은 음악 기구가 동원됨을 보여 준다. 이 악기들에는 취악, 현악, 마찰악기 등 각종 악기가 고루 동원된 것을 보여준다. 이스라엘의 음악과 그 악기는 이스라엘의 종교문화를 형성하는 중요한 요소들이다. 이스라엘의 종교가 이스라엘 예술의 창작과 그 실천의 동기가 되고 원리와 내용이 됨을 이 시인이 보여 주고 있다. 이 시 자체는 시편의 찬양 성격을 구체적으로 보여 주지만, 이 시편 책 전부에 수록된 찬송들은 성소에서 드리는 예배 때에 부를 거룩한 노래들임을 알려 준다. 이 거룩한 노래들은 사람의 성대로만 노래할 것이 아니라 춤을 추며 노래하며, 각종 악기와 함께 노래할 것이라 말한다. 시편 자체가 이스라엘의 종교음악을 알려 주는 자료들이지만, 음악이 예배에 얼마나 소중한가를 보여주는 것도 이 마지막 시편의 사명이다. 시편 주석가들은 이 시가 어떤 특수한 제의(祭儀)와 관련성이 있다고는 말하지 않고 성소에서 드리는 모든 예배에 부를 수 있는 찬양으로 보며, 이런 음악적 마련이 모든 예배에 필수조건이며 그 찬양에는 악기가 동원되어 인간이 가진 모든 예술적인 기능과 기술이 한데 묶여져 하나님께 제물로 바쳐진다는 것이 중요함을 말하고 있다.

인간이 예술적으로 만들 수 있는 모든 소리를 총동원하여 "할렐루야"를 연주할 수 있음은 인간이 할 수 있는 예배의 최선이다. 자연이 하나님을 찬양할 때, 이 시편이 가진 의미는 단순히 찬양시의 한 면을 보여 준다는 것만이 아니라, 이스라엘의 문화는 그 종교와 불가분의 관계를 가짐을 알려 주고 있다. 이 종교문화는 이스라엘의 성소에서 드리는 예배와 관련됨을 보여 준다. 예배는 음악을 무시할 수 없으며, 그 음악은 사람들을 기쁘게 할 목적이 아니라 하나님께 바쳐지는 제물과 같은 것임을 보여 준다. 인간에게 주어진 예술적 창의성과 그 기술적인 숙련성은 성소에서 드리는 하나님 예배를 위한 것임을 보여 준다. 그리하여 종교음악의 본질적인 사명을 이 시편이 명시하고 있다.

> "할렐루야, 하나님을 찬양하라
> 성전에서 하나님을 찬양하라"

"성전"(1절)은 149편에서 말하는 "성도의 회중"(1절)이란 말과 같다. 이 시편이 하나님의 전에서 부른 "찬송가"이기 때문에 148편에 있는 대로 하늘, 땅, 천체, 땅의 생물, 식물, 모든 인간들이 다 각각 자기의 목소리로 합창을 한다는 내용과는 대조가 되게 150편은 모든 악기가 그 소리를 합하여 합주함으로 하나님을 찬양하며, 이 찬양에 모든 호흡하는 자들이 동참하라고 한다.

사람은 그 목숨이 있는 일생 동안 하나님을 찬양할 의무를 가졌다고 이 시인은 말한다. 찬양하는 일생, 찬송으로 보내는 일생은 가장 아름다운 일생임을 말한다. "노래따라 삼천리"가 아니라 "찬송따라 삼천리"란 표현도 가능하다.

　찬송과 찬양, 두 개의 말이 서로 상이(相異)를 가지는 듯한 인상을 준다. 성가대의 노래는 "찬양"이라 하고 일반 신도 대중이 함께 부르는 것을 "찬송"이라 하기도 한다. 그러나 엄밀한 의미에서 말한다면, 찬양과 찬송에 차이가 없다. 하나님의 영광, 그 이름, 그 권능, 그 사랑, 그 섭리, 그 보호와 관심해 주심을 노래하는 것은 찬양, 또는 찬송, 어느 말을 쓸지라도 인간의 거룩한 의무를 행하는 것이다.

　히브리 말에도 할랄(할렐루야의 어근), 바락크(찬송과 축복의 뜻), 자마르(현악 반주로 노래함), 시르(노래하다) 등 여러가지 표현이 있다.

　이 150편 시는 시편의 결론으로 편집자가 붙인 찬송시 또는 찬양시이지만, 이 시의 의미는 하나님께 대한 찬송은 인간과 자연이 아무 차별없이 함께 해야 할 뿐만 아니라, 인간이 가진 모든 종류의 예술적 기술과 기능은 그것이 모두 하나님을 찬송함에 동원되어도 오히려 부족하며, 사람은 일시적으로만 찬송함이 아니라, 그 목숨이 있는 동안 평생 찬송해도 부족하며, 성소 한 곳에서 찬송하는 것만이 아니라, 인간의 발이 닿는 곳 어느 곳에서든지 "찬송따라 삼천리"의 심정으로 노래해야 할 것을 말하고 있다. 특히 악기를 사용함에 있어서 인간이 쓰는 모든 종류의 악기가 하나님의 찬송에 필요한 것이며, 종합예술이라 할 수 있는 춤까지도 하나님을 찬송하는 데 필요한 예술이라 한다.

　우리 한국교회는 성(聖)과 속(俗)의 구별을 쉽게 하고 있으나, 하나님을 찬송하는 일에는 이 구별이 있을 수 없음을 말한다. 우리 한국교회는 피아노나 오르간이 교회음악 악기요, 찬송과 찬양에는 피아노보다는 오르간, 오르간 중에서도 전자 오르간, 더욱이 파이프 오르간이 가장 우수한 찬송악기라는 인상을 가지고 있다. 이것은 다분히 서구적인 생각이다. 사실 한국교회의 찬송은 그 가사(찬송가 책)의 절대다수가 서양의 찬송가에서 옮겨진 것이고, 또한 그 곡조도 서구교회가 쓰던 곡조들이고 그 반주악기도 서구적인 것을 본받고 있다.

한국교회 선교 100년을 지난 오늘에 와서는 이 서구 모방적인 찬송이 한국적인 것으로 바뀌어도 좋지 않나 생각한다. 우리나라 교회 100년간의 신앙경험에서 우리의 감정, 우리의 사정, 우리의 기도와 감사, 우리의 호소와 애원, 우리의 감격과 고백을 표시한 종교시들이 나타났고, 또 이런 가사들을 작곡할 수 있는 교회음악가들도 많이 있음을 자랑한다. 뿐만 아니라, 우리의 고유한 전통음악을 전승하고 있는 우수한 악기들이 있다. 그러나 아직 우리는 본격적으로 한국 사람의 찬송가 제작에 힘을 들여보지 못하고 있다. 새 찬송가를 만들어도 외국의 유명한 찬송, 은혜스런 찬송들을 우리들의 역사와 생활 사정에서 나온 찬송보다 더 부르려는 경향이 있고 간혹 "작사 모집"이란 광고를 통하여, 그런 한국적인 것이 응모되면 사용한다는 태도가 고작이다. 물론 100년간 서구 찬송가에 의해서 신앙을 키워 온 한국교회가 갑자기 한국 사람이 작사, 작곡한 찬송가를 부르려고 해도 그런 것이 많지 않다고 할 만큼 이 방면의 생각을 등한히 해 온 것이 사실이다.

한국 찬송가만으로 부를 수 있는 날은 아직도 우리에게는 먼 훗날이 될 것이다. 그러나 우리는 80년대를 맞이해서, 한국 교회의 선교 2세기로 넘어가면서, 이러한 교계적인 계획쯤은 해도 좋지 않나 생각한다. 이제부터는 부지런히 한국 찬송가를 짓고 만들어 부르자. "찬송따라 삼천리"의 실천을 각 신도와 각 교회가 시도해 보아야 하겠다. 우리의 전통문화가 남겨 준 악기들을 교회가 대담하게 예배와 찬송에 동참하게 하도록 하자. 북도 치고 장구도 치고 나팔도 불고, 거문고도 타고 비파도 치고 퉁소도 생금도 다 하나님을 찬송함에 사용되게 하자.

참고문헌

Anderson, A. A., *The Book of Psalms.* Vol 2. New Century Bible, London: Oliphants, 1972.

Briggs, C .A., *A Critical and Exegetical Commentary on the Book of Psalms,* Vol. 2. International Critical Commentary, Edinburgh: T. & T. Clark, 1907.

Dahood, M. *Psalms* 101-150. The Anchor Bible, Garden City: Doubleday, 1970.

Duhm, B., *Die Psalmen,* Kurzer Hand-Commentar zum Alten Testament, 2nd ed. Tubingen: Mohr, 1922.

Gunkel, H., *Die Psalmen,* 5th ed. Gottingen: Vandenhoeck & Ruprecht, 1926.

Kirpatrick, A. F., *The Book of Psalms,* Cambridge Bible for Schools and Colleges. Cambridge: University Press, 1901.

Kittel, R., *Die Psalmen,* Kommentar zum Alten Testament, 5th and 6th ed. Leipzig: Deichert-Scholl, 1929.

Kraus. H.-J., *Psalmen,* Biblischer Kommentar: Altes Testament, 2 vols. 2nd ed. Neukirchen-Vluyn: Neukirchener Verlag, 1961.

Leslie, E.A., *The Psalms,* New York: Abingdon Press, 1949.

Mowinckel, S., *The Psalms in Israel's Worship* I-II, trans. D.R. Ap-Thomas, Nashville: Abingdon Press, 1962.

Oesterley, W.O.E., *The Psalms,* London: S.P.C.K., 1939.

Schmidt, H., *Die Psalmen,* Handbuch zum Alten Testament, Tubingen: Mohr, 1934.

Snaith, N.H., *Studies in the Psalter,* London: Epworth Press, 1934.

Weiser, A., *The Psalms: A Commentary,* trans. Herbert Hartwell, The Old Testament Library. Piladelphia: Westminster Press, 1962.

Westermann, C., *The Praise of God in the Psalms,* trans. K. R. Crim Richmond: John Knox Press, 1965.

만수 김정준 전집(晚穗 金正俊 全集)을 내면서

안병무
(한국 신학 연구소장)

　세계의 학계는 사계(斯界)에 공헌한 학자들의 전집(全集)을 간행함으로써 후학들의 관심을 자극하게 한 인물(人物)의 사상과 학문을 깊이 연구하게 한다. 이로써 학사(學史)를 형성할 뿐만 아니라 마침내 학문의 전통(傳統)을 튼튼히 세워 나간다.

　가톨릭 2백년, 개신교 1백년의 역사를 가진 우리나라 신학계에는 아쉽게도 그런 풍토가 없다. 선진(先進)의 저작들이 전집으로 나온 것은 불과 몇이 되지 않는다.

　본연구소는 일찍부터 만수 김정준의 저작집(著作集) 간행을 염원해 왔으면서도 그것을 우리가 내어도 되는지 오래 망설여 왔다. 까닭은 김정준 박사와 더 깊은 인연이 있는 기관들이 우리 말고도 여럿 있기 때문이었다. 더구나 그 중 어느 기관이 수년 전부터 그 출판을 공언하기까지 했다. 그러나 오늘까지 그 일은 이뤄지지 않았고 그래서 마침내 우리 연구소는 출판의 형편이 넉넉하지 않은 오늘의 상황임에도 불구하고 만수 김정준 전집을 펴내기로 결정했다.

　만수 김정준은 우리 나라 구약학계의 원로(元老)일뿐 아니라 우리 신학계(神學界)에 많은 업적을 남기신 분이다. 그는 어떤 교파에 한정되지 않고 한국교계에서 교파나 신학경향을 넘어서서 존중되어 온 인물(人物)이다. 그의 저작을 보면 그가 얼마나 깊이있는 학자이면서도 넓게 세상문제에 관심했는지를 알 수 있다. 구약에 관한 그의 연구는 계속 진전되어 현대구약학의 첨단에까지 육박하였다. 그는 과거의 것을 폐기하려는 것이 아니라 그 정수를 오늘에 살리고자 했고, 늘 새 것에 접촉하면서도 전통을 소중히 여기는 온건한 지성을 지닌 분이었다. 그는 대학에서 경건을 내세워 젊은 교수들에게서 진부하다는 말을 들을 정도였다. 그러나 그는 그러한 평가를 단숨에 뒤엎는 너무도 새 것, 참신하고 기발한 글을 세상에 내놓아 사람들을 깜짝깜짝 놀라게 했다.

그는 구약만에 치중하지 않았다. 아니 그는 학자이기 이전에 '삶' 그 자체로부터 모든 것을 시작했다. 그는 〈관(棺)에서 나온 사나이〉라고 불릴 정도로 생사(生死)의 경계를 몇 차례나 넘나들었고, 그러는 동안 '생'(生)에 대한 처절한 체험과 심오한 사색을 했기에 그 누구보다도 '삶'에 대해서 할 말이 많은 사람이었다. 그의 글 『관에서 나온 사나이』라든지 『삶에 이르는 병』 등의 투병기를 위시해서 그의 수상문은 번뜩이는 기지와 재치, 인생에 대한 깊은 명상을 기록한 것들이 수두룩하다.

그는 일생(一生)을 병마와 싸웠다. 젊은 날에 사경을 헤매는 폐병으로 큰 수술을 받아야 했고 그로 인해 유발되는 각종 질병에 시달렸다. 그에게는 〈질고(疾苦)〉와 〈신학(神學)하는 일〉이 언제나 둘이 아닌 하나였다. 그러기에 그는 성서 중에서도 시편을 그토록 애송하고 연구를 거듭했다. 그러나 그는 육체의 질병만을 앓은 것이 아니라 세상의 질병에 대해 열화처럼 분노했고 또한 그 병을 함께 앓았다. 그런 분노와 아픔이 아모스서 연구를 낳게 했다. 그뿐 아니라 그는 예언자들을 깊이 흠

모하여 그들의 연구에 몰두했다. 그러나 그가 〈예언자들을 연구했다〉
라기보다는 〈그들을 살았다〉는 말이 더 적절할지 모르겠다.

　나는 그의 행동에서 에스겔을 연상한 일이 한두 번이 아니다. 에스겔
은 예언을 말 대신 판토마임으로 한 기인(奇人)으로 유명하다. 예루살렘
이 위기에 처했을 때 그는 포위된 예루살렘을 그려 거리에 세워 경고하
기도 하고 머리털을 예리한 칼로 깎아 1/3은 불에 태우고 1/3은 난도
질 하고 1/3은 바람에 날려 보내면서 이 민족이 본토(本土)에서 짤려
사방으로 흩어져서 수난을 당할 것을 예고하는 등 많은 얘기를 남겨
놓았다.

　6·25 직후든가? 그는 난데 없이 〈서울은 시온인가?〉라는 글을 써내
서 이미 오늘 같이 된 서울을 예고했다. 한때 그가 봉직하던 한신대학
이 외부적 교란작전에 말려들어 불신(不信) 풍조가 만연했다. 작은 공동체
가 깨지지 않나 하는 불안감이 감도는 어느 날 예배시간에 그는 강단으
로 올라갔다. 그런데 의자에 가서 앉는 것도 아니고 강대 앞으로 가는
것도 아니라 새로 만든 교기(校旗) 앞으로 갔다. 그리고 무엇인가 호주
머니에서 끄집어냈다. 그것은 예리한 면도날이었다. 그는 교기를 펴들
고 한가운데를 마치 집도하는 외과(外科) 의사처럼 쭉 잘랐다. 보는
사람들은 초긴장해서 꼼짝할 수 없었다. 그때 그가 입을 열었다. "우리
공동체는 이처럼 큰 상처를 입었습니다. 우리는 이것을 함께 치유해야
할 것입니다. 우리는 그것이 치유될 때까지 한 사람 한 사람씩 여기 있
는 이 바늘과 실로 한 코씩 기워서 비록 흠이 났으나 함께 원상복귀의
작업을 하십시다." 그것을 보고 듣는 이들은 모두 부동자세로 숨을 몰
아쉴 뿐이었다.

　명분없이 학생 몇 명을 제명하라는 지시가 떨어졌을 때 교수들은 매

일 같이 모여 우울에 잠겨 있었다. 아무리 얘기해 봐도 공론(空論)밖에 될게 없었다. 그런 날이 계속되는 어느 날 그가 낙엽이 가득 붙은 무엇인가를 들고 들어왔다. 자세히 보니 사람의 모습이었는데 큰 돌 같은 것을 들고 분노에 찬 몸가짐으로 그것을 내던지려는 자세다. 그는 정의를 배반하는 세상에 진노한 하나님의 사자가 이제 큰 돌을 들어 박살을 내려는 어떤 예언자를 만든 것이다. 바로 그게 그때 그의 마음이자 그의 예언이기도 했다. 그때 그가 미소를 먹음었는지 분노에 찬 얼굴이었는지 기억이 나지 않으나 그의 이 장난기 섞인 행동은 보는 사람들에게 주는 강렬한 메시지가 있었다.

또 한 번은 위와 비슷한 상황에서 고민하는 교수들이 힘없는 자신들에 대한 자학, 참회 또는 분노들을 발산할 길을 찾다가 모두 삭발을 하도록 마음을 모았다. 그런데 걱정은 학장인 만수였다. 그가 이에 응할런지? 하여간 이발사를 불러왔다. 그랬는데 그가 먼저 덥석 의자에 앉더니 〈나부터 깎아주시오〉 하지 않는가. 그는 이미 백발이어서 염색을 하고 있다는 것을 우리는 다 알고 있었다. 안 됐다는 생각이 들었다. 그러나 이발기가 머리 가운데를 밀고 지나가니 하얀 〈도랑〉이 나고 그 〈귀중한 머리털〉이 둔탁한 소리를 내며 바닥에 떨어졌다. 이래서 그와 온 교수가 순식간에 불승(佛僧)이 된 셈이다. 그런데 이분은 교수들의 머리카락을 모조리 쓸어모으더니 그것을 정갈한 종이에 채곡채곡 쌌다. 그는 그것을 학교 전통의 증거물로 오래오래 보존하자고 했다. 그 머리카락이 오늘 어디 있는지 모르나 이것이 한국의 〈에스겔〉 만수의 또 하나의 편모다.

그가 신학하는 데 기준을 둔 것은 G. Von Rad다. 폰 라트는 전형적인 신사로서 그 문장이 다듬어졌으며 그는 학문을 하는 한편으로 바이올린을 계속했다고 한다. 예술성과 학문이 교합한 셈이다. 만수가 폰 라트를 좋아하는 것은 우연이 아닐지 모른다. 하기야 폰 라트의 구약 신학을 깨끗하게 집성한 대가였으니까!

그의 학문은 그의 설교와 같은 관계에 있다. 이 말은 그의 학문이 교회와 밀접한 관계에 있으며 또한 우리 시대에 대한 증언과 밀접한 관계에 있다는 말이다. 그의 설교 중에 〈월요일의 하나님〉이 있다. 이런 제목은 그가 아니고는 나올 수 없는 것이기도 하지만 일요일에만 치중하고 일상생활은 〈무신적〉으로 사는 그리스도인들을 향한 신랄한 비판이기도 하면서 또한 〈흩어지는 교회〉가 아니라 주일예배에만 치중해서 〈모이는 교회〉로 정착해가는 교회에 대한 준엄한 질책이다.

이 전집(全集)에 수록된 글들은 우리의 힘이 미치는 데까지 수집한 것이다. 이 일을 위해 만수의 부인 주재숙 장로가 온 정성을 모아 우리를 도와주었다. 다만 유감스러운 것은 우리 연구소의 경제사정으로 전집을 한꺼번에 다 펴내지 못하고 몇 번으로 나누어 내는 것이다. 독자들의 호응에 따라서는 더 빨리 낼 수도 있을 것이다. 많은 지원 있기를 바란다.

이 전집(全集)이 한국교계에 널리 읽혀져서 신학을 심화하고 교파 사이의 담을 낮추는 데 기여했으면 한다.

시편 명상

김정준 박사 "시편명상" 서평

노순구 목사

연세대학교 신과대학
The Southern Baptist Theological Seminary, Ph.D.

김정준 박사는 6, 70년대 한국의 구약학계뿐만 아니라 신학계에 많은 공헌을 하신 원로 구약신학자이셨다. 또한 교파를 초월하여 한국교계 전체를 통해 존경받는 신학자이며 목사이셨다. 이러한 그의 입지는 죽음의 문턱을 드나들었던 그의 육체적 질고의 시간으로 빚어진 더욱 단단한 삶의 예지 위에 세워진 것이었다.

시편에 대한 김 박사의 관심은 생사를 드나드는 육신의 질병을 통해 하나님과의 영적 관계를 확인하고 유지하려는 그의 노력의 결과였다고 생각한다. 정경 속에서 시편은 이스라엘의 평화와 질고의 긴 역사를 통해 개인적이든 집단적이든 그들의 하나님과의 영적 교류 그리고 그와의 끈끈한 관계를 유지하는 매체가 되었다. 그들은 자신들의 탄식을 하나님께 토할 뿐만 아니라 하나님께 눈물어린 감사를 노래로 드렸다. 그들은 하나님께 수많은 찬양의 노래를 불러드렸다. 이뿐만 아니라 시편을 통해 그들은 지혜의 삶 혹은 지혜의 요체인 하나님을 경외하는 삶을 찾았다: 시편 1편, 32편, 34편, 37편, 49편, 그리고 73편 등.

이러한 시편의 내용들이 김 박사의 고뇌의 삶의 영적 길잡이가 되었음에 의문의 여지가 없다. 사실 그는 시편의 노래 곧 생명의 말씀을 통해 육신의 삶과 영적 삶에서 결국 승리했다. 그는 시편을 명상하면서 그것을 집필하기 시작했다. 시편을 명상하는 가운데 그 명상의 내용을 다른 사람들과 나누어야 한다는 사명감이 용솟음쳤을 것이다.

〈시편명상〉은 독자들에게 각 시편에 대한 특징을 좀 더 상세히 그리고 더 폭넓게 설명함으로써 그들이 더 깊이 이해하도록 안내하고 있다. 그는 각 시편의 역사적 배경을 규명할 뿐만 아니라 그 시편의 주제와 연관된 역사적 사건들을 인용하여 설명했다. 물론 그는 그 주제와 연관된 신구약성서의 구절과 사건들도 인용했다. 그뿐인가. 그는 시편 48편의 정서를 여과 없이 표현하기 위해 심지어 한국의 트롯트 가사를 도전적으로 인용하기도 했다. 김 박사는 "시온의 찬가"를 "서울의 찬가"의 구절을 인용하여 그 분위기를 묘사했다:

"종이 울리네/꽃이 피네... 아름다운 서울에서/서울에서 살렵니다."
따라서 김 박사의 시편명상은 시편강해라고 할 수도 있고 어떤 의미에서 시편주석의 의미도 있다고 할 수 있다. 이것은 시편을 명상하는 사람에게, 시편을 공부하는 사람에게, 그리고 시편을 설교하는 사람에게 많은 도움이 될 것이다.

김 박사는 시편명상을 쓰면서 히브리 시의 문학적으로 특징적인 기법들인 동의적 평행법, 반의적 평행법, 그리고 교차평행법 등에는 거의 관심을 보이지 않고 있다. 특별히 대부분 시편들에 나타나는 급선회하는 분위기 (mood)의 변화에도 그는 관심이 없다. 일반적으로 설명하면, 시인이 여러 가지 이유로 고난과 시련에 당면하지만 갑자기 분위기를 바꾸어 확신에 찬 믿음을 선포한다:

시편 명상

"그러나 나는 (히브리어로 바 아니) ... 여호와를 찬송하리니"(시 13:6) 혹은 "그러나 당신은 (히브리어로 베 아타)... 이스라엘의 찬송 중에 거하시는 주여 주는 거룩하시니이다"(시 22:3).

김 박사는 시편 31편 명상 서두에 예수님이 십자가에서 운명하실 때 마지막으로 외우셨던 말씀에 대해 언급했다: "내가 나의 영을 주의 손에 부탁하나이다"(시 31:5). 또한 그는 시인이 당하는 수난을 7절에서 13절까지 나열하고 있지만 정작 14절에 대해서는 아무 설명도 없다. 14절은 지금까지의 수난에도 불구하고 분위기가 급선회하고 있다: "여호와여 '그러하여도 나는' (히브리어 원문에 바 아니 즉 '그러나 나는') 주께 의지하고 말하기를 주는 내 하나님이시라 하였나이다" 김 박사는 이러한 히브리 시의 특징들에 상관없이 각 시편들 속에 흐르는 영성을 깊이 파고 들어 드러내 보여주고 있다.

그는 150편의 시편 전체를 다루면서, 각 시편에 신선한 제목을 붙이고 있다: "푸른 신앙"(1편); "용궁에서 나온 자"(30편, 이 시편에 이러한 제목을 붙인 이유를 그는 이렇게 설명했다. 그가 캐나다에서 유학을 마치고 고국을 향하여 태평양을 지나올 때 태풍을 만나 극단적인 절망에서 이 시편으로 힘을 얻었다 - '나를 무덤 속에 내려가지 않게 하기 위하여 스올에서 끌어내어 달라 -); 그리고 "손뼘만한 생명"(39편) 등등.

개개의 시편들을 다룰 때, 그는 대표적인 구절들 대개 1절씩 혹은 2절씩 그리고 가끔 3절씩을 선택하여 서두에 기록하고 있다. 그 구절들은 그 시편을 대변하는 것이라기보다 그 시편의 흐름 일부를 보여준다. 독자들은 그것을 통해 그 시편의 전체적 분위기를 감지하게 된다.

그는 선택한 구절들을 분석함으로써 그 시편 전체를 설명하려는 것이 아니라 선택한 구절들을 상관하지 않고 그 시편 전체의 영성의 흐름을 정리하고 있다.

김 박사는 신자들에게 익숙한 시편들에 대해 그 시편의 핵심을 간결하게 설명하면서 명상하고 있다. 시편 1편에 대한 명상에서 그는 객관적인 입장에서 담백하게 소개하고 있을 뿐이다. "복 있는 사람"에 대한 시편의 주제를 그는 "사람이 어떻게 해야만 사람다워질까?"라고 조용한 질문으로 대신하고 있다. 그리고 복 있는 사람의 삶의 영성을 "푸른 신앙"이라고 말하고 있다.

김 박사는 시편을 사람중심에서 하나님과 그의 창조에 대한 역동적 응답에 초점을 맞추고 있다. 한 실례로 창조를 노래하는 시편 8편에서 그는 창세기의 창조설화가 사람에 초점을 맞춘 것과 같이 역시 사람에게 초점을 맞추고 있다고 보고 있다: "만물 때문에 사람을 만드는 것이 아니라 사람 때문에 이 모든 만물을 손수 만드셨다." 또한 그는 온 땅에 가득 찬 주의 이름이 아름답다는 것을 사람들이 그 이름을 부르고 듣는 순간 느끼게 되는 감명과 계시가 아름다움을 말하는 것으로 해석하고 있다.

다윗의 역사와 관련된 시편 18편은 50절로 된 긴 시편으로 하나님의 도우심이 따랐던 다윗의 전투적 생애를 구체적으로 표현한 시이다. 다윗의 간증을 통해 하나님의 역사하는 이름이 열 가지로 정리되어 있다: "나의 힘," "나의 반석," "나의 요새," "나를 건지시는 자," "나의 하나님," "내가 피할 바위," "나의 방패," "나의 구원의 뿔," 그리고 "나의 산성."

김 박사는 다윗을 위해 행동하시는 하나님을 묘사하는 문구들을 구

체적으로 나열했다: "내 소리를 들으신다" "나를 건져내셨고" "나를 높은 곳에 세우시며" 등등. 그러나 김 박사는 이 모든 하나님의 역사를 한 단어로 그 시인을 위해 어둠을 쫓아주신 "등불"로 해석해버렸다. 이것이 바로 김 박사가 시편을 읽는 영성의 깊음을 말해주는 것이다.

시편 23편은 신자들이 가장 애독하는 시편들 중 하나이다. 이 시편을 김 박사는 양치는 목장에서 부르던 노래라고 선언한 후 어디서나 부를 수 있는 노래라고 힘주어 말했다. 목가적인 상징으로서 이 시편은 사실 인간의 삶과 죽음의 문제를 내포한 실존의 관계성을 알려준다고 평했다. 김 박사는 이 시편 속에 인간들이 찾는 진리와 참의 시냇물이 잔잔히 흐르고 있다고 서정적 해석을 덧붙였다. 그는 그 진리와 참의 주인은 선하심과 인자하심의 주체이신 하나님이시라고 결론지었다.

또한 김 박사는 각 시편을 문자 그대로의 내용을 따라 명상하면서도 핵심적인 단어의 경우 히브리어 원문을 들어 성경의 다른 곳과 비교하면서 규명하는 것을 빠뜨리지 않고 있다. 그것은 그 단어의 의미를 바르게 이해하는 것을 중요하게 생각했던 것이다. 그렇게 하면서 그 시에 흐르는 영성을 따라가고 있었다. 예를 들면 "참회시" 혹은 "탄식시"로 분류되는 시편 6편에서 "나를 고쳐주소서. 나의 영혼이 심히 떨립니다" 그리고 이어서 "오 야웨! 어느 때까지입니까?"라고. 시편기자는 자신의 "상한 영혼"이 야웨 하나님에 의해 치유되기를 바라는 갈급함을 표현하고 있다. 여기서 핵심적인 단어인 영혼에 대한 바른 규명이 필요하다. 영혼이란 말은 대단히 애매모호한 말이기 때문이다. 그는 이 말이 히브리어로 "네페쉬"임을 지적한 후 구약성서에서 "인간" 또는 "사람"으로 해석할 수도 있다고 했다. 그러면서 그는 이 "네페쉬"가 하나님이 우리 인간을 접촉하는 곳 즉 인간의 인격 가장 깊은 곳인 "인간 지성소"라고 설명하고 있다.

그리고 "탄식시"로 분류되는 시편 6편에서 김 박사는 성서 가운데 특별히 시편을 그의 삶의 영적 기반으로 삼고 읽으며, 명상하며, 그리고 하나님과의 깊은 대화를 통해 한 걸음 한 걸음 그의 삶을 걸어가셨다. 그는 가끔 자신의 생생한 질고의 삶의 일부를 시편의 내용에 삽입하여 주제의 강도에 보탬을 주고 있다. 그 실례로 시편 41편 명상에서 결핵환자로서 김 박사 자신의 요양소 체험에 대해 언급하고 있다. 여기서 그는 환자에게는 따뜻한 인간애가 의약이나 간호보다 더 필요하다고 강조하고 있다. 이것은 결핵요양소에 있을 때 인간애를 얼마나 깊이 갈급해 했는지를 말해준다.

김 박사는 시편 40편 "은총무한"에서 자신이 환갑을 맞으면서 그 날 아침에 "은총무한 은혜무궁"이란 말을 화선지에 썼다고 했다. 자신은 중병으로 인해 환갑을 맞는 것을 장담할 수 없었다는 것이다. 하루하루 삶의 감격을 김 박사는 하나님께 감사와 찬송으로 보답하며 사시다 칠순을 채우지 못하고 67세에 주님 품으로 가셨다. 따라서 시편명상은 그가 60세에서 67세 사이에 기록된 것으로 추정된다.

김정준 박사의 시편명상은 영적으로 갈급한 심령에 "늦은비와 이른비"를 촉촉이 내려줄 것이다. 그의 시편명상은 죽음의 문턱을 경험하고 있는 사람들에게 '나를 무덤 속에 내려가지 않게 하기 위하여 스올에서 끌어내어 달라'고 하나님께 외치라고 다급하게 주문할 것이다.